Luiz Bernardo Pericás

CAIO PRADO JÚNIOR
uma biografia política

Copyright © Boitempo Editorial, 2016
Copyright © Luiz Bernardo Pericás, 2016

Direção editorial
Ivana Jinkings

Edição
Bibiana Leme

Coordenação de produção
Livia Campos

Assistência editorial
Thaisa Burani

Preparação
Mariana Echalar

Revisão
Luzia Santos e Fernanda Guerriero

Diagramação e capa
Antonio Kehl
(*layout* de capa sobre projeto original de Studio DelRey; na primeira capa, foto de Caio Prado Júnior em 11 jun. 1978, cedida pelo acervo do IEB-USP; nas guardas e na quarta capa, gravuras em metal de autoria de Carlos Prado, publicadas no livro *A cidade moderna*, de 1958)

Equipe de apoio: Allan Jones / Ana Yumi Kajiki / Artur Renzo / Eduardo Marques / Elaine Ramos / Giselle Porto / Isabella Marcatti / Ivam Oliveira / Kim Doria / Leonardo Fabri / Marlene Baptista / Maurício Barbosa / Renato Soares / Thaís Barros / Tulio Candioto

CIP-BRASIL. CATALOGAÇÃO NA PUBLICAÇÃO
SINDICATO NACIONAL DOS EDITORES DE LIVROS, RJ

P519c

Pericás, Luiz Bernardo
Caio Prado Júnior : uma biografia política / Luiz Bernardo Pericás. - 1. ed. - São Paulo : Boitempo, 2016.
il.

Inclui índice
ISBN 978-85-7559-448-3

1. Prado Júnior, Caio, 1907-1990. 2. Políticos - Brasil - biografia. 3. Brasil - Politica e governo. I. Título.

16-29952   CDD: 923.2
                                                        CDU: 929:32

Este livro contou com o apoio da Fapesp. As opiniões, hipóteses e conclusões ou recomendações expressas neste material são de responsabilidade do autor e não necessariamente refletem a visão da Fundação.

É vedada a reprodução de qualquer parte deste livro sem a expressa autorização da editora.

1ª edição: março de 2016

BOITEMPO EDITORIAL
Jinkings Editores Associados Ltda.
Rua Pereira Leite, 373
CEP: 05442-000 São Paulo-SP
Tel./fax: (11) 3875-7250 / 3872-6869
editor@boitempoeditorial.com.br
www.boitempoeditorial.com.br | www.boitempoeditorial.wordpress.com
www.facebook.com/boitempo | www.twitter.com/editoraboitempo
www.youtube.com/user/imprensaboitempo

Sumário

Agradecimentos 7
Introdução 11
1. O ingresso no PCB 29
2. Leitores (e leituras) marxistas
   de Caio Prado Júnior 49
3. Primeira viagem ao mundo do socialismo 81
4. Os anos de fogo: da ANL ao cárcere 97
5. Novas trincheiras de luta 113
6. A batalha das ideias 143
7. De volta ao mundo do socialismo 169
8. Do golpe de 1964 aos debates sobre a revolução brasileira ... 199
9. A hora das fornalhas 217
10. Reforma, revolução e socialismo 225
11. O homem que inventou esse tal de marxismo no Brasil 239
12. Últimos anos 257
Conclusão 277
Notas 289
Cronologia 409
Índice onomástico 413
Bibliografia 431
Créditos das imagens 479
Siglas 481
Sobre o autor 485

Nota da edição

Nas citações, optou-se por atualizar a grafia segundo o acordo ortográfico corrente (em vigor desde janeiro de 2016), assim como por adotar algumas padronizações editoriais. Evitou-se, porém, alterar questões de sintaxe e pontuação.

Agradecimentos

Foram várias as pessoas que me apoiaram ou me auxiliaram, de diferentes maneiras, durante o processo de elaboração deste trabalho. Gostaria de agradecer aqui a meus pais e avós, a Graziela Forte, Patrícia Murtinho Pericás, Ivana Jinkings, Lincoln Secco, Paulo Barsotti, Angélica Lovatto, Osvaldo Coggiola, Werner Altmann, João José Reis, Hugo Rodas, Rossini Perez, Paulo Iumatti, Maria Célia Wider, Danda Prado, Susana Prado, João Prado, Maiá Prado, Caíque Prado, Carla Prado, Cláudia Prado, Minuca Prado, Marina Darmaros, Milton Pinheiro, Sofia Manzano, Deni Rubbo, Luccas Eduardo Maldonado, Joana Salém Vasconcelos, Marcos Del Roio, José Luiz Del Roio, Antonio Carlos Mazzeo, Paulo Ribeiro da Cunha, Gilmar Mauro, João Pedro Stedile, Plínio de Arruda Sampaio Júnior, Carlos Guilherme Mota, Carlos Pian, Luiz Eduardo Motta, Elisabete Marin Ribas, Renato Maia, Paulo José de Moura, Célio Sales, Gabriela Giacomini de Almeida, Maria Itália Causin, Raquel Torres, Marly de Almeida Gomes Vianna, Heloísa Fernandes, Florestan Fernandes Júnior, Antonio Rago, Lúcio Flávio de Almeida, Bernardo Ricupero, Marisa Ricupero, Rubens Ricupero, Affonso Ouro Preto, Lucy Villa-Lobos, Gladys Rocha, Antônio Abujamra, Flávio Aguiar, Ricardo Antunes, João Alexandre Peschanski, Bibiana Leme, Ana Yumi Kajiki, Kim Doria, Artur Renzo, Herbert Amaral, Antonio Rodrigues Ibarra, Mauro Azeredo, Fabrizio Rigout, Alessandro Gamo, Alípio Carvalho Neto, Luiz Alberto Moniz Bandeira, Guillermo Almeyra, Carlos Mallorquín, Herbert Klein, Rubens Barbosa, Emir Sader, Sergio Fausto, Boris Fausto, Angelo Segrillo, Jorge Grespan, Luiz Recamán, Heverton Zambrini, Julio Travieso, Rodolfo Alpízar, Roberto Fernandez Retamar, Jorge Fornet, Joseph Love, Marcelo Ridenti, Takao Amano, Paulo Vanucchi, Augusto Buonicore, Dainis Karepovs, Roberto Massari, Ruy Braga, Instituto de Estudos Brasileiros da USP, Fapesp e, especialmente, a Alexandre de Freitas Barbosa.

Soy una mezcla de aventurero y burgués, con una apetencia de hogar terrible, pero con ansias de realizar lo soñado.
Che Guevara

Great history is not determined by the precision of the facts it contains. What will decide this is the meaningfulness of the vision of Man which it has.
Alastair Davidson

Yo no confío demasiado del dato. Lo empleo como material. Me esfuerzo por llegar a la interpretación.
José Carlos Mariátegui

Introdução

I.

Ainda que diversos colaboradores e correligionários de Karl Marx e Friedrich Engels tenham chegado ao continente americano logo após as revoluções de 1848 na Europa (em particular, militantes políticos alemães que emigravam para os Estados Unidos), foi somente algumas décadas mais tarde que ocorreram as primeiras tentativas concretas de adaptar o ideário dos fundadores do socialismo científico às condições locais. Nesse sentido, homens como Joseph Weydemeyer, Adolph Cluss e Friedrich Sorge tiveram um papel importante em difundir e assentar as bases que posteriormente serviriam como ferramenta para os teóricos e dirigentes do movimento operário norte-americano vários lustros depois. Afinal, a primeira organização "marxista" nos EUA, o Proletarierbund, foi constituída já em 1852 (mesmo que não fosse designada como tal), o que incentivou a criação da American Workers League (ou Amerikanische Arbeiterbund) um ano mais tarde[1]. Em 1857, foi a vez de Friedrich Kamm, Albrecht Komp e outros estruturarem o Clube Comunista, que fez intensa propaganda entre os operários locais[2].

Não custa recordar que a própria Associação Internacional dos Trabalhadores (AIT), fundada em Londres em 1864, ganhou uma seção em Nova York poucos anos depois. E que, em 1872, foi aprovada, no Congresso de Haia, a transferência de sua sede para aquela cidade (com Sorge como secretário do Conselho Geral), onde permaneceu até 1876, quando foi finalmente dissolvida, após decisão tomada na conferência de Filadélfia.

Weydemeyer, que fora membro da Liga dos Comunistas e um dos editores da *Neue Deutsche Zeitung* [Nova Gazeta Alemã], seria um elemento fundamental para a difusão do pensamento do filósofo renano, seu amigo pessoal. Afinal, ele foi o responsável por publicar *O 18 de brumário de Luís Bonaparte* e *As guerras camponesas na Alemanha*, de Engels, em órgãos da imprensa radical, como *Die Revolution* e *Turnzeitung*, assim como por estruturar os setores avançados do operariado compatriota que aportava em Manhattan em números cada vez maiores. Já seu filho Otto Weydemeyer foi autor da primeira tradução de uma edição *popular* de *O capital* para o inglês, em 1878 (a primeira versão britânica do Livro I seria feita em 1887 por Samuel Moore e Edward Aveling)[3]. Muitos *forty-eighters* se alistaram no Exército da União durante a Guerra Civil e combateram as tropas dos confederados, no episódio transcendente que capturou a atenção de Marx – o qual escreveu uma série de artigos jornalísticos para o *New York Daily Tribune* e outros periódicos (ele chegou a mandar uma mensagem para Abraham Lincoln, congratulando o presidente por sua reeleição em 1864[4]).

Mas é difícil dizer que os exilados alemães, apesar de sua participação direta na vida social local, tivessem "compreendido" plenamente a realidade do Novo Mundo. Na prática, não produziriam, até então, uma "teoria" que desse conta do desenvolvimento histórico e das especificidades da "América". Ou seja, para a maioria dos emigrados nos Estados Unidos, seu lar ainda era a Europa, e era para lá que o foco de suas atenções se voltava. Ou então partiam para o Oeste, tornavam-se colonos "individualistas" e afastavam-se da lide social. O ideário marxiano, portanto, fora transplantado para aquele entorno, mas ainda servia basicamente como apêndice e auxiliar externo, forâneo, às lutas políticas internas. Para todos os efeitos, ainda não se mesclara organicamente aos sindicatos e partidos de caráter essencialmente nacional. Basta recordar que Friedrich Engels, ao visitar os Estados Unidos em 1888, ainda que tenha se impressionado com a "energia e vitalidade" do movimento operário ianque, lamentou que os norte-americanos estivessem tão atrasados em termos teóricos. Mesmo o *Manifesto Comunista* (publicado pela primeira vez naquele país no *Woodhull and Claflin's Weekly*, em dezembro de 1871, por iniciativa de Stephen Pearl Andrews)[5] seria "demasiadamente difícil" para eles. Aquele povo, de acordo com o autor de *A situação da classe trabalhadora na Inglaterra*, era eminentemente "prático" e julgava tudo com base em resultados concretos. As condições *peculiares* dos norte-americanos, portanto, levariam a um tipo *específico* de desenvolvimento. E os emigrados alemães deveriam prestar atenção nelas, penetrando nos movimentos de massa, não se encerrando em suas próprias organizações de língua estrangeira e afastando-se do dogmatismo que os caracterizava. Em outras palavras, teriam de inserir-se nas lutas populares, não impor direcionamentos doutrinários (que eles próprios não entendiam, transformando-os num "credo", em vez de usá-los como um "guia para a ação"), livrar-se de suas "roupagens" europeias e aprender com a experiência dos ativistas nacionais[6].

O grande salto teórico e organizativo só ocorreria, de fato, com Daniel De Leon, possivelmente o primeiro marxista original do continente americano. Nascido em Curaçao, em 1852, já adulto se mudou para Nova York, onde se tornou *lecturer* da Columbia University e, depois, o principal dirigente do SLP. Mais tarde, foi um dos fundadores da STLA e da IWW. Para ele, a primeira revolução socialista ocorreria nos Estados Unidos e de lá se espalharia para outros países[7]. De Leon foi o único dos pioneiros do marxismo do Novo Mundo a influenciar os socialistas na Europa, especialmente o movimento operário da Irlanda e da Escócia (e, em menor escala, de outras partes, como o Canadá e a Austrália). Entre 1890 e 1914, não houve nenhum outro pensador de sua envergadura entre os seguidores de tendência "revolucionária" do autor de *O capital* em toda a região. Suas ideias causaram impacto em intelectuais e dirigentes conhecidos, como o italiano Antonio Gramsci e o galês Aneurin Bevan. E marcaram profundamente até mesmo Vladimir Ilitch Lenin, que teria se impressionado com a semelhança do pensamento deleonista com o seu (especialmente em relação à futura estrutura do Estado soviético), mesmo que ambos nunca tivessem se conhecido.

É importante lembrar aqui que De Leon atuou antes da Revolução de Outubro. Foi o único marxista das Américas com uma produção teórica original *anterior* aos eventos revolucionários na Rússia (Lenin inclusive recomendaria a tradução de *Two Pages from Roman History* e se ofereceria para escrever algumas palavras introdutórias). O próprio jornalista John Reed, autor de *Dez dias que abalaram o mundo*, comentou que

> o premiê Lenin [...] é um grande admirador de Daniel De Leon, considerando-o o maior dos socialistas modernos, o único que acrescentou algo ao pensamento socialista desde Marx [...]. Na opinião de Lenin [...] o Estado industrial como concebido por De Leon terá de ser, em última instância, a forma de governo na Rússia.[8]

(Ainda assim, muitos críticos discordam das aproximações entre os dois dirigentes e apontam várias diferenças táticas, estratégicas e organizativas entre o deleonismo e o leninismo.)[9] De Leon foi, indiscutivelmente, uma personalidade fundamental para o marxismo em nosso continente[10].

Editor do jornal *The People*, traduziu *O 18 de brumário* e a *Crítica do Programa de Gotha*, de Marx, *Socialism: From Utopia to Science*, de Engels, e vários trabalhos de Karl Kautsky, August Bebel, Eugène Sue e Ferdinand Lassalle (apesar de fazer críticas a aspectos de seu pensamento). Foi, sem dúvida alguma, um dos principais disseminadores da literatura radical em inglês naquele país. Polemista, também produziu grande quantidade de artigos, editoriais e discursos. Ele "nacionalizou" o SLP e lutou para uma integração orgânica entre o *trade unionismo* e o socialismo. Opositor ferrenho da expansão colonial e do imperialismo, colocou-se contra a guerra hispano-americana, especialmente em seu

"Reasons for Socialists Objecting to the War". Para De Leon, povos de regiões atrasadas não precisariam necessariamente se desenvolver a partir do sistema capitalista. Isso significa que, se o socialismo triunfasse na Europa e nos Estados Unidos, países com economias "pré-capitalistas" poderiam mais rapidamente dar um salto em direção à "civilização" socialista sem passar por agressões, invasões ou penetração política e econômica estrangeira, que supostamente levariam o "progresso" para aquelas partes do mundo.

As tentativas de análise da história do continente a partir de uma perspectiva marxiana da realidade local continuaram mais tarde, depois da fundação do Partido Comunista dos Estados Unidos e de suas cisões, com uma série de textos (ainda que limitados em diversos aspectos) como os opúsculos *Whose Revolution is it?* (1926), *Revolution in Latin America* (1928) e *Marx and America*[11] (1934), escritos por Bertram Wolfe, um dos principais teóricos da agremiação. Louis Boudin, Louis Fraina (considerado por alguns autores o "Gramsci norte-americano")[12] e Jay Lovestone[13] também podem ser recordados aqui, pois mostram (apesar de quaisquer idiossincrasias políticas futuras) o esforço interpretativo empreendido por diferentes intelectuais de esquerda daquele período. Não custa lembrar que, quando o nome do órgão teórico do PC daquele país mudou para *The Communist*, seus editores insistiram em que o principal propósito e tarefa da publicação era a "americanização" do marxismo-leninismo, algo emblemático[14].

Mas, se esses esforços ocorriam na nação mais avançada do hemisfério ocidental em termos industriais, no resto da região as ideias de Karl Marx também começavam a ser difundidas e a influenciar novas gerações de pensadores e dirigentes políticos. Outro amigo do filósofo, o poeta Georg Weerth, iniciara em 1853 uma longa viagem pela América Central, pelo Caribe e pela América do Sul, terminando seus dias, vítima de febre amarela, em julho de 1856, em Cuba, lugar onde, segundo ele, os grandes conflitos do Novo Mundo se dariam primeiro. Isso por si só é um antecedente interessante na recepção do marxismo na região, ainda que sem maior repercussão naquele momento. Weerth, que esteve em cidades como Lima, Buenos Aires, Rio de Janeiro e Havana, talvez tenha sido o primeiro "marxista"[15] europeu diretamente ligado aos elaboradores do materialismo histórico a cruzar a região. Mesmo que aparentemente pudesse antever enfrentamentos importantes que ocorreriam na ilha caribenha e fizesse denúncias contra a escravidão, não elaborou teoricamente a realidade de cada um dos países por que passou.

Mais importante para o acolhimento do marxismo na América Latina foi, quiçá, a fundação, em 1872, da primeira seção da AIT em Buenos Aires (na qual se destacou o belga Raymond Wilmart), assim como a criação do Club Vorwärtz, em 1882, na mesma metrópole. Dois anos mais tarde, foi publicada no periódico mexicano *El Socialista* a primeira versão em espanhol do *Manifesto Comunista*, enquanto a partir de dezembro de 1890 o semanário bonaerense

El Obrero: Defensor de los Intereses de la Clase Proletaria (órgão da Federación Obrera), editado pelo engenheiro e naturalista alemão Germán Avé-Lallemant, começaria a divulgar a obra do Mouro na Argentina. Por sua vez, o Livro I de *O capital* seria traduzido diretamente da língua original pelo médico, ensaísta, jornalista e legislador Juan B. Justo e publicado em 1898 na Espanha, constituindo uma referência basilar para nosso continente e marcando "o início de sua busca seletiva de práticas e tradições políticas do movimento socialista internacional capazes de combinar-se com as peculiaridades do processo histórico argentino"[16].

Ainda que o marxismo crescesse no começo do século XX, pelos esforços de militantes como o cubano Carlos Baliño[17], o uruguaio Emilio Frugoni e o chileno Luis Emilio Recabarren, os seguidores de Bakunin, Malatesta e Kropotkin continuavam a ter força no movimento operário da região. De qualquer forma, iniciativas como a criação do Partido Socialista do Chile, o Clube de Propaganda Socialista em Havana e o Centro Socialista Carlos Marx, em Montevidéu, juntamente com experiências como o Centro de Estudos Carlos Marx na Argentina e o Partido Obrero colombiano, mostram que as ideias dos "pais" do materialismo histórico ganhavam cada vez mais espaço na América Latina[18].

A Revolução de Outubro acelerou essa tendência. A partir daí, e principalmente após a constituição do Comintern (em março de 1919), a influência de Lenin e dos bolcheviques se espalhou pelo mundo, com a criação de partidos comunistas em diversos países, inclusive nas Américas. Já em janeiro de 1918, surgiu o Partido Socialista Internacional na Argentina (ou seja, antes mesmo da IC), que ganharia o nome de Comunista em dezembro de 1920. No México, o PC local foi organizado em 1919. Naquele mesmo ano, nos Estados Unidos, foram fundados o Partido Comunista Operário e o Partido Comunista da América, que teriam de se fundir poucos anos mais tarde. Por sua vez, no Uruguai, em 1920, os membros do Partido Socialista o transformaram em Comunista, vinculando-se ao Comintern no ano seguinte. Já em 1922 foi a vez do Brasil, com a fundação do PCB. Em Cuba, por seu lado, a Agrupación Comunista de La Habana, juntamente com outras forças de esquerda da ilha, dá origem ao Partido Comunista local em 1925.

É bem verdade que em todos esses países, surgiram tentativas de interpretação da realidade nacional que ainda não estavam calcificadas nas diretrizes mais duras da Terceira Internacional. Por isso, intelectuais e dirigentes como Ricardo Paredes (Equador) e Octávio Brandão (Brasil) podem ser considerados pioneiros do período, homens que, dentro de suas limitações, se esforçaram para compreender o contexto histórico de seus países e, a partir daí, constituir elementos para a ação política.

Ainda assim, o Comintern deu pouca atenção à América Latina em seus primeiros anos. Entre os partidos comunistas do continente, contudo, ganharam destaque os dos Estados Unidos, México e Argentina, que teriam a função, nas palavras de Christine Hatzky, de "irmão mais velho" em relação aos outros da região[19]. No Segundo Congresso Mundial da IC, realizado em julho de 1920, dedicou-se um espaço importante aos debates sobre os problemas da revolução nos países "coloniais e semicoloniais", discussões essas dirigidas por Lenin e pelo indiano Manabendra Nath Roy. O apoio aos movimentos de libertação nacional, a perspectiva de a Rússia soviética se tornar o elo entre Ocidente e Oriente para romper o isolamento revolucionário do país, o combate às tendências eurocentristas na organização e a adoção dos "21 pontos"[20] como condição para admissão em seu seio foram os principais tópicos de discussão naquela ocasião[21] (em 1921, no Terceiro Congresso, por sua vez, seria criada a Internacional Sindical Vermelha).

A primeira grande reestruturação da IC ocorreu a partir do Quinto Congresso, em 1925, ampliando a centralização em relação às seções nacionais, possibilitando a "bolchevização" dos demais PCs e subordinando-os diretamente ao Comitê Executivo do Comintern (mais tarde, a Conferência de Buenos Aires de 1929 seria a última tentativa de chegar a formulações teóricas e políticas mais livres, originais, baseadas na realidade local, feitas pelos intelectuais revolucionários da América Latina)[22]. Foram impostas linhas de pensamento muitas vezes divorciadas da realidade concreta.

No Sexto Congresso, em 1928, começaria o chamado "Terceiro Período" da IC, a luta contra o perigo da "direita" e, como definiu Hatzky, "a entronização da fração stalinista" nos principais níveis de direção da organização[23]. Em outras palavras, a política de "classe contra classe", quando se iniciaram os expurgos sumários em todo o mundo. Ainda assim, o encontro ficou conhecido como o que "descobriu" a América Latina, com a presença de 26 delegados do continente[24], inclusive do equatoriano Ricardo Paredes, que teve participação ativa naquela instância, especialmente em relação ao papel das massas rurais no processo revolucionário, defendendo também, na ocasião, a utilização da categoria "países dependentes" para aqueles que "foram penetrados economicamente pelo imperialismo, mas que ainda retêm certa independência política"[25], algo similar ao que já apontara o próprio Lenin alguns anos antes[26]. Ele discordava da ideia de expropriação de terras de latifúndios para que fossem distribuídas aos pobres em pequenas parcelas privadas e insistia na utilização de um modelo baseado no coletivismo das comunidades indígenas tradicionais para a construção do socialismo, enfatizando o potencial revolucionário dos povos originários na luta contra o jugo capitalista[27]. Ao lado de Sergei Ivanovich Gusev, membro do *presidium* do Comitê Executivo da IC, Paredes se destacou nas discussões sobre as especificidades de nosso continente[28]. Já o suíço Jules Humbert-Droz, fundador do Partido Comunista de seu país e membro do Ceic, faria um discurso considerado por alguns uma peça brilhante de sociologia política sobre o continente, que, em muitos aspectos, constituiria uma antecipação das "teorias da dependência" elaboradas décadas mais tarde[29].

O fato é que boa parte da década de 1920 viu uma atuação relativamente tímida da URSS em relação à América Latina, ainda que já funcionassem departamentos especializados na região. Secretariados regionais, criados a partir de 1926, seriam colocados sob o controle do secretariado "latino", que dois anos mais tarde se tornaria "latino-americano", com subordinação direta ao Comitê Executivo da IC. Paralelamente, a quantidade de funcionários que trabalhavam com a região em Moscou se ampliaria. Se no começo dos anos 1920 o primeiro responsável por ela era o suíço emigrado para o México Edgar Woog, a partir de meados daquela década quem cumpriria essa função seria o já mencionado bukharinista helvético Humbert-Droz.

A primeira dependência do Comintern na América Latina foi aberta por curto período no México, em 1919. Seis anos depois, por resolução de seu Comitê Executivo, foi criado o Secretariado Sul-Americano em Buenos Aires (1925), com o objetivo de contribuir para a "intensificação e unificação do trabalho de formação comunista" e aumentar a relação entre os partidos da região e o Comintern[30] (essa administração foi reorganizada em 1928 e o *apparatchik* ítalo-argentino Vittorio Codovilla se tornaria seu principal dirigente)[31]. No México, também se encontrava a sede da Liga Anti-Imperialista das Américas (1924), assim como várias subsecretarias criadas em 1928 e outras instituições regionais controladas por comunistas. Nos Estados Unidos, entre 1930 e 1931, fundou-se o Bureau do Caribe (com sede em Nova York) para cuidar das mesmas tarefas que o rio-platense (só que em região distinta), com curta duração[32].

Entre todos os intelectuais socialistas das primeiras décadas do século XX na América Latina, sem dúvida o mais importante foi o jornalista peruano José Carlos Mariátegui, considerado por muitos estudiosos o primeiro teórico marxista "original" da região. Ainda que autodidata, o jovem Mariátegui faria um rápido aprendizado na imprensa limenha e se aproximaria do movimento operário, especialmente depois da Revolução Russa. Como opositor do governo de Augusto Leguía, foi enviado em "exílio dourado" para a Europa no final de 1919, onde viveu por alguns anos, sobretudo na Itália, consolidando sua formação política e se tornando um marxista "convicto e confesso", como ele mesmo viria a dizer. Nesse país, leu clássicos da literatura e obras sobre política e história, assim como jornais de esquerda e de direita; viu de perto as greves dos trabalhadores, a ascensão do fascismo e a criação do PCI; assistiu a congressos e conferências internacionais; e conheceu personalidades políticas e literárias europeias importantes. Também constituiu, com alguns amigos, a primeira célula comunista peruana, que durou pouco.

Mariátegui retornou ao Peru em 1923 e, daí em diante, teve papel de destaque na política cultural local, dando conferências nas Universidades Populares

González Prada, escrevendo para a imprensa da capital, estabelecendo sua editora (assim como a revista *Amauta* e o jornal quinzenal *Labor*) e publicando dois livros conhecidos, *La escena contemporánea* (1925) e *Sete ensaios de interpretação da realidade peruana* (1928). Também fundou o Partido Socialista e a Confederação Geral dos Trabalhadores do Peru. Tanto a forma como via o desenvolvimento histórico peruano e o papel dos camponeses indígenas e do proletariado urbano quanto suas ideias sobre as tarefas revolucionárias do momento, a organização do proletariado, os aspectos da educação, da cultura popular e da estrutura do partido foram temas que causaram polêmica e discordância entre JCM e o Comintern. Era um pensador demasiado independente para os padrões da IC na época. Por isso, foi muito criticado, inclusive por correligionários (entre os quais seu sucessor, Eudocio Ravines), e seu legado foi atacado durante anos. Mais tarde, seria considerado a grande personalidade do marxismo em seu país[33].

É possível dizer que Caio Prado Júnior, autor de obras clássicas da historiografia brasileira, também pode ser inserido dentro da tradição e das experiências de longa duração, desde Weydemeyer e De Leon até Carlos Baliño e José Carlos Mariátegui[34]. Mesmo que não tenha tido contato pessoal com aqueles homens, nem necessariamente com as obras dos intelectuais citados (pelo menos em seus anos de formação), ele certamente faz parte dessa linha cronológica e cultural do desenvolvimento do marxismo nas Américas, uma tradição que tentou elaborar um arcabouço teórico e *interpretativo* compatível com a realidade do continente (com todas as suas especificidades), ao mesmo tempo que dava igual ênfase a uma ativa militância política, com o objetivo de mudar o contexto social em que atuava.

II.

Nascido em São Paulo, em 11 de fevereiro de 1907, Caio da Silva Prado Júnior era o terceiro de quatro filhos de Caio da Silva Prado e Antonieta Penteado da Silva Prado, ambos provenientes de importantes famílias da elite paulistana. Em outras palavras, fazia parte de um ambiente intelectual sofisticado e estava cercado por elementos dos setores mais abastados e influentes do país.

No início do século XVIII chegariam os primeiros Prados ao Brasil, vindos de Portugal. Representantes dos Silvas Prados aparecem com destaque na história brasileira durante os séculos XIX e XX, com ativa participação na vida política nacional. Basta lembrar um deles, Antonio da Silva Prado (1840-1929), "o modelo do fazendeiro empresário"[35], que atuou como deputado-geral, senador, chefe do Partido Conservador, ministro da Agricultura, Comércio e Obras Públicas, ministro dos Negócios Estrangeiros e deputado constituinte. Além disso, incentivou a imigração, assim como a construção e ampliação de portos e ferrovias, ocupando os cargos de diretor e presidente da Companhia

Paulista e impulsionando empreendimentos industriais no setor de produção de garrafas, carne congelada e couro[36]. Em 1899, ainda assumiria a direção do governo municipal de São Paulo, quando se empenhou, por quatro mandatos consecutivos, em remodelar a cidade[37] – durante sua gestão, foi responsável, por exemplo, pela construção do Teatro Municipal. Também fundou com seu cunhado Elias Pacheco Chaves a Casa Prado-Chaves, que romperia com a exclusividade das companhias britânicas de exportação de café, participando diretamente na administração da Companhia Paulista de Estrada de Ferro[38]. Seu filho, Antonio da Silva Prado Júnior, foi prefeito do Rio de Janeiro, enquanto Fábio Prado (um dos onze irmãos do pai de CPJ), que se casou em 1914 com Renata Crespi (herdeira do industrial italiano Rodolfo Crespi, proprietário da mais importante fábrica de tecidos paulista), seria o chefe do Executivo do município de São Paulo de 1934 a 1938.

A família se destacaria como propulsora do desenvolvimento econômico paulista, notadamente a partir do deslocamento da atividade cafeeira para o estado e sua considerável expansão de 1850 em diante[39]. Martinho e Veridiana Prado eram proprietários das altamente rentáveis fazendas de café Campo Alto, Santa Veridiana, Albertina e Guatapará, assim como, em sociedade com os filhos Martinico e Antonio, da São Martinho, a segunda maior plantação dessa cultura no país[40]. E não só. A pesquisadora Graziela Forte nos conta:

> os Silvas Prados financiaram, promoveram e administraram uma estrada de ferro, a Companhia Paulista de Vias Férreas e Fluviais, que até 1928 foi a principal atividade da família. O ramal de Piraçununga, completado em 1892, passava pela "Fazenda Santa Veridiana", facilitando o transporte da produção até o porto de Santos, onde os grãos eram embarcados para o exterior [...]. Só para se ter uma ideia do poder deles, a família Silva Prado era dona de 226 do total das 1.000 ações inicialmente subscritas pelo Banco do Brasil, quando este fora criado. Outras 256 ações eram de famílias relacionadas, ou seja, quase metade das ações do principal banco do país estava em seu poder. Dirigiam, ainda, a Companhia Prado Chaves Exportadora, originária da Companhia Central Paulista fundada por Martinho, Antônio e Martinico Prado em meados da década de 1880. Sua administração ficava a cargo de Paulo Prado, Plínio (filho de Martinico), João Machado Portella e Ernesto Ramos. Nessa época, Antonio Prado era o ministro da Agricultura e foi quem planejou e organizou o programa de imigração, que trazia famílias europeias interessadas em trabalhar nas lavouras de café.[41]

Não custa lembrar que o café representava o "eixo" da economia nacional, respondendo em média, ao longo de toda a República Velha, por 60% do valor total das exportações brasileiras[42]. O fato de que, no começo do século XX, São

Paulo era responsável pelo comércio de quase metade de todo o café no mundo, é um dado significativo. E também seu crescimento exponencial: afinal, se em 1890 era possível encontrar no estado em torno de 200 milhões de cafeeiros, quinze anos mais tarde essa cifra cresceria para 680 milhões, atingindo, em 1930, a marca de 1 bilhão (só em 1920, a porcentagem do Brasil no consumo mundial de café era de 67,3%, e a porcentagem do mesmo produto no valor total da exportação naquele ano foi de 49,1%, segundo o historiador Victor V. Valla). O café, assim, era a principal fonte de divisas nacional, gerando uma parte significativa do emprego assalariado do país (tanto direta como indiretamente), além de ajudar a manter a balança comercial favorável nos primeiros anos do século XX[43]. Vale ressaltar, além disso, que nesse painel geral quase todos os empresários brasileiros tinham sua origem na elite rural[44].

Caio Prado Júnior passou a infância na residência de seus avós maternos, o industrial e cafeicultor Antônio Álvares Leite Penteado (um dos homens mais ricos da época, dono de uma das maiores fazendas de café do Brasil, a Palmares, e pioneiro da indústria de aniagem do país) e sua esposa, a "condessa" Ana Franco de Lacerda Álvares Penteado. Como indica Maria Cecília Naclério Homem, em diferentes estudos sobre os palacetes paulistanos, a chamada "Vila Penteado", projetada pelo arquiteto sueco Carlos Ekman, um casarão de estilo *art nouveau* (que terminou de ser construído em 1902), "metade palácio, metade chácara", era decorada com tapeçarias Gobelin e Aubusson, porcelanas germânicas e chinesas, mármores italianos, móveis franceses e tapetes da Boêmia, que cobriam as paredes da sala principal. Essa "casa matriz" tinha vários quartos e escadarias, além de um amplo jardim, estufa com plantas exóticas, quadra de tênis, edículas, cocheira, terraço, banheiros, bilhar, *boudoir*, copa, cozinha, dormitórios, saleta e até uma lagoa artificial, no quarteirão entre a avenida Higienópolis e as ruas Itambé, Maranhão e Sabará. Como era costume na família em relação à educação dos filhos, o menino foi acompanhado de perto por preceptoras e governantas alemãs[45]. O jovem Caio, portanto, realizou o curso primário no próprio lar, com professores particulares (assim como os irmãos mais velhos, Eduardo e Yolanda, e o caçula Carlos, que, muitos anos mais tarde, retrataria o período de infância na mansão no álbum de gravuras *Memórias sem palavras*)[46].

Ao longo da adolescência, Caíto (apelido pelo qual era conhecido na família) praticou uma diversidade de esportes, como futebol, natação, equitação e ciclismo, frequentando assiduamente os clubes Tietê e Atlético Paulistano (este fundado por Antonio Prado Júnior). Além disso, conviveu com escritores, políticos e artistas conhecidos, que iam às reuniões na casa de seus pais. Não custa recordar aqui que a linhagem intelectual da família incluía nomes emblemáticos, como seu tio-avô Eduardo Prado (jornalista, colaborador do *Correio da Manhã*, fundador da ABL e do IHGB, dono de uma biblioteca famosa e autor de obras como *Fastos da ditadura militar no Brasil* e *A ilusão americana*) e, na geração seguinte, Paulo Prado, primo de seu genitor e um dos organizadores da Semana de Arte Moderna de 1922, que escreveria *Paulística, história de São Paulo* (1925) e o clássico *Retrato do Brasil: ensaio sobre a tristeza brasileira* (1928)[47].

Durante os anos de formação de CPJ, o Brasil ainda era um país eminentemente agrícola, embora a imigração e a industrialização começassem a mostrar os novos contornos sociais da nação. São Paulo, a cidade onde o futuro historiador nasceu, tinha um forte componente estrangeiro, com a participação do proletariado em diversas greves e protestos. Em torno de 3,5 milhões de imigrantes vieram para o Brasil entre 1887 e 1930, boa parte dos quais para São Paulo (52,4%). Em 1920, já viviam no estado 87,3% dos japoneses que se deslocaram para o país, assim como 71,4% dos italianos e 78,2% dos espanhóis que haviam decidido se fixar em nosso território. Na mesma época, podiam ser contabilizados ainda 65 mil portugueses residindo na cidade (somando-se a capital e o interior, eram 167.198).

Vale lembrar que, entre 1890 e 1907, o proletariado industrial no Brasil chegou a aproximadamente 151,8 mil trabalhadores. Se em 1907 (ano de nascimento de CPJ) São Paulo era responsável por 16,6% de toda a produção industrial nacional, em 1920 essa porcentagem passou para 31,5% do total, principalmente em razão do ramo têxtil (e, depois, dos setores de alimentos e vestuário, por exemplo). Naquele ano, portanto, o estado já superava os índices do Rio de Janeiro. A dependência externa, em termos de empréstimos e importações, contudo, permanecia[48]. E o caráter concentrador da indústria paulista em relação ao resto do Brasil se consolidaria naquele momento[49]. Afinal, basta lembrar que em 1920, de um total de 13.569 estabelecimentos industriais (que empregavam 293.673 trabalhadores), 4.157 podiam ser encontrados em São Paulo, o que representava aproximadamente um terço do valor da produção[50] (já no plano nacional, segundo Valla, 44,6% haviam surgido no período entre 1915 e 1919)[51].

O primeiro censo industrial do país, realizado em 1907, mostrava a existência de 3.258 estabelecimentos industriais (dos quais 73% usavam motores a vapor, 21,8% motores a água e 4,2% motores elétricos), com uma produção anual bruta que chegava a 741 mil contos de réis. Mesmo que na época estivesse ocorrendo o que Wilson Cano chamou de "grande salto quantitativo" da indústria paulista[52], em 1912 apenas 775 das 9.475 empresas registradas utilizavam motores mecânicos[53] (naquele mesmo ano, segundo um estudioso do mercado de trabalho, quase metade dos obreiros empregados em trinta tecelagens da capital do estado não sabia ler nem escrever[54]). Durante o conflito na Europa, o crescimento da indústria nacional seria ainda mais significativo[55] (entre 1900 e 1920, a taxa anual de crescimento da indústria paulista equivalia a 8% aproximadamente)[56].

A penetração do capital estrangeiro, entretanto, era evidente (em 1920, a Inglaterra já havia instalado 2.119 companhias no Brasil; Portugal, 891; Alemanha, 268; Espanha, 267; Áustria, 82; e Estados Unidos, 51 empresas[57]). E também o ativismo político do proletariado (que ao longo dos anos registrava congressos operários, manifestações públicas, fundação de entidades classistas, paralisações e greves).

É bom lembrar que, somente entre os anos de 1914 e 1916, o custo de vida no país se elevou em 16%, ao mesmo tempo que os salários tiveram uma alta de apenas 1% no período. O aumento nas emissões do governo, a inflação (também causada pelo crescimento das exportações, que diminuíram a oferta de muitos produtos no mercado interno) e a redução do valor real dos soldos mensais ajudariam a fermentar as agitações sociais (entre 1917 e 1921, seriam 150 paredes em São Paulo e 46 no interior).

A capital do estado crescia a passos largos e se tornava mais moderna e cosmopolita com a construção de salas de cinema, teatros, cafés, confeitarias e viadutos. Naqueles primeiros anos do século XX, a estação da Luz e a Pinacoteca estariam entre as obras mais icônicas do período. Bondes elétricos e automóveis transitavam pela cidade. As vias públicas eram ampliadas e monumentos adornavam as praças que surgiam nos bairros. Só em 1913, seriam erigidos 5.591 novos edifícios[58] (em 1920, por sua vez, a metrópole já contava com 73.696 edificações e 80.169 domicílios)[59].

Em 1910 era fundado o Sport Club Corinthians; dois anos depois, o Santos Futebol Clube; e, em 1914, o Palestra Itália (Palmeiras). Foi nessa época que Dionísio Barbosa formou o primeiro grupo carnavalesco local, o Cordão da Barra Funda, bastante popular no momento. Quando irrompe a Primeira Guerra Mundial, o estado de São Paulo possuía 4 milhões de habitantes (a capital, pouco mais de um lustro depois, contava com 580 mil moradores)[60]. E se tornava, paulatinamente, um centro de agitação operária no país...

III.

Em 1917, ano da Revolução de Outubro, Caio Prado Júnior tinha apenas dez anos de idade. E quando o Partido Comunista do Brasil foi fundado, em 1922, estava com quinze. Só mais tarde, portanto, teria sua consciência social aguçada, o que o impeliria ao ativismo político.

A década de 1920 seria emblemática no Brasil e no mundo. Aquele decênio testemunharia, no plano internacional, a ascensão do fascismo na Itália, os desdobramentos da Reforma Universitária argentina em outros países da América Latina, a crise da Bolsa de Valores de Nova York, a criação da Apra e a fundação de muitos PCs em todo o planeta. Foi também, em nosso território, o período do tenentismo, da Coluna Prestes, da fundação do PCB, do auge do cangaço lampiônico e da Semana de Arte Moderna.

Em 1920, dois anos após ingressar no Colégio São Luís, instituição dirigida por padres jesuítas, Caio frequentou (com seu irmão Carlos) o Chelmsford Hall, uma *independent preparatory school* fundada por Leonard Cording Stevens em Eastbourne, no East Sussex (Reino Unido); de volta à capital paulista, deu continuidade ao secundário na sua antiga escola. Na sequência, estudou ciências jurídicas e sociais na Faculdade de Direito do Largo São Francisco, onde ingressou em 1924 e se formou em 1928, aos 21 anos. Lá teria contato com os debates travados no ambiente acadêmico: os problemas do Brasil (e, em menor escala, as questões internacionais) eram certamente discutidos pelo alunado, que se expressava no jornal *A Chave* (para o qual CPJ escreveu), em telegramas de protesto a autoridades políticas e em debates (Caio participou, por exemplo, do I Congresso de Estudantes de Direito, em 1926, em Belo Horizonte). Por pouco tempo, integrou o Partido Democrático e, em seguida, ingressou no PCB, no qual permaneceria pelo resto da vida.

Com a publicação de *Evolução política do Brasil* (1933), tornou-se responsável por um marco na interpretação marxista da história brasileira, produzindo uma obra pioneira para a época. Mais tarde, traria ao público clássicos como *Formação do Brasil contemporâneo* e *História econômica do Brasil*.

Como De Leon e Mariátegui, foi um intelectual com intensa atividade política e esforçou-se para elaborar interpretações originais da realidade nacional. Também foi, como eles, editor, colaborador da imprensa, debatedor e polemista. Perseguido pelas autoridades, amargou tempos na prisão. E se manteve fiel ao partido que, por fim, escolheu integrar. Mas, se De Leon e Mariátegui eram as principais personalidades de suas agremiações, Caio, mesmo tendo papel de destaque em alguns momentos de sua história (como na época em que se tornou presidente regional da ANL em São Paulo ou quando foi líder da bancada do PCB na Assembleia Legislativa de São Paulo), nunca teve a mesma proeminência ou protagonismo dos dirigentes do SLP e do PSP (Partido Socialista do Peru) – ainda que, como o colega peruano, fosse criticado por correligionários (ou lideranças comunistas de sua época), que discordavam das análises e soluções que propunha.

Não custa lembrar aqui que cada um desses intelectuais atuou em momentos distintos. De Leon transitou numa realidade nacional de alto desenvolvimento capitalista e forte estrutura industrial e sindical, num período anterior à Revolução Russa; nesse sentido, tinha mais liberdade e flexibilidade para agir, sem imposições do exterior ou exemplo revolucionário triunfante no qual se basear. Mariátegui, por sua vez, movimentou-se nos primeiros anos após os eventos de Outubro de 1917 e tinha personagens como Lenin, Trotski e Lunatcharsky como modelos, além de uma experiência indígena e incaica como pano de fundo histórico e do Comintern como organização de apoio e de deliberação na retaguarda, mas ainda sem as amarras calcificadas das decisões do VI Congresso da IC e da I Conferência Comunista Latino-Americana em Buenos Aires, que daí em diante dificultariam os arroubos de originalidade entre os intelectuais marxistas do continente. E, finalmente, Caio Prado Júnior, que atuou um pouco mais tarde, a partir da década de 1930, quando o stalinismo já era uma realidade concreta e decisiva em todo o Movimento Comunista Internacional. Ou seja, um período em que era mais complicado, certamente, elaborar esquemas teóricos e interpretativos que destoassem ou se afastassem dos cânones oficiais de Moscou e de seus apoiadores ortodoxos no exterior.

O fato é que alguns aspectos da vida e da obra de Caio Prado Júnior foram apresentados sem maior detalhamento por alguns autores, fazendo com que certos comentaristas o retratassem *essencialmente* como um estudioso da história e da realidade brasileiras que, quiçá, marginalmente, tivesse também um vínculo com a militância política e intelectual dentro do movimento comunista (ainda que, supostamente, esse não fosse o foco ou objetivo de sua atuação). Nesse caso, é possível encontrar trabalhos em que suas relações com o PCB e com os dirigentes e intelectuais do campo socialista internacional são mencionadas de forma marginal, apendicular, como um traço menor ou secundário de seu itinerário. Sua aproximação pessoal e teórica, muitas vezes, é direcionada àqueles considerados "intérpretes" do Brasil. Por isso, o diálogo entre sua vida e obra tem sido feito prioritariamente com (e a partir de) autores nacionais de gerações anteriores ou contemporâneos seus, estudiosos como Gilberto Freyre e Sérgio Buarque de Holanda, por exemplo. Mas Caio Prado Júnior é um personagem que vai muito além desse tipo de abordagem, que, por sinal, comumente se reproduz em novos textos sobre ele. Assim, seu estofo político é esvaziado e dá lugar a análises "imanentes", "secas" e até mesmo "academicistas" de sua obra. Na realidade, para Caio, o marxismo, o engajamento social e partidário e as experiências socialistas *não eram acessórios*, mas elementos essenciais em sua trajetória e visão de mundo; não eram apenas ferramentas para compreender o processo histórico nacional, mas aspectos primordiais de sua vida e de sua luta por mudanças estruturais no país. Era visto (tanto por colegas como por seus detratores) e via a si mesmo como um "comunista". Por isso, não é de estranhar que, ao ser perguntado por um correligionário, em 1946, sobre sua posição política, tenha dito: "continuo onde sempre estive desde que me conheço por gente: sou comunista e membro do PCB. E isto diz tudo"[61].

A importância e a dimensão política de Caio ficam claras num documento do Deops, elaborado naquela mesma época. Em abril de 1945, nos estertores do Estado Novo, quando os setores progressistas se mobilizavam para as mudanças que viriam com o iminente fim da Segunda Guerra Mundial e das eleições esperadas para aquele ano, o relatório apontava:

o dr. Caio Prado Júnior serve como uma espécie de "bandeira" para essa Aliança. Caio Prado, no meio intelectual, é um elemento considerado como L. C. Prestes para os comunistas. Por isto os dirigentes da Aliança Democrática Popular puseram-no à frente da luta. Talvez, o dr. Caio Prado será o elemento que vai coligar todas as Esquerdas do Brasil.[62]

Além disso, em outro informe, chegam a dizer que a ADP cogitava lançar o autor de *Formação do Brasil contemporâneo* como candidato à Presidência da República[63]. Este, um retrato que diz muito sobre sua atuação e significado para os combates democráticos e populares daquele momento.

Em anos recentes, é possível perceber a contínua valorização da vida e obra de Caio Prado Júnior. Mesmo o PCB – que por tanto tempo o relegou a uma posição coadjuvante entre seus quadros –, depois de sua reestruturação, no período posterior ao fim do socialismo real[64], apoiaria a fundação do ICP[65], com o intuito de promover e divulgar seu legado político e teórico e instigar debates e discussões políticas mais amplas sobre a realidade nacional. Diversos livros também foram publicados nas últimas décadas, iluminando diferentes aspectos de sua obra e trajetória[66]. Ainda há, não obstante, espaço para retratar outras facetas (ou aprofundar as já conhecidas) de nosso grande historiador. É sabido que CPJ não era afeito a escrever trabalhos memorialísticos, ao contrário de muitos de seus colegas. Basta lembrar as diversas autobiografias de militantes pecebistas, como as de Octávio Brandão, Heitor Ferreira Lima, Elias Chaves Neto, Nelson Werneck Sodré, Agildo Barata, Paulo Cavalcanti e Leôncio Basbaum, entre outros.

É verdade que CPJ produziu, ao longo dos anos, muitas anotações de viagens e diários "políticos". Mas todo esse material, de uso pessoal, não tinha o objetivo de ser publicado. Por isso, há ainda lacunas a serem preenchidas, e a utilização de documentos inéditos certamente ajuda o pesquisador a compor uma imagem mais acurada do intelectual. Por meio de cartas, entrevistas, textos considerados "menores" e depoimentos de amigos, familiares e estudiosos, emerge um personagem mais complexo e multifacetado, extremamente comprometido com as causas sociais. É, quiçá, o mesmo Caíto, porém com camadas e dimensões menos exploradas por outros autores – ainda que apareçam em algumas obras como elementos de reduzida monta.

Caio Prado Júnior era amigo de diversos personagens significativos no campo do marxismo ou da esquerda. É o caso de colegas latino-americanos como Rodolfo Puiggrós, Benito Marianetti e Héctor Agosti, por exemplo, mesmo que essa ligação pareça tênue à primeira vista. Viajou para alguns países socialistas, leu, observou, travou amizade com acadêmicos, literatos e políticos, deu conferências e participou das gestas de seu partido em diferentes graus de atuação.

O "trabalhador" brasileiro, fosse rural ou urbano, sempre esteve no centro de suas atenções. Daí a preocupação constante com a elevação da *consciência* e do nível cultural das massas que demonstrou em artigos, missivas e conferências em universidades e sindicatos.

Mesmo que seu discurso nem sempre fosse, aparentemente, incendiário ou radical como o de vários de seus contemporâneos, continuava comprometido com mudanças estruturais profundas e com o desenvolvimento do país. Por outro lado, tinha a preocupação constante de aplicar remédios e soluções de acordo com a realidade concreta e os processos históricos específicos. Por não seguir determinadas cartilhas "pré-fabricadas" de ultraesquerda ou fraseologias inflamadas a favor de medidas mais drásticas na luta política em alguns momentos, foi acusado por setores progressistas de ser "reformista". A maneira sutil e ao mesmo tempo complexa com que encarava os casos *particulares*, contudo, mostra que sua intenção primordial era avaliar e interpretar corretamente o processo histórico e as características nacionais, para que só então se pudessem definir os melhores senderios para a atuação política, mesmo que suas conclusões fossem contrárias às da maioria de seus camaradas de partido ou outras agrupações de esquerda[67].

Um dos maiores historiadores brasileiros, foi também geógrafo, editor e filósofo. Houve até quem o incluísse entre os mais importantes "sociólogos" do país[68]. Outros o consideravam um "economista". O romancista Érico Veríssimo o chamou de "um apóstolo do materialismo histórico"[69], e o comunista pernambucano Paulo Cavalcanti, de "o desbravador dos estudos sociais brasileiros"[70]. Antônio Osvaldo Ferraz, por sua vez, designou-o como "um dos maiores líderes culturais do Brasil contemporâneo"[71], enquanto Hélio Jaguaribe o retratou como "o único teórico marxista do Partido Comunista Brasileiro"[72]. E Sérgio Buarque de Holanda o descreveu como "o maior historiador brasileiro vivo"[73]. Já ele próprio se definiu certa vez apenas como um "escritor e homem público"[74].

Caio Prado Júnior escreveu dois livros após visitar a União Soviética: *URSS, um novo mundo* (1934) e *O mundo do socialismo* (1962). Ainda assim, vale ressaltar que esses não são, *stricto sensu*, relatos de viagem, como alguns autores costumam assinalar, mas descrições em grande medida impessoais (com poucas referências a suas experiências *in loco*) do sistema político e econômico soviético, suas formas de funcionamento e a relação entre a base popular e a superestrutura técnica e burocrática da direção governamental.

O interesse deste ensaio político-biográfico é, em grande medida, discutir a relação de Caio Prado Júnior com o "mundo do socialismo". O uso dessa expressão aqui, é mister salientar, é distinto daquele empregado pelo próprio Caíto em suas obras. No caso do historiador paulista, denota quase que exclusiva e especificamente uma abordagem e análise do caso soviético (e, em menor monta, do chinês). Já neste livro tem um significado mais amplo: não só representa o vínculo de CPJ com os países socialistas (e aí se incluem, além da URSS e da China, a Tchecoslováquia, a Polônia, Cuba e, em menor escala, a Alemanha Oriental), como também abrange seus laços com o PCB e a influência recebida (e exercida) entre dirigentes, ativistas e intelectuais de esquerda de sua época, inclusive estrangeiros.

Este trabalho, portanto, tem como objetivo principal realizar uma discussão eminentemente *política* da trajetória do autor de *Dialética do conhecimento,* mostrando sua militância, sua leitura de clássicos marxistas, suas viagens, sua atitude em relação ao golpe militar, os debates sobre a revolução brasileira, seus tempos na prisão, sua relação com intelectuais contemporâneos, assim como apresentar elementos teóricos de seu ideário e o desenvolvimento do pensamento caiopradiano ao longo das décadas. Para isso, joga luz sobre relações pessoais pouco conhecidas, faz conexões que ainda não foram devidamente aprofundadas e apresenta algumas interpretações alternativas para as posturas e ideias que apresentou ao longo de uma vida sempre comprometida com nosso país.

Carta de Caio Prado Júnior à sua primeira mulher, Hermínia Ferreira Cerquinho, a Baby, de 17 de dezembro de 1935, quando ele se encontrava preso.

1
O INGRESSO NO PCB

Conta a lenda familiar que, quando ainda era estudante secundarista no Colégio São Luís, o jovem Caio Prado Júnior teria presenciado um trabalhador se desequilibrar e ser jogado para fora de um bonde elétrico, que na época corria pelas ruas da capital. Ninguém veio em seu auxílio. Na hora, Caíto se deu conta de que, se aquilo tivesse ocorrido com ele, um membro da elite local, muitos transeuntes imediatamente viriam ajudá-lo. A injustiça no tratamento dispensado ao operário teria ficado evidente naquele momento. Esse episódio funcionaria como um "mito de origem", ou seja, representaria o elemento catalisador que teria lhe infundido a noção das diferenças sociais, sensibilizando-o pela primeira vez, de forma consciente, para a luta de classes[1] (outra versão indica que ele teria presenciado um acidente na infância que resultaria na morte de um funcionário da companhia São Paulo Tramway, Light and Power, o que o teria traumatizado pelo resto da vida[2]). É difícil comprovar a veracidade da história, ainda que esse relato tenha sido contado pelo próprio Caíto a diversos parentes e amigos.

Além dessa epifania, CPJ também demonstrou sensibilidade social ao ver em primeira mão as condições em que se encontrava a população do Oriente Médio e da África Setentrional, que visitou aos dezoito anos, assim como durante suas viagens ao interior do Brasil, nos tempos de estudante universitário. O fato é que, depois de juntar-se, em 1928, às fileiras do Partido Democrático (inconformado com a fraude nas eleições municipais de São Paulo naquele ano), iria filiar-se ao PCB, supostamente por influência de um "garçom espanhol", de quem até hoje não se sabe com certeza o nome (o historiador Lincoln Secco levanta a hipótese, em livro recente, de que poderia se tratar de Elias Sanchez, mais tarde, membro da Liga Comunista Internacionalista)[3].

O PD, fundado em 1926 por setores da classe média urbana vinculada a fazendeiros de café e dissidentes da oligarquia rural do "carcomido" Partido

Republicano Paulista (PRP), teve como primeiro presidente o tio-avô de Caio, o conselheiro Antonio Prado, principal responsável por redigir seu manifesto inaugural. Jovens estudantes da Faculdade de Direito, assim como indivíduos ligados ao periódico *O Estado de S. Paulo*, também fariam parte do grupo. Com nomes como Waldemar Ferreira, José Adriano Marrey Júnior, Francisco Morato, Paulo Moraes Barros e Paulo Duarte, entre outros, a sigla ganhou impulso e cresceu bastante, chegando a 50 mil membros já no final daquele ano. Em 1927, foi lançado o *Diário Nacional*, o órgão oficial da agremiação, que um ano mais tarde atingiria a cifra de 70 mil exemplares distribuídos. O Partido Democrático, pouco tempo depois, iria incorporar-se à Aliança Liberal e alinhar-se ao candidato Getulio Vargas, tanto no processo eleitoral como na Revolução de 1930, que levaria o dirigente gaúcho ao poder.

Ainda assim, como aponta Paulo Henrique Martinez, o partido, de maneira geral, rejeitaria os caminhos políticos escolhidos pelos militares de 1922, de 1924 e da Coluna Prestes[4]. Outro comentarista lembraria que o PD "estava longe de se constituir em desafio profundo à ordem vigente" e que "não se dirigia às classes populares, não incorporava elites imigrantes e tampouco endossava o assalto violento ao poder"[5].

Apesar da extração de classe e do perfil ideológico da legenda, Caio ingressou de início no PD, segundo seu amigo Hermes Lima, provavelmente pela presença de setores populares (inclusive das camadas mais baixas), como pequenos artesãos, empregados de nível inferior, operários e sindicalistas[6]. Isso, de acordo com o mesmo autor, abriria "as portas para um mundo que sua origem marcadamente burguesa mantinha muito longe dele"[7]. Além desse aspecto, o fato de a agremiação defender a reforma eleitoral, o voto secreto e a autonomia do Poder Judiciário era um elemento democratizante que teria apelo no jovem, cansado do velho estilo "politiqueiro" da Primeira República[8].

De qualquer forma, tanto os "revolucionários" como o proletariado ficaram, em determinado momento, do lado do partido. Basta recordar um comunicado do Bloco Operário e Camponês, de fevereiro de 1928, que condenava o voto dos trabalhadores no PRP (descrito como "governamental", "oligárquico", "conservador" e "reacionário"), indicando que "só há um caminho a seguir, uma única diretriz a obedecer. Votar no Partido Democrático [...]. Essa nova atitude, no entanto, não importa em uma adesão do BOC ao PD. Ela é determinada por uma conveniência política"[9]. Um estudioso do tema, Edgar De Decca, chegou a comentar que:

> a diferença entre algumas propostas dos "revolucionários", como aquelas [...] de Prestes, e a de Maurício de Lacerda [...] e a do Partido Democrático, é que, para os primeiros, o proletariado pertencia ao bloco de classes da revolução, ao passo que para o PD o eixo da revolução passava por fora da classe operária.[10]

Em outras palavras, a legenda se posicionava "ao mesmo tempo ao lado da revolução e da classe operária, como *se esta última estivesse fora desse eixo revolucionário*"[11]. Para Caio, o Partido Democrático foi

> ao mesmo tempo mais reacionário e mais avançado que o Partido Republicano Paulista [...] pois havia nele tanto os oligarcas mais coerentes e empedernidos, mais aferrados aos elementos conservadores da vida econômica e social, quanto os elementos mais radicais, como a ala de Marrey Júnior, precursora do populismo.[12]

Antonio Candido, por seu lado, sugere "a formação, dentro ou na periferia do Partido Democrático, de uma espécie de esquerda moderada, que se manifestou sobretudo como arrojada vanguarda cultural"[13].

O velho conselheiro Antonio Prado não viveria para ver a revolução de 1930, que seu partido apoiou. Já Caio Prado Júnior continuaria atuando de forma enérgica como seu militante. Afinal, ele teria chegado até mesmo a participar da sabotagem dos meios de comunicação "que seriam usados para destruir as forças destinadas a facilitar o avanço das tropas que viriam ao Sul"[14]. A experiência militar de Caio, por certo, não era grande, ainda que ele tivesse frequentado o Tiro de Guerra por oito meses, em 1925, tendo se matriculado como atirador da Escola de Soldados e sendo excluído dela em setembro daquele mesmo ano, após ter sido aprovado, tornando-se reservista de 2ª categoria. De qualquer forma, em sua caderneta militar (da 4ª Circunscrição de Recrutamento de São Paulo), constaria a anotação de que tinha resistência em marchas e boa conduta, assim como um aproveitamento satisfatório durante o processo[15].

Como ativista do PD em São Paulo (cuja sede era localizada na rua José Bonifácio, 39-A, primeiro andar), Caio Prado Júnior ajudou a organizar o partido na capital e no interior do estado, ocupando o cargo de "delegado revolucionário" e membro da Comissão de Sindicância para o 10º Distrito em Ribeirão Preto[16], assim como o de primeiro tesoureiro do diretório de Santa Cecília (também fora membro da comissão de recepção dos candidatos da Aliança Liberal, em janeiro de 1930, juntamente com Manfredo Costa, Fábio de Camargo Aranha, Prudente de Moraes Neto e Plínio de Queiroz)[17]. Durante poucos dias, foi adido na Delegacia de Ordem Política[18], pedindo exoneração do cargo no dia 6 de dezembro de 1930[19].

Em 1931, o PD rompeu com o interventor do estado, João Alberto, e começou uma aproximação com o PRP, com o qual constituiria a Frente Única por São Paulo Unido. Mais tarde, ligou-se à LEC e à Associação Comercial, ou seja, acabou seguindo uma linha política totalmente distinta de todas as expectativas do jovem intelectual (por sinal, naquele mesmo ano, apesar da militância, Caíto ainda teve tempo, em fevereiro, de participar de um campeonato interno de polo aquático no Clube Atlético Paulistano, entre os times "Branco" e "Vermelho"; sua equipe, como se pode imaginar, era a colorada)[20].

Caio, portanto, decidiu afastar-se de vez do PD em 23 de outubro de 1931, por meio de uma carta de renúncia dirigida ao presidente da agremiação. Seu desligamento ocorreu por discordar "radicalmente da atitude que o Partido tem assumido há muito"; afinal, de acordo com ele, "formado como partido de combate a uma situação política, vencida esta, cabia-lhe reorganizar-se sobre bases compatíveis com o novo estado de coisas"; apesar disso, nada havia feito, e seu conselho central manteve-se completamente afastado de "qualquer diretriz política claramente traçada", levando a cabo apenas uma postura politiqueira, "desmentindo as suas tradições" e seguindo os mesmos caminhos da "situação" decaída; para ele, isso justificaria, portanto, declarar finda sua "modesta, mas sincera, colaboração"[21].

No dia anterior, na qualidade de tesoureiro demissionário do diretório de Santa Cecília, enviou a Leopoldo Guaraná, presidente do conselho do PD naquele bairro, um relatório sobre a situação financeira da tesouraria de sua agremiação, com o movimento de contas correntes, o débito do colegiado, as contribuições e o quadro demonstrativo do movimento de caixa de 1931. Disse que seu desejo "irrevogável" de resignar a posição que ocupava fora protelado várias vezes, mas a partir daquele momento sua decisão estava "definitivamente assentada". Ficaria com os livros, recibos e outros documentos do partido, os quais seriam entregues assim que lhe dessem instruções[22]. A secretária da Comissão Executiva do PD, Marília Monteiro, acusou em 3 de novembro o recebimento do informe sobre seu desligamento, "sendo tomada a devida consideração"[23]. A partir daí, ele estava livre para dar um salto mais radical, filiando-se, pouco tempo depois, ao Partido Comunista do Brasil.

Caio Prado Júnior ingressa no PCB num momento em que o Comintern dava mais atenção a São Paulo em seus planos sindicais na América do Sul. Vale recordar que no Congresso das Seções Latinas da IC em Montevidéu, em 1931, deliberou-se que aquela metrópole serviria como base para as ações sindicais no continente, por ser o grande centro industrial da região[24]. Como aponta Marcos Tarcisio Florindo, em virtude disso, os comunistas começaram a se concentrar na capital paulista, criando vínculos com as cidades do interior, constituindo células e iniciando a aplicação imediata das diretivas de Moscou. É dentro desse contexto que a FSR, que controlava seções de sindicatos que possuíssem militantes do PCB (metalúrgicos, setor de vestuários e madeireiros), reuniu-se no final daquele mesmo ano a fim de promover a unidade entre os diferentes grupos. Também foi realizada a transferência do Comitê Central do Rio de Janeiro para São Paulo[25].

O partido vinha num processo de crescimento desde sua fundação, ainda que continuasse pequeno em termos gerais. Os números diferem de acordo com as fontes. Em 1929, possuía, supostamente, em torno de mil aderentes, cifra que permanecia inalterada cinco anos mais tarde[26]. Um informe do Deops, de 1932, contudo, estimava que a quantidade de membros "em São Paulo" naquele ano era de 1.500 adeptos e, no final do ano seguinte, em torno de 3 mil[27]. Mesmo que a agremiação estivesse no auge do momento "obreirista", na esteira das expulsões de "trotskistas" e "bukharinistas" do Comintern, desde 1928, e que aparentemente exaltasse e privilegiasse quadros de origem proletária (ou que estivessem diretamente envolvidos com o trabalho nas fábricas), foi justamente nesse período que muitos intelectuais, militares e profissionais de classe média ingressaram no partido[28].

Quando entrou no PCB, Caio Prado Júnior já estava casado com sua primeira esposa, Hermínia Ferreira Cerquinho (conhecida pelos íntimos como Baby), desde 18 de dezembro de 1928; tinha dois filhos, Yolanda (que recebeu o apelido de Danda), nascida no ano seguinte, e Caio Graco; era bacharel em "ciências jurídicas e sociais" pela tradicional Faculdade de Direito do Largo São Francisco; e trabalhara no prestigioso escritório de advocacia de Abrahão Ribeiro (mais tarde, prefeito da cidade). Também fora preso uma vez, na madrugada do dia 1º de janeiro de 1930 (logo após participar de uma festa de Ano-Novo no Automóvel Club Paulista), após gritar no dia anterior: "Viva Getulio Vargas" diante do candidato oficial Júlio Prestes, o que teria sido considerado desacato pelas autoridades policiais. Foi libertado algumas horas depois (indignado, escreveu uma nota para o jornal *O Estado de S. Paulo* na qual denunciou o ocorrido)[29]. Morava, naquela época, numa bela residência situada na rua Itacolomi, 44, no bairro de Higienópolis, que fora presenteada ao casal por Alfredo Vaz de Cerquinho, pai de Hermínia[30].

Apesar da confortável situação econômica e familiar de Caio Prado Júnior, é bom recordar aqui que sua decisão de ingressar no PCB não seria fácil em termos pessoais, e ele teria de arcar com todas as consequências dessa verdadeira ruptura ideológica com sua classe. Nos almoços e reuniões de família na casa de sua mãe, muitos parentes se recusavam a comparecer ou deixavam de ir à mansão se soubessem que ele estaria presente, isolando-o socialmente. Até mesmo cruzes em chamas eram jogadas nos jardins de sua casa! Houve momentos em que sua filha Danda (ainda criança) chegou a receber pedradas na rua, em Higienópolis, e mais tarde, durante a adolescência, foi agredida verbalmente no Clube Harmonia, acusada de ser "filha de comunista"[31]. A militância, as ideias (radicais demais para a elite paulista) e as prisões o tornavam uma figura indesejável, um pária nos círculos privados dos quais outrora fizera parte.

A opção pelo comunismo fez com que Caio Prado Júnior transcendesse a condição de simples "rebelde" e adotasse uma postura de "revolucionário", em todos os sentidos do termo. Ele seria capaz de sacrificar sua vida pessoal em nome de ideais: expôs a si mesmo e à sua família à execração pública, foi constantemente vigiado pelos órgãos de segurança ao longo dos anos, teve de afastar-se daqueles que amava nas diferentes ocasiões em que foi detido e encarcerado, viu-se obrigado a se autoexilar durante o governo Vargas e a ditadura militar e, ainda assim, recebeu críticas dos mais diferentes setores partidários, tanto da esquerda quanto da direita. Embora tivesse uma condição econômica confortável e sua liberdade de ir e vir *em geral* (mas nem sempre) fosse respeitada, o fato é que ele, sem dúvida, escolheu o caminho mais duro, o de um militante pecebista (tanto no trabalho *direto* dentro do partido como também no de intelectual marxista "independente"), sem nunca abandonar a luta.

Caio Prado Júnior *possivelmente* seguiu o ritual de muitos outros ativistas antes de ingressar de fato no PCB, optando por aderir de início a uma organização de apoio aos trabalhadores, como a Cooperativa Internacional dos Trabalhadores (fundada por ele) ou o Socorro Vermelho Internacional. De acordo com o historiador Dainis Karepovs, ele pode ter feito um "estágio" no SVI com o intuito de evitar, posteriormente, confrontos mais agudos e dessa forma facilitar sua entrada no partido[32]. Afinal, nem sua origem de classe nem a própria postura política do PD eram credenciais que agradariam ao PCB, sobretudo no momento "obreirista" pelo qual passava.

Fundado em 1922, como resposta ao IV Congresso do Comintern, o MOPR (como era mais conhecida mundialmente a organização) realizou sua primeira plenária em junho de 1923, em Moscou, na qual se decidiu constituir seções nacionais em todos os continentes. A primeira conferência do SVI, presidida por Elena Stasova, ocorreria em julho de 1924, ao mesmo tempo que se davam os trabalhos do V Congresso da IC. Já em 1928, o MOPR contava com 44 seções nacionais; em 1931, essa cifra seria ampliada para 58; e, em 1932, era possível identificar 67 delas, com 1.278.274 membros.

No Brasil, o MOPR seria constituído entre o final de 1923 e o começo de 1924, ou seja, pouco tempo depois da fundação do PCB[33]. Em São Paulo, tiveram destaque membros das comunidades estrangeiras (duas associações ligadas a elas eram a Sociedade Húngara e o Centro Lituano de Cultura da Vila Zelina). O judeu lituano Abrahão Kovalsky e sua esposa, Tzia, por exemplo, imigraram para o Brasil em julho de 1929 e quase imediatamente começaram a trabalhar em prol das causas proletárias no país. Kovalsky e seu amigo Alberto Grinja editavam o *Darbiniku Zodis* [Palavra do Operário] e o *Músu Zodis* [Nossa Palavra], atraindo a atenção da polícia política, que começou a vigiá-los a partir de então. A casa do lituano não só abrigava a tipografia onde eram produzidas as publicações, como também servia de sede do SVI na capital. Em março de 1932, o casal estrangeiro seria detido e quase um ano depois enviado pelas autoridades para o sul do país. Outra tipografia ligada ao MOPR se localizava na residência da militante do PCB Eneida Costa, que mantinha um mimeógrafo e documentos do partido em casa[34].

As atividades políticas de Caio Prado Júnior naquele período foram intensas e compatíveis com o que se poderia esperar de um jovem entusiasta e de um decidido militante social diante de uma situação política e econômica que ganhava contornos dramáticos. Nos anos de 1930 e 1931, de um total de 140 mil trabalhadores nas indústrias têxteis do Brasil, mais de 30 mil encontravam-se desempregados. O historiador soviético Boris Koval nos conta que, em São Paulo, 10 mil operários haviam sido demitidos das três fábricas do conde Matarazzo. O número daqueles que haviam perdido seu posto de trabalho somente na capital do estado era de aproximadamente 70 mil. No Rio de Janeiro, por sua vez, 60 mil homens e mulheres perambulavam em busca de ocupação. Enquanto o desemprego aumentava, era possível identificar, paralelamente, a elevação dos impostos e da inflação e um declínio significativo de 30% a 40% nos salários dos operários: a fome, a sífilis e outras enfermidades, segundo ele, campeavam nos lares das famílias das classes menos favorecidas[35].

O proletariado iria se mobilizar. De 10 a 27 de novembro de 1930, os operários têxteis e os ferroviários paulistas deflagraram uma greve contra a proposta patronal de redução salarial, ganhando o apoio de trabalhadores de diversas empresas estaduais, que se levantaram em solidariedade aos colegas paralisados. Em torno de 30 mil operários cruzaram os braços na ocasião, forçando o interventor João Alberto a decretar um incremento de 5% nos soldos mensais. Greves ainda eclodiram no Nordeste (Bahia, Ceará e Pernambuco) e no Sul (Paraná e Rio Grande do Sul), enquanto na capital da nação, milhares de pessoas participaram da "marcha da fome".

Os tempos eram difíceis. Em 1931, aproximadamente 57.900 operários se envolveram em greves; e, um ano mais tarde, esse número se elevou para 96.500, o que representava 65,2% de todas as paralisações no país: no Distrito Federal, gráficos pararam as máquinas por 48 horas; no Recife, por sua vez, 4 mil pessoas marcharam e assistiram a comícios promovidos pelo PCB; e, no estado de Pernambuco, protestos contra prisões políticas foram impulsionadas por operários têxteis, gráficos e canavieiros.

A luta se intensificava. Em Teresina, soldados do 25º Regimento de Infantaria, com o apoio de desempregados, insurgiram-se e tomaram o poder na cidade, até a sublevação ser debelada após luta sangrenta contra a polícia e tropas do governo. No final daquele ano, o Batalhão de Cavalaria e o 21º RI do Recife levantaram-se em armas, obrigando a presidência da República a enviar a Pernambuco navios de guerra e tropas de três estados vizinhos. Os soldados rebeldes, nesse ínterim, desarmaram os oficiais, tomaram os quartéis e controlaram por três dias os bairros operários da cidade, num intento que também seria em breve esmagado[36].

Ainda de acordo com Koval, houve 124 greves importantes no Brasil entre janeiro de 1931 e julho do ano seguinte. Em 1931, em média, 1.724 trabalhadores tomaram parte em cada greve, enquanto em 1932 essa cifra subiria para 4.031[37]. O número daqueles que aderiam aos movimentos grevistas em 1932 aumentou de 1.300 em janeiro para 2.435 em fevereiro, 2.550 em abril e 5.487 em maio. Só no primeiro semestre, pararam suas atividades ferroviários, operários têxteis, sapateiros e trabalhadores do setor de alimentos em São Paulo, motorneiros da Light and Power Company no Rio e gráficos no Recife[38].

É nesse contexto de intensificação da luta de classes que Caio Prado Júnior ingressa e começa a atuar nas fileiras comunistas. Já em 1932, ele será um dos fundadores de duas entidades, a Cooperativa Internacional dos Trabalhadores (alguns autores se referem à organização como Sociedade de Socorros Mútuos Internacionais)[39] e o Clube dos Artistas Modernos.

O jovem intelectual e o colega Tito Batini (antigo funcionário da Gráfica Editora Monteiro Lobato e da San Paulo Gas Company) tiveram a ideia de criar uma instituição com o objetivo de prestar solidariedade a presos políticos no Brasil e no exterior. E também, nas palavras de Batini, como uma maneira de "afrontar a burguesia"[40]. A principal função da organização, contudo, seria proporcionar serviços médicos e aquisição de alimentos a preço de custo para a classe operária[41].

A sede da Cooperativa Internacional dos Trabalhadores (para alguns, um organismo análogo ao SVI; para outros, um núcleo dele) ficava num pequeno escritório na Praça da Sé, ao lado da Catedral, no centro de São Paulo, com um letreiro a gás neon na fachada do edifício[42]. Entre seus membros figuravam o irmão de Caio, o arquiteto e pintor Carlos Prado; o irmão de Batini, Pio Líbero; o estudante Prudente Meirelles de Moraes; o artista plástico Flávio de Carvalho; o dramaturgo, ator e diretor teatral Procópio Ferreira; o advogado Zoroastro de Gouveia; e os médicos Manuel Guilherme da Silveira Filho e André Dreyfus. Também integravam a organização homens como Moreira Porto, Ribas Marinho, Motta Lima, Quirino Pucca e Jair Martins. Um prontuário do Deops indica que Caio Prado Júnior era o "sócio" da Cooperativa com o segundo maior número de cotas, seis ao todo. Zoroastro de Gouveia possuía dez; Flávio de Carvalho, Carlos Prado e André Dreyfus, quatro cada; Guilherme da Silveira Filho e Moreira Porto, duas; e Ribas Marinho e Motta Lima, apenas uma. Não custa lembrar que CPJ, nessa época, ganhava uma mesada familiar considerável, além de receber mensalmente o pagamento do aluguel de uma residência de sua propriedade, na capital[43]. Daí o fato de ser um dos principais contribuintes financeiros do grupo.

Criada no início do ano, porém, a Cooperativa Internacional dos Trabalhadores durou pouco. Já em abril de 1932, seria extinta, principalmente em virtude de um escândalo envolvendo Theodoro Sampaio Filho, o tesoureiro da organização, que teria se apropriado de fundos da entidade de forma indevida e não recebeu o aval do pai para repor o valor desviado com a venda ou penhor de bens familiares (ele também teria deixado de pagar sua cota para a Sociedade). A associação, portanto, quebrou financeiramente e não pôde continuar suas atividades[44].

Foi após a extinção da Cooperativa Internacional dos Trabalhadores, entre o final de abril e o começo de maio de 1932, que Caio Prado Júnior *provavelmente* entrou para o PCB. Vale dizer que a maioria dos livros sobre ele indica 1931 como o ano de seu ingresso no partido, ainda que sem nenhum elemento comprobatório[45]. A documentação referente à época, contudo, dá a entender que seu ingresso ocorreu, *de facto*, no ano seguinte. É bom ressaltar que sua demissão do PD foi aceita em novembro do ano anterior, e era comum um período de ativismo em algum órgão de apoio aos trabalhadores antes da efetivação da filiação nos quadros comunistas. Ou seja, Caíto possivelmente se aproximou do partido ainda em 1931, mas somente seria aceito como integrante *pleno* da agremiação alguns meses depois. Afinal, mesmo em fevereiro de 1932, ele diria, numa carta a Carlos Costa Leite, que não participaria de um congresso de simpatizantes do PCB porque não teria dado "ainda nenhum passo no sentido de satisfazer meu compromisso"[46].

Um artigo na imprensa paulista seria simbólico não só de sua admiração pela URSS, mas também de sua profissão de fé pública à nova causa. Nele, foi contundente com o jornalista Plínio Barreto, que pouco tempo antes criticara o governo soviético. Nas páginas do *Correio da Tarde*, nas edições de 3 e 4 de maio, Caio atacou a falta de conhecimento do redator-chefe do jornal *O Estado de S. Paulo* sobre o verdadeiro caráter do regime que vigorava na Rússia:

> A miséria existe na Rússia como em todo o mundo; a diferença está em que lá marcha-se para uma solução; nos demais países para um agravamento de condições. Se o sr. Plínio Barreto se desse ao trabalho de estudar um pouco o que são as crises econômicas do capitalismo, saberia que são inerentes ao regime: necessárias e fatais. Comparando então as várias crises que têm surgido, verificaria que vão num crescendo de intensidade. A que atravessamos é certamente o grito de agonia de um regime falido. Entrecortada de breves períodos de melhoria, ela se agrava constantemente.
> O sr. Plínio encerra sua "monumental" nota com a afirmação de que no Brasil toda gente vive mais ou menos livre, mais ou menos desafogada. Estes "mais ou menos" parecem-se com as cláusulas salutares que costuma acrescentar às suas petições... Mas afaste-se um pouco o sr. Plínio do macio escritório em que dá consultas; percorra este imenso Brasil que desconhece; ponha-se em contato com o que existe, e não com o que imagina existir; e verá que não é "tão" desafogada e livre a situação dos brasileiros. Se alguns, muito poucos, desfrutam tais vantagens, a grande, a imensa maioria das nossas populações, vive na mais abjeta miséria física, intelectual e material.[47]

As reações ao texto foram imediatas. Em 5 de maio, Jorge Raffael escreveu uma mensagem felicitando Caio por deixar de ser apenas um simpatizante para militar no partido, "empregando sua inteligência, pela implantação da única doutrina que virá mitigar, e mais tarde, extinguir os horríveis sofrimentos por que passa atualmente a parte da humanidade que habita o Brasil"[48]. Já "Francisco de Borja" (pseudônimo) de Jaboticabal, enviaria "minhas mais calorosas felicitações" pelos "magistrais artigos" criticando "o burguês Plínio Barreto". Seria categórico: "Bravo, Senhor, pela coragem e altivez com que vem de pulverizar os argumentos desse endinheirado lacaio do imperialismo!"[49].

Por outro lado, sua aparente entrada "oficial" na agremiação não passaria incólume para alguns anticomunistas locais. Um missivista anônimo, dizendo-se do PRP, atacaria com agressividade o jovem ativista, algo que se tornaria comum ao longo dos anos. Na carta, era contundente:

> Sr. Caíto:
> Agradecidos estamos, todos os desta casa, pelos momentos inesquecíveis de bom humor que o senhor nos fez passar hoje, com o seu credo comunista. De um xuxú [sic], como o nobre comunista, não se poderia esperar outra coisa!
> O senhor é gozadíssimo!
> No meio daquelas asneiras todas há trechos interessantes. Ora o senhor Caíto a falar em casas com chão de terra batida, telha vã, e trabalhos de sol a sol!!!
> Só dando uma boa gargalhada ou como diz o povo: "só dando com uma pedra nele". Enfim, para alguma coisa valeu; por exemplo: todos nós ficamos sabendo que o senhor refestelado em confortáveis poltronas Maple, guiando ricos automóveis [...] e etc. [...] é *comunista* e [...] frequentador de todos os cortiços, nos quais impera a miséria negra (sem trocadilhos).
> Parabéns!
> Há mais alguma coisa digna de referência ao seu artigo: o senhor refere-se aos palacetes da Avenida Paulista, mas devia ter-se referido antes aos da Avenida Higienópolis, aos de sua avó, de seus tios Antonio Prado Júnior, Joaquim Mendonça e no de seu pai. O senhor devia ter falado também sinceramente na fortuna da condessa Álvares Penteado, na de seu pai, de seu sogro e das duas avós de sua senhora! Pois todo esse dinheiro (muitos milhares de contos) que o senhor acha injustamente depositado em tão poucas mãos, devia ser repartido fraternalmente com o "gado humano que trabalha".
> Depois então venha nos falar em desafogo, liberdade, entoando loas ao regime comunista, porque nós aqui ficaremos entoando loas à sua perfeita imbecilidade.
> [Assinado] PRP e inimigo do dr. Plínio Barreto.[50]

Mas a opção estava feita. Ele elaboraria um esboço de "manifesto" do partido, intitulado "Nosso programa", no qual diria, resolutamente, que "entre as ideologias proletárias só está de pé o marxismo, que resistiu à prova do tempo e aos ataques contínuos. É a verdadeira ideologia dos trabalhadores. Por quê? Não se funda em sentimentalismos, pois ampara-o uma concepção científica"[51].

Logo depois, em 9 de maio, escreveu uma carta ao "colega e amigo" Abrahão Ribeiro, largando, "com pesar" e por "circunstâncias extremas", o emprego no famoso escritório de advocacia (no qual trabalhara três anos), no edifício Glória, na Praça Ramos de Azevedo, algo que lastimava. Em suas palavras:

> A atitude política por mim ultimamente assumida, e que doravante só se poderá mais afirmar, criou para nossas relações de companheiros de escritório uma situação toda especial. Tenho a convicção, dado o conhecimento que possuo do colega, que tal atitude não o poderia afetar pessoalmente. Mas não ignoro também que uma tolerância desta ordem não é fato comum, principalmente no meio em que o advogado deve profissionalmente agir. As minhas convicções sociais e políticas, por mais independente que seja a posição que ocupo a seu lado, se refletirão necessariamente sobre o nome do escritório, envolvendo até certo ponto sua responsabilidade. Parece absurdo; mas certamente é verdade. Sinto por isso que minha presença irá prejudicá-lo, bem como os nossos outros companheiros.
> Não quero que isto se dê. Assumo a integral responsabilidade das minhas opiniões; e quero também integralmente suportar-lhes as consequências; não posso permitir por isso que elas afetem quem quer que seja. Afasto-me por isso, como única solução para o caso, do seu escritório.[52]

Um agente do Gabinete de Investigação de São Paulo, infiltrado no PCB, posteriormente daria a entender, num informe, que Caíto teria sido militante do SVI durante boa parte daquele ano e que só "mais tarde", depois da revolução constitucionalista, ingressaria no partido[53]. O relatório, com poucos dados, informações difusas e linguagem imprecisa, deve ser visto com cautela, porém. O certo é que Caíto fundou e atuou na Cooperativa Internacional dos Trabalhadores (Sociedade de Socorros Mútuos Internacionais) no começo de 1932, assim como *também* apoiou (como militante pecebista) o MOPR em São Paulo ao longo daquele ano, como seria de se esperar. Afinal, muitos membros do Comitê Regional do PCB (que tinha 80% de sua receita proveniente da zona do Bom Retiro) trabalhavam para o Socorro Vermelho Internacional[54].

O reservado também comenta que CPJ teria chegado a dar "certa quantidade de dinheiro para diversos camaradas", tanto para membros menos graduados do PCB e do SVI como para "Miguel", ou melhor, José Villar, eleito secretário-geral do partido no começo daquele ano (em maio, o gráfico Duvitiliano Ramos seria colocado no cargo e, no final de 1932, Domingos Brás assumiria a posição). É possível. Sabe-se que Caíto ajudava financeiramente o PCB, e não seria de estranhar que contribuísse com fundos, se fosse solicitado, principalmente por Villar, alto dirigente da organização.

Entre maio e julho, manteve vínculo epistolar com o periodista "Francisco de Borja" o qual pedia sua colaboração para um jornal que editava em Jaboticabal. Enviou ao colega o texto "Trabalhadores e burgueses", no qual utilizava uma linguagem bastante afinada com o estilo "obreirista" do PCB na época. Assinou com o pseudônimo "Graco" (por sinal, o nome de seu filho Caio Graco, que nascera em 12 de agosto do ano anterior)[55]. Marcava novamente sua posição:

> Na sociedade atual, duas classes se defrontam: os que trabalham, os que produzem – de um lado; do outro, os que usufruem este trabalho, vivendo parasitariamente à sua custa. São estes os burgueses: os fazendeiros, os proprietários, os industriais – os capitalistas, enfim.
> É preciso que os trabalhadores compreendam bem isto; compreendam que formam uma classe, com interesses comuns; classe esta que é explorada em benefício dos que nada fazem, mas gozam de todas as regalias.
> Compreender tal situação é o que significa para os trabalhadores possuírem "consciência de classe". Uma vez alcançado isto; uma vez que os trabalhadores sabem e sentem que são explorados; que seu esforço – que, para eles, apenas lhes dá o que comer – para os outros, os capitalistas, que nada fazem, dá-lhes tudo quanto de bom e agradável existe no mundo; uma vez chegados a isto, então é possível a luta consciente, da qual sairão vencedores os proletários, porque são eles que produzem e porque são eles os mais fortes, pelo número e pela têmpera. Não há acordo possível. A luta é de domínio ou de uns, ou de outros. Hoje dominam os capitalistas, que têm tudo nas mãos: desde o Estado até a própria vida do trabalhador. Amanhã, lutando e vencendo, dominarão os trabalhadores. E a eles caberá então fundarem uma nova sociedade, onde todos os homens sejam iguais; onde um não seja escravo do outro.[56]

Mais tarde, insatisfeito com o resultado, CPJ pediria a "Borja" que não o publicasse: ele o teria escrito às pressas, comprometendo sua qualidade[57] (pouco depois, ele conversaria com o CC do PCB para se aproximar do jornalista e fazer com este realizasse trabalhos para o partido em Jaboticabal)[58]. Na mesma época, artigos seus, com forte carga ideológica, sairiam no *Correio da Tarde* e no *Diário da Noite*[59].

A teoria e a prática andavam juntas e se completavam. Se por um lado ele se mobilizava como ativista e organizador político, por outro, não deixava de se interessar pelos estudos e pela teoria econômica marxista, ambos elementos que dariam o suporte intelectual necessário a suas atividades.

Um artigo em particular capturou sua atenção naquele momento. Escrito por H. B. Summers, professor do Departamento de Public Speaking da Kansas State

College of Agriculture and Applied Science (em Manhattan, Kansas), e publicado no número 3, volume 46, da *Quarterly Journal of Economics*, na edição de maio daquele ano, o ensaio "A Comparison of the Rates of Earning of Large-Scale and Small-Scale Industries" [Comparação das taxas de ganho das indústrias de grande e pequena escala] discutia investimentos, trabalho e produtividade em indústrias de pequena e grande escala e foi lido pelo futuro historiador brasileiro à luz das elaborações marxianas. Escreveu imediatamente ao autor, perguntando se poderiam manter contato por cartas. Afinal, queria desenvolver melhor o instrumental teórico sobre essa e outras questões análogas. Para CPJ, as conclusões de Summers seriam uma "aparente confirmação estatística" das elucubrações econômicas do filósofo alemão. O desejo de continuar o intercâmbio epistolar com o acadêmico norte-americano, assim, não era apenas diletantismo, mas representava uma continuação consciente do seu trabalho de militante[60] (Summers responderia logo em seguida, dizendo ter se interessado muito pela missiva do colega, que o havia feito pensar nas observações do brasileiro, ainda que não estivesse seguro de que todas as implicações apresentadas por ele fossem procedentes)[61].

Vale lembrar que a militância de Caíto se dá num ano particularmente intenso, com a fundação da AIB, de um lado, e a Revolução Constitucionalista, de outro. Em relação a esse segundo evento, ao contrário da maioria dos jovens paulistas, das elites locais e de antigos colegas da Faculdade de Direito do Largo São Francisco, ele foi contra o chamado movimento "sedicioso", decidindo passar uma temporada isolado numa fazenda da família no interior do estado.

Sua posição, nesse caso, era a mesma do PCB, que não se envolveu no processo. O partido, ainda que contrário a Vargas, não se entusiasmava com as bandeiras limitadas dos setores oligárquicos de São Paulo, defendendo, por seu lado, a preparação para uma possível revolução "operária e camponesa". O conflito de 1932 representaria, assim, um embate entre o imperialismo norte-americano (personificado pelos setores aliados a Getulio Vargas) e o inglês (aliado das elites paulistas). Segundo Victor V. Valla, "embora a Grã-Bretanha continuasse a possuir mais companhias funcionando no Brasil no ano de 1928, ficou claro que o maior ritmo de crescimento [no setor de investimentos] estava com os norte-americanos, um fenômeno que se revelou em quase todos os outros setores da economia brasileira". O fato é que, com o crescimento dos Estados Unidos no setor de investimentos, as finanças do país ficariam mais dependentes dos ianques do que dos britânicos. Assim, "quase o dobro de companhias haviam os norte-americanos instalado em relação à Grã-Bretanha desde 1915". Vale ressaltar que, já em 1926, Londres havia exportado para o Brasil um valor de 14,2 milhões de libras esterlinas, enquanto Washington, 23,2 milhões[62] (no período entreguerras, entrariam no país diversas empresas do "Colosso do Norte", suprindo o mercado interno com maquinaria agrícola, medicamentos, resinas e calçados; as montadoras automobilísticas da Ford e General Motors também se instalariam por aqui). O próprio Caio diria, anos mais tarde, que depois da Primeira Guerra Mundial as indústrias subsidiárias se multiplicariam no país, inclusive as norte-americanas (as mais numerosas, importantes e de grande vulto), estabelecidas entre 1919 e 1932 (como as de produtos farmacêuticos e químicos, do setor de alimentação e de aparelhos elétricos, para citar algumas)⁶³. Outros jovens comunistas, amigos de Caio Prado Júnior, teriam a mesma postura em relação ao conflito naquele momento⁶⁴.

Mas, como aponta Marcos Tarcisio Florindo, a Revolução Constitucionalista seria usada como pretexto para que a polícia desencadeasse uma forte repressão contra o movimento operário e o PCB, desestruturando seu "quadro dirigente nacional e estadual", assim como o MOPR, os grupos de apoio de comunidades estrangeiras, a "casa de propaganda" do partido (onde se editavam os jornais partidários) e elementos ligados aos sindicatos, processo durante o qual centenas de documentos foram confiscados. Cerca de 6.800 pessoas foram detidas, inclusive mulheres e crianças⁶⁵.

Em novembro daquele mesmo ano, Caio ainda foi um dos fundadores do Clube dos Artistas Modernos (CAM), agremiação idealizada por seu irmão, Carlos, juntamente com Di Cavalcanti, Antônio Gomide e Flávio de Carvalho, que a conceituava como uma sociedade apolítica "com definidas intenções de reunir artistas e divulgar a arte moderna"⁶⁶. Sediada na rua Pedro Lessa, número 2, no centro da capital paulista, tinha em seus quadros vários parentes de CPJ (como seu primo Paulo Prado, a irmã Yolanda e a esposa, Baby Cerquinho), além de elementos boêmios da elite local e ativistas de esquerda. Caio foi o responsável por escrever os estatutos do "clube". Não só integraria a sua "Comissão de Assuntos Gerais", como faria parte da diretoria, que contava com antigos filiados da Cooperativa Internacional dos Trabalhadores, como André Dreyfus, Procópio Ferreira e Quirino Pucca. O CAM se destacou pelas apresentações musicais, cursos de pintura, peças de teatro e ciclos de palestras sobre psiquiatria, arte, dança e política. O intuito era trazer ao público paulista o que havia de mais moderno e ousado na época em termos estéticos e culturais. O cubismo, a arte dos loucos, o teatro da experiência e a Revolução Russa, portanto, eram temas em voga na entidade. Entre os frequentadores da agremiação estavam elementos tão diversos como o anarquista italiano Oreste Ristori, o trotskista Mário Pedrosa e os militantes pecebistas Joaquim Câmara Ferreira e Tito Batini. Após um ano sendo vigiado e reprimido pela polícia, com diversos sócios abandonando-o ou deixando de pagar as mensalidades, o CAM foi extinto em dezembro de 1933.

A política continuou entre as prioridades de CPJ ao longo daquele período. E seus contatos com o interior do estado, reforçados. Alguns camaradas de partido lhe passariam informes sobre a situação dos trabalhadores urbanos e rurais na região. O quadro em cidades como Bauru e Araçatuba na primeira quinzena de novembro, segundo relato de um de seus colegas e apoiadores, era que "operários" e "camponeses" (os quais identificava como "assalariados agrícolas") haviam assistido "de frisa" o desenrolar do último movimento revolucionário. Havia até mesmo um "medo da massa" de se aproximar do PCB. Além disso, o "obreirismo" estava prejudicando a qualidade de sua ação, já que "nossa Moscou-mirim" (os dirigentes da agremiação) apresentava "graves desvios" e um "esquerdismo doentio da direção e de certos líderes". De acordo com o camarada, "vocês, intelectuais, os espíritos esclarecidos e sinceros, precisam nos auxiliar, a nós que não concordamos com certas *infantilidades*, a traçarmos novos rumos à direção"[67]. Era um prenúncio do que estava por acontecer com o próprio Caíto, alguns dias mais tarde.

Ainda no final de 1932 (ou seja, na mesma época em que o CAM era constituído), Caio Prado Júnior seria acusado pelo Comitê Regional do PCB de querer fundar um jornal "pequeno-burguês", ter vínculos com ideias e indivíduos trotskistas (para o CR, o pensamento de CPJ na época se contrapunha à "palavra de ordem justa da IC, aprovada em congresso internacional, na qual participaram os mais experimentados revolucionários, verdadeiramente identificados com as massas trabalhadoras, e portanto, os únicos capazes de levar o proletariado a fazer sua revolução"), de organizar cursos marxistas sem consultar os dirigentes (que seriam, segundo eles próprios, nada mais que cursos de trotskismo) e de ligar-se a "elementos de base que, por sua condição de enfermos, estavam afastados do trabalho ativo do partido" (fazendo com que estes se tornassem portadores de suas ideologias pequeno-burguesas e contrarrevolucionárias no seio da agremiação). Ou seja, o acusavam de estar colaborando com militantes que se preparavam para dar um "golpe de Estado" dentro do PCB. De maneira agressiva, o CR de São Paulo instava Caíto (por meio de carta recebida em 29 de novembro) a dar uma declaração no prazo de dois dias, afirmando que sua atitude fora contrarrevolucionária e que aceitava *incondicionalmente* as diretrizes que o partido lhe impusesse, caso contrário seria denunciado publicamente como trotskista e, portanto, como um inimigo do proletariado e da revolução. Se não fizesse o que lhe era exigido no prazo marcado, eles o combateriam "do ponto de vista de classe contra classe internacionalmente"[68].

O jovem militante seria obrigado a se defender de todas essas acusações. Sua resposta veio em seguida. Em primeiro lugar, nunca havia passado por sua cabeça a ideia de fundar uma publicação "pequeno-burguesa". Pelo contrário. Pensara em editar um periódico "marxista-leninista", e por sugestão de camaradas do partido! Via como obrigação pelo menos *tentar* realizar tal empreendimento, e não apenas cruzar os braços e declarar de antemão a impossibilidade da tarefa. Citava o exemplo do *Pravda*, que num regime muito mais opressivo que o brasileiro saíra regularmente de 1912 a 1914, em plena Rússia tzarista e autocrática.

Por isso, lembrava Lenin para comentar que todas as possibilidades legais, os "interstícios da legalidade", deveriam ser aproveitadas. Seu jornal, portanto, teria como objetivo combater a demagogia dos "tenentes" e contrapor seu órgão, *O Radical*, dentro dos sindicatos.

Caio também não entendia por que querer preparar "cursos marxistas" seria considerado algo ruim ou "contrarrevolucionário" para os membros do CR (como se estes fossem os únicos iniciados na ciência e capazes de compreender o marxismo). E não entendia os motivos da insinuação sobre o suposto "golpe de Estado" interno, uma acusação claramente improcedente. Continuava:

> Quanto a afirmar que se trata de uma tese trotskista, há aí um pequeno engano. Os trotskistas brasileiros afirmam que a revolução de 1930 foi uma revolução democrático-burguesa. É nisto que divergem – com respeito ao assunto – da doutrina do PC. Ora eu nunca afirmei semelhante tolice, e pelo contrário sustento que nas condições do Brasil não há lugar para uma revolução burguesa, *porque o nosso regime já é arquiburguês.*
>
> O CR quer provocar uma revolução democrático-burguesa. Mas isto é absurdo. Ninguém manda nos acontecimentos. O papel do PC seria, no caso de se processar uma revolução burguesa, encabeçá-la. Mas para isto é preciso antes indagar se de fato o Brasil está na iminência de uma revolução burguesa. É isto que eu nego. Se estivesse, os sintomas não faltariam, e ninguém de bom senso o poderia negar. Quando na Rússia Lenine aconselhava o proletariado a conduzir a revolução burguesa, não havia quem negasse a iminência desta revolução, de tão evidente que era. A Rússia vivia num regime autocrático. E a própria burguesia era revolucionária. Se era pouco consequente, devia-o ao fato de temer mais o proletariado que a autocracia tzarista, e por isso fraquejava cada vez que a revolução se aproximava, como em 1905. E foi por isso que Lenine afirmou que só o proletariado era capaz de realizar a revolução burguesa russa, porque a burguesia era fraca e hesitante demais. Mas que a Rússia estava na iminência de uma revolução burguesa, ninguém, nem o tzar, o ignorava. A única divergência estava na forma de realizá-la. A burguesia entendia fazê-la ela mesma, a seu modo; os mencheviques queriam a colaboração do proletariado, e a constituição, no regime burguês, de um forte partido operário de oposição; os bolcheviques pelo contrário, com Lenine à frente, queriam uma ativa participação dos operários e camponeses; queriam mais a implantação consecutiva da ditadura proletária e camponesa, e finalmente a transformação da revolução burguesa em revolução socialista.
>
> Pode-se afirmar que coisa semelhante se passa no Brasil? É o que nego, mas que teria imensa satisfação em ver provado, não com imposições ou ameaças, que não temo, mas com *argumentos*.

E o CR pode estar certo que lhe valem muito mais colaboradores conscientes e sinceros, que oportunistas sem opinião, que aceitam tudo, só pelo medo de discutir, e não porque estejam sinceramente convencidos. Estes podem qualquer dia virar as costas, porque sua colaboração não assenta na sua convicção. Mas os que procuram se esclarecer, e somente aceitam o que é provado – e tudo no marxismo-leninismo, que é ciência, pode ser provado – estes nunca faltarão na hora que forem chamados a lutar.[69]

O desconforto de Caíto com o PCB ficou evidente na ocasião. Chegou a deixar de se corresponder com colegas por achar que poderia ser apontado como amigo de trotskistas. Pediu que o CR reconsiderasse seu "contrarrevolucionarismo" e tentou se reaproximar do grupo, mesmo achando que este já não queria ter nenhuma ligação com ele. Por isso, limitou-se, na ocasião, a escrever e distribuir panfletos sobre a vida dos operários na União Soviética, o que, aparentemente, causou bastante interesse entre os trabalhadores[70]. Também cogitou preparar um texto sobre os camponeses, mas como a questão seria "melindrosa" (devido à sua divergência com a tese oficial pecebista) preferiu adiar a decisão de elaborar tal artigo[71].

Para Caio, claramente crítico ao "obreirismo"[72] seria absolutamente necessário que os "bons elementos", sem sectarismos e misticismos absurdos (que não teriam cabimento no "marxismo-leninismo"), continuassem a trabalhar esclarecidamente para que o PCB tomasse logo uma orientação que o transformasse num verdadeiro *partido de massas*, e não num "estreito círculo de conspiradores", isolado no que chamava de "Olimpo proletário". Como já havia dito, em carta, isso ocorreria em breve:

> porque basta que o movimento de massas tome vulto entre nós – o que creio, dadas as condições do momento, não deve tardar –, para que o partido se impregne da verdadeira ideologia e tática proletária; e então a atual atitude dos dirigentes passará a ser história do passado [...]. Mas para isso é preciso trabalhar e lutar muito, e não temer principalmente afirmar cada um sua posição, sem medo das consequências, e não deixar-se levar por um oportunismo de "carneiros" tímidos e sem coragem de atitudes.[73]

De acordo com informes reservados do Gabinete de Investigações de São Paulo, Caio Prado Júnior teria sido expulso do PCB no primeiro semestre de 1933, antes de sua viagem à União Soviética[74] – mesmo tendo feito o possível para mostrar como eram infundadas as acusações que lhe eram imputadas.

Na verdade, é improvável que isso tenha ocorrido. Os expurgos geralmente eram acompanhados de denúncias públicas, o que não se efetivou nesse caso (o nome de Caio Prado Júnior não aparece em nenhuma lista de ejeções do partido)[75]. O que ocorreu, naquela circunstância, quem sabe, pode ter sido uma "suspensão" ou, no máximo, um afastamento temporário (ainda que mesmo isso seja pouco factível). Uma carta de Caíto, escrita de próprio punho um pouco antes (em 21 de novembro de 1932), dá a entender que a "situação política" descrita por seu interlocutor (possivelmente Tito Batini) era "felizmente mais animadora do que a princípio julguei"[76]. Ou seja, um indicativo de que sua posição interna não era tão grave e ele teria alguma margem de manobra dentro da agremiação.

No caso das acusações, ele nunca fez uma "autocrítica" ou *mea culpa*. Pelo contrário. Defendeu até o fim todas as suas concepções políticas e procedimentos ao longo daquele ano. O fato é que ele tinha amigos no Comitê Central do PCB, com os quais se comunicava regularmente[77]. E, mesmo que o CR desejasse sua saída, fica claro que instâncias superiores queriam que continuasse em seus quadros. O trânsito que CPJ possuía em diferentes setores sociais e as contribuições *materiais* (ou seja, financeiras) que poderia dar ao partido provavelmente pesaram nessa situação. O relatório das autoridades policiais, elaborado por agentes muitas vezes mal preparados e com capacidade limitada de compreensão dos debates internos nas esquerdas do país, deve ser visto, portanto, com desconfiança[78].

Algum tempo depois, usando como modelo o Partido Comunista de Toda a União[79], Caio Prado Júnior defenderá, *pelo menos em termos retóricos*, um desenho organizacional bastante focado na linha leninista, afirmando que o PC era o *verdadeiro* instrumento da luta política dos trabalhadores, uma agremiação cujos membros se constituíam em militantes ativos, com grande preparo e instrução política, que se entregavam "de corpo e alma" à causa; sua vida era submetida a um rigoroso controle e, por isso, exigia-se deles uma enorme disciplina. Em outras palavras, ele *concordava* com os períodos de "depuração", vendo as expulsões como algo *natural*: só os melhores ficariam dentro da organização.

O discurso estava certamente afinado com o dos soviéticos (e com o do próprio PCB), mas seria a própria experiência da Revolução de Outubro e seus desdobramentos que dariam, *ao mesmo tempo*, suporte para sua contínua defesa de uma agremiação que tivesse grande expressão popular, com o envolvimento de grandes contingentes da população. Não custa lembrar que mesmo o Partido Bolchevique, organização de revolucionários profissionais relativamente pequena e centralizada de início, não obstante seu caráter "elitista", já em 1917 tinha em seus quadros, de acordo com Jozef Wilczynski, 240 mil filiados. E que em meados dos anos 1920 o PCTU contava com mais de 1 milhão de membros (em 1978, o PCUS chegaria a 16,2 milhões de integrantes, o equivalente a 9% da população do país)[80]. Ou seja, uma agremiação herdeira dos princípios leninistas, mas que *também* implicava numa organização de massas. Um partido que, como idealizado *originalmente* por seu criador russo, deveria ser construído de baixo para cima: os órgãos superiores receberiam o poder dos inferiores e prestariam contas a eles, tendo como características implícitas de seu "centralismo democrático" a *total liberdade para críticas*, amplas discussões internas, "oposicionismo leal", autonomia de todas as organizações vinculadas a ele e reconhecimento de que os funcionários do partido deveriam ser eleitos e substituídos por desejo dos militantes, desde que isso não causasse rupturas ulteriores no processo de ação política[81]. O mesmo Lenin afirmou que "a aliança de comunistas com não comunistas é absolutamente necessária". Afinal,

> um dos maiores e mais perigosos erros dos comunistas (como em geral dos revolucionários que tenham realizado com êxito o começo duma grande revolução) é imaginarem que a revolução pode ser levada a cabo só pelos revolucionários. Pelo contrário, para o êxito de qualquer trabalho revolucionário sério, é necessário compreender e saber tornar realidade a ideia de que os revolucionários só podem desempenhar um papel como vanguarda da classe verdadeiramente vital e verdadeiramente avançada. A vanguarda só cumpre as suas tarefas de vanguarda quando sabe não se desligar da massa que dirige, mas fazer avançar realmente toda a massa. Sem a aliança com os não comunistas, nos mais diversos campos de atividade, não pode sequer falar-se de qualquer construção comunista eficaz.[82]

Sendo assim,

> para ter a vitória é preciso ter a simpatia das massas. Nem sempre é necessário, a maioria absoluta; mas para a vitória, para conservar o poder, é necessário não só a maioria da classe operária – emprego aqui o termo "classe operária" no sentido usado na Europa Ocidental, isto é, no sentido do proletariado industrial –, mas também a maioria da população rural explorada e trabalhadora.[83]

Não custa recordar também que, em 1922, líderes bolcheviques como Bukharin, Radek e Kuusinen escreveram aos comunistas norte-americanos, instando-os a construir uma agremiação *de massa* e, simultaneamente, esforçar-se para consolidar um núcleo de dirigentes e militantes disciplinados[84]. Uma agremiação, portanto, de caráter dual.

Somente a partir de atividade e engajamento contínuos grandes parcelas do proletariado adquiririam consciência *revolucionária*, ou seja, a ciência da necessidade de complementar as demandas econômicas com as *políticas*. Quando isso ocorresse, o partido *per se* não seria mais necessário (até lá, contudo, num processo de radicalização democrática, ele funcionaria como importante ferramenta para a chegada ao poder). Vale dizer que aquele não seria de modo algum um reflexo passivo de um determinado nível de *Bewusstsein*, mas imprimiria sua marca político-ideológica nas camadas de trabalhadores menos preparadas, ajudando a impulsionar suas lutas e possibilitando, nesse ínterim, o amadurecimento da consciência popular[85].

Caio Prado Júnior estava havia pouco tempo no PCB e já passara por um processo difícil. Fora "julgado" pelos dirigentes regionais, mas, apesar da relação conflituosa com o CR, superara o teste. Se de início discordara dos procedimentos, agora confirmava (pelo menos em termos retóricos) o preceito de que o partido não era como outro qualquer, mas a vanguarda mais consciente e capaz do proletariado, dentro do qual os comunistas teriam de servir sempre como exemplo de vida[86].

Naquele início de ativismo, realizou trabalho de base (como distribuir panfletos e colar pôsteres na rua) e empenhou-se em conseguir novos membros para a organização. Ainda assim, não se furtaria a expressar suas ideias, mesmo que não estivessem em consonância com a linha oficial pecebista. Afinal, como disse certa vez seu amigo Florestan Fernandes, uma de suas características era:

> ser ele um militante exemplar, devotado ao partido e que, ao mesmo tempo, não acatava os aspectos estúpidos de uma orientação errônea. [...] Essa independência fez dele um homem ímpar, entre os militantes do Partido Comunista, porque, sem romper a disciplina partidária, ele não correspondia a barreiras intelectuais que, posteriormente, se dissiparam.[87]

Não obstante, isso certamente levaria a conflitos, não só naquela época, mas ao longo de sua vida...

2
Leitores (e leituras) marxistas de Caio Prado Júnior

Certa vez, em entrevista, Carlos Nelson Coutinho afirmou que Caio Prado Júnior "não conhecia bem o marxismo"[1]. Para ele, "o estoque de categorias marxistas" que CPJ utilizava não seria muito rico, já que, entre outras coisas, nunca teria citado Gramsci e só mencionado Lenin "com pouca frequência"[2]. Seria possível perceber facilmente, ainda segundo Coutinho, que era escassa a familiaridade do historiador paulista tanto com a obra de Marx como com a dos marxistas posteriores, sugerindo que o autor de *O mundo do socialismo* teria assim, basicamente, "intuído" os traços principais da evolução brasileira[3]. Já Guido Mantega chegou a dizer, sem conhecimento de causa, que "não existem evidências ou citações que indicassem que Caio Prado Júnior conhecesse as obras de Lenin"[4].

O fato é que CPJ possuía as obras completas do dirigente bolchevique, visitou a Rússia soviética duas vezes e leu grande quantidade de clássicos do cânone marxista ainda na juventude. De qualquer forma, o que alguns críticos talvez não tenham compreendido é que um autor não é mais ou menos marxista pelo número de citações que faz de teóricos socialistas, mas pela correta aplicação do *método* (CPJ chegou a criticar Coutinho nesse sentido[5]). E foi Caio Prado Júnior, indubitavelmente, o primeiro a utilizar de forma *sofisticada*, com êxito e num trabalho de fôlego, o materialismo histórico em nosso país.

A literatura marxista demorou a chegar ao Brasil. Depois da Revolução Russa certamente aumentou o influxo de obras sobre temas correlatos, vindas em grande parte da Europa, da própria Rússia, da Argentina, do Chile ou do México. O *Manifesto Comunista*, por exemplo, só seria traduzido em nosso país no começo da década de 1920. O que se podia encontrar no Brasil até então eram basicamente *divulgadores* do marxismo, ainda que alguns poucos tenham tentado aplicar, de forma pioneira (e com méritos, deve-se admitir), o materialismo histórico já naquela época, como Mário Pedrosa, Lívio Xavier, Octávio Brandão e Leôncio Basbaum, embora se conheçam as limitações das obras desses autores[6].

Vale lembrar aqui que aquelas primeiras tentativas de análise da realidade brasileira a partir de uma referência marxista, ainda que frágeis em termos teóricos, são louváveis, sobretudo se considerarmos o atraso do país em termos bibliográficos (em comparação com outros centros) e a novidade do método dialético por aqui. Em 1924, Octávio Brandão terminaria de escrever seu *Agrarismo e industrialismo*, "ensaio marxista-leninista sobre a revolta de São Paulo e a guerra de classe no Brasil" (inspirado em *Imperialismo, etapa superior do capitalismo*, de Lenin), livro que foi publicado em 1926, no Rio de Janeiro, sob o pseudônimo de Fritz Mayer e com Buenos Aires como local de edição, a fim de confundir as autoridades policiais. Seria, como o próprio Astrojildo Pereira diria mais tarde, a primeira tentativa de análise marxista da situação nacional feita no país[7]. O livro foi atacado tanto pela direita quanto pelos trotskistas, que o consideraram um apanhado de "monstruosidades teóricas". O autor teria feito, de acordo com os críticos (e segundo ele próprio), uma aplicação esquemática da dialética, ou seja, um mau uso da tríade "tese, antítese e síntese" para o painel político-social do Brasil. Mesmo o caráter, o conteúdo e as etapas da revolução no país seriam apresentados de maneira bastante insatisfatória. De qualquer forma, Brandão discute na obra o papel do imperialismo, da economia agrária "feudal" (ou com "sobrevivências feudais") e do latifúndio no Brasil, assim como as insurreições de Copacabana em 1922 e especialmente a de São Paulo dois anos mais tarde. Para ele, o "agrarismo político" significaria a dominação do grande proprietário (no Sul, o fazendeiro de café e, no Norte, o senhor de engenho, uma espécie de "senhor feudal"); além disso, havia os "servos" (fossem os colonos, fossem os "trabalhadores de enxada"), o que resultaria, em última instância, numa organização social descrita como "feudalismo" na cumeeira e "servidão" nos alicerces[8]. O embate que ocorria em nosso território, por sua vez, dava-se entre o imperialismo inglês e o norte-americano. A solução, nesse caso, seria a aliança do proletariado industrial, "a vanguarda de todas as forças revolucionárias na luta contra o feudalismo nacional" (organizado, é claro, pelo Partido Comunista), com os setores oprimidos da nação (operários, agricultores, meeiros, rendeiros, pequenos funcionários, mulheres trabalhadoras, pequena burguesia rural e urbana) e os tenentes revoltosos, num movimento único. O livro inspiraria as teses do II Congresso do PCB, ainda que, anos mais tarde, seu autor fosse atacado com dureza pelo Comintern. A influência de *Agrarismo e industrialismo* foi grande nos meios revolucionários da década de 1920, mas suas ideias perderam força e a obra foi deixada de lado por vários lustros, considerada como um trabalho teórico frágil e pouco sofisticado por alguns críticos, ainda que seu caráter pioneiro tenha sido ressaltado continuamente ao longo do tempo.

Outras tentativas de análise se seguiram. Os trotskistas Pedrosa e Xavier, membros do GCL e, em seguida, da Liga Comunista, escreveram "Esboço de uma análise da situação econômica e social do Brasil" (utilizando os pseudônimos M. Camboa e L. Lyon), texto datado de outubro de 1930 e publicado em *A Luta de Classes*, número 6, de fevereiro e março de 1931, no qual interpretavam o processo histórico do país a partir de "uma forma peculiar de feudalismo". Ainda assim, indicavam que "o Brasil não foi mais, desde sua primeira colonização, do que uma vasta exploração agrícola". A chamada "classe dos pequenos proprietários", nesse caso, não teria conseguido se desenvolver na formação econômica particular que se estabeleceu ao longo do tempo. Por outro lado, o trabalho apontava a característica rural da burguesia (ou seja, originária do "campo", e não do meio urbano) e o desenvolvimento impressionante da cultura do café como tipicamente "capitalistas". Na década de 1920 esse capitalismo já estaria disseminado em todo o nosso território, enquanto, simultaneamente, inseria o país na "órbita de dominação imperialista da economia mundial", o que criava entraves para que o próprio capitalismo florescesse no quadro do Estado nacional. Isso significa que "a burguesia nacional não tem bases econômicas estáveis que lhe permitem edificar uma superestrutura política e social progressista"[9]. O trabalho de Pedrosa e Xavier, certamente muito importante pela novidade e pela forma de abordar os temas, ainda assim era limitado em amplitude e documentação, não podendo ser visto como um marco *historiográfico* (ou seja, deve ser compreendido dentro dos limites de um texto curto, de intervenção política) nem tão influente como as obras de Caio Prado Júnior, produzidas posteriormente.

Logo depois, Leôncio Basbaum, utilizando o pseudônimo de Augusto Machado (nome que usava dentro do partido)[10], escreveria *A caminho da revolução operária e camponesa* entre março e julho de 1933, publicando a obra pela Editorial Calvino já no final daquele ano (o livro sairia com a data de 1934)[11]. Ele acreditava (como muitos em sua época) que o Brasil (caracterizado por ele como uma semicolônia do imperialismo estrangeiro) era dominado tanto pelo latifúndio como por uma burguesia agrária e por "proprietários feudais", com predominância de um regime "feudal" e "semiescravagista". O poder político, portanto, estaria nas mãos de um suposto "bloco feudal-burguês". A luta de então, na avaliação de Basbaum, se daria entre o sistema "feudal" e o "capitalista", que coexistiriam na mesma realidade nacional e, mesmo tendendo a destruir-se mutuamente, não podiam fazê-lo porque havia fortes interesses vitais entre ambos. O que mantinha essa coalização era a presença do imperialismo. A Revolução de 1930 representava, assim, um choque entre grupos antagônicos, cada qual vinculado a um país hegemônico distinto, com soluções diferentes para a crise no país. A tribulação econômica, as contradições das frações intraclassistas e as lutas internas na burguesia seriam responsáveis por levar a nação à Revolução

Constitucionalista. A saída daquela situação, no campo popular, deveria ser uma insurreição das massas (e não "quarteladas" tenentistas) e a implementação de um programa que privilegiasse a eliminação do latifúndio (e o recorte das propriedades agrícolas pelos trabalhadores rurais), expulsão de elementos imperialistas do país, anulação das dívidas externas, nacionalização das companhias estrangeiras e socialização dos meios de produção e transporte[12]. A liderança desse processo estaria nas mãos, como é de se imaginar, do proletariado urbano aliado ao rural (e aos camponeses). O livro ainda contaria com o capítulo "A questão das raças e nacionalidades" (que seguia em grande medida as propostas cominternianas sobre o tema nacional), no qual diria que "somente a hipocrisia das classes dominantes e seus lacaios pode negar a existência do problema negro do Brasil". Para ele, o racismo, mesmo que não tão explícito quanto nos Estados Unidos, "existe no Brasil de forma flagrante". E acusaria: "O branco é o patrão, é o gerente, é o fazendeiro, é o jornalista, é o deputado, é o oficial. O negro é o empregado, o trabalhador miserável, o operário dos trabalhos brutais, o eleitor sem voto, o soldado", não podendo sequer "entrar em certas barbearias, em certos hotéis, em certos cafés, em certos teatros ou cinemas [...]", mesmo que fossem, segundo ele, junto com os pardos, "a maioria absoluta do país"[13].

As diferentes interpretações pioneiras certamente tiveram importância para abrir caminho para as análises marxistas no Brasil, mas também explicitavam graves deficiências teóricas e falta de conhecimento mais profundo sobre o materialismo histórico. Os autores, por vezes, não tinham uma formação política sólida, ou *background* acadêmico, e reproduziam acriticamente as fórmulas e os remédios da Internacional Comunista. E os problemas de formação desses intelectuais também se deviam, *em parte*, à falta de uma bibliografia específica *mais robusta* disponível no país. Como o próprio Caio Prado Júnior disse, referindo-se ao momento imediatamente posterior à sua saída do PD, "procurei aqui em São Paulo alguns livros de Marx, como *O capital*, e não pude encontrar. Ninguém nas livrarias sabia o que era isso"[14].

É verdade que nos anos 1930 houve um aumento significativo no número de títulos editados por aqui ("uma multiplicação espantosa de livros marxistas e de editoras voltadas exclusivamente para esta linha de pensamento", segundo Edgard Carone)[15]. O historiador Lincoln Secco comenta que "até 1925, o PCB vendeu ou distribuiu 38.800 exemplares de livros ou opúsculos. Nos anos 1930, o partido teve várias gráficas para seus jornais e usava diversas editoras. Carone registra 463 títulos de 1922 até 1943, mas o número deve ser maior"[16]. Isso, por si só, é um dado interessante. Ao mesmo tempo, vale salientar que não havia no país um "sistema" de universidades, nem a promoção de debates, teses ou estudos acadêmicos sofisticados sobre o marxismo, como os que ocorreriam décadas mais tarde; que a fatia de leitores do Brasil era bastante restrita (e, mais ainda, para livros marxistas); e que se tratava, muitas vezes (mas nem sempre), de textos de divulgação ou "manuais", como o caso de alguns livros de Bukharin (entre outros).

É importante lembrar que foi justamente nesse período que Caio escreveu seu primeiro livro, *Evolução política do Brasil*, publicado em 1933, obra breve, de síntese, que, segundo Francisco Iglésias, "o tempo não envelheceu"[17] (ainda assim, não custa lembrar que Florestan Fernandes, mesmo elogiando esse trabalho como "um rebento maduro", diria que ele "resvala por lapsos lógicos, descritivos e interpretativos que mereceriam reparos de marxistas experimentados")[18]. Mesmo que a bibliografia utilizada nele seja prioritariamente relativa à historiografia do Brasil (autores como Joaquim Nabuco, John Armitage, Pereira de Silva e Felisbelo Freire), não se pode deixar de notar os ecos de um nome como Max Beer, na ênfase social da obra de CPJ (um trecho do prefácio de Marcel Ollivier é lembrado na introdução, ainda que o nome de seu autor não seja citado). É significativo que o livro tenha recebido o subtítulo "Ensaio de interpretação materialista da história do Brasil"[19]. Com ele, o jovem intelectual produzirá um verdadeiro marco nos estudos marxistas brasileiros: ele dá centralidade às massas populares e à importância de sua integração à realidade do país, assim como ao próprio decurso histórico, inserindo os estratos sociais menos privilegiados no processo de construção nacional, da Colônia ao fim do Império, como agentes ativos, que se expressam por meio de lutas populares, fossem reivindicatórias, fossem pela tomada efetiva do poder. Ele apresenta o "povo" como um elemento constantemente "excluído" do processo, mas ao mesmo tempo ressalta seu papel protagônico nos momentos de revoltas, como a "Cabanada" (Cabanagem), no Pará, a Balaiada, no Maranhão, e a Revolução Praieira, em Pernambuco. O fracasso desses intentos só reforçava a necessidade de construção de alicerces políticos e culturais sólidos, sem os quais aqueles que vinham de baixo não conseguiriam tomar e manter o poder. Subjacente, há a mensagem de preparo intelectual e ideológico. E também de capacidade de *organização*. Afinal, os escravos, com um papel político insignificante, e as camadas baixas e médias constituindo-se essencialmente num aglomerado de indivíduos, sem projeto definido nem coesão, teriam dificuldade em imprimir sua marca no destino da nação. A "unidade" na ação direta e a habilidade de construir alianças, nesse sentido, seriam fundamentais, ambos elementos que teriam faltado em diferentes casos de nossa história[20]. A atuação e a resistência dos "rebeldes", portanto, tinham limitações claras e eram insuficientes no painel de mudanças estruturais, acabando por fracassar. Poderiam ser considerados, para todos os efeitos, movimentos desconexos e mal orientados[21].

Além disso, foi em *Evolução política do Brasil* que Caio Prado Júnior discutiu pela primeira vez em livro o papel do latifúndio, tema que será recorrente em sua obra ao longo dos anos. A importância da "questão agrária" e a justa compreensão das herdades já estava colocada como elemento de estudo e de *combate político* desde aquele momento. Definidores do caráter do conjunto colonial, por sua vez, seriam a grande propriedade agrícola voltada para a monocultura de exportação e a utilização de mão de obra escrava.

Ficava igualmente clara, no quadro apresentado por CPJ, a distância entre a necessidade efetiva de mudanças estruturais por grande parte da população e o encaminhamento político dado pelas elites locais. As divergências de interesses entre a Coroa e a Colônia se agudizariam no século XVIII, com a descoberta de ouro, o que resultaria em maior exigência de controle por parte da Metrópole e tolheria a autonomia ou qualquer margem de manobra político-econômica dos senhores locais. As contradições entre os interesses endógenos e portugueses daí em diante tenderiam a se intensificar e desembocariam, em última instância, na emancipação. Se, de um lado, os proprietários territoriais propugnavam um afastamento do jugo metropolitano, de outro, defendiam a manutenção do sistema escravista e seu domínio econômico interno. Além disso, é possível perceber a herança institucional colonial e a permanência da escravidão como forças históricas e culturais unificadoras dentro do território brasileiro.

A independência, por sua vez, seria apresentada como uma "revolução", liderada e absorvida pelas classes superiores, por falta de movimentos populares e participação direta das massas. Ulteriormente, estas últimas seriam excluídas desse longo processo, que perduraria de 1808 a meados do século, quando as rebeliões internas foram completamente eliminadas com a vitória das forças da ordem[22]. O novo Estado construído no país (que, como está claro, não fora forjado a partir dos desígnios populares, mas por acordos intraclassistas) reproduziria em boa medida a monarquia portuguesa instalada anteriormente aqui. O Império terminaria em "completa decomposição" e a abolição da escravatura em nada contribuiria "para reforçar as instituições vacilantes". Uma "simples passeata militar" seria suficiente para mudar o regime[23].

Caio produziu uma obra que pode ser comparada, de certa forma, aos *Sete ensaios de interpretação da realidade peruana*, do jornalista José Carlos Mariátegui, ainda que, naquela época, certamente não tivesse lido os escritos do Amauta. Afinal, a intenção de Mariátegui era mostrar a importância da integração dos indígenas (que representavam a maior parte da população) ao resto do país como elemento essencial para construir historicamente a nação andina. Ou seja, intervir na fratura sociocultural que permeara o Peru ao longo de séculos, trazendo as camadas populares, excluídas, para dentro do projeto nacional como protagonistas. De forma similar, Caio Prado Júnior também defendeu a inclusão das massas (majoritariamente descendentes de escravos negros e trabalhadores pobres) ao processo de construção da nação, enfatizando, como Mariátegui, a necessidade imprescindível de sua elevação material e cultural.

Não custa recordar que, embora desagradasse aos comunistas, o formato usado por Caio foi o "ensaio", algo comum na época (basta lembrarmos outros casos emblemáticos, como os de Pedro Henríquez Ureña, Tristán Maróf e José Vasconcelos, na década de 1920). Isso mostra que ele, de certa maneira, ia além do que se esperava de um intelectual vinculado às fileiras do Comintern e, até mesmo na estrutura de seus textos, seguia caminhos próprios.

Poucos anos antes, o principal dirigente da IC na América Latina, o ítalo-argentino Vittorio Codovilla, e seus colegas "ortodoxos" presentes ao encontro de Buenos Aires demonstraram pouco interesse pelos *Sete ensaios* de Mariátegui: não só consideravam "ensaios" uma forma "burguesa" de trabalhar qualquer tema, como também achavam que a interpretação histórica e a linha política proposta pelo peruano destoavam da linha oficial do Comintern. Criticavam até mesmo sua discussão da "realidade nacional", já que, para eles, só havia "uma" realidade, "internacional", basicamente similar, aquela imposta pelo imperialismo aos países "coloniais" e "semicoloniais". As soluções políticas, portanto, deveriam também ser as mesmas (ou parecidas) em todos os casos. No decênio em que foi publicado o livro de estreia de Caio Prado Júnior, ainda foram lançados *Raízes do Brasil*, de Sérgio Buarque de Holanda, *Casa grande e senzala*, de Gilberto Freyre, e *Panorama do Segundo Império*, de Nelson Werneck Sodré.

Eram poucos os militantes que tinham conhecimentos *profundos* do marxismo. Alguns autores, porém, eram praticamente leitura obrigatória, pelo menos entre os dirigentes. Lenin era um deles. Vários de seus trabalhos, como *O Estado e a revolução*, *Que fazer?*, *Esquerdismo, doença infantil do comunismo*, *A democracia burguesa e a ditadura proletária*, *Os problemas do poder dos soviéticos*, *Os bolcheviques e os camponeses*, *A revolução proletária e o renegado Kautsky* eram conhecidos e circulavam entre alguns núcleos do partido, embora por vezes fossem editados no exterior[24]. Caíto, portanto, não sentiria dificuldades em obter e ler esse material.

Meses após entrar para o PCB, adquiriu *O capital*; as obras políticas, econômicas e filosóficas dos pais do materialismo histórico; *Herr Vogt*; e a correspondência de Marx e Engels[25]. Do momento em que ingressou no partido até a viagem que fez à Rússia soviética, também leu livros de Stalin, Trotski, Béla Kun, Rosa Luxemburgo, Georges Sorel, Lozovsky e Riazanov (comprava muitas dessas obras remetendo dinheiro diretamente ao Bureau d'Éditions do PCF, que lhe enviava periodicamente o material encomendado)[26]. Em 1934, recomendou, numa enquete da *Revista Acadêmica*, do Rio de Janeiro (fundada no ano anterior e encabeçada por Murilo Miranda e Moacir Werneck de Castro), alguns autores e livros que representavam "uma sólida bagagem, pelo menos inicial, para quem pretende um conhecimento do socialismo" e que "são facilmente encontrados à venda, e em regra, figuram nas bibliotecas públicas do Brasil", como Anton Merger e seu *L'État socialiste*; Plekhanov e *Princípios fundamentais do marxismo*;

Bukharin e *Tratado de materialismo histórico*; Lapidus e Ostrovitianov, *Princípios de economia política*; e, finalmente, Lenin e seus *O Estado e a revolução* e *Imperialismo, etapa superior do capitalismo*[27].

A voracidade do jovem intelectual pela leitura pode ser exemplificada num episódio emblemático. No dia 31 de agosto de 1934, ele gastou uma quantia significativa para que um táxi levasse dezenas de livros que acabara de comprar[28]!

Ao longo dos anos, a biblioteca pessoal de Caio Prado Júnior iria crescer. No Instituto de Estudos Brasileiros da Universidade de São Paulo, onde seu acervo está guardado, há em torno de 16 mil itens (mais de 7 mil volumes, uma parte dos quais de livros marxistas ou de experiências socialistas, e o restante, outros tipos de material, como revistas e jornais[29]). Em termos bibliográficos, tem basicamente a dimensão da biblioteca de Celso Furtado[30]. Por outro lado, havia intelectuais marxistas brasileiros importantes, como Nelson Werneck Sodré e Edgard Carone, que eram donos de acervos bem maiores, de aproximadamente 30 mil títulos cada[31].

De fato, Caio Prado Júnior conhecia bem as experiências socialistas, tanto por textos como por viagens, e o arcabouço teórico dos autores marxistas mais importantes. Em sua biblioteca, é possível encontrar mais de oitenta obras apenas sobre a URSS, assim como dezenas de outras que discutiam os casos de Cuba, Polônia, Tchecoslováquia, Hungria, Iugoslávia e China.

É verdade que sua coleção "marxista" era menor do que a "brasiliana". E que estão ausentes livros importantes. Mas ele leu alguns dos principais nomes do pensamento de esquerda do século XX (ou representantivos de suas tendências), como Eric Hobsbawm, Leszek Kolakowski, Rosa Luxemburgo, Herbert Marcuse, Fidel Castro, Che Guevara, Juan Marinello, Antonio Núñez Jiménez, Joaquín Ordoqui, Blas Roca, Jean-Paul Sartre, Paul Sweezy, Chou En-lai, Mao Tsé-tung, Vittorio Codovilla, Eduardo Galeano, Rodolfo Ghioldi, Michael Löwy, Harry Magdoff, José Carlos Mariátegui, J. Posadas, Max Beer, Charles Bettelheim, Rodolfo Mondolfo, Milovan Djilas, Josip Broz Tito, Béla Kun, Antonio Gramsci, Palmiro Togliatti, György Lukács, Louis Althusser, Héctor Agosti, Rodolfo Puiggrós, Leo Huberman, Liborio Justo, Gregorio Selser, Silvio Frondizi, Adam Schaff, Isaac Deutscher e Ernest Mandel, entre muitos outros (como os russos citados anteriormente).

Dirigentes e intelectuais do PCB também estavam presentes em suas leituras, como Leôncio Basbaum, Gregório Bezerra, Octávio Brandão, Elias Chaves Neto, Everardo Dias, Rui Facó, Jacob Gorender, Heitor Ferreira Lima, Carlos Marighella, Osvaldo Peralva, Astrojildo Pereira e Luiz Carlos Prestes, só para citar os mais importantes. O autor marxista brasileiro do qual ele possuía maior número de títulos em seu acervo era Nelson Werneck Sodré: catorze livros ao todo.

O historiador paulista acompanhava os acontecimentos do movimento operário e do mundo socialista por meio de dezenas de revistas e jornais. Na hemeroteca caiopradiana, encontram-se exemplares de *A Classe Operária*, *A Plebe*, *A Voz Operária*, *Artes*, *Bloco*, *Boletim Interno do PCB*, *Brasil Democrático*, *Démocratie Populaire*, *Emancipação*, *Folha Socialista*, *Frente Operária*, *Hora do Povo*, *Imprensa Popular*, *Jornal da Independência*, *Jornal das Trincheiras*, *Jovem Proletariado*, *L'Humatité*, *La Correspondence Internacional*, *La Correspondance Internationale*, *La Correspondencia Internacional*, *Le Journal de Moscou*, *Liberdade*, *Los Partidarios de la Paz*, *Luta Estudantil*, *Magazine de Hoy*, *Manifesto Ecológico Brasileiro*, *Marcha*, *Nossa Tribuna*, *Nossa Voz*, *Notícias Censuradas*, *O Camponês*, *O Capital*, *O Estudante*, *O Movimento*, *O Pasquim*, *O Separatista*, *Opinião*, *Opinião Jornal*, *Paix et Démocratie*, *Por uma Democracia Popular*, *Por una Paz Duradera*, *Pour une Paix Durable*, *Resenha Literária*, *Resistência*, *São Paulo pela Paz*, *Novos Rumos*, *Terra Livre*, *Tribuna Popular*, *Unidad (La Paz)*, *Unidad (Lima)*, *Unidade* e *Vanguarda Proletária*[32]. Ele começou a receber a revista francesa *Problèmes de la Paix et du Socialisme* a partir de 1961, diretamente do Département "Livres et Disques" da Agence Littéraire et Artistique Parisienne pour les Échanges Culturels, de Paris[33]. Já a assinatura da *New Leader*, publicação da American Labor Conference "devotada a combater o totalitarismo e as forças ditatoriais", foi presente de "um grupo de amigos [não especificado] do movimento sindical e outras organizações progressistas"[34].

Alguns teóricos marxistas serão mencionados esporadicamente em cartas ou livros, como Lukács, pelo qual CPJ tinha o maior "apreço"; Sartre, a quem considerava como "um grande e até genial literato"; Stalin, que chegou a ser citado favoravelmente como uma autoridade sobre a Rússia soviética[35]; e Althusser, o qual criticou duramente em um longo ensaio[36].

No caso de Lukács, Caio Prado Júnior deve ter tido os primeiros contatos com sua obra na segunda metade dos anos 1940 ou começo dos anos 1950. Vale recordar que dois amigos próximos de Caíto se envolveriam com os textos lukacsianos naquele período, e alguma influência, mesmo que indireta, pode ter sido exercida por eles. Nelson Werneck Sodré conheceu os trabalhos do filósofo húngaro provavelmente em 1949, em edições francesas e italianas[37]. Se de início talvez não o tivesse absorvido totalmente, mais tarde incorporaria muitas das ideias dele em textos seus, como na terceira edição (de 1960) de *História da literatura*[38]. Já Leôncio Basbaum, que travou amizade com CPJ em agosto de 1943 por meio de cartas[39], também leria aquele autor, incluindo uma de suas obras citada em *Sociologia del materialismo* (que em sua primeira edição teria o título *Fundamentos do materialismo*)[40]. Não custa fazer também a conexão com o antropólogo italiano Tullio Seppilli, que pode ter influenciado o historiador paulista. Numa correspondência, datada de 18 de dezembro de 1953, Seppilli comenta: "Aqui na Itália está havendo bastante discussões sobre as obras de teoria estética marxista de Lukács. Foi traduzido algo dele no Brasil?

Em geral aqui como na Hungria nossa posição é de um modo geral positiva se bem que com bastante críticas"⁴¹. Caio acompanhava a revista *Problemas da Paz e do Socialismo* e conhecia o texto de Béla Fogarasi "As concepções filosóficas de Georg Lukács", da edição de número 4, de 1959. E, também, o prefácio de *A destruição da razão*, do próprio Lukács (editado com o título "O irracionalismo: fenômeno internacional do período imperialista"), na revista *Estudos Sociais* n. 5, que saiu naquele mesmo ano, junto com o artigo de Joszef Szigeti, "Relação entre as ideias políticas e filosóficas de Lukács". Além disso, dois artigos publicados na *Revista Brasiliense* mencionavam o intelectual húngaro ou utilizavam o "método" lukacsiano: "Dissertação sobre a sociologia do conhecimento de K. Manheim", de José Chasin, e "Consciência de classe e partido revolucionário", de Michael Löwy, ambos, por certo, lidos pelo autor de *O mundo do socialismo* (este último faria uma "síntese teórica", abordando a consciência de classe como "possibilidade efetiva" e discutindo o Partido Comunista na questão organizacional)⁴². Isso para não falar de sua relação epistolar, a partir dos anos 1960, com Carlos Nelson Coutinho, um pioneiro da obra do filósofo no Brasil. Vale notar também que Caio era muito amigo do editor Ênio Silveira, o responsável por publicar, a partir de 1965, livros com textos de Lukács no Brasil, como *Ensaios sobre literatura, Marxismo e teoria da literatura* e *Introdução a uma estética marxista*. De qualquer forma, apenas dois livros de Lukács constam atualmente da biblioteca de CPJ: a edição francesa de 1948 de *Existencialismo ou marxismo?* e *Estética*, publicada em 1967 pela Grijalbo, da Espanha.

As concepções e posições de Louis Althusser, por seu lado, eram consideradas "profundamente deformadoras do marxismo" por Caíto⁴³. O autor de *História econômica do Brasil* era mais um que se inseria no debate contra as ideias althusserianas. Os críticos mais ácidos do autor de *A favor de Marx* talvez tenham sido, na época, o filósofo polonês Leszek Kolakowski e o historiador britânico E. P. Thompson.

Um texto especialmente duro escrito por Kolakowski foi publicado em 1971 no *Socialist Register*. No artigo, o então Senior Research Fellow da All Souls College, de Oxford, faria diversas acusações à teoria althusseriana, que, para ele, era construída a partir de banalidades e senso comum, expressos por neologismos "complicados" e desnecessários. Se o próprio Marx deixara alguns conceitos vagos e ambíguos, a tentativa de Althusser de decodificá-los teria fracassado: em última instância, continuariam tão vagos e ambíguos como antes. Além disso, mostraria algumas inexatidões históricas do *counterpart* franco-argelino. O marxismo "estruturalista", para Kolakowski, portanto, não podia ser considerado "científico", mas, quiçá, uma ideologia "quase religiosa".

Igualmente refratário a tais ideias foi Thompson em seu *A miséria da teoria*. No livro, atacou o que designou de "teatro de Althusser", neste incluídos tanto as analogias do autor de *Montesquieu: a política e a história*, como seu "jogo de palavras". O historiador britânico investiu contra o uso dos conceitos althusserianos, as "formulações intermináveis" e a "tortura teórica" empreendida pelos estudiosos de sua linha, a "linguagem" do estruturalismo e até mesmo sua interpretação do pensamento marxiano. Numa postura que parecia ecoar a de CPJ, Thompson diria:

> os teóricos de hoje estão em posição muito diferente. Em primeiro lugar, estão mais segregados do que nunca em relação à prática; trabalham dentro de instituições complexamente estruturadas, segundo horários e programas; sua informação é obtida menos da observação (exceto por incursões "no campo") e mais na forma da G II ou G III de Althusser; seu conhecimento do mundo é composto, cada vez mais, em suas cabeças ou suas teorias, por meios que não os da observação. Estão cercados, por todos os lados, por "estruturas". Até mesmo suas universidades (e em especial as novas) não são manifestações arquitetônicas, mas estruturas, com bases subterrâneas visitadas apenas pelos proletários carregadores e homens que trabalham nas caldeiras, com a economia e as ciências sociais nos dois primeiros andares, e filosofia e literatura, que só podem ser alcançadas pelo elevador, em níveis muito superiores.[44]

De qualquer forma, para ele,

> devemos pôr a teoria para trabalhar, e podemos fazê-lo tanto interrogando as evidências (pesquisa) como interrogando a historiografia e outras teorias (crítica); ambos os métodos foram os mais comumente empregados por Marx. A prática teórica que rejeita o primeiro procedimento ("empirismo") e reduz o segundo a uma caricatura ao medir todas as outras posições pelo confronto com sua própria ortodoxia preestabelecida, não prova coisa nenhuma, exceto a autoestima de seus autores. O projeto da Grande Teoria – encontrar uma conceituação total sistematizada de toda história e situações humanas – é a heresia original da metafísica contra o conhecimento.[45]

No Brasil, diversos estudiosos se debruçaram sobre os escritos de Althusser (entre apoiadores, difusores e críticos), como Carlos Henrique Escobar, Alberto Coelho de Souza, José Arthur Giannotti, Ruy Fausto, Fernando Henrique Cardoso, Paulo Silveira e Carlos Nelson Coutinho. E, é claro, também Caio Prado Júnior.

Para este último, "o que menos pode-se dizer de Althusser é sua originalidade, direi mesmo extravagância, de tão aberrante do ordinário e corrente é sua interpretação do marxismo, e tão insólita a maneira como vê esta questão central da

Filosofia que é a do problema do conhecimento"[46]. De acordo com o intelectual paulista, Althusser era "extremamente impreciso no estilo [...] e na formulação do pensamento", possuía "insuficiências pedagógicas", em vários momentos apenas "divagava" em torno de determinado assunto (sem arredar um passo da simples proposição do problema) e algumas de suas proposições não passavam de "banalidades" (nesse caso, em *Ler O capital*), além de utilizar "obscuras palavras" para mostrar, em relação à sua contribuição epistemológica, "que de fato nada tem de concludente a dizer a propósito do problema que segundo ele mesmo reconhece, como vimos, condiciona a própria existência do conhecimento"[47]. Segundo Caio, Althusser dava todas as mostras de que era, de fato, um estruturalista, mesmo que se recusasse a aceitar essa designação[48]. Por outro lado,

> para nós o caminho é outro e bem distinto. O que para A. constitui um simples "jogo de palavras" da Filosofia clássica com o seu empirismo, jogo de palavras que se trataria de desfazer, é para o Marxismo, com a sua *Dialética*, da própria natureza da Metafísica (que é a inspiradora e constitui a substância da Filosofia clássica) e que precisamente a Dialética vem substituir. Assim sendo, a Dialética marxista não parte das posições da Metafísica, como faz A., e de suas incongruências procura extrair a solução do problema do conhecimento. Deixa a Metafísica de lado, e não afirma, como ela (mesmo que seja em seguida para contornar a afirmação, como faz A. na tese que coloca, como vimos, no início de suas considerações), que o *conhecer consiste em abstrair do objeto real sua essência cuja posse pelo sujeito é então tida como conhecimento*. Para a Dialética marxista, materialista que é, o objeto do conhecimento é o objetivo real, isto é, são as feições da realidade objetiva que é o Universo em que o indivíduo pensante, o Homem, vive, exerce suas atividades, e de que participa. E que portanto necessita conhecer, ou antes, *conhece* no exercício natural e espontâneo desta sua função orgânica que é o pensamento elaborador do conhecimento. Conhecimento este com o qual regula seu comportamento relativamente ao meio físico e social em que decorre sua existência e de que participa.[49]

Carlos Nelson Coutinho chegou a escrever a Caio, na tentativa de publicar seu livro sobre o mesmo tema pela Brasiliense. Comentou:

> Através de um amigo em comum, soube que o sr. concluiu e deverá publicar proximamente um livro contra o estruturalismo e contra Marcuse. Fiquei bastante satisfeito em sabê-lo contrário à "moda estruturalista", tão viva hoje, infelizmente, mas compreensivelmente, em nosso País. Também eu, desde o início, compreendi os perigos dessa "moda" e tentei combatê-los. Neste sentido, escrevi um livro – intitulado *O estruturalismo e a miséria da razão* – que pretende ser uma crítica

lukacsiana a essa corrente neopositivista contemporânea. Infelizmente, contudo, ainda não pude publicar o volume. Concluído em 1969, deveria aparecer em inícios de 1970 na Editora Paz e Terra, mas motivos alheios tanto à minha vontade quanto à da Editora impediram a sua publicação (o livro chegou até a ser anunciado). Em inícios de 1971, reescrevi o volume e entreguei-o à Editora Vozes, a única que aqui no Rio, atualmente, continua a publicar um certo tipo de livros. Após um longo período de seis meses, devolveram-me o manuscrito: embora considerado de "alto valor" e outras tolices do gênero, o livro fora recusado por ser "nitidamente marxista" e por "ir de encontro à linha comercial-editorial" da Empresa (os termos entre aspas são do parecer de leitura que me foi encaminhado junto com os originais).

Diante disso, procurei o prof. Anatol Rosenfeld, aí em São Paulo, na tentativa de incluir o volume na Editora Perspectiva. Todavia, a publicação parece-me difícil. Em primeiro lugar, o livro entra em choque com a posição (neopositivista e estruturalista) de certos elementos do Conselho Editorial da Perspectiva; em segundo, já havia entregue à mesma Editora um volume de ensaios literários (sobre Lukács, Proust e Kafka) e é bastante difícil que a Perspectiva venha a publicar quase simultaneamente dois livros de minha autoria (o prof. Anatol Rosenfeld falou-me claramente sobre as dificuldades). Por outro lado, mesmo que o livro venha a ser aprovado, talvez a sua publicação só possa ocorrer em 1973, dado o grande número de textos já programados.

Pensei então na possibilidade de publicá-lo na Brasiliense. Estou previamente consciente de que não será fácil a uma editora como a Brasiliense, cuja produção não é muita intensa, publicar com uma pequena diferença de tempo dois livros similares. Todavia, como os nossos dois manuscritos são os únicos trabalhos até agora escritos no Brasil contra essa orientação equivocada, talvez sua publicação quase conjunta possa contribuir para restaurar o debate cultural tão exangue atualmente. Na verdade, o estruturalismo não apenas dominou parcelas altamente significativas de nossa intelectualidade (particularmente universitária), como tem apresentado nos últimos tempos um quase monopólio sobre a indústria editorial; basta pensar na programação da Vozes, da Perspectiva, da Cultrix, que são as editoras atualmente predominantes entre nós. Assim, tenho a impressão – embora possa naturalmente se tratar de uma impressão "interessada" – que a publicação simultânea de dois livros contra o estruturalismo, além das vantagens propriamente culturais e ideológicas, não seria também desastrada do ponto de vista comercial.[50]

Como se sabe, *O estruturalismo e a miséria da razão* não sairia pela editora do colega paulista[51]. Coutinho adquiriu mais tarde o livro do historiador e, em relação a ele, afirmou:

Li, com o maior interesse, o seu pequeno livro sobre Lévi-Strauss e Althusser. Constatei que, apesar de muitos pontos em comum, não é o mesmo o ponto de vista a partir do qual criticamos o estruturalismo. Baseado nas formulações do último Lukács, procuro contrapor ao epistemologismo estruturalista uma perspectiva ontológica; a meu ver, o que distingue a razão formal (ou "metafísica") da Razão dialética, o estruturalismo (ou neopositivismo em geral) do autêntico marxismo, é precisamente o fato de que a segunda explicita as determinações do próprio ser enquanto a primeira é puramente formal e subjetiva. Em suma, uma discussão sobre os problemas que seu livro levanta implicaria num exame mais longo – e que, infelizmente, não pode ser feito numa carta – dos fundamentos filosóficos da Dialética do Conhecimento. Escrevi sobre o *Estruturalismo e marxismo* etc. uma pequena resenha, que deverá sair proximamente – anônima – na revista *Visão*, para cuja seção de livros colaboro regularmente. Tampouco nela, naturalmente, pude discutir – como desejaria e como seu livro merece – os problemas filosóficos que dividem a posição ontológica de Lukács (que eu adoto) e sua tendência a reduzir o marxismo a uma teoria do conhecimento. Espero ter um dia a oportunidade de encaminhar-lhe essa discussão com mais vagar. Mas, acima de qualquer divergência teórica, parece-me fundamental que se tenha finalmente rompido o monopólio estruturalista entre nós, o qual, como seu livro coloca tão bem, serve pura e simplesmente às forças do atraso e da reação. Parabéns pela sua coragem e muito obrigado pelo grande serviço que, mais uma vez, o sr. vem [...] prestar à cultura brasileira.[52]

Ainda assim, há quem diga que o texto de Caio Prado Júnior foi o que menos teve repercussão e influência nos debates sobre o autor de *Lenin e a filosofia* no país[53]. Para Luiz Eduardo Motta, a posição crítica de CPJ em relação a Althusser convergiria tanto com a Escola Sociológica paulista (FHC, seguindo os passos de Giannotti), como com a de vários intelectuais que eram, ou foram, vinculados ao PCB, como Nelson Werneck Sodré (que leu o livro de Caio "com a atenção que leio sempre o que você escreve" e considerava "sua análise excelente")[54] e, ainda mais expressivos em suas críticas, Carlos Nelson Coutinho, Jacob Gorender e Leandro Konder. Caio, portanto, uniria, segundo Motta, tanto a oposição da USP ao pensamento althusseriano (somente defendido por Luiz Pereira) como também a dos comunistas, que se opunham, naquele contexto, às posições "revolucionárias" do período (a defesa da luta armada, por exemplo). Por outro lado, Althusser seria uma leitura de referência para organizações de esquerda mais radicalizadas, como a AP-ml, em virtude da aproximação do teórico franco--argelino e de seu grupo com as posições maoistas. Motta também destaca que seu principal divulgador no Rio de Janeiro, Carlos Henrique Escobar, era militante da organização MAR e defensor da gesta guerrilheira[55].

Ainda que não mencionasse explicitamente o nome do marechal Tito, fica claro que CPJ não ficara satisfeito com os rumos do socialismo na Iugoslávia: a condescendência do governo para com os camponeses é que teria constituído uma das principais causas do fracasso daquela democracia popular[56]. O titoismo, talvez por sua ruptura oficial com Moscou e sua ênfase no mercado, certamente não era incluído no ideário político do autor de *Formação do Brasil contemporâneo*[57].

Vale ressaltar aqui o aparente pouco interesse de Caio Prado Júnior por Antonio Gramsci. Ainda que estivesse cercado por alguns dos mais importantes pioneiros e estudiosos gramscianos da América Latina, como Héctor Agosti, Gregorio Bermann e Carlos Nelson Coutinho, aparentemente não foi seduzido pela obra do comunista italiano. Pode ter lido vários livros do dirigente do PCI, mas em sua biblioteca só restaram três volumes: *Concepção dialética da história*, em edição de 1966, *Gramsci dans le texte*, de 1975, e *Il risorgimento*, de 1952[58]. Como está claro, um número reduzido de obras. Não custa especular, entretanto, que CPJ possa ter absorvido traços do ideário gramsciano através de fontes secundárias, mais notadamente da obra de Héctor Agosti, que utilizou suas categorias analíticas para examinar o caso da Argentina (ainda que isso, é claro, não tenha se refletido nas obras historiográficas iniciais de Caio). A primeira edição mundial em espanhol dos *Cadernos do cárcere* (apenas três anos após sua publicação em italiano) foi feita pela Editorial Lautaro, impulsionada pelo secretário de Cultura do PCA. E a apresentação da edição das *Cartas do cárcere*, em 1950, seria feita por ninguém menos que o amigo Bermann. Caio publicara pela Brasiliense o livro de Agosti sobre Ingenieros, pensador que, por sinal, em seu *Tiempos nuevos*, fazia referência ao *L'Ordine Nuovo*. É importante recordar, igualmente, que a primeira recepção produtiva de Gramsci na Argentina, nas palavras de Néstor Kohan, começa com *Echeverría*, lançado em 1951, que

> não pretendia ser uma glosa redundante e pormenorizada de cada um dos escritos de Gramsci. Tampouco um manual introdutório de suas categorias. Pelo contrário, sua maior originalidade residia em que Agosti utilizava os conceitos analíticos do italiano para tentar compreender na forma imediata a cultura argentina de meados do século XIX encarnada na obra literária e política de Esteban Echeverría, e em forma imediata, as razões últimas da "impotência política da burguesia argentina" – segundo seus próprios termos – para emancipar a nação e suas classes populares e subalternas.[59]

A partir de 1959, como afirma o mesmo Kohan, o autor de *El mito liberal* faria um duro ajuste de contas com sua própria tradição:

eram os tempos hegemônicos do desenvolvimentismo, do departamentalismo universitário, do neopositivismo filosófico e do antiensaísmo sociológico. Definindo então o liberalismo e o cosmopolitismo como "uma enganosa sugestão de modernidade", Agosti tentava desmontar a pretensa identidade entre o liberalismo e a democracia que os intelectuais vinculados à "revolução" libertadora haviam pretendido construir.[60]

Caio Prado Júnior certamente acompanhou a trajetória e o pensamento de Agosti ao longo dos anos, e é possível que o tenha de alguma maneira influenciado. De qualquer forma, alguns textos sobre Gramsci haviam sido publicados na revista *Problemas*, dirigida por Carlos Marighella (e, mais tarde, por Diógenes Arruda), os quais ele certamente leu. Os artigos de Palmiro Togliatti, "Antônio Gramsci" (que saiu no número 2, em setembro de 1947) e "Antônio Gramsci, chefe da classe operária italiana" (no número 25, em março e abril de 1950), certamente colocavam o dirigente sardo no circuito de discussões dos leitores comunistas daquela publicação. E, claro, "Consciência de classe e partido revolucionário", de Michael Löwy, editado na *Revista Brasiliense*, onde o jovem intelectual discutia o pensamento e a ação do dirigente comunista italiano, dos "conselhos operários" até as "Notas sobre Maquiavel", entrando na questão do partido (o "moderno príncipe") e o papel das massas revolucionárias[61]. Lincoln Secco afirma que, antes de 1975, teriam sido publicados apenas dezesseis artigos e ensaios sobre Gramsci no Brasil; como se vê, uma quantidade de textos bastante reduzida[62]. É verdade que na segunda metade dos anos 1960 seriam lançados alguns livros dele por aqui, pela Civilização Brasileira. Mas o material elaborado por Gramsci (ou sobre ele) em revistas e jornais em português, ainda assim, era muito limitado. O fato é que as discussões sobre o italiano ganhariam proeminência no país quando CPJ já se encontrava em plena maturidade (e mesmo na velhice). Na década de 1970, por exemplo, após sair da prisão, o historiador já estaria fora da militância política efetiva. E suas leituras, de maneira geral, não dariam prioridade ao teórico comunista italiano.

Intelectuais de esquerda do continente americano

Em relação ao projeto guevarista de luta revolucionária continental, Caio Prado Júnior não discutia a possibilidade de uma "grande pátria latino-americana socialista", mas calcava seus estudos prioritariamente na realidade brasileira. E as soluções políticas e econômicas deveriam se basear na correta interpretação da formação histórica do Brasil. Não elaborou em sua discussão, portanto, um plano mais abrangente que incluísse lutas simultâneas e consonantes em diferentes nações do nosso continente. Em outras palavras, se Guevara procurava nos países latino-americanos (e no Terceiro Mundo) as *similaridades*, ou seja, dar ênfase ao que havia de *comum* entre eles (algo que poderia unificar as pugnas internacionais)[63], Caio se preocupava principalmente com as *particularidades* de cada caso específico analisado.

Isso não significa, contudo, que não se interessasse pela América Latina. Pelo contrário. Ele não só viajou para vários países da região e exilou-se por um curto período no Chile, mas também apoiou constantemente os movimentos populares contra governos autoritários, o imperialismo e as ditaduras. Leu uma grande quantidade de obras sobre temas latino-americanos e mantinha-se a par do que acontecia politicamente nessas nações por meio de encontros e cartas de amigos ou conhecidos, como Norberto Frontini, Gregorio Bermann, Eduardo Astesano, Ángel Rama, Manuel Agustín Aguirre, Vicente Lombardo Toledano, Sergio Bagú, Carlos M. Rama, Manuel Serrano Pérez, Alberto Calvo, Oscar Delgado, Benjamín Samamé Pacheco, Jesualdo Sosa, Eduardo Arcila Farias, Alberto Calvo, Eli de Gortari, Benito Marianetti, Héctor Agosti, Rodolfo Puiggrós e tantos outros.

Um de seus primeiros correspondentes da região, após entrar para o PCB, foi o jornalista argentino Olegario Becerra, do periódico *El Plata*, com quem intercambiou missivas já em 1935. O interesse pela América Latina ficaria evidente na ocasião:

> Sinto-me realmente satisfeito [...] principalmente porque este início de relações culturais marca uma nova etapa de aproximação entre nossos países, que não será realizada pelos acordos e convenções de governos reacionários, nem pelas visitas faustosas, mas ocas, de presidentes tipo Getulio Vargas, mas por uma colaboração mais estreita de todos aqueles, intelectuais e trabalhadores, que em nosso continente lutam pela verdadeira cultura e real progresso.
> Atendendo a seu pedido, remeto-lhe nesta data alguns exemplares dos dois livros que já publiquei: *Evolução política do Brasil* e *URSS, um novo mundo*. Quero pedir-lhe uma lista de livros argentinos, modernos e dentro de um espírito de renovação, que se ocupem de problemas econômicos, políticos e sociais, particularmente os referentes ao seu país. Ao mesmo tempo, queira pôr-me em contato com algum livreiro daí, para que me seja possível estabelecer relações com ele, tornando possível a aquisição de livros publicados na Argentina, aqui no Brasil. Será este um enorme serviço que nos prestará, a mim e a todos que no Brasil se interessam pelos problemas sul-americanos. *Temos até hoje vivido num isolamento completo, e é mais fácil saber o que se passa na Europa do que nos nossos vizinhos.* O que da Argentina – como aliás dos demais países sul-americanos – chega até nós é somente o que apresenta menos interesse. Quando se trata de literatura sobre assuntos palpitantes do momento, o bloqueio é completo. É este bloqueio que precisamos romper.

Seria de grande utilidade que o sr. se pusesse em contato também com o Rio de Janeiro. Escreva, para este fim, a Francisco Mangabeira, que é diretor do jornal *Marcha*, hebdomadário revolucionário que obedece à orientação da Aliança Nacional Libertadora do Brasil. O endereço é rua 1º de Março, 17 – 6º andar, Sala 2 – Rio de Janeiro. Ali colaboram alguns dos mais destacados escritores revolucionários: Rubem Braga, Carlos Lacerda, Newton Freitas, e muitos outros. Espero em breve aproveitar seu oferecimento para colaborar em *El Plata*, e procurarei com meus companheiros *tornar conhecido na Argentina não o Brasil oficial, mas o verdadeiro Brasil revolucionário*.[64]

A relação com os intelectuais argentinos deve ser mencionada aqui, alguns dos quais membros do PCA ou peronistas de esquerda[65]. Afinal, desde que esteve na Argentina pela primeira vez, aos dezoito ou dezenove anos, Caio Prado Júnior iria sempre demonstrar muito interesse pelo país, em relação ao qual sentia até mesmo um "complexo de inferioridade", quando o contrastava com o Brasil da época. Admirava o desenvolvimento, o cosmopolitismo e o alto nível cultural da população. Viajou por diferentes partes do território daquele país, nele deu cursos e teve amizades duradouras. O vínculo com Luis Reissig e o Colegio Libre de Estudios Superiores[66] ou com o Estudio Jurídico Rava[67], em Santiago del Estero (encabeçado pelos advogados Horacio G. Rava e Raul Horacio Rava), são exemplos disso. Em 1938, um correligionário da ANL até lhe escreveu para dizer que Buenos Aires era a mais importante e conveniente cidade da América Latina para a organização de um "grande movimento continental", porque nela viviam "grandes homens políticos e revolucionários de todas as repúblicas ibero-americanas" e, por isso, seria conveniente que lá se reunissem os exilados brasileiros, inclusive o próprio Caíto, que deveria se trasladar para aquela capital, para então recomeçar a luta contra o governo Vargas[68].

Ao longo do tempo, CPJ acompanharia o desenrolar dos acontecimentos no país vizinho, fosse pela imprensa, fosse por relatórios de amigos. O Congresso Argentino da Paz, manifestações populares, prisões de camaradas, repressão policial, a tentativa de estruturação de uma Frente Nacional Anti-Imperialista, o desemprego, a inflação, o peronismo e até mesmo a Guerra das Malvinas foram discutidos por seus interlocutores. Ou seja, diversos assuntos concernentes à realidade rio-platense lhe eram reportados em detalhes. Com Frontini teve uma relação estreita, que se manteve até a velhice, como atestam dezenas de cartas entre ambos ao longo de décadas. O mesmo se pode dizer de Héctor Agosti e Benito Marianetti.

Frontini e Puiggrós, por exemplo, foram seus elos intelectuais com o legado de Che Guevara, personalidade que Caio acompanhava a distância a partir do triunfo da Revolução Cubana. Desde o assassinato do comandante, parte da correspondência dos colegas argentinos a Caíto trazia informações sobre o "guerrilheiro heroico". Frontini se revoltara com o livro de Ricardo Rojo, *Mi amigo El Che*, que fora publicado pouco tempo depois da execução do revolucionário em La Higuera, na Bolívia (no Brasil o livro foi vertido para o português por Ivan Lessa e lançado pela Civilização Brasileira). Caio Prado Júnior conhecera Rojo em uma de suas viagens a Buenos Aires e agora ficava sabendo que ele lançara uma obra repleta de informações polêmicas. Frontini imediatamente escreveu um folheto contra aquela "biografia", que, de acordo com ele, era "uma repugnante *alcahuetería*", principalmente o capítulo sobre o caso de Salta, que havia "provocado verdadeira indignação entre todos nossos amigos"[69]. Queria que CPJ publicasse um texto seu, que saíra na Argentina pela revista *América Latina*.

Vale mencionar que o filho mais novo de Norberto, Federico "Grillo" Frontini, foi integrante do Exército Guerrilheiro do Povo, grupo liderado pelo jornalista Jorge Ricardo Masetti, amigo íntimo do Che. Em 1963 e 1964, o grupo de Masetti atuou no norte da Argentina, seguindo um projeto revolucionário idealizado pelo próprio Guevara. O EGP, contudo, não teve sucesso. A guerrilha foi destruída, o corpo do fundador da *Prensa Latina* nunca foi encontrado e os poucos sobreviventes, julgados. Os combatentes, na ocasião, seriam defendidos por advogados respeitados, como Norberto Frontini, Horacio Lonatti, Ricardo Rojo e Gustavo Roca. Ainda assim, todos foram condenados. As maiores sentenças foram para Federico Méndez e Héctor Jouvé. "Grillo", por sua vez, recebeu como punição quatro anos atrás das grades[70]. Norberto, que considerava tudo aquilo "um absurdo"[71], narrou o drama do filho a Caio e, como já foi dito, revoltou-se, mais tarde, com as observações sobre o episódio no livro de Rojo, até então seu colega (outro filho de Frontini, Ricardo, morou em Brasília, onde trabalhou diretamente com Oscar Niemeyer e até se mudou para a casa que antes era ocupada pelo arquiteto)[72].

Não foi essa a última vez que Frontini se conectou com o historiador para editar algo sobre o Che. Afinal, ele intermediou a publicação de *Meu filho Che*, escrito por Ernesto Guevara Lynch[73]. No começo dos anos 1980, pôs Caio Prado Júnior (que já começava a apresentar sinais do mal de Alzheimer) e seu filho, Caio Graco (diretor da Brasiliense), em contato direto com o pai do Che, que morava em Miramar (Havana)[74]. A Brasiliense publicou o livro em 1986, com tradução de Emir Sader, assim como também *Com Che Guevara pela América do Sul*, de Alberto Granado[75].

Na verdade, CPJ conheceu pessoalmente *don* Ernesto em Buenos Aires, anos antes, apresentado pelo próprio Frontini[76]. O amigo portenho diria, sobre o livro do progenitor do Che, dois meses antes do lançamento de sua primeira edição argentina:

Li o prólogo. Só um pai pode escrever um prólogo como o que ele escreveu. Nada literário, mas profundamente humano. O livro conterá cartas do filho, de quando tinha 24 anos. Já era homem de uma harmoniosa conjunção de aguda inteligência e de sentimento humanitário...[77]

O fato é que, alguns anos antes, logo depois do *Cordobazo*, Frontini daria sua opinião sobre Guevara. Ele disse ao colega brasileiro: "Creio que, no fundo de cada consciência dos jovens e trabalhadores, vibrou o fantasma do Che, que se converteu em exemplo. É preciso emulá-lo para ser digno de sua memória"[78].

Frontini foi, talvez, o mais íntimo amigo de Caio na Argentina. Quando este foi preso, o colega arregimentou apoios internacionais, e, em 1969, na época em que o historiador se exilou, quem o recebeu em Buenos Aires e o ajudou a seguir para o Chile foi o advogado portenho. Foi ele também quem lhe apresentou Arturo Frondizi, que o autorizou a publicar *A luta anti-imperialista* pela Brasiliense (a propaganda de divulgação do trabalho em nosso país dizia que aquele era "um livro que mereceu o apoio de 4.084.586 argentinos")[79]. "Se, como espero, Frondizi chega a ser presidente, creio que, em pouco tempo, o panorama da política americana pode mudar de aspecto", diria Norberto ao amigo brasileiro[80]. Quando CPJ foi ao México em 1966, Frontini sugeriu que procurasse seus colegas Arnaldo Orfila Raynal (diretor da FCE), o poeta León Felipe e o pintor Antonio Rodríguez Luna. Pediu que lhes desse um abraço fraternal[81]. No mesmo ano, quando Caíto planejava uma viagem à Bolívia e ao Peru, Frontini recomendou que fosse atrás de conhecidos seus lá, como Yolanda Bedregal e Antenor Fernández Soler, que fora senador por Lima com votos dos apristas. Se o contatasse, a sugestão era fazer-se de dissimulado: "*No diga usted que es políticamente lo que es*"[82]. Por outro lado, "se quiser conhecer o monstro Haya de la Torre, fale com o Antenor. Eu conheci Haya na casa de Antenor e estivemos sete noites conversando[...] Já sabemos que ele é o maior porco traidor político da América"[83].

Desde os anos 1940, o advogado portenho convidava Caio Prado Júnior a escrever para publicações em seu país, de algumas das quais ele fazia parte. Basta recordar a revista *Latitud* (na qual Frontini dirigia a seção "Mapa Continental")[84] e a *Nueva Gaceta*, editada por Héctor Agosti, Enrique Policastro e Roger Pla[85]. No começo da década de 1980, Frontini insistiria para que Caíto fosse visitá-lo na Argentina, onde queria apresentá-lo ao pintor Antonio Berni e ao "grande escritor" Ernesto Sabato. Como se vê, uma amizade duradoura[86].

Já o historiador, jornalista e professor universitário Rodolfo Puiggrós (ideólogo do nacionalismo popular revolucionário e dirigente dos montoneros), um personagem mais conhecido e emblemático da esquerda argentina, além de intelectual respeitado, conheceu Caíto por um amigo em comum, Álvaro de Faria, que convenceu o colega a lançar *A revolução brasileira* em seu país. Faria, que via em Puiggrós uma figura culminante nas Américas de *"habla"* espanhola, achava que ele cuidaria da divulgação das ideias de CPJ, ideias estas que considerava válidas para toda a Ibero-América. E foi o que de fato ocorreu[87].

Puiggrós mandou a Caio Prado Júnior um folheto com mensagem impressa de Perón sobre o assassinato do Che (assinada em Madri, em 24 de outubro de 1967, e publicada pelo Comando Justicialista 17 de Octubre, edição *Dele Dele*), na qual exaltava o guerrilheiro e tentava aproximá-lo do peronismo. E foi o responsável por traduzir e prefaciar *A revolução brasileira*, livro que citou em suas próprias obras. Ele diria ao amigo brasileiro:

> Ao reler o livro nas provas, descobri nele riquezas maiores que na primeira leitura e na leitura ao traduzi-lo. Você se encontra na única posição criadora do pensamento marxista de nossos dias, a que parte da crítica e da superação dos erros, deformações e desvios de dentro do próprio marxismo. A luta que estamos travando de tal posição é a mais difícil por ser a que abre o caminho do futuro. Seremos entendidos pelos jovens, não contaminados pelos esquemas clássicos e não hipotecados a aparatos rígidos. Por outro lado, já começa a intriga a estender suas teias, como é natural que seja, pois a autodefesa dos comprometidos com o passado deve se manifestar de alguma maneira.[88]

Caio Prado Júnior conhecia havia muito tempo a "grande obra de interpretação histórica" de Puiggrós, e sentia-se honrado por ter seu trabalho (que seria publicado pelo conhecido editor de esquerda Arturo Peña Lillo)[89] traduzido e prefaciado por ele[90]. Só para se ter uma ideia, Caíto possuía pelo menos onze livros do colega argentino. O brasileiro enviou a Puiggrós, a pedido, 26 tomos das *Obras completas* de Eça de Queiroz, assim como seu *Notas introdutórias à lógica dialética*, livro que seu interlocutor começou a ler de imediato, "com a certeza de aumentar meu conhecimento dialético"[91]. O que se pode dizer é que Caio Prado Júnior e *A revolução brasileira*, de alguma forma, influenciaram Puiggrós, que mencionou o amigo paulista em seu *Historia crítica de los partidos políticos argentinos*[92].

O mesmo se pode dizer do advogado, defensor de presos políticos e membro do Comitê Central do Partido Comunista da Argentina Benito Marianetti, que considerava *História econômica do Brasil* um estudo profundo, amadurecido e realmente documentado, elaborado em perspectiva de síntese magistral e detentor de uma precisa orientação política[93]. "Nós ainda não temos, na Argentina, uma obra semelhante"[94], comentou ele a quem chamava de *"mi distinguido amigo y camarada"*[95]. O livro foi elogiado até mesmo por Rodolfo Ghioldi, outra importante personalidade do PCA na época[96].

Por sua vez, o advogado e ativo militante peronista Eduardo Astesano, editor do jornal *1810* e da *Revista de la Federación Gremial del Comercio e Industria de Rosario* (assim como autor de *Contenido social de la Revolución de Mayo*, *Historia de la independencia económica*, *Ensayo sobre el justicialismo a la luz del materialismo histórico* e *Historia socialista de América*), felicitou o historiador por seu "As teses da revolução brasileira"⁹⁷. Escreveu:

> Não posso deixar de comentar-lhe que devo ter lido mais de oito vezes. Algumas, em roda de amigos. Você dá ali a chave atual da existência de uma revolução burguesa agropecuária como a que eu explico em meu país. O Brasil e a Argentina nascem no capitalismo como produtores em massa de matérias-primas exportáveis. O resto, o que existe na Europa, a indústria fabril leve e pesada, vem em seguida como complemento. Por isso a contradição operário-patronal é básica no campo brasileiro [...]. Perón resolveu aqui essa contradição com o Estado do Peão, que constitui a primeira legislação social trabalhadora do campo. Vale dizer que partiu de uma contradição agropecuária de tipo capitalista e se dirigiu ao centro, à proteção social do trabalhador do campo.⁹⁸

Na correspondência, anexava uma carta-cópia ao "companheiro" Mário Alves, na qual delineava seu ponto de vista (dando a entender que queria que CPJ entregasse a missiva ao dirigente pecebista) e expressava o desejo de "estudar" a *História econômica do Brasil*. Também sugeria que ambos estabelecessem uma "ponte ideológica" para revisar a história dos dois países, a partir de um intercâmbio de cartas que seria um "benefício para o pensamento marxista revolucionário da América"⁹⁹.

Outro editor de esquerda e militante do PCA, Raúl Larra, publicou em 1960, em Buenos Aires, a *História econômica do Brasil* pela Editorial Futuro, com tradução comissionada a Haydée Jofre Barroso (responsável pela elaboração de um trabalho sobre Monteiro Lobato e outro intitulado "Esquema histórico de la literatura brasileña"), com uma tiragem de 3 mil exemplares¹⁰⁰. A afinidade entre Larra e Caíto era grande. O argentino (autor de *Payró, el hombre y la obra* e *Roberto Arlt, el torturado*), que lançava obras de muitos escritores brasileiros, ao perceber uma possível perseguição à sua empresa por motivos políticos e ideológicos (algo parecido com o que ocorreu ao próprio Caio Prado Júnior em distintas ocasiões), pediu ajuda ao amigo:

> Lamentavelmente sopram aqui ares muito maus para o livro, sobretudo para os livros que edito. Há quinze dias voltou a desatar uma perseguição ao livro considerado comunista, neo ou pró-comunista. Desde abril passado, quando fecharam uma editora e duas distribuidoras, as visitas policiais vêm se repetin-

do. Meu escritório também foi visitado e na minha ausência revisado o estoque e retirados alguns exemplares de livros como o seu, o meu sobre Newberry, o de Amado, *Gabriela, Historia del colonialismo*, de Arnault, *Religión y Ciencia*, de Cogniot, e outros mais. Não sei se como resultado dessa visita se fechará ou não a minha editora. Mas nestas condições estamos trabalhando. À noite a polícia foi me procurar em minha casa, dentro de uma série de *allanamientos* gerais que fizeram procurando perigosos comunistas. Parece que sou um deles. Por causa disso, estimado Caio, seria bom a solidariedade de escritores e editores brasileiros, [e que se] fizesse alguma declaração aí dirigindo-se a Frondizi ou ao ministro do Interior, assinalando meu caráter de escritor e editor independente que há mais de quinze anos vem editando livros, e que, em relação à cultura brasileira, editou seu livro, todos os de Amado e Graciliano Ramos. Qualquer gestão que realizem aí eu lhe agradecerei.[101]

Até mesmo o ensaísta, historiador e dirigente político Liborio Justo, também conhecido como Quebracho (autor de *Estrategia revolucionaria* e *León Trotsky y Wall Street*), foi admirador de Caio Prado Júnior. Segundo o próprio Justo, quando ele esteve no Brasil em 1934, a caminho dos Estados Unidos, comprou numa livraria de Santos *Evolução política do Brasil*, que o interessou muito, especialmente por se tratar "do primeiro ensaio que apareceu nesse país com tal método, e um dos primeiros na América Latina"[102]. Depois, adquiriu a primeira edição da revista *Geografia*, com um artigo de CPJ sobre a propriedade fundiária no estado de São Paulo. Recebeu de presente de um amigo, posteriormente, a *Formação do Brasil contemporâneo*, em espanhol, e leu as versões traduzidas de *História econômica do Brasil* e *A revolução brasileira*. Baseado nessas publicações (mesmo que discordasse de algumas apreciações), considerava Caíto "o mais prestigioso expoente do pensamento econômico-político sociológico do Brasil"[103]. Quando escreveu seu *Argentina y Brasil en la integración continental: integración imperialista o integración socialista?*, utilizou os textos de Caio Prado Júnior (especialmente aqueles sobre a questão agrária) para fundamentar seu estudo[104]. O mais interessante é que os dois viriam a se encontrar e conversar longamente na casa do autor de *URSS, um novo mundo* em São Paulo, já na velhice, por intermédio do argentino Osvaldo Coggiola, professor da USP[105]. O diálogo, contudo, seria difícil. Enquanto Justo insistiria em discutir a questão "feudal" no período colonial, Caio faria questão de falar apenas sobre filosofia, especialmente de seu *Dialética do conhecimento*. A conversa não renderia muito além do debate imediato entre os dois intelectuais, que nunca mais se encontrariam[106].

O mexicano Lombardo Toledano, por seu lado, aproximou o colega paulista do ministro polonês Jan Drohojowski, em 1946, para que este pudesse obter dados e contatos no movimento intelectual e popular do Brasil, durante a breve visita oficial que faria ao país naquele ano[107]. Essa conexão possivelmente facilitou a viagem de Caio Prado Júnior à Polônia, três anos mais tarde. Não custa recordar que Toledano (um estudioso das particularidades da história e da realidade étnica e cultural de seu país) tinha a pretensão de orientar a Revolução Mexicana para o socialismo por uma via pacífica (o que fez com que muitos o classificassem como um "marxista reformista"): rechaçava a necessidade de luta armada para se atingir aquele estágio e enfatizava a importância transcendental da educação, conferindo à tarefa de conscientizar as massas para prepará-las para a tomada do poder um elemento fundamental no processo político do proletariado. Os meios de produção só poderiam ser socializados quando estivessem amadurecidas as condições subjetivas, e não antes. Nesse ínterim, a classe trabalhadora deveria fazer o possível para lutar dentro dos preceitos constitucionais[108]. E o Estado, a partir das pressões populares e reivindicatórias de sindicatos e movimentos sociais, promoveria, ao longo do tempo, medidas jurídicas e modernizadoras para melhorar o quadro geral na nação. No caso mexicano, portanto, o elemento indígena (que representaria boa parte da população rural) deveria primeiro se proletarizar, para então, pela própria evolução dos acontecimentos, ter seu caráter humano restituído, tornando-se não prisioneiro, mas protagonista e realizador da história, o que, em última instância, possibilitaria a instauração do socialismo[109].

O peruano Benjamín Samamé Pacheco, por sua vez, seria marcado pela leitura de um artigo sobre a dialética materialista de Caio Prado Júnior divulgado na *Revista Brasiliense*, texto que, por iniciativa própria, decidiu traduzir e publicar em espanhol como folheto avulso. Considerava que a literatura acerca do assunto no Peru era nula, ou seja, de certa maneira, mesmo que marginal, CPJ teria contribuído para o debate marxista também naquele país. O colega peruano, autor de "El nuevo espíritu de la filosofía", levantaria questões sobre o materialismo dialético, a metafísica, a antimetafísica e a ontologia. Para Samamé Pacheco, o marxismo deveria se aprofundar nesses temas[110].

Ainda que Caio Prado Júnior seja visto essencialmente como um autor "brasileiro" (e voltado para os problemas do país), no exterior muitos o inseriam no contexto mais amplo da tradição marxista latino-americana, colocando-o ao lado de outros teóricos e militantes anti-imperialistas do continente. Por isso, o interesse de estrangeiros como James O'Connor, editor da revista *Studies on the Left*, que em 1964 pediu um texto seu para figurar numa edição especial do periódico sobre o futuro da esquerda na região[111], ou John Gerassi, autor de *A invasão da América Latina* e diretor do departamento latino-americano da revista *Ramparts* – e, nas palavras do editor Ênio Silveira, "um típico representante da *New Left* norte-americana [...] um homem dedicado 24 horas por dia à causa das vítimas do imperialismo"[112] –, que queria publicá-lo no *Latin American Reader* (organizado por ele, juntamente com Irving Louis Horowitz e

Josué de Castro), programado para ser lançado em 1967 pela Random House[113]. O objetivo do livro era fazer "um ataque cerrado ao imperialismo"[114]. E Caíto supostamente figuraria entre os autores do continente que representavam essa luta (a obra acabou saindo com o título *Latin American Radicalism*, em 1969, e não incluiu CPJ em suas páginas)[115].

Alguns anos mais tarde, Gerassi convidou Caio Prado Júnior, por intermédio de seu amigo Fernando Henrique Cardoso, a escrever um livro para a coleção The Paladin Marxist Histories, da Paladin Books. O projeto (aparentemente não realizado) deveria durar três anos e tinha programados quatro volumes iniciais e mais seis na sequência. Dependendo do sucesso, a série poderia ser ampliada. Os volumes discutiriam a história de todas as partes do mundo, com viés marxista. Para a América Latina, seriam consultados grandes estudiosos do continente[116]. Caio Prado Júnior, nesse caso, seria responsável por *A Marxist History of Brazil*. Caso ele não aceitasse, Gerassi sugeria nomes como Boris Fausto, Emília Viotti da Costa e Octavio Ianni. E pedia que FHC indicasse outros intelectuais que pudessem realizar a tarefa[117].

Outro caso foi o de Luis E. Aguilar, professor do Departamento de História da Universidade de Georgetown, em vias de concluir naquele mesmo ano o livro *Marxism in Latin America* (que seria editado pela Alfred A. Knopf), no qual seriam incluídos fragmentos significativos de diversos autores marxistas (ou influenciados pelo materialismo histórico)[118]. Aguilar tinha "especial interesse" que o nome de Caio Prado Júnior, "que tanto prestígio alcançou no campo da economia e do marxismo", figurasse na obra de "forma destacada"[119]. Sua ideia era incluir parte do capítulo final de *História econômica do Brasil*, intitulada "A crise em marcha", o que de fato ocorreu. Também "agradeceria de alma" se pudesse saber o que CPJ andava escrevendo na época. E queria estabelecer uma "comunicação mais estável entre ambos"[120]. (Por tudo isso, não é de estranhar que o jornalista italiano Romano Trizzino convidasse Caio para lhe enviar textos a fim de compor um "caderno" de uma coleção publicada em seu país que incluía obras de Mao Tsé-tung, Alleg, Russell, Kuby, Lukács e Fanon; ele poderia representar o Brasil naquela tribuna editorial "tanto pelo nível cultural como pela orientação ideológica".[121])

Na verdade, muitos intelectuais norte-americanos admiravam Caíto e se relacionavam com ele, dos quais vários eram autores de livros que discutiam o comunismo no Brasil. Basta lembrar, por exemplo, o professor da Universidade da Califórnia, em Riverside, Ronald H. Chilcote[122] (*The Brazilian Communist Party, Conflict and Integration, 1922-1972*), Horace B. Davis[123], da Hofstra University (que trabalhava com a teoria marxista do nacionalismo a partir de 1917) e o brasilianista John W. F. Dulles[124], que escreveu *Brazilian Communism, 1933-1945: Repression During World Upheaval* e *Anarchists and Communists in*

Brazil, 1900-1935. O mesmo pode ser dito de nomes como Richard Graham[125], Merle Curti[126], Roy Nash[127], James Watson e Ernest Madril[128]. Quando Peter Einsenberg, tradutor de um artigo de Caio Prado Júnior sobre a questão agrária (publicado na *Studies on the Left*) e, mais tarde, autor de *Modernização sem mudança*, veio ao Brasil (então ainda estudante de pós-graduação da Columbia University), quem pediu que Caíto o recebesse e o ajudasse durante sua estadia foi ninguém menos que o colega e editor da *Monthly Review*, Leo Huberman[129]. E na época em que se planejava a vinda de Paul Sweezy ao Brasil, viagem que supostamente deveria ocorrer em 1960, o diplomata brasileiro W. S. Lobato, na época em Porto Príncipe (Haiti), fez gestões para que Caio Prado Júnior fosse o responsável por organizar a agenda de hospedagem, palestras e conferências do norte-americano em São Paulo durante a *"Latin American Tour"*, turnê que ele teoricamente pretendia fazer sem cobrar cachê ou honorários[130] –o que acabou não se efetivando[131].

Caio Prado Júnior e Bukharin: aproximações

Se Trotski, em alguns poucos trechos da obra caiopradiana (em especial, em *URSS, um novo mundo*), será lembrado rápida e favoravelmente como um crítico da burocracia (ainda que CPJ não se aprofunde no tema) e Lenin como o grande líder da Revolução, Bukharin será designado como "direitista" e também como "um dos maiores teóricos do marxismo"[132]. Vale ressaltar que o único livro que ele verteu para o português (provavelmente da versão francesa, já que não falava russo) foi justamente *Teoria do materialismo histórico, manual popular de sociologia marxista*, daquele mesmo autor, algo significativo, sobretudo se considerarmos que a tradução não foi uma encomenda, mas feita por conta própria[133].

A publicação de *Teoria do materialismo histórico*, portanto, coloca Caio Prado Júnior entre aqueles que ajudaram a divulgar os clássicos do marxismo no Brasil.

Entre 1920 e 1923, três panfletos de Lenin haviam sido traduzidos no Brasil, assim como o *Programa comunista*, de Bukharin[134]. Em seguida, a primeira publicação importante, a tradução do *Manifesto Comunista* de Marx e Engels, feita em 1923 pelo dirigente do PCB Octávio Brandão, a partir da edição francesa preparada por Laura Lafargue, saiu no jornal sindical *Voz Cosmopolita* e foi lançada em formato de livro em Porto Alegre, em 1924, com uma tiragem de 3 mil exemplares. Naquele mesmo ano, foi publicada a versão em português de *Noções do comunismo*, de Charles Rappoport. Em 1926, a seção pernambucana do partido traduziu o *ABC do comunismo*, de Bukharin, que apareceu para o público no ano seguinte[135].

Em 1933, Mário Pedrosa foi um dos responsáveis pela publicação da coletânea de Leon Trotski, *Revolução e contrarrevolução na Alemanha*, lançada pela

Editora Unitas[136]. Na verdade, entre 1931 e 1934, alguns trabalhos do fundador do Exército Vermelho vieram à luz em português, como *O plano quinquenal*, *Os problemas de desenvolvimento na URSS* (também pela Unitas), *O que é a Revolução de Outubro* (Edições Luta de Classe) e *A revolução desfigurada* (Editora Renascença)[137].

Naquela década, editoras como a Calvino, Pax e Cultura Brasileira, entre outras, começam a lançar livros ligados à URSS, desde romances (como os de Górki, Pilniak e Gladkov) até trabalhos teóricos de autores como Lenin, Losovski, Prokovski, Krupskaia, Bogdanov, Zetkin e Stalin. A literatura sobre a Rússia e os textos marxistas, assim, têm sua difusão ampliada no período.

O *Materialismo histórico*, de Bukharin, por sua vez, foi publicado em 1933 e 1934, pelas Edições Caramuru, impresso na Oficina Gráfica Mangione (São Paulo), em quatro volumes, em formato de bolso. É interessante ressaltar aqui que a tradução, que na capa trazia o título *Tratado de materialismo histórico, sociologia popular marxista*, na folha de rosto era denominada *A teoria do materialismo histórico, manual popular de sociologia marxista* (talvez uma falta de cuidado dos editores). Cada um dos livros era vendido a 4 mil-réis, para possibilitar que o maior número de pessoas pudesse ter acesso à obra. Um sinal da evidente preocupação de CPJ com a qualidade da tradução e a definição exata dos conceitos é a errata, ao final do quarto volume, na qual ele aponta uma série de problemas e imprecisões de sua versão (ou problemas gráficos) que fazia questão de revisar, para garantir maior fidelidade ao texto.

A possível admiração velada por Bukharin é, até certo ponto, compreensível. Uma das figuras mais populares da União Soviética, fora considerado pelo próprio Lenin "o maior e mais importante teórico do partido"[138] e por outros "o maior marxista vivo do bolchevismo"[139] e "o teórico mais destacado da Internacional Comunista"[140]. Basta ler o que dizia outro brasileiro, Heitor Ferreira Lima (que estudou três anos em Moscou), ao descrever o encantamento que ele próprio e os jovens soviéticos tinham pelo autor de *A economia mundial e o imperialismo* naquela época[141].

De fato, Bukharin foi, durante algum tempo, leitura obrigatória dentro do PCB. Um dos primeiros livros marxistas lidos por Leôncio Basbaum, por exemplo, foi o *ABC do comunismo*, por recomendação de Astrojildo Pereira[142]. De acordo com Stephen Cohen:

> a ele tinha sido atribuído um *status* muito duvidoso, o de "clássico" em seu próprio tempo. Suas obras já eram citadas nos tratados oficiais de economia, filosofia, sociologia, arte literária e crítica marxistas. Sempre que um autor soviético desejava provar que as realizações intelectuais bolcheviques gozavam de "renome internacional", dizia: "Basta citar as notáveis obras sociológicas e econômicas de

N. I. Bukharin" [...]. Membro titular da Academia Comunista e de seu *presidium*, Bukharin foi indicado pelo partido para a Academia Soviética de Ciências, tendo sido o único líder político eleito em 1928-29 – o que atesta de modo honroso e cabal sua proeminência.¹⁴³

Mas na época em que Caio Prado Júnior entra para o PCB, e quando traduz o livro de Bukharin, em 1933, a situação era diferente. Em 1929, Bukharin foi publicamente acusado de desviacionista, removido da editoria do *Pravda* e retirado do Politburo do Comintern. No ano seguinte, foi nomeado chefe do Setor de Programação da Pesquisa Científica do Vesenkha, "um cargo que o colocava numa posição marginal em relação aos principais eventos políticos que se verificavam no país"¹⁴⁴. Em 1937, foi expulso do partido e, no ano seguinte, executado.

Os bukharinistas, no começo dos anos 1930, malvistos pela IC, seriam expurgados de suas fileiras. Nos Estados Unidos, líderes importantes do Partido Comunista, como Jay Lovestone, Benjamin Gitlow e Bertram Wolfe, juntamente com dezenas de seguidores, foram expulsos e, somente entre 1929 e 1930, após um processo de "depuração", de um total de 9.300 militantes no PC daquele país, 7.500 permaneceram na agremiação¹⁴⁵. Algo similar ocorreu em outras partes do mundo: também seriam defenestrados pelo Comintern dirigentes como Manabendra Nath Roy, na Índia; Heinrich Brandler, na Alemanha; Joaquín Maurín, na Espanha; e José Penelón, na Argentina. No Brasil, Astrojildo Pereira, designado como "renegado", defensor da "pobre linha menchevista" e suposto propugnador do "astrojildismo" (para seus detratores, o equivalente ao bukharinismo, ou seja, um "desvio" de direita), foi excluído dos quadros dirigentes¹⁴⁶, enquanto Leôncio Basbaum era acusado de tendências ora bukharinistas, ora trotskistas¹⁴⁷. É difícil imaginar que Caio Prado Júnior não soubesse disso. Mesmo assim, traduziu exatamente aquela obra de divulgação, obra esta, aliás, que foi considerada bastante insatisfatória por muitos intelectuais respeitados¹⁴⁸.

Vale também recordar que anos mais tarde, na década de 1960, a "filosofia" soviética foi a disciplina mais criticada por CPJ, aquela que não teria se desenvolvido como a geografia ou a história. A decisão de publicar Bukharin em português, portanto, poderia soar estranha. Afinal, mesmo na época em que traduziu *Materialismo histórico*, pensadores marxistas sofisticados não se furtaram a apontar as simplificações do teórico russo. Seria interessante perguntar por que Caíto, que usou o método do materialismo histórico de forma tão criativa e original em seus trabalhos sobre o Brasil colônia, por exemplo (muito distantes das posições e interpretações "oficiais" do PCB), teria, não obstante, se impressionado com Bukharin e realizado ele próprio, na maturidade, um trabalho filosófico considerado frágil por alguns colegas e estudiosos de sua obra¹⁴⁹. Afinal, ele não traduziu *Materialismo e empiriocriticismo*, de Lenin, o líder intocável da

Revolução, mas o do já então herege Bukharin. E, ainda por cima, um "manual" descrito como "simplista" e "mecanicista", criticado por intelectuais do porte de Gramsci e Lukács, e que apenas apresentava uma série de "princípios" e "pontos fundamentais", enunciados de maneira dogmática[150]. O fato é que aquela versão padronizada do marxismo foi vista durante um bom tempo como a declaração mais autorizada da visão de mundo do partido. Segundo Kolakowski, o conteúdo de *Materialismo histórico* seria praticamente o mesmo incluído, mais tarde, no manual escrito por Stalin[151].

Por outro lado, talvez o que mais tenha permanecido de um vago bukharinismo em Caio Prado Júnior não tenha sido necessariamente sua *filosofia*, mas parte de seu receituário *político* de desenvolvimento, visto como direitista pelos mais ortodoxos. Em outras palavras, uma teoria que se opunha às políticas comunistas mais "extremistas" e "aventureiras" nos âmbitos interno e externo e que enfatizava, em diversas ocasiões, a moderação e os incentivos, assinalando a importância crucial da agricultura como precondição para o desenvolvimento da indústria pesada (no caso da Rússia soviética)[152]. De acordo com Leôncio Martins Rodrigues:

> a expansão da economia camponesa deveria fortalecer a economia estatal ao ampliar as demandas de bens de consumo e de bens de produção por parte da população camponesa. Logo a demanda de produtos industriais dependeria, por sua vez, do ritmo de desenvolvimento da economia camponesa. Caberia, portanto, ampliar o processo de acumulação no campo.[153]

Nesse sentido, o próprio Bukharin diria essencialmente que, "no momento, devemos aplicar uma política que elimine a pobreza"[154]. Para o dirigente bolchevique, o caminho pacífico para o socialismo estaria ligado ao setor da "circulação" (compra, venda e crédito, por exemplo) no campo[155], o que implicava dar ênfase à construção de um mercado interno, a partir de um modelo em grande medida autárquico de desenvolvimento[156]. Afinal, como afirmou seu biógrafo, Roy Medvedev, "Bukharin concebia a transição ao socialismo como um longo processo, não como uma revolução fulminante; por outro lado, o próprio Lenin sublinhara muitas vezes que a transição dos camponeses ao socialismo exigiria toda uma época histórica"[157].

Há uma série de elementos que compõem o que pode ser denominado "bukharinismo". O dirigente soviético foi um dos grandes defensores da Nova Política Econômica, da paz e da estabilidade na construção do socialismo na URSS, num contexto em que o Estado fosse o responsável por investir na indústria pesada, enquanto a propriedade privada teria em suas mãos a indústria leve. Bukharin se posicionava contra a coletivização forçada e apoiava uma verdadeira aliança operária e camponesa. Para isso, preferia seguir uma abordagem mais moderada, acreditando que seria benéfico que o campesinato prosperasse e que isso se refletisse em vendas de excedentes para o exterior. Mas os comunistas, não obstante, *liderariam sempre o processo*, que desembocaria, no futuro, no comunismo. Ou seja, um *sistema gradualista de desenvolvimento*. Ele também chegou a alertar (trinta anos antes de Milovan Djilas, na Iugoslávia) para o perigo de uma "nova classe" no poder, ou seja, uma casta burocrático-dirigente que poderia assumir o controle do Estado. Em termos pessoais e conceituais, Bukharin também defendeu a unidade do partido a qualquer custo, até mesmo em detrimento de sua posição dentro dele, e ainda que suas ideias, em última instância, não prevalecessem nos debates internos. Isso lhe custaria cargos e a própria vida. Foi, de qualquer forma, um propugnador do "humanismo proletário", ajudando a preparar a Constituição soviética de 1936, na qual pôde incluir vários pontos que achava essenciais, como as liberdades de expressão, imprensa, reunião, religião, privacidade pessoal e correspondência. E enfatizou a educação e a cultura, para que o socialismo fosse construído de baixo para cima, mesmo que lentamente, e num processo de longo prazo.

Vários aspectos do bukharinismo já haviam sido identificados e destacados por Caio Prado Júnior na época em que esteve na União Soviética. A crítica ao burocratismo e a importância dos aspectos educacionais e culturais foram alguns deles. "A elevação do nível cultural das massas é a essência do regime soviético", diria ele[158]. Afinal,

> é nisto que consiste a superioridade, no terreno cultural, do regime soviético. A finalidade da educação soviética não é apenas satisfazer às exigências técnicas da economia do país. É antes de tudo a cultura em si das massas; a elevação do seu nível intelectual como objeto último e não apenas como meio.[159]

Essa fórmula seria defendida por Caíto para o caso brasileiro ao longo da vida. Mas sua aparente concordância com Bukharin chamou a atenção de distintos setores da esquerda desde seu retorno da URSS.

Lívio Xavier fez uma crítica contundente numa resenha de *URSS, um novo mundo*. Em relação especificamente a Caio Prado Júnior e o dirigente bolchevique, o jornalista e membro da LCI disse:

> quando [CPJ] caracteriza a burocracia como sobrevivência do antigo regime, vai mais além e tira as últimas conclusões da teoria da direita bukhariniana, segundo a qual a própria existência da União Soviética é garantia suficiente contra qualquer deformação da ditadura do proletariado a qual delimita politicamente o desenvolvimento de todas as tendências antiproletárias.[160]

E conclui:

Mas o sr. Caio Prado Júnior, para quem só existem as categorias rígidas e indeformáveis do Estado e Poder público, passa além da luta de classes e da sua dialética, para o plano do idealismo político. Esse modo de pensar está tão longe do marxismo revolucionário quanto as concepções teóricas de Bukharin (vide o Testamento de Lenin). Apenas, no ar, CPJ, que, à pág. 121, se sente na obrigação de recordar que Bukharin é um dos maiores teóricos do marxismo, assume o caráter de uma dogmática jurídica. Tanto melhor, pois faz ressaltar melhor o seu caráter reacionário.[161]

Os traços de um pensamento *em parte* vinculado ao bukharinismo continuarão se expressando ao longo das décadas. Muitos anos mais tarde, em "Perspectivas da política progressista e popular brasileira", publicado na *Revista Brasiliense*, edição de novembro e dezembro de 1962, Caio Prado Júnior insistirá na importância da promoção da educação popular e da preparação ideológica das massas para uma fecunda ação política no campo e nas cidades[162]. E, em seu "A marcha da questão agrária" (*Revista Brasiliense*, janeiro de 1964), defenderá que a melhoria no padrão de consumo da população rural ajudaria na superação dos "dilemas da nossa herança colonial"[163]. Os processos econômico e cultural, portanto, deveriam estar articulados. O autor de *A revolução brasileira* enfatizaria também o estímulo à maior produtividade na agricultura a partir do aperfeiçoamento do setor, utilizando para isso elementos qualitativos como maquinaria moderna, assim como o incremento na renda dos trabalhadores rurais, organizados em sindicatos e protegidos pela legislação.

A proposta caiopradiana é distinta em diversos aspectos do receituário bukharinista (até mesmo pelas diferentes épocas, países e formações econômicas em questão), mas é certamente possível fazer aproximações entre os dois e entender porque ambos foram atacados como "reformistas" e "direitistas" (guardadas as proporções) e acusados de se afastar da linha "oficial" nas épocas em que cada qual atuava. É importante ressaltar aqui, contudo, que essas são apenas *aproximações* generalizantes entre esses dois pensadores, já que CPJ nunca se declarou bukharinista nem foi disso acusado pelos membros da direção do partido.

Panfleto de divulgação de pacote turístico para a URSS.

3
PRIMEIRA VIAGEM AO MUNDO DO SOCIALISMO

Mas não apenas as leituras serão importantes para formar a visão socialista de Caio Prado Júnior. As viagens representarão um elemento essencial para que ele molde suas opiniões sobre diversos temas candentes no campo do marxismo, como o caráter da "revolução" e o "partido".

Assim como fazia em seus périplos pelo Brasil, embrenhando-se no interior para ver de perto a realidade nacional e levantar informações para seus textos, também fará em nações tão distantes como a União Soviética, a China ou Cuba. Em cada uma de suas experiências no exterior, fará anotações, fotografará pessoas, conversará com gente comum. Procurará, nesse sentido, produzir o retrato mais fiel possível daquelas realidades.

O fato é que, desde que ingressou no PCB, Caio teve enorme interesse em criar vínculos políticos e culturais com a URSS, laços estreitos que durariam ininterruptamente até 1968, ano em que as tropas do Pacto de Varsóvia invadiram a Tchecoslováquia. Logo que entrou para as fileiras comunistas, participou de sessões do Congresso Social e da Sociedade dos Amigos da União Soviética na capital paulista[1]. A partir de 1933, estabeleceu contato com a Associação de Amigos da União Soviética espanhola[2], e, dois anos mais tarde, na condição de secretário da recém-fundada AGB, escreveu para a Voks, com o intuito de criar uma ponte entre as duas entidades e intercambiar publicações[3].

Vale recordar que a desinformação sobre a Rússia era enorme, e que a imprensa no Brasil e na América Latina, em boa medida, posicionava-se de forma desfavorável aos soviéticos. Mesmo que os bolcheviques tivessem chegado havia mais de uma década e meia ao poder, as instituições e a vida política na URSS permaneciam um enigma para fatias significativas da população; o interesse pelo país, portanto, continuava grande. Artistas, jornalistas e intelectuais de todo o continente afluíam periodicamente à terra de Lenin e, ao retornar para casa, publicavam artigos e livros sobre suas experiências, apresentando em geral um panorama bastante variegado para a audiência local, ávida por informações de primeira mão.

As viagens à União Soviética, nos anos 1930, podiam ser feitas de navio, trem e avião; comumente, eram longas e desconfortáveis. O caminho mais utilizado era via Berlim. Para Leningrado, partia-se daquela cidade ou do norte da Alemanha e, para Moscou, de Varsóvia, em comboio[4]. Da capital germânica, por terra, demorava-se de 35 a 42 horas, cortando o corredor polonês, a Lituânia e a Letônia, a um custo aproximado de sessenta dólares por passageiro (em primeira classe). De vapor, saindo de Stettin ou Kiel, o trecho durava de três a quatro dias e custava um pouco mais caro[5]. Havia, por certo, voos para algumas cidades soviéticas importantes, ainda que fossem menos utilizados do que os transportes terrestres ou marítimos. A Deruluft[6], por exemplo, fazia a ponte aérea entre Berlim e Moscou em doze horas, pelo preço de setenta dólares.

A *maioria* das composições russas que transitavam nas 24 ferrovias da União Soviética possuía apenas uma classe, o equivalente à terceira, ainda que o Estado permitisse, em alguns casos, vagões de primeira e segunda para turistas, intercalados aos outros. As cabines tinham espaço para quatro pessoas, enquanto nos carros comuns havia 64 assentos (ou 38 leitos).

O trajeto de Moscou a Leningrado, pelas estradas de ferro da chamada October Railway, durava em torno de 10 horas pelo Krasnaia Strela [Seta Vermelha] ou pelo October Express [Expresso de Outubro][7]; de Kiev a Odessa, 15 horas, com várias escalas; de Moscou a Sebastopol, 38 horas; e da capital russa até Kharkov, a uma distância de 485 milhas, em torno de 17 horas[8].

Como tantos intelectuais do continente, Caio Prado Júnior também se interessou em conhecer de perto a União Soviética. Em fevereiro de 1933, o jovem decidiu ir àquele país[9], mas quis evitar que a notícia fosse divulgada[10]. A data da visita ao país dos sovietes foi escolhida pouco tempo depois.

Entre maio e junho de 1933, faria sua primeira viagem importante para o mundo do socialismo. Uma verdadeira iniciação. Caio viajou para a URSS com a esposa, Baby. O casal saiu de Paris, seguiu para a Alemanha, passou pela Polônia e de lá para Leningrado. Durante um mês e meio, os dois visitaram, com um guia, essa cidade (antiga Petrogrado e atual São Petersburgo), assim como Moscou, Kiev, Kharkov, Ialta, Kazan, Kislovodsk, Saratov, Rostov do Don e outras localidades da Rússia, Ucrânia, Geórgia e Cáucaso do Norte[11], muito provavelmente utilizando os serviços da Intourist, a agência de viagens oficial do país (na própria Embaixada soviética, na capital francesa, o itinerário era sugerido aos viajantes)[12].

Em 1932, um *tour* de 23 dias pela URSS custava 276 dólares, incluídos traslados de trem em vagões com camas, hotéis de primeira classe, refeições, automóveis, guias turísticos, intérpretes, ingressos de teatro e custos do visto. O trajeto era definido previamente pela Intourist (em geral passando pelos locais que CPJ esteve) e incluía passeios por Dnepropetrovsk e Dnieprostroi, a maior hidrelétrica do mundo até então[13].

Na União Soviética, ele assistiu a manifestações de rua; conversou com operários e camponeses; viu de perto o Kremlin e o Palácio de Inverno; navegou pelo Volga; conheceu fazendas coletivas (como a "Comuna Seattle", no Cáucaso do Norte); testemunhou a ida de trabalhadores a teatros e cinemas; caminhou por diferentes bairros das maiores cidades do país; visitou um *profilactorium* de prostitutas (onde delegados de várias repúblicas soviéticas faziam palestras sobre doenças venéreas); presenciou um julgamento num tribunal[14] e uma cerimônia religiosa na Catedral de Santa Sofia (para se certificar, por um lado, de que havia liberdade de religião na URSS, apesar do ateísmo de seus dirigentes e de estes não incentivarem os cultos, e, por outro, para confirmar a falta de interesse da população pelas igrejas, que, de acordo com ele, estavam vazias); percebeu a propaganda antirreligiosa nas ruas[15], indo a museus públicos sobre o tema[16]; conheceu um clube de ferroviários, a usina Selmachstroi (de construção de máquinas agrícolas) e o *sovkhoz* Verblud, no Cáucaso do Norte, assim como diferentes fábricas, livrarias e bibliotecas populares; e ficou "encantado" com o nível de politização, educação e cultura dos cidadãos soviéticos.

O casal demonstrava interesse por cada detalhe da viagem. Em Moscou, por exemplo, caminharam pela Praça Sverdlov e pelo Parque Gorki, além de visitarem a Praça Vermelha e o Grand Théâtre. Uma passeata de militares, certa manhã, chamaria bastante sua atenção.

Ao longo da viagem, fotografaram o Palácio de Livadia, em Ialta, na Crimeia; cenas cotidianas dos cidadãos em Kiev (como um enterro, por exemplo); um bairro operário, máquinas agrícolas, a cidade universitária e crianças brincando em Rostov; uma ponte sobre o rio Moscou; um cais em Kazan; o quebra-gelo Krassin; uma estrada na Geórgia; soldados georgianos; uma comuna em Kharkov (a maior cidade da região histórica de Slobozhanshchyna); e cenas cotidianas de Saratov (centro administrativo do Oblast de Saratov e importante porto no rio Volga) e Kislovodsk (no norte do Cáucaso, no Stavropol Krai, entre o Mar Negro e o Mar Cáspio)[17].

O historiador chegou à URSS no início do Segundo Plano Quinquenal, que fora colocado em andamento naquele ano[18]. O país se modificara rapidamente desde 1929. O fato é que, no final de 1933, aproximadamente 99% da indústria soviética já estava socializada. Os centros foram reorganizados, novos surgiram (como Dnieprostroi e Stalinsk) e o número de operários nas fábricas e usinas, que era de 11.599.000 em 1928, subiu quatro anos depois para 22.942.800. Juntamente com o processo intensivo de industrialização do país, ocorreu também a coletivização acelerada da agricultura, que resultou, em 1933, em cerca de 25 milhões de propriedades camponesas individuais, concentradas numa estrutura de fazendas coletivas ou estatais[19].

Em 5 de janeiro de 1930, o Comitê Central do PCTU detalharia a forma como se daria a coletivização, a partir de três "grupos" de regiões. Naquelas que se destacavam pela grande produção de cereais, como o Cáucaso do Norte e o Médio e Baixo Volga, a coletivização seria concluída na primavera de 1931. Já na Sibéria, Ucrânia, Cazaquistão e Urais, um ano mais tarde. E as demais, como a Transcaucásia, a Ásia Central (e mesmo a capital, Moscou), em 1933. Mas a forma como o processo foi conduzido resultou em graves distorções e reveses, tanto no painel macroeconômico como na vida de milhares de camponeses. Nas palavras de Ralph Miliband, a política de coletivização forçada "encontrou feroz resistência no campo e foi levada a cabo com determinação implacável e a um custo humano e material terrível"[20]. Afinal, como afirmou o italiano Fabio Bettanin:

> o campo soviético foi teatro de uma profunda e rapidíssima transformação das suas estruturas sociais e econômicas. Milhões de pequenas propriedades camponesas, que até então produziam quase que exclusivamente para o autoconsumo, passaram a fazer parte dos *kolkhozes*; centenas de milhares, se não milhões, de *kulaks*, que compunham os setores abastados semicapitalistas do campo, foram privados dos seus bens, deportados e muitas vezes "liquidados", inclusive fisicamente; as velhas instituições comunitárias russas, como a *obschina* e o *mir*, foram suprimidas, enquanto as representativas, como os sovietes, criados depois da renovação, cessaram definitivamente de desempenhar um papel autônomo; o sistema comercial, baseado no *chastinik*, o comerciante privado, foi eliminado e substituído por um sistema de entregas obrigatórias gerido diretamente pelos organismos estatais e cooperativas; criou-se praticamente do nada uma rede de fábricas de tratores e colheitadeiras, fertilizantes químicos etc. Enfim, *last but not least*, o Partido assumiu diretamente a direção de cada setor da coletivização, incluídos aqueles mais estritamente econômicos, sem conceder qualquer margem de autonomia à sociedade camponesa.[21]

Caio Prado Júnior testemunhou os resultados desse processo no meio rural. Mas em nenhum momento mostrou-se desfavorável a ele. Não há questionamentos ou críticas públicas do intelectual paulista aos anos de consolidação de Stalin no poder, tampouco aos custos humanos do plano quinquenal.

Para ele, a comuna era uma forma de cooperação superior, na qual a produção estaria integralmente socializada. Seria um "estágio avançado" da ideologia camponesa, constituído de indivíduos já libertos, em parte, da "herança individualista" dos regimes passados[22]. Por ter um caráter supostamente contrário à psicologia do campônio médio, ainda não constituía a forma mais comum ou popular no agro soviético, representando apenas 7% da área cultivada[23]. Caíto acreditava que a tendência no futuro seria a ampliação dessa modalidade; ainda assim, muitas comunas, em relatos de outros visitantes[24], pareciam ineficientes e, em 1933, teriam praticamente acabado em seu formato original.

Talvez o principal exemplo de comunidade agrícola que o historiador brasileiro tenha conhecido *in loco* seja a Comuna Seattle, descrita por ele como uma verdadeira "fazenda modelo"[25]. Caio Prado Júnior diria, em relação àquela experiência:

> Tudo nelas é levado ao extremo da perfeição, e o rendimento pode-se dizer que é o máximo possível. Nada é descurado, e a meticulosidade nos menores detalhes é realmente admirável. As comunas não têm neste respeito nada que invejar às mais aperfeiçoadas explorações agrícolas modernas.[26]

Vale recordar que em 1921 William Haywood, um dos mais importantes dirigentes da IWW, reuniu duzentos colegas norte-americanos e fundou, na Sibéria, a colônia industrial autônoma de Kuzbass, uma experiência que abriu caminho para outras empreitadas de militantes dos Estados Unidos na Rússia. No ano seguinte, um grupo de 87 pessoas provenientes dos estados de Washington e Oregon (em sua maioria *wobblies* e membros do Partido Comunista, muitos dos quais presos durante as Palmer Raids), lideradas por Victor Saulit, um dos fundadores do Communist Labor Party em 1919, mudou-se para a URSS e fundou a Comuna Seattle (ou Seyatel Commune). Localizada nas estepes do Don, recebeu, no início dos anos 1930, mais de cem novos imigrantes norte-americanos, que chegaram para trabalhar (estes, por sinal, tinham de passar por um rigoroso processo seletivo e ainda pagar uma taxa de quinhentos dólares cada um para ingressar na comunidade).

O fato é que a Seyatel Commune, que utilizava mão de obra e tecnologia exclusivamente ianques, podia ser considerada uma "ilha" de prosperidade e abundância em meio à situação econômica difícil pela qual passava boa parte da nação, principalmente no começo da década. E era, certamente, mais avançada e preparada também em termos *ideológicos*. Ou seja, seus membros eram militantes experientes, com alto grau de consciência política. A comuna seria reorganizada como uma fazenda coletiva e se tornaria, em seguida, uma comunidade agrária.

Caio Prado Júnior visitou a URSS poucos anos após o Politburo decidir (em 1930) convidar 4.700 estrangeiros para trabalhar na Rússia, número que se ampliaria em mais 10 mil em 1931, numa campanha liderada pelo VSNKh (ou Vesenkha), o Soviete Supremo da Economia. A maioria vinha de países como Alemanha, Estados Unidos, França, Tchecoslováquia, Áustria, Inglaterra, Finlândia e Noruega e se envolveria em ramos da indústria pesada; um número menor de *experts* iria para instituições não industriais (o Narkomsnab, por exemplo, convidaria cozinheiros e especialistas para o setor público de nutrição, e o Kremlin, médicos para vários hospitais).

Até mesmo brasileiros participaram da empreitada. Luiz Carlos Prestes, por exemplo, ajudou "a construir o socialismo na Rússia, nas usinas de Dniepeostroi"[27], e Octávio Brandão exerceu uma diversidade de atividades entre 1931 e 1946[28]. Já outro conterrâneo, o arquiteto, engenheiro e urbanista Cláudio Edmundo, após se formar na Universidade de Paris, chegou à URSS em meados de 1930 em busca de trabalho e foi contratado por seis anos, recebendo um salário de 400 rublos (ou 200 dólares), após apenas vinte minutos de entrevista. Lá trabalhou no primeiro e segundo planos quinquenais, como arquiteto e urbanista do Conselho Supremo da Economia Nacional, anexo ao Gosproekt. Nesse período, declarou ter ajudado a projetar algumas cidades diretamente da planta, entre as 150 urbes de 10 mil habitantes que estavam sendo construídas na época (uma das que desenhou destinava-se a um combinado industrial composto de cinco usinas de tijolos e ladrilhos, latrinas, tubos de esgoto e cerâmica, situado nas margens do lago Baikal, perto de Irkutst). Em carta de 14 de setembro de 1931, ele disse (talvez com certo exagero) que a empresa onde estava lotado, a Standargorproekt, tinha a seu cargo a construção, até dezembro daquele ano, de 8 milhões de metros quadrados de superfície habitável, ou seja, a criação de alojamentos para 1 milhão de pessoas. Só ele, pessoalmente, estaria incumbido de projetar 22 novas cidades para 20 mil habitantes cada uma. Edmundo escreveu mais tarde um livro bastante conhecido na época, *Um engenheiro brasileiro na URSS*, o qual Caio Prado Júnior certamente leu[29].

Os estrangeiros que trabalhavam na URSS eram deslocados, por exemplo, para fábricas de tratores em Cheliabinsk e de engenharia mecânica em Gorki e Magnitogorsk, para os campos de petróleo de Grosny e as madeireiras em Carélia. Nesse período, a maioria das indústrias soviéticas seria construída a partir de desenhos e projetos norte-americanos. Em Gorki (antiga Nijni Novgorod), que chegou a ser chamada de "Detroit russa", a fábrica de carros Zim era uma cópia da Ford (foi erguida em 1932 com a ajuda de especialistas da própria Ford Motors). A cidade se tornou conhecida igualmente pela construção de locomotivas, maquinaria pesada e material rodante. Já Novosibirsk ganhou o apelido de "Chicago siberiana". Também em 1932, a União Soviética importaria oito locomotivas dos Estados Unidos, fabricadas pela General Electric, para que fossem usadas no novo segmento eletrificado na Geórgia, na Passagem de Suramsk, entre Tbilisi e o Mar Negro. A GE vendeu aos soviéticos, em seguida, os projetos das locomotivas, possibilitando que novos trens pudessem ser construídos na URSS. A partir daí, várias foram montadas (na prática, cópias de modelos norte-americanos), inclusive a diesel, que começaram a ser usadas em meados

dos anos 1930. Por seu lado, o complexo metalúrgico de Kuznetsk (o segundo maior da URSS), foi projetado com o auxílio da Freyn Engineering Company, enquanto a American Coppers Company e a McKee Company de Cleveland foram fundamentais para erguer o homólogo de Magnitogorsk. Justamente naquela época, o termo "fordismo" se tornou comum no país[30].

É compreensível, portanto, que Caio Prado Júnior, ao testemunhar na URSS o que havia de mais avançado na produção agrícola soviética em termos de mão de obra, maquinaria e tecnologia (em grande parte proveniente do Ocidente, especialmente da "América"), em visitas dirigidas pela Intourist, ficasse bastante impressionado. Para ele:

> é certo que este processo de transição para as comunas é relativamente lento, e mesmo, no momento atual, muito pouco animado pelos dirigentes soviéticos. Eles reconhecem que por enquanto ainda é cedo para se pensar numa adaptação geral da massa camponesa a um tipo de organização que requer predicados que a maioria desta massa ainda está longe de possuir. Mas as comunas que já existem e cujo número tende, apesar de tudo, a crescer mostram não só a possibilidade de se realizar no campo um regime integralmente socialista, como ainda nos dão o quadro futuro da economia agrária da União Soviética.[31]

O que ele não poderia saber, quando escreveu seu livro, é que muitos membros das comunas de Kuzbass e Seyatel seriam executados entre 1934 e 1938, durante os expurgos stalinistas. E que em 1961 a "comuna" seria finalmente destituída de seu nome original...

A mil milhas de Moscou e a três horas de trem de Rostov, no Cáucaso Setentrional, cidade próxima do mar de Azoy e coração do velho território cossaco (região de Rostovskaya), onde se produzia maquinaria agrícola, produtos alimentícios, cimento, estaleiros e cigarros (assim como onde se encontrava a Gigant, a maior propriedade rural do mundo), Caio Prado Júnior visitou a imensa Fazenda n. 2, também conhecida como Verblud, com seus 375 mil acres e 1.400 trabalhadores, um projeto stalinista que utilizava alta tecnologia e que também o impressionou. No local, que contava com a presença de muitos norte-americanos, a companhia Caterpillar forneceria 60 tratores para ajudar na colheita de 2,5 toneladas de grãos (principalmente trigo). A Verblud ainda possuía um Instituto Técnico com 600 alunos, além de prédios, lojas e escritórios[32].

O historiador não deixaria de tirar dezenas de fotos de todos os locais por onde passou. Cidades, edifícios, bondes, barragens, turbinas, construção de prédios, cidadãos... Tudo interessava ao jovem intelectual.

Logo que retornou a Paris, escreveu, em 23 de junho de 1933, uma carta entusiasmada a seus pais, para contar o que vira durante o périplo. Comentou:

De volta da URSS viemos encontrar uma massa de cartas que ficaram todas, involuntariamente, sem resposta. Aqui vai uma por todas. Gostei muito da viagem. Apesar de todos os incômodos de um mês e meio ininterruptamente em movimento, aproveitei consideravelmente, mais do que imaginava. Fazer aqui a descrição, mesmo aproximada, do que vi, é praticamente impossível. Seria tanto que dizer que não haveria lugar na carta mais comprida do mundo. Mas como há de haver uma grande curiosidade sobre minha opinião, lá vai uma miniatura. Há na Rússia muita coisa por fazer e muita coisa feita. O que há por fazer ainda é acabar de arrancar o país do atoleiro de atraso, ignorância, superstição e miséria em que o antigo regime tzarista o mantinha para satisfação de meia dúzia de grão-duques e príncipes. O que já existe feito, é o primeiro esforço de reconstrução e renovação de um país em bases completamente novas. São estes os dois os feitos da Rússia com que topei a cada passo. De um lado uma usina moderna, aparelhada como as mais perfeitas do mundo; dentro um camponês miserável lavrando o seu campo com arado [ilegível] e um cavalo esquelético. De um lado o russo moderno, especialmente a nova geração, que apesar dos sacrifícios que suporta, compreende que na Rússia se constrói uma sociedade mais feliz e mais sã, e por isso aceita as dificuldades [ilegível] na certeza [de] que são passageiras e que preparam um mundo melhor. Doutro lado o russo antigo, inadaptado e incapaz de ver além do dia de hoje, e que, por isso, enxerga apenas o mau momento que deve atravessar. De um lado o atraso de um povo mergulhado por séculos na ignorância e na miséria; doutro o esforço e a vontade de melhorar que existe na massa da população. São estes aspectos contraditórios que formam o quadro da Rússia de hoje.
Mas há ainda um ponto, certamente mais importante para quem analisa a URSS [...] isto é, será capaz de resolver os seus problemas melhor do que o fazem os países capitalistas? É esta uma questão, que independente de qualquer ideia preconcebida, eu me propus quando parti. Era aliás o que mais me interessava. Vi e senti imediatamente que na URSS estava-se fazendo alguma coisa; que apesar do muito que ainda falta, muito já estava feito e, principalmente, todo mundo sabia o que ia fazer. Existe um programa, claramente traçado, que aos poucos vai sendo executado. Levará mais ou menos tempo, não sei; mas o que é mais importante, ele existe. Era portanto a resposta à primeira parte da questão: o regime russo sabe como resolver seus problemas e está em vias de resolvê-los. Agora a segunda parte: resolve-os melhor que os países capitalistas? Mais ou menos isolado do resto do mundo enquanto viajava, esperei, para responder a esta pergunta o dia que voltasse a Paris e pudesse assim lançar mais uma vista d'olhos sobre o mundo capitalista. E a primeira coisa que vejo é a Conferência Econômica de Londres, que antes mesmo de iniciada, já passou para o terreno da palhaçada. E este comentário não é meu, porque o primeiro jornal francês

que li, aliás o *respeitabilíssimo* "Le Matin", chamava a Conferência de "Congrès International de Sciences Ocultes", e fazia outros comentários no mesmo tom. Ora, quando os expoentes dos países mais civilizados do mundo se reúnem para resolverem seus problemas, e se transformam em verdadeiros palhaços de que todo mundo se ri, qual é a conclusão que qualquer pessoa de bom senso e boa-fé pode tirar? Deixo a resposta a papai e mamãe.
Não há mais espaço aqui para alongar estes comentários, e deixo assim a continuação para outra vez.
Mil beijos nas crianças – já não posso mais de saudades – e um grande abraço do filho afetuoso.[33]

Pouco tempo depois, enviou uma nova missiva para os progenitores, tentando dar uma visão mais equilibrada de sua experiência soviética. Também redigida na França, com data de 1º de julho de 1933, afirmava:

Na última carta prometi continuar meus comentários sobre a viagem à Rússia. Não sei que impressão causou o que escrevi da última vez. Otimista, não? No entanto, escrevi sem pensar. Quis que minha carta refletisse fielmente o que senti durante a viagem, sem artifício algum acrescentado depois; e por isso fiz questão que tudo saísse da pena de um jeito só.
Uma coisa que logo compreendi foram as opiniões contraditórias que existem sobre aquele país. Compreendi que todas podem ser fruto da maior boa-fé. Há vários modos – pelo menos dois – de observar e interpretar a Rússia, como também há vários modos de interpretar qualquer país. Quem vê a URSS apenas superficialmente, procurando somente aquilo que *imediatamente* impressiona os sentidos, sente-se muito mais inclinado a criticar. E isto se dá especialmente com aqueles que, acostumados a este marxismo de conforto que os países capitalistas proporcionam a uma parte ínfima da população, sentem-se subitamente em contato com um regime que se preocupa não em acumular para alguns, mas dividir para todos. É isto que a maior parte dos viajantes que visitam a Rússia de hoje são incapazes de compreender. E incapazes não porque estejam de má-fé, mas porque lhes falta em geral um termo lógico de comparação. Quem sai por exemplo de Paris, e compara seus "boulevards" e avenidas com a mediocridade das cidades russas, sente naturalmente um contraste chocante que põe a URSS num plano muito inferior. Mas assim como há duas Rússias, há também dois Paris. E se tomar por base este outro Paris – que em regra só conhece quem vive nele – onde milhares de pessoas levam uma vida inconcebível para quem só vê o lado bom da vida, se se fizer isso, já uma viagem à Rússia traz outras impressões. Como já disse na última carta, nem tudo é perfeito na URSS. Longe disto: há muito, muitíssimo mesmo, ainda por fazer. Mas não é nesta consideração que

devemos nos deter. A URSS tem progredido, isto é incontestável e ninguém nega. Doutro lado cada progresso corresponde a uma melhoria da massa da população. E se o nível de vida desta ainda é baixo, isto é devido à situação geral do país, ainda muito inferior à dos países adiantados do mundo. Compare-se agora isto com os resultados do progresso material nos países capitalistas. Em que deu ele? Em que momento quando as possibilidades da produção (e portanto a riqueza) chegaram a um auge, mais de 50 milhões de indivíduos – que somados às suas famílias perfazem cerca de 200 milhões – passam as maiores privações e morrem de fome nos países mais ricos do mundo, não porque haja falta de produção, mas paradoxalmente porque há demais!

Está aí como se deve estabelecer comparação entre a URSS e os demais países do mundo. E quem se esquece disto, ficando apenas na superfície dos acontecimentos e impressões que obtém numa viagem à Rússia, este fatalmente apreciará erradamente o que vê.[34]

Para compor seu retrato da Rússia soviética, Caio Prado Júnior utilizaria, além de suas anotações de viagem, alguns livros da época. Antes de publicar *URSS, um novo mundo*, leu o *best-seller* do médico, jornalista e futuro membro da ABL Maurício de Medeiros, *Rússia*, que teve seis edições consecutivas, totalizando 24 mil exemplares vendidos. O relato de Medeiros (que chegou a ser diretor-geral de Higiene do Rio de Janeiro) foi o primeiro de um brasileiro na chamada "pátria do socialismo". Dois trabalhos do amigo Osório César, marido de Tarsila do Amaral, *Onde o proletariado dirige* e *Que é o Estado proletário?*[35] provavelmente serviram também de subsídio para sua obra. Do professor, escritor e bibliófilo português Carlos Afonso dos Santos consultou *Como eu vi a Rússia*, seu maior sucesso literário, lançado em Lisboa pela Livraria Popular de Francisco Franco em 1932. E, então, *Comment on vit en URSS*, do anticomunista Émile Schreiber[36] e *Ethnographie, folklore et archéologie en URSS* (1933), da Société pour les Relations Culturelles entre l'URSS et l'Étranger[37].

Já para se inteirar da situação política e econômica em linhas teóricas, recorreria aos estudos do então primeiro-secretário do Partido Comunista da Ucrânia, o ultra-stalinista judeu Lasar Kaganovich, *La structure du Parti Communiste de l'URSS (Bolchévik)*; do próprio Joseph Stalin, *Em marcha para o socialismo* e *Work in the Rural Districts*; pelo menos quatro livros de Leon Trotski, *La révolution défigurée*, *Lenine*, *L'Internationale Communiste après Lénine* e *O plano quinquenal*; o *Traité de droit civil et commercial des soviets*, de Eliachevitch, Tager e Nolde; e *De l'expérience de l'illégalité bolchevik*, de B. Vassiliev. Isso para não mencionar as obras escolhidas de Lenin (das quais devia conhecer o conteúdo, pelo menos, panoramicamente), além de artigos sobre o país em revistas como *The Economist* e *Political Science Quarterly*.

A primeira viagem de Caio Prado Júnior à União Soviética resultará em duas palestras lotadas no CAM, em debates acalorados e num livro de sucesso instantâneo, *URSS, um novo mundo*, que terminou de ser escrito em São Paulo, em janeiro de 1934, e foi publicado em março do mesmo ano, esgotando-se rapidamente (a segunda edição, de 1935, seria confiscada pela polícia, algo que não era incomum com obras de temas análogos naquela época). A ânsia do público por detalhes sobre a terra de Lenin era grande.

De fato, foram várias as conferências realizadas no CAM sobre a "pátria do socialismo". Em 24 de julho de 1933, Jayme Adour da Câmara discursou sobre as mudanças que vinham ocorrendo na URSS. Cinco dias mais tarde, Tarsila do Amaral faria uma exposição sobre a "arte proletária", na qual destacaria pôsteres produzidos naquele país. E em 29 de novembro, juntamente com Flávio de Carvalho, Câmara discutiria o "Reconhecimento da URSS pelo Brasil". A palestra mais concorrida, contudo, foi a de Caio Prado Júnior, intitulada "Rússia e o mundo do socialismo", proferida em 6 de setembro de 1933 (um discurso datilografado de 32 páginas), na qual ele diria que a União Soviética era "a Terra Prometida para a glória do proletariado universal", chegando, inclusive, a elogiar a GPU! O interesse foi tal que nove dias mais tarde ele daria uma nova conferência no CAM e, logo depois, outra, com o título "As causas da Revolução Russa de 1917", no Sindicato dos Operários da Companhia Docas, em Santos[38].

Alguns meses antes, entretanto, o jornalista, ex-integrante da Coluna de Isidoro Dias Lopes e cônsul do Brasil em Xangai, Nelson Tabajara de Oliveira, falara sobre a China, nação que conhecia de perto. Em seu discurso, mudou o tom laudatório ao comentar o caso soviético, focando criticamente os emigrados. Nas palavras de Graziela Forte, "na agremiação [CAM] havia espaço para opiniões diversas. Enquanto Caio Prado Júnior procurou mostrar só o lado positivo da experiência russa, Tabajara ressaltou o grande número de russos vivendo fora de seu país por não aceitarem as ideias de Stalin"[39].

Após o ciclo de palestras, CPJ produziu seu *URSS, um novo mundo*, o terceiro volume da Coleção Viagens, da Companhia Editora Nacional, que havia publicado anteriormente *América*, de Monteiro Lobato, e *Shangai*, de Tabajara de Oliveira[40]. Com seu livro, tentava suprir a demanda do público brasileiro por informações sobre a Rússia soviética[41]. O historiador admitiu ter recebido numerosas solicitações para que desse mais conferências sobre o tema, além das duas que havia proferido no CAM, local que tinha, de acordo com ele, pouco espaço para comportar grandes públicos (no salão só cabiam 120 pessoas, mas segundo relatos da imprensa, 600 ouvintes teriam ficado de fora, sem conseguir entrar no recinto)[42]. Como em suas apresentações as perguntas eram muitas e constantes, e sem querer repetir-se, achou por bem escrever o livro, que, como ele próprio afirmou, não trazia nada de novo, nem mesmo possuía originalidade: era tão somente um simples "relato", no qual buscou ser "sincero" e "imparcial".

A procura pelo trabalho foi intensa, principalmente pelos jovens. A Liga Acadêmica (uma associação cultural que congregava a maioria dos estudantes das escolas superiores de São Paulo), por exemplo, ao reformar e ampliar sua biblioteca, solicitou a Caio Prado Júnior, "pela simpatia que os acadêmicos dedicam à sua pessoa, pelo talento magnífico que orna a sua cultura, pela emocionante veracidade de um de seus melhores livros"[43], que ele lhes doasse exemplares de *URSS, um novo mundo*, para que pudessem ter em suas prateleiras obras relativas "ao movimento socialista que empolga a humanidade toda"[44].

A repercussão na imprensa também foi significativa. É bem verdade que recebeu uma ou outra crítica. Benjamin Lima, de *O Paiz*, por exemplo, disse que aquela era "a mais decidida apologia que em língua portuguesa já se fez da obra concebida e iniciada por Lenin. O sr. Caio Prado Júnior [...] revela-se um ortodoxo, um fanático do marxismo"[45]. A maioria das resenhas e notas, contudo, foi bastante favorável. Álvaro Augusto Lopes, de *A Tribuna*[46], elogiou o trabalho, assim como Heitor Moniz, do *Correio da Manhã*[47]. O mesmo pode ser dito de matérias em *A Bahia*[48], *Gazeta Popular*[49], *O Jornal*[50], *Folha da Noite*[51], *A Tarde*[52], *O Semeador*[53], *Fon-Fon*[54] e *O Radical*[55].

Aquele seria mais um texto escrito por um "viajante" brasileiro à terra de Lenin e figuraria ao lado dos livros de Maurício de Medeiros e Juvenal Guanabarino, por exemplo, assim como os de alguns estrangeiros publicados por aqui, como o do jornalista espanhol Álvarez del Vayo. Afinal, vale recordar que vários escritores nacionais também lançariam narrativas sobre a Rússia, ainda que o livro de Caio Prado Júnior não fosse, necessariamente, memorialístico, mas sobretudo a tentativa de mostrar as instituições e a política soviéticas para um público mais amplo.

O fato é que nos anos 1930 alguns trabalhos foram publicados sobre a União Soviética no Brasil. Entre os mais conhecidos, é possível citar *O comunismo russo e a civilização dos soviets*, de dom João Becker (1931); *O que é o plano quinquenal*, de Jayme Adour da Câmara (1931); os já mencionados *Rússia*, de Maurício de Medeiros (1932)[56], *Um engenheiro brasileiro na Rússia*, de Cláudio Edmundo (1933) e *Onde o proletário dirige*, de Osório César (1933); *URSS, Itália, Brasil*, de Astrojildo Pereira (1934)[57]; *O que vi em Roma, Berlim e Moscou*, de Juvenal Guanabarino (1934); *O fenômeno jurídico no país dos soviets* e *Sociologia soviética*, de Almáquio Diniz (1934)[58]; e *Bolchevismo*, de Gondin da Fonseca (1935)[59], assim como aqueles produzidos por estrangeiros[60].

O livro de Caio Prado Júnior, por outro lado, servia como uma resposta aos livros críticos ao comunismo (ou à União Soviética, especificamente) que circulavam no mercado nacional naqueles anos, como *Destino do socialismo*, de

Octavio de Faria⁶¹, *Komintern, A evolução do comunismo no Brasil* e *Lenine*, de O. de Carvalho e Souza⁶², e *O império soviético*, de Dionisio Napal⁶³.

Carvalho e Souza chegou a dizer, em seu *Lenine*, que o comunismo, *teoricamente* ainda dominando a Rússia, teria sofrido uma tripla derrota: a primeira no campo social (considerando que este só teria contribuído para aumentar a miséria e a exploração das classes trabalhadoras); em seguida, na esfera da política, ao liquidar tudo que o havia elevado ao poder e que constituía a justificativa e a razão da "ditadura terrorista"; e, finalmente, no setor moral, pois se revelara mais cruel do que a antiga autocracia⁶⁴. E concluía: "E é nesta noite profunda que se perdem hoje os discípulos de Lenine, perseguidos pelo receio de ver renascer o que haviam julgado destruir, exasperados pelas dificuldades constantes sempre aumentadas pelo ódio cego e pela sua crueldade indomável"⁶⁵.

Por sua vez, Octavio de Faria, em *Destino do socialismo*, publicado em 1933 pela Ariel, "editora de prestígio do Rio de Janeiro"⁶⁶, e escrito a partir de cinco comunicações feitas em 1931 no Centro de Estudos Jurídicos e Sociais, é um libelo contra o marxismo e o bolchevismo. Afinal, o autor achava que a tendência a ser socialista havia se tornado "quase uma epidemia", resultado de uma suposta "falta de cultura" de um público que se deixava levar pelo "sentimentalismo fácil". Diria ele, em relação a seu trabalho:

> Não é um livro de exposição, mas de crítica. Não é o depoimento de um neutro que não tem partido ou que acha que uns têm uma parte e outros a outra parte da razão. É um ato de fé antissocialista. É uma condenação rigorosa, lavrada por alguém que, achando que está com a razão, vem trazer à luz do dia, para o julgamento público, os seus motivos e as suas conclusões.
> Visa convencer e visa converter. Não se dirige apenas aos que hesitam. Vem ao encontro dos que creem, dos que pensam de modo contrário a ele. É a eles mesmos que mais se dirige, pois é, essencialmente, um livro de sinceridade.⁶⁷

Finalmente, *O império soviético*, livro do monsenhor Dionisio Napal, que teve oito edições sucessivas na Argentina (com uma venda total de 110 mil exemplares desde que foi lançado em seu país de origem, em julho de 1932) e foi publicado no Brasil em 1934 com tradução de A. B. Martins Aranha, é outro exemplo da propaganda anticomunista difundida por aqui. Logo no início, dirá que "o império soviético não é a terra de promissão vaticinada no espaço de quase um século pelos teoristas marxistas. Seu programa, que previa bem-estar e fraternidade, tornou-se lastimosamente falido"⁶⁸. Daí em diante, Napal desfiará seu ódio à URSS, ao "denunciar" a tirania, sordidez, violência, falta de liberdades, os privilégios da "casta" do partido, a vigilância e as perseguições constantes da Cheka⁶⁹ e da GPU⁷⁰, o burocratismo, o terror vermelho, as prisões, as execuções, o desprezo pela religião, as expropriações, a questão do casamento e da família, a situação das crianças, a educação, entre outros aspectos da Rússia soviética. Isso tudo deveria ser combatido, com o apoio da Igreja e da fé e moral cristãs. Preocupado com a infiltração comunista na Argentina, o padre fazia um apelo aos leitores para lutar contra os "delinquentes" socialistas. Por isso, obras como a de Caio Prado Júnior certamente cumpriam uma função importante, ao dar uma visão alternativa da terra de Lenin.

Bem diferente em tom e estilo, mas parecida nas conclusões de Caio, é a seção sobre a Rússia do livro de Jayme Adour da Câmara, *Oropa, França e Bahia*, publicado na mesma época. Câmara, que entrou no país por Leningrado, via Finlândia, e realizou parte do *tour* pelos lugares "turísticos" daquela e de outras cidades soviéticas por onde CPJ passou, retratou sua experiência de forma entusiástica[71].

Talvez o relato mais tendencioso e pouco matizado de um conterrâneo tenha sido o de Cláudio Edmundo. Não há uma descrição desfavorável ou crítica da "pátria do socialismo" em seu *Um engenheiro brasileiro na Rússia*. Este não parecia ser o relato de um viajante, mas quase uma peça de propaganda unidimensional feita por um "morador" de um país sem defeitos, que rumava a passos rápidos para o comunismo. Para ele, num futuro próximo, não haveria mais dinheiro, opressão, classes e burocratismo na União Soviética. As grandes cidades "tentaculares" da época, os centros administrativos e as áreas rurais desapareceriam. Com a industrialização da agricultura (que estaria "completamente" concluída em 1933), o campesinato "embrutecido e ignorante, misantropo e desconfiado", deixaria de existir. Em seu lugar, entraria o "alegre proletariado agrícola, instruído e consciente", qualificado em agronomia, que viveria nas cidades e trabalharia no campo. Já os operários das indústrias viveriam em "cidades jardins, cercadas de árvores, confortáveis e higiênicas", que estavam sendo construídas na época e onde reinava "o maior conforto". Assim, os problemas ligados aos grandes centros urbanos, como a tuberculose e o tráfico de automóveis, seriam resolvidos. Por sua vez, a criminalidade já havia sido liquidada no país. Edmundo ainda dizia que economistas acreditavam que até 1947 seria possível estabelecer uma jornada de quatro horas de trabalho por dia para dois de descanso. Ou seja, aquele era o exemplo a ser seguido pelo resto da humanidade[72].

Outros visitantes de esquerda, contudo, teriam uma opinião mais matizada da URSS. O dirigente do PCB Leôncio Basbaum, por exemplo, narrou anos mais tarde sua chegada ao país dos sovietes de maneira realista e sem os mesmos arroubos de outros camaradas[73].

Já o arquiteto e pintor Carlos Prado, irmão mais novo de Caíto, um dos fundadores do CAM e também membro do PCB, parecia cauteloso ao elogiar os feitos revolucionários na Rússia. Carlos, que começou tão entusiasmado quanto CPJ (antes de conhecer aquela nação), desiludiu-se com os anos. Mais tarde largou o partido de vez e tornou-se um ácido crítico do Kremlin. Em junho de 1933, após três meses de residência no Rio de Janeiro, mudou-se para Paris e, em agosto, viajou finalmente para a União Soviética. Lá, teve início sua a decepção, que se agudizaria décadas mais tarde. Em carta ao mano, enviada de Paris em abril de 1934, ele diz que da "viagem de um mês em um país cuja língua se ignora não é possível recolher mais do que impressões, e ainda muito ligeiras. Estas impressões são de duas naturezas: de dúvida e de esperança pelo futuro do socialismo na URSS"[74]. Para ele, a URSS criava um "exército" de indivíduos improdutivos, sem interesse pelo internacionalismo proletário, fechados em si mesmos e aparentemente defendendo o modelo de "socialismo em um só país". Muitos anos mais tarde, as opiniões de Carlos se tornariam cada vez mais distantes das de Caio Prado Júnior, e suas críticas à União Soviética aumentariam significativamente[75]...

Carta de Caio Prado Júnior à sua primeira mulher, Hermínia Ferreira Cerquinho, a Baby, de 11 de janeiro de 1936, quando ele se encontrava preso. No cabeçalho, é possível ver que ele se enganou ao redigir o ano, grafando 1935.

4
Os anos de fogo: da ANL ao cárcere

A viagem à União Soviética fora marcante. Mas 1933 também seria importante para Caio em sua atuação como advogado na luta pela libertação de presos políticos. Em dezembro, ele e um grupo de colegas escreveram um manifesto ao corregedor permanente da comarca da capital denunciando os processos abusivos da polícia de São Paulo e citando casos como o do operário Roberto Morena, secretário do Comitê Antiguerreiro daquele estado (que havia sido preso pelo delegado de Ordem Social e condenado a trabalhos forçados – na época, ele laborava na construção da estrada de rodagem Ubatuba-Taubaté sem receber salário), o do tecelão Fernando Parra, secretário-geral da União dos Trabalhadores em Fábricas de Tecidos, e o do metalúrgico Esteban Lozano.

Mencionava, além disso, os casos de espancamentos e torturas de Guido Romani e Victor Garcia, assim como a suspensão indefinida de inquéritos policiais, por exemplo aquele sobre o assassinato do tecedor Vitorino Domingues em Sorocaba ou do operário gráfico Manoel Aristides (este último, um processo parado desde fevereiro). As autoridades também se apropriavam de livros, objetos e móveis dos detidos, o que seria inadmissível. Para Caíto, os "criminosos políticos" tinham direito a tratamento especial e não deveriam ficar em "cubículos infetes, de dimensões irrisórias", onde eram "amontoados dezenas de presos, políticos e comuns, em condições que desafiam a imaginação mais fértil em inventar horrores"[1]. A incomunicabilidade completa com o mundo exterior, que impedia que vissem até mesmo advogados e familiares, tinha de acabar. "A Delegacia de Ordem Social de S. Paulo é uma reprodução fiel, em pleno século XX, do famoso tribunal do Santo Ofício."[2] Assim, competia aos magistrados permanentes, de acordo com o termo do Artigo 8 do Decreto n. 4786, de 3 de dezembro de 1930, que tomassem providências sobre todas essas questões. Caio Prado Júnior e mais 43 advogados assinaram o documento[3].

Em 1934, sua militância em prol das causas populares não arrefeceria. O PCB contava na ocasião com aproximadamente 5 mil militantes, dos quais em torno de mil realizavam atividades orgânicas partidárias[4]. No mesmo ano em que publicou *URSS, um novo mundo*, Caio Prado Júnior também se inscreveu nos cursos de Geografia e História da Faculdade de Filosofia, Ciências e Letras da USP, que acabara de ser inaugurada. Integrou a primeira turma de alunos da FFCL (em 1935 seu nome estaria entre os dos estudantes matriculados no período; não chegaria, contudo, a se formar naquela faculdade)[5]. Teria aulas e se tornaria amigo de Pierre Deffontaines, Pierre Monbeig, Jean Maugüé e Fernand Braudel. A ligação física e intelectual com a França seria uma constante em sua vida.

É nessa época que aprofunda seu interesse pelos estudos geográficos, ajudando a fundar a AGB (juntamente com Deffontaines, Rubens Borba de Moraes e Luiz Flores de Moraes Rego), fazendo viagens para pesquisa de campo, publicando textos na revista *Geografia* e tornando-se secretário da associação. Foi em 1935, contudo, que seu ativismo político ganhou destaque, tomando impulso e ocupando um espaço protagônico em sua rotina de militante. Só que dessa vez a repressão seria dura, e ele acabaria na prisão.

No Brasil, as principais bases de organização do PCB se encontravam no Rio de Janeiro e em São Paulo, ainda que nesta última sua atividade no meio industrial fosse frágil. Havia 67 bases partidárias no centro da cidade e em bairros periféricos. Nas fábricas, contudo, somente "uma". Mesmo na capital federal, a situação estava longe de ser a ideal, e o trabalho dentro das indústrias era pouco influente. Em Minas Gerais, por seu lado, das dezoito bases no estado, só uma atuava naqueles locais[6].

Com a criação da ANL, entretanto, a participação popular do partido ganharia enorme impulso. Greves, manifestações e combates campais contra integralistas se tornaram cada vez mais frequentes. Em 1934, 30 mil ferroviários pararam as máquinas no Rio de Janeiro; um número similar de portuários cruzou os braços no mesmo estado; 22 mil trabalhadores ligados àquele sindicato participaram de uma greve geral em Minas Gerais; telegrafistas e motorneiros seguiram seu exemplo no Nordeste; uma manifestação maciça ocorreu em São Paulo, em defesa de direitos de acordos coletivos, assim como 40 mil obreiros no Pará paralisaram suas atividades. O resultado foi de pelo menos 1,5 milhão de trabalhadores envolvidos em paredes naquele ano[7].

Não custa lembrar também que desde o final de 1933 e início de 1934 é possível perceber uma revisão e reorientação da política externa da URSS, apesar de a atitude "possibilista" soviética no campo internacional ainda segurar o desenvolvimento de uma ação antifascista e unitária mais explícita (a tentativa de Litvinov de negociar a questão da neutralidade finlandesa e dos Estados bálticos com a Alemanha é um exemplo disso). Em outras palavras, como recorda Marta Dassú, a IC mantinha uma posição contrária a negociações de cúpula com os sociais-democratas (ainda assim, os acontecimentos na França eram acompanhados de perto pelo Comintern; a ideia de frente única do PCF com o Partido Socialista diante da ameaça do fascismo, portanto, ganharia apoio). Um editorial do *Pravda*, de 23 de maio de 1934, incentivaria os PCs, de modo geral, a buscar alianças, já que "centenas de milhares de trabalhadores social-democratas, em todos os países capitalistas, querem lutar contra o fascismo". O VII Congresso do Comintern, reunido em Moscou, em agosto de 1935, selaria a nova linha, concedendo certa autonomia organizativa às seções nacionais, com o abandono do sectarismo e a acentuação das atividades dentro das tradições históricas e populares de cada país. Com representantes de 75 partidos de todo o mundo, a reunião impulsionaria a tática dimitroviana de unidade de ação sindical e da frente popular contra o fascismo, ainda que as formulações e indicações do dirigente soviético fossem, em grande medida, genéricas. Apesar disso, era iniciada, na prática, uma nova orientação política[8]. O PCB, por sua vez, veria mudanças internas no período, com a entrada de Antônio Maciel Bonfim (o Miranda) como secretário-geral, em junho de 1934, e o ingresso oficial de Luiz Carlos Prestes na agremiação (por imposição de Moscou), também naquele ano.

Ainda que sua gestação tenha se iniciado em 1934, a ANL se delineou a partir de janeiro de 1935, quando surgiram suas primeiras células. Em fevereiro, é lançado o manifesto-programa, elaborado pela Comissão Provisória de Organização, e, em 12 de março, é eleito o Diretório Nacional Provisório. No dia 30, é fundada oficialmente a Aliança Nacional Libertadora, em evento no Teatro João Caetano, no Rio de Janeiro, com a presença de 3 mil pessoas. Prestes foi escolhido seu "presidente de honra" (uma sugestão do então estudante Carlos Lacerda), enquanto a comissão provisória era encabeçada por Hercolino Cascardo (que havia liderado a revolta do encouraçado *São Paulo*, em 1924, e sido membro da "Coluna Invicta", tornando-se o presidente *de facto* da Aliança) e Carlos Amoretty Osório, dois militares progressistas, juntamente com o oficial da Marinha Roberto Henrique Faller Sisson (de acordo com Stanley Hilton, "filho de um almirante, homem de consideráveis meios financeiros" e "imbuído de ideais socialistas")[9], no cargo de secretário-geral. Para este último, a ANL era composta de homens que, como ele, tinham um perfil "nacional-libertador", que se levantavam pela "defesa anti-imperialista do Brasil"[10]. A ênfase no "antifascismo" e a consigna de construção de um "governo popular nacional revolucionário" vieram em seguida, conforme o papel de Prestes aumentava[11]. Outros egressos das casernas, como André Trifino Correa, Francisco Moésia Rolim, Henrique Cordeiro Oest e João Cabanas, também se uniram ao grupo como fundadores, juntamente com os civis Francisco Mangabeira, Manoel Venâncio Campos da Paz, Benjamin

Soares Cabello e Ivan Pedro Martins. Os deputados Abguar Bastos, Domingues Velascos e Otávio Silveira, por sua vez, deram seu apoio ao programa da ANL, que defendia o cancelamento da dívida externa, a nacionalização imediata das empresas imperialistas, a expropriação dos latifúndios (e sua divisão entre os homens do campo) e a constituição de um governo popular[12].

Diversas entidades foram incorporadas à Aliança, como a Liga Anti-Imperialista, a Federação dos Marinheiros e a Federação Nacional dos Ferroviários, tenentistas de esquerda, comunistas, socialistas e anti-integralistas de forma geral. Ainda assim, a "espinha dorsal" do movimento, de acordo com Marcos Del Roio, era o PCB, cujos membros representavam em torno de 10% de seus quadros (segundo o mesmo autor, haveria aproximadamente 8 mil militantes da agremiação operando naquele momento)[13].

É nesse contexto que Caio Prado Júnior atuará. Ele terá papel de destaque como presidente regional do movimento em São Paulo, instalado no Cassino do Parque Antártica em 24 de abril, dando uma contribuição mensal, a partir daí, de 100 mil-réis à ANL[14]. Pouco tempo mais tarde, Prestes sugeriria a Miguel Costa que se tornasse o dirigente máximo da organização no estado, aconselhando-o a tomar a direção local, caso a insurreição da ANL fosse vitoriosa, o que acabou não se efetivando[15] (como afirma Dulles, Costa relutou em apoiar o levante e seria apenas o presidente "honorário" em São Paulo)[16]. Para o "cavaleiro da esperança", CPJ era conhecido apenas nos círculos intelectuais, ainda que fosse uma excelente pessoa. O futuro líder do "governo popular", na sua opinião, teria de ser alguém com origem "militar"[17]. Isso, contudo, não ocorreu. A questão é que, em última instância, Caíto não deixou de ser o presidente da seção da ANL no estado (inclusive foi ele quem, alguns meses mais tarde, convocou e dirigiu a manifestação contra a clausura da entidade). Já Miguel Costa, segundo a historiadora Marly Vianna, "nem chegou a ser da Aliança, que foi fechada justamente no dia em que haveria a cerimônia de sua adesão"[18].

No dia da inauguração da ANL paulista, Caio fez um "violento discurso" de encerramento para as 3 mil pessoas presentes, no qual pregou "guerra sem tréguas ao integralismo, capitalismo e imperialismo", concitando os operários, em seguida, a lutar pela revolução[19]. Vale recordar que ele vinha sendo investigado de perto pelos órgãos de segurança havia algum tempo (desde janeiro, militantes do Comitê Paulista Pró-Formação da Aliança se encontravam) e sua ficha policial só aumentava... Para as autoridades, o historiador, que "nunca fez segredo de suas tendências extremistas", teria agido, naquele período, com "grande desassombro"[20]. Suas palavras, nos comícios, "eram vazadas em termos fortes, atacando o governo constituído, as instituições federais e estaduais, e ainda incitava a massa a movimentos grevistas, para reaverem direitos que o governo lhes havia cassado"[21].

O crescimento no estado foi rápido. No dia 25, a organização frentista inaugurou seu diretório de Sorocaba (onde cerca de 1,2 mil pessoas aderiram à sigla), e logo em seguida, em maio, foi fundado o Diretório Municipal Provisório em Santos (onde Caio também discursou), em Chavantes e na capital (na qual foram constituídas sedes locais no Brás, Belém e Santo Amaro; já no diretório do Ipiranga, na rua dos Patriotas, 22, criado no mesmo período, CPJ foi o orador do evento inaugural e seu presidente)[22]. Bauru, Campinas e Cruzeiro tiveram núcleos constituídos no mês seguinte. Daí em diante, Caio participou de reuniões, deu palestras e concedeu entrevistas à imprensa. Em relação a esse período, ele disse à esposa:

> Você não imagina o que tem sido a minha vida: um corre-corre que não acaba mais. Desde que cheguei do Rio, não tenho tido um momento de descanso: são comícios atrás de comícios, reuniões atrás de reuniões. Não fui a Campinas, como esperava; à última hora houve um contratempo, e não foi possível organizar a assembleia. Em compensação estive no Ipiranga, e simultaneamente em mais 4 distritos de S. Paulo houve reuniões. Depois, quarta-feira, estive em Santos, e sexta ainda voltei lá. Foi então uma assembleia magnífica no Teatro Guarani, com cerca de 2.000 pessoas. Cheguei em S. Paulo, de automóvel, às duas da madrugada, e às sete embarcava para Bauru. Outra reunião admirável, e às seis da manhã voltei para S. Paulo, tendo chegado domingo à noite. Antes de deitar, ainda tivemos uma reunião do Diretório... só consegui ir dormir à meia-noite.[23]

Suas atribuições aparentemente iam além da militância. Não só contribuía no financiamento da estruturação da ANL em São Paulo, mas teria até mesmo mantido, com seu capital, um grupo de espiões, supostamente infiltrado na AIB, no PRP e no Partido Constitucionalista, assim como efetuado pagamento (de seu próprio bolso) a um "pelotão de choque" aliancista, constituído com o objetivo de combater os integralistas[24].

No campo editorial e intelectual, deu sua contribuição com a publicação de oito textos no jornal *A Platéa* (nos quais discutiu temas como o programa agrário da ANL, a economia rural, a atuação do imperialismo no país e a industrialização). As avaliações de Caio Prado Júnior eram precisas. Defendia o programa da Aliança contra o imperialismo, que transformava o Brasil numa "semicolônia". Portanto, a anulação da dívida e a nacionalização das empresas seriam apenas meios para atingir o objetivo final: a independência do país. A transformação do sistema agrário, a seu ver, seria fundamental. Afinal, dominado pelo regime da "fazenda" e do "latifúndio" (ou seja, exploração agrícola em larga escala fundada no trabalho assalariado ou semiassalariado, subordinado ao proprietário, de "camponeses" sem terra), o Brasil (essa "colônia dos trópicos", precocemente decadente) apresentava um quadro de produção no campo que se ligava a todos os outros elementos da vida econômica e política nacional e tornava-se a base principal do imperialismo dominador. A população rural (em torno de 75% do país), por sua vez, não constituía uma "nacionalidade", mas uma massa bruta de nativos. Era necessário, portanto, levantar material e moralmente essa parcela enorme do povo brasileiro. E a remodelação completa da economia na direção de uma nação livre e progressista. Para isso ocorrer, dever-se-ia empreender uma luta implacável contra o imperialismo, contra os chefetes locais e contra a forma de fazer política no país, juntamente com a implementação de um programa de reformas profundas para a criação de um mercado interno, melhor remuneração dos trabalhadores, abolição do sistema de fazendas e grandes propriedades e entrega de terras para os "camponeses", por intervenção política do Estado. Essas reformas seriam a única solução dos problemas essenciais da "nacionalidade"[25].

Ainda naquele ano, Caio se tornou um dos redatores de *Marcha* e foi um dos fundadores da Frente Popular por Pão, Terra e Liberdade. Sem contar o apoio que dava às revistas *Contemporânea* e *Brasileira*[26]. Como se pode perceber, uma intensa atividade política...

Até julho de 1935, a ANL se expandiu com grande velocidade. Sedes aliancistas apareceram em estados tão distantes quanto Rio de Janeiro, Bahia, Maranhão, Ceará e Rio Grande do Sul, entre outros. Naquele período, ocorreram o Congresso de Unidade Sindical, que deu origem à Confederação Sindical Unitária Brasileira (CSUB), a fundação da Liga de Defesa da Cultura Popular e a criação da União Feminina Brasileira (UFB), assim como a incorporação de outros setores progressistas ao grupo. Mas foi justamente em julho que Vargas assinou a resolução proibindo as atividades da organização por um período de seis meses (Decreto Especial 299), incluindo-se aí quaisquer ações da Frente Popular. A ANL era colocada na ilegalidade, suas publicações, confiscadas, e suas sedes, invadidas e depredadas pela polícia (muitas vezes com o apoio de elementos da AIB). Só naquele mês, trezentas pessoas foram mandadas para a prisão. E Caíto, indiciado em dois inquéritos policiais, em São Paulo e Santos[27], sendo brevemente detido nas dependências da Sops. Ele diria à mulher:

> É este agora um grande momento na vida do Brasil, e talvez o maior da minha. Eu estou dando a ele tudo que posso: minhas energias, todos meus momentos, pensamento e capacidade. Não sei o que vai sair de tudo. Mas alguma coisa, certamente, e seja o que for, Baby, você e nossos filhos não terão motivos de se envergonharem de mim. Tome cuidado com as cartas que não venham por portador direto. Está havendo censura severa. [...] Neste momento, Baby, basta um gesto arriscado para comprometer muita coisa...[28]

O clima no país tornava-se cada vez mais tenso. Manifestações em São Paulo contra o fechamento da ANL e uma greve de dois dias levada a cabo por 9 mil trabalhadores da indústria têxtil da capital (com o apoio de 1.700 metalúrgicos de São Bernardo) foram acompanhadas de protestos no Maranhão e no Rio de Janeiro, onde operários e militantes se recusavam a aceitar a decisão governamental[29]. Em julho e agosto também ocorreram paredes em Mossoró, Macau e Areia Branca, no Rio Grande do Norte, em que trabalhadores muitas vezes enfrentaram a polícia de armas nas mãos. Já Caio, por sua vez, em agosto aceitaria o convite para integrar como sócio a Associação Jurídica do Brasil: aguardava as ordens do Comitê Organizador para tudo aquilo em que pudesse ser útil[30]! E ainda foi designado pelo PCB para fazer parte da Comissão Jurídica Popular de Inquérito, instituída pelo próprio partido para a defesa dos comunistas[31]. Mas a situação era grave. Em outubro e novembro, por exemplo, mais de 150 mil homens cruzaram os braços no estado, enquanto era deflagrada, ao mesmo tempo, uma paralisação na maior ferrovia nordestina.

A insurreição, que ficou conhecida como "Levante Comunista" (e foi pejorativamente chamada pela historiografia conservadora de "Intentona"), começou no dia 23 de novembro daquele ano, no 21º Batalhão de Caçadores de Natal. Com o apoio popular, o governo do estado foi tomado em pouco tempo. Em outras partes do país, também houve movimentações importantes. No dia 24, o 29º Batalhão de Caçadores se sublevou e, no dia 27, foi a vez do Rio de Janeiro, nesse caso, o 3º Regimento de Infantaria e a Escola de Aviação Militar. Todas fracassariam em poucos dias. Com a derrota rápida dos insurretos, o número de prisões e assassinatos de militantes cresceria exponencialmente.

Logo depois de sufocado o movimento, Getulio firmou decreto ordenando o encarceramento de participantes e mesmo de "suspeitos" de ligação com a Aliança. Nos dois meses seguintes, entre 7 mil e 17 mil indivíduos foram detidos, ainda que, segundo a avaliação do Comitê Central do PCB, o número tenha chegado a 20 mil presos[32]. Uma resolução que criava um tribunal especial de segurança nacional para julgar todos aqueles que haviam participado ativamente da ANL foi autorizada pelo Conselho Militar no dia 2 de dezembro. Isso abriu caminho para que, três dias depois, o Congresso aprovasse uma emenda ao Artigo 161 da Constituição, introduzindo a pena capital junto ao estado de guerra e, no dia 18 do mesmo mês, o Parlamento acatasse a sugestão do presidente para que este tivesse o direito de decretar "estado de exceção" quando houvesse condições internas que pudessem pôr em risco as instituições políticas e sociais brasileiras. O estado de sítio iria até julho de 1937. Para Boris Koval, o Brasil se transformou, naquele momento, num imenso campo de concentração[33].

Se Caio havia sido detido brevemente em setembro de 1935, juntamente com Everardo Dias, após um comício num "salão de patinação" numa travessa da avenida 9 de Julho, no dia 3 de dezembro daquele ano ele seria de fato preso, com uma sentença bastante dura, após ser pego pela polícia no Rio Grande do Sul, onde realizava levantamentos para estudos geográficos que empreendia na época[34]. Foi transferido imediatamente para sua cidade natal. O historiador era, segundo as autoridades, defensor de ideias extremistas, algo que ele próprio não negava. Afinal, ao ser interrogado, confirmaria sua adesão ao marxismo (fato público e notório para qualquer um que acompanhasse a imprensa) e a orientação dos comunistas à luta de classes, à reforma agrária e à pugna contra o imperialismo.

Ficou inicialmente no centro de repressão Maria Zélia e em seguida foi conduzido ao Presídio do Paraíso, ambos subordinados à Sops. Durante a maior parte do tempo, permaneceu encarcerado sem culpa formada, sendo denunciado formalmente apenas em abril de 1937, poucos meses antes de ser libertado.

A casa de detenção Maria Zélia era uma antiga fábrica da Companhia Nacional de Tecidos de Juta, que fizera parte da vila operária projetada pelo arquiteto Paul Pedraurrieux a pedido do médico e industrial Jorge Luís Gustavo Street, que em 1912 comprara o terreno no bairro do Belenzinho, na Zona Leste da capital do estado. Naquele mesmo ano começou a construção da vila (que foi inaugurada em 1917 e ganhou o nome da filha do empresário). Sete anos mais tarde, o complexo (que continha duas ruas, um coreto, um campo de futebol, capela, salão de baile, armazém, sapataria, escola e restaurante) foi vendido para a família Scarpa e, em 1929, passou para as mãos do grupo Guinle. A planta foi fechada no início da década de 1930, até que, depois do Levante Comunista, começou a cumprir a função de prisão política. Lá ficaram em torno de setecentos detentos, homens como Quirino Pucca, Abdon Prado Lima, Fúlvio Abramo e Paulo Emílio Sales Gomes. O local ganharia fama como "Universidade Maria Zélia", pela quantidade de intelectuais encarcerados[35]. Aparentemente, os organizadores da "universidade" foram o corretor de café Roberto Silva (seu "diretor"), Quirino Pucca, Ermelindo Maffei, Clóvis Gusmão, Reginaldo de Carvalho e Caio Prado Júnior, que teria até mesmo "assessorado" Djalma Maranhão em palestras sobre a sociologia do cangaço[36].

Por outro lado, o Maria Zélia também se tornou conhecido pelas péssimas condições de vida dos presos. Arroz, feijão, café e pão eram os únicos alimentos servidos nas refeições. Os internos que necessitavam de assistência médica eram enviados para o Hospital da Força Pública. Uma vez lá, chegavam a decretar greve de fome e a promover fugas da enfermaria, por causa da situação calamitosa do local. Os detentos eram torturados, humilhados e espancados. Alguns seriam até mesmo executados[37].

Caio Prado Júnior foi colocado junto com mais 36 companheiros num mesmo pavilhão. A partir daí, toda a sua correspondência seria lida pelas autoridades e censurada (por vezes, até mesmo riscada). "Este agora é o meu mundo; por mais esforço que faça, tudo mais parece inatingível"³⁸, comentou. Queria notícias do irmão Carlos; sentia falta dos filhos. Não poderia providenciar a grande árvore de Natal que havia prometido a Danda e Caio Graco, disse, mas quando voltasse conseguiria outra para as crianças³⁹... Caíto tinha a sensação de que ficaria um bom tempo preso e, quando fosse solto, Danda já estaria lendo⁴⁰. Naqueles dias, ainda deixaria a barba crescer⁴¹...

Enquanto isso, a esposa fazia o possível para apoiá-lo. Levava-lhe fumo de cachimbo (comprado no Mappin), lenços, toalhas, alpercatas de banho, tamancos, canetas (queria da marca Parker), vidro de tinta "especial", pijamas e muitos livros. Também pensava em deixar de mandar Caio Graco para a escola enquanto o pai estivesse no xadrez. Tinha medo de "algum incidente desagradável por parte das outras crianças"⁴². Ele era muito pequeno, talvez não pudesse explicar aos colegas o que ocorria com o progenitor; poderia ser hostilizado⁴³...

Na prisão, por seu lado, Caio Prado Júnior era obrigado a viver num ambiente precário. O banheiro vivia inundado, e seus chinelos, sempre encharcados⁴⁴. Não conseguia evitar os contratempos. Quando chovia, as goteiras abundavam no quarto, que alagava. Por causa disso, ficava constantemente gripado⁴⁵.

Além do mais, a frequência da correspondência, a partir de meados de janeiro de 1936, foi reduzida a três vezes por semana. A esposa seria seu pilar: "É certamente o seu apoio, Baby, que mais me tem valido. Com ele, não sei do que não serei capaz"⁴⁶, disse em carta. "Você, Baby, escreva sempre, o quanto puder, que é sempre a leitura de suas cartas o melhor momento que passo"⁴⁷, completava.

A mulher ia visitá-lo todas as quintas-feiras... E lhe comunicaria que seu tio, Fábio Prado, prefeito de São Paulo, havia se interessado por seu caso e tentaria abrandar as condições do sobrinho na prisão⁴⁸.

A situação, de fato, melhorou um pouco. No dia 19 de janeiro, os detentos assistiram a um "teatro de variedades", com cantos e recitações, uma reunião de atores que passaria a ocorrer todos os domingos, dali em diante⁴⁹. Cinco dias depois, Caio gastaria horas "arranjando" a nova "gaiola" (para a qual ele e os companheiros haviam sido transferidos), aumentando o tabique. Aproveitariam ainda os carpinteiros para improvisar alguns móveis, algo que não possuíam até então. Achava que agora estava numa instalação "luxuosa": afinal, tinham inclusive alguns pregos nas paredes para pendurar as roupas e uma prateleira⁵⁰! Ainda assim, em tempos de calor, "assavam" entre as quatro divisórias, como se estivessem num verdadeiro forno⁵¹. Muitos companheiros baqueavam, não conseguiam se levantar. Sem contar a comida fornecida, que era "intragável". Por isso, mandava comprar frutas e verduras na rua⁵²...

A esposa buscava a roupa suja de Caíto na prisão para ser lavada em casa e trazia o que ele pedia, de calção de banho a cobertores. Ele queria que ela também fizesse o pagamento de assinaturas de várias revistas, como *National Geographic Magazine*, *Geographical Review* e *Geographic Review*, em nome da AGB[53].

As cartas dela continuavam chegando. Ele as lia e relia, e durante pelo menos uma hora eram a sua distração[54]...

No começo de fevereiro, 15 presos adicionais, trazidos de outros lugares, juntaram-se ao grupo de Caio Prado Júnior, que já contava com 43 homens. O espaço ficou ainda mais apertado... O historiador e três colegas fizeram cortinas com lençóis em torno de suas camas para conseguir um pouco de privacidade[55].

Apesar das dificuldades, ele, que tinha emagrecido muito nos primeiros tempos de xadrez, agora finalmente começava a ganhar peso[56]. Alimentava-se melhor, fazia exercícios e pulava corda todas as manhãs. Sentia-se fisicamente bem[57]. O fato é que Baby começara a levar as refeições para o marido na prisão, e estas eram muito apreciadas. O intelectual e seus colegas davam voto de louvor à cozinheira que preparava a comida[58]! Os pêssegos que Baby trazia eram um grande sucesso[59] (os caroços que sobravam eram plantados no "jardim" do presídio e, segundo o historiador, estavam contribuindo para formar uma "pequena floresta" no local).

Ele não era o único que tinha essa regalia. Em dias distintos, diferentes detentos eram escalados para obter comida de fora. Por vezes, coincidia de receberem até duas refeições simultâneas de parentes, enquanto em outras não ganhavam nenhuma[60]. Até um jogo trazido por Baby fez grande sucesso na prisão. Caio diria que houve entusiasmo geral e que em breve teria início até mesmo um "campeonato"[61].

No final de fevereiro, quarenta detidos foram qualificados no Juízo Federal, o que deu a CPJ esperança de ser solto. A cada sexta-feira, novos grupos, de dez, quinze e até cinquenta por vez, eram levados às audiências judiciais: as condenações não se efetivavam e todos estavam sendo absolvidos[62] (só no começo de março saíram mais de trinta presos)[63].

Pouco tempo depois, ele foi transferido para o Presídio do Paraíso, que até 1932 havia sido uma residência particular e que foi considerado por John W. F. Dulles como melhor do que o Maria Zélia, um local reservado, em primeira instância, a advogados e médicos detidos e, depois, a alguns prisioneiros com problemas de saúde. Segundo o brasilianista norte-americano, parecia-se com um hospital, onde as classes mais abastadas estavam representadas em maior número que os trabalhadores[64].

A saúde de Caíto, na ocasião, melhorava e piorava intermitentemente. Na nova "morada", andava mal, de cama, com gripe, dor de cabeça e febre que o atacavam de forma impiedosa[65]... Se tomava banho de sol pela manhã, passava o resto do dia trancafiado numa sala do porão, "pequena demais para tanta gente"[66].

Apesar de tudo, continuava otimista. É verdade que o correio lá era mais irregular do que no Belenzinho e que só no dia 15 de março abriram a porta da cela para que pudesse circular pelo prédio, mas o passeio ao ar livre era melhor do que no Maria Zélia. Também lhe seria permitido continuar a receber o almoço que a esposa mandava[67]. Na época, sua mãe era sempre vista chegando num carro com motorista às instalações prisionais para visitá-lo e levar-lhe refeições transportadas em caixas de papelão. Cuscuz e bolos de coco estavam entre os pratos escolhidos[68] (a esposa, por vezes, mandava carne seca desfiada, prato muito apreciado pelos presos)[69].

Além disso, em 17 de março, o historiador conseguiu ver o filho Caio Graco (pela primeira vez em muito tempo), quando andava pelo jardim da prisão, assim que abriram o portão para lhe trazer o almoço. Esperava que ele se lembrasse de contar à mãe que também havia avistado o pai[70]... Os passeios ao sol, apenas uma hora por dia (algumas vezes pela manhã, outras à tarde), faziam bem ao jovem militante pecebista, que começava a se sentir melhor novamente[71].

Mas as restrições continuavam. A atitude das autoridades na prisão era tão absurda que CPJ chegou a dizer: "achei muita graça na censura ter interceptado minha carta às crianças com desenhos. Tem-se agora medo até da própria sombra[...] Enfim, fica-se sabendo que umas garatujas constituem perigo para a ordem pública. E já é alguma coisa"[72]. As visitas, por sua vez, foram suspensas na mesma época[73]. As condições de vida permaneciam precárias. Por isso, Baby enviou a Caio um pijama e um aquecedor a querosene para esquentá-lo no ambiente úmido do porão em que estava[74].

Em determinado momento, vários presos, amigos de Caíto, cavaram um túnel de dez metros para escapar. Há indícios de que Baby tenha ajudado no plano, fazendo um levantamento da área vizinha. Alguns dias antes da evasão, contudo, o historiador foi transferido para um hospital, a fim de tratar de uma infecção gástrica, e não pôde acompanhar os companheiros[75].

O fato é que na prisão era difícil ter um bom atendimento. De um lado, faltava de tudo, de "aparelhamento" a "espaço". E também era "impossível" um único médico atender tantos homens. Quando os doutores chegavam, examinavam superficialmente os pacientes e receitavam remédios, sem oferecer uma terapia mais específica. O acúmulo de trabalho era tal que muitos doentes voltavam às celas sem nem sequer serem ouvidos. Também não havia especialistas, o que seria fundamental no caso de Caíto. Ou seja, por melhor que fosse o médico, pouco podia fazer em situações mais graves. Mesmo enfermo, Caio Prado Júnior pediu que lhe fosse enviada a *História de la América española*, de Carlos Pereyra, e o número 40 da *Revista Bancária Brasileira*. A leitura, portanto, era constante[76].

Caio acabaria sendo mandado para o Hospital Militar, na avenida Tiradentes, em São Paulo, em razão de seu estado de saúde ter se agravado. Baby, na ocasião, pediria permissão ao secretário de Segurança Pública do estado, Arthur Leite de Barros, para visitar o marido todos os dias da semana, acompanhada dos filhos[77].

As tentativas para soltá-lo se mostrariam difíceis. Em 8 de junho de 1936, mesmo encarcerado, foi indiciado por atividades subversivas, em inquérito instaurado pela Delegacia de Ordem Política[78]. No mês seguinte, quando Caio escrevia "Formação dos limites meridionais" e "Zonas tropicais da América", o governador do Rio Grande do Sul, Flores da Cunha, chegou a mandar uma carta a Fábio Prado, mostrando que não existia nenhum elemento que pudesse comprometê-lo: desejava que tudo fosse esclarecido[79]. Além dele, o pai de CPJ se mobilizaria, assim como a própria Baby, que incansavelmente buscava distintos apoios que ajudassem a tirar o marido da cadeia.

Se já não bastassem os problemas com as autoridades, Caíto ainda teria de lidar com animosidades dentro da própria ANL e do PCB. Afinal, em outubro de 1936, prisioneiros políticos no Rio de Janeiro organizaram uma "Comissão de Justiça" para avaliar e boicotar o Tribunal de Segurança Nacional varguista, lançando um manifesto mais curto no começo do mês (que incluía os nomes de 35 militares) e outro maior, logo em seguida, com 445 assinaturas recolhidas na Casa de Correção e na Casa de Detenção, no qual acusavam a ditadura de constituir um tribunal de exceção, com julgamentos secretos e impossibilidade de direito à defesa. Mas algumas firmas não apareceriam no documento, como a de Hercolino Cascardo (preso "incomunicável" num hospital da Polícia carioca), que resistiu a participar do boicote por acreditar que poderia provar sua inocência, o que desagradou setores da organização. Não só isso. A direção "externa" aliancista de São Paulo (nas mãos de pecebistas) divulgou as instruções do boicote antes que os presos políticos no estado (em sua maioria, comunistas) pudessem ficar a par do que havia sido escrito e discutido no Rio, o que levou dirigentes graduados no xadrez a não querer acatar as ordens. Mesmo que em seguida a maioria dos detidos em São Paulo aderisse ao boicote, um grupo restrito de lideranças não apoiou a medida nem o suposto autoritarismo do Diretório Externo da Aliança. E Caíto era um deles. Pouco depois, o DE, incomodado com a "indisciplina" dos internos, enviaria um recado duro ao *bureau* político das prisões paulistas, atacando especificamente quatro camaradas, entre os quais Caio Prado Júnior, que "aparentemente não estava compartilhando nada de sua riqueza com a diretoria externa". De acordo com os acusadores, CPJ seria "culpado de fracionismo e indiferença, algo incompreensível para alguém que ocupa o seu cargo"[80].

Os presos paulistas, por fim, lançaram seus próprios manifestos contra o TSN, o primeiro com 64 assinaturas do Maria Zélia e o segundo com novas firmas, incluídas aquelas de militantes detidos no Paraíso, onde Caio estivera. Ainda assim, o historiador não assinaria o documento[81].

A saúde de Caio Prado Júnior, contudo, nem sempre andava bem. E seu tratamento, praticamente nulo. "Há quase duas semanas que nem ouço falar de médicos. Este hospital é mesmo das Arábias"[82], disse. Naquele mesmo mês de outubro, escreveu ainda assim "História romana: síntese da transformação de Roma de cidade em império".

A atitude de resistência e a firmeza dos militantes detidos no Rio contra o TSN acabariam por tocar Caíto, que, em janeiro de 1937, finalmente colocaria seu nome em uma "proclamação aos presos do Rio", manifestando seu apoio e entusiasmo às ações dos camaradas cariocas, que teriam feito os primeiros atos concretos de enfrentar o Tribunal[83].

Durante o período da prisão, como vimos, CPJ escreveria vários textos, assim como seus *Diários políticos*, em cadernos pretos grossos de capa encerada, número 15, comprados pela esposa no bazar A Normalista[84]. Seria mandado, algum tempo depois, para a capital do país.

Caio Prado Júnior só foi libertado em setembro de 1937, por causa de um *habeas corpus*, num breve período de distensão da ditadura[85], mas no mês seguinte, com o restabelecimento do "estado de guerra", começou a ser procurado pela polícia no Rio de Janeiro, onde então se encontrava. Decidiu se evadir imediatamente do país num navio cargueiro, exilando-se na França. Desembarcou em Casablanca e, de lá, seguiu de avião até Paris, atravessando Marrocos, Argélia e Espanha. Logo depois de chegar à capital francesa, no dia 20 de outubro, chamou a mulher e os filhos para encontrá-lo em Chebourg, na península Cotentin, departamento da Mancha, na Normandia. Já na Cidade Luz, alugou um apartamento na Rue Spontini, número 78, no *16º arrondissement*, perto do Bois de Boulogne. Frequentou a Bibliothèque Nationale (seu cartão, n. 7083, era válido de 11 de maio de 1938 a 11 de maio do ano seguinte)[86], acompanhou cursos na Sorbonne e atuou junto ao PCF, apoiando exilados republicanos que haviam combatido as hostes nacionalistas encabeçadas por Francisco Franco na Guerra Civil Espanhola. Embora na mesma época Apolônio de Carvalho (fundador do núcleo da ANL em Bagé, Rio Grande do Sul) tenha participado do conflito e se refugiado na França, com o apoio dos comunistas locais, ambos os militantes não chegaram a se encontrar (Apolônio e sua esposa Renée só saberiam que CPJ esteve na França depois de já haverem retornado ao Brasil)[87]. Também se encontravam na França dona Leocadia e Lygia Prestes, a mãe e uma das irmãs do "cavaleiro da esperança", que davam continuidade à "Campanha Prestes" pela libertação do dirigente e de outros presos políticos no Brasil (em Paris ficava o centro de coordenação da campanha). Ainda que soubessem da presença de CPJ na cidade, não estiveram com ele. Ao que tudo indica, "o historiador e a família eram distantes dos exilados brasileiros de esquerda, que passavam por grandes dificuldades financeiras"[88]. Por outro lado, Caíto chegou a comentar que na capital francesa teria se encontrado com Washington Luís no hotel onde ambos ficaram hospedados. "Como havia laços de família entre nós, e como ele estava muito sozinho e desolado, gostava de conversar comigo. Era um homem de grande experiência política e também de grande habilidade, de modo que aprendi muitas coisas políticas com ele", diria o historiador, anos mais tarde.

O PCF havia crescido bastante durante os anos da Frente Popular, enviara muitos membros à Espanha para lutar nas Brigadas Internacionais e organizava ajuda humanitária aos combatentes que vinham de lá. Além disso, entre 1937 e 1938, seriam publicados em francês *A ideologia alemã* e os *Manuscritos econômico-filosóficos*, de Marx e Engels, e os *Cadernos filosóficos*, de Lenin[89]. Como disse Brigitte Studer, em meados dos anos 1930, a França e a Espanha haviam tomado o lugar da Alemanha como centro da atenção e da atividade política dos comunistas[90].

A França em 1938 foi o palco da Copa do Mundo de futebol, vencida pela Itália. Naquele ano, teriam destaque no cinema filmes como *Hôtel du Nord* (dirigido por Marcel Carné), *J'accuse!* (o *remake* de Abel Gance), *La bête humaine* (de Jean Renoir) e *Mollenard* (película de Robert Siodmak). Mas vale recordar, igualmente, que o primeiro governo da Frente Popular, liderado por Léon Blum, que durara pouco (de junho de 1936 a junho do ano seguinte), fora sucedido por uma administração mais moderada encabeçada por Camille Chautemps (Blum ainda seria o primeiro-ministro por um mês, na primavera de 1938). Problemas econômicos (como inflação) e questões de política externa (como as discussões sobre o envolvimento ou não na Guerra Civil Espanhola) ajudariam a minar o regime (afinal, ainda que oficialmente "não intervencionista", o governo Blum permitia a passagem de armas e ajuda soviéticos para os republicanos no país vizinho).

Em abril de 1938, chegaria ao poder Édouard Daladier, assumindo o posto de primeiro-ministro. Sua administração lançou decretos-leis reduzindo os benefícios sociais e aumentando impostos sobre consumo e salários, acabando com os controles de preços. Tudo isso levou o proletariado francês a se mobilizar: greves e ocupações de fábricas espocaram (o patronato respondeu à "provocação" com um locaute, que teve como reação imediata uma greve geral convocada pela CGT em novembro). O que se seguiu foi uma dura repressão governamental, com o encarceramento de centenas de trabalhadores. Na indústria aeronáutica, milhares de operários foram mandados embora, enquanto em firmas privadas outros grandes contingentes de obreiros seriam demitidos. As garantias e conquistas sindicais se esvaíam... Pouco tempo depois, o governo ainda acabaria com a semana de 40 horas e a substituiria pela de 45 horas (e, após julho de 1939, o PCF seria banido).

O casamento de Caíto, àquela altura, estava por um fio: a prisão e a mudança de continente eram um fardo demasiado pesado para ele e para a esposa. Como a lei brasileira de então não permitia o divórcio, o casal viveu por um breve período na Holanda, onde se separou legalmente (pela legislação local).

Caio Prado Júnior se divorciou de Hermínia Cerquinho Prado em 22 de março de 1938, por sentença dos tribunais de Haia[91]. E então ela voltou para o Brasil. Ainda ocorreria uma tentativa de reconciliação. Danda e Caio Graco ficaram no país aos cuidados do avô materno, enquanto Baby retornou à Europa, buscando reatar o matrimônio. Ambos concordaram em dar mais uma chance ao relacionamento: ela regressou, dessa vez para morar no bairro de Copacabana, no Rio de Janeiro. Já Caio permaneceu mais algum tempo no Velho Continente.

Se no início do exílio ele sentia um "vazio" e uma "transformação", logo reagiria e se empenharia em viajar e produzir textos[92]. No mesmo período, realizou jornadas pelos países da Escandinávia, visitou Tallinn (capital da Estônia) e esteve na Holanda. Escreveu, ao longo do ano, "Relato de viagem aos Países Baixos", "Decadência do Pacto Colonial", "Cultura nórdica e cultura moderna" e "Gênese e evolução do socialismo", entre outros artigos. Sua visão do Brasil ganhava um tom amargo:

> A última remessa de jornais brasileiros, que recebi há dois ou três dias, deu-me a mais estranha sensação que ainda tive aqui em Paris. Não sei por que, depois da leitura de alguns, senti um mal-estar tal que não consegui prosseguir. Fiquei de um humor péssimo, e só muito tempo depois pude analisar-me com calma para ver o que havia. Senti então toda mesquinhez da vida provinciana de S. Paulo. Em tudo é a mesma coisa: desde os artigos de fundo até a mais banal notícia esportiva, a impressão é de um mundo tão pequenino, tão restrito, de horizontes tão estreitos que se fica oprimido. Nunca tive a sensação tão nítida das diferenças. Você sabe o que sinto pelo Brasil: e é isto sobretudo que me faz lamentar e me revolta. É muito triste idealizar como faço continuamente o meu país, para ser arrastado assim bruscamente à dura realidade...[93]

Com o passar do tempo, a opinião sobre o país permaneceria a mesma. Em outubro de 1938, diria:

> Faz hoje justo um ano da minha partida do Brasil, uma partida tão agitada e cheia de peripécias; cheia de tantas esperanças também...
> Apesar de tudo, não posso dizer que não tenha aproveitado. O ambiente restrito do Brasil – que eu ainda fazia mais restrito – me sufocava. Pude respirar livremente, e a transformação que eu sentia dentro de mim encontrou o mais favorável dos meios. Arejei minha cabeça, meus pensamentos, minhas ideias. É com verdadeiro pasmo que olho hoje para o passado e meço o caminho enorme que percorri. Estarei no certo? Só o futuro dirá; sei apenas que sou outro, que vejo tudo sob um prisma que até ontem eu ignorava por completo; tudo me parece novo, e encaro a vida como se tivesse renascido.[94]

Enquanto isso, o PCB era desarticulado, em grande medida, pela ação mais coordenada e dura do Deops. No momento do "Levante Comunista", o partido contava entre 5 mil e 8 mil militantes (dependendo das fontes), número que passou a 1.500 no começo de 1936. Tanto o Comitê Central como seu órgão *A Classe Operária* foram transferidos para a Bahia. No ano seguinte, a luta divisionista se acirraria[95]. De acordo com Marcos Tarcisio Florindo, nos primeiros meses de 1937, com o intercâmbio de informações entre agentes da polícia política de São Paulo e do Paraná, os paulistas tomaram conhecimento da cisão que ocorria no PCB, a qual envolvia o grupo dirigente dissidente de São Paulo (liderado por Hermínio Sachetta e Hilio de Lacerda Manna) e o nacional, comandado por Lauro Reginaldo da Rocha ("Bangu") e Elias Reinaldo da Silva ("André"). Foi seguindo essa diretiva que o Deops construiu a investigação que levou à desarticulação e à detenção dos comitês dirigentes do partido entre 1937 e 1939, praticamente destruindo toda a sua estrutura[96].

Caio Prado Júnior foi julgado à revelia pelo Tribunal de Segurança Nacional[97], no Rio de Janeiro, em audiência do juiz Raul Machado, em 29 de novembro de 1938, por processo de São Paulo, e, dois dias depois, pelo juiz Lemos Bastos, em uma segunda ação judicial. Em 1º de dezembro, foi condenado a um ano e três meses de prisão celular, mas no dia 19 do mesmo mês o TSN deu provimento à apelação n. 226, requerida no processo 237, absolvendo o acusado. Sendo assim, Caio Prado Júnior recebeu o alvará de soltura, estando, portanto, apto a voltar ao Brasil[98]. E foi o que fez em seguida.

5
Novas trincheiras de luta

Logo depois de retornar da Europa (em março de 1939, apenas alguns meses antes do início da Segunda Guerra Mundial), Caio Prado Júnior se mudou para o Rio, onde Baby reformara a casa que alugara na rua Muniz Barreto (em boa medida, para abrigar a biblioteca do historiador, já bastante grande naquela época). As tentativas de manter a união, contudo, não durariam e, pouco tempo depois, eles se afastariam.

De volta a São Paulo, o jovem ficou inicialmente na estrebaria da Vila Penteado, adaptada para acomodar seus livros. O local possuía uma sala e um quarto e havia sido utilizado anteriormente como ateliê pelo irmão Carlos. Lá ele retomaria a atividade de escritor.

Em 1940, São Paulo já tinha mais de 1 milhão de habitantes (sendo 80% deles brasileiros natos, ainda que muitos filhos de imigrantes), aproximando-se do Rio de Janeiro em termos de população. Os portugueses agora eram a maioria dos estrangeiros, seguidos pelos italianos e espanhóis. Em torno de 228 mil pessoas trabalhavam em indústrias e 85 mil no comércio local. Naquele ano, ainda seria inaugurado o estádio do Pacaembu, com a presença do próprio presidente Vargas. A cidade crescia e Caio voltaria a viver e atuar nela.

Em meados do ano seguinte[1], entraria na vida de CPJ Helena Maria Magalhães Nioac (apelidada de Nena), filha de Roberto da Rocha Faria de Nioac e Zilda Magalhães Nioac, um casal de proprietários rurais. Separada de Francisco Luís da Cunha Bueno e mãe de dois filhos, logo estaria morando com o historiador[2].

A política e a produção intelectual continuariam entre as prioridades de Caíto. Em 1941, não só se tornou um dos componentes da Comissão Jurídica Popular de Inquérito, criada pelo PCB para a defesa dos comunistas (segundo o Dops, um grupo essencialmente constituído para atividades de agitação e propaganda)[3] e viajou para Diamantina, Minas Gerais (no ano anterior havia visitado Ouro

Preto), como também comprou um sítio perto de Campos do Jordão, batizado de Jurupeva. No ambiente tranquilo da serra, ele caminhava, cavalgava... e escrevia. Foi lá que terminou seu *Formação do Brasil contemporâneo*, publicado em 1942 pela Editora Martins. Seu objetivo original era produzir uma história do Brasil em vários volumes. *Formação* seria o primeiro e abordaria o período colonial.

Ao defender a tese de que o Brasil havia sido estruturado, desde o início, para atender às necessidades externas (e não para alimentar seu mercado interno), ele definiu o "sentido da colonização", categoria fundamental que explicaria o processo histórico brasileiro "como linha mestra e ininterrupta de acontecimentos que se sucedem em ordem rigorosa e dirigida sempre numa determinada orientação". Para ele:

> Se vamos à essência da nossa formação veremos que na realidade nos constituímos para fornecer açúcar, tabaco, alguns outros gêneros; mais tarde ouro e diamantes; depois, algodão, e, em seguida, café, para o comércio europeu. Nada mais do que isto. É com tal objetivo, objetivo exterior, voltado para fora do país e sem atenção a considerações que não fossem o interesse daquele comércio, que se organizarão a sociedade e a economia brasileiras. Tudo se disporá naquele sentido: a estrutura, bem como as atividades do país.[4]

No livro (na época apontado numa enquete patrocinada pela revista *Diretrizes* como contribuição básica e fundamental para o conhecimento de nossa formação social e política), o autor revelou as relações, os processos e as estruturas sociais, econômicas e políticas que operavam na composição e nas transformações de nossa sociedade, indicando o fator de *instabilidade*, de *falta de continuidade* no decurso histórico do país, ou seja, uma evolução por ciclos, com fases sucessivas de progresso, seguido de decadência, resultando num sistema e num processo econômico em que a produção e o crescimento se subordinavam a contingências extrínsecas. O desenvolvimento, portanto, significaria a superação do passado colonial e a eliminação do que ainda restava dele[5]. *Formação do Brasil contemporâneo* foi não só seu trabalho de maior repercussão na imprensa como o mais importante que produziu. Afinal, para ele, autores como Silvio Romero, Alberto Torres e Oliveira Vianna não haviam chegado a nada. E, portanto, "tudo estaria por fazer"[6]. A contribuição de Caio, nesse sentido, iria além, superando em interpretação, articulação de ideias e conceitos e *perspectivas políticas* as obras de seus predecessores.

Enquanto isso, Danda e Caio Graco continuavam com a mãe no Rio de Janeiro. O historiador mantinha-se a par do que os dois filhos faziam através de trocas constantes de cartas e visitas à capital federal.

Os primeiros anos daquela década, de fato, foram intensos: Caíto construiu uma casa na rua Maestro Elias Lobo, perto da residência de Nena (ele encomendaria um grande mural a seu irmão Carlos, intitulado *Café*, pintado na biblioteca da mansão em 1945), e casou-se com ela em 11 de outubro de 1944, na 4ª Seção do Departamento de Montevidéu, diante do Juiz de Paz Cézar Pérez Zorrilla[7]. Com a nova esposa, teve um filho, Roberto, que nasceu em 1945. Nena acabaria por se envolver na política, tornando-se presidente da Federação das Mulheres do Estado de São Paulo[8] (alguns anos mais tarde, escreveria o artigo "Festejemos o dia da mulher repelindo o invasor ianque", veiculado em órgãos comunistas)[9] e, em 1951, membro da Comissão Paulista Pró-Anistia aos Presos Políticos[10].

Em 1943, Caíto não só participou da criação das revistas *Ilustração* e *Hoje: O Mundo em Letra de Forma* e deu palestras (como a que proferiu sobre problemas de povoamento na jornada "O Brasil no Após Guerra", promovida pelo Idort no salão da União Cultural Brasil-Estados Unidos, programa presidido por Pierre Monbeig e acompanhado por Ricardo Capote Valente)[11], como fundou, em novembro, juntamente com Artur Neves, a Editora Brasiliense, um empreendimento que teve como sócios, além do próprio pai de CPJ, Leandro Dupré e Hermes Lima. A solenidade de inauguração das instalações da nova casa editorial, na rua Dom José de Barros, 163, ocorreu no dia 25 de abril de 1944, com coquetel que contou com a presença de Sérgio Buarque de Holanda, Afonso Arinos de Mello Franco, Vinicius de Moraes, Dalcídio Jurandir, Guilherme Figueiredo, Álvaro Moreyra, Astrojildo Pereira, Jorge Amado, o cônsul dos Estados Unidos Cecil P. Cross e Moacir Werneck[12].

No ano seguinte, mudou sua sede para a rua Barão de Itapetininga e recebeu oito novos sócios, entre os quais o romancista Monteiro Lobato, que se tornaria muito próximo de Caíto (a amizade entre os dois se estreitou tanto que o jovem acabou por ceder gratuitamente o apartamento do 12º andar do edifício da Brasiliense ao escritor, que não tinha onde morar). Anos mais tarde, o Deops descreveria a editora como uma entidade com fins subversivos, "com vasta rede de preparação cultural das massas e que revolucionários de esquerda estão aí ligados, mas que, na verdade, quem dirige aquela organização é a vanguarda comunista"[13]. As autoridades acreditavam que a empresa estava vinculada às revistas *Hoje*, *Renovação* e *Continental*, bem como ao Comitê de Estudantes Revolucionários da Faculdade de Direito (representada por Germinal Feijó), à Sociedade Brasil-México e ao Instituto Brasileiro-Argentino[14].

Mas Caio, naquele período, também teria de lidar com questões relativas à separação de Baby. O advogado da ex-mulher, Aprigio dos Anjos, por intermédio de Abrahão Ribeiro, pediu a CPJ que fizesse, em 1943, uma "declaração de fé ateísta" em cartório, com firma reconhecida, para que pudessem dar entrada num processo de anulação do casamento religioso, algo que o historiador achou "ridículo", com "um sabor cômico". Ele estaria disposto até a dar uma "declaração provocada", caso fosse arguido, em depoimento em juízo, no curso do processo.

De qualquer maneira, como ele mesmo comentou, "tenho alguns trabalhos publicados, e não seria difícil encontrar neles provas de minha irreligiosidade"[15]. Mas o que Baby pedia lhe parecia de um valor jurídico mínimo e cheirava a fraude. Por isso, só faria tal asserção se fosse dentro dos termos impostos por ele[16] (ainda assim, ele próprio havia se casado no Mosteiro de Bento e, quando adolescente, chegou a sonhar em ser "papa"; no final de seu curso no Colégio São Luís, já afastado dessas ideias, junto com o caçula Carlos, foi à capela da escola e jogou fora todas as hóstias da igreja)[17].

Apesar do anticlericalismo e da antirreligiosidade de Caio, sua primogênita, Danda, faria a primeira comunhão em dezembro de 1943, na igreja Nossa Senhora da Glória, no Rio de Janeiro, cidade onde morava com a mãe e o irmão[18]. Vale lembrar que, já em 1946, a menina começou a estudar a obra de Marx e disse que "estava adorando e entendendo tudo"[19]. Daí em diante leria Górki, Freud, Shaw e seu livro favorito na época, *O que fazer?*, de Lenin. Todo esse estudo, como se pode imaginar, foi relatado a Caio, que servia como interlocutor privilegiado e mediador intelectual entre Danda e a tradição marxista. Mais tarde, a primogênita se tornaria membro do Partido Comunista Brasileiro e uma feminista militante[20]. Durante anos, no aniversário de fundação da agremiação, ela prepararia um bolo adornado com uma foice e um martelo e comemoraria a data com o pai e vários de seus integrantes[21].

Por seu lado, o PCB, que desde 1938 estava praticamente destruído, com atuação muito limitada em algumas cidades brasileiras (depois da prisão de dirigentes e da desarticulação do Comitê Central e dos comitês regionais), começou um processo de reconstrução em 1942, ano em que a organização contava com apenas cem membros ativos[22]. Com a entrada oficial do Brasil na Segunda Guerra Mundial (o país só enviaria tropas para a Itália, contudo, em 1944) para lutar ao lado dos Aliados contra o Eixo, a oposição interna refratária ao autoritarismo varguista ganhou força. Uma anistia aos presos políticos começou a ser exigida pelos setores democráticos, assim como a convocação de uma Assembleia Constituinte. Os conflitos claramente se acirravam.

Alguns grupos, na época, iniciavam a articulação para reconstruir o PCB, um dos quais formado no Rio de Janeiro, a Comissão Nacional de Organização Provisória, encabeçada por Amarílio Vasconcelos e Maurício Grabois, e da qual também faziam parte os baianos liderados por Arruda Câmara, além de João Amazonas, Mário Alves, Pedro Pomar e Giocondo Dias. A CNOP apoiaria Luiz Carlos Prestes na secretaria-geral do partido e defenderia a "união nacional", num esforço comum na guerra contra o nazifascismo na Europa. Por outro lado, Caio Prado Júnior daria seu suporte aos Comitês de Ação, que não aceitavam de imediato a liderança prestista e mantinham uma postura crítica e até mesmo hostil à ditadura estado-novista (uma tendência menos importante e "liquidacionista" surgida no final de 1941 expressava-se através de Fernando de Lacerda, que concordava com a CNOP, mas, influenciado pelo browderismo, sugeria a extinção do PCB, por causa do fim do Comintern e como gesto de "boa vontade" aos países aliados)²³.

Os Comitês de Ação (que tinham em seus quadros Heitor Ferreira Lima, Victor Konder, Zacharias de Sá Carvalho, David Lerner, Astrojildo Pereira e Tito Batini), inspirados na ANL, organizavam trabalhadores do bairro do Ipiranga em cooperativas de consumo e, tempos depois, difundiriam suas ideias em publicações como *Ilustração* e *Hoje*. Mais tarde, o grupo, dentro da ADP, chegou a cogitar lançar CPJ a presidente da República²⁴.

A situação começou a ser resolvida na II Conferência Nacional do Partido, mais conhecida como "Encontro da Mantiqueira", realizada em agosto de 1943 nos arredores de Barra do Piraí, no sul fluminense. Na ocasião, 46 delegados do PCB, representando 6 estados e o Distrito Federal, reuniram-se para definir o relatório político da Comissão Organizadora e outro sobre a situação do trabalho no Brasil, assim como eleger o Comitê Central. As posições da CNOP saíram vencedoras e uma nova direção nacional foi eleita, com catorze membros e sete suplentes. Prestes foi nomeado novo secretário-geral, *in absentia* (já que ainda se encontrava preso), e José Medina assumiu provisoriamente o cargo (em seguida, o posto ficaria nas mãos do portuário catarinense Álvaro Ventura). A Comissão Executiva contaria com Arruda, Milton Caires de Brito, Medina, Grabois, Amazonas, Pomar e Lindolfo Hill. Claudino José da Silva cuidaria da organização partidária na região norte e Pedro Pomar em São Paulo, enquanto Jorge Herlein e Francisco Gomes fariam o trabalho no Rio de Janeiro²⁵. O descontentamento de alguns setores pecebistas seria grande.

Foram muitos os críticos da linha oficial do partido. John Foster Dulles aponta que Agildo Barata, por exemplo, achava que a CNOP não tinha o direito de se transformar no PCB; Rosa Meirelles Costa Leite, por seu lado, acreditava que a conferência havia sido apenas um arranjo feito para que Grabois e outros pudessem organizar o partido para si mesmos²⁶. Dirigentes como Glauco Pinheiro Menezes ou o líder da UNE, Paulo Silveira, segundo o brasilianista norte-americano, tentaram agir dentro dos "Comitês de Ação" no período imediatamente posterior à reunião na Serra da Mantiqueira, defendendo uma campanha de luta pela anistia (uma das bandeiras aprovadas pouco tempo antes) e buscando o apoio da CNOP, que foi recusado: o grupo hegemônico não queria ter qualquer vínculo com aqueles indivíduos, vistos como inimigos do governo instituído²⁷. O fato é que muitos comunistas, como disse Paulo Emílio Sales Gomes, tinham a esperança de participar de um amplo movimento democrático contra o Estado Novo, que se desenvolvia com fervor no país. E a Conferência da Mantiqueira os desencorajou a continuar nesse caminho²⁸.

O partido, naquele momento com menos de mil membros[29], ganhou adesões, e sua militância, em 1943, cresceu para quase 3 mil integrantes[30]. Isso foi acompanhado da publicação de várias revistas, jornais, livros e panfletos para divulgar sua mensagem.

Já em 1944, Caio Prado Júnior se consultaria com Prestes, que lhe passava, por meio de cartas, orientações políticas da prisão[31]. E recebia pedidos para proferir palestras a operários e estudantes, como no Sindicato dos Trabalhadores em Empresas Ferroviárias da Zona Paulista, em Campinas[32], ou para a UEE de Minas Gerais[33].

No mesmo ano, por sugestão de Jorge Amado, a Ediciones Pueblos Unidos, do Uruguai, escreveu a CPJ manifestando interesse em publicar seu *Formação do Brasil contemporâneo* "com direitos exclusivos para a edição em castelhano da dita obra"[34]. Amado lançara na República Oriental seu *Terras do sem fim* (que teria sido muito bem traduzida por Carmen Ghioldi, esposa do dirigente comunista Rodolfo Ghioldi) e tinha outra obra, *São Jorge dos Ilhéus*, em preparação. Além disso, o romancista baiano perguntava a Caíto se a Brasiliense não teria interesse em editar o novo livro de Héctor Agosti sobre Ingenieros, uma sugestão de Ghioldi[35]. As discussões entre Caio Prado Júnior e o ensaísta argentino (na época exilado em Montevidéu) para a publicação do trabalho, intitulado originalmente *Comprensión de José Ingenieros* (e mais tarde rebatizado definitivamente como *Ingenieros, ciudadano de la juventud*), começaram em setembro de 1944. O trabalho, que deveria ser publicado em português antes de sair em castelhano, acabou vindo à luz na Argentina em julho do ano seguinte e foi escolhido "o melhor livro de agosto" pelo *Club del Libro* de Buenos Aires. A demora na preparação do texto em São Paulo preocupou Agosti, que cogitou enviá-lo a outra editora. Mas tudo foi resolvido e o livro, ulteriormente, editado pelo colega brasileiro[36].

Em novembro de 1944, o diretor da revista *Sombra*, Octavio Thyrso, enviou a CPJ um questionário sobre suas impressões a respeito do Brasil naquela época. O grande "ativo" do país, segundo o historiador, era a participação das tropas da FEB nos campos de batalha da Itália em favor da grande causa daqueles dias, "o esmagamento do fascismo e da opressão": isso seria uma "honra" e "glória" para os brasileiros. Por outro lado, a situação doméstica era lamentável, com carestia, desorganização e dificuldades para satisfazer as necessidades mais básicas da população, todos esses eram problemas que não tinham nada a ver com a guerra, mas possuíam motivações mais profundas, "anteriores" ao conflito, que só teria colocado à mostra "os vícios de um sistema de vida que mais dia menos dia daria nisto"[37]. Punha suas esperanças em 1945, ano em que, acreditava, ocorreria o fim do conflito europeu e o colapso de todos os fascismos e ditaduras:

> o destino do mundo e de todos os países voltará a ser conduzido pela vontade popular, e não por oligarquias ou grupos arvorados em Führers, Duces ou Chefes

[...] o mundo de amanhã não será de ditadores, e a humanidade entrará numa nova fase de tranquilidade e progresso. O Brasil terá sua parte nesta nova fase, se os brasileiros souberem levar a cabo a missão que ora encetaram nos campos de batalha e mantiverem viva a chama da *liberdade* e da *democracia*.[38]

De fato, em 1945 o Estado Novo estava com os dias contados. Em janeiro, Caíto participou do I Congresso Brasileiro de Escritores[39], em São Paulo, organizado pela ABDE (associação criada três anos antes), no qual, juntamente com outros intelectuais como Alberto Passos Guimarães, Arnon de Mello, Astrojildo Pereira, Dyonélio Machado, Jair Rabelo Horta, Jorge Amado, Moacir Werneck de Castro, Paulo Emílio Sales Gomes e Raul Ryff, manifestou todo seu repúdio ao governo varguista, divulgando a "declaração de princípios" da reunião, escrita pelos dois membros que presidiam a "comissão de assuntos políticos", ele próprio e José Eduardo do Prado Kelly. No documento, os escritores presentes defenderam o sufrágio universal (por voto secreto), o retorno ao estado de direito (com liberdade de expressão de pensamento, culto e segurança) e as garantias para o exercício da soberania popular e "independência econômica dos povos". O autor de *URSS, um novo mundo*, portanto, podia ser identificado, naquele momento, como uma das principais personalidades do meio intelectual no combate ao autoritarismo estado-novista. Não só era respeitado como um dos grandes historiadores de sua época, especialmente após a publicação de *Formação do Brasil contemporâneo*, mas transitava com desenvoltura e habilidade entre a intelectualidade e o meio político oposicionista. Era a pessoa ideal para cumprir a função de articulador dos diferentes setores que se opunham a Getulio. Ele acreditava até (talvez ingenuamente) que, depois de consolidada a "liberdade eleitoral", os comunistas iriam, já em sua terceira legislatura futura, se "assenhorar" do poder[40].

Em fevereiro de 1945 (a partir da Lei Constitucional n. 9) seria anunciada a realização de eleições que incluíam a Presidência da República e novos parlamentares. Em março, por sua vez, o presidente permitiu visitas a Luiz Carlos Prestes. Segundo Heitor Ferreira Lima, na ocasião, Caio Prado Júnior, Mário Schenberg e Mendes André (que sugeriam a convocação de uma reunião nacional para rearticular o partido e traçar os novos rumos da agremiação, inspirados nas ações de Lenin em abril de 1917) visitaram o líder da "Coluna Invicta" na prisão para expor seus pontos de vista. Ainda assim, comprometeram-se a acatar a decisão final da maioria[41]. Naquele mesmo mês, Roberto Sisson, por seu lado, mandaria uma mensagem a Caíto, tentando enquadrá-lo nos rumos que os cnopistas queriam dar ao partido. A pressão para que ele e seu grupo acatassem a liderança de Prestes e a linha de "união nacional" era grande, apesar da insatisfação de muitos setores com qualquer aproximação com Getulio. Ele diria:

Tenho lido as suas declarações aos jornais sobre Prestes etc. O pensamento de Prestes é essencialmente *unitário*, a despeito de todas as concessões que ele atualmente faz a todas as correntes, pois ainda sem elementos para tomar uma posição definitiva a altura de sua imensa responsabilidade. Assim sendo, sem querer me meter a dar normas para quem quer que seja, e sim colaborar com todos, não julgo azado o momento para ataques de um grupo de esquerda a outro. Durante todo o período de desunião que atravessamos, sem tomar partido em matérias de detalhes, sempre estive em contato com todos os grupos de esquerda aqui do Rio, e de modo geral posso asseverar que todos têm as melhores intenções de acertar. De parte do PC, como se chama um dos grupos da esquerda a si mesmo, por exemplo, não há getulismo. O que há é uma exageração da política construtiva adotada em todos os países pela esquerda, como consequência da análise das condições de luta de após guerra. Mas o antigetulismo à *outrance*, visivelmente de fundo individualista de alguns outros setores da esquerda, exagera o tal getulismo desse setor. Daí acusações e indiretas públicas, o que certamente não nos levará a unidade que deve ser feita *com uma política independente*, pois somos esquerdas, e tu mais que ninguém tem capacidade para avaliar a responsabilidade teórica desse nome. [...]
Sendo de notar que Prestes possivelmente está para sair da prisão, o que indica que o processo de unidade partidária se vai acelerar, cumprindo a todos nós lutar para se criar um ambiente favorável ao mesmo desde já. Mais tarde se discutirá bem a fundo a política das esquerdas durante os anos que se passaram, e então aprenderemos com os acertos e erros de cada um.[42]

Para Sisson, em São Paulo era onde medravam mais do que em qualquer outro ponto do Brasil as lutas de grupos e linhas sectárias. Isso devia ser resolvido. E, finalmente, apontava para a necessidade de envolvimento dos marxistas em todas as organizações democráticas do país[43]. A indicação partidária agora era de que os elementos do PCB teriam de lutar por uma recomposição e unificação orgânica da agremiação. As diferenças de linha, portanto, deveriam ser anuladas.

Ainda em março, um episódio trágico deixaria o historiador consternado. No dia 2, o jovem estudante da Faculdade de Direito do Recife Demócrito de Souza Filho, de 23 anos, com o amigo Jorge Carneiro da Cunha, num ato político ousado, rasgou publicamente uma fotografia do ditador Getulio Vargas num restaurante da cidade, o que provocou uma reação imediata da polícia local. Os dois rapazes se refugiaram nas instalações do *Diário de Pernambuco* (um periódico identificado com a oposição ao regime), que no dia seguinte seria palco de discursos contra o governante. Um comício na Praça da Independência, em frente ao edifício do jornal, terminaria em tragédia. Durante o discurso de Gilberto Freyre, os homens da lei começaram a disparar indiscriminadamente, atingindo a cabeça de Demócrito (que estava na sacada do prédio) e o operário

Manuel Elias dos Santos. As autoridades entraram na redação do jornal em seguida e destruíram a edição do dia 4, que estava quase pronta. Caio imediatamente enviaria um telegrama a Freyre, para manifestar sua indignação diante do "bárbaro assassinato" do aluno de Direito, além de expressar sua "completa solidariedade", comprometendo-se no empenho ainda maior na "luta comum contra a ditadura" e no "restabelecimento da democracia". Saudava efusivamente os "heroicos companheiros pernambucanos" e completava: "juntos continuaremos [a] grande jornada [de] redenção de nosso país"[44].

Em abril, Vargas retomaria as relações diplomáticas com a União Soviética. E Prestes seria posto em liberdade (após a anistia aos presos políticos, a partir do decreto-lei n. 7.474), reforçando o mote de "união nacional".

As forças políticas brasileiras movimentavam-se. Naquele mesmo mês, era fundada, em sessão solene no auditório da Associação Brasileira de Imprensa, a UDN, com a participação de nomes tão díspares como Adhemar de Barros, Astrojildo Pereira, João Mangabeira, Maurício de Lacerda, Miguel Costa Filho e Prado Kelly, uma reunião considerada por CPJ "tumultuosa, demagógica, estéril... de desanimar"[45]. A frente de oposição seria composta de membros das oligarquias que haviam perdido espaço desde a Revolução de 1930, ex-aliados de Vargas, liberais, antigos militantes da ANL e alguns comunistas. É importante ressaltar aqui que Caio Prado Júnior, Tito Batini e Mário Schenberg consideravam importante a aproximação de setores de esquerda com os liberais, corroborando com a opinião de outros elementos progressistas paulistas, como Antonio Candido, Febus Gikovate e Paulo Emilio Sales Gomes. Vale salientar, contudo, que, ainda que Caio, numa reunião num edifício da rua Xavier de Toledo, tivesse sugerido o nome da organização, especialmente com a inclusão do termo "democrática" na sigla UDN (acreditando que isso ampliaria o leque das forças de oposição nacional; os comunistas "ortodoxos" defendiam o mote "União Nacional"), ele nunca apoiou pessoalmente seu candidato, o brigadeiro Eduardo Gomes, nem os rumos da entidade (mesmo que o militar tivesse, aparentemente, declarado que estava inteiramente de acordo com o programa sugerido, que enfatizava a liberdade sindical, aceitando também a legalização do "partido marxista--materialista", segundo sua própria expressão)[46]. Ou seja, Caio não teve vínculo *orgânico* com a UDN, só estando próximo dela num primeiro momento, em sua fase de gestação e articulação política inicial, já que a encarava como uma frente contrária ao Estado Novo, que havia perseguido os comunistas[47]. Por outro lado, o historiador, de acordo com documento do Dops, tentaria atrair para as fileiras da ADP o general Miguel Costa e um grupo "miguelista", para reforçar a agremiação[48]. Segundo Maria Victoria Mesquita Benevides, que entrevistou CPJ em 1977, o autor de *URSS, um novo mundo* conversou com o "brigadeiro" em 1945 e "ficou mal impressionado com seu anticomunismo virulento e por ouvir apenas digressões sobre origens familiares [...] e nada sobre as questões políticas concretas ou as divergências ideológicas entre liberais e comunistas"[49]. Ele chegaria a dizer, enfaticamente: "não apoiei essa candidatura [do udenista Eduardo Gomes] em nenhum momento, e tampouco sei de comunistas que tenham tido tal atitude"[50]. Afinal, um homem que se afundava no "seu reacionarismo" e que não perdia a oportunidade de falar de religião e espiritualidade[51] não poderia receber o suporte de alguém com as convicções de Caio Prado Júnior, que também criticava o personalismo do oficial.

Aquele foi um período em que espocaram centenas de greves e manifestações operárias em todo o país (apenas em maio, por exemplo, ocorreram 365 paralisações). Ainda em abril, o historiador se reuniu com mulheres no consultório do dr. Moreira Porto (na rua Xavier de Toledo, 141, terceiro andar), com o objetivo de instruí-las a formar grupos femininos em todos os bairros para realizar agitação política[52]; e também fez uso da palavra num debate na sede do Instituto dos Arquitetos, onde foram tratados assuntos relativos à anistia geral e irrestrita aos presos políticos e exilados[53]. Além disso, foi fundado, na mesma época, o Movimento Unificador dos Trabalhadores (constituído por comunistas orientados pela CNOP), que tentava construir uma central sindical única e chegou a receber o apoio de 1,5 milhão de obreiros[54].

Em maio, a lei eleitoral foi promulgada, estabelecendo eleições diretas e a atividade livre de partidos que contassem com pelo menos 10 mil filiados (o PCB, atuando por anos na ilegalidade, faria o pedido de registro no TSE em setembro, recebendo sua homologação em 10 de novembro de 1945).

Uma quantidade grande de personalidades do meio artístico e intelectual ingressaria no partido naquele ano. O clima de euforia era tal que o CC decidiu realizar um evento no auditório do Instituto Nacional de Música (decorado especialmente para a ocasião com fotos de Lenin, Stalin e Prestes) para a entrega de credenciais a celebridades como Oscar Niemeyer, Di Cavalcanti, Candido Portinari, Graciliano Ramos, Jorge Amado, Dyonélio Machado, Vilanova Artigas, Oduvaldo Vianna e Francisco Mignone. E, claro, Caio Prado Júnior e o colega Mario Schenberg, entre vários outros[55]. O PCB ainda constituiria centenas de "células", assim como dezenas de "núcleos distritais" e comitês no Rio de Janeiro, em São Paulo, Porto Alegre e outras cidades[56].

O amigo Victor Konder, por seu lado, confirmou a Caíto, no começo de maio, que Prestes havia decidido tomar a CNOP – que poderia ser considerada "um pequeno partido", muito débil, que cumpriria ampliar, reforçar e reestruturar – como ponto de partida para forjar o "organismo de vanguarda". O líder estaria escolhendo alguns responsáveis (se possível, representativos) das diversas correntes para formar uma comissão encarregada de estudar e firmar uma linha política e tratar do conceito de unificação[57].

O fato é que no dia 1º daquele mês, Konder havia se reunido em assembleia, com cinquenta elementos, na qual se deliberou que o único ponto de referência para a caracterização do partido de vanguarda seria Luiz Carlos Prestes; que, uma vez definido o organismo como partido, caberia a todos ingressar nele e discutir suas debilidades no seio da organização; que ele e os outros se colocavam à disposição da comissão presidida por Prestes para auxiliá-lo no trabalho de unificação, segundo os critérios que ele viesse a estabelecer; e, finalmente, que seria escolhida uma comissão composta por cinco pessoas[58] para levar uma carta com essas resoluções ao "cavaleiro da esperança" em pessoa[59]. Ainda assim, LCP teria instruído seus correligionários naquele momento a não permitir a intromissão de determinados elementos no "seio" do partido. Entre eles, Tito Batini, Heitor Ferreira Lima, Paulo Zingg, Hermínio Sachetta e... Caio Prado Júnior[60].

Alguns dias depois, Caio seria avisado por um correligionário do interior paulista de que estava sendo acusado[61] por Delamare Machado[62] de ser "trotskista" e de que a ADP (da qual fazia parte) era composta de antirrevolucionários e seguidores de Leon Trotski (na verdade, ela foi constituída por militantes comunistas dos Comitês de Ação e a partir da união do Movimento Libertador, do Movimento de Unificação Popular e da Comissão de Trabalhadores contra a Carestia e a Ditadura, ou seja, grupos que lutavam contra o governo Vargas). O Deops consideraria a ADP (sediada provisoriamente no ateliê de Clóvis Graciano, na rua Xavier de Toledo, 98), como uma organização que realizava o trabalho prático e legal do PCB, uma "ala comunista" de militantes "experimentados", que tinham influência "nos meios cooperativistas e sindicalistas" e que era supostamente liderada por Batini e Heitor Ferreira Lima (também faziam parte dela Mário Schenberg, Paulo Zingg e Sérgio Milliet). O grupo tentaria mobilizar os setores menos abastados da população, especialmente operários de São Paulo, na capital e no interior do estado.

Machado se dizia autorizado a reorganizar o PCB de Bauru. Para o colega pecebista que fazia o alerta ao historiador, só mesmo um comunista militante com credenciais do partido, como Caio Prado Júnior, poderia convencer outros camaradas do que estava ocorrendo[63].

Na esteira das lutas sociais, Caio Prado Júnior, Jorge Amado e Elias Chaves Neto seriam detidos pela polícia. Reunidos na sede do MUT, no final daquele mês, os três receberam voz de prisão (por decisão do chefe do Serviço Secreto, Eduardo de Souza Rocha, porém sem a interferência direta do delegado de Ordem Política e Social, Venâncio Aires, numa incursão que encarcerou cerca de duzentos trabalhadores e intelectuais). Foram encaminhados pelas autoridades ao pavilhão especial da cadeia pública, um "amplo dormitório, acondicionado para receber grande número de hóspedes", que servira como carceragem política ao longo dos anos anteriores. Na mesma noite, depois de seis horas no xadrez, Caíto e Amado foram soltos e, no dia seguinte, o mesmo ocorreu com o amigo Elias⁶⁴. O historiador mais tarde conversaria com o secretário de Segurança, Oliveira Ribeiro Sobrinho, na tentativa de conseguir a libertação dos outros companheiros.

O nome de Caíto, nesse ínterim, crescia. Como referência política, ele era procurado pelos mais variados grupos para assinalar caminhos e prestar apoio. Foi assim, por exemplo, com a tentativa de constituição do "Partido Classista Estudantil Nacional", que estava sendo organizado por jovens mineiros, com a intenção de defender reivindicações dos alunos de ensino superior, e que deveria ser articulado em todo território nacional⁶⁵.

Mas a aproximação de Prestes com Getulio causava incômodo a muitos que antes apoiavam o "cavaleiro da esperança". Alguns se sentiam confusos com suas sucessivas declarações em favor de Vargas, que, segundo os críticos, impulsionavam o "queremismo"; outros se decepcionavam com a atitude pessoal do líder pecebista. Por exemplo, Sebastiana Floripes Pires de Campos, uma admiradora do autor de *URSS, um novo mundo* (que o considerava "o Chefe das Esquerdas"), recusava-se a acreditar que Prestes tivesse qualquer vínculo com o governo e agradecia ao intelectual paulista por sua defesa do líder da "Coluna Invicta", que, para ela, estava sendo alvo de calúnias⁶⁶. Outro caso é o do professor de história Wilson Alves de Carvalho, que, insatisfeito com os acontecimentos, afirmou que "Prestes chega quase a dizer que o Napoleãozinho [Getulio Vargas] é o maior democrata do Brasil [...] Se Carlos Prestes nos falhar agora, perderíamos, no momento, o que nos restava de melhor"⁶⁷.

O fato é que, ao longo daquele ano, Caio defendeu publicamente o "cavaleiro da esperança". Fazendo o possível para esclarecer o conteúdo do telegrama do ex-comandante tenentista ao periódico *La Razón*⁶⁸, deu declarações nas quais insistia que "Prestes não é getulista, nem favorável à perpetuação do sr. Getulio Vargas no poder"⁶⁹. O que o "líder da Coluna Invicta" queria, na prática, era fortalecer a situação legal existente contra possíveis golpes que poderiam resultar em novas ditaduras. O dirigente pecebista, de acordo com CPJ, achava que se estava processando na política nacional uma evolução marcada para a democracia, e temia a interrupção do processo por agitações que poderiam ser aproveitadas pelo que denominava de "reação fascista". Não haveria, em absoluto, qualquer pacto entre Prestes e a "pessoa" de Getulio, mas uma afirmação de princípios feita por um chefe democrático perante a Nação e o mundo. Além disso, o telegrama acrescentava novas reivindicações, pondo o governo na contingência de outras concessões, como a anistia e a reorganização partidária, que contribuiriam muito para a consolidação da democracia brasileira. Prestes, "cujo largo prestígio popular é incontestável, e representa assim, por si só, uma grande força"⁷⁰, não poderia ter sua posição democrática posta em dúvida. E continuava:

Em afirmações categóricas, ele tem repetidamente repudiado a ditadura, seja qual for sua natureza. Mas além destas afirmações, temos como penhor da sua sinceridade a posição internacionalmente assumida pelos comunistas de todo o mundo, que na fase atual da história modificaram sensivelmente sua posição tática, e aceitaram como linha política, sem discrepância, a colaboração dentro da democracia, de todas as classes progressistas, desde o proletariado até os setores esclarecidos da burguesia, na reconstrução de um mundo pacífico e de cooperação, sem conflitos internacionais, e com o abandono da violência como arma da luta de classes. Isto se comprova com a atitude assumida, não apenas teórica, mas prática, pelos partidos comunistas de toda parte: o francês, o italiano, o tcheco, o norte-americano; e na América Latina, o mexicano, o cubano, o chileno e tantos outros.[71]

Na prática, apesar de possíveis desacordos, Caíto era considerado por alguns como uma espécie de "intermediário" entre o "cavaleiro da esperança" e diferentes grupos de esquerda. Seria, segundo um relatório do Deops de março daquele ano, "o maioral" dos comunistas paulistas e "representante credenciado de Prestes"[72]. Ainda assim, nunca quis rivalizar com ele, tampouco criar grupos ou frações[73]. Mas seu desapontamento com o PCB era patente: "o hermetismo do Partido é total. O domínio da ex-CNOP é absoluto"[74].

A postura do historiador em relação ao líder comunista, contudo, se tornaria mais ácida. A partir de setembro, em seus diários, Prestes seria descrito como um mau político, suscetível a formulações "esquemáticas", deixando-se guiar e iludir pelo getulismo tosco dos cnopistas[75]. Não se furtou a criticar até mesmo o "personalismo" do dirigente. Seus seguidores, por outro lado, eram, afora os comunistas militantes e conscientes, uma grande massa das camadas mais inferiores da pequena burguesia e do lumpemproletariado:

> Apesar das diretivas oficiais do PCB e de Prestes, o que predomina nos setores comunistas e prestistas é o espírito de desordem, vindicta, radicalismo pequeno-burguês. Uma histeria coletiva. Só os dirigentes não têm este espírito. Mas parece que não compreendem muito bem o movimento que dirigem. Em muitos aspectos, a campanha prestista-comunista assume o colorido das campanhas fascistas. A mesma idealização e quase deificação do chefe; o mesmo radicalismo que não se [sente] aliás bem dentro da linha oficial do partido; as mesmas explosões emotivas e irracionais coletivas.[76]

Achava que o PCB levava a cabo, na época, uma política muito pouco construtiva, com números reduzidos de militantes que sabiam o que era de fato uma "célula", qual sua estrutura ou prática. Aqueles que se interessavam em ingressar no partido, no fundo, seriam tão somente "prestistas"[77]. Além disso, o partido se organizava muito devagar, "em marcha lenta", em relação às outras siglas. CPJ queria crer que o líder pecebista mudaria de posição. Mas se deu conta de que isso não ocorreria[78].

A produção intelectual e o trabalho editorial, enquanto isso, continuavam. De um lado, era solicitado a colaborar com revistas distintas, como a mexicana *Jornadas* (publicação do Centro de Estudios Sociales de Colegio de México), artigo pelo qual receberia cinquenta dólares, se aceito. (O texto, muito curto, acabou não incluído no periódico e foi encaminhado por seu diretor, José Medina Echavarría, aos *Cuadernos Americanos*.[79]) De outro lado, em outubro de 1945 (mês em que Getulio seria deposto por meio de um golpe preventivo), foi um dos fundadores e maior acionista do jornal *Hoje*, encabeçado por Milton Caires de Brito e Joaquim Câmara Ferreira, para o qual cedeu parte da antiga sede da Brasiliense, na rua Dom José de Barros[80] (também faziam parte da direção, de início, Nabor Caires de Brito e Jorge Amado; Elias Chaves Neto, que trabalhara para os *Associados*, tornou-se o redator do periódico)[81]. A relação de CPJ com alguns elementos do *Hoje* nem sempre foi das melhores e a falta de pagamento de aluguel do ponto era apenas um dos motivos dos entreveros[82]. Por causa do "sectarismo" da direção, Caio e Nabor, dois secretários de redação, foram ulteriormente retirados do jornal[83].

O caso da editora era distinto. De fato, ela ganhava impulso com o aumento das vendas das obras de Monteiro Lobato e da senhora Leandro Dupré. Aliados a isso, o sucesso da livraria e a mudança de sua sede para a rua Barão de Itapetininga, no centro da capital. Tanto a casa editorial (que mais tarde também abrigaria a sede do Movimento pela Paz) quanto a livraria tornaram-se centros de reunião e discussão entre intelectuais que debatiam os rumos do país e apoiavam os projetos políticos do historiador. Na década de 1940, a editora publicou a coleção Ontem e Hoje, coordenada por Jorge Amado, que traduziu e prefaciou livros de "realismo proletário" soviético como *Solidão*, de Nikolai Virta, *O diário de Costia Riabtsev*, de Nikolai Ognev, *A cidade da fartura: epopeia de um menino russo da geração atual*, de Alexander Nevierof, *Vento* e *O sétimo camarada*, de Boris Lavrenev, *O sanatório do doutor Klebe*, de Konstatin Fedin, e *A cavalaria vermelha*, de Isaac Babel. O trabalho de divulgação da cultura e da literatura da URSS, assim, era um importante aspecto de sua atividade. O próprio Caio cuidou de outra coleção, intitulada Problemas Brasileiros, que contou com obras de Pompeu do Amaral, Paulo Pinto de Carvalho, Renato Castelo Branco, José Maria Gomes e Aguinaldo Costa. Em 1945, a Brasiliense ainda reeditou o livro de Lourenço Moreira Lima, *A Coluna Prestes, marchas e combates* (lançado originalmente em 1934), que teve um prefácio de Jorge Amado intitulado "O bacharel feroz" e outro de autoria de Caio Prado Júnior, escrito em maio daquele ano.

Além disso, em 1943 ele havia sido convidado por Daniel Cosío Villegas, da Fondo de Cultura de Económica, para publicar, por encomenda, uma *História econômica do Brasil* no México, por indicação do colega argentino e representante jurídico da FCE na América do Sul, Norberto Frontini[84]. O livro deveria sair numa coleção de obras originais de autores da América hispano-portuguesa, que, quando completa, contabilizaria trezentos volumes. O contrato foi assinado em novembro daquele ano. Pelos termos do documento firmado, o intelectual paulista receberia como direitos autorais 10% sobre o preço de capa dos primeiros 2 mil exemplares de tiragem, 12,5% para os 2 mil seguintes e 15% para as edições posteriores. Caio Prado Júnior, nesse caso, requisitou a tradução de seu trabalho inédito a Luís Amador Sánchez, uma pessoa, de acordo com ele, "escolhida pelo melhor critério possível". O tradutor recebeu o pagamento de oitenta dólares, enviado pelo editor mexicano (ou seja, 33 centavos de dólar por página). Mas a versão em espanhol não agradou a Cosío Villegas e foi imediatamente rejeitada. O fato é que Caíto queria que o trabalho fosse feito em São Paulo e não enviou os originais ao editor para que fossem cotejados durante o processo, ou para que uma nova tradução pudesse ser realizada. Por causa da recusa (e também pelo atraso na preparação do livro, além de motivos de "índole política"), o historiador devolveu o dinheiro (por via aérea, por intermédio do National City Bank) e decidiu editar sua obra no Brasil, sem pedir o consentimento do mexicano nem notificá-lo, o que irritou sobremaneira o editor da FCE, que o criticou explicitamente em carta, num "misto de ironia e de censura". Assim, não restou alternativa a CPJ senão rescindir o contrato e levar a obra ao mercado em português, algo que, de acordo com ele, não prejudicaria a versão em espanhol. A irritação de Cosío Villegas seria patente: afinal, sua intenção era lançar um livro inédito, com a primeira edição em castelhano, e não uma obra que tivesse saído por outro selo anteriormente (ainda que a FCE já tivesse trazido à luz traduções de trabalhos publicados em português). O historiador paulista deixaria a critério do mexicano se deveria ou não editar a obra depois de lançada no Brasil. Ele não aceitou, ainda que, ao final, ambos os colegas resolvessem a situação de maneira amistosa[85].

Caio Prado Júnior, portanto, publicou em 1945 seu *História econômica do Brasil*, pela primeira vez na língua em que foi escrito, e teve bastante sucesso em seu lançamento. Dividido em 8 seções (com "anexos") e 27 capítulos, *História econômica do Brasil* discutia o desenvolvimento nacional a partir dos primórdios da colonização até o chamado "Império escravocrata" e a "República burguesa", passando pela ocupação do território e pela expansão da empresa portuguesa por aqui, e no final ampliando o debate para temas como o imperialismo e a industrialização. Em edições posteriores, lançadas anos mais tarde (o livro seria reatualizado em 1970), para discorrer sobre o período colonial, a produção açucareira e cafeeira, a mineração, as indústrias extrativa e manufatureira, os transportes, a escravidão e os períodos imperial e republicano, Caio sugeriu obras de referência de autores como José Francisco da Rocha Pombo, Celso Furtado, João Frederico Normano, Roberto Simonsen, André João Antonil, Afonso de Taunay, Sérgio Milliet, Stanley Stein, João Pandiá Calógeras, Paul Le Cointe, Heitor Ferreira Lima, José Alípio Goulart, João Dornas Filho, Emília Viotti da Costa e Pierre Denis. No capítulo relativo à ação do imperialismo (também em versões lançadas décadas depois), não indicou os clássicos de teóricos como Lenin, Hobson, Hilferding ou Bukharin, mas obras mais específicas acerca do caso nacional, como as de Dudley Maynard Phelps, James Fred Rippy, Aristóteles Moura e Richard Graham.

Caio Prado Júnior acreditava que o imperialismo se integrara à economia do Brasil ao longo de vários lustros, a partir de mecanismos como financiamento de produção, comércio e exportação de produtos distintos (especialmente o café); fortalecimento de setores vinculados a bancos, agências creditícias ou elementos ligados à especulação financeira operando por aqui; e a atuação de interesses estrangeiros em áreas como indústrias, transportes, mineração e serviços públicos. A subordinação do país ao quadro maior das relações econômicas em nível internacional seria uma constante e um entrave para o pleno desenvolvimento brasileiro. Afinal, para ele,

> estimulados pelas concorrências, os grandes trustes industriais resolvem descentralizar sua produção, disseminando suas unidades pelo mundo e localizando-as nos pontos estratégicos dos mercados e das fontes de matérias-primas; o Brasil recebe uma quota desta distribuição e se industrializa; mas qualquer nova conjuntura mundial econômica ou política, pode tornar outro ponto mais interessante: para lá se abala a indústria recém-criada.[86]

Sendo assim, "a sua vida econômica não é função de fatores internos, de interesses e necessidades da população que nele habita; mas de contingência de luta de monopólios de grupos financeiros internacionais concorrentes"[87]. O imperialismo, em última instância, constituiria uma fator ao mesmo tempo que integraria e completaria o sistema colonial, apresentando-se, além do mais, como uma "deformidade" no processo de modernização em países com formação análoga à do Brasil (o reflexo desse fenômeno pode ser encontrado no estabelecimento de "indústrias subsidiárias", que teriam como única função ampliar suas vendas e assegurar aos trustes forâneos não só uma participação expressiva no mercado interno, mas, se possível, sua hegemonia nele)[88]. De acordo com o historiador, em opinião expressa mais tarde, o imperialismo seria responsável por oprimir "o conjunto do país" e não, propriamente, a burguesia nacional, que se favoreceria com os monopólios estrangeiros (a maior parte dos negócios imperialistas era realizada, a seu ver, em conluio com setores burgueses, para explorar o mercado interno). O interesse primordial do imperialismo no Brasil era colocar sua produção em circulação dentro do país; para isso, precisaria de um regime política e economicamente estável a seu favor. Nesse sentido, a penetração imperialista teria favorecido o desenvolvimento da burguesia local. O que se pode dizer é que os desdobramentos da matriz leniniana relativa ao capitalismo monopolista podem ser encontrados, em diferentes graus, desde o pensamento caiopradiano até as posteriores interpretações marxistas do fenômeno, como as de Harry Magdoff e Paul Sweezy, por exemplo.

Na opinião de Caio Prado Júnior, a transição da colônia para a "nação", no caso do Brasil, portanto, não teria se completado. Com um processo de desenvolvimento simultaneamente desigual e combinado, seria fundamental não apenas compreender, mas também *saber como articular as diferentes variáveis políticas, econômicas e culturais* num projeto que estivesse moldado a partir das características específicas de nosso processo histórico[89]. Para Francisco Iglésias, esse livro deve figurar, juntamente com *História econômica do Brasil*, de Roberto Simonsen, e *Formação econômica do Brasil*, de Celso Furtado, como um dos três pilares da historiografia econômica brasileira[90] (o texto teve sucessivas edições e, como já mencionado, foi atualizado em 1970; até o início daquela década, vendeu mais de 100 mil exemplares).

Mesmo recebendo algumas críticas na imprensa, como aquela escrita por Ciro T. de Pádua, em duas partes, para *O Estado de S. Paulo*[91], a maioria dos jornais elogiou a nova obra. Moacir Werneck de Castro, na *Tribuna Popular*[92], foi um dos que exaltaram a qualidade do trabalho, assim como o fizeram também resenhistas de publicações como *Diretrizes*[93], *Correio do Povo*[94], *Folha da Manhã*[95], *Diário do Povo*[96] e *Diário de Sergipe*[97]. Anos mais tarde, o romancista gaúcho Dyonélio Machado comentaria que aquela era uma "obra magistral" que jamais deixaria de constituir a genuína história do Brasil na sua contextura nacional e universal. "Seu livro me dá a ideia dum gigantesco bordado feito sobre talagarça – a trama que lhe dá estrutura"[98].

A política continuaria preenchendo seu tempo. Afinal, em outubro Luiz Carlos Prestes realizou o grande comício no Estádio do Pacaembu, no qual o poeta chileno Pablo Neruda rendeu homenagem ao dirigente (com Caíto presente ao evento)[99]. Em 12 de novembro, o historiador foi um dos oradores da Grandiosa Manifestação em Prol do Lar Judaico, para os "israelitas e amigos do povo de Israel", no Ginásio do Pacaembu, com entrada franca[100]. E, cinco dias mais tarde, discursou num comício comunista no Anhangabaú, na apresentação dos candidatos do partido à Câmara Federal[101]. Isso sem contar os pedidos de militantes do interior do estado, que se colocavam à disposição do intelectual para "receber suas prezadas ordens", que prontamente seriam cumpridas! Em alguns casos, sugeririam até mesmo ajudar a organizar "o nosso partido" em cidades como Ourinhos, por exemplo[102].

Caio também concorreu ao cargo de deputado federal constituinte nas eleições nacionais, que ocorreriam no mês seguinte. A campanha, que foi organizada no escritório da Brasiliense e teve como coordenador executivo Samuel Santos, foi intensa e recebeu o apoio de vários intelectuais. Na ocasião, ele procurou atingir os "formadores de opinião", entre os quais "escritores" e "livreiros", que poderiam difundir suas ideias para o grande público[103]. A comissão da pré-candidatura de CPJ (descrito num manifesto de campanha como "um porta-voz das mais amplas camadas populares" e "intérprete fiel de todos aqueles que [...] têm os seus interesses ligados à nobre tarefa da difusão da cultura") era composta por Monteiro Lobato, Artur Neves, Mário Schenberg, Maria Eugenia Franco, Elias Chaves Neto e Pericles Amaral[104]. Diriam que ele lutaria "por medidas concretas contra o analfabetismo e pela difusão do livro, e [representaria] sempre as legítimas aspirações da classe dos livreiros, editores e escritores"[105]. Em novembro, ele teria uma agenda cheia, com viagens para realizar comícios em Ribeirão Preto, Altinópolis, Pedregulho, Guará, Batatais e Franca, com boa presença de público. Apesar de todo o esforço, assim como do apelo de seus motes de campanha ("Um candidato do povo" e "Uma política para o povo com homens do povo"), o historiador só conseguiu 9.304 votos, chegando apenas a terceiro suplente.

Muitos camaradas, por outro lado, saíram vitoriosos do pleito. Prestes se tornou senador, além de deputado federal pelo Distrito Federal, Pernambuco e Rio Grande do Sul. Na Câmara, o PCB ainda emplacou nomes como Jorge Amado, João Amazonas, Carlos Marighella, Gregório Bezerra, Maurício Grabois e mais nove parlamentares. Os comunistas, que naquele momento contavam com duas editoras e oito jornais, ampliaram consideravelmente seu número de aderentes, que atingiu, em 1946, a cifra de quase 200 mil membros[106]. O candidato a presidente (sem partido) apoiado pelo PCB, o engenheiro Yedo Fiuza, na época diretor do departamento de águas do Rio de Janeiro, obteve 569.818 votos (9,71% do total), o que não foi suficiente para ganhar as eleições, acabando na terceira colocação. Por sua vez, o brigadeiro Eduardo Gomes ficaria em segundo lugar, com 2.039.341 votos (34,74% do eleitorado). Na ocasião, o general Eurico Gaspar Dutra (PSD), com 3.251.507 votos (55,39%), foi escolhido como o novo mandatário.

Durante aquele ano inteiro, Caio Prado Júnior manteve o labor na Editora Brasiliense, além de ser um dos oradores do Congresso Paulista de Escritores, em Limeira. Em maio, o camarada Evaldo da Silva Garcia, antigo colaborador da revista *Continental*, impôs como "tarefa" que ele escrevesse uma história do socialismo e das lutas sociais no Brasil, sugerindo também que publicasse uma coleção de autores marxistas, como Franz Mehring, Rosa Luxemburgo, Hermann Duncker, Howard Selsam, Victor Jeremy Jerome, Alexander Bittelman, Norman Mackenzie, Ralph Fox e R. Palme[107]. Na verdade, Caio tinha a intenção de lançar uma coleção do gênero, mas esbarrava na "precariedade das relações internacionais, ainda mal restabelecidas", o que criava dificuldades para a obtenção de edições originais e convenientes. A seu ver, retraduzir os textos do espanhol, como estava sendo feito, não dava resultados satisfatórios. Havia pouco tempo que a Brasiliense entrara em contato com "bons editores europeus", em que se podia confiar[108]...

O interessante é que Evaldo considerava a CNOP (à qual estivera ligado) "o grupo mais honesto, mais decidido, mais abnegado, mais coerente e mais caracteristicamente proletário", ainda que, segundo ele, fosse defensora de uma linha browderista, a qual rejeitava categoricamente (por certo os cnopistas não concordariam com ele). Mas, ainda que aceitasse a sua liderança, considerava a Comissão "revisionista". O camarada carioca se via como um eterno inconformado, um rebelado. E fora acusado pelos dirigentes de ser "um 'marxista dogmático', fossilizado, um atrasado que não queria compreender o 'novo' na situação mundial e nacional. Eles decoravam Earl Browder; eu continuava estudando Marx e Engels". A forma como se davam as disputas internas e a interpretação que militantes e dirigentes faziam de um ou outro grupo interno variavam; as acusações, como se pode perceber, não faltavam e ocorriam em todos os lados[109]...

Três meses depois, Caio Prado Júnior ainda seria convidado pelo amigo argentino Héctor Agosti para ingressar no elenco de redatores permanentes da revista mensal de literatura e cultura geral *Expresión*, da Editorial Problemas (que deveria ser tribuna das inquietações continentais e veículo do melhor pensamento europeu), dirigida por ele, com o apoio de Enrique Amorín, Leopoldo Hurtado, Roberto F. Giusti e Emilio Troise. Agosti pediu inicialmente um ensaio sobre o esquema sociológico do Brasil. Caíto aceitou imediatamente participar do projeto[110].

Além disso, CPJ chegou a comentar, em carta, que estaria trabalhando no segundo volume de *Formação do Brasil contemporâneo*, no qual pensava "explicar a independência e a organização do Estado nacional brasileiro em função das contradições de classe e de setores sociais". Afirmava que, em seguida, discutiria o Império através do mesmo prisma, para então chegar a seu objetivo: o Brasil de sua época, analisado através do último século de sua evolução. "É um grande programa, certamente muito ambicioso. Mas bem ou mal, acredito que chegarei a seu fim. E servirá pelo menos para animar outros a seguirem o mesmo caminho"[111]. Caio, contudo, não publicaria o tão alentado "segundo volume" de sua obra mais importante... Naquele ano, ainda prepararia o prefácio do livro *O escândalo do petróleo e do ferro* (edição de 1946), escrito pelo amigo Monteiro Lobato.

Para completar, decidiu candidatar-se novamente, dessa vez a deputado estadual constituinte. Nas eleições de 19 de janeiro de 1947, finalmente foi eleito, recebendo 5.257 votos, a maior parte dos quais da capital[112]. O PCB, então aliado ao PSP (Partido Social Progressista), ajudou na vitória de Adhemar de Barros para governador de São Paulo, na qual obteve 35% dos votos. Os comunistas, por sua vez, elegeram onze deputados para a Assembleia Legislativa, a terceira maior bancada da casa[113]. Acompanhando o intelectual paulista ingressariam também os pecebistas Armando Mazzo, Catullo Branco, Clóvis de Oliveira Neto, Estocel de Moraes, João Sanches Segura, João Taibo Cadorniga, Lourival Costa Villar, Mautílio Muraro, Milton Cayres de Brito e Roque Trevisan. Os suplentes do PCB Zuleika Alambert, Celestino dos Santos e Mario Schenberg assumiriam, mais tarde, postos naquele Parlamento[114]. A bancada comunista teria como objetivo levar adiante uma pauta elaborada em novembro do ano anterior, o programa intitulado "Uma Constituição democrática e progressista para São Paulo" (publicado no *Hoje*), no qual indicava a discussão de temas como aumento salarial, incentivo à agricultura, reforma de contratos de arrendamento, um crédito agrícola de 3%, defesa da indústria endógena, revisão de contratos de empresas como a *Bond and Share* e *Light*, melhoria dos trens e ferrovias, garantia de empréstimos ou assistência técnica aos municípios por parte do Estado, gratuidade no ensino, melhor remuneração ao professorado, incremento do sistema hospitalar, habitação barata para os trabalhadores, reajuste do funcionalismo público, entre vários outros.

Com a instalação da Constituinte paulista, em 14 de março de 1947, no Palácio das Indústrias, Caio iniciou sua ativa participação parlamentar, apresentando ou subscrevendo 31 emendas ao projeto constitucional, das quais 16 foram rejeitadas em última instância, 2 prejudicadas, 4 aprovadas parcialmente e 9 aceitas plenamente[115]. Nesse período, ele ficou, de acordo com familiares, "afobadíssimo com o cargo e emagrecendo"[116]: afinal, presidiu a comissão responsável pela elaboração do regimento interno da Constituinte e integrou a Comissão Especial de Constituição.

Depois de terminado esse trabalho, ele participou de outras equipes nos labores ordinários da casa, sendo vice-presidente da Comissão Permanente de Constituição e Justiça, da de Regimento Interno, da de Finanças e Orçamento e a de Redação. Tornou-se, por fim, líder da bancada do PCB no Parlamento Estadual[117]. Entre os projetos de lei que propôs naquele momento, destacam-se aqueles que discutiam mudanças na lei orgânica dos municípios paulistas, a criação de uma escola de filosofia, ciências e letras na cidade de Taubaté e o estabelecimento de uma estrutura pública que desse suporte financeiro e institucional à pesquisa científica no estado[118] (a constituição paulista seria promulgada em 9 de julho daquele ano).

Em uma das sessões ordinárias, ele ainda criticaria a "política que os próprios norte-americanos batizaram de 'Big Stick', porque esta era a política do dólar, a política da dominação sobre os povos mais fracos e economicamente débeis de todas as Américas". Mas elogiaria o presidente Franklin Roosevelt, ao mostrar que ele teria sido diferente dos antecessores, ao compreender o papel de seu país e do continente no mundo (que só poderia se realizar "numa base de verdadeira igualdade e também de solidariedade de todos os povos americanos") e a ameaça do fascismo, buscando conjugar forças na luta contra ele. Mas, no momento em que proferia aquelas palavras, os Estados Unidos haviam mudado sua política. Assim, Washington estaria, segundo o historiador, se utilizando dos países sul-americanos "como base de ação política internacional de agressão e domínio imperialista". E continuaria:

> Nós brasileiros, nós americanos em geral, servimos de base a essa expansão norte-americana pelo mundo. Esta é a política do Plano Truman e dos que o acompanham, os quais pretendem levar o Pan-americanismo a servir de base à hegemonia norte-americana, como fora no passado. [...]
> O imperialismo norte-americano não se exerce apenas contra o Brasil, mas tem vistas muito mais largas, sobre todo o mundo. São muito mais interessantes para os Estados Unidos os depósitos de petróleo da Arábia do que todo o café que produzimos ou qualquer outra coisa que venha de nós. O que digo é que os Estados Unidos estão se servindo e servem-se cada vez mais do Brasil e de toda a América como base para expansão americana sobre o mundo.

Em 1947, o historiador também preparou o artigo "Os fundamentos econômicos da revolução brasileira", publicado no Boletim de Discussão dedicado ao IV Congresso do PCB, da *Classe Operária* (convocada pelo pleno ampliado do partido naquele ano, aquela conferência, contudo, só se realizaria em novembro de 1954). Num texto relativamente curto, reforçou suas posições, que podiam ser encontradas já em *Evolução política do Brasil*, mais de uma década antes, assim como em *Formação do Brasil contemporâneo*. Mencionando Marx, Engels e Lenin, mostrou que estes realizaram tarefas teóricas e práticas baseadas na correta análise das circunstâncias históricas em que viviam, mas que isso muitas vezes não ocorria no Brasil. O apego literal ao cânone marxista (e o mau uso dele) impedia uma interpretação consequente da realidade brasileira, muito diferente da europeia. Por isso, Caio Prado Júnior reforçaria a ideia sempre presente da inexistência do "feudalismo" no Brasil, e o caráter da economia brasileira como uma organização destinada a abastecer o comércio internacional, a partir da grande propriedade fundiária de monocultura, explorada em larga escala e pelo trabalho escravo. A substituição do sistema escravista pelo labor juridicamente livre introduziria um elemento desagregador, sem modificar, na essência, a estrutura agrária do país. O imperialismo, mais tarde, acentuaria os aspectos negativos do colonialismo, "criando novos laços que tendem a perpetuar as condições de subordinação e dependência de nossa economia"[119], contribuindo de forma marcante para inserir o Brasil na ordem econômica do mundo moderno, o que teria resultado internamente numa economia primitiva e frágil, que convivia e se subordinava às exigências dos centros desenvolvidos. Seria mister, portanto, que se rompesse com essa lógica e que se cortassem as amarras remanescentes da tradição nefasta herdada do período colonial e, ao mesmo tempo, que se promovessem reformas profundas, rompendo definitivamente com os resquícios da escravidão para que houvesse um regime de trabalho "efetivo e completamente livre", assim como "a reestruturação completa da economia brasileira na base das necessidades efetivas do país e de seus habitantes", ou seja, uma organização feita em função das exigências internas de consumo da população[120]. Isso significava transformar a economia brasileira de colonial em nacional[121] (uma crítica às posições do PCB no IV Congresso seria feita pelo primo de Caíto, Elias Chaves Neto, alguns anos mais tarde, no artigo "Socialismo e emancipação nacional")[122].

Os ecos da Guerra Fria certamente chegavam com força ao Brasil naquele momento. Já em maio de 1947, todas as organizações ligadas à Confederação Geral dos Trabalhadores começaram a ser desarticuladas, a partir do Decreto n. 23.046. Houve uma onda de perseguições aos comunistas (a CGT seria fechada em seguida pelo Ministério do Trabalho, e 147 sindicatos sofreriam intervenção). No dia 7 do mesmo mês, foi declarada a ilegalidade do PCB. De outubro de 1947 a janeiro do ano seguinte, o Senado e a Câmara dos Deputados aprovariam a anulação dos mandatos comunistas em ambas as casas. Sedes do partido foram invadidas e toda a sua documentação foi apreendida pelas forças de segurança. Mais de trezentas células do PCB acabaram fechadas em São Paulo; aproximadamente seiscentas tiveram o mesmo destino no Rio de Janeiro. E o governo Dutra romperia relações com a URSS naquele ano.

Na 108ª Sessão Ordinária da Assembleia Legislativa, em 26 de novembro de 1947, Caio se mostraria indignado com o rumo dos acontecimentos, especialmente com o Projeto de Lei Ivo de Aquino, elaborado pelo peessedista, líder da maioria no Senado, que defendia a cassação dos mandatos parlamentares (que resultaria, em última instância, na promulgação da Lei n. 211, de janeiro de 1948). Em discurso, o historiador apontaria que a decisão da cassação do registro dos partidos (ou seja, do PCB), estaria nas mãos de um tribunal composto de apenas cinco juízes. Esse ato, além disso, também determinaria, automaticamente, a extinção dos mandatos, por maioria simples (em todo o país), o que dissolveria praticamente o Poder Legislativo, tanto federal como estadual: tratar-se-ia, portanto, da negação do princípio da independência dos poderes. O resultado: a perda da autonomia estadual a partir de "uma intervenção indébita de um órgão federal na vida constitucional do Estado". Ele insistiria:

Muito mais grave, srs. deputados, é o aspecto político desse golpe que se pretende desferir contra a nossa Constituição e o nosso regime. É muito mais grave porque subvertendo a ordem constitucional e jurídica do País, abre caminho para todas as demais invasões, para todas as demais violações, permitindo e acelerando assim a marcha progressiva do nosso país para a ditadura franca e declarada, já delineada no horizonte. [...]

Temos assistido a esse grandioso movimento popular que se desencadeou em nosso Estado, em outros pontos do país, levando de vencida a reação e mostrando claramente em que sentido marcha o povo brasileiro, em que campo ele se encontra: no campo da Constituição, no campo da defesa dos princípios constitucionais, do regime democrático, e isso porque o povo sabe muito bem que a cassação de mandatos de seus representantes significa a anulação do Poder Legislativo, a anulação daquele Poder que melhor garante, que melhor representa o povo, e que existe, precisamente, para isso: para defender os interesses populares.

Anulando o Poder Legislativo, sabe muito bem o povo que, desse dia em diante, estarão sem proteção, sem defesa, os seus interesses. O Poder Executivo terá força absoluta, não encontrará mais freio, e levará o País para o regime ditatorial, que se já conhecemos através de um longo sofrimento, que felizmente se encerrou há alguns anos. Precisamos impedir que volte para o Brasil essa situação calamitosa.

Mais tarde, na 135ª Sessão Ordinária, em 7 de janeiro de 1948, Caio Prado Júnior mais uma vez se pronunciaria, denunciando a efetivação da cassação dos mandatos dos vereadores eleitos democraticamente (em alguns casos, membros de "bancadas majoritárias e representando, portanto, a maioria do povo"), fazendo questão de registrar aquela arbitrariedade como "o maior golpe sofrido pela democracia nestes últimos anos", um "atentado" acompanhado "da mais cínica e despuradora ostentação de imoralidade", feito com a conivência da Justiça, jogando, assim, a "toga brasileira" na "lama da mais vil corrupção política registrada em nossos Anais históricos". Seu veredito seria implacável:

> Estamos, definitivamente, num regime policial, num regime em que impera apenas o arbítrio dos detentores do poder, resguardados contra o povo pelos seus mercenários policiais. [...] Mas o povo não deixará de dar a sua resposta a essa situação. O povo oprimido, esmagado e perseguido pela polícia, esse povo não desapareceu e esse povo não se acovardou, porque os nossos tribunais e os nossos juízes se agacharam perante o Executivo, perante as promessas e ameaças de um governo, que não representa a vontade popular. O povo brasileiro, esse não se acovarda e saberá reagir contra esses governos, que não são dignos dele, nem da civilização brasileira.

Caio e seus colegas perderiam o mandato no dia 12 do mesmo mês...

No começo de 1948, alguns dias antes da cassação, a polícia, seguindo a vaga anticomunista que assolava o país, atacou a oficina do jornal *Hoje*, que preparava uma edição comemorativa do aniversário de cinquenta anos de Luiz Carlos Prestes. Joaquim Câmara, Noé Gertel, Estocel de Moraes e os funcionários da gráfica decidiram resistir à investida, que só foi suspensa após a intervenção pessoal de Caio Prado Júnior e Mário Schenberg. Todos os que se encontravam nas instalações acabaram se entregando, sendo encarcerados em seguida e libertados apenas dois meses depois. O *Hoje*, após esse episódio, deixaria de ser editado temporariamente; seu lugar foi ocupado pelo *Popular*, encabeçado por Elias Chaves Neto[123] (o jornal também teria edições apreendidas e seria impedido, em certo momento, de circular). O mesmo ocorreria com outras publicações comunistas, como *Tribuna Popular*, *Folha do Povo*, *O Momento* e *Jornal do Povo*.

A ilegalidade do PCB, de fato, era algo consumado. Embora o partido tivesse entrado com um recurso no Supremo Tribunal da República para reverter a situação, não obteve êxito: seu pedido foi indeferido em abril de 1948.

A experiência parlamentar de Caio Prado Júnior, como se pode perceber, foi curta: o historiador e seus camaradas na Assembleia Legislativa perderam seus mandatos de deputados e, pouco tempo depois, foram presos por quase três meses num batalhão da Força Pública, supostamente por terem violado o Decreto n. 431 (promulgado dez anos antes).

Caio Prado Júnior seguiu para a cadeia no começo de abril, juntamente com Milton Caires de Brito, Mário Schenberg, Mário Sanchez, Taibo Cadorniga, André Mazzo, Celestino dos Santos e Nestor Vera. Elias Chaves Neto logo se uniu ao grupo. Ainda que não tivessem sido acusados formalmente, o motivo para a detenção na prática seria o fato de terem lançado um manifesto de apelo ao povo de São Paulo para a defesa e integridade do estado, ameaçado de intervenção federal. Para as autoridades, Caíto teria feito "propaganda subversiva"[124] (mesmo alguns órgãos da imprensa chamariam aquela declaração de um "Manifesto Comunista"). Vale lembrar que o historiador, junto com camaradas de sua bancada, havia ido às ruas, meses antes, para coletar assinaturas contra as arbitrariedades impostas aos comunistas, e realizado um ato simbólico no Viaduto do Chá. Entre os participantes do protesto, João Taibo Cadorniga, Mário Schenberg e Catullo Branco. O próprio Caio carregaria um grande cartaz com a mensagem: "Redobremos nossos esforços na defesa da constituição contra a cassação dos mandatos". O historiador falava com o povo nas praças, discursava, se misturava com os populares, militava pela democracia e pelos direitos de seu partido. Era, certamente, um incômodo aos poderosos. O resultado desse ativismo seria a prisão...

Os homens ficaram os primeiros oito dias incomunicáveis, em péssimas condições: todos os nove num único quarto, pequeno e mal arejado, parcamente iluminado e com pouco espaço para movimentações[125]. Caíto acreditava que a situação do país poderia evoluir rapidamente para o uso da força física, de parte a parte. Uma ação resoluta e firme contra as arbitrariedades do governo Dutra seria fundamental, caso contrário "o caminho da violência se tornará o único possível"[126]. O historiador seria incisivo:

> Vejo que se desenha pela frente da nossa evolução. Este povo brasileiro a que pertenço, que aprendi a amar, e a quem dediquei toda minha vida, pensamento e ação. E revolta-me imaginar os sofrimentos que o esperam, mais graves ainda que aqueles hoje suportados; e sofrimentos impostos por interesses que não são positivamente os seus. [...] Teoricamente eu deveria considerar-me aqui um utopista. Infelizmente a história nos mostra como são inexoráveis e sem tréguas as lutas de classes – e é nisso que nos encontramos.[127]

Um dia depois dessas declarações, em maio, um grupo de intelectuais ainda publicou na imprensa um abaixo-assinado pedindo a libertação do historiador. Num comunicado "sem caráter político-partidário", protestavam contra "a detenção ilegal e arbitrária" de Caio Prado Júnior, preso sem culpa formada, e insistiam que não ele havia praticado nenhum crime, apenas usado seu "direito de livre manifestação do pensamento"[128]. Assinavam o documento Monteiro Lobato, Aparício Torelly (Barão de Itararé), Paulo Zingg, Mario da Silva Brito, Antonio Candido, Decio de Almeida Prado, Hernani Ferreira, Sérgio Buarque de Holanda, Sérgio Milliet da Costa e Silva, Lourival Gomes Machado, Plinio Gomes de Melo, Paulo Mendes de Almeida, José Geraldo Vieira, Enzo Luiz Nico, João Cruz Costa, Jamil Almansur Haddad, Antonio D'Elia, Lourdes Santos Machado, Adelnora de Sá, Rossine Camargo Guarnieri e Edgard Cavalheiro[129]. No final daquele mês, em audiência diante do juiz Cruz Martins, Caio ainda acusaria as autoridades "pela ação ilegal praticada contra o depoente", afirmando que sua prisão havia sido motivada por motivos políticos. A indignação do historiador não poderia ser maior...

Para que pudessem sair daquelas condições, seria fundamental a denúncia pública do episódio. A esposa de CPJ, Nena, correria atrás de apoios. Escreveu para Frontini, pedindo que tentasse fazer repercutir o ocorrido na Argentina e estimulasse os artistas e intelectuais rio-platenses a preparar telegramas e cartas que ressoassem no Brasil. Logo depois, ela solicitou ajuda ao amigo Afonso Arinos, que ficara revoltado com a prisão do colega. Em discurso na Câmara, protestou contra aquelas arbitrariedades e leu uma proclamação redigida pela ABDE, mencionando o caso de Caio Prado Júnior e os outros detidos (também membros da entidade). Arinos planejava se encontrar com o senador Aloísio Carvalho, da UDN baiana (professor de direito penal), e com o próprio ministro da Justiça, para averiguações[130]. O deputado Lino Machado, por sua vez, também defendeu os parlamentares comunistas encarcerados, o que chamou bastante a atenção e obrigou a polícia a se dirigir ao juiz da 2ª Vara de São Paulo, Elias Cruz Martins, para que assinasse o pedido de prisão preventiva, que até então não fora efetuado[131]. Isso aconteceu somente 53 dias após a detenção do grupo! A atuação de amigos como Arinos e Machado, portanto, certamente pressionou as autoridades e deu visibilidade ao caso dos parlamentares.

Durante o tempo no xadrez, as únicas distrações de Caíto e seus camaradas eram escutar o *Repórter Esso* e jogar vôlei no pátio interno[132]. O tempo passava lentamente... Mas, a partir do empenho dos advogados Rio Branco Paranhos e João Bernandes da Silva, em 17 de junho eles seriam finalmente libertados, abandonando o quartel da I Companhia Independente da Força Pública naquela mesma noite (ainda assim, somente em 1952, ou seja, quatro anos mais tarde, é que a Justiça, através de parecer do promotor público José Barros Bernardes, da 2ª Vara Criminal, considerou aquela ação penal improcedente).

Ao sair da prisão, o historiador imediatamente viajou para o Triângulo Mineiro e Goiás. E foi um dos fundadores da *Fundamentos*, "revista de cultura moderna", também ligada ao partido, publicação que teve em seu comitê editorial, além do próprio Caio Prado Júnior, Afonso Schmidt, Artur Neves, J. E. Fernandes e Ruy Barbosa Cardoso[133].

Pouco depois, em virtude do falecimento de seu amigo Monteiro Lobato, "batalhador incansável em todas as causas em que se jogaram interesses de nosso país", escreveria um obituário emocionado em sua homenagem no mesmo periódico. Mas seu artigo iria mais longe: destacaria o que o escritor tinha de mais precioso, "o exemplo magnífico de uma inflexibilidade de ação e pensamento que encontra muito poucos paralelos", para atacar a atitude dos intelectuais de sua época, vários dos quais descritos como "múmias", que haviam transigido e se acomodado financeiramente, feito concessões e "arranjos". Eram talentos e inteligências esterelizados pela preocupação de resguardar pequeninos interesses e miúdas ambições. Alguns até haviam passado para o campo da traição dos interesses brasileiros, sua capitulação tomando a forma de dissimulação. Encerrados numa torre de marfim, não lhes chegava o vozerio das ruas... Só divagavam em torno de temas literários e estéticos, ou esdrúxulos problemas filosóficos. Em nome do pensamento puro, fugiam do concreto e se mantinham nos domínios das teses e abstrações. O oposto do que acreditava e defendia o autor de *URSS, um novo mundo*. Para Caio Prado Júnior, portanto, Monteiro Lobato era um exemplo a ser lembrado por todos[134]...

Em relação à *Fundamentos*, Caíto levou a sério sua nova tarefa editorial. No começo de 1949, escreveu para vários colegas com o intuito de convidá-los para também fazer parte da Comissão de Redação, dentre os quais se encontravam

Graciliano Ramos[135], Astrojildo Pereira[136], Edison Carneiro[137] e Arthur Ramos[138]. Todos, sentindo-se honrados, aceitaram, com exceção de L. A. Costa Pinto[139] e Érico Veríssimo[140]. O escritor gaúcho diria:

> seu convite muito me desvanece, mas ao mesmo tempo me coloca numa posição desagradável, que é a de dizer não a um homem que admiro e respeito. Eu poderia fazer alguns rodeios a fim de não lhe dizer os motivos de minha recusa, porém acho melhor falar claro. *Fundamentos* quer reunir as figuras representativas do pensamento progressista brasileiro. A ideia é ótima em princípio, mas acontece que *progressista* é uma palavra meio dúbia e ultimamente vem servindo para designar todo o cidadão que ameaça Washington com o punho cerrado da mão direita ao mesmo passo que acaricia Moscou com os dedos da esquerda. Em última análise: é todo aquele que grita contra o imperialismo *yankee* mas faz vista grossa ante a ditadura comunista, que suprime a liberdade de palavra, de culto, de pesquisa científica e de criação artística. Ora, tenho todos os motivos para crer que *Fundamentos* não se afastará um milímetro da velha linha justa.[141]

Elias Chaves Neto acabou se tornando secretário editorial da comissão[142] (porém mais tarde deixou o cargo por não receber seu salário)[143]. Também integraram o conselho Annibal M. Machado, Aparício Torelly, Candido Portinari, Clóvis Graciano, Galeão Coutinho, João Batista Vilanova Artigas, Leo Ribeiro de Moraes, Mário Schenberg, Moacir Werneck de Castro, Oscar Niemeyer, Samuel Pessoa e Sérgio Buarque de Holanda. Naquele mesmo ano, Astrojildo, na qualidade de representante, no Brasil, da Agência Literária B. J. Buber, de Paris, ainda sugeriria a publicação de *História econômica do Brasil* na França (ele também pretendia lançar traduções de algumas obras de Monteiro Lobato por lá)[144].

Com o fim da Segunda Guerra Mundial e o início da Guerra Fria, a configuração europeia (especialmente na Europa Oriental e nos Bálcãs) e a organização do mundo do socialismo estavam entre as preocupações de artistas e intelectuais progressistas de todos os continentes. Era o momento em que o Cominform, constituído em 1947, esforçava-se para firmar-se internacionalmente. Em 1948, após a cisão entre a Iugoslávia de Tito e a URSS de Stalin, a sede do Bureau Comunista de Informação foi transferida de Belgrado para Bucareste. Além disso, em 1949, a revolução liderada por Mao Tsé-tung triunfou na China. Mas o cerco ocidental se apertava, em especial com a Doutrina Truman e o Plano Marshall. Um período de ebulição. Contudo, a filha de Caio Prado Júnior, Danda, faria uma avaliação mais favorável naquele momento, em particular com relação ao progenitor: "a situação politicamente em relação à cor vermelha parece calma... Outro dia saiu no jornal a lista de pessoas que deviam ser presas, caso houvesse guerra. Todo mundo menos papai"[145].

Caio certamente queria estar próximo dos debates no mundo socialista e apoiar os esforços para garantir a sobrevivência das novas "democracias populares". Assim, entre os dias 20 e 25 de abril de 1949, participou do Congresso da Paz, na Salle Pleyel, em Paris (a maior sala de concertos da cidade), no qual também estiveram presentes amigos como Mário Schenberg, Jacob Bazarian, Jorge Amado e Carlos Scliar[146], entre os 1.784 delegados de 72 países enviados ao evento. Como 384 delegados haviam sido barrados pelo governo francês por motivos políticos (eram considerados "subversivos"), eles se reuniram em Praga. As duas conferências ocorreriam simultaneamente.

No mês anterior, Caíto usara a palavra no ato público para a instalação e posse da Comissão Executiva Provisória do Congresso da Paz (realizado em 19 de março na Biblioteca Municipal, em São Paulo) e dois dias depois se tornou membro da Assembleia para a Defesa da Paz, da qual seria terceiro-secretário[147]. Era uma das pessoas indicadas para representar o país (e o PCB) na França. O evento, presidido por Frédéric Joliot-Curie (com Alexander Fadeyev como membro do grupo organizador), contou com a presença de figuras emblemáticas como Pablo Neruda, P. N. Fedoseyev, Langston Hughes, Paul Robeson, W. E. B. Du Bois, Charlie Chaplin, Louis Aragon, Paul Éluard, Aimé Césaire, Paul Rivet, Guy de Boisson, Howard Fast, Mikhail Sholokhov, Konstantin Fedeiev, Ilya Ehrenburg, Dimitri Shostakovich, Diego Rivera, Luis Seoane, Alfredo Varela, Nicolás Guillén e Juan Marinello, entre outros[148]. O Congresso ficaria conhecido por popularizar em seu cartaz a famosa pomba branca (*La Colombe*) desenhada por Pablo Picasso. E, nele, Caio Prado Júnior seria um dos oradores. Após o discurso para um auditório lotado, faria uma viagem de dois meses para além da "Cortina de Ferro", primeiro para a Tchecoslováquia e, em seguida, para a Polônia (onde estivera rapidamente dezesseis anos antes). Essa viagem resultaria num artigo em duas partes publicado na revista *Fundamentos*[149].

Não custa mencionar que Caio vinha acompanhando o desenvolvimento político naqueles dois países por intermédio da imprensa, inclusive a de seu próprio partido. Só a revista *Problemas* já havia publicado, até então, textos de H. Lomsky, Edvard Kardelj, Wladyslaw Gomulka e Rudolf Slánsky, entre outros. Isso para não falar dos livros que comprava para se atualizar sobre ambas as nações do novo bloco socialista que se constituía, autores como Pierre George, Josef Polisenký e Zdenek Nejedlý (o escritor Jorge Amado também iria para esses dois países mais ou menos no mesmo período, além de URSS, Hungria e Bulgária, viagens que resultaram no livro *O mundo da paz*, escrito, segundo ele, como homenagem ao camarada Stalin, "sábio dirigente dos povos do mundo na luta pela felicidade do homem sobre a Terra")[150].

À Tchecoslováquia Caio Prado Júnior foi acompanhado da esposa, Nena, e do amigo argentino Benito Marianetti, que participara da delegação de seu país na Conferência de Paris[151]. Na continuação da jornada, separou-se do dirigente do PCA de Mendoza e seguiu para Varsóvia apenas com a mulher. Ambos os países impressionaram CPJ de maneira extremamente favorável.

A primeira sensação que teve desses lugares foi de surpresa. Afinal, o contraste com o quadro supostamente enganoso apresentado pela imprensa ocidental era gritante. Ele percebeu uma diferença enorme entre o retrato divulgado por jornalistas nas nações capitalistas ("propaganda imperialista", segundo ele) e a realidade que via a sua frente. Preparou várias notas de viagem e não resistiu a fazer comparações. Seu objetivo seria apresentar, mais tarde, um relatório, em simples apontamentos, colhidos no calor dos acontecimentos e que ofereceriam "um testemunho espontâneo, fiel e objetivo"[152]. Como sempre, conversaria com cidadãos locais (comerciantes, motoristas de praça, operários, camponeses), examinaria documentos e ainda teria tempo de ir a sessões de cinema[153].

Enquanto esteve em Paris, o que mais viu foram policiais nas ruas. Quando o povo se organizava para protestar, era reprimido pela força pública, armada com carros de assalto e metralhadoras, em cenas "tipicamente" brasileiras, reproduzidas na Europa. Ele teria ficado "chocado" com aquilo. Já na Tchecoslováquia, só presenciou "pacíficos e inofensivos inspetores de tráfico", assim como "as sentinelas sonolentas e despreocupadas de uns raros edifícios públicos"[154].

Isso não significa, contudo, que o povo fosse alienado ou passivo. Pelo contrário. A população, extremamente politizada, estava acostumada a se reunir em assembleias para se manifestar. Mas, para "conter" essas pessoas, "nem um único guarda, uma única farda de soldado ou policial em serviço, e nem um canivete como arma"[155]. O que fazia os cidadãos respeitarem a ordem e as instituições era o "amor" que teriam por elas...

Caíto também se impressionou com o aspecto "despreocupado e sorridente" da população de Tchecoslováquia e Polônia. Para ele, os europeus ocidentais andavam tristes, angustiados, desassossegados, de rosto contraído e aparentemente sem perspectivas. Até mesmo o grande vinho francês estaria misturado com as bebidas importadas pelo Plano Marshall... Já tchecos e poloneses, que haviam sofrido com a guerra muito mais do que os franceses, pareciam ter esquecido o sofrimento e viviam em imensa alegria. A indústria se desenvolvia, a produção aumentava, a riqueza era distribuída. Em Varsóvia, encontrava-se gente "feliz", que trabalhava satisfeita na remoção das ruínas deixadas pela guerra para construir o socialismo. A Tchecoslováquia, por seu lado, tinha um povo que vivia "na abastança, bem alimentado, trajado e abrigado, tanto na cidade como no campo: e sobretudo, que olha para a frente, que enxerga um futuro de bem-estar material e moral perfeitamente assegurado"[156]. Ao retornar à França, escreveu uma carta para a mãe, em 14 de junho de 1949, expressando todo seu entusiasmo pelos dois países:

> De volta a Paris, escrevo a prometida carta que não foi possível na agitação em que vivi até agora. Para aproveitar bem a viagem a Tchecoslováquia e Polônia, não parei um instante, senão para ler e completar as observações diretas. E não foi tempo perdido, aprendi muito e gostei ainda mais. Não falta aliás o que aprender nesses países; como se constrói um novo mundo. E é o que estão fazendo lá. Não se trata apenas de melhorar materialmente a sorte de cada um e de todos, mas também, moralmente, de criar uma sociedade melhor, em que os homens não sejam inimigos uns dos outros, mas vivam em harmonia e trabalhando em conjunto para a felicidade de todos.[157]

Caio Prado Júnior manteria contato esporádico com intelectuais e editores tchecos e poloneses ao longo dos anos. Ele se corresponderia com seus colegas Zdenek Kourim (que muito apreciava sua obra filosófica) e Zdenek Hampejs, tradutor e professor que se dedicava à filologia romântica em Praga, para o qual enviou diversos livros de literatura brasileira[158] (este último chegaria a colaborar, mais tarde, com a *Revista Brasiliense*)[159]. Seria convidado (como era costume no caso de legações de algumas nações socialistas) para participar de recepções na residência de Jerzy Grudzinski, cônsul da Polônia em São Paulo[160]. E tentaria publicar seu *Evolução política do Brasil* naquele país, por intermédio do correspondente Stanislaw Kalina, sem sucesso[161].

A relação com o movimento mundial da paz continuaria. Por isso, em agosto daquele ano, ele seria um dos delegados paulistas no Congresso Regional da Paz em Porto Alegre[162]; em outubro, faria parte da diretoria provisória da Liga de Defesa da Constituição, no Centro do Professorado Paulista (para debater a Lei de Imprensa e Segurança)[163]; e, no ano seguinte, seria membro da comitiva de seu estado para o Conclave da Paz e Liberdade, que tomaria parte no Congresso Brasileiro de Escritores na Bahia[164] (dez anos mais tarde, ele discursaria no décimo aniversário da fundação do Movimento Mundial da Paz, na sede da Associação Brasileira de Imprensa, no Rio de Janeiro)[165].

6
A BATALHA DAS IDEIAS

A década de 1950 foi um período em que Caio Prado Júnior deixou de focar sobretudo os estudos históricos para se dedicar cada vez mais à filosofia (recordemos aqui seus livros *Dialética do conhecimento*, de 1952, e *Notas introdutórias à lógica dialética*, de 1959), à economia e economia política (ver *Diretrizes para uma política econômica brasileira*, de 1954, *Esboço dos fundamentos da teoria econômica*, de 1957, e o artigo "A economia marxista", de 1959), aos textos de intervenção conjuntural e à questão agrária. Foi quando criou a Gráfica Urupês e a *Revista Brasiliense*. Naquele decênio, não publicou nenhum livro inédito de história, ainda que lançasse uma nova edição de sua primeira obra, em 1953 (com título modificado de *Evolução política do Brasil e outros estudos*), e reimpressões de *História econômica do Brasil* e de *Formação do Brasil contemporâneo*.

Mas a militância em prol das causas progressistas continuou. Assim como a perseguição policial. Afinal, já em 18 de janeiro de 1950 foi indiciado no inquérito instaurado pela Delegacia de Ordem Social contra o Comitê Paulista de Convocação do Congresso Continental Americano pela Paz e Democracia[1]. E em fevereiro tornou-se membro da nova diretoria da Liga de Defesa da Constituição[2].

Além disso, em 6 de março, vários comunistas (entre os quais Wilson Gurgel do Amaral, Elias Chaves Neto, Rondon Goulart, Ana de Andrade e Trindade Garcia) foram presos pela polícia paulista. Por causa desse fato, três dias depois, Caíto visitou a Assembleia Legislativa, acompanhado de Álvaro de Faria, Catullo Branco e um grupo de trinta militantes (a maioria, membros da Federação das Mulheres do Estado de São Paulo), para discutir com políticos da UDN e do PTB a situação em que se encontravam os camaradas encarcerados. Conversaram demoradamente com os deputados Porfírio da Paz, Cunha Lima e Castro Neves, que leu uma moção de protesto contra a ação policial. No dia seguinte, o historiador, dessa vez com Gilberto de Andrada e Silva e Catullo Branco, passou na redação da *Folha da Tarde* para pedir que o jornal divulgasse o que estava ocorrendo com os detidos (segundo ele, mais de cem homens e mulheres, inclusive uma menor de idade). Sentiam-se indignados com a atitude do corregedor de polícia, Soares de Melo, que prejudicava os *habeas corpus*, informando que todos haviam sido liberados. Na realidade, não dizia a verdade. Os meganhas, na prática, largaram muitos dos "grampeados" à beira de ferrovias ou em bairros longínquos. Elias Chaves Neto, por exemplo, foi abandonado junto da Sorocabana, perto de Paraguaçu, "maltrapilho e sem dinheiro". Caíto e os colegas pediram que os periodistas registrassem seu protesto contra as arbitrariedades policiais[3].

Poucos meses mais tarde, as pelejas foram na ABDE. Segundo a polícia política, uma "manobra comunista" da seção central da entidade, no Rio de Janeiro, presidida por Álvaro Moreyra, tentou intervir na homóloga paulista, exigindo que se passasse sua direção para José Geraldo Vieira, Caio Prado Júnior e Rossine Camargo Guarnieri. Como a deliberação foi repudiada, os cariocas decidiram desligar a seção de São Paulo do organismo central, estimulando os "vermelhos" a utilizar uma tática diversionária para reorganizar a associação, o que ocorreria na sede do Sindicato dos Jornalistas. A nova diretoria eleita seria composta por Galeão Coutinho (presidente), Afonso Schmidt (vice-presidente), Rossine Camargo Guarnieri (secretário-geral), Ciro Tassara de Pádua (primeiro-secretário), Abguar Bastos (segundo-secretário), Antonieta Dias de Morais Silva (tesoureira) e Caio Prado Júnior (juntamente com outros quatro colegas) no Conselho Fiscal da entidade, além de dez membros da Comissão do Interior[4]. Para o escritor Dênis de Moraes, naquele ano, a ABDE, controlada pelos pecebistas, perdera seu dinamismo e sua representatividade[5].

O fato é que, desde o início da década, o historiador mantinha atividades de apoio ao PCB, chegando até mesmo a organizar, em 1950, uma festa junina, considerada por um infiltrado da polícia uma celebração "puramente comunista, com finalidade de angariar fundos para o Partido"[6].

Caio também se reuniu na sede do *Hoje* com outros membros do PCB para elaborar medidas de propaganda e agitação contra a guerra da Coreia[7] e esteve presente como orador num ato público no Clube Pinheiros, organizado pelo Movimento Israelita Paulista contra o Racismo e o Antissemitismo, para prestar solidariedade à colônia judaica e a "personalidades democráticas" brasileiras do Distrito Federal, em sua campanha pela extradição "do assassino nazi" Herberts Cukurs[8], e aos alunos expulsos da Universidade Católica[9]. A diretoria do clube proibiu o ato, apesar da aglomeração diante de suas portas, e o comício teve de ser realizado do lado de fora. Depois, todos os presentes se dirigiram à redação dos *Diários Associados*, onde David Rosemberg discursou.

O ativismo continuaria, desde a participação em diversas atividades na sede da Cruzada Humanitária pela Proibição das Armas Atômicas, seção de São Paulo, junto com Jorge Amado, até o ato público pela libertação de Elisa Branco.

Naquele período, Caíto, identificado essencialmente como um historiador, foi contatado, em 1950, pela Editorial Losada, da Argentina, que pedia uma "valiosa colaboração" para uma *História americana* que estava preparando. Os editores bonaerenses requisitavam que ele elaborasse três breves capítulos referentes à história do Brasil, do começo do século XIX até a contemporaneidade, para um público geral[10]. No ano seguinte, os alunos do curso pré-normal do Colégio João Gomes de Araújo, de Pindamonhangaba, encarregados pela professora de história da civilização, escolheriam-no como patrono, por ser "uma autoridade para a nossa matéria"[11]. E ele ainda foi incumbido pelo amigo Norberto Frontini de recepcionar o escritor, poeta e crítico de arte espanhol Enrique Azcoaga, que viajava no navio *Yapeyú* para a Argentina, em outubro de 1951. Astrojildo Pereira, Candido Portinari e Graciliano Ramos haviam se comprometido com Frontini a esperar o colega ibérico quando este desembarcasse no Rio de Janeiro. O advogado portenho pedia que CPJ fizesse o mesmo, ou seja, que o procurasse no porto de Santos e, se pudesse, que o apresentasse a Clóvis Graciano[12]. A relação de Frontini com artistas e intelectuais pecebistas sempre foi estreita, especialmente com Caíto, que continuava se empenhando, na medida do possível, em suas atividades políticas. Mas outras áreas (especialmente do conhecimento) começariam a ganhar mais espaço em seu quadro de interesses. A filosofia e a questão agrária estariam entre elas.

A obra filosófica de Caio Prado Júnior teve uma acolhida irregular na época. De um lado, seu *Dialética do conhecimento* recebeu ataques pungentes de parte da crítica na imprensa escrita. Paulo de Castro, na *Tribuna da Imprensa*, considerou o livro apenas uma "compilação" do que os comunistas russos e ocidentais haviam escrito e sugerido sobre o assunto. Em outras palavras, uma deturpação sectária da história da ciência, da epistemologia e da gnoseologia, para dar voz à "doutrina" do materialismo dialético e "fazer passar por método científico o instrumento ideológico de sua luta partidária". Para ele, as teses fundamentais de Caio Prado Júnior, que escrevia "sempre com paixão partidária", poderiam ser encontradas nas *Obras filosóficas* e na *Miséria da filosofia*, de Karl Marx, no *Materialismo histórico*, de Bukharin, no *Materialismo y empiriocriticismo* e *Cadernos sobre a dialética de Hegel*, de Lenin, e em textos de Lukács, Sandor, Lefebvre, Guterman, Gramsci, Max Raphael, Mineur, Laberenne, Wallon, Maublanc, Parain, Prenant, assim como Cuvillier, Charletey e Mathieu. O historiador teria trabalhado essas obras sem muita originalidade, fazendo "apenas repetições, com uma ou outra nota pessoal". O crítico concluía que aquele não era nada mais que um panfleto produzido para efeito de divulgação de uma linha doutrinária e dinamização da frente ideológica do PC: "o seu fim, a nosso ver, não foi apresentar um trabalho de especulação filosófica e científica, mas fornecer uma arma de combate ao partido stalinista..."[13].

Um tom ainda mais agressivo foi utilizado por Oswald de Andrade para atacar o livro. O escritor achava que Caio Prado Júnior, "tendo deixado o terreno da Sociologia e da História, investiu contra a Filosofia", já que, "raivoso de não ter conseguido naqueles setores mais do que uma primária dos princípios básicos de Carlos Marx à nossa existência cronológica, entendeu que era mais fácil enveredar pelo terreno pouco acessível da Epistemologia". Para Oswald, os "marxistas-leninistas" eram "obtusos e agressivos como os cães danados na defesa idealista de suas convicções. E Caíto aqui no Brasil, segue-os de rabo abanando". Terminaria sua resenha pouco sofisticada sem nenhuma análise sobre o assunto:

> Caíto, que não percebeu isso, por ignorância ou má-fé, publicou agora dois grossos volumes intitulados *Dialética do conhecimento*, onde cita todos os antigos generais da Matemática como também os modernos pilotos da Logística, numa confusão que em vez de impressionar, dá dó.
> Fica-se admirado de ver como uma obra tão alta, tão sutil, tão cara e sobretudo tão besta, conseguiu ser editada no Brasil. Mas tudo se explica. Caíto é editor de si mesmo.[14]

Brito Viana, em artigo em *A Gazeta*, por sua vez, concluiu que "a prática comunista demonstra que os seus teóricos estão em desacordo com a realidade"[15]. E mesmo o amigo Sérgio Buarque de Holanda foi duro com o autor de *Dialética do conhecimento*. Numa resenha em duas partes para o *Diário Carioca*, ainda que mostrasse seu apreço pelos trabalhos de CPJ como historiador, dava a entender que a obra filosófica do colega não tinha a mesma qualidade. O leitor, nesse caso, poderia ter sérios motivos para decepção. Sua linguagem seria, para Sérgio Buarque, "sobranceira e agreste", e aquele que se indignasse com os chamados "solecismos" faria bem em não abrir o livro. Afinal, o intelectual paulista teria uma atitude polêmica, que simplificaria até a caricatura as teorias adversas para melhor contrariá-las. Além das insuficiências e até de erros de expressão (ou seja, gramaticais), o trabalho denotaria um fervor teórico incapaz de expandir-se num meio em que não encontrasse, de antemão, a mesma "elevada temperatura". Ou seja, pregava para os convertidos. O autor de *Raízes do Brasil* também identificava em Caio Prado Júnior uma tradição que remontaria a Engels e sua luta contra Dühring e, mais tarde, a Lenin contra os discípulos russos e alemães do empiriocriticismo. Agora seria a vez de Caio voltar-se contra as mesmas filosofias representadas, em sua forma extrema, nas ideias do "circuito de Viena" e do moderno fisicismo[16]. Na segunda parte de seu texto, Sérgio Buarque de Holanda admite, contudo, que o colega revelava uma audácia e uma coerência que muitas vezes faltavam, no mesmo grau, a outros marxistas[17].

Mas Caio também recebeu elogios. O *Diário de S. Paulo* chegou até mesmo a dizer que aquela era "obra para marcar época entre nós" e que "o aparecimento de *Dialética do conhecimento* vem assinalar o maior acontecimento literário e editorial já registrado no país"[18]. O amigo Pinto Ferreira, por seu lado, comentou que aquele era "o mais profundo livro de filosofia geral já publicado no Brasil"[19]. E Jacob Bazarian, anos mais tarde, indicou a possibilidade de publicar a obra na União Soviética, já que, "não obstante os erros e insuficiências nela contidos [...] é um livro marxista e o melhor que se publicou até agora sobre o assunto por um autor latino-americano", afinal "atualmente se dá grande importância na URSS aos problemas referentes à lógica dialética. Há uma grande discussão a respeito"[20].

Não só isso: *Dialética do conhecimento* foi um dos ganhadores do Prêmio Horácio Lafer, do Instituto Brasileiro de Filosofia, em 1952, o primeiro galardão para obras desse tipo instituído no país, patrocinado pelo então ministro da Fazenda e vice-presidente do IBF, que deu seu nome à distinção. Foram inscritos trabalhos já publicados e inéditos. Além de Caio Prado Júnior, participavam, A. L. Machado Neto, com *Sociologia do conhecimento*, Romano Galeffi, com seu *A filosofia de Emmanuel Kant*, Paulo Cretella Sobrinho, apresentando *Interpretação filosófica da delimitação do objeto das ciências*, Euryalo Cannabrava, *Sobre a natureza da filosofia, introdução do método filosófico*, Benedito Mota, *Uma trajetória do idealismo germânico: da dialética hegeliana pela dialética marxista a um ateísmo absoluto*, Nelly de Freitas Garcia, *Ensaio de filosofia*, José Custódio Soares, *Epitome de filosofia*, e Ewald Behrmann, *Será possível uma psicotipologia dedutiva*. No dia 2 de julho, foram escolhidos, de acordo com o Artigo 7 do regulamento, os membros efetivos da comissão julgadora: Miguel Reale (presidente), Candido Motta Filho, Hélio Jaguaribe, Heraldo Barbuy e Paulo Edmur de Souza Queirós, e os suplentes Roland Corbisier e Teófilo Siqueira Cavalcanti. Só seriam avaliadas obras produzidas nos anos de 1951 e 1952. E o prazo para julgamento era o dia 30 de setembro daquele ano[21].

Caio Prado Júnior saiu vitorioso, recebendo 15 mil cruzeiros de premiação. Mais dois trabalhos foram premiados: o de Euryalo Cannabrava, agraciado com o mesmo montante, e o estudo inédito de Romano Galeffi, com 10 mil cruzeiros. Além deles, foram contemplados com a menção honrosa e mil cruzeiros Paulo Cretella Sobrinho e A. L. Machado Neto. A decisão do júri, aferida por Miguel Reale, Candido Motta Filho, Heraldo Barbuy, Roland Corbisier e Teófilo Cavalcanti Filho, foi deliberada em 21 de dezembro de 1952 e aprovada num parecer da diretoria da instituição, em reunião realizada no dia 25 do mês anterior[22].

Sentindo-se ofendido com o resultado, Cannabrava contestou a decisão, enviando uma carta à comissão para que explicasse os motivos pelos quais não haviam sido publicadas as "excelências ímpares" de sua obra. Para ele, *Dialética do conhecimento* estava "recheada de erros palmares em matéria científica e somente poderia ser premiado por julgadores que consideram os mais grosseiros vícios de interpretação no domínio da Matemática e da Física"[23]. Além disso, ainda disse que Miguel Reale havia pedido encarecidamente para que ele se inscrevesse no concurso, caso contrário "seria impossível evitar que o sr. Caio Prado Júnior obtivesse o prêmio com uma obra abaixo da crítica, dada a inferioridade dos outros concorrentes". Em conversa com o futuro participante, Reale teria até mesmo lido em voz alta trechos inteiros do livro de CPJ em seu escritório de advogado, enquanto dava "gostosas e indiscretas gargalhadas"[24]. O fato é que o historiador paulista venceu o certame, apesar de todos os comentários desfavoráveis.

O livro também teve ressonância entre o grande público, recebendo, no espaço de pouco mais de uma década, quatro edições sucessivas, ainda que, de acordo com Leôncio Basbaum, fosse condenado pelo Comitê Central do PCB, antes mesmo de ter sido lido[25]! E não só pelos comunistas brasileiros. Caíto recebeu algumas cartas do amigo e dirigente do PCA, Benito Marianetti, dizendo que o trabalho fora mal acolhido pelos camaradas argentinos, já que algumas de suas apreciações, do ponto de vista partidário, seriam "inadmissíveis"[26]. Mas as ressalvas (rasas, por sinal) somente se referiam à forma como Caio havia retratado Engels e suas ideias, ou seja, por ele ter sugerido que o "segundo violino" havia formulado de maneira "infeliz" sua abordagem sobre a dinâmica das leis da dialética como fatos imanentes ao meio natural. E que isso, em consequência, representava uma "retificação" a Stalin e à própria história do bolchevismo, assim como a toda a literatura "responsável" que havia sido elaborada sobre o tema. Caio Prado Júnior, portanto, deveria ter submetido suas conclusões ao partido. Afinal, um militante não poderia (ainda que fosse uma figura de prestígio) falar por conta própria, em atitude pessoal, e promover uma polêmica nas fileiras comunistas, que deveriam constituir "um férreo bloco, monolítico e sem fissuras"! O colega argentino completava: "do ponto de vista da disciplina partidária, não está bem sua atitude"[27]. Uma crítica dura, mesmo que Caio tivesse dito, logo na primeira página do tomo I, que a *História do Partido Comunista (bolchevique)*, a edição oficial do PCUS, publicada em 1938, seria "a fonte sem dúvida mais atual e autorizada na matéria, ao expor os princípios da Dialética, a opõe expressamente à Metafísica, como um modo ou método diferente e próprio de encarar a Natureza e o Universo em geral e suas feições"[28]!

É claro que o intelectual paulista não mudou o texto e se manteve firme em sua defesa ao longo dos anos. Nele, assim como em *Formação do Brasil contemporâneo*, preocupou-se em discutir o *sentido* de seu objeto de estudo, fosse no processo histórico brasileiro, fosse em sua conceituação do termo e suas implicações dialéticas dentro da filosofia. Na avaliação de Jorge Grespan da elaboração caiopradiana, "as coisas e os eventos individuais não o são por si mesmos, mas como resultado de 'relações' que, quando se dão 'no tempo', 'se denominam processos'. A natureza já é processual". E completa: "Assim, o método dialético seria a identificação de relações reais pelo sujeito do conhecimento, relações em que os fatos são produzidos, desdobrando no tempo a individuação dos eventos"[29]. Dessa forma, constata-se que a história (tanto a humana como a "natural") não tem caráter cíclico, mas sim *processual*, aquele que produz ou introduz constantemente, em cada fase ou momento, o "novo". As "relações", portanto, são o ponto de partida da dialética, em que a contradição enfatizará situações particulares que se articularão dentro de uma temporalidade específica, um "tempo histórico" concreto. O desenvolvimento surge dentro do próprio processo de "destruição" do momento histórico anterior. A transformação "permanente" e a "mutabilidade" são conceitos articuladores das mudanças sugeridas na visão dialética de Caio Prado Júnior. Na verdade, o intelectual paulista, ao transpor sua conceituação filosófica de "sentido" para o meio material e histórico, mostrará a importância de que "a *norma de ação* exprima de um lado mais adequadamente o dinamismo histórico-social do momento a que se aplica e doutro apresente dentro desse dinamismo e seu sentido a perspectiva mais favorável e conveniente aos indivíduos a que ela se dirige"[30]. Daí a grande importância da "interpretação histórica" e da determinação que esta dará ao sentido da *ação* dos homens.

Dialética do conhecimento não teve boa acolhida entre *alguns* comunistas rio-platenses. Entre outros intelectuais estrangeiros, contudo, a avaliação foi distinta. O cônsul da Polônia em São Paulo, Jerzy Grudzinski, por exemplo, ficou com uma "emocionante impressão", tanto pelo conteúdo como pelo trabalho de pesquisa cuidadosa. "Parece-me ser este trabalho uma obra há muito esperada"[31], concluiu.

O argentino Gregorio Bermann, por sua vez, teve igualmente "profunda impressão" e "sincero entusiasmo" ao ler o livro. "Antes de tudo, sua obra ultrapassa tanto os trabalhos filosóficos a que estamos acostumados na América Latina, que de entrada se revela um acontecimento singular. Com seu *Dialética* entra o nosso Continente, na filosofia, num período de maturidade"[32]. Outro conterrâneo, Norberto Rodríguez Bustamante, diria tratar-se de uma exposição de primeira ordem, uma obra que não seria fácil achar em nossas latitudes[33].

Já seu *Notas introdutórias à lógica dialética*, publicado sete anos mais tarde, foi elogiado pelo tcheco Zdenek Kourim, que enviou um artigo sobre ele para a revista *Filosofický Časopis*[34]. Nele, Kourim avaliava ser aquele livro uma "apreciável ajuda para a teoria da lógica dialética, especialmente, porque em quase todos os estudos preparativos até hoje elaborados faltaram a análise científica gnoseológica"[35]. Apreciação similar teve o filósofo marxista mexicano Eli de Gortari. Considerava que aquela era "uma obra que tem um interesse extraordinário e oferece tratamentos originais e sumamente valiosos para todos os que trabalhamos nos problemas da lógica dialética"³⁶. Escreveu uma resenha bibliográfica para revista *Dianóia*, anuário editado pela Fondo de Cultura Económica³⁷.

Vale salientar aqui que a filosofia seria, para Caio, a porta de entrada dos grandes debates do mundo do socialismo. As questões mais amplas do campo filosófico poderiam inseri-lo nas discussões internacionais sobre o materialismo histórico e dialético. Seus posicionamentos nessa área quiçá o colocassem entre os intelectuais marxistas que seriam lembrados nos diálogos dentro do campo da esquerda, o que acabou não ocorrendo. Além disso, assim como para Lenin, a filosofia seria inseparável da luta de classes, e as posturas dos marxistas definiriam sua posição também na política³⁸. O fato é que, do final da década de 1940 em diante, diversos autores estrangeiros publicariam trabalhos sobre a lógica dialética, como Henri Lefebvre, Huber, Fogarasi, Karl Popper, Mihailo Marković, Baumann, Kedrov, Gurvich, Rosental, Kosic, Rozhin, Rutkevich, Tugarinov e Kopnin. Não custa recordar que outros colegas brasileiros, em momentos análogos, também se dedicaram a temas filosóficos, como Jacob Bazarian e Álvaro de Faria. Leôncio Basbaum, por seu lado, que havia publicado *Sociologia do materialismo*, lançou obras como *Alienação e humanismo* e *História e consciência social*. Por outro lado, os debates filosóficos e as linhas oficiais na União Soviética eram repercutidos em traduções para o português na imprensa comunista brasileira. O artigo do stalinista linha-dura Andrei Aleksandrovich Zhdanov (o principal elaborador do sistema de ideias e práticas nos campos ideológico, cultural e estético de seu país), "O marxismo é a revolução na filosofia", uma intervenção bastante incisiva sobre o livro *História da filosofia*, de Alexandrov, publicado na revista *Problemas*, número 7, de fevereiro de 1948, assim como o texto de D. Tchesnokov, "Os problemas da filosofia marxista no trabalho de J. V. Stalin *Problemas econômicos do socialismo na URSS*", que saiu no mesmo órgão, no número 50, de outubro de 1953, são dois exemplos significativos.

A Editora Brasiliense vivia momentos de dificuldades e, em 1952 (época em que o historiador era integrante da Comissão Piratininga de Ajuda aos Presos Políticos), diminuíra muito o ritmo de publicações³⁹. A partir de janeiro de 1953, o primo de CPJ, Elias Chaves Neto, que acabara de sair da prisão, iria trabalhar na casa, ainda que mantivesse seu posto de redator no *Hoje*⁴⁰.

Já Caio, continuaria a dividir seu tempo com a política. E, em 9 de janeiro de 1953, foi um dos oradores de um ato público realizado no Cine Marconi, na rua Corrêa de Melo, 76, para pedir clemência por Julius e Ethel Rosenberg, evento que contou com um público de novecentas pessoas, no qual também discursaram Sima Leia Gueier, Moisés Pieterkosky, David Rosenberg e Armando Carlos Lacerda, e terminou com o "hino israelita"⁴¹.

O historiador começou a reerguer sua empresa, graças sobretudo às obras de Afonso Schmidt e Monteiro Lobato, escritor extremamente popular e campeão de vendas (dois anos mais tarde, a editora ainda lançaria os trabalhos de Josué de Castro e as obras completas de Lima Barreto, num projeto dirigido por Francisco Assis Barbosa).

O autor de *Formação do Brasil contemporâneo* já desejava retornar à URSS naquela época. Em maio, ao receber seu pedido para sair do país, a Delegacia Especializada de Ordem Social comentou:

> Caio Prado Júnior, intelectual comunista e milionário, deseja obter passaporte para uma viagem a vários países e, naturalmente, à Rússia.
> Tratando-se de um dos mentores do extinto Partido Comunista, quiçá incumbido de missão revolucionária junto aos dirigentes da revolução mundial, em Moscou, certamente não conviria aos interesses nacionais e à própria conservação do regime democrático essa viagem que, sempre, para nós, seria de caráter suspeito. Entretanto, não constam quaisquer processos em andamento contra a sua pessoa.[42]

Como se sabe, o historiador não seguiu para a URSS em 1953, só retornando ao país sete anos mais tarde. Em Moscou, contudo, havia quem desconfiasse de seu posicionamento político. O jornalista Yuri Alexandrovich Kalugin, tradutor de Jorge Amado e importante membro da União dos Escritores de seu país, faria uma crítica interna ao intelectual paulista ao comentar um texto de Vera Kuteischkova sobre o romancista baiano, no qual ela utilizara, como uma de suas fontes, *História econômica do Brasil*. Kalugin elogiaria a colega, mas diria que o artigo necessitava correções. A principal: retirar a menção a Caio Prado Júnior, já que ele se revelara "um renegado trotskista"[43]!

Em maio, Caíto ainda se tornou primeiro-tesoureiro da comissão pela anulação da sentença do jornalista Francisco Campos Oliveira[44], e fez parte da comissão julgadora do concurso monográfico sobre o desenvolvimento econômico do Prêmio IV Centenário de São Paulo, marcado para o ano seguinte[45]. Até o final daquele ano, Caio Prado Júnior ainda trocaria correspondência com um representante da Fratelli Bocca Editori, da Itália, para a possível publicação de seu *Formação do Brasil contemporâneo* naquele país[46].

A derrocada do governo de Jacobo Arbenz, na Guatemala, em 1954, foi outro tema que chamou a atenção do intelectual paulista. O presidente Arbenz tentara imprimir uma política progressista no país, com apoio dos comunistas do Partido Guatemalteco do Trabalho. Na pauta do dirigente, a promulgação do Decreto 900, que instituía uma reforma agrária a partir de confiscos e distribuição de terras pelo governo, que depois as arrendaria a camponeses ou cooperativas rurais. Boa parte das propriedades da United Fruit Company havia sido confiscada, e, com a radicalização do regime, o presidente ganhava a cada dia mais apoio da população e de setores das Forças Armadas. Washington, contudo, não permitiria que isso continuasse. Em pouco tempo, impôs uma quarentena marítima ao país (para evitar a chegada de navios trazendo armas compradas de países do bloco socialista) e financiou grupos rebeldes que queriam destituir o mandatário, tropas de exilados guatemaltecos provenientes de Honduras, sob a liderança do coronel Castillo Armas e com o apoio da administração Eisenhower. Não houve resistência. Os invasores fizeram bombardeios com aviões e entraram no país sem oposição do Exército. Arbenz renunciou ao cargo em seguida. Indignado com o ocorrido, Caíto foi à conferência do deputado Romeu de Campos Vergal, num evento em solidariedade ao presidente que perdera o poder[47] (mais tarde, a *Revista Brasiliense* publicaria uma resenha do livro *La batalla de Guatemala*, de Guillermo Toriello, que denunciava o imperialismo norte-americano na América Latina[48]).

No mesmo período, a polícia política, acompanhando todos os passos de CPJ e reproduzindo notícia jornalística, comentaria que se preparava um expurgo de líderes comunistas. Os visados seriam Caíto e Octávio Brandão. O informe, com diversas imprecisões do agente, anunciava:

> Após a capitulação do velho líder Fernando Lacerda, tio do jornalista Carlos Lacerda, agora quem se insurge contra a "linha prestista" é o sr. Octávio Brandão, como aquele, também fundador do PCB.
> Ao que se informa, Brandão reputa nefasta a orientação que os atuais dirigentes, com L. C. Prestes à frente, vêm imprimindo ao comunismo. Acrescenta-se que a atitude, em S. Paulo, do escritor e sociólogo Caio Prado, se enquadra no mesmo plano de Octávio Brandão e outros próceres, que criticam o "aventureirismo apriorístico" dos que detêm a chefia do PCB.
> Pode-se adiantar que Luiz Carlos Prestes e seus sequazes estão preparando "expurgo" total dos "independentes", isto é, daqueles que ousam formular objeções às resoluções do Comitê Nacional. Aliás, já teve início campanha sub-reptícia de desmoralização pessoal de Caio Prado Jr. e Octávio Brandão.
> Como não se ignora, os dirigentes comunistas, antes de "degolar" companheiros, promovem o seu descrédito ante a base da agremiação.[49]

O historiador, contudo, permaneceu na agremiação. E assinou um manifesto, em outubro daquele ano, em homenagem ao trigésimo aniversário da "Coluna Invicta", ao lado de nomes como Wladimir de Toledo Piza, Frota Moreira, Afonso Schmidt, Gilberto de Andrade e Silva, Elias Shammas, Waldomiro Alves Junqueira, Álvaro de Faria, Miguel Costa Filho e vários outros[50]. Para complementar seu trabalho de editor, em 1954 fundou a Gráfica Urupês[51].

Em dezembro, finalmente, foi um dos organizadores da reunião pública pela suspensão de execuções no Irã e em protesto contra o fuzilamento do jornalista, político e ex-ministro das Relações Exteriores Hossein Fatemi[52], assim como de oficiais e civis iranianos. O evento, no Salão das Classes Laboriosas, na rua Roberto Simonsen, 129, teve em sua comissão organizadora, além de CPJ, Sebastião da Silva Prado (presidente da Associação Brasileira dos Direitos do Homem), os deputados federais José Miraglia e Rogê Ferreira, um deputado estadual, vereadores, advogados e acadêmicos[53].

O XX Congresso do PCUS, realizado em Moscou entre 14 e 25 de fevereiro de 1956, com a presença de 1.436 delegados de 55 PCs, no qual Nikita Kruschev denunciou os crimes de Stalin, seu dogmatismo na interpretação do "marxismo-leninismo" e o culto da personalidade (além de sugerir uma nova linha de atuação que promovia a coexistência pacífica entre diferentes sistemas sociais), também não passou em branco. O evento abalou até os militantes mais experientes. Carlos Marighella teria chorado copiosamente, sem querer acreditar que a notícia fosse verdade. Astrojildo Pereira, por seu lado, ficara perplexo. O informe, por certo, também afetaria Caíto. Em abril, o historiador paulista admitiu que as falhas do dirigente soviético haviam retardado o avanço do socialismo na URSS e "que sem a ditadura de Stalin, o socialismo teria feito progressos mais rápidos"[54]. Ainda assim, acreditava que as novas diretrizes da era Kruschev permitiriam que o povo e as "massas" vivessem no país com segurança[55].

Mostrando interesse em participar não só do meio acadêmico, mas também dos temas econômicos, candidatou-se em 1954 à cátedra de economia política da Faculdade de Direito da USP, com sua tese *Diretrizes para uma política econômica brasileira* (impressa pela Gráfica Urupês). A sugestão para que Caio participasse do pleito fora feita pelo amigo e advogado Raimundo Pascoal Barbosa, que, inclusive, enviou ao historiador a página do *Diário Oficial* na qual constava o respectivo edital. Barbosa explicou que o concurso havia sido suspenso anteriormente por causa de um recurso impetrado por economistas que se julgavam no direito de inscrever-se sem a apresentação de título de bacharel, ou mesmo de doutor na disciplina, e haviam sido atendidos em sua demanda. O colega ainda disse que estava espalhando o boato de que CPJ concorreria; e que não havia nenhum "peixe grande" ou mesmo livre-docente da faculdade disputando o posto. "Mas não tenhamos ilusão: não darão, tudo indica, a você a cadeira", acrescentou. "Uma docência-livre, porém, você terá chance de ganhar..."[56]. E foi exatamente o que ocorreu[57].

O certame não ocorreria imediatamente. Vários meses se passariam até a escolha definitiva da comissão examinadora e de seus suplentes (o professor Teotonio Monteiro de Barros Filho, por exemplo, foi substituído Honório Monteiro; depois, no lugar desse segundo, entraria Mário Masagão, que também decidiu não participar como arguidor; o próprio Monteiro iria abandonar o barco; e Waldemar Ferreira, que deveria ingressar na comissão como titular, solicitou seu desligamento do grupo). O fato é que o concorrência não se daria na data marcada, 5 de novembro de 1955, sendo adiada até que todas as formalidades acadêmicas da comissão fossem resolvidas. Só em meados do ano seguinte seria iniciado o processo.

O concurso, em cuja banca, presidida por Lino de Moraes Leme, estavam os professores Oscar Dias Correia, Alberto Deodato, Edgard Schneider e Gofredo da Silva Teles Júnior, finalmente começou no dia 11 de junho de 1956, com a apresentação de José Pinto Antunes (catedrático em direito industrial e legislação do trabalho da Universidade de Minas Gerais e livre-docente de direito constitucional da Faculdade de Direito de São Paulo e da Faculdade Nacional de Direito da Universidade do Brasil), com a monografia "A produção sob o regime da empresa" (o candidato, por sinal, expressaria sua profunda convicção "liberal", o que teria agradado aos examinadores). No dia seguinte, seria a vez de João Paulo de Almeida Magalhães discorrer sobre "A teoria moderna do crescimento econômico e o problema do desenvolvimento"[58]. A arguição de Caio ocorreu na quarta-feira, 13 de junho de 1956, e durou das três horas da tarde às nove horas da noite. O evento, na sala João Mendes da Faculdade de Direito, ficou lotado por um público curioso em ouvir o que o intelectual comunista tinha a dizer. O historiador sofreu "cerradas críticas, do ponto de vista do fundo e de forma"[59]. Segundo o escritor Fábio Lucas, que estava na plateia, Caio ficou em último lugar e foi ironizado por Deodato, ainda que tenha sido muito aplaudido pelos estudantes, que torciam por ele[60]. No público, contudo, também se encontrava um agente incógnito do Dops, que narraria o ocorrido a seus superiores. De acordo com ele:

> Inicialmente, Caio Prado Júnior foi examinado pelo professor Correia, de Minas Gerais, quando confessou claramente que era comunista e que acreditava piamente nas doutrinas de Karl Marx. Durante seu exame fez diversas considerações do atual regime da União Soviética, afirmando que o socialismo era consequência natural do capitalismo e que não havia necessidade de forçar nenhuma conjuntura para se chegar a tal fim.
> No correr dos trabalhos, afirmou Caio Prado Jr. que, pela tese da concentração dos capitais, os Estados Unidos se encontravam na mão de poucos particulares e que, por este fato, encontrava-se os Estados Unidos mais próximo do que o Brasil do regime socialista, pois bastava que o Estado substituísse os particulares na direção das empresas privadas. Esta facilidade não seria possível no Brasil, como não está sendo possível na China, pois estes ainda não chegaram a tal ponto de desenvolvimento.[61]

Na sua apresentação, baseada em *Diretrizes*, Caio insistiria em temas já discutidos em outros livros e que continuariam recorrentes em sua obra. O país continuava, segundo ele, *essencialmente* a produzir artigos primários, destinados ao mercado externo, enquanto a maior parcela dos itens para consumo interno era importada. Mesmo com a industrialização durante a Primeira Guerra Mundial, e principalmente ao longo da Segunda, quando o Brasil teve uma produção diversificada (aumentando, consequentemente, o nível de parte da população), o problema não havia sido resolvido (o quadro demandaria que se comprassem maquinaria e equipamentos de fora, mantendo uma relação assimétrica com outros países, inclusive em termos de condições de pagamento, endividamentos e negociatas). Mister, nesse caso, seria ampliar a capacidade de criar esses artigos internamente e, ao mesmo tempo, constituir um mercado endógeno, a partir da elevação da qualidade de vida do homem do campo. Investidores brasileiros (ou forâneos "radicados" aqui) teriam a tarefa de impulsionar a industrialização, enquanto o Estado tomaria nas mãos a prerrogativa de realizar os macroempreendimentos que a iniciativa privada nacional não tivesse condições de levar a cabo (ou que fossem considerados fundamentais para estimular a economia privada). Caio Prado Júnior era a favor do monopólio estatal do comércio exterior e de uma reforma agrária com modificação do estatuto da propriedade fundiária, cujo titular deveria ser aquele que efetivamente investiria na exploração da terra, em seu trabalho e em seus recursos.

Mas as grandes mudanças necessárias para a destruição do "sistema colonial" (com as forças "anticolonialistas" presentes no interior da estrutura econômica da época) não seriam obra das "forças do socialismo" (que apenas se bosquejavam entre nós), mas daquelas do próprio capitalismo, "configuradas politicamente por um proletariado industrial em franco desenvolvimento, por um campesinato já esboçado e por uma burguesia industrial e comercial livre de compromissos para com o imperialismo e [o] capital financeiro internacional, bem como de contingências e da pressão desse capital"[62]. Afirmava:

> supor, por exemplo, que seja possível no Brasil e nas circunstâncias atuais um regime socialista com a entrega a órgãos estatais da responsabilidade pela direção e manejamento total das forças produtivas do País, é se não fantasia de visionário, certamente maneira disfarçada de entravar as reformas que desde já se impõem e que não precisam aguardar um socialismo ainda irrealizável.[63]

Já no dia 14, o bacharel José Gláucio Pinto Veiga defenderia a monografia intitulada "Revolução keynesiana e marxismo"[64]. Ainda participaram do concurso os candidatos José Luiz de Almeida, Roberto Pinto de Souza e Odilon de Araújo Grellet (todos os inscritos precisavam fazer também provas escritas)[65]. O resultado foi anunciado no dia 25 de junho, com um empate entre José Luiz de Almeida Nogueira Porto e José Pinto Antunes, ambos com a mesma pontuação, 9,2.

No desempate, pelo critério de número de indicações, venceu o segundo. João Paulo de Almeida Magalhães ficaria em terceiro, com 8,95. Caio Prado Júnior, como se pode perceber, não logrou a cátedra, mas recebeu, como todos os outros candidatos, segundo notícia de jornal da época, uma nota dentro da média 7 (ou superior a esta) e ficou com o título de livre-docente daquela universidade, juntamente com o restante dos colegas do pleito[66] (quando a livre docência de CPJ foi discutida na Congregação, contudo, aparentemente foi rejeitada por cinco votos a dois; ainda assim, em última instância, ele receberia o título).

Naquele período, Caio Prado Júnior ainda fez parte do conselho técnico da Confederação Nacional do Comércio (CNC), sediada no Rio de Janeiro, no qual também estavam personalidades como Eugênio Gudin, Gustavo Corção, Edmundo Macedo Soares e Silva, San Tiago Dantas, Hermes Lima e Roberto Campos. O convite para participar do órgão, feito por Brasílio Machado Neto em 1956, foi reiterado pela nova diretoria[67] em 1959, ano em que ministrou o curso "Fundamentos da teoria econômica", na sede da Ordem dos Economistas de São Paulo, sob o patrocínio da USP[68], e foi também um dos fundadores da Sociedade de Estudos Filosóficos, da qual seria vice-presidente[69].

Não podemos esquecer que, como referência entre os marxistas brasileiros, CPJ continuou a ser convidado a discursar para trabalhadores e ativistas sociais. Foi assim na época da convenção de fundação do Movimento Socialista Renovador, em outubro de 1957, organizado pela Comissão Provisória de Coordenação do Movimento Marxista Brasileiro[70]. O programa do MSR[71] defendia o "nacionalismo"[72], a "liberdade"[73] e o "bem-estar do povo"[74], através de medidas que possibilitassem "profundas transformações que abririam o caminho para atingir o socialismo"[75].

O passo mais importante para Caio Prado Júnior nos anos 1950, contudo, seria o aprofundamento no debate das ideias. E nenhuma ferramenta melhor do que uma revista, na qual tivesse mais margem de manobra e menos amarras para vocalizar suas posições. Fundada em setembro de 1955 por um grupo de intelectuais do PCB encabeçado por ele, a *Revista Brasiliense* se tornaria a mais importante publicação de esquerda brasileira por quase uma década, até ser fechada em 1964 pela ditadura militar. Ainda que não tivesse a ousadia estética da cubana *Pensamiento Crítico*, dirigida, entre outros, pelo jovem Fernando Martínez Heredia, nem o cosmopolitismo e a elaboração gráfica da *Amauta*, criada e editada pelo jornalista José Carlos Mariátegui, a *RB* preencheria a lacuna deixada pela extinção da *Fundamentos* (lançada em 1948 e fechada em dezembro de 1955) e pela perda de relevância (pelo menos em termos de tiragem) do jornal *Tribuna Popular*, que vocalizavam a linha dos comunistas na época. A *Revista Brasiliense*, portanto, funcionaria como um veículo "extrapartidário", no qual as forças progressistas (desde nacionalistas de esquerda até marxistas) poderiam se expressar.

Por um lado, o historiador paulista não tinha nenhuma posição de proeminência nas fileiras de seu partido, e queria ter sua voz ouvida. Por outro, continuava perseguindo um ativo trabalho político, mesmo que no mundo das ideias. A *Revista Brasiliense* seria esse instrumento.

Dono de uma editora consolidada e de uma gráfica, Caíto teria todas as condições de levar adiante a nova empreitada. Além disso, como bem lembra Maria Célia Wider, sabia que seria acompanhado de seu "braço direito", o primo Elias Chaves Neto, nove anos mais velho que ele, também militante do PCB e jornalista experiente, que havia passado pelas redações do *Correio da Manhã*, *O Estado de S. Paulo*, *A Noite* e *Hoje*. Chaves Neto se tornaria o diretor responsável pela publicação e seu principal colaborador, com 47 textos ao todo. O editorial do primeiro número afirmava:

> A Editora Brasiliense, fiel à tradição da cultura legada pelo seu fundador Monteiro Lobato, resolveu tomar a iniciativa de uma revista, em torno da qual se congreguem escritores a estudiosos de assuntos brasileiros interessados em examinar e debater os nossos problemas econômicos, sociais e políticos. Sem investigações feitas com espírito objetivo e em profundidade, não somente não será possível dar-lhes soluções adequadas como também nos arriscamos a fabricar ou difundir funestas ilusões como essa a que nos pode levar um progresso a tantos respeitos notável, mas que mal dissimula, sob o extraordinário desenvolvimento dos grandes centros urbanos, o atraso econômico do país.
>
> Esse atraso torna-se particularmente sensível na estreita dependência do estrangeiro para a satisfação de necessidades fundamentais de nossa vida. A exportação de produtos agrícolas ou de matéria-prima já não é suficiente para atender às exigências do bem-estar do povo, estimuladas por uma prosperidade resultante de duas guerras mundiais, em que fomos compelidos a prover nós mesmos às nossas necessidades. Não escapa também à mais superficial observação a extrema pobreza de densas camadas da população rural e urbana, que não foram atingidas pelos benefícios do surto econômico e industrial do país e continuam vivendo em condições vizinhas da miséria.
>
> Esse problema que, como tantos outros, preocupa todos os brasileiros, é, porém, muito complexo e prende-se não somente à posição de nossa economia no quadro da economia mundial, mas às condições específicas da economia nacional que apresenta uma extrema variedade de níveis e aspectos, provenientes da diversidade dos quadros geográficos e sociais do país e do próprio curso da nossa formação histórica. Analisar em suas raízes e todas as luzes essas e outras questões e encará-las do ponto de vista dos interesses nacionais, da melhoria das condições de vida do povo e da renovação e dos progressos da cultura, como expressão autêntica da vida brasileira, é o objetivo que a Revista se propõe e não poupará esforços para alcançar.

Mais do que uma simples publicação, será, portanto, um centro de debates e de estudos brasileiros, aberto à colaboração de todos os que já se habituaram ou se disponham a abordar seriamente esses assuntos e nela terão o meio não só de tornar conhecidos os seus trabalhos, como também de influir sobre a opinião pública levando-a a melhor compreender os problemas que afetam a vida do país. A Revista, sem ligação de ordem política e partidária, será orientada pelos seus próprios redatores e colaboradores.

Publicação bimestral, a *Revista Brasiliense* não precisaria passar, portanto, pelo crivo ou censura partidária prévia nem seguir uma linha política calcificada. Além disso, teria total autonomia em termos econômicos. Essa independência, por outro lado, não deixou de incomodar setores do PCB, que se encontrava na ilegalidade desde 1947. Justamente por causa da insatisfação do Comitê Regional de São Paulo, Afonso Schmidt (diretor de redação da *Fundamentos*), foi obrigado a retirar seu nome do grupo fundador da *RB*. Apesar das críticas, Elias Chaves Neto, no número 15 da *Revista Brasiliense*, de janeiro-fevereiro de 1958, fez uma enérgica defesa do dirigente máximo pecebista, em seu editorial "A liberdade de Luiz Carlos Prestes", e na edição 38, de novembro-dezembro de 1961, insistiu no apoio à sua agremiação com "Legalidade do Partido Comunista, marcha para a revolução socialista"; por sua vez, no número 26, a revista publicaria uma seção inteira sobre Prestes, como continuação do artigo de Hermínio Linhares, "O comunismo no Brasil", onde o dirigente era chamado de "o maior líder popular brasileiro". Além disso, Chaves Neto chegaria a escrever um texto laudatório em homenagem ao PCB, afirmando que o partido podia se orgulhar "de se apresentar perante a nação com um programa que é fiel à sua tradição de luta pela emancipação da classe operária", em sólida união com o campesinato, se propondo a conduzir "essa luta dentro das atuais condições"[76].

De qualquer forma, foi o próprio Prestes (junto com outros membros do Comitê Central do PCB) que deu ordens para que cessassem os ataques contínuos contra a revista, como aqueles empreendidos pelo Comitê Regional de Piratininga, com o objetivo de evitar uma cisão no partido. "Caio Prado Júnior e Elias Chaves Neto", diria Fued Saad, "continuam a militar no PCB, onde são cercados de estima e simpatia dos maiores intelectuais do partido"[77].

Mostrando toda sua disposição em prol da agremiação, CPJ ajudou na campanha para angariar fundos para o jornal *Voz Operária*, "instrumento de luta contra as calúnias, as mentiras e os engodos dos que tramam a carnificina de uma nova guerra"[78]. Os órgãos de segurança, por sua vez, acreditavam que "o grande êxito obtido pela *Revista Brasiliense* da Editora Brasiliense, de propriedade do ex-deputado comunista prof. CAIO PRADO JÚNIOR, redigida por homem de vanguarda, porém independente do PCB", teria feito com que "o escritor e líder comunista JORGE AMADO, Serviçal da URSS no Brasil e membro do Comitê Central do PCB", decidisse reeditar o periódico *Para Todos*, quinzenário de cultura apoiado por comunistas e pró-comunistas como Oscar Niemeyer, Alvaro Moreira, Fernando de Azevedo, Astrojildo Pereira, Marques Rabelo, Murilo Mendes, Vinicius de Moraes, Mário Donato e Ary Barroso[79]. Amado foi chamado pelo autor do relatório de "escritor pró-soviético e caixeiro-viajante do comunismo"[80]. Já o Ministério da Justiça, em abril de 1957, fez chegar ao governador de São Paulo, Jânio Quadros, uma avaliação elaborada por José Carlos de Macedo Soares em que citava o Ministério da Guerra, dizendo que "o grupo comunista que abriga a linha de combate ao sectarismo e antidemocratização interna do PCB tem, agora, para sua propaganda a *Revista Brasiliense* de propriedade do escritor CAIO PRADO JÚNIOR", na qual colaboravam "antigos militantes do PCB"[81].

Mais interessante, talvez, seja a posição do PCUS em relação à *RB*. De acordo com um relato de Ruy Maciel, secretário do Movimento da Paz em São Paulo e dirigente da União Cultural Brasil-China, os soviéticos teriam ficado insatisfeitos com a qualidade e o conteúdo dos primeiros números da revista *Estudos Sociais*, que era dirigida por Astrojildo Pereira e contava com o apoio de Prestes e colaborações de Miguel Costa Filho, Catullo Branco, Elson Costa, Raimundo Vieira da Cunha, Paulo Cavalcanti, Dante Leonelli e Carlos Marighella. Para eles, a publicação seria fraca do ponto de vista doutrinário marxista-leninista. Os dirigentes da seção cultural do PCUS, contudo, fazendo um paralelo, exaltariam a *Revista Brasiliense* "como sendo mais bem redigida e mais importante no ponto de vista marxista-leninista que a revista *Estudos Sociais*", ainda que ela fosse "rica em conteúdos nacionalistas"[82]. Por sua vez, Jacob Bazarian, leitor e colaborar da *RB*, que acompanhava especialmente os artigos de Everardo Dias (os quais deixavam a desejar, segundo ele, por apresentarem fatos muito abstratos), ainda assim achava que o periódico deveria continuar divulgando trabalhos diversos sobre o movimento socialista do país. "Sua revista já é uma publicação de caráter internacional", diria em carta ao colega paulista[83].

As posições da *Revista Brasiliense* e do PCB, de fato, eram bastante distintas em diversos pontos. Se o partido chegou a apoiar os governos Kubitschek e Jango, a *RB* atacou duramente a ambos. Caíto acusou o primeiro como "certamente o mais entreguista" e "antipopular" da história do país, no qual "nunca a economia brasileira atingiu tamanha orgia imperialista"[84]. Afinal,

> em época alguma a economia brasileira se achou mais que hoje ligada e subordinada aos interesses imperialistas, a tal ponto que são poucas, muito poucas as empresas de certo vulto e expressão econômica, que com exceção das Estatais não estejam de alguma forma entrosadas com os monopólios imperialistas. A indústria brasileira, por obra sobretudo da política do sr. Kubitschek, não passa

hoje, fundamentalmente, de uma constelação de filiais de grandes empresas internacionais.[85]

O governo JK, promovendo seu "plano de metas" com o lema "Cinquenta anos em cinco" (teoricamente na tentativa de atacar os "pontos de estrangulamento" da economia brasileira, com o objetivo de alavancar o crescimento e reduzir a dependência do país de produtos importados), colocou seu foco na construção de Brasília e no desenvolvimento da indústria automobilística. De fato, é possível verificar significativos investimentos nos setores elétrico e siderúrgico, a criação da Sudene e a abertura de rodovias. Mas as dívidas públicas interna e externa cresceram exponencialmente, a remessa de lucros de empresas estrangeiras instaladas no país também, assim como os déficits na balança de pagamento e o aumento da concentração de renda e da inflação. As denúncias de superfaturamento de obras e corrupção eram comuns. E as greves também, como as dos metalúrgicos, funcionários públicos, portuários de Santos e trabalhadores de quase todos os ramos industriais de São Paulo, em 1957. Os monopólios internacionais, ao longo dos anos JK, foram responsáveis por inversões na economia brasileira equivalentes a US$ 400 milhões, mas teriam remetido para fora do país, apenas entre 1957 e 1959, em torno de US$ 461 milhões. No final daquela administração, segundo Maria Célia Wider, o capital estrangeiro controlava 70% da indústria de máquinas, 76% da química, 88% da farmacêutica, 82% da de eletricidade, 99,8% da tratores e 98,2% da automobilística[86]. Não é por acaso que outros colaboradores importantes da *RB* teriam a mesma opinião. O próprio Elias Chaves Neto comentaria que a política econômica de JK tinha aspectos "de cunho francamente entreguistas", já que "a sua teoria de desenvolvimento, nos termos que a coloca, não passa de uma abstração, de uma palavra vã, que não encontra apoio real nas forças econômicas efetivamente interessadas no desenvolvimento"[87]. O fato é que para CPJ os comunistas não haviam compreendido o quadro daquela administração, que dava um "tratamento escandalosamente preferencial ao grande capital", em parte porque haviam se divorciado das massas trabalhadoras e populares e por sua cegueira diante da realidade política, a partir das "absurdas concepções deformadoras" de sua linha de atuação. Segundo o historiador, o partido via o capitalismo no Brasil naquele momento como um sistema progressista, cabendo a ele ampará-lo e promovê-lo, o que resultaria, um última instância, no desenvolvimento e se encaixaria no "desenvolvimentismo" de Kubitschek. Essa seria, portanto, uma avaliação equivocada[88].

Já o segundo caso, o de João Goulart, mesmo com a tentativa de controlar o déficit público e o objetivo de nacionalização de setores industriais, era visto por Caio como expressão de um "populismo espúrio", uma aliança entre o "capital burocrático" e a esquerda. Ele observava naquela administração um quadro herdado do governo anterior, de crise financeira de um país dependente, com grande exploração da força de trabalho, aumento da dívida externa, inflação, redução de taxas de investimentos e grandes remessas de lucros das empresas estrangeiras. Afinal, não se pode esquecer que o capital monopolista internacional penetrava em diferentes ramos da economia, controlando setores importantes da produção, construção e comércio do país[89]. O historiador chegaria a dizer, mais tarde, que Jango seria o responsável por demagogias tolas (citando, nesse sentido, o projeto de desapropriação de terras nas beiras de estradas) e por políticas superficiais, "sem nenhuma profundidade ou penetração" nas massas...

Os articulistas da *RB* também não deixavam de se expressar, por vezes de forma incisiva, sobre a produção bibliográfica da época. Uma crítica dura ao livro de Celso Furtado, *Formação econômica do Brasil*, escrita por Alcindo da Cunha Xavier, é um exemplo disso. Para Xavier, a obra, que teria "sérias falhas e mesmo erros", fora elaborada por um intelectual que os longos anos no exterior haviam afastado completamente do Brasil e desligado dos problemas práticos, resultando em trabalhos com "certo esquematismo ao apresentar as questões que abordam e ao propor as soluções", a partir de uma "aplicação mecânica das teorias, sem levar em consideração antes as condições práticas sobre as quais vai atuar". A teoria utilizada por Furtado, para ele, não seria "a mais adequada para analisar nossos problemas". O resenhista atacaria até mesmo a falta de uma alusão à penetração do imperialismo e do capital estrangeiro em nossa economia, assim como sua omissão ao nosso processo de industrialização. Concluía que o leitor daquele livro ganharia uma "ideia deformada da evolução da economia brasileira", com conceitos e formulações que não correspondiam à realidade e que os fatos da época abordada desmentiam claramente[90].

Outra recensão bastante ácida seria elaborada pelo próprio Caíto, nesse caso de *Os dois Brasis*, de Jacques Lambert, uma obra que, segundo ele, poderia ter passado despercebida entre várias outras "de apressados autores estrangeiros que com grande dose de leviandade e superficialidade, se têm ultimamente ocupado de coisas brasileiras". Caio Prado Júnior lamentaria que o livro, com "dados de segunda mão já bastante divulgados e do mais fácil acesso" e produzido por alguém que ignorava as "coisas brasileiras", mas "com ares de dar grandes lições e revolucionar os conhecimentos sociológicos e econômicos" do país, tivesse sido editado justamente pelo Ministério da Educação e Cultura. O texto, em sua opinião, ofereceria apenas "meias verdades", estava repleto de informações "falsas e profundamente deformadoras" da nossa realidade e representava "um grave risco para aqueles, menos informados, que nele se louvassem para suas conclusões acerca dos fatos nacionais". "Parece que o sr. Lambert é professor de Direito Comparado da Faculdade de Direito de Lião [Lyon]. Não posso atinar porque se deslocou de sua especialidade para se dedicar a um assunto no qual não mostra capacidade nem para se informar, quanto mais para interpretar", comentaria[91]. E completaria:

> Normalmente, depois de uma rápida leitura do livro do prof. Lambert, eu me teria limitado a deitá-lo fora, lamentando os instantes com ele desperdiçados. Infelizmente fui obrigado à estafante tarefa de denunciar seu verdadeiro conteúdo, porque considerando as circunstâncias em que é oferecido ao público brasileiro, senti-me na obrigação de alertar o eventual leitor menos prevenido, contra a superficialidade, as inconsequências e falsidades que o livro encerra. Falsidades e inconsequências que servem de pano de fundo para a defesa da participação de grandes companhias estrangeiras na exploração do petróleo brasileiro [...], para a crítica do nacionalismo e a apologia da penetração imperialista no Brasil [...]. Mas infelizmente para os interesses imperialistas, e felizmente para nós brasileiros, tais interesses não poderiam encontrar um defensor mais desastrado. Com a pobre bagagem de conhecimentos brasileiros que o prof. Lambert revela em seu livro, não é ele certamente o mais indicado para advogar a causa que defende.[92]

É certo que muitos daqueles que contribuíam para a revista eram oriundos de distintas tendências políticas, solicitados a enviar seus textos a partir de convites informais de seus editores, o que dava um caráter supostamente "frentista" e "pluralista" ao periódico. Mas vale lembrar que, apesar de tudo, tanto a direção da *RB* como seus principais colaboradores eram majoritariamente "comunistas" (ainda que em boa medida marginalizados dos círculos decisórios do partido). Eram vistos pelo Comitê Central apenas como "intelectuais", alguns dos quais haviam até mesmo perdido cargos de direção no período em que o "obreirismo" grassava, décadas antes. Do Conselho de Redação é possível identificar os nomes de Caio Prado Júnior (a principal força do grupo), seu primo Elias Chaves Neto (nominalmente o editor-chefe), Paulo Alves Pinto (casado com Danda) e Álvaro de Faria. É verdade que passaram por ali também Catullo Branco, Fernando Pedreira, Paulo Dantas, Sérgio Milliet e até Fernando Henrique Cardoso, entre outros (houve duas mudanças no comitê, a primeira em 1957 e outra em 1963). Mas quem *de fato* tocava a revista eram os quatro primeiros (principalmente CPJ)[93]. Entre os fundadores estavam Abguar Bastos, Josué de Castro, Omar Catunda, Rossine Camargo Guarnieri e Sérgio Buarque de Holanda, juntamente com mais 45 signatários.

Personalidades vinculadas política ou ideologicamente ao PCB, contudo, teriam destaque entre os colaboradores. Em primeiro lugar, os integrantes da célula de CPJ no partido, Carlo Tamagni, Gastão Rachou e Roger Weiller, sem contar os já mencionados Paulo Alves Pinto e o próprio Elias Chaves Neto. Mas a lista se estendia. Entre os principais articulistas basta recordar Heitor Ferreira

Lima, Astrojildo Pereira, Everardo Dias e Octávio Brandão[94] (todos comunistas históricos), Jacob Bazarian (membro do PCB na juventude e, depois, do PCF e do PCUS; mais tarde se tornaria antissoviético), Rui Facó, Edgard Carone (este simpatizante, ainda que não filiado), Joaquim Câmara Ferreira, F. Pompeo do Amaral, Moisés Vinhas, Jamil Almansur Haddad, José Chasin e Samuel B. Pessoa. Um grupo significativo. Outros participantes caracterizavam-se por uma postura progressista, militância de esquerda "libertária", nacionalismo e independência de pensamento. Houve poucas contribuições internacionais, ainda que se possa destacar a participação do argentino Héctor Agosti, de André Gunder Frank e do economista polonês Oskar Lange.

A *Revista Brasiliense*, mesmo que publicasse um número limitado de textos estrangeiros, defendeu em suas sucessivas edições a Revolução Cubana e mesmo a China maoísta, apesar de adotar um posicionamento claramente favorável à URSS e sua política de "coexistência pacífica". Além de Caio Prado Júnior, discorreram em favor dos soviéticos Dorian Jorge Freire, Elias Chaves Neto, Álvaro de Faria e Joaquim Câmara Ferreira.

Mas a abertura para outras correntes de pensamento era patente. Um exemplo claro é a publicação de três ensaios do "luxemburguista" Michael Löwy. É interessante mencionar que seu artigo "Notas sobre a questão agrária no Brasil", enviado diretamente por ele ao responsável editorial da revista e publicado no número 31, de setembro-outubro de 1960, saiu com uma nota (em ressalva assinalada por asterisco), escrita pelo próprio Elias Chaves Neto, que dizia que "as conclusões do presente artigo não se enquadram na orientação da revista [...] Entretanto não deixa de ter interesse a divulgação de um ponto de vista pessoal sobre um importante problema nacional [e este é] um dos objetivos da revista". Sem dúvida, uma atitude que rompia as barreiras do PCB (por incluir uma peça escrita por um representante de uma corrente de esquerda antagônica aos moldes soviéticos) e, ao mesmo tempo, do suposto "nacionalismo" propugnado pela publicação. Nesse artigo, Löwy citaria tanto Rosa Luxemburgo quanto José Carlos Mariátegui, o que mostra a busca por um caminho distinto e heterodoxo para oxigenar o marxismo em discussão na época (sairiam dele na revista também "Consciência de classe e partido revolucionário" e "Homem e sociedade na obra do jovem Marx").

Temas históricos, como a formação do PCB, o processo de industrialização do Brasil, o movimento operário, medicina e saúde, teoria econômica, filosofia, sociologia, a luta contra o imperialismo e a questão da pedagogia e da educação foram todos abordados na revista. E muitas resenhas de livros. Isso para não falar da cultura e das artes em geral, como pintura, teatro e cinema (com destaque para nomes como Gianfrancesco Guarnieri, Haroldo Santiago, José de Oliveira Santos, Jean-Claude Bernardet e Maurice Capovilla).

Já a questão agrária, tema de grande interesse para Caio Prado Júnior, apareceu em 29 ensaios (alguns dos quais, escritos por ele). Ainda que outras matérias prevalecessem em termos quantitativos, as discussões sobre a configuração do agro brasileiro tiveram peso significativo nos debates da época. Neles, CPJ denunciou a alta concentração de terra ("reflexo da natureza de nossa economia, tal como resulta da formação do país desde os primórdios da colonização"), a grande exploração rural como "empresa mercantil" (sujeita às contingências conjunturais que a atividade comercial implica), a situação deplorável da massa trabalhadora no campo (em termos tanto materiais como culturais), seus baixos salários e precárias condições laborais e as possíveis soluções propostas pela Sudene e por Celso Furtado[95]. A elevação do nível tecnológico das atividades rurais não seria uma solução, sem que fossem consideradas outras variáveis. "A técnica é um meio, e não um fim em si próprio [...] o progresso tecnológico não significa necessariamente uma melhoria de condições do trabalhador. E, às vezes, até pelo contrário, pode agravá-las."[96] O desenvolvimento técnico da agricultura em áreas de grande exploração rural tinha como objetivo maior rentabilidade na produção, sem que tivesse qualquer relação necessária com a melhoria das condições de trabalho. Tanto as fazendas que aplicavam procedimentos modernos quanto aquelas que utilizavam os "antigos" mantinham um sistema de remuneração e condições de emprego similares.

A questão agrária seria um dos pontos de divergência entre CPJ e o PCB ao longo dos anos. Adotando como tese uma resolução do VI Congresso do Comintern realizado em Moscou em 1928, o partido assumiu que o Brasil (assim como outros países caracterizados como "coloniais", "semicoloniais" e "dependentes") tinha um passado marcado pelo modo de produção feudal. Com base nessa conclusão, a solução seria a revolução democrático-burguesa, o que, segundo Caio Prado Júnior, era um profundo equívoco analítico da história brasileira (o caráter "antifeudal" da etapa da revolução brasileira naquele momento seria reafirmado na *Resolução política* aprovada no V Congresso do PCB em setembro de 1960, que confirmava as linhas gerais da *Declaração de março de 1958*)[97]. Mais tarde, em entrevista ao jornal *O Estado de S. Paulo*, em 1978, ele explicaria:

> O Partido partia do princípio de que o Brasil era um país semifeudal, o que me parece absurdo. Não se trata de uma questão acadêmica, mas de um fato concreto muito importante para se traçar uma orientação política. Para o partido, estávamos vivendo num país semifeudal que precisava, portanto, de uma revolução democrático-burguesa para acabar com essa situação. A meu ver tudo isso é fantasia, até mesmo porque há particularidades chocantes para demonstrar esse fato.[98]

Para ele, ficava claro que:

o que caracteriza as relações feudais, e as contrasta com transações mercantis, é que nelas intervêm o estatuto pessoal das partes, peculiar a cada qual delas. E é na base desse estatuto pessoal, ou pelo menos com ponderável interferência dele, que as relações se estabeleceram. Ora isso não ocorre nas relações de trabalho da agropecuária brasileira. Como aliás nas suas relações de produção em geral, que se estruturam em base puramente mercantil. A agropecuária brasileira constitui um empreendimento essencialmente comercial – e temos insistido nesse ponto, que é da máxima importância – em que os indivíduos nela engajados participam em pé de igualdade jurídica, isto é, com estatutos pessoais idênticos.[99]

Assim, CPJ insistia em que, caso se quisesse considerar as origens "históricas" das relações de trabalho da agropecuária do país, seria mais correto falar de restos "escravistas", "semiescravistas" ou "servis", e não "feudais" ou "semifeudais", que, segundo ele, não correspondiam à realidade do país.

Nesse sentido, não custa recordar que o próprio Marx, como aponta Horacio Tarcus, havia desautorizado leituras que faziam de sua obra uma nova filosofia eurocêntrica da história. O autor de *O capital*, portanto, criticou as diferentes tentativas de "converter meu esboço histórico sobre as origens do capitalismo na Europa ocidental em uma teoria filosófico-histórica sobre a trajetória geral a que se acham submetidos fatalmente todos os povos, quaisquer que sejam as circunstâncias históricas em que eles se encontram"[100]. Seu método consistia em estudar a especificidade dos diferentes meios históricos para depois compará-los entre si[101].

A literatura ganhou um espaço importante na *Revista Brasiliense*, que publicou 105 artigos ou notas sobre o assunto. Euclides da Cunha, por exemplo, foi homenageado em vários ensaios no número 24, de julho-agosto de 1959, além de serem veiculados textos sobre ele em distintas edições da revista. Outros nomes analisados por críticos foram Graciliano Ramos, José Lins do Rego, Oswald de Andrade, Vinicius de Moraes, Gregório de Matos, Ricardo Ramos, Machado de Assis e Jorge Amado.

Monteiro Lobato, ao lado do criador de *Os sertões*, foi provavelmente o escritor que teve mais destaque nas páginas da *Revista Brasiliense*. O autor de *Urupês*, que sempre lutou contra as ditaduras e o autoritarismo, foi de fato seminal no resgate do folclore nacional. Reverenciado pela ANL na década de 1930, publicou o romancista Lima Barreto (por quem tinha grande admiração e amizade), ajudou a fundar, juntamente com Tarsila do Amaral e Jorge Amado, o Instituto Cultural Brasil-URSS (do qual foi diretor), pronunciou-se várias vezes em favor de Luiz Carlos Prestes e era amigo íntimo de Caio Prado Júnior. Durante a ditadura Vargas, foi preso por defender suas ideias; mesmo assim, não deixou de denunciar "os interesses do imperialismo da Standard Oil e da Royal Dutch" nem o colonialismo cultural. Chegou a ser convidado pelo PCB para compor chapa eleitoral do partido em meados dos anos 1940 e criou o Zé Brasil, um trabalhador sem terra que combatia o latifúndio, personagem de um livreto lançado em 1947 pela Editorial Vitória, com ilustrações de Candido Portinari, que foi apreendido várias vezes pela polícia. Foi certamente um dos maiores literatos do país. Escreveram sobre ele Dario Puccini, Edgard Cavalheiro, Maria de Lourdes Teixeira, João Clímaco Bezerra, Renato J. C. Pacheco, Manoel Cerqueira Leite, Janoart Moutinho Ribeiro e Edson de Carvalho. E ainda constaria na *RB* o informativo "Sessão solene em Moscou dedicada à memória de Monteiro Lobato".

No início da década de 1960, o autor do *Sítio do Picapau Amarelo* foi exaltado na *Revista Brasiliense* como defensor e divulgador da cultura popular. Um artigo em particular, intitulado "O negro na obra de Monteiro Lobato", de Henrique L. Alves (que também publicaria "Monteiro Lobato: o folclorista"), discutia a posição do escritor no âmbito da questão étnica. Florestan Fernandes, com "A poesia negra em São Paulo", Luiz Romano, com "Novo poeta das Ilhas de Cabo Verde", Sérgio Milliet, com "Alguns aspectos da poesia negra", e o próprio Henrique L. Alves, com "O problema de uma literatura afro-brasileira", também abordariam os negros nas artes, sem contar os artigos de Clóvis Moura, "Notas sobre o negro no Sertão", e Luiz Izrael Febrot, "Assimilação, aculturação e quistos raciais e nacionais: problemas reais e dilemas falsos", estes de corte social e histórico.

É importante também apontar qual seria o "nacionalismo" da *Revista Brasiliense*. Elias Chaves Neto fez questão de ressaltar, num de seus artigos, que os comunistas, ao apoiarem políticas nacionalistas, não colocavam de lado seus ideais socialistas. Ou seja, viam naquela vertente a "marcha democrática da nação para o socialismo"[102]. Em outras palavras, "para os comunistas o nacionalismo significa a união de todas as forças nacionais para a libertação da pátria da exploração imperialista e a consequente elevação do padrão de vida do nosso povo pela edificação de uma economia nacional independente, no que consiste precisamente o processo de libertação. [...] É a etapa nacionalista na qual não se coloca o problema do comunismo, mas na qual os comunistas veem um passo na marcha do País para o socialismo"[103].

A coexistência pacífica seria um imperativo da época e pressupunha *a libertação de todos os povos da Terra do jugo imperialista*, o que seria "o traço básico do nacionalismo", a etapa vivida pela humanidade naquela fase da história. Segundo o autor de *Minha vida e as lutas de meu tempo*, o empenho da classe operária por melhores condições de vida desembocaria no controle das organizações gigantes por um Estado nacional democrático, hegemonizado pelo proletariado. Nisso residiria o chamado "caminho pacífico para o socialismo" (ainda que esse fosse um trajeto feito de árduas batalhas das massas populares pelo controle político do Estado). O combate pela democracia, contra a opressão das classes dominantes e pelo socialismo se fundiriam "num processo revolucionário único". Ou seja, não se trataria de uma revolução em duas etapas, uma burguesa seguida de uma socialista, mas "um movimento único de democratização do país que progrediria para o socialismo"[104]. Por isso, insistia em que nada seria mais falso do que a ideia de um "socialismo nacional". Afinal, "o nacionalismo é sem dúvida um momento na marcha para o socialismo e nela os povos defendem as formas que mais condizem com os seus costumes e as suas concepções de vida"[105]. Por isso, fundamental ter uma atitude "marxista" em relação ao tema:

> Não basta constatar a contradição existente entre os interesses da burguesia nacional e o imperialismo. Não é suficiente compreeender o papel político que ela pode desempenhar, e tem desempenhado em outros países, na luta anti-imperialista. O que é preciso é acenarem-se-lhe as possibilidades econômicas concretas existentes no desenvolvimento independente da nossa economia e levá-la a participar da luta anti-imperialista, criando o clima político que faça dessas possibilidades reivindicações da massa popular, em luta por melhores condições de vida. É nisto que consiste propriamente uma política nacionalista e a união de todas as forças nacionais realmente interessadas na aplicação prática desta política, que deixará, assim, de ser a simples expressão do anseio popular.[106]

Já para Caio Prado Júnior, o "nacionalismo" seria a "condição essencial" para o desenvolvimento. Afinal, no sistema capitalista mundial (que constituía um sistema de conjunto em que cada país ou grupos de nações mais ou menos homogêneos ocupavam situações "qualitativamente diversas", que representavam um complexo entrelaçamento de relações que dava a cada um deles uma "feição própria e exclusiva" e uma função econômica específica), o Brasil encontrava-se numa posição periférica, complementar, subordinada e dependente. A superação desse *status* no quadro mundial seria fundamental, o que se conseguiria somente com um câmbio estrutural (e não mudanças "aparentes" e "formais" do sistema), consistindo em organizar nosso quadro econômico a partir de bases "propriamente" nacionais e em função da massa da população, com uma indústria integrada à economia do país[107].

As lutas de libertação nacional no Terceiro Mundo eram uma inspiração para o "nacionalismo" que a *Revista Brasiliense* defendia. Um trecho de um artigo de Álvaro de Faria mostra bem isso e, de certo modo, exemplifica o caráter da revista:

> A luta pela libertação nacional é pois uma luta sobretudo dos trabalhadores. Eles não se incorporam em uma luta que não lhes pertence porque essa luta é também deles como uma etapa da sua luta interminável pelo progresso incessante, pela libertação do homem do medo, da incultura e das necessidades materiais e pela elevação do padrão de dignidade humana.

São eles por isso os principais arquitetos de uma pátria nova, altiva, independente e cheia de autoridade no concerto internacional. Muito embora sendo internacionalistas sabem que a fraternidade das Nações pressupõe a nitidez de configuração de cada uma. Pois é essa configuração que deverá trazer a luta que os nossos trabalhadores sustentam pelos seus direitos.

A luta por um Brasil independente, que é a luta anti-imperialista visando uma política econômica nova, tem seu principal esteio nas reivindicações dos homens do trabalho.[108]

A *Revista Brasiliense* seria editada ininterruptamente durante nove anos e teria, ao todo, 51 números. A última edição, a de número 52, foi apreendida e destruída pela polícia quando ainda estava na Gráfica Urupês, logo após o golpe militar, em 1964. Naquela instância, Caio Prado Júnior não pôde fazer nada. Em 1965, um grupo de intelectuais (entre os quais, Roberto Schwarz e Marco Antônio Tavares Coelho) ainda tentou convencer CPJ a resistir e continuar a editar o periódico, sem êxito. Terminava, assim, com a instauração da ditadura militar no país, aquela importante publicação...

7
DE VOLTA AO MUNDO DO SOCIALISMO

Entre julho e agosto de 1960, Caio Prado Júnior foi novamente à URSS e, em seguida, à China Popular, retornando em setembro, experiência que resultou no livro *O mundo do socialismo*[1], publicado em 1962. Vale lembrar que a viagem estava sendo gestada havia alguns anos, e o desejo de CPJ de voltar à Rússia era imenso.

Àquela altura, ele era um nome bastante conhecido nos círculos intelectuais soviéticos, mas nem sempre isso ajudava quando se tratava de conseguir uma permissão de entrada imediata no país. Em 1958, seu filho Caio Graco, de passagem por Paris, cogitou ir a Moscou e, para isso, esforçou-se para contatar Wladimir Kusmischev, amigo do pai e autoridade diplomática soviética. Mas ninguém da embaixada o conhecia. É provável que o representante russo fosse figura do passado, havia muito sem nenhum vínculo com o corpo de funcionários de sua legação[2]. Acabaria, portanto, não indo para a URSS.

Ainda assim, a viagem do jovem para outro país socialista serviu para mostrar as novidades tecnológicas que se escondiam por trás da "Cortina de Ferro" no campo dos trabalhos editoriais. Em Leipzig, na Alemanha Oriental, encontrou "máquinas sensacionais", que poderiam ser compradas e usadas pela Brasiliense. Eram equipamentos utilizados para fazer capas à razão de quinze por minuto e dobradeiras de folhas inteiras que o impressionaram muito. Segundo ele, seria possível comprá-las por algo em torno de 30 mil dólares, com carência de dois anos antes do pagamento[3]. O périplo europeu de Caio Graco, que incluiu Reins, Liège, Hannover, Berlim, Dresden, Praga, Munique e Estrasburgo (ao todo, 3.300 quilômetros), foi contado em carta para o historiador, que leu as descrições com interesse.

Naquela época, as atividades públicas de Caíto continuavam frequentes. Em 1958, fez parte da comissão promotora da conferência do jornalista Pedro Motta Lima, intitulada "36 anos de movimento marxista no Brasil"[4], e também de uma reunião do Conselho Técnico da Confederação Nacional do Comércio, na qual recomendou (em contraposição a uma dissertação feita anteriormente por Eugênio Gudin), que só se deveriam admitir inversões estrangeiras no Brasil sob forma de financiamento, repelindo aplicações diretas. No primeiro caso, de acordo com ele, contrair-se-ia um débito que, amortizado, mais cedo ou mais tarde seria liquidado; já no segundo, não: o empreendimento em que foi feito o investimento continuaria estrangeiro[5]. Os conselheiros da CNC sabiam das posições de seu par e ouviram atentamente a apresentação.

Caio Prado Júnior demorou para voltar à URSS. Desde 1959 pensava em retornar ao país. Mas, talvez por problemas burocráticos, tardava em obter a permissão oficial para entrar no país. Nesse sentido, talvez seu mais importante enlace pessoal em Moscou tenha sido o amigo Jacob Bazarian.

Nascido em Marach (Turquia), em 2 de outubro de 1919, filho de uma família de origem armênia, Jacob Sagh Bazarian emigrou para Alepo (Síria) em 1922 e, quatro anos mais tarde, para Marselha (França). Fez parte dos estudos primários lá e depois se mudou para Itapetininga, no estado de São Paulo. Formou-se como contador em 1936, terminando o ginasial em 1939. A partir daí, cursou a Faculdade de Medicina da USP, a Faculdade de Filosofia São Bento e a Escola Livre de Sociologia e Política de São Paulo, formando-se bacharel em filosofia em 1944 (licenciando-se na mesma disciplina no ano seguinte). Nesse período, também editou o jornal *Ararat: A Voz do Povo Armênio*, juntamente com Levon Yacubian e Mary de Moraes Apocalypse, sua esposa na época. Em 1945, receberia a cidadania brasileira. Transferiu-se em seguida para Paris, onde se vinculou ao periódico *Arménie*, chegando a conhecer personalidades como Bachelard, Sartre, Aragon e Éluard. Foi expulso do país em 1950 por atividades "comunistas". Partiu então para a União Soviética, onde morou durante dezesseis anos consecutivos. Na URSS, tornou-se membro do PCUS, foi eleito deputado pela Armênia, defendeu tese de doutorado pelo Instituto de Filosofia da Acus, deu aulas para estudantes estrangeiros nas escolas do partido e tornou-se pesquisador daquela entidade, publicando artigos no *Kommunist* e nos *Novos Tempos*. Ele teria sido até mesmo, segundo alguns pesquisadores, o elo entre Luiz Carlos Prestes e Comitê Central do PCUS, por falar português e ser membro da Academia. Separado da primeira mulher, casou-se novamente, dessa vez com uma russa, com quem teve dois filhos. Em 1966, retornou ao Brasil, já um crítico ferrenho da nação que o acolhera[6]. Mas naquele momento Bazarian seria um elemento importante para CPJ em Moscou. E procuraria facilitar a ida do colega brasileiro à capital russa. Afinal, muita gente que não era representativa ia à União Soviética, voltava ao Brasil e não escrevia uma palavra sequer sobre a viagem. Caíto, pelo contrário, era um eminente intelectual, poderia descrever sua experiência e mostrar a realidade local para muitos leitores:

Mostrei sua carta aos meus amigos da Voks e do comitê de Relações Culturais com os países estrangeiros e eles ficaram tão admirados quanto eu. Eles me informaram que os turistas que desejam visitar a União Soviética recebem o *visa* em Paris dentro de 1 ou 2 dias com a condição que eles comprem "*tour*" para alguns dias de estadia aqui. Se V. tivesse comprado "*tour*" pelo menos por uma semana, uma vez aqui, nós poderíamos arranjar a prolongação de sua estadia aqui por uns 10 dias, correndo todas as despesas por conta de uma organização oficial qualquer como Instituto de Filosofia da Academia de Ciências da URSS, a Voks etc.

Para vir como curiosidade a coisa é mais complicada e demora mais e é por isso, talvez, que eles pediram o prazo de um mês para dar o visto. Essa questão seria melhor ter resolvido já aí no Brasil. [Ilegível] não haveria nenhuma dificuldade. Como secretário da Seção de Filosofia da Sociedade Soviética de Relações Culturais com os países da América Latina colocarei a questão de seu convite para aqui. Não posso prometer, entretanto, que o conseguirei com certeza. Penso que a coisa é mais do que viável. Mas isso não impede de V. colocar a questão aí no Brasil. Fale com o Burza e o Schenberg que estiveram como convidados aqui e eles indicarão o caminho mais curto para chegar até aqui.

Quando você estiver aqui, nós podemos organizar algumas conferências e palestras no Instituto de Filosofia, de Economia Mundial, de História etc. sobre temas brasileiros a serem lidos por você. Os cientistas soviéticos estão muito interessados pelos assuntos latino-americanos e assistiriam com prazer a suas conferências. Além disso você teria a oportunidade de conhecer os trabalhos dos cientistas soviéticos sobre o Brasil, falar com eles, trocar ideias. Isso seria excelente para o intercâmbio cultural entre os dois países.[7]

Naquele mesmo ano de 1959, Caio Prado Júnior abandonou o quadro de associados da União Cultural Brasil-Estados Unidos, fundada em 1938. Sua carta de "desligamento" criticava duramente o governo norte-americano por ter cancelado seu visto já concedido para uma viagem marcada ao "Colosso do Norte". Ele sabia que a entidade não tinha nenhuma relação com a decisão do Consulado em São Paulo (um gesto "grosseiro", de acordo com CPJ), que alegou que suas opiniões políticas o tornavam indesejável na "América". Afinal, como bem afirmou, ao longo da vida percorrera boa parte do mundo e aquela era a primeira vez que fora impedido de entrar em algum lugar. Estivera nos Estados Unidos antes, para participar de uma reunião interamericana de historiadores, e sua maneira de pensar continuava a mesma. Sentia-se indignado por ter sofrido "pura discriminação ideológica": afinal, era barrado por seu "modo de pensar". Só voltaria a fazer parte dos quadros da UCBEU caso a atitude das autoridades norte-americanas mudasse[8]. O diretor da entidade, Joaquim Muller Carioba, acusou o recebimento de sua "demissão" do quadro social no dia 15 de julho e acolheu a decisão[9].

Se Caio Prado Júnior se afastou de um órgão ligado aos Estados Unidos, por outro lado se aproximou ainda mais da URSS. Afinal, em 10 de maio de 1960 (um mês antes de sua viagem a Moscou), foi um dos fundadores da União Cultural Brasil-União Soviética, em São Paulo, junto com outros artistas e intelectuais, como Sérgio Milliet (o primeiro presidente da entidade), o poeta Afonso Schmidt, o sociólogo Florestan Fernandes, o médico João Belline Burza, o juiz Dácio de Arruda Campos, o advogado Aldo Lins e Silva, a escritora Helena Silveira e o pintor Omar Catunda, assim como Elias Chaves Neto, o físico Mário Schenberg e o maestro Eduardo Guarnieri, os mais atuantes integrantes da união. O anúncio oficial da criação da entidade, provisoriamente instalada na rua Ceará, 436, ocorreu no dia 24 de junho, após reunião na casa de Burza. A sociedade imediatamente contratou dez professores para realizar um curso de língua russa, sob orientação de Tatiana Belinky e Israel de Castro. Possuía um departamento científico, dirigido por Cantídio de Moura Campos, um de teatro, encabeçado por Maria Della Costa, um de intercâmbio, gerido por José Geraldo Vieira, e outro de turismo, aos cuidados de Joaquim Fogaça de Almeida[10]. Ainda que a UCBUS apenas desenvolvesse atividades culturais, depois do golpe militar de 1964 seus membros seriam constantemente vigiados pela polícia. Na prática, somente ter laços com a instituição constituía pretexto para que a ditadura acusasse seus afiliados de representar uma "ameaça subversiva externa"[11]. Caio Prado Júnior e os integrantes da união, contudo, não esmoreceriam e corajosamente se manteriam fiéis em seu apoio, mesmo com o risco de serem detidos e interrogados por seus vínculos com a entidade (CPJ acabaria, de fato, sendo citado nos autos do inquérito policial instaurado contra a União Cultural Brasil-URSS, cinco anos mais tarde)[12].

Em maio de 1960, Caíto, juntamente com Florestan, Juarez Brandão Lopes, Roland Corbisier, Fernando Henrique Cardoso e Antonio Angarita Silva, deu um curso na Delegacia Regional do Trabalho para a formação de dirigentes sindicais, com aulas no Sindicato dos Comerciários e duração de quatro meses[13]; e, por determinação do Comitê Estadual do PCB, proferiu a palestra "Marxismo e o socialismo" no auditório da Biblioteca Municipal, na capital paulista[14]. Isso aconteceu logo depois de ter assessorado, ao lado de Roberto Gusmão e Florestan Fernandes, o II Congresso Sindical dos Trabalhadores do Estado de São Paulo. As resoluções do encontro deliberariam sobre a completa revisão da legislação trabalhista; a reestruturação da legislação sindical, tornando-a mais dinâmica, assegurando os princípios de autonomia e de liberdade sindicais, e abjugando o sindicalismo do intervencionismo ministerial; a valorização dos soldos, com salário mínimo familiar e profissional; a garantia do direito a greve; a simplificação do contrato coletivo; a reabilitação da previdência social; a exigência de medidas que atenuassem o sofrimento da classe operária; a sindicalização dos trabalhadores rurais; e a necessidade de reforma agrária[15]. Segundo matéria de imprensa da época, o vice-presidente João Goulart, que discursou no último dia do evento, criticou as metas dos sindicalistas, muitas das quais propostas pelo historiador. No mês seguinte, o intelectual paulista ainda integrou a comissão organizadora de uma palestra de Jacob Gorender, que discorreu sobre o tema "Lenin, fundador do primeiro Estado socialista"[16].

É importante mencionar que, no começo daquele ano, um almoço em homenagem a Luiz Carlos Prestes por sua recente viagem à União Soviética, China Popular e outros países socialistas, numa casa de festas na avenida Angélica, em São Paulo, em que estiveram presentes trezentas pessoas, entre elas Caíto, aparentemente simbolizou a reaproximação entre as duas personalidades. Nas palavras do dirigente Ramiro Luchesi, membro do *presidium* do PCB, em discurso naquele evento, o ato "selou a paz e uma nova amizade entre Prestes e Caio Prado Júnior, o qual nunca deixou o PC, porém há cerca de 7 anos tinha rompido os laços de amizade com o secretário-geral e principais líderes do PCB"[17]. Um momento, portanto, significativo. Poucos meses depois, o historiador também iria para a "pátria do socialismo".

O entusiasmo pela URSS, por certo, continuava. Caio Prado Júnior foi para a União Soviética com sua esposa, Nena, e, em Moscou, ficou hospedado no Hotel Ukraina, um edifício de 34 andares e 198 metros de altura, projetado por Arcady Mordvinov, do Estúdio de Arquitetura do Ministério da Construção. Estava localizado em frente à Casa Branca, próximo à rua Novy Arbat, no Kutuzovsky Prospect, o centro administrativo da capital. Esse pesado e feio edifício da era stalinista, considerado o maior hotel do mundo na época em que foi inaugurado, com "centenas" de quartos (e onde moraria um grande amigo do historiador paulista, o médico João Belline Burza), aparentemente impressionou CPJ favoravelmente. Como quase tudo que ele e sua mulher viram no país. Lá, o casal visitaria *kolkhozes*, creches, jardins de infância, um estádio de futebol. E não teriam dificuldades em se comunicar. Afinal, Nena estava "afiada no russo", conversando sem problemas e dizendo o que queria naquele idioma[18].

Moscou estava bem diferente da época em que fizera sua primeira visita, 27 anos antes: na descrição de Nestor de Holanda, uma cidade de 5 milhões de habitantes, 330 quilômetros quadrados e 25 distritos, limpa, bem iluminada e silenciosa, apesar do intenso comércio (principalmente aos domingos), automóveis, coletivos e bondes elétricos, assim como rebocadores, lanchas e barcas (que faziam as linhas pelo Moskva e por seu afluente Iausa). O verão moscovita, com calor de 20 °C em média à sombra (mas que chegava por vezes aos 37 °C), e as férias escolares incentivavam a população a ficar ao ar livre, enchendo as ruas da capital. A metrópole contava com nove estações ferroviárias, três portos fluviais, várias pontes de arco, dois aeroportos importantes (Bykovo, a 32 quilômetros a sudeste, e Vnukovo, a 24 quilômetros a sudoeste), linhas de ônibus para os principais centros urbanos nacionais e 60 mil automóveis transitando em suas avenidas[19].

Moscou era não apenas o grande centro cultural do país, mas um polo industrial respeitável, produzindo 30% dos tecidos de algodão, 55% de lã e 46% de seda de todo o país. Também abrigava a fundição de aço Foice e Martelo, o frigorífico Mikoyan, a indústria de produtos lácteos Outubro Vermelho, a fábrica de doces Bolchevique, as fábricas de maquinaria elétrica Dínamo e de máquinas-ferramenta Ordizonikizhe e a fábrica de automóveis Lizhachiov. A capital da URSS, além disso, possuía vários laboratórios, 448 instituições científicas, 70 centros de ensino superior (entre os quais a Universidade Lamonosov) e 6 "academias" (de Ciências Agrícolas, Ciências Médicas, Construção e Arquitetura, Belas Artes, Ciências Pedagógicas e Serviços Municipais). Isso para não falar dos muitos teatros (como o Bolshoi, o Mali, o Górki, o Maiakovski, o da Juventude Comunista, o Pushkin, por exemplo), o circo de Moscou, diversos cinemas, 47 museus, 941 bibliotecas, parques, jardins, praças, cafés e restaurantes.

Os avanços do socialismo soviético causaram grande impacto no historiador brasileiro, que apreciou quase tudo que viu. Em um cartão-postal de 30 de julho de 1960 ao filho Roberto, ele diria:

> Quanto mais se vive mais se aprende, sobretudo viajando. Estou aprendendo muita coisa, e sobretudo que *realmente o regime político e social deste país é o futuro de toda a humanidade*. Mas aprendi outras coisas também, que o futebol igualmente aqui é o esporte mais popular. Visitamos ontem o estádio Lenin, o maior daqui, com capacidade para 100.000 pessoas. Havia um jogo importante, estava cheio. É menor que o Maracanã, mas muito mais limpo e bem tratado; uma perfeição em todos os sentidos. Você gostaria muito, e se estivesse aqui, teríamos assistido ao jogo. E você poderia julgar a técnica do futebol soviético. Todo mundo conhece aqui o Pelé, e sabe-se do Brasil sobretudo pelo seu futebol. [...] Agora vamos viajar um pouco pela URSS. Um grande abraço muito e muito afetuoso.[20]

Nem tudo, por certo, era admirável na URSS. Em sua nova visita, CPJ conversou com vários professores do Instituto de Filosofia da Acus, o que não lhe teria causado boa impressão. Para ele, os soviéticos eram, no fundo, "materialistas metafísicos" e, portanto, "escorregavam" o tempo inteiro para o idealismo. Os trabalhos desses intelectuais, que vinham sendo publicados em espanhol na época, comprovariam isso. Um dos acadêmicos em particular, P. V. Tavants, teria deixado o brasileiro "siderado". Isso porque afirmou que os manuais de lógica formal publicados naquela época nos países "burgueses" representavam a "última palavra" em assuntos nos quais não havia nada a acrescentar. Em carta a Carlos Nelson Coutinho, Caio faria o balanço da produção intelectual daquele país:

> Não concordo com sua afirmação de que os dirigentes soviéticos promoveram a cisão da teoria e da práxis, porque se o tivessem feito, não teriam construído o socialismo, como fizeram. Pode-se dizer que a elaboração filosófica não acompanhou devidamente a marcha da revolução e transformação socialista. Isso é, não a teorizaram em termos filosóficos. Mas foram e são dialéticos na mais pura expressão, e ainda ultimamente, a maneira como estão colocando a questão da edificação do comunismo, é um modelo admirável da aplicação da dialética à análise e interpretação dos fatos sociais e históricos. Tudo isso não impede que em conjunto, a filosofia soviética não tenha ainda topado, na sua essência, a maneira de exprimir o método dialético. Mas acredito, como referi acima, que isso está para breve, o salto não tardará, e teremos então um florescimento sem paralelo da filosofia marxista. Isso já se percebe, latente, em muitos textos (referentes, é curioso notá-lo, aos mais variados assuntos, como o emprego da matemática na economia – econometria –, a cibernética, a interpretação histórica – há belíssimos trabalhos da historiografia soviética relativa à germinação e primeiras fases do capitalismo na Rússia, na Física), e ausente unicamente nos filósofos consagrados e oficiais. Curioso e paradoxal. Não sei explicar por quê.[21]

Pouco tempo antes, ele já havia apontado os problemas formais e estruturais de um manual soviético, *Categorias del materialismo dialectico*, de Mark Moiseevich Rosental e Grigorii Markovich Straks (ambos membros da cátedra de Filosofia do Instituto Pedagógico de Estado "K. D. Ushinski" de Yaroslavsk), que deixava muito a desejar no trato do assunto, assim como por sua superficialidade e imprecisão na abordagem de temas fundamentais, apresentando a matéria de maneira "desordenada e dispersiva". Segundo Caio, contudo, "o que é mais de deplorar" na obra era a atitude vacilante dos autores ao definir as "categorias" e "a falta de precisão", de modo geral, com formulações vagas, confundindo ambas as esferas, "a subjetiva do pensamento e conhecimento, e a objetiva dos fatos concretos de que pensamento e conhecimento se ocupam". Atacaria até mesmo I. A. Suslov, que colaborara em um dos capítulos do livro, o qual teria "uma noção da percepção sensível excessivamente simplista, e inteiramente insatisfatória". A conclusão era que o trabalho, mesmo que melhor do que aqueles realizados em anos anteriores, teria resultado numa "contribuição insignificante" e se limitou a "velhos padrões especulativos", desprezando inteiramente "tudo aquilo que a moderna ciência experimental e baseada na observação, em particular a Psicologia, a Linguística e a História da Ciência, pode fornecer e efetivamente fornece para uma adequada interpretação da atividade do pensamento e da natureza do conhecimento"[22].

Como já dito, ao longo dos anos 1950 CPJ desenvolveu trabalhos sobre filosofia e interessou-se pela produção intelectual na URSS. Não custa ressaltar que era considerado por muitos, no Brasil e no exterior, um "filósofo de envergadura"[23], que havia lançado *Dialética do conhecimento*, "talvez o mais profundo livro de filosofia já escrito no pensamento brasileiro"[24].

Ainda que não falasse russo, recebia periodicamente muitas publicações da União Soviética, para ficar a par do que ocorria nos países além da "Cortina de Ferro" e das discussões políticas e econômicas na região (as revistas eram, muito provavelmente, lidas por Nena)[25]. Seu diálogo crítico com o que se produzia na URSS se expressa, por exemplo, nas diferentes resenhas de obras publicadas naquele país. Em 1956, escreveu "A dialética materialista"[26], como comentário a um editorial da revista *Kommunismus*, e resenhas de *Materialismo dialético*, de U. P. Icherkov[27], e do *Manual de economia política*, da Acus (a partir da edição mexicana)[28], assim como do já citado *Categorias del materialismo dialéctico*, de M. M. Rosental e G. M. Straks[29] (também da versão mexicana, traduzida do russo por Adolfo Sánchez Vázquez e Wenceslao Roces), em 1959.

Após um mês na União Soviética, o casal continuou a jornada, seguindo para Pequim. A China, desde 1958, era impulsionada pelo "grande salto adiante", que visava transformar radicalmente a economia e a sociedade rumo ao comunismo. Projetos de larga escala, criação de indústrias leves e abertura de minas de pequenas dimensões eram alguns dos elementos do plano; este ainda envolvia arregimentação extrema da população, redução do consumo e virtual abolição dos incentivos materiais. Por meio de propaganda maciça, estimulava-se a ênfase nos esforços locais. De 1957 a 1960, o valor total da produção da indústria (calculado em termos de preços inalterados) havia aumentado de 70,4 bilhões de yuans para 165 bilhões de yuans, um crescimento de 130%; já o total da agricultura havia diminuído de 53,7 bilhões de yuans para 41,5 bilhões de yuans. A produção de grãos cairia de 195,05 milhões de toneladas para 143,5 milhões, e tanto o armazenamento como a venda do produto pelo governo também sofreriam declínio. Nesse mesmo período, a população da China cresceu 16 milhões. O planejamento frágil e as metas excessivas, aliados às dificuldades climáticas, que causaram grandes desastres naturais, complicaram ainda mais a situação.

Em 1960, ano em que Caio Prado Júnior visita o país, a reunião ampliada do Bureau Político do Comitê Central do PCCh, realizada em Xangai em janeiro daquele ano, havia previsto um novo "grande salto adiante", influenciando os projetos tanto para os meses seguintes quanto para os últimos três anos do Segundo Plano Quinquenal. Os objetivos eram ambiciosos. A proposta era que o valor do *output* industrial total crescesse 29%, baseado no crescimento de 39,3% em 1959; na agricultura, um aumento de 12% sobre o anterior 16,7%; e também uma elevação de 10% para 57% na produção de aço, carvão, cereais, algodão e porcos, assim como no volume de transporte de carga por estradas e ferrovias. Na prática, naquele ano, apenas 77,9% das metas foram atingidas no setor industrial, 51,9% na agricultura e 31,1% no transporte de carga. O novo "grande salto adiante", na primeira metade de 1960, caracterizou-se por um chamado do governo para estimular a inovação tecnológica e a aceleração do desenvolvimento industrial. Uma pesquisa feita em 24 províncias e regiões autônomas mostrou que, entre janeiro e março, os trabalhadores apresentaram 25,3 milhões de propostas no campo da tecnologia, das quais supostamente 9,65 milhões foram adotadas. Até o final de julho, haviam sido criadas mais de mil comunas populares em cidades de médio e grande porte, cujos membros representavam 77% da população urbana total do país (na época, pequenas indústrias locais e estabelecimentos coletivos, como cantinas, creches e jardins de infância, espalharam-se por toda a nação)[30]. Ao mesmo tempo, contudo, a falta de oferta de grãos era um indicativo de que nem tudo andava como o desejado[31]. Só em 1960, a área atingida por problemas naturais chegava a 24,66 milhões de hectares. A produção de grãos diminuiu entre 15 e 20 milhões de toneladas. Enquanto isso, o número de camponeses que trabalhavam na agricultura caiu 40 milhões em relação a 1957, devido em parte aos grandes movimentos de massa rumo à construção de barragens e indústrias. A população urbana, por sua vez, aumentou[32].

Em setembro do ano anterior, Caio Prado Júnior recebera um relatório completo de uma conferência sobre as transformações econômicas e sociais da China, realizada pelo decano da Faculdade de Ciências Econômicas da Universidade Central de Quito (Equador), Manuel Agustín Aguirre, que estivera no país poucos anos antes. O material, uma "síntese bastante clara, que proporciona a informação suficiente para o conhecimento da realidade chinesa atual", foi bastante útil ao historiador brasileiro antes de sua própria viagem, um ano mais tarde[33]. O mesmo pode ser dito das obras sobre tal tema, em geral em inglês e francês, publicadas pelas Edições em Línguas Estrangeiras do governo chinês, que ele coligia.

O *tour* de Caio Prado Júnior e da esposa pelo "Império do Centro" incluiu, além da capital, Wuhan, Xangai e outras localidades no sul do país. Com Nena, visitou a ópera de Pequim, assistiu a um show de acrobatas (os mesmos que havia visto em São Paulo), foi a um teatro onde eram representadas simultaneamente quinze cenas, conheceu de perto uma represa e uma fundição de ferro e aço ("maior do que Volta Redonda"), encontrou-se com monges num templo budista de Hang Tcheu, foi a fábricas, comunas (fazendas coletivas) e monumentos. O casal foi constantemente acompanhado por uma guia local, que tinha duas tranças pretas "quase até os joelhos" e que apresentou os pontos "turísticos" em espanhol. A dupla se impressionava com o ritmo acelerado de construção em massa de edifícios residenciais, universidades, bibliotecas, museus, estações, galerias de exposições. Mas não deixaria de se interessar pelos assuntos brasileiros e ainda perguntaria ao filho mais novo: "E o futebol? O Santos na ponta do campeonato?"[34].

Ainda que confessasse estar cansado, Caio Prado Júnior afirmou que ele e a esposa estavam "aproveitando muito":

> vendo e compreendendo este mundo enorme de 650 milhões de pessoas, dominadas e exploradas até há poucos anos pelos imperialistas europeus, e um punhado de grandes proprietários, e que constroem hoje um país rico e poderoso que assegurará o bem-estar de todos seus habitantes (mais de uma quinta parte da humanidade). Há muito ainda por fazer, mas que a obra está sendo levada a cabo, não pode ter dúvidas: em dez anos no máximo, a China é o primeiro país do mundo.[35]

Em outra carta a Roberto, esta enviada de Wuhan, ele diria:

> aqui na China, podem-se ver muito bem as vantagens do socialismo, porque a China capitalista não deixou nada, e só o moderno e recente, que é do socialismo, representa o progresso e perspectiva futura. Você quando vier à China (e com certeza algum dia virá) terá ocasião de ver o maravilhoso país que se está construindo aqui, para uma vida feliz de todo mundo.[36]

Logo depois de retornar ao Brasil, Caio Prado Júnior, em 7 de novembro de 1960 (data da comemoração da Revolução de Outubro), deu uma palestra na Biblioteca Municipal de São Paulo intitulada "Atualidade e perspectivas do socialismo" e, em seguida, escreveu o artigo "Convivência pacífica", publicado na *Revista Brasiliense*, no número de janeiro e fevereiro de 1961. Nele, exaltava a "Declaração de Moscou", documento assinado por representantes de vários partidos comunistas e operários em novembro do ano anterior que interpretava a conjuntura política, econômica e social internacional e reafirmava a doutrina (explicitada nos XX e XXI Congressos do PCUS) da "coexistência pacífica" entre Estados com regimes sociais distintos. O texto de CPJ mostra, de um lado, o aparente desconhecimento das acirradas disputas político-ideológicas entre União Soviética e China (ele exaltava o "elevado grau de unidade ideológica e fraternal de solidariedade dos partidos comunistas e operários de 87 países [sic]") e, de outro, sua convicção na importância e na factibilidade da política externa soviética, mais tarde tachada pelos chineses de "contrarrevolucionária" e "reformista".

Nesse pequeno trabalho, publicado justo entre a viagem à URSS e à China e o lançamento de *O mundo do socialismo*, ele indicava claramente sua escolha no campo do socialismo; um texto que pode servir como um "documento" extraoficial de sua *até então* inquebrantável adesão aos soviéticos. Caíto diria, na ocasião, que não seria possível negar o nítido e progressivo declínio do capitalismo, e o "fulgurante" e "acelerado" avanço do socialismo. Para ele, os Estados nacionais deveriam respeitar e conviver pacificamente, caso contrário, o resultado seria a guerra, o "choque armado", a "catástrofe" para a humanidade. Ainda insistia que o socialismo haveria de ser obra dos *povos* de cada país, uma "tese fundamental e essencial do marxismo e da revolução socialista"[37]. Em suas palavras:

> A Declaração de Moscou que estamos analisando o reafirma de forma explícita e sem ambiguidades, quando afirma que "a revolução socialista não se importa, nem pode ser imposta de fora. É resultado do desenvolvimento interno de cada país, do aguçamento extremo das contradições sociais. Inspirados pela doutrina marxista-leninista, os partidos comunistas sempre foram contrários à exportação da revolução". Afirmação tão peremptória (que exprime aliás uma diretiva a que nenhum comunista, sob pena de não se poder mais considerar tal, se pode furtar), e afirmação que vem reforçar princípios teóricos consagrados e uma linha já tradicional de conduta política, mostra claramente a grande distância, e mesmo contraste absoluto entre a oposição do capitalismo imperialista ao socialismo, e a do socialismo ao capitalismo.
>
> Mas se a revolução socialista não se exporta, também não é de admitir a exportação da contrarrevolução. Os comunistas, afirma a Declaração de Moscou, "lutam energicamente contra a exportação imperialista da contrarrevolução. Os partidos comunistas consideram que é seu dever internacionalista exortar os povos de todos países a se unirem, a mobilizarem suas forças internas, a atuarem energicamente, e apoiando-se no poderio do sistema socialista mundial, impedir ou dar uma enérgica réplica à ingerência dos imperialistas nos assuntos de todo povo que se tenha lançado na revolução". Isso é condição necessária de convivência pacífica, porque entre os assuntos internos de qualquer povo ou país, está o de escolher a forma de suas instituições sociais e econômicas, e a maneira mais conveniente de chegar a elas, não cabendo a ninguém de fora o direito de intervir na questão. [...]
>
> Entre o capitalismo e o socialismo somente há hoje, no plano internacional, uma forma admissível de contenda: a competição pacífica. Que se conceda a cada qual dos dois sistemas a oportunidade de exibir seus méritos respectivos, e sua capacidade de fazer frente aos angustiantes problemas econômicos, sociais, morais e culturais que se apresentam na atual conjuntura e fase da evolução histórica da humanidade. E que se deixe a essa humanidade o direito de julgar,

isto é, decidir sem o recurso à imposição pela força de um povo sobre outro, qual dos dois sistemas ela prefere.[38]

Na prática, a política oficial de "coexistência pacífica", também defendida pelo PCB, pode ser considerada a posição oficial da *Revista Brasiliense*. Todos os colaboradores da publicação que escreveram sobre o tema, como Elias Chaves Neto e Paulo Alves Pinto (membros do partido), apoiavam o princípio propugnado pelos soviéticos[39].

Em *O mundo do socialismo*, publicado no ano seguinte, CPJ elogiou o XXII Congresso do PCUS, de outubro de 1961, e o novo programa do partido para o comunismo, em plena era Kruschev, da mesma forma como exaltou o mesmo documento, por exemplo, Che Guevara (que, por sinal, seguia uma linha bastante diferente do autor brasileiro)[40]. Vale lembrar que, para Caio, aquele congresso "não foi certamente de visionários, e muito menos de mistificadores, mas de homens essencialmente realistas e cujas visões e planos vêm sendo invariavelmente cumpridos à risca, a implantação daquela norma, isto é, a instituição do comunismo, foi fixada como objetivo já agora à vista e a ser realizado em prazo previsível"[41].

No ano em que o livro foi lançado, ocorreu a cisão do PCB, quando um grupo saiu do partido e criou o PCdoB, seguindo uma tendência favorável à experiência chinesa. Há quem diga que *O mundo do socialismo* pode ter sido, na verdade, encomendado pelo PCUS, por isso seu teor tão favorável, quase em tom de propaganda, à União Soviética, o que é improvável[42].

Nessa obra, publicada quase trinta anos depois de *URSS, um novo mundo* (que teve duas edições, uma em 1962 e outra em 1967), Caio Prado Júnior parece não mudar muito sua opinião sobre os temas básicos abordados na primeira obra. Nesse volume, certamente pior que o anterior, em alguns momentos ingênuo, de linguagem por vezes panfletária, o historiador paulista continua apoiando incondicionalmente a experiência soviética. Ao contrário da obra de 1934, contudo, ele diria dessa vez que aquele era um livro "parcial", escrito por um "comunista". E concluiria que "toda a humanidade marchava para o socialismo".

Apesar de o livro certamente não ter a qualidade de seus clássicos sobre a história do Brasil, foi muito elogiado por alguns colegas, como o intelectual italiano Mario Fiorani[43] (autor de *Breve história do fascismo*), o advogado Moisés Gicovate[44], Álvaro Augusto Lopes[45] e Lannoy Dorin[46]. Mesmo o argentino Héctor Agosti exaltou o trabalho. Após ter lido o livro "com muito prazer", o autor de *El hombre prisionero* destacou o enfoque de Caíto, que partia da ideia do socialismo como realizador da felicidade do homem. Afinal, a revolução careceria de sentido se fosse somente um exercício de alinhamento de cifras em colunas estatísticas. Ele achava que talvez tivesse valido a pena CPJ ter detalhado os aspectos negativos da construção do socialismo, especialmente os derivados do "culto da personalidade". Mesmo que o historiador brasileiro, de acordo com ele, tivesse aludido a esses traços no segundo e terceiro capítulos, uma menção mais enfática teria sido útil. Mas isso não tirava a agudeza do livro nem a força de suas observações[47].

A China, por sua vez, aparecerá pouquíssimo no livro. É bom lembrar que, desde 1956, começara uma fase difícil na relação entre URSS e China, que repudiara a declaração de Kruschev sobre a "coexistência pacífica" e as denúncias contra Stalin no XX Congresso do PCUS, sem consulta prévia ao PCCh. Em 1959, a União Soviética se recusou a fornecer tecnologia e material nuclear para a China (rompendo o acordo sino-soviético de 1957) e, em agosto de 1960 (justamente na época em que Caio se encontrava em Pequim), todos os técnicos e especialistas soviéticos foram chamados de volta a seu país.

A "disputa" entre URSS e China se tornou explícita na conferência das delegações dos partidos comunistas que participavam do Congresso do Partido dos Trabalhadores da Romênia em Bucareste, em junho de 1960, quando acusações mútuas foram trocadas diante de outros delegados. A divergência foi formalizada na Declaração de Moscou, em novembro do mesmo ano. E, em 1962, o PCUS e o PCCh acirraram as acusações nos foros internacionais, tentando arregimentar o apoio dos partidos comunistas de outros países[48]. Na visão de Jean Baby, "é preciso reconhecer que a partir de meados de 1959 a China transformou-se para Kruschev num inimigo, e o imperialismo norte-americano num parceiro"[49]. Diria:

> O conflito sino-soviético agravou-se no fim de 1959, quando Kruschev começou a ofensiva aberta contra a China. Num discurso pronunciado em 30 de outubro, uma crítica a Trotski significou claramente uma indireta aos chineses; mas foi sobretudo no VII Congresso do Partido Comunista Húngaro, em princípio de dezembro, que, diante dos delegados, ele atacou as comunas populares e "o grande salto para frente". Condenou também os "líderes arrogantes" que existiam no campo socialista. Apesar de não terem estas intervenções sido feitas em público, o número daqueles que sabiam que um conflito sério o opunha aos dirigentes chineses não parava de aumentar.
> Os acontecimentos vão se precipitar em 1960.
> Em fevereiro, numa sessão da Comissão dos membros do Pacto de Varsóvia, isto é, diante dos dirigentes dos países socialistas da Europa, Kruschev lançava um violento ataque contra a política chinesa, ajuntando que a União Soviética não entregaria armas nucleares à China (o Acordo secreto de 1957 não era ainda conhecido). A resposta chinesa a esses ataques veio sob a forma de um estudo teórico de grandíssima importância, intitulado *Viva o leninismo*, publicado em

16 de abril de 1960 pelo *Bandeira Vermelha*, em comemoração ao nonagésimo aniversário do nascimento de Lenin.[50]

Os dirigentes do PCB estavam a par do que acontecia. Pedro Pomar participara como delegado brasileiro do Congresso do PC romeno e viu de perto os ataques que Kruschev fizera aos camaradas da delegação chinesa, encabeçada por Peng Chen, assim como a tentativa de transformar o evento numa conferência de "condenação" do PCCh, ferrenho opositor à "coexistência pacífica" preconizada por Moscou e defensor de uma maior independência de atuação dos PCs na construção do socialismo em seus países[51]. Também presenciou a delegação albanesa atacar os soviéticos, e os membros dos partidos comunistas da Índia e da Indonésia acusarem os enviados do PCUS de revisionistas[52]. Pomar reportou tudo isso ao Secretariado Nacional do PCB assim que retornou ao Brasil. Poucos anos depois, em 1963, após a cisão que deu origem ao PCdoB, o mesmo dirigente, agora membro da nova agremiação, viajou à Albânia e à China, onde teve boa acolhida. O PCCh começaria a ter relações formais com o seu partido auxiliando-o no treinamento militar de seus aderentes[53]. Mais tarde, como lembra Wladimir Pomar, o PCdoB seria o único partido comunista do país a manter relações com a China Popular[54].

Interessante é que, pouco tempo depois da viagem de Caíto, sua filha Danda, junto com o marido, Paulo Fernando Alves Pinto, ambos militantes do PCB, iriam também à URSS e à China. O casal, porém, seria recebido com grande deferência e até se encontraria com Mao Tsé-tung e Chou En-lai, algo que causou grande impressão em Caíto. Afinal de contas, de acordo com a primogênita do historiador, ele não recebera nenhuma recepção especial, principalmente de parte de altas autoridades chinesas, quando lá estivera[55]...

Em *O mundo do socialismo*, CPJ afirmaria, de forma ingênua ou proposital, que o período de repressão violenta na URSS e em outros países por trás da "Cortina de Ferro", *necessária no início dos processos revolucionários para garantir sua sobrevivência*, já havia passado *completamente*, e que isso nunca havia ocorrido na China Popular[56]. Afinal de contas,

> o socialismo, no dia em que se pôde efetivamente realizar e exibir em toda plenitude, não encontrou mais força ponderável que lhe fizesse frente. E dispensou com isso as defesas de que se armara numa primeira fase de incertezas [...] A severidade e violência que acompanharam no passado a implantação do socialismo nada têm assim a ver com a natureza do regime. Apesar de ainda cercados de um mundo capitalista hostil que não se conforma com a existência e presença do socialismo, apesar das provocações de toda ordem de que são vítimas – a virulenta propaganda anticomunista generosamente subsidiada que se despeja nos países

socialistas entre outros através do rádio e da infiltração de agentes sabotadores –, apesar disso, e de muito mais, os países socialistas já hoje consolidaram e estabilizaram inteiramente sua vida, e os aparelhos especiais de repressão interna desapareceram por completo. Tem-se neles a mais total liberdade de movimentos, e não há sinais de quaisquer restrições além das ordinárias e normais que se encontram em qualquer outro lugar.[57]

Nesses países, portanto, ao contrário do mundo capitalista, também haveria muito mais democracia, liberdade de expressão e de imprensa para os cidadãos. As nações socialistas, portanto, estariam efetivamente engajadas na "marcha para o comunismo"[58].

É interessante lembrar aqui que o livro de Caio Prado Júnior não foi o único publicado na época por um brasileiro sobre a União Soviética. Um deles, lançado também em 1962 e escrito por John R. Cotrim, *Um engenheiro brasileiro na Rússia* (coletânea de artigos publicados no jornal *O Globo*), é exemplo inverso do que havia feito CPJ, pois retrata a União Soviética de forma, em grande medida, depreciativa[59]. Já o jornalista pernambucano Nestor de Holanda, autor de diversos romances, crônicas e peças de teatro, esteve na URSS em 1960, o que resultou em *Diálogo Brasil-URSS* e *O mundo vermelho*[60]. Ambos tiveram boa repercussão, o primeiro com duas edições, em 1960 e 1962, e o segundo com três, em 1961, 1962 e 1963[61]. A primeira impressão de *O mundo vermelho* teve uma das maiores tiragens já feitas no Brasil, e o livro foi traduzido para vários idiomas[62]. Nelson Werneck Sodré chegou a dizer, com certo exagero, que se tratava de uma "reportagem lúcida, honesta, segura e interessante, uma das melhores coisas que já se escreveu sobre a União Soviética em qualquer país aquém da Cortina de Ferro"[63]. Não custa lembrar que, alguns anos mais tarde, Ênio Silveira também escreveria um curto texto sobre a URSS, após uma viagem ao país com o mesmo Sodré e Amilcar Alencastre, quando visitou Leningrado, Moscou e Baku, a convite da Acus para participar de um congresso internacional[64].

Vale acrescentar, portanto, que, assim como no caso do primeiro livro de Caio Prado Júnior sobre a Rússia soviética, *O mundo do socialismo* também não é o melhor exemplo de literatura sobre a URSS da época. Nesse caso específico, *O mundo vermelho*, igualmente favorável e laudatório à pátria de Lenin, é um livro mais interessante, que leva o leitor a percorrer o itinerário do autor, com histórias pitorescas e pessoais, discorrendo ao mesmo tempo sobre detalhes da vida política, econômica e social do país (ainda que com um viés claramente tendencioso), com dados estatísticos e informações históricas inseridas no meio da narrativa de viagem.

O alinhamento de Caio Prado Júnior à União Soviética continuava completo, ainda que fizesse críticas pontuais a amigos em alguns momentos. Mas, externamente, não atacaria as políticas do Kremlin. Em 1962, numa reunião especial de três horas realizada pela comissão mista da Câmara e do Senado encarregada de estudar a remessa de lucros para o exterior, Caio criticou com veemência o capitalismo e supostamente preconizou para o Brasil o sistema político e econômico da União Soviética, numa apresentação considerada "ideológica" pelos deputados e senadores conservadores presentes no encontro[65]...

Em Cuba

A Revolução Cubana causou interesse em Caio Prado Júnior desde o início. Já em novembro de 1960, desejando participar ativamente dos esforços para apoiar a experiência transformadora que ocorria na ilha caribenha, ele se tornou membro fundador do conselho diretor da Comissão Paulista de Solidariedade a Cuba[66]. Na ocasião, Bensaúde Branquinho Maracajá, presidente da União Estadual dos Estudantes, anunciou aos presentes que a diretoria decidira promover um alistamento de voluntários que quisessem lutar a favor da ilha[67]. O PCB e o PTB (seção de São Paulo) deliberariam para esclarecer e convocar a população para a defesa da revolução.

As mobilizações se intensificaram daí em diante. Em janeiro de 1961, realizaram-se diversas manifestações em prol do país e, na Assembleia Legislativa, Ruy Barata e Cleo Bernardo se manifestaram em defesa de Cuba e da Argélia. Dois meses mais tarde, por sua vez, em reunião na sede da UEE, a militante comunista Elisa Branco Batista propôs que se iniciasse um processo de depredações de todas as firmas norte-americanas, como forma de protesto. Caio Prado Júnior, presente ao encontro, interferiu contra a sugestão, considerando o momento inoportuno: seria cedo demais para colocar em prática esse tipo de procedimento, que, em última instância, poderia provocar um golpe[68].

Finalmente, em julho, foi realizado o Encontro Estadual dos Amigos de Cuba, na sede do Sindicato dos Metalúrgicos, com a presença de quatrocentas pessoas. Da comissão organizadora faziam parte Michael Löwy (representante da Aliança Operária e Estudantil da UEE)[69], Caio Prado Júnior e Mário Schenberg; compunham a mesa, presidida por Dácio de Arruda Campos, segundo relatório do Dops, Febus Gikovate ("líder socialista"), Boris Fausto ("líder trotskista"), Caio Prado Júnior, Mário Schenberg, Elias Chaves Neto e Aldo Lins e Silva ("comunistas"), além dos "líderes sindicais" Luiz Firmino de Lima, José Bustos e Guarino Fernandes dos Santos.

Os aderentes da IV Internacional naquele encontro distribuíram o documento "Tese apresentada pelos trotskistas como contribuição ao Encontro Estadual dos Amigos de Cuba". Bernardo Boris e Boris Fausto defenderam na ocasião que a única forma de solidariedade a Cuba consistia na instauração do poder operário em cada Estado latino-americano; também atacaram duramente a burguesia nacional, conclamando o povo à luta pela encampação sem indenização das empresas imperialistas, a denúncia dos tratados militares com os Estados Unidos, a imediata interrupção de remessa de lucros para o exterior e a defesa das reformas agrária e urbana.

Por intermédio de Enio Sandoval Peixoto, os comunistas, por sua vez, propugnaram, num tom distinto, a revolução por etapas, a necessidade de alianças com a burguesia nacional e com outras forças políticas anti-imperialistas e o apoio ao governo Jânio Quadros em todos os atos que visassem defender a ilha.

Ainda naquele evento, Francisco Julião foi exaltado pelo público. Ele fez um discurso entusiástico. Ao final, disse que "o Brasil não tem necessidade de enviar voluntários a Cuba, pois estes serão precisos aqui mesmo; o comunismo começou a falar o russo, passou para o chinês, depois para o tcheco e o polonês, aprendendo a falar o espanhol e vai começar o estudo do português"[70]. A audiência delirou.

Era clara a aproximação cada vez maior com a ilha de Fidel. Por isso, Caio Prado Júnior também esteve presente à conferência em que discursou o deputado petebista Almino Affonso, na noite de 26 de julho de 1961, no antigo salão do Professorado Paulista. Ali, discutiram o assalto ao Quartel Moncada, acusando "com veemência o imperialismo" e elogiando "as realizações do governo revolucionário cubano"[71].

No final de dezembro de 1961, Caíto finalmente viajaria a Cuba. Vale recordar que no começo daquele ano, em artigo na *Revista Brasiliense*, ele havia dito:

> está aí Cuba, em vias de grandes transformações estruturais. Até onde irão essas transformações, não podemos por enquanto estar ainda seguros. As previsões de cada um situado de fora da contenda, sofrem necessariamente a influência de suas concepções próprias. Mas seja qual for o caminho e o alcance da Revolução Cubana, e seja qual for a opinião que cada um possa ter a respeito, não assiste ao Governo norte-americano o direito de intervir no assunto, como está fazendo, e ameaçando fazer ainda mais. As graves consequências, facilmente previsíveis, que podem advir dessa atitude do Governo norte-americano, pressionado pelos círculos imperialistas do país, mostram claramente como se impõe, de maneira insofismável, a alternativa da convivência pacífica e não intervenção nos negócios internos de outros países, de um lado, e do outro a guerra.[72]

Na mesma edição da *Revista Brasiliense*, um texto editorial em homenagem ao segundo aniversário da Revolução Cubana, escrito por Álvaro de Faria, exaltava os "heróis" comandados por Fidel Castro e afirmava que a ilha caribenha era o lugar no continente onde se rompeu o primeiro elo da cadeia que algemava as nações das Américas, na luta contra um mesmo inimigo, uma contenda vista como "um processo comum a todos". Por isso, as vitórias do povo cubano seriam nossas e o destino dos povos da região, paralelo ao do povo cubano: "tudo quanto se fizer hoje por Cuba de Fidel é parte da nossa luta pela libertação do povo brasileiro". E completava: "Este segundo aniversário da Revolução Cubana é comemorado aqui pela *Revista Brasiliense*, que se orgulha de não vacilar no seu apoio irrestrito às lutas libertadoras populares de todas as nações, mas especialmente da América Latina, a começar pela cubana"[73].

O ano de 1961 (dedicado oficialmente à educação) havia sido fundamental para os rumos políticos e econômicas da ilha. De um lado, o processo acelerado de alfabetização popular mobilizou milhares de jovens, que conseguiram, até dezembro, transformar Cuba no primeiro território livre do analfabetismo na América Latina. Isso, claro, ao mesmo tempo que se lutava contra o banditismo rural e grupos contrarrevolucionários, especialmente na Sierra del Escambray. Em janeiro havia se consumado, oficialmente, a ruptura entre o regime castrista e os Estados Unidos. As tensões aumentaram. Em abril, após uma série de sabotagens e bombardeios contra aeroportos cubanos realizados por dissidentes apoiados por Washington, Fidel declararia o caráter socialista da revolução. Naquele mesmo mês, a invasão da Baía dos Porcos por um exército de mercenários apoiados pela CIA e pelo Departamento de Estado Norte-Americano é debelada, fortalecendo ainda mais a posição de Castro no poder. A vitória em Playa Girón claramente robusteceu o regime castrista, que se apresentou como o representante do primeiro país do Terceiro Mundo a derrotar o imperialismo no século passado. Em julho eram formadas as ORI, que juntavam as principais correntes do período armado da revolução, o M-26-7, o DER e o PSP (Partido Socialista Popular/Cuba). Mais tarde, elas dariam lugar ao PURS e, depois, ao novo PCC. Em agosto, Che Guevara foi a Punta del Este, no Uruguai, onde participou com destaque do Cies, criticando duramente a "Aliança para o Progresso". E, no mês seguinte, o então presidente Osvaldo Dorticós encabeçou a delegação do país na Conferência dos Países Não Alinhados em Belgrado.

O interesse da intelectualidade progressista latino-americana pelo desenvolvimento da Revolução Cubana era grande. E com Caio Prado Júnior não poderia ser diferente. Se as viagens anteriores tinham sido feitas a título pessoal, por sua conta, sem apoio ou ingerência do partido e com seus próprios recursos, a ida à ilha de Fidel ocorreria de forma distinta.

A visita de jornalistas, políticos, artistas e intelectuais brasileiros a Cuba era comum nos primeiros anos da revolução. Vale lembrar que, já em janeiro de 1959, o repórter dos *Diários Associados* Armando Gimenez, junto com colegas do Rio de Janeiro e São Paulo, visitou a ilha, onde participou da Operação Verdade e do Fórum de Debates sobre a Reforma Agrária, em Havana. Naquela ocasião, entrevistou o "líder máximo" e o Che, e escreveu, em seguida, o primeiro livro de um brasileiro sobre aquele momento histórico transcendente, *Sierra Maestra: a revolução de Fidel Castro*, publicado pelas Edições Zumbi no mesmo ano[74]. O sucesso foi tal que a obra esgotou rapidamente, com uma segunda tiragem saindo da gráfica na sequência (tempos depois Gimenez se tornaria dirigente do PCdoB e, por suas atividades no partido, seria preso e torturado pelos órgãos de repressão)[75].

Em novembro, Pedro Pomar, por incumbência do PCB, iria à ilha, onde ficaria quarenta dias, sendo possivelmente o primeiro dirigente comunista brasileiro a visitar o país caribenho depois do triunfo de Fidel e seu grupo[76]. Ao retornar ao Brasil, produziu vários artigos para o periódico *Novos Rumos* e participou de palestras em defesa da revolução[77].

No final de março de 1960, Jânio Quadros, então candidato à Presidência da República, também esteve em Cuba, a convite do comandante-em-chefe, com uma delegação que incluía sua mulher, sua filha e sua sogra, o coordenador da viagem, José Aparecido de Oliveira, seu secretário particular, Augusto Marzagão, e vários escritores, jornalistas e políticos, como Fernando Sabino, Rubem Braga, Luiz Alberto Moniz Bandeira, Afonso Arinos, Carlos Castello Branco, Márcio Moreira Alves, Villas-Boas Correa, Paulo de Tarso Santos e Francisco Julião. Na ocasião, Jânio teve a oportunidade de conversar longamente com Che, Fidel e outras autoridades cubanas[78].

Em dezembro foi a vez de Elias Chaves Neto visitar o país, chamado pela Casa de Las Américas. Seguiu para lá no final do mês, retornando ao Brasil em janeiro de 1961, após visitar escolas e assistir a um discurso de Fidel, a um show folclórico e à parada em homenagem ao triunfo da revolução, diante da enorme estátua de José Martí, na Praça Cívica. Esteve em uma recepção para os delegados estrangeiros, fez uma viagem de trem para Santa Clara e Santiago de Cuba e participou de uma mesa redonda sobre o papel do intelectual na luta revolucionária[79].

Também em janeiro de 1961, uma viagem de Jamil Almansur Haddad deu origem ao livro *Revolução Cubana e revolução brasileira*[80]. Almir Matos, ao retornar ao Brasil após percorrer toda a ilha em visitas a fábricas e cooperativas, lançou em maio daquele ano seu *Cuba: a revolução na América*, no qual discutia a história recente do país[81].

Logo após Fidel ter declarado o caráter socialista da revolução, foi a vez de Nery Machado ir à ilha e em seguida produzir seu livro *Cuba, vanguarda e farol da América*, com prefácio de Gondin da Fonseca (o livro saiu da gráfica em dezembro de 1962, mas trazia 1963 como data de publicação)[82].

Mais tarde, entre julho e agosto de 1962, nova comitiva vai à ilha, da qual participa Moniz Bandeira, então repórter do *Diário de Notícias*. Dessa vez, ele consegue conversar por várias horas com Che Guevara[83].

A visita de Caio Prado Júnior a Cuba se insere, portanto, nesse contexto mais amplo. Uma delegação de mais de noventa pessoas viajou para a ilha num avião fretado pelo governo cubano, desembarcando no país em 30 de dezembro de 1961, justo a tempo de assistir às comemorações de 1º de janeiro de 1962, aniversário da revolução. Faziam parte dessa grande comitiva, presidida por Caíto, seu filho Caio Graco com a esposa, Susana; Anita Leocádia Prestes; Germano Coelho e a mulher, Norma; Beatriz Bandeira; Abigail Nunes (filha de Adão Pereira Nunes); Maria Augusta Tibiriçá; a juíza Anna Acker (acompanhada do marido); a jornalista Jurema Finamour; Olga Sodré (filha de Nelson Werneck Sodré); o então deputado Lício Hauer; Antônio Carlos Peixoto; sindicalistas, parlamentares, políticos, intelectuais, membros do PCB e militantes de outros partidos[84]. Eles ficariam lá cerca de cinco semanas.

Um cartão, assinado por Alejo Carpentier em nome da Unión de Escritores y Artistas de Cuba e enviado em 19 de dezembro, convidava Caíto (como cortesia, deferência e respeito ao eminente historiador paulista) para uma recepção em comemoração ao retorno do Brasil de Nicolás Guillén[85], que ocorreria dois dias mais tarde, na sede da própria Uneac, na rua 17, esquina com H, no bairro do Vedado[86]. Caio não se encontraria naquela ocasião com Guillén (o qual ele conhecia)[87] e Carpentier (autor de *El reino de este mundo* e *El siglo de las luces*), dois dos mais importantes escritores do país, já que o grupo de brasileiros só chegaria lá pouco depois. Mas o historiador paulista estaria com o amigo poeta em outras ocasiões ao longo da viagem.

Durante o tempo que permaneceu em Cuba, CPJ viajou de ônibus para Camagüey, Santiago, Santa Clara e Holguín[88]. Como era de praxe, fotografou profusamente e estudou com cuidado o caso cubano a partir de livros e matérias na imprensa[89].

Logo depois de chegar à ilha, o historiador escreveu a seu filho mais novo, Roberto, para relatar suas impressões. Em carta redigida em 3 de janeiro de 1962, em papel com timbre do Hotel Havana Riviera, onde estava hospedado (mas com carimbo dos correios cubanos do dia 6 do mesmo mês), ele disse:

> É pena você não estar aqui, para ver o que é a transformação de um país revolucionário, e a felicidade de um povo libertado. Cuba é em muitas coisas parecida com o Brasil, de modo que me parece muitas vezes estar assistindo ao que irá certamente passar mais dia menos dia em nosso país.
> Neste último ano, 1961, acabaram com o analfabetismo no país, que compreendia 65% da população com mais de 7 anos. E como acabaram? Mobilizando 300.000 voluntários, não estou exagerando, são trezentos mil, isto é, 5% da população do país, que é de 6 milhões. Esses voluntários saíram pelo país, de casa em casa, morando com camponeses, sujeitando-se a tudo para ensinar seus compatriotas.

Conversei com muitos e muitos desses voluntários – "brigadistas" são chamados aqui – da sua idade, e menos até, com 13 anos. E que força têm esses meninos, a que altura eles subiram, sente-se no seu olhar que são homens, que sentiram e compreenderam a vida, aprenderam em um ano mais que outros não aprenderam numa vida inteira. Olham para o futuro com confiança, e sabem o que querem, e têm perspectivas. É *realmente extraordinário*.
Se você conversasse com alguns deles, você também ficaria impressionado, mais ainda do que eu, porque seriam como seus colegas e amigos, iguais a você.[90]

No dia 4, Caio visitou a redação do jornal *Hoy*, acompanhado de Nicolás Guillén e do diretor de televisão Tulio de Lemos. Foram recebidos pelo subdiretor do periódico, Raúl Váldes Vivó.

A Revolução Cubana foi um tema recorrente na *Revista Brasiliense*. Elias Chaves Neto escreveu "Cuba", "Cuba e a América Latina", "A Revolução Cubana", "Cuba, no III aniversário da vitória da revolução", "A beira do abismo" e "Paz para Cuba"[91]; Álvaro de Faria publicou "A Revolução Cubana no seu 2º aniversário"[92], e um manifesto de intelectuais cubanos também foi publicado na revista[93]. Dácio de Arruda Campos deu sua contribuição com "Cuba e o princípio da soberania"[94], Hélio Dutra enviou "Uma carta de Cuba"[95], Jamir Almansur Haddad colaborou com "Romanceiro cubano" e "Guillén no Brasil"[96] e Luiz Izrael Febrot, com "Cuba, ano 4 (impressões de viagem e anotações de leitura)"[97].

A Revolução Cubana entusiasmou toda a América Latina, em especial a juventude e as forças progressistas da região. E também, por certo, os redatores da *Brasiliense*. Afinal de contas ela havia sido ao mesmo tempo "nacionalista" e "anti-imperialista" (exatamente o que a *RB* defendia) e em seguida... transitara para o socialismo! Todos que sobre ela discorreram exaltaram seus feitos (assim como os de seus dirigentes) e ressaltaram sua importância para luta pelo socialismo no continente e no Brasil. Não haveria, portanto, incompatibilidade entre a experiência cubana e a brasileira. Os barbudos haviam chegado ao poder a partir de um projeto político "democratizante" e "popular", utilizando-se de uma análise correta do contexto histórico e das necessidades do país. Era exatamente isso que deveria ocorrer no Brasil, ainda que o "caminho" e os "métodos" para chegar a esse fim pudessem diferir daqueles utilizados na ilha caribenha.

A Revolução Cubana poderia fornecer também uma experiência de transformação da grande propriedade rural em "cooperativa". Na ilha caribenha, a grande exploração agrícola da cana-de-açúcar era característica, assim como em nosso país. O triunfo revolucionário iria, nesse sentido, "respeitar o sistema", transferindo as propriedades para cooperativas de trabalhadores (embora fossem, na prática, gerenciadas centralmente pelo Estado, que escolhia até seus administradores). Segundo CPJ, essas *granjas del pueblo* eram, para todos os efeitos, "empresas estatais". Por isso, disse: "está aí uma experiência que não pode deixar de ser considerada no planejamento das reformas da estrutura e funcionamento da agropecuária brasileira. Essa experiência nos mostra que a evolução da grande exploração rural não é para a cooperativa, e sim para a empresa estatal"[98].

Como já foi dito, quando estava na capital, Caio ficou hospedado no Hotel Havana Riviera, no Malecón. O historiador brasileiro encontrava-se certo dia no saguão do edifício quando Fidel Castro chegou, de surpresa. O intelectual paulista saiu do prédio e foi cumprimentar o *Máximo Jefe*, que o esperou sentado no capô de um carro. Conversaram por longo tempo sobre assuntos diversos[99].

No dia 20, Nicolás Guillén e sua esposa, Rosa Portillo de Guillén, ainda ofereceram uma recepção em homenagem a Caio Prado Júnior, por ser o presidente da delegação brasileira nos atos do III Aniversário da Revolução. Entre os muitos presentes à festa, o cineasta holandês Joris Ivens, o poeta uruguaio Jesualdo Sosa (com sua mulher, a escultora Maria del Carmen Portela), o jornalista chileno Mario Díaz, o poeta paraguaio Elvio Romero, o economista mexicano Juan Noyola, o poeta haitiano René Depestre, a secretária-geral do Conselho Nacional de Cultura de Cuba Edith García Buchaca, os pintores Mariano Portocarrero, Darié e Martínez Pedro, o caricaturista Juan David, a artista Gina Cabrera, assim como Enrique Labrador Ruiz, Joaquín Ordoqui, Julio Le Riverend, Roberto Fernández Retamar, Álvarez Baragaño, o diretor de *El Mundo* Luis G. Wangüemert e o secretário de redação Ángel Augier. Dos brasileiros, Caio Graco (com a mulher Susana) e Hélio Dutra[100].

É de se estranhar que Caio Prado Júnior não tenha publicado nada a respeito dessa viagem. Afinal, naqueles anos, intelectuais importantes como Paul Sweezy[101], Leo Huberman[102], Paul Baran[103], C. Wright Mills[104], Jean-Paul Sartre[105], René Dumont[106], Hugh Thomas[107], Maurice Zeitlin[108], Ernest Mandel e Charles Bettelheim, entre outros, estiveram na ilha e escreveram livros e artigos sobre o país. E vários brasileiros também. A influência da Revolução Cubana foi enorme, e seria natural que Caio Prado Júnior quisesse discorrer sobre aquela experiência. Mas ele não publicou nenhum comentário mais extenso sobre o tema. Naquele mesmo ano, contudo, ainda fazendo eco a sua viagem, a Editora Brasiliense lançaria o livro de Jurema Finamour, *Vais bem Fidel*, com prefácio de Leonel Brizola, e *Três declarações fazem história*[109].

Pouco tempo depois de seu périplo por Cuba, Caíto e Nena foram à França e, lá, sentiram o nítido contraste com a ilha caribenha. Em carta a Roberto, de 11 de fevereiro de 1962 (dia de seu aniversário), escrita no Celtic Hotel, em Paris, onde já haviam se hospedado com o caçula anteriormente, CPJ diria:

> Aqui as coisas estão em polvorosa. A nossa chegada coincidiu com a explosão de 11 bombas só em Paris! São da OAS (Organização Armada Secreta), ultradireitista, que é contra a independência da Argélia, e naturalmente arquianticomunista. Em

resposta houve uma enorme manifestação, dispersada pela polícia, com 8 mortes e mais de 100 feridos sérios. Em sinal de protesto, houve greve geral de uma hora. Tudo parou, fábricas, transportes, escolas. Nós estávamos, sua mãe e eu, no metrô, a composição parou numa estação, e todos os passageiros se retiraram. *O contraste é flagrante com o que acabei de ver na viagem precedente, Cuba, onde há ordem, progresso, otimismo, satisfação.* Aqui todo mundo apreensivo, sem saber em que vão parar as coisas.[110]

Ele também manteve contato com brasileiros que moravam na ilha, para receber deles informações de primeira mão. O engenheiro Boruch Milman[111] (responsável pelo projeto que ficou em segundo lugar no concurso que escolheu o plano de Lúcio Costa para a construção de Brasília) correspondia-se com Caio Prado Júnior e mostrava-lhe o panorama político e econômico do país. Milman cumpria a função de calculista de estruturas e trabalhava no sétimo distrito do Ministério de Obras Públicas, em Camagüey, com mais três colegas: o chefe do departamento de projetos Gilberto Kobler Corrêa, o paraguaio César Guillén, veterano da Guerra do Chaco, e o arquiteto José Reznik. Ajudavam, com seu conhecimento, no desenvolvimento da ilha. Em carta ao historiador paulista, Milman explicou:

> Há bastante tempo venho pensando na promessa que lhe fiz de mandar para vocês algumas observações sobre o que ocorre por dentro da Revolução Cubana. Não escrevi antes porque não me sentia suficientemente integrado na vida do país, e sem conhecimento, portanto, do dia a dia de seu povo, com suas peculiaridades. Mas mesmo agora ainda sinto que me falta muito para chegar a apreender de um golpe a significação de cada detalhe do comportamento deste povo em relação à revolução, e se escrevo é que cheguei a conclusão que pouco mais poderei avançar nesse conhecimento, e muito tardarei em transmitir-lhes algumas palavras. Começo por dizer que vivendo-se aqui se chega a conclusão que realmente não existe outro caminho para a Revolução Cubana, para o povo cubano, senão prosseguir pela senda que lhe foi aberta no dia em que se decretou a Reforma Agrária; senda que se traduz pela distribuição da propriedade de terras e depois pela distribuição da propriedade em geral, e aí entram as casas, as grandes empresas americanas e cubanas, as grandes lojas e fábricas, enfim de tudo que se relaciona com o grande capital. A maior parte de proprietários mudou-se ou se encontra em fase de mudança para o estrangeiro, sobretudo para os Estados Unidos, e suas propriedades antigas já não lhes pertencem, por lei e por conveniência das grandes massas, que não abrirão mão de suas casas, das terras e da propriedade coletiva das grandes empresas. Já foram profundamente alteradas em seu valor essas propriedades, pois foram invertidos grandes capitais pelo estado para equipar e melhorar todas as unidades produtoras do país. Os empregados já estão

integrados nessas empresas conscientes de que não mais existe nelas a exploração capitalista, de modo que se torna inverossímil até pensar numa volta ao passado. Existe agora na imprensa alimentada pelas agências americanas grande exploração do tema do racionamento da alimentação e alguns artigos como sabonete e pasta de dentes. Por ironia, aliás muito comum nessa guerra fria que envolve o mundo atualmente, justamente aquilo que mais serve para uso dos inimigos do socialismo, é também o que mais convém ao povo, ao homem comum que dispõe de recursos limitados e que constitui a grande parte da humanidade. Como governo socialista é sinônimo de governo do povo, racionar significa dar a todos e a cada um uma porção igual, daquilo de que se dispõe. Não é pouco, porém não estamos no comunismo, de modo que para dar carne, leite, ovos e feijão para todos, a preços baixos e acessíveis a qualquer operário, chegou-se à conclusão de que era necessário racionar. E o racionamento garante: 1 frango, 5 ovos, 6 litros de leite, 0,3 kg de carne por mês por pessoa. Não está racionado (e existe em abundância): o pão, as latas de conserva, banana, amendoim, açúcar (digo-o também porque talvez o *Estado de S. Paulo* terá bastante gosto em publicar alguma notícia que sugira ou insinue que falta açúcar em Cuba...). Existem também todos os demais artigos de alimentação, como peixe, frutas, verduras, dependendo da estação, da diligência de cada um, e da região do país, a obtenção dos alimentos que estão a venda no mercado livre. [...]

De meu contato com os funcionários mais próximos de mim, que são os do departamento de projetos, posso afirmar que a maioria apoia a revolução em toda a linha, sentindo-se beneficiados de uma forma ou de outra – seja por ganhar mais, seja por ter casa própria, seja por sentir a preocupação e a honestidade do grupo dirigente encabeçado por Fidel Castro. São muito poucos os que estão contra o atual estado de coisas, e estes são engenheiros e arquitetos que desfrutavam de boa situação no sistema anterior, por serem empreiteiros ou interessados de grandes empresas. Aliás, calcula-se aqui em uns seiscentos o número de engenheiros que deixou o país para trabalhar em Porto Rico ou nos Estados Unidos. Permaneceram no país outros seiscentos, para realizar um volume de construção muito maior que antes. Felizmente entre os operários têm surgido homens inteligentes e de grande capacidade que tudo fazem para substituir, ora com falta mas ora também com vantagem aos profissionais que por equívoco compreensível se foram para "o norte". No terreno político também ocorreu um acontecimento singular, que deve ter sido bastante deformado pelos telegramas manipulados por "especialistas em assuntos cubanos". Refiro-me à crítica feita por Fidel a Aníbal Escalante e outros dirigentes que resvalaram para o caminho dos que pensam concentrar o poder e impor ao pensamento uma camisa de força, ou em outras palavras fazer das Organizações Revolucionárias Integradas, e do futuro Partido Unido da Revolução Socialista um crivo para vetar ou aprovar dirigentes, ideias ou favores. Em consequência dessa crítica pronunciada em 16 de março houve certa hesitação nos quadros militantes e simpatizantes das ORI, que se sentiram assim como que desautorizados. Esse fato singular revela que ainda é baixo o nível ideológico dos militantes das ORI, o que aumenta muito o papel e a importância dos dirigentes nacionais da revolução, principalmente Fidel, Guevara, Raul e Blas. Apresso-me a adiantar que essa é uma observação pessoal, pois não tive oportunidade de discutir sobre esse assunto com os companheiros cubanos. O canto que dizia *"la ORI es la candela"* desapareceu completamente, para dar lugar ao *"procuraremos ser mejores comunistas"*, e o *"al que no le guste que tome purgante"* cedeu lugar a uma atitude de procurar conquistar para a revolução *"al que no le guste"*.

Outra questão muito importante é a da colheita da cana, chave de toda economia externa do país, que se encontra em nível baixo, em média a 75% da capacidade dos engenhos (ou "centrais" como se diz aqui), média pouco econômica, pois não permite sobras de bagaço para industrialização. A causa dessa baixa produção reside fundamentalmente na falta de mão de obra (que antes sobrava, quando o sistema era capitalista) para o corte a alça e o tiro da cana. Também a seca tem sido apontada como fator do pequeno peso da cana. Espera-se entretanto que, embora mais longa, a safra deste ano será uma das maiores da história. Aqui a província de Camagüey é a mais atrasada, com 68% de colheita em relação à capacidade dos engenhos, devendo-se realizar a 8 de maio aqui uma grande reunião para determinar as medidas necessárias para corrigir o atraso.

Entretanto as dificuldades naturais vão sendo vencidas e o povo, que se parece muito ao carioca, faz blague a propósito de tudo e de nada, as tarefas da revolução vão sendo realizadas metodicamente, aumenta a produção, aumenta o número de estudantes verticalmente, são vendidos em poucos dias 40.000 volumes do Manual de Marxismo-Leninismo (!), milhões de livros novos, ou reeditados passam e voam como pães quentes pelas lojas, que as livrarias somente não bastam para tanto movimento. Porque o futuro depende agora de cultura e de saber, quem sabe mais vive melhor, e a medida dos homens vai deixando de ser os bens que possui e passando a ser a cultura que traz, e o trabalho que realiza.[112]

A experiência cubana certamente havia marcado Caio. Por isso, em 26 de julho, ele fez parte da mesa diretora e proferiu a conferência "A revolução e a realidade de Cuba", na sede do Sindicato dos Metalúrgicos, onde também foram apresentados números artísticos realizados pelo Centro Popular de Cultura de São Paulo[113], do qual era presidente; no dia seguinte, fez um discurso, com Emiliano Di Cavalcanti, sobre a liberdade de que gozavam os artistas e intelectuais nos países socialistas, durante evento realizado no salão do Instituto dos Arquitetos do Brasil[114].

Logo em seguida, integrou a comissão organizadora do I Congresso de Libertação Nacional, que ocorreu no Cineteatro Paramount, na avenida Brigadeiro Luís

Antônio, 411, em São Paulo, no dia 20 de agosto. Esse "conclave nacionalista" contou com a participação de Leonel Brizola, Mauro Borges, Gilberto Mestrinho, Aurélio do Carmo, Celso Peçanha e Chagas Rodrigues. Com CPJ, na organização, estavam os generais Felicíssimo Cardoso e Oscar Gonçalves Barros, deputados federais, além de Ivete Vargas e Paulo de Tarso, os deputados estaduais Germinal Feijó, Francisco Julião e Cid Franco, entre outros, os intelectuais Clóvis Graciano, Gianfrancesco Guarnieri e Belline Burza, líderes sindicais, dirigentes estudantis e "camponeses".

Não havia tempo para descansar. Em 1º de setembro, o historiador paulista proferiu uma palestra intitulada "Reforma agrária de Cuba e da América Latina", durante a Semana da Independência (um evento patrocinado pelo Cesua, Clube de Oratória e Sindicato dos Têxteis de Atibaia). No mês seguinte, ele se tornou membro da Sociedade Cultural Sino-Brasileira, ainda como reflexo de sua viagem à China[115].

Nos anos subsequentes, o interesse pela história de Cuba e pelo desenvolvimento da revolução levou Caio Prado Júnior a participar de congressos de solidariedade ao governo da ilha no exterior (como em Montevidéu, o qual integrou em companhia do colega uruguaio Jesualdo Sosa)[116] e no Brasil. Afinal, em 8 de março de 1963, CPJ presidiu o ato público na sede do Sindicato dos Trabalhadores na Indústria da Construção Civil de São Paulo, preparatório para o Encontro Nacional e o Congresso Continental de Solidariedade a Cuba, o primeiro no Sindicato dos Ferroviários da Estrada de Ferro Leopoldina, no Rio de Janeiro, no dia 26 de março, e o segundo no Sindicato dos Operários Navais, em Niterói, de 28 a 30 do mesmo mês[117].

O Congresso Continental, em Niterói, encabeçado pelo general Luiz Gonzaga de Oliveira Leite e tendo como presidentes de honra Alexandre Barbosa Lima Sobrinho, Celso Brant, Almino Affonso, Francisco Julião, Oscar Niemeyer e Vinícius Caldeira Brant, entre outros, recebeu adesões e apoios internacionais de personalidades como Lázaro Cárdenas, Vicente Lombardo Toledano, Bertrand Russell, Maurice Dobb, Juan Marinello, Charles Bettelheim, Salvador Allende, Ernesto Guevara Lynch, Rodolfo Ghioldi, Héctor Agosti e muitos outros. Assim como dezenas de assinaturas de artistas, intelectuais e jornalistas brasileiros, inclusive a de Caíto[118], que estava presente no evento.

Na ocasião, Luiz Carlos Prestes declarou que "após a vitória da Revolução Cubana todos nós latino-americanos participamos da emulação revolucionária: todos nós desejamos ser o segundo país socialista da América. É o que nós, brasileiros, também desejamos!"[119].

Mais entusiasta ainda foi o discurso do deputado Sérgio Magalhães, presidente da Frente Parlamentar Nacionalista e do PTB. Ele afirmou:

> E se Cuba não está só, a América Latina também não está só, porque a Revolução Cubana foi o ponto de partida para a revolução latino-americana, revolução que

se integra na revolução mundial dos países oprimidos pelo imperialismo, e que consequentemente não poderá parar, porque a história nunca parou. [...]
Os delegados latino-americanos podem levar para seus países de origem a certeza de que o Brasil não falhará um só instante, e será sem dúvida o próximo país a seguir o caminho de Cuba.[120]

Caio, como se pode perceber, acompanhou os desdobramentos da Revolução Cubana e os grupos de apoio a ela. E tornou-se um dos componentes do Centro Paulista dos Amigos de Cuba, entidade que ajudou a criar[121].

Em sua biblioteca, ele incluiria ao longo daquela década livros como: *La revolución agraria en Cuba*, de Sergio Aranda, *Cuba: três temas econômicos*, de Regino Boti, Raúl Cepero Bonilla e Che Guevara (deste último ele também leria *Guerra de guerrilhas*), *A história me absolverá*, de Fidel Castro, *Bajo palabra*, de Marta A. González, *Ensayo político sobre la isla de Cuba*, de Alexander von Humbold, *Cuba, hacia una nueva economía política del socialismo?*, de Alban Lataste Hoffer, *La Habana, biografía de una provincia*, de Julio Le Riverend, a coletânea *Aforismos de Luz y Caballero*, de José de la Luz y Caballero, *Cuba: a revolução na América*, de Almir Matos, *Así es mi país: geografía de Cuba para los niños* e *Geografía de Cuba*, de Antonio Núñez Jiménez, *Elementos para la historia del movimiento obrero de Cuba*, de Joaquín Ordoqui, *Historiografía de Cuba*, de José Manuel Pérez Cabrera, *Los fundamentos del socialismo en Cuba*, de Blas Roca, *Cuba no debe su independencia a los Estados Unidos*, de Emilio Roig de Leuchsenring, *La generación del centenario en el Moncada*, de Marta Rojas, e *El juego y la vagancia en Cuba*, de José Antonio Saco, além de *Furacão sobre Cuba*, de Jean-Paul Sartre, *Reflexões sobre a Revolução Cubana* e *Cuba, anatomia de uma revolução*, ambos de Paul Sweezy (o segundo, em coautoria com Leo Huberman), entre outros. Ele também continuaria a manter contato com instituições cubanas, como a Casa de las Américas (que entre 1966 e 1968, por intermédio de sua "investigadora de autores", Silvia Gil, solicitaria livros seus para ampliar o acervo de autores latino-americanos da biblioteca da entidade[122]) e a Olas (por meio de Irina Trapote, sua secretária administrativa)[123].

Mas quais eram as ideias de Caio em relação a Cuba? Qual era sua interpretação sobre os primeiros anos da revolução? Para ele, a marcha de Fidel rumo à conquista do governo, ainda que tenha começado em Sierra Maestra, não teria sido possível sem os vários movimentos grevistas dos operários. O golpe de misericórdia que lhe permitiu tomar o poder teria sido a *huelga general* de 30 de dezembro de 1958. Foi essa paralisação, segundo CPJ, que deu ao *Máximo Jefe* a possibilidade de avançar e conquistar o poder[124].

Caio também via extrema importância na reforma agrária implementada depois do triunfo revolucionário. Considerava a situação de Cuba *igual* à do

Brasil, com terras agrícolas nas mãos de uns poucos, que deixavam grandes lotes sem cultivo, como reserva para o futuro. A consequência desse abandono seria a falta de víveres no país. Ao iniciar a reforma agrária, Fidel dividiu a terra em propriedades de 400 hectares, o que, considerando o tamanho da ilha, representava "grandes propriedades agrícolas". Mas CPJ acreditava que, mais importante do que as resoluções sobre o campo, eram as medidas para resolver a questão urbana, todas sumamente apoiadas por ele[125].

Em sua avaliação, o povo cubano estaria tendo um progresso nunca visto antes em nenhum país ocidental. Mesmo o racionamento de produtos era um sinal de progresso. Ao contrário do Brasil, onde o povo não podia consumir leite, feijão, carne e outros produtos, em Cuba a população tinha condições de adquirir as mercadorias sem que estas tivessem aumento de preço. Ainda assim, os problemas de abastecimento eram resultado do bloqueio econômico dos Estados Unidos e do "imperialismo ianque". Graças à ajuda da União Soviética, contudo, Fidel podia continuar seu programa em favor das massas[126].

Outra questão que o historiador destacava era a situação das milícias armadas. Ele insistia na necessidade de manter o povo armado contra uma possível invasão dos norte-americanos: "o povo cubano é um povo livre porque tem as armas nas mãos"[127].

Também achava que não eram necessárias eleições no país naquele momento: a facção dos antigos apoiadores de Fulgencio Batista poderia se aproveitar da situação para promover uma onda de agitações que contrariariam o desenvolvimento das reformas que beneficiavam os cidadãos. Seu apoio a Fidel Castro, como se pode ver, era absoluto: "nós, do Brasil, nós, verdadeiros brasileiros, verdadeiros patriotas, devemos manifestar nossa solidariedade à Revolução Cubana e seguir seu exemplo [...] Nós não podemos faltar com esse compromisso! Porque procedendo dessa forma estaremos promovendo a nossa revolução!"[128].

Alguns meses depois da visita à ilha, o genro de Caio Prado Júnior, Paulo Alves Pinto, enviou-lhe de Budapeste um relato breve sobre sua própria viagem, com Danda, pelas democracias populares:

> Eis-nos na última capital socialista das incluídas no "plano" de visitas. Pudemos observar na mesma época os vários estágios e as modalidades do desenvolvimento político de sucessivos países socialistas. Foi uma grande lição, com muitas notas e falatórios. Em compensação atrasamos bastante a viagem pois só na China permanecemos 25 dias.[129]

Talvez isso tenha instigado CPJ a fazer sua derradeira visita a um país de trás da "Cortina de Ferro" com a mulher e o caçula, no ano seguinte...

Alemanha Oriental

A última viagem de Caio Prado Júnior para uma nação socialista, a Alemanha Oriental, ocorreu em agosto de 1963. Em dezembro do ano anterior, ele havia proferido uma conferência sobre a questão agrária no auditório da Faculdade de Filosofia, Ciências e Letras Sedes Sapientiae (na rua Marquês de Paranaguá, 111) para um público de seiscentas pessoas, sem causar grande impressão na audiência: teria sido demasiadamente "equilibrado" e suas respostas, desprovidas de entusiasmo. Ao ser perguntado sobre a melhor fórmula de reforma agrária para o país, apenas contestou: "aquela que venha ao encontro das aspirações do povo brasileiro, e não a que agrade apenas às cúpulas"[130].

Em abril daquele ano, esteve presente ao ato público do Centro Democrático Espanhol, em protesto contra a execução do líder antifranquista Julian Grimaud Garcia[131], e, um mês depois, foi convidado por Maria Yedda Leite Linhares, diretora do Centro de Estudos Tempo Brasileiro, para escrever um texto sobre "o marxismo no Brasil". Esse artigo seria incluído num volume que congregaria outros "especialistas", como Jacob Gorender, José Arthur Giannotti, Guerreiro Ramos e Octavio Ianni. Afinal, o autor de *O mundo do socialismo* era uma "personalidade de reconhecida competência intelectual e científica", que poderia dar uma "contribuição concreta para o país", juntamente com os outros participantes do livro[132]. Mas a intenção principal de Caio Prado Júnior naquele momento era partir para o Velho Mundo com a família.

Naquele ano, o presidente norte-americano John Kennedy faria seu famoso discurso "*Ich bin ein berliner*" [Eu sou um berlinense] em Berlim Ocidental, para 120 mil pessoas, em frente à Schöneberg Rathaus; nele, oferecia a solidariedade dos Estados Unidos aos cidadãos da parte oeste da cidade. Em 1963, também ocorreriam as eleições legislativas na RDA, nas quais 434 representantes do Volkskammer seriam eleitos. Um momento intenso dos dois lados da fronteira. E CPJ veria de perto aquela realidade.

Caíto, Nena e Roberto cruzaram boa parte da Europa: passaram por França, Itália, Suíça, Alemanha Ocidental e Alemanha Oriental, Dinamarca, Suécia, Noruega e Inglaterra (em Londres, o historiador fez questão de visitar e prestar homenagens diante do túmulo de Marx, no cemitério Highgate). No álbum de fotos da família, preparado e guardado por Caio Prado Júnior, ele deu destaque a várias cidades da RFA e da RDA. Lá estão imagens de Berlim Ocidental e Oriental, como a Friedrichstrasse, a Karl Marx Alea, o Monumento aos Soviéticos, o zoológico e as casas pré-fabricadas. Há também fotos de Dresden, de ruas vazias em Eisenhüttenstadt ("a primeira cidade socialista da Alemanha", detalhe que ele fez questão de anotar ao lado da fotografia), de Leipzig, onde tirou retratos de cooperativas, casas de trabalhadores, gado, tratores e monumentos, assim como instantâneos de Meissen, Frankfurt, Hamburgo, Speyer, Worms, Baden-Baden, Heidelberg, Schwetzingen, Colônia, Hannover, Dusseldorf e Dortmund[133].

Caio, por sinal, defenderia a construção do Muro de Berlim, erigido em 1961. Numa carta escrita vários anos mais tarde (o que mostra que, nesse caso específico, suas opiniões não haviam mudado), o historiador justificaria a iniciativa de se levantar o muro, considerando-a "como correta e necessária". Para ele, tanto na Alemanha Oriental como nos outros países socialistas, havia um serviço social muito desenvolvido, que abrangeria desde o ensino gratuito (em todos os graus) até a assistência de saúde. Isso tudo atraía os alemães de Berlim Ocidental, que tinha circulação livre até então. Esses cidadãos trabalhavam e exerciam suas atividades produtivas na parte oeste da cidade, mas moravam no setor oriental para se beneficiar das vantagens que o lado socialista oferecia. Isso, segundo o historiador, criava um quadro complicado para a RDA, já que o governo estaria dando ampla assistência, subvencionando sua formação intelectual e técnica, a indivíduos que, na prática, não integravam de fato sua população, nem contribuíam em nada para o país. Essa situação se tornava a cada dia mais insustentável para a Republica Democrática Alemã: a única solução seria, nesse caso, isolar as duas áreas da cidade[134].

Pode-se dizer que a viagem foi um êxito e cumpriu seu objetivo. Naquele ano, ele ainda apoiou, com outros intelectuais, a candidatura de Odon Pereira da Silva, do PTB, para vereador em São Paulo[135]. Mas o ano seguinte, contudo, seria traumático. O golpe militar de 1964 afetaria a vida de milhares de militantes de esquerda. Entre eles, Caio Prado Júnior, que mais uma vez seria preso.

8
Do golpe de 1964 aos debates sobre a revolução brasileira

O ano de 1964 seria de muitos problemas pessoais para o eminente historiador. Em janeiro recebeu carta de August Frugé, editor da University of California Press (datada de 31 de dezembro de 1963), demonstrando interesse em publicar *Formação do Brasil contemporâneo* em inglês. A editora, que já havia lançado nos Estados Unidos livros de Ariano Suassuna e Machado de Assis, estava preparando naquele momento volumes de autores como José Honório Rodrigues e J. Cruz Costa, entre outros[1]. Caio aceitou a proposta sem pestanejar[2]. A versão norte-americana, feita a partir da sétima edição brasileira, de 1963, seria lançada no país três anos depois com tradução de Suzette Macedo e, em parte, com apoio financeiro da Fundação Rockefeller (em novembro de 1968, a editora decidiria publicar o livro, com o título *The Colonial Background of Modern Brazil*, em *paperback*)[3]. Entre os autores da casa que tratavam de temas relacionados estavam Celso Furtado, C. R. Boxer, Víctor Luis Urquidi e Jacques Lambert, para citar apenas alguns.

Mas a partir de fevereiro começariam as dores de cabeça. Uma carta anônima de um funcionário da Urupês denunciaria abusos e arbitrariedades de três chefes e gerentes da empresa que causavam dificuldades aos empregados. O missivista pedia providências[4]. Os problemas na gráfica (financeiros e de pessoal) continuariam nos anos seguintes, sendo motivo de constante incômodo para o proprietário.

Em fevereiro e março, Caio continuou recebendo os convites costumeiros para dar palestras pelo Brasil. Foi assim com o Centro Acadêmico 1º de Setembro, da Faculdade de Direito Laudo de Camargo de Ribeirão Preto[5], e com o Centro Acadêmico Santos Dumont, do Instituto Tecnológico de Aeronáutica, em São José dos Campos[6].

Nuvens negras, contudo, pairavam sobre o país. A situação política se acirrava, enquanto intelectuais e militantes debatiam os rumos da nação. No dia 4 de março, Luiz Carlos da Cunha esteve com Leonel Brizola em Porto Alegre e sugeriu um encontro entre o político gaúcho e Caio Prado Júnior. Brizola se mostrou vivamente interessado na proposta e fez chegar ao historiador a mensagem de que se reuniria com ele da próxima vez que fosse a São Paulo, "a fim de debaterem com franqueza os problemas políticos brasileiros"[7]. O objetivo de Cunha era tornar Caíto assessor do líder nacional[8]. Mas isso nunca chegaria a ocorrer...

Se os problemas na gráfica incomodavam, nada se comparava ao que viria a seguir. A instalação da ditadura militar traumatizaria toda uma geração. A primeira reação do autor de *URSS, um novo mundo*, logo depois do golpe, foi visitar, no dia 1º de abril, acompanhado de seu primo Elias Chaves Neto, alguns bairros operários da capital paulista. Não perceberam nenhuma mudança na rotina dos trabalhadores. "A vida da cidade prosseguia no seu curso normal como se nada tivesse acontecido", escreveu Chaves Neto[9]. A segunda decisão, porém, foi escapar para onde acreditava se encontrar a trincheira contra os golpistas. Paulo Alves Pinto sugeriu que os dois, juntamente com o ex-diretor da *Revista Brasiliense*, fossem de carro para o Sul do país a fim de participar da resistência. Ao chegarem perto do Paraná, entretanto, Caio teria considerado aquele ato inútil e pedido para que retornassem a São Paulo[10].

Um pouco antes da "fuga", Alves Pinto aparentemente conversara com Luiz Carlos Prestes sobre a possibilidade de guardarem armas (uma alusão à luta armada). A capacidade do partido de articulação e mobilização popular, não obstante, era limitada[11]...

A primeira lista dos "punidos" pela ditadura que se instaurava saiu em meados de abril[12]. O resultado foi a cassação de mandatos e a suspensão de direitos políticos daqueles identificados como opositores do novo regime. Segundo Chaves Neto, muitos começaram a ser encarcerados, com a prisão em massa de membros da "base" do PCB ligados ao movimento operário, principalmente aqueles vinculados aos portuários e aos funcionários da Petrobras e da Cosipa, em Santos. Quase todos os elementos do partido em Marília iriam para o xadrez. E a direção seria obrigada a passar para a clandestinidade[13]. A agremiação, que pouco tempo antes tinha em torno de 35 mil membros e controlava sindicatos importantes de São Paulo que contavam com 25 mil filiados[14], começou a ser perseguida de forma implacável pela repressão. Não custa recordar que em 9 de abril a polícia encontrou as famosas cadernetas de Prestes, em sua casa em São Paulo, nas quais havia registros sobre as reuniões do partido, as viagens do dirigente ao mundo socialista, convites para congressos de PCs, listas com nomes de universitários que faziam parte do PCB, discursos, endereços e números de telefones de uma quantidade considerável de indivíduos. O dirigente pecebista entraria para a clandestinidade e em 1971 partiria para o exílio...

Já naquele mês, Caio Prado Júnior viu de perto os resultados imediatos do golpe militar. O historiador foi detido em 24 de abril e ficou quase uma semana no xadrez com Caio Graco, preso um dia antes (com base na Lei de Segurança Nacional 1.802, de 5 de janeiro de 1953). Sua clausura foi assinada pelo delegado-adjunto de Ordem Política Alcides Cintra Bueno Filho[15]. Pai e filho permaneceram encarcerados até 30 de abril[16].

A proibição das visitas não surpreendeu Caíto. "Não preciso de mais roupa. O problema maior aqui é o lugar", comentou num bilhete a Nena escrito à mão[17]. Mesmo preso, sua preocupação era que o pessoal da gráfica tocasse normalmente o trabalho[18].

Para completar, em 24 de abril, a Urupês, localizada na rua Pires do Rio, 358, seria interditada por agentes do Dops, que lacraram suas portas para posteriormente fazer uma devassa policial. A empresa foi acusada de imprimir livros e publicações de caráter subversivo, sem que seus donos tivessem se intimidado com as frequentes incursões realizadas pelo "Departamento" e pelo II Exército. Durante a diligência, foi detido o gerente Agenor Parente, acusado de ter implicações com o movimento comunista[19].

Alguns amigos estrangeiros, indignados com o ocorrido, pronunciaram-se em defesa do historiador, ainda um bom tempo depois de sua soltura. Em carta de 20 de junho, endereçada ao presidente Castelo Branco, Reina Reyes, que dirigia o Ateneo del Uruguay, pediu esclarecimentos sobre a detenção "há dois meses" de Caio Prado Júnior e Paulo Cavalcanti, sem processo legal, o que constituía um atentado contra a democracia[20]. A missiva seria enviada também para o Chefe da Casa Civil e o embaixador do Brasil em Montevidéu. Um pronunciamento semelhante foi feito pela Sociedade de Escritores do Uruguai e pela Associação Uruguaia de Escritores, no número 18 do jornal *Gacetilla Austral*.

Por seu lado, Carlos M. Rama, "indubitavelmente o melhor conhecedor da história do socialismo utópico na América Latina"[21], informou, em 3 de julho, que acabava de ser constituído naquele momento um comitê em prol dos presos políticos do Brasil, o qual se ocuparia do caso do intelectual paulista[22]. Rama, autor de *Historia del movimiento obrero y social latinoamericano*, *Las ideas socialistas en el siglo XX* e *Utopismo socialista*, estava preparando, na República Oriental, *Evolución política del Brasil y otros estudios*, que terminou de ser impressa em 11 de agosto pelos Talleres Gráficos El Siglo Ilustrado (a primeira versão da tradução ficou pronta em maio de 1962 e foi feita pelo "melhor tradutor do Uruguai para textos de origem brasileira")[23]. O texto, vertido para o espanhol por Cipriano Santiago Vitureira, foi lançado pela Editorial Palestra na coleção Nuestro Tiempo, na qual constavam *Revolución social y fascismo en el siglo veinte*, do próprio Rama, *Nacionalismos e imperialismos en el cercano oriente*, de Rosa P. Raicher de Schapire, e *Judíos en la URSS*, de Martin Buber[24].

O mais surreal de toda a história, contudo, foi o fato de que Caíto, mesmo sendo visto como um "subversivo", um homem marcado pela ditadura, tenha recebido, logo depois do golpe militar, uma carta de Paulo de Carvalho Neto[25], adido encarregado dos assuntos culturais da Embaixada do Brasil em Quito, pedindo uma foto do historiador para que fosse pendurada na parede da biblioteca do Centro de Estudos Brasileiros. Subvencionado pelo governo federal, o centro fazia parte da legação brasileira no Equador e orientava-se pelas normas estabelecidas pelo Departamento Cultural do Ministério das Relações Exteriores no Rio de Janeiro. Lá eram mantidos uma biblioteca com 1.531 livros, cursos básicos de português e atos culturais semanais (conferências, palestras, projeções cinematográficas e exposições de pintura). Naquele local, na mesma época em que Caio Prado Júnior era preso, supostamente se exporia (numa galeria de sumidades literárias do país) o retrato daquele que era considerado um subversivo comunista pelos generais[26]!

Não custa mencionar, porém, que havia militares nacionalistas que liam os textos de Caio e discutiam suas ideias. Apenas dois anos antes, o coronel Alarico Baroni, autointitulado "nacionalista da velha-guarda", chegou a dizer que considerava CPJ "um dos pioneiros neste desbravamento [das operações financeiras do imperialismo no Brasil], que para alegria nossa está despertando já a consciência da grande massa"[27]. O oficial fez copiar e distribuir para um grande número de militares as tabelas sobre a penetração do capital monopolista estrangeiro no país, incluídas num artigo de Caio Prado Júnior publicado na *Revista Brasiliense*. Além disso, mandou entregar o material ao general Peri Constant Bevilaqua[28], ex-comandante da 3ª Região Militar e, na época, responsável pelo II Exército em São Paulo. O general "apreciou muito o quadro" e disse ao colega que escreveria a Caio para lhe pedir o número do Boletim da Sumoc em que se amparou[29].

Como se já não bastasse ter sido preso em abril, o historiador paulista ainda teve incômodos (talvez desnecessários) com assuntos de menor monta naquele mês. Ele havia sido convidado por Robert L. Heilbroner para preparar um artigo para a *Desarrollo Económico*, pelo qual receberia cem dólares. Embora o texto tenha sido "encomendado" e preenchesse todos os requisitos determinados, foi rejeitado pelos editores, o que irritou sobremaneira o intelectual. Sem contar que recebeu pelo material apenas cinquenta dólares, ou seja, metade do prometido. Indignado, devolveu o cheque, "deixando a seu critério, bem como às normas éticas com que V. S. costuma se conduzir, a solução do caso"[30].

Logo em seguida, bateu boca com a *Folha de S.Paulo*. O jornal cobrava o dinheiro da assinatura, que o intelectual se recusava a pagar. Ele era acionista da *Folha da Manhã* desde 1948 e teria recebido, na época, assinatura gratuita perpétua, pois havia comprado cinco papéis de alto valor. Não admitia que aquele débito lhe fosse imputado por assinaturas passadas, nem aceitava a suspensão da remessa do periódico[31]. Pequenezas, por certo[32]...

As autoridades, contudo, não pararam de incomodá-lo. Em outubro, por exemplo, a Comissão Geral de Investigações o convocou a prestar esclarecimentos sobre atividades subversivas em órgãos da imprensa comunista[33].

Mas o momento era de agir. E tarefas importantes se impunham aos intelectuais progressistas na época. O golpe estimularia Caio Prado Júnior (e outros opositores) a refletir mais uma vez sobre a realidade nacional. Artistas, escritores e jornalistas se mobilizavam, cada qual a sua maneira, para resistir aos militares. Um exemplo foi a fundação, em 1965, da *Revista Civilização Brasileira*, editada por Ênio Silveira, "um dos marcos fundamentais na história da cultura e do pensamento político no Brasil no século XX", nas palavras do historiador Carlos Guilherme Mota[34]. Tanto Silveira como muitos dos colaboradores da nova publicação (Roland Corbisier, Nelson Werneck Sodré e Octavio Ianni) eram amigos ou conhecidos de Caíto. A *RCB*, em certa medida, ocuparia o espaço deixado pela *Revista Brasiliense*, extinta no ano anterior.

Na grande imprensa, destacava-se Niomar Moniz Sodré à frente do *Correio da Manhã*, que começou a endurecer sua postura crítica em relação ao governo. Ambos, Ênio e Niomar, foram mais tarde punidos e presos pela ditadura.

E o próprio Caíto, que seria novamente detido naquele ano (1965). Tanto ele como Caio Graco estavam sendo acompanhados de perto pelas autoridades. Em 14 de abril, um despacho do promotor Durval Ayrton Moura de Araújo, da 2ª Auditoria da 2ª Região Militar, solicitava a remessa dos autos sobre as atividades subversivas dos dois para a justiça comum, já que os "crimes" imputados, a seu ver, enquadravam-se no Artigo 11, Parágrafo 3, da Lei de Segurança Nacional. Afinal, ambos eram acusados de editar e distribuir *A revolução e o Estado, Discurso de 2 de janeiro de 1963* e *Três declarações*, todos de Fidel Castro[35]! O delegado-adjunto de Ordem Política, Sylvio Moraes Bartoletti, chegou a dizer, sobre pai e filho, que "não há o que duvidar, portanto, que os indiciados devidamente qualificados estão a serviço dos interesses revolucionários do comunismo internacional, embora suas atividades se encontrem revestidas de uma forma aparentemente inócua"[36]. Em maio, Caíto foi intimado a depor perante o IPM do Iseb, por ter reeditado História Nova do Brasil, coleção coordenada por Nelson Werneck Sodré e preparada por intelectuais isebianos, com o apoio do MEC, primeiro por meio da Cases e, depois, mediante o aporte comercial da Brasiliense: o material era considerado "subversivo" pelo Exército[37]. A censura e as proibições de publicações por ordem da ditadura também atingiriam CPJ, que ao longo dos anos teria obras de sua autoria vetadas pelas autoridades[38].

Os generais não davam trégua... Em 7 de junho de 1965, Caio Prado Júnior e Caio Graco foram mais uma vez detidos por agentes do serviço secreto do Dops, dentro dos escritórios da Editora Brasiliense, sem nenhuma explicação. A enxova havia sido solicitada ao II Exército pelo major Cleber Bonnecker, encarregado do IPM sobre o PCB "na Guanabara". O delegado Renato d'Andrea, que fazia o serviço de ligação entre os SS do Exército e os da Polícia Civil, acompanhou a dupla, que ingressou na sede da Polícia Política às seis horas da tarde. A notícia da prisão iminente de Caio Prado Júnior havia sido divulgada dez dias antes, quando Ênio Silveira foi recolhido ao cárcere no Rio de Janeiro, ainda que não lhe tenha sido encaminhada nenhuma intimação.

Enquanto permaneceram nas dependências do Dops, o historiador e o filho receberam uma visita de cortesia do coronel Ferdinando de Carvalho, que presidia o IPM sobre o PCB em geral. O oficial, que chegou meia hora depois deles, conversou demoradamente com o delegado Odilon Ribeiro de Campos.

Os dois foram postos em liberdade após quatro horas encerrados numa sala, e uma revista completa, sem que nenhuma pergunta lhes tivesse sido feita[39]. As desconfianças em relação a Caio Prado Júnior, contudo, aumentavam e, em alguns momentos, beiravam à insanidade. Afinal, em 1965, os órgãos de segurança chegaram a suspeitar que ele estivesse apoiando o treinamento de guerrilheiros em sua fazenda em Campos de Jordão[40]!

Estranho também é o que estava por vir. Uma semana depois, em 14 de junho, houve um incêndio na Urupês, depois das quatro horas da tarde (ou das duas horas, segundo relatório policial), com prejuízos de 20 milhões de cruzeiros e a destruição de uma cadeira que pertencera a Monteiro Lobato, "uma peça de valor inestimável". O primeiro a avisar os supervisores internos de que havia fogo nas resmas do depósito do setor de encadernação foi Roberto Prado, que acionou o funcionário Lázaro Borges para tratar da questão. Imediatamente, os operários começaram o trabalho de debelar as chamas. Os bombeiros vieram logo em seguida e, junto com os servidores da empresa, terminaram de resolver a questão, sem maiores dificuldades[41]. Um ano depois, o gráfico e ex-empregado da firma Paulo Roberto dos Santos, jovem de dezenove anos, com apenas o curso primário, acabaria confessando, em interrogatório, que fora o responsável pelo ocorrido (utilizando, para tal fim, um litro de querosene), por estar insatisfeito com sua transferência da seção onde trabalhava, com redução salarial (ou, dependendo da versão, porque não recebeu o aumento prometido)[42]. O delegado Omar Horácio Salvatori se encarregaria do caso.

Em maio de 1966, André Gunder Frank e Arturo Bonilla Sánchez terminaram de recolher assinaturas para um documento intitulado "Necessidade de novos enfoques do ensino de economia na América Latina", que surgira da inquietação de vários colegas que haviam debatido na III Reunião de Faculdades e Escolas de Economia da América Latina, realizada em junho de 1965 na Cidade do México[43]. A proposta de consolidar e difundir uma economia mais criativa e original, constituída e voltada para as especificidades e necessidades da região, recebeu 93 firmas de intelectuais de 17 países do continente (a maioria dos quais mexicanos)[44]. Do Brasil, houve apenas cinco signatários, dentre os quais Caio Prado Júnior[45].

Ainda em maio daquele ano, 32 dirigentes comunistas participaram da primeira reunião plenária do Comitê Central do PCB desde o golpe, na qual foi aprovada a tática política de tentar isolar e derrotar os militares a partir do movimento de massas e assim conquistar um governo "amplamente representativo das forças antiditadura"[46]. No primeiro semestre do ano seguinte, as "teses para discussão" do VI Congresso (que deveria se realizar em novembro de 1964, mas foi adiado e reconvocado três anos depois) foram reelaboradas e aprovadas em meados de 1967 (a reunião ocorreria em dezembro). A linha proposta não agradou a muitos dos membros mais radicais do partido, que partiriam para o ataque nas páginas da *Tribuna de Debates* (na qual defendiam a constituição de focos guerrilheiros). A seu tempo, eles seriam expulsos ou sairiam do partido para ingressar ou fundar novas organizações.

Em julho de 1966, Marco Antônio Tavares Coelho, usando o pseudônimo de Assis Tavares, publicou na *Revista Civilização Brasileira*, número 8, o artigo "Causas da derrocada de Primeiro de Abril", que, de acordo com o próprio autor, não teve grande repercussão[47]. Somente o jornalista Arnaldo Pedroso d'Horta faria comentários sobre ele em matéria para o *Jornal da Tarde*, poucos meses depois[48]. O artigo de "Assis Tavares", contudo, causou excelente impressão em Caíto. O historiador paulista, em carta ao colega (que mais tarde o criticaria na mesma revista), atacou os "setores que continuam a raciocinar em termos de clichês"[49]. O texto de Coelho, por outro lado, apresentava, a seu ver, fatos objetivamente analisados. E era disso que o país precisava[50].

No final de julho, o coronel Gerson de Pina, encarregado do IPM do Iseb, solicitou à polícia do Exército de São Paulo que providenciasse a imediata prisão de Caio Prado Júnior, mais uma vez por ter editado *História nova do Brasil*. Ele, entretanto, não seria encarcerado naquela ocasião...

Em setembro, o autor de *O mundo do socialismo* ainda recebeu em sua fazenda em Campinas o historiador britânico Arnold Toynbee, acompanhado de sua segunda esposa, Veronica Boulter. Ambos ficaram dois dias hospedados com ele. O casal chegou a São Paulo, vindo de Salvador, no dia 3 e permaneceu até o dia 7 no estado, onde Toynbee ministrou palestras na Faculdade de Ciências Administrativas e na Faculdade de Direito do Largo São Francisco[51]. A visita, mediada pelo diretor regional do British Council em São Paulo, E. T. H. Fitzsimmons, de fato, foi um êxito. Caíto acompanhou de perto o intelectual inglês e até participou de um jantar em sua homenagem[52]. No final do mesmo mês, ainda foi convidado para participar da Semana do Sociólogo, na UFBA, em Salvador[53], e, em outubro, Ashbel Green (editora da Alfred A. Knopf) escreveu a CPJ para lhe informar que seu *História econômica do Brasil* havia sido recomendado por um estudioso norte-americano para publicação nos Estados Unidos, o que agradou bastante o historiador[54]. Finalmente, em dezembro, foi convidado por Irany Novah Moraes para se tornar sócio-fundador da Associação de Docentes-Livres da Universidade de São Paulo, com uma diretoria provisória composta por Irineu Strenger (presidente), João Batista Domingues (primeiro-vice), Reynaldo Todescan (segundo-vice), a própria Irany (secretária-geral), Samuel Murgel (primeiro-secretário), Octavio Ianni (segundo-secretário) e Carlito Flávio Pimenta (tesoureiro). A associação teria por meta, segundo seus estatutos, valorizar o título de "docente-livre", defender os interesses da "classe" e colaborar para o engrandecimento da USP[55].

O mais importante para Caíto em 1966, contudo, foi a publicação de *A revolução brasileira*. O livro teve imediatamente uma grande repercussão no país (e alguma no exterior, ainda que limitada, já que pelo menos na Alemanha Oriental e na Argentina teve certa procura nos meios político e intelectual)[56]; por isso, em janeiro do ano seguinte, Paulo Dantas lançaria a candidatura do historiador ao Troféu Juca Pato, prêmio concedido pela UBE e pelo jornal *Folha de S.Paulo*. Caio Prado Júnior foi eleito "intelectual do ano de 1966" em fevereiro de 1967, e a solenidade de entrega do prêmio seria no dia 28 daquele mês, na rua Barão de Limeira, 425, quando o poeta Cassiano Ricardo deveria passar a estatueta ao historiador paulista (o evento acabaria ocorrendo no dia 28 de março)[57]. O discurso, que seria proferido por Pedro de Oliveira Ribeiro, não se efetivou, por causa do adiamento e da eleição da nova diretoria da UBE[58].

A solenidade levou cerca de trezentas pessoas ao auditório da *Folha* e teve, como membros da mesa, além do homenageado, o presidente da instituição, Raimundo Meneses, os diretores do jornal e o poeta Cassiano Ricardo. Na plateia lotada, Gofredo da Silva Teles Júnior, João Miguel (ex-presidente do Centro Acadêmico XI de Agosto) e a escritora Lygia Fagundes Telles. E, como sempre, um agente da polícia, que reportou tudo aos órgãos de segurança. Como curiosidade, vale dizer que o certame se caracterizou por volume expressivo de votantes (o maior número desde a primeira premiação, em 1962, a qual venceu San Tiago Dantas) e, até 2008, apenas cinco disputas ao Juca Pato (as de Dalmo de Abreu Dallari, Cora Coralina, Frei Betto, Antônio Callado e Gilberto Mendonça Telles) tiveram mais eleitores do que aquele. Na mesma competição, participou Mário Graciotti, com *Cordão dos milagres*, que obteve 180 votos. Um grupo de sócios da UBE chegou a apresentar Manuel Bandeira como concorrente, por seu *Andorinha, andorinha*, mas, segundo o escritor Fábio Lucas, o poeta logo retirou sua candidatura, abrindo caminho para a vitória de Caíto[59], que teve 337 votos (ainda assim, Bandeira recebeu 79 votos)[60]. Como curiosidade, vale mencionar que Chico Buarque e Geraldo Vandré fizeram questão de declarar publicamente seu voto em Caio Prado Júnior[61].

É importante, contudo, situar *A revolução brasileira* historicamente, em especial com relação a outros trabalhos que discutiam o tema. O livro de CPJ não é o único do gênero, e aparece após longos e intensos debates no interior das forças progressistas do país. Durante décadas, diferentes intelectuais e grupos políticos discutiram o caráter da revolução brasileira, desde Octávio Brandão e Leôncio Basbaum a Luiz Carlos Prestes e Mário Pedrosa. Nos anos que precederam a publicação do livro que deu o prêmio a Caíto, Nelson Werneck Sodré lançou seu *Introdução à revolução brasileira* (1958) e, poucos anos depois, Luiz Alberto Moniz Bandeira publicou *O caminho da revolução brasileira* e Marcos Peri, *Perspectiva da revolução brasileira* (ambos de 1962). Além desses, não se pode deixar de mencionar os trabalhos editados nos Cadernos do Povo Brasileiro, como *Quem pode fazer a revolução no Brasil?*, de Bolívar Costa, *Como seria o Brasil socialista?*, de Nestor de Holanda, e *Que é a revolução brasileira?* e *Revolução e contrarrevolução no Brasil*, ambos de Franklin de Oliveira. Em 1966, o debate culminaria com o livro de Caio Prado Júnior.

A obra causou grande impacto nas esquerdas do país. Foi, de acordo com Jacob Gorender, um dos livros que "fizeram a cabeça" dos militantes da época[62]. Nele, era possível encontrar críticas duras à ideia de existência de uma "burguesia nacional anti-imperialista", ao "reboquismo" pecebista nos governos JK e Jango, às teses sobre o "feudalismo" na história brasileira e às "sobrevivências feudais" no campo. Para ele, a agricultura no país era "capitalista", e as relações de trabalho na área rural, de regime assalariado. Não havia nenhuma indicação sobre a possibilidade de luta armada no Brasil (ainda que a experiência cubana fosse mencionada favoravelmente). Para alguns críticos, Caio Prado Júnior estaria, nesse caso, propugnando uma estratégia defensiva e reformista na ação política dos trabalhadores (tendo como foco central objetivos imediatistas e concretos), uma vez que se preocupava essencialmente com a melhoria das condições laborais e de subsistência da massa popular. Para outros estudiosos, contudo, certas conclusões do livro o aproximariam de uma abordagem gramsciana (ainda que não intencional), que enfatizava uma natureza "processual" da revolução[63]. Seus detratores também apontavam para a falta de uma discussão clara sobre a questão da tomada do poder político.

Além disso, questionava-se a ideia de uma burguesia nacional que pudesse ser um agente confiável no processo de modernização e desenvolvimento, já que ficara muito claro o papel submisso e apendicular dessa classe durante e após o golpe militar (apoiado tanto pelo imperialismo norte-americano como pelos próprios empresários autóctones). Para que a luta contra o imperialismo fosse efetiva, Caio Prado Júnior atacaria a interpretação de que haveria uma contraposição entre uma suposta burguesia progressista (defensora dos interesses nacionais) e outra "mercantil", que se vinculava ao setor de agroexportação e era aliada dos imperialistas estrangeiros. Na verdade, a burguesia endógena e o imperialismo andavam juntos.

O amigo Wilson Afonso verificou, com propriedade, a respeito de *A revolução brasileira*, que "sem dúvida alguma esse livro suscitará grandes controvérsias em todo o Brasil, e este fato já constitui um de seus méritos"[64]. Por sua vez, Carlos Nelson Coutinho comentou que, "apesar de certas teses polêmicas, parece-me o mais importante livro sobre o nosso País publicado nos últimos anos"[65]. Já Florestan Fernandes afirmou que aquele "era o tipo de análise que eu pretendia fazer. Só que acabei desistindo, ao dar com o livro, para minha surpresa, nas livrarias"[66].

O interesse pelas teses defendidas no livro foi tanto que Caio Prado Júnior seria convidado a debatê-lo com estudantes de diferentes universidades ao longo daquele ano e no seguinte, como no Daebap da FGV de São Paulo[67] e do Rio de Janeiro[68] e no Carp, na Escola de Sociologia da PUC do Rio[69]. O historiador chegou até a receber carta de um aluno de sociologia e política do Recife que, impressionado com o livro, "o qual estava esclarecendo uma série de dúvidas entre os meios progressistas nacionais", sugeria que ele fizesse uma tiragem em edição popular, de bolso, em papel-jornal, "a fim de tornar o preço mais acessível a uma ampla camada da população", considerando que a obra era demasiado cara para a maioria dos estudantes universitários ou, pelo menos, para seus colegas de curso. Isso seria "um importante fator na conscientização da juventude brasileira"[70].

No primeiro semestre de 1967, Caio Prado Júnior foi chamado por Vitório Sorotiuk para ministrar uma conferência no Centro Acadêmico Hugo Simas, órgão de representação do corpo discente da Faculdade de Direito da Universidade Federal do Paraná[71].

Por sua vez, outro universitário, Aloysio Nunes Ferreira Filho, presidente do Centro Acadêmico XI de Agosto da Faculdade de Direito da USP, instou CPJ a comparecer a um almoço em sua homenagem, no restaurante da entidade, em sua sede social[72], quando também deveria proferir uma palestra. Nessa ocasião, o Comando de Caça aos Comunistas (CCC), grupo de jovens de extrema-direita e linha auxiliar da ditadura, promoveu uma enorme baderna para tentar impedir a apresentação de Caio, com bombas, gritos e violência física. Apesar disso, o historiador "não se intimidou e deu o seu recado"[73] (Nunes Ferreira, membro do PCB, mais tarde se tornaria militante da ALN, além de guarda-costas e motorista de Carlos Marighella; vale lembrar que pelo menos dez guerrilheiros da Ação Libertadora Nacional sairiam daquele Centro Acadêmico).

E então foi a vez dos alunos do curso de Instituições Políticas Brasileiras, do "setor" de Ciências Sociais da USP, que pediram para que desse uma palestra sobre *A revolução brasileira*, obra que "causou verdadeira polêmica entre os universitários da cadeira de Política, resultando numa série de questões que ainda não foram resolvidas"[74]. Os estudantes, após várias discussões que não teriam levado a nada de concreto, e com grande dificuldade para entender o texto, acharam por bem consultar o autor para tirar dúvidas e esclarecer o teor do trabalho. A resposta de Caio Prado Júnior poderia ser repassada a Rosa Maria Artusi, não só colega de classe, como funcionária da Brasiliense. A conversa com os universitários ocorreria no dia 12 de junho, na sala 3 da Maria Antônia.

O resultado do debate foi memorável para os jovens. Se, de um lado, confessavam ser impelidos pelo entusiasmo e pela pressa em dar solução imediata aos problemas brasileiros, admitiam, por outro, sua "desorientação" e "insegurança". Eles se esqueciam com frequência de parar para refletir, querendo partir, como diziam, para uma luta inconsequente. Caio Prado Júnior, segundo esses alunos, teria lhes dado uma aula de lucidez. Se antes achavam que o desfecho de *A revolução brasileira* era insatisfatório (já que esperavam "algo mais"), agora mudavam de opinião e viam o livro de seu "querido mestre" como uma direção mais coerente[75].

Em março de 1967, o marechal Arthur da Costa e Silva tomou posse da Presidência da República e simultaneamente entrou em vigor a nova Constituição brasileira (elaborada por Castelo Branco e qualificada pela esquerda como "reacionária" e "antidemocrática"). Dois meses depois, em maio de 1967, ocorreu a Conferência Estadual do PCB em Campinas, com a presença de 37 delegados, dos quais 33 apoiaram as teses defendidas por Carlos Marighella sobre a luta armada contra a ditadura. Em junho, o revolucionário baiano levou a público sua "Crítica às Teses do Comitê Central" e, em agosto, participou da Primeira Conferência da Olas, em Havana (sem a autorização do partido). No mesmo ano, foi expulso do PCB (com o qual rompera quando se encontrava em Cuba) e fundou a ALN. Além disso, a Comissão Executiva do CC acabaria por destituir os comitês estaduais do Rio de Janeiro e São Paulo, assim como o Comitê Metropolitano de Brasília. Seriam excluídos do partido personalidades importantes como Jacob Gorender, Miguel Batista, Jover Telles, Câmara Ferreira, Mário Alves e Apolônio de Carvalho[76].

O VI Congresso ocorreu, finalmente, em dezembro daquele ano, de forma clandestina. Sua resolução política considerava que a principal tarefa tática naquele momento era a mobilização, união e organização da classe operária e "demais forças patrióticas" para lutar contra a ditadura e pela conquista de liberdades democráticas[77]. No documento, o PCB defendia a criação de uma frente única de todos os opositores do regime para destruir os "dois obstáculos históricos" que travavam o progresso nacional, o domínio imperialista e o monopólio da terra; acabariam, nesse processo, com a "burguesia entreguista" como força social. Afirmava o texto:

> A vitória da revolução nacional e democrática assegurará a completa libertação econômica e política do país da dependência ao imperialismo e a transformação

radical da estrutura agrária, com a eliminação do monopólio da propriedade da terra e das relações pré-capitalistas de produção [...]. Através desse caminho de desenvolvimento serão criadas as condições materiais para o desenvolvimento socialista da sociedade brasileira [...]. Mesmo não liquidando a exploração dos operários pela burguesia, a revolução nacional e democrática abre caminho para a vitória do socialismo.[78]

Além disso, o documento se colocava claramente contra a luta armada:

O grupo que procurava cindir o partido, mudar sua linha e adotar orientação aventureira e esquerdista, não faz mais do que opor-se a esse avanço histórico do nosso Partido e servir de instrumento das mesmas concepções atrasadas e estranhas ao marxismo, que tanto mal nos causaram no passado, quando não são instrumentos de forças que, na esfera nacional e internacional, laboram conscientemente para destruir o partido e para impor ao proletariado uma direção política alheia à sua doutrina e à sua organização de classe. Defende uma política que dispensa a consideração das condições objetivas, ou que supõe existir na realidade, já pronta ou iminente, uma situação revolucionária que apenas existe nas suas cabeças. Tal grupo quer reviver, com roupas novas de guerrilha, a concepção de revolução feita a partir de focos insurrecionais aventureiros, desligados do movimento real de massas. Quer substituir o partido marxista-leninista por um agrupamento militarizado de revolucionários, obedientes à sapiência e ao gênio de caudilhos. Quer, enfim, restaurar e consagrar, sob suas formas mais grosseiras, as mesmas concepções pequeno-burguesas, aventureiras, a que nos filiamos no passado, e com prejuízos pesados demais, para esquecer seu erro de origem.
A alternativa que propõem é, exatamente, aquela orientação criminosamente errada que predominou no partido em épocas recentes, e se tornou responsável pelo florescimento e a persistência de todas essas mazelas entre nós. Queremos mudar exatamente a orientação que permitiu o combate a elas, que infundiam motivação, ímpeto e vigor revolucionário aos militantes comunistas, individualmente e ao partido. Irão sozinhos a esse atoleiro os que insistem em arrastar para ele o partido. Ficarão à margem do movimento comunista, na companhia incômoda e solitária de outros desertores e expurgados do partido. Nosso partido, fiel aos princípios do marxismo-leninismo, permanece junto às massas, à frente delas, mobilizando-as, organizando-as, educando-as.[79]

As autoridades, por sua vez, não deixavam Caio Prado Júnior descansar. De acordo com relatórios do SNI, do começo de 1967, Luiz Carlos Prestes estivera em São Paulo "numa fazenda de Caio Prado Júnior"[80]. Para os esbirros, comunistas realizavam reuniões na fazenda Pau D'Alho, de seu genro, Paulo Alves Pinto.

Enquanto isso, na mesma época, o filho caçula de CPJ, Roberto, casou-se. E, ainda naquele ano, o historiador fez viagens para alguns países, como Canadá (onde participaria de um Congresso de Filosofia em Québec), Argentina, Chile, Peru e Bolívia[81].

Também foi convidado para ser paraninfo da turma daquele ano do curso de Sociologia e Política do Instituto de Ciências Políticas da UFPE, por sugestão de Manoel Correia de Andrade. Embora os alunos soubessem que aquele não era um "órgão de renome" dentro da universidade, tampouco tivesse atuação marcante no panorama cultural pernambucano, esperavam que ele aceitasse a proposta. Num grupo de dezenove estudantes, dezoito haviam votado por seu nome, mesmo que isso contrariasse as aspirações de uma parte do corpo docente, "a pretexto de contraindicações devidas à situação política" e de não sair do seio do instituto o paraninfo da primeira turma a colar grau lá[82]. Caíto, contudo, não pôde participar pessoalmente da cerimônia[83].

Entre conferências e eventos, o mais importante para ele, em termos intelectuais, foi realmente conseguir levar ao centro das atenções e dos debates do país as ideias de seu livro mais recente. Em Recife, a obra venderia bem e suscitaria uma série de discussões entre os estudiosos de ciências sociais e problemas brasileiros, como atestou o colega Manoel Correia de Andrade[84]. E foi até o trabalho de "economia" mais vendido em Curitiba em 1966, o que teria surpreendido os livreiros locais[85]. Ênio Silveira (que votara em CPJ no certame da UBE) estimava que *A revolução brasileira* constituía "leitura obrigatória para uma porção de rinocerontes da esquerda que eu conheço"[86]. Mas sabia que isso não ocorreria. Como afirmou:

> De qualquer maneira, como isso não se dará (você não tem ideia de como o fantasma do falecido Tio Joseph ainda está presente...), decidi abrir as páginas de nossa revista a artigos sobre seu livro. Quero encorajar o debate, embora saiba de antemão que você poderá levar muita paulada. No número 8 houve uma boa nota de Cid Silveira, que você deve ter lido. No corrente, que acaba de sair (9/10), há um trabalho de César Malta (confio-lhe, sob extrema reserva, que se trata de Osny Duarte Pereira) que lhe faz grandes restrições. No próximo, a sair no dia 20 de março, outro trabalho também cheio de restrições, escrito sob o pseudônimo pelo Marco Antônio.
> Gostaria muito que você nos enviasse um artigo seu, comentando essas três análises. As duas primeiras você lerá na próxima RCB. A terceira eu lhe mandarei ainda em provas, para que você possa preparar a tempo e hora o seu trabalho. Acho que assim aprofundaremos o debate. Com inegáveis vantagens para os leitores, sejam quais forem suas colaborações ideológicas.[87]

O amigo Victor de Azevedo estava convencido de que o livro tinha uma importância histórica e era excelente (especialmente sua primeira parte), chegando a dizer que "poucas vezes, no Brasil, a análise marxista atingiu altitudes teóricas mais claras e um método expositivo tão seguro e convincente, de caráter por assim dizer didático"[88] (ainda que divergisse dele na colocação do problema da tática e da estratégia a serem desenvolvidas para a conquista do poder revolucionário). E Jaime Franco Rodrigues Junot o classificou como "assombroso ensaio", uma análise que "o colocou entre os maiores escritores do Brasil, como verdadeiro patriota e nacionalista"[89]. Outro companheiro de percurso, Pinto Ferreira, antigo colaborador da *Revista Brasiliense* e na época presidente do MDB em Pernambuco, também impressionado, escreveria uma resenha do livro[90]. Dois trabalhos, porém, foram particularmente duros em relação à obra: *A questão agrária no Brasil e a contrarrevolução do sr. Caio Prado*, de Wladimir Pomar (na ocasião, assinando com o pseudônimo de Valter Pomar)[91] e *Os equívocos de Caio Prado Júnior*, do comunista pernambucano Paulo Cavalcanti[92] (originalmente preparado como artigo para a *Revista Civilização Brasileira* e depois, por sugestão de David Capistrano da Costa e por decisão do PCB, transformado em pequeno livreto para a editora Argumentos, com uma tiragem de 10 mil exemplares). Além deles, uniram-se ao coro dos detratores da obra Moisés Vinhas, com *Problemas agrário--camponeses do Brasil*[93], Ruy Fausto, com "*A revolução brasileira* de Caio Prado Júnior" e Ruy Mauro Marini, com seu "Analisando: *A revolução brasileira*", mais tarde republicado como "Crítica à *Revolução brasileira* de Caio Prado Júnior"[94].

Outro crítico de então seria André Gunder Frank. Na época em que lecionava no Departamento de Economia da Sir George Williams University, em Montreal, enviou comentários sobre o livro para o colega brasileiro. Mesmo que CPJ houvesse acertado na análise inicial da obra, "a conclusão política que você recomenda volta a se aproximar muito a um capitalismo de Estado". Assim, o resultado proposto seria uma política "reformista" e até mesmo "revisionista". Para Gunder Frank, Caio se coloca, a partir de então, ao lado de Celso Furtado e "nos propõe uma política igualmente desastrosa". A seu ver, a proposta caiopradiana representaria, em última instância, uma revolução "que não é brasileira, nem democrática, nem socialista, nem revolucionária. É a contrarrevolução". Ao saber que o livro era o centro das discussões políticas no Brasil, ficou inquieto com a "confusão" que a combinação de análise correta e política errada estaria semeando na esquerda do país[95]. A resposta de Caio Prado Júnior foi imediata:

> As críticas que você me faz em sua carta de 24 último são em linhas gerais o que tenho ouvido de muitos companheiros e amigos. E concluo, agora definitivamente, que não me fiz entender, naturalmente porque me exprimi mal. Isto talvez em parte porque não pretendi escrever uma obra teórica de grande

alcance, mas unicamente alertar os militantes de esquerda sobre graves erros teóricos cometidos no passado, e que tinham resultado numa tática revolucionária falseada e prenhe das mais perigosas consequências. Entre elas, e não das piores, o fato de ter aplainado o caminho para o golpe reacionário de abril de 1964. Nunca me passou pela cabeça, como está em sua carta, propor uma "política apenas ou essencialmente salarial" para o proletariado rural. E sim mostrar que não é possível mobilizar esse proletariado (o que no momento constitui tarefa essencial do movimento revolucionário) senão através da luta por reivindicações ligadas à relação e situação de emprego, ou seja, condições de trabalho, segurança e estabilidade de emprego etc. Esta afirmação tem uma sólida base empírica (a prática o está demonstrando todos os dias, já de muitos anos para cá, de maneira insofismável. Veja-se em particular, por ser mais fácil de observar, o que ocorreu em Pernambuco em 1962 até o golpe de 1964). E não faz mais, numa perspectiva teórica, que repetir noções elementares e universalmente aceitas do marxismo e do movimento revolucionário contemporâneo. Toda luta revolucionária tem seu ponto de partida, qualquer que seja seu desenvolvimento posterior, na luta por reivindicações imediatas. Afinal de contas, não é a luta de classes o motor da história? E que é "luta de classes" senão aquela que opõe categorias sociais que se distinguem entre si, na base da situação particular e respectiva que ocupam os contendores no sistema de relações de produção e trabalho de que participam? Na maior e principal parte do campo brasileiro (e com isto você concorda), a posição respectiva de proprietários e trabalhadores, dentro das relações de produção e trabalho em que figuram, é de empregadores e empregados. A luta de classes será aí portanto, de empregados contra empregadores, e vice-versa. E terá pois por conteúdo as questões que dizem respeito a relações de emprego: salário etc. Isto não quer dizer que a luta se esgota com isto, e nisso termina; da mesma forma que as lutas do proletariado urbano não têm por horizonte as suas lutas por reivindicações imediatas. Não quer tampouco dizer que tais lutas, por não constituírem fim último, devam ser desprezadas, e aqueles que as propõem, serem taxados de revisionistas, reformistas e... contrarrevolucionários.

Está claro ou não? Meu caro amigo, o Brasil está *objetivamente* mais que maduro para grandes e profundas transformações. A nossa economia e estrutura social se encontram em estado avançado de decomposição. Os desequilíbrios e desajustes sem nenhuma perspectiva razoável de solução dentro da ordem vigente são de proporções consideráveis. E se agravam sem cessar. Ninguém, no campo conservador, sabe o que fazer, e como agir, salvo umas pobres receitas keynesianas que dizem respeito, na melhor das hipóteses, a reduzidíssimos setores e estratos da comunidade brasileira. Esta situação se reflete aliás na consciência da grande maioria da população. A insatisfação e o não conformismo são generalizados, e cada dia se alastram e aprofundam mais. Desde o golpe de 64, e desfeitas as ilusões provocadas em boa parte pela euforia inflacionista, a convicção de que tudo está errado e há que mudar, está no pensamento de todos, ou quase todos. Infelizmente esta insatisfação generalizada não tem suficientes canais por onde se manifestar. Todos se queixam, e têm mil motivos de revolta. Mas não conseguem manifestar-se senão em família ou entre amigos próximos. Não tanto por força desta semiditadura em que nos encontramos (isto é ainda, por enquanto, um fator secundário), mas sobretudo porque o país se acha atomizado, disperso, desagregado. No que respeita a massa rural, que se encontra na base de nossa pirâmide social, e de nosso sistema econômico (digam o que quiserem os nossos ufanoindustrialistas), aquela situação é ainda muito mais grave. O que nos falta assim é sobretudo ligação, congregação, organização. A substituição de indivíduos queixosos por coletividades revolucionárias. Para se desencadear o processo da luta revolucionária e fazê-lo avançar, precisamos de esforços *coletivos* levados a cabo por forças realmente revolucionárias que não são nem podem ser senão as massas populares organizadas.

Esta é a grande tarefa do momento, que exige trabalho militante ativo, nela inteiramente concentrado. Trabalho este que nas condições gerais da grande massa brasileira (não só a rural, mas a urbana também), isto é, seu baixo nível político e cultural, sua predominante passividade (ao não conformismo das opiniões, corresponde infelizmente um generalizado conformismo na ação prática), e ultimamente também o grande ceticismo de que se acha apossado em grande parte por efeito das repetidas e continuadas decepções que lhe infligiram seus dirigentes e líderes de esquerda, por tudo isto o trabalho de mobilização e organização da massa trabalhadora não se realizará na base de proclamações bombásticas e de "*wishful thinking*", nem de complicadas elucubrações teóricas inacessíveis e incompreendidas. O primeiro e necessário passo (e é nessa etapa que nos encontramos) é romper o falso, mas nem por isso menos sólido, embora artificial equilíbrio político e social em que o país se encontra. Dado este primeiro passo, e agitado o cenário político e social brasileiro com manifestações e movimentos coletivos e de massa, espocando por toda parte e a todo momento, ter-se-á aberto o caminho para a proposição e realização das medidas revolucionárias convenientes, e que consistem essencialmente em minar e progressivamente destruir as bases em que assenta o regime capitalista; em primeiro e principal lugar a livre iniciativa privada, que não somente se acha solidamente implantada nas instituições brasileiras, mas ainda constitui artigo de fé da grande maioria do nosso povo, com a exceção apenas de reduzidos círculos de intelectuais. Somente quando a massa, pela sua ação e luta, começar a influir seriamente na vida política e administrativa brasileira, e verificar com isto que é precisamente aquela liberdade econômica que se encontra na base de sua exploração e espoliação, somente aí será possível encaminhar a transformação de nossas instituições. Caberá então aos economistas, sociólogos e políticos de esquerda, determinarem as medidas concretas e práticas que em cada caso se devem adotar para a realização daquela transformação institucional. Não sei se esta sumaríssima síntese do que penso do assunto, é suficientemente clara. Em todo caso, o essencial, a meu ver, é sempre conduzir o pensamento em função da ação (da ação possível em cada momento), e antes de propor qualquer coisa no terreno dessa ação, assegurar-se que entre ela e o pensamento teórico não se abra um hiato intransponível. E sempre se lembrar que a perspectiva que se tem de uma cátedra universitária ou de um debate doutrinário não é exatamente a mesma que a do campo de batalha. E que as construções conceituais, por necessárias, e mesmo indispensáveis, justas e bem articuladas que sejam, não recobrem inteiramente a infinita variedade dos golpes e contragolpes que se desferem e que são necessários desferir no engajamento em campo raso.[96]

Os ecos de *A revolução brasileira* continuaram a se propagar ao longo dos anos. Para alguns, um livro maldito, de um reformista; para outros, uma lúcida análise da realidade brasileira. O interesse pelo trabalho, internacionalmente, pode ser medido pelas edições estrangeiras, já que foi publicado em italiano, espanhol e japonês. Em 1976 (dez anos após seu lançamento), seria tema de um seminário de pós-graduação na Universidade do Texas (Austin), organizado por Carlos Guilherme Mota e Richard Graham[97]. Ainda naquele ano, Ladislau Dowbor, então lecionando na Faculdade de Economia da Universidade de Coimbra, em carta a Caio Prado Júnior, mostraria o mesmo interesse pela obra: "Você sabe o apreço que tenho, neste campo, pela *A revolução brasileira*, que vem recolocar a análise das nossas relações de produção de pé, e o trabalho que fiz [sobre a formação do capitalismo dependente no Brasil] entra em grande parte na continuidade do aporte metodológico que trouxe esta obra"[98]. E, em maio do ano seguinte, CPJ escreveria um adendo ao livro, com as "perspectivas" em 1977, para complementar e ajustar o assunto àquela época...

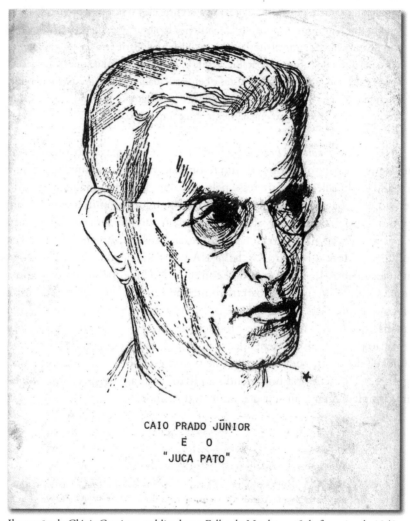

Ilustração de Clóvis Graciano publicada na *Folha da Manhã* em 6 de fevereiro de 1949.

9
A HORA DAS FORNALHAS

Em 1968, o jovem Mike Davis (que mais tarde escreveria obras clássicas como *A cidade de quartzo* e *Holocaustos coloniais*[1]), na época ainda um "aprendiz" de açougueiro, reunia-se duas vezes por semana com a esposa e alguns amigos radicais no sul da Califórnia para discutir política e os acontecimentos efervescentes do ano. Certa noite, de acordo com o próprio Davis, quando os ânimos se acirraram num debate sobre "Trotski *versus* Mao", os colegas acharam que o melhor seria ir até La Jolla (San Diego) e falar com a "maior autoridade disponível", uma pessoa que certamente poderia resolver a questão que os aflige. Tratava-se do renomado filósofo Herbert Marcuse, que retornara havia pouco da Europa. Ele acabou topando bater um papo descontraído com os rapazes, sempre acompanhado, é claro, de copos e mais copos de cerveja. Até que Davis, no meio da conversa, fez ao mestre a pergunta que provocara a "disputa interna" no grupo. Marcuse deu uma risada, disse que não deviam se preocupar com "teologia" e então, simplesmente, respondeu: "O mundo está pegando fogo. Apenas siga a luz"[2].

De fato, o mundo parecia estar em chamas. Em toda parte, tanto no campo capitalista como no socialista, ocorriam levantes, marchas e protestos. Desde o fim da Segunda Guerra Mundial vinham ocorrendo um processo de radicalização política e o incremento da contracultura. Naqueles anos de Guerra Fria, houve a Revolução Chinesa; o processo de descolonização da África e da Ásia ganhou impulso; a Guerra do Vietnã se inflamou; e os barbudos liderados por Fidel Castro triunfaram em Cuba. Nos Estados Unidos, o movimento dos direitos civis cresceu e, com ele, vieram as *freedom rides*, o assassinato de Medgar Evers e Malcolm X, a fundação do SDS (Students for a Democratic Society) e o início dos movimentos *beatnik* e *hippie*. O BPP (Black Panthers Party, ou Partido dos Panteras Negras), que defendia uma plataforma que misturava nacionalismo negro e maoismo, fanonismo e guevarismo, seria fundado em outubro de 1966 por Huey Newton e Bobby Seale, em Oakland. Esses são apenas alguns exemplos dos embates que ocorriam entre as forças progressistas e os agentes do *establishment* conservador, que tentavam a todo custo conter a "maré vermelha" que não parava de crescer.

Desde o início do ano, os acontecimentos políticos em todo o planeta se intensificaram. Já em janeiro, começou a ofensiva Tet, a batalha de Khe Sahn e o ataque dos vietcongues à Embaixada dos Estados Unidos em Saigon. Nos meses seguintes, os massacres de Phong Nhi, Phong Nhat, Ha My e o mais conhecido deles, o de My Lai, que só viria a público em 1969, chocariam a opinião pública dos Estados Unidos. Além disso, a cobertura diária da Guerra do Vietnã pelas emissoras de TV norte-americanas, mostrando o sofrimento do povo local e as imagens de combates, arbitrariedades, ferimentos e baixas contínuas no Exército do país aumentavam a insatisfação popular em relação ao prolongamento da guerra. Imagens de soldados voltando para casa mutilados ou em sacos plásticos traumatizariam boa parte da população, que cada vez mais se levantava contra o conflito.

Os estudantes se mobilizavam. Protestos maciços e ocupações nas universidades de Wisconsin-Madison, Howard (Washington) e Columbia (Nova York), indicavam o clima tenso entre os jovens e as autoridades. Os assassinatos de Martin Luther King, em Memphis, e de Bobby Hutton, "ministro da Defesa" dos Panteras Negras, em Oakland (Califórnia), ambos em abril, inflamaram a ira da comunidade negra, que reagiu com saques e depredações em várias cidades dos Estados Unidos (como na região de Glenville, em Cleveland, Ohio). Naquele mesmo mês, Huey Newton foi julgado por homicídio e Eldridge Cleaver, "ministro da Informação" dos Panteras Negras, ferido num tiroteio com a polícia. Ele sobreviveu e, pouco tempo depois, candidatou-se pelo PFP (Peace and Freedom Party) à Presidência do país. Lyndon Johnson, responsável pelo "Civil Rights Act 1968", decidiu não postular um novo mandato e Robert Kennedy, que tinha intenção de ser o aspirante democrata ao governo, acabou sendo morto em Los Angeles. Poucos meses depois, durante a convenção do Partido Democrata em Chicago, centenas de manifestantes e policiais entraram em luta nas ruas da cidade. No final do ano, o republicano Richard Nixon ganhou as eleições.

Já naquela época, vários intelectuais interpretaram aqueles eventos como "revolucionários". Immanuel Wallerstein escreveu o artigo "1968, Revolution in the World-System", e C. L. R. James, "World Revolution: 1968", que saiu na revista *Speak Out*, em sua edição de junho-julho.

No resto do mundo, o Maio de 1968 em Paris, os protestos em Londres e em Derry ("*The Troubles*"), assim como o massacre de Tlatelolco no México deram o tom daquele ano. As demonstrações feministas em Atlantic City, lideradas pela ativista Robin Morgan, contra o concurso de Miss América, só ajudaram a completar o painel.

Caio Prado Júnior também seria profundamente afetado por esses acontecimentos. "O capitalismo está no começo do fim"[3], vaticinou o historiador na época. Ele vinha acompanhando os desdobramentos da luta política nos Estados Unidos ao longo dos anos através de viagens e da imprensa (a propria *Revista Brasiliense* divulgaria um artigo de Kurt Kloetzel sobre o movimento dos direitos civis)[4], mantendo contato com editoras acadêmicas ou de esquerda (como a Monthly Review Press, da qual publicou livros como *A revolução americana: páginas do caderno de notas de um operário negro*, de James Boggs, e *Nós, o povo: a epopeia norte-americana*, do colega Leo Huberman[5]) e se correspondendo com intelectuais locais. E também através dos relatos da filha Danda, que morava em Nova York, onde estudava psicologia clínica e terapêutica de grupo na Columbia University desde o ano anterior (ela também teve aulas de política e economia dos países subdesenvolvidos e foi aluna do professor Immanuel Wallerstein, o qual considerava "genial")[6].

Danda daria detalhes sobre os problemas raciais e o movimento estudantil. Amiga de militantes do SDS, de brasileiros exilados e intelectuais locais, ela via de perto as manifestações, "greves", "confusões" e "marchas" nas ruas. Uma situação política de caos[7]. Ainda assim, achava que estava aprendendo "sociologia ao vivo"[8]. Presenciava, de fato, um momento rico da história dos Estados Unidos, que o próprio Caíto considerava um "acordar da consciência *yankee*"[9]. O movimento feminista, o problema dos negros[10] e dos porto-riquenhos, as drogas e a Guerra do Vietnã eram todos assuntos tratados, mesmo que *en passant*, nas correspondências. "Os intelectuais já viram que os Vietnãs se repetirão na continuação do *status quo*. A juventude se nega, ainda em pequeno número, mas conscientemente, a dar a sua vida pelos interesses imperialistas"[11], diria a filha do historiador. Para ela, "aqui as consequências são muito sérias e não há aquele esquerdismo festivo da juventude"[12].

O autor de *Evolução política do Brasil*, por certo, não sairia ileso. Tinha plena noção do papel que os novos atores, especialmente os estudantes e a juventude de forma geral, tinham naquele momento. Os anseios de liberdade e de oxigenação do marxismo no mundo socialista também chegariam aos seus ouvidos. Ele sabia que os protestos que ocorriam nos países além da "Cortina de Ferro" eram legítimos. E via nas manifestações dos universitários e intelectuais engajados uma forma de aprimorar o modelo, a partir da crítica interna do sistema. Por isso, decepcionou-se com a postura soviética naquele momento.

É importante lembrar que, desde que entrou no PCB até o final da década de 1960, Caio Prado Júnior *sempre* defendeu a "pátria do socialismo" e colaborou, na medida do possível, com Moscou. Foi duas vezes à terra de Lenin, manteve correspondência com associações de amigos da URSS, ajudou a fundar a União Cultural Brasil-União Soviética, proferiu conferências e escreveu dois livros divulgando e exaltando as vantagens e qualidades do sistema político daquele país. Era muito respeitado por lá, especialmente entre os intelectuais. Como comentou em carta seu amigo, o neuropsiquiatra João Belline Burza:

> quero dizer-lhe que sua obra é muito conhecida e discutida na URSS, principalmente no Instituto da América Latina da Academia de Ciências, que eu frequentava com assiduidade e cujos membros eram meus amigos pessoais. O seu diretor é o prof. Vitor Volaki e o diretor da revista do Instituto, chamada *América Latina*, é o Sergê Mikoyan.[13]

Por anos seus livros circulariam entre os membros da Acus, resenhas de suas obras seriam publicadas em periódicos especializados e seu nome seria referência quando se tratava até mesmo de "filosofia" na América Latina. Além disso, seu *História econômica do Brasil* ganharia uma versão em russo. Sem contar que, desde 1945, era sócio da Associação Cultural Brasil-União Soviética[14] (ou Instituto de Intercâmbio Cultural Brasil-URSS, como membro de sua comissão de intercâmbio e divulgação e de seu comitê diretor)[15]. Amigos como Burza e Bazarian, portanto, eram apenas alguns dos que divulgavam o nome de CPJ nos círculos literários e filosóficos soviéticos. (Até mesmo o professor catedrático da Faculdade de Direito do Recife, Pinto Ferreira, ao enviar seu "Pequena história da literatura brasileira" para publicação na revista *Questões de Filosofia*, editada em Moscou, fez várias referências ao colega historiador[16].)

Caio Prado Júnior chegaria inclusive a se corresponder com Iosif Grigulevich. O intelectual soviético, que utilizava vários pseudônimos (sendo I. Lavretski o mais conhecido deles), era autor de diversos livros populares sobre personalidades latino-americanas, como as biografias de Simón Bolívar e David Alfaro Siqueiros. Entre suas obras mais conhecidas estão *Luchadores por la libertad de América Latina* e *Ernesto Che Guevara*[17], este último acerca do "guerrilheiro heroico", o qual chegou a conhecer pessoalmente.

Durante anos, Grigulevich teve uma vida misteriosa. Como agente da NKVD, aparentemente envolveu-se no assassinato de Andreu Nin e Leon Trotski, foi amigo e apoiador de Vittorio Codovilla, militou no PCA e no SVI de Buenos Aires, viveu na Argentina, na França, na Espanha e nos Estados Unidos e conseguiu convencer autoridades do governo da Costa Rica de que era um empresário de sucesso daquele país, tornando-se até mesmo seu embaixador plenipotenciário e extraordinário na Itália e Iugoslávia (como se pode imaginar, usando um nome falso), especializando-se na história do Vaticano! Depois dessas e de outras aventuras, Grigulevich se aposentaria do serviço secreto e ganharia o título de "doutor" em história, sem sequer defender uma tese. Anos mais tarde, ingressaria na Acus. No final dos anos 1950, apresentando-se como diretor da *Revista Latinoamericana*, convidaria Caio Prado Júnior a enviar um artigo entre 24 e 48 páginas datilografadas sobre "problemas econômicos atuais do Brasil" (ou qualquer outra proposta que Caio fizesse), já que, segundo o soviético, "sua obra de historiador e economista é amplamente conhecida e apreciada em nosso país. A publicação de um artigo seu na projetada revista [...] contribuiria para estreitar os laços de amizade entre nossos países"[18]. O intelectual paulista aceitaria imediatamente a solicitação. Grigulevich também avisaria a Caíto que enviaria a Elias Chaves Neto um "pedido de colaboração, de acordo com seu cordial conselho"[19].

A *Revista Brasiliense* havia sido mandada regularmente para bibliotecas e centros de estudo de Moscou. Ela até anunciava assinaturas de revistas soviéticas (que poderiam ser feitas pela agência de intercâmbio Jurandir Guimarães), como as mensais *Unión Soviética*, *La Mujer Soviética*, *Cultura y Vida*, *Literatura Soviética* e *Films Soviéticos*, assim como o semanário *Tiempos Nuevos*[20]. O próprio Caio receberia, por vários anos, publicações da URSS em forma de escambo[21] e seria assinante de periódicos em inglês, como *Current Digest of Soviet Press*[22] e *Soviet Studies in Philosophy*[23]. Sem contar que também se correspondia com o representante comercial da URSS no Brasil, o "engenheiro-chefe" A. Gukassov, para pedir livros, como o de B. Kedrov, *Unidade da dialética, lógica e teoria do conhecimento*[24].

Caíto era convidado pelo embaixador Sergei S. Mikhailov, "seu atento leitor"[25], para participar de coquetéis comemorativos da Revolução de Outubro na Embaixada soviética[26] e dar palestras sobre o tema que mais lhe agradasse, na mesma legação no Rio de Janeiro[27]. Ao longo dos anos, estaria igualmente presente em atos em tributo ao triunfo da Revolução Russa, (inclusive presidindo os trabalhos), ao lado de camaradas de base e importantes personalidades do partido[28].

Isso mudaria, em parte, com a invasão da Tchecoslováquia pelas tropas do Pacto de Varsóvia em agosto de 1968. Não custa lembrar que naquele ano ocorreram manifestações também no mundo socialista. Entre elas, o primeiro protesto de massas na Iugoslávia desde o fim da Segunda Guerra Mundial, quando estudantes da Universidade de Belgrado fizeram uma greve de sete dias na Faculdade de Filosofia, com debates e discursos sobre justiça social e contra as reformas econômicas que haviam levado a altas taxas de desemprego e forçado os trabalhadores a procurar trabalho em outros países (foram distribuídos exemplares da revista *Student*, logo em seguida banida; a resposta do governo foi a repressão policial). Na Polônia, por seu lado, demonstrações estudantis na Universidade de Varsóvia foram convocadas após o governo proibir a apresentação da peça teatral de Adam Mickiewicz, *Dziady* (escrita em 1824), com o argumento de que ela continha "referências antissocialistas".

A democracia popular que protagonizou os mais importantes fatos naquele ano, contudo, foi a Tchecoslováquia. No primeiro semestre de 1968, Alexander Dubcek, que encabeçava o Partido Comunista da Eslováquia, apoiado por um grupo de reformistas (como Josef Smrkovsky, Oldrich Cerník e Frantisek

Kriegel), conseguiu, após fortes pressões, que o então primeiro-secretário do PCT e presidente do país, Antonín Novotný, renunciasse a ambos os cargos, com o intuito de implementar mudanças liberalizantes que, supostamente, trariam maior eficiência econômica e liberdade individual para a população. Dubcek ocuparia seu lugar na liderança do partido, o general Ludvik Svoboda substituiria Novotný na presidência e Cerník se tornaria o primeiro-ministro.

A partir daí, começou a se delinear o chamado "Plano de Ação", elaborado pelo economista Ota Sik. Tratava-se de um pacote de reformas que pretendia formalizar a liberdade de imprensa, expressão e movimento; relaxar a censura; dar ênfase econômica aos bens de consumo; criar bases para a constituição, no futuro, de um governo multipartidário, limitando o poder da polícia secreta e defendendo boas relações com o mundo ocidental (ainda que previsse a continuação da cooperação com a URSS e o bloco socialista). O projeto vislumbrava uma transição de dez anos, quando então seriam possíveis eleições democráticas.

Esse "socialismo com rosto humano", como descrevia Dubcek, foi recebido com grande entusiasmo pela maior parte da população tcheca e dos intelectuais estrangeiros. A partir daquele momento, tentou-se incorporar o "Programa de Ação" nos estatutos do partido, com a preparação da lei de federalização, a eleição de um novo Comitê Central e as discussões sobre a possibilidade de produzir um sistema misto de economia planificada com a de mercado.

A divulgação do "Manifesto das duas mil palavras"[29], em junho daquele ano, e o caráter aparentemente radical das reformas propostas por Sik, contudo, alertaram outros países da região para o perigo do aprofundamento das medidas e sua influência sobre a política interna das nações da Europa Oriental, principalmente a URSS (que assistia à insatisfação de vários elementos em algumas de suas repúblicas, como Estônia, Letônia, Lituânia e Ucrânia), a Polônia e a Hungria. Aquela situação dificilmente se sustentaria por muito tempo.

Em 3 de agosto, os tchecos assinaram a declaração de Bratislava, reafirmando sua fidelidade ao "marxismo-leninismo" e ao "internacionalismo proletário". Na ocasião, Moscou manteve a posição de intervenção em qualquer país do Pacto de Varsóvia caso um sistema "burguês" ou "pluripartidário" fosse estabelecido em um de seus membros. Mas o medo de "contaminação" continuava grande. E a preocupação de que o aliado pendesse para o Ocidente também.

Assim, no dia 20 de agosto, tropas do Pacto de Varsóvia, apoiados por tanques, invadiram a Tchecoslováquia. A operação Danúbio começou com a captura do Aeroporto Internacional de Praga Ruzyne por uma divisão aerotransportada soviética. Em seguida, aviões militares desembarcaram mais soldados e carros blindados. Enquanto isso, milhares de homens se deslocavam por terra, através da fronteira, e dirigiam-se à capital. Dubcek foi preso e enviado a Moscou. Depois de retornar a Praga, ele permaneceria alguns meses como primeiro-secretário, mas seria forçado a renunciar em abril de 1969. Gustáv Husák seria o nome escolhido para ocupar o cargo. Aquele episódio foi considerado a primeira expressão prática da chamada "Doutrina Brejnev".

A invasão da Tchecoslováquia tomou de surpresa a intelectualidade de esquerda internacional. Se Álvaro Cunhal, Gus Hall e Fidel Castro declararam apoio à ocupação, PCs importantes, como os da Itália e da França, repugnaram aqueles atos. E personalidades do mundo literário como Carlos Fuentes, Jean-Paul Sartre, Simone de Beauvoir, John Cheever, Arthur Miller, I. F. Stone e William Styron, entre muitos outros, pronunciaram-se contra o ataque soviético.

No Brasil, foi lançado um manifesto de repúdio assinado por "democratas que acreditam no socialismo como forma digna de viver em sociedade", que expressavam "sua mais viva repulsa" contra a invasão do país. Para eles, "socialismo é liberdade. O socialismo [...] por sua essência não admite a exploração do homem pelo homem, por isso mesmo não pode admitir quaisquer razões políticas e econômicas que justifiquem a dominação de um povo"[30]. Entre os signatários, Affonso Romano de Sant'Anna, Anísio Teixeira, Antônio Houaiss, Bolívar Lamounier, Carlos Heitor Cony, Dias Gomes, Edmar Morel, Edmundo Moniz, Ênio Silveira, Ferreira Gullar, Hélio Silva, James Amado, Joel Silveira, Júlio Bressane, Leon Hirschmann, Moacyr Félix, Octavio Ianni, Otto Maria Carpeaux, Rodolfo Konder, Roland Corbisier e Vamireh Chacon[31].

A mesma insatisfação demonstrou Caio Prado Júnior, que havia estado no país quase vinte anos antes. Afinal de contas, ele aprendera a admirar o povo tcheco em sua primeira e única visita àquela nação do Leste Europeu, em 1949. O autoritarismo e a brutalidade da invasão das tropas soviéticas, portanto, eram inaceitáveis para o historiador brasileiro. Ele não assinou o documento, mas ainda assim se posicionou claramente contra aquele ataque.

É possível especular também que CPJ tenha discutido e sido influenciado pela opinião de amigos que haviam visto de perto a situação. E que possuíam uma visão crítica sobre o que ocorria naquela época. Em carta, o editor Ênio Silveira diria ao colega:

> Acabo de chegar de uma nova viagem pela Europa (URSS, Tchecoslováquia, DDR, França e Portugal), que foi instrutiva e interessante e me leva a reformular algumas análises anteriores. Oportunamente conversaremos a respeito. Há muito que discutir e revisar (não tenho medo do tal "revisionismo"...) nos complexos caminhos da esquerda contemporânea.[32]

Em Praga, Silveira conversou com editores que se interessaram em publicar um livro de Caíto, assim como uma antologia do pensamento político brasileiro, na qual ele figuraria. Por isso, o historiador paulista deveria lhe enviar seus dados biográficos para que estes fossem encaminhados ao Ministério da Cultura daquele país (a publicação em tcheco, contudo, não se efetivaria)[33].

De qualquer forma, vale lembrar que em 1956 Caio Prado Júnior nada dissera sobre a repressão cruenta ao levante dos trabalhadores na Polônia[34] e, em seguida, da população revoltosa na Hungria[35]. Dessa vez, foi diferente. Indignado, enviou, em protesto, um telegrama virulento ao embaixador soviético no Rio de Janeiro. A mensagem de repúdio dizia:

> The Western Telegraph Company Limited
> Telegramas Interestaduais e para o mundo inteiro
> via WESTERN UNION INTERNATIONAL para a AMÉRICA DO NORTE
> Nome e endereço: Embaixador União Soviética
> Rua D. Mariana, 41
> Rio de Janeiro – GB
>
> VENHO TRAZER-LHE EXPRESSÃO MINHA INDIGNADA REPULSA INOMINÁVEL PROCEDIMENTO GOVERNO PARTIDO COMUNISTA SOVIÉTICOS ATENTADO TCHECOSLOVÁQUIA REVOLTANTE TRAIÇÃO IDEAIS PRINCÍPIOS SOCIALISTAS INSULTO MEMÓRIA MARX ENGEL [sic] LENIN DEIXANDO PERPLEXOS TODOS OS SOCIALISTAS HONESTOS FRENTE GESTO TAL NATUREZA PARTIDO DO PRIMEIRO PAÍS SOCIALISTA pt
> Caio Prado Júnior
>
> Nome: Caio Prado Jr.
> Endereço: rua Barão de Itapetininga, 93 – 12º andar – SP.
> N. da conta corrente E-365.[36]

A partir daí, houve claramente um desconforto e um clima de insatisfação "intramuros". Caio Prado Júnior receberia até mesmo críticas de alguns camaradas por causa de seus posicionamentos[37], ainda que, publicamente, não se manifestasse contra a União Soviética. Há quem diga que ele teria se tornado, daí em diante, *persona non grata* em Moscou[38]. Apesar de tudo, ele não foi expulso nem expressou desejo de sair do partido (ainda que efetivamente sua militância nele fosse exígua naquele momento). E continuou interessado nos estudos acadêmicos produzidos naquele país. Mas o fato é que nunca mais visitaria a terra de Lenin.

Não custa lembrar que em 1980 a Brasiliense publicaria *O que é liberdade: capitalismo x socialismo*, pela coleção Primeiros Passos, um pequeno livro preparado a partir de um capítulo de seu *O mundo do socialismo*, lançado quase vinte anos antes. As conclusões eram exatamente as mesmas, e continuaram na obra nas seguintes edições...

10
Reforma, revolução e socialismo

A tradição marxista, apesar de suas diferentes tendências e linhas políticas, se esforçou, ao longo do tempo, por compreender e fazer interagir tanto os projetos imediatos como os de longo prazo, sem absolutizá-los ou segmentá-los, evitando, assim, apresentar a "reforma" e a "revolução" como termos necessariamente excludentes. A revolução, portanto, poderia ser interpretada como uma ruptura abrupta e radical da ordem instituída, mas *também* como um processo *simultâneo* de pequenas alterações ao longo do percurso, *juntamente* com profundas transformações sociais.

São muitos os que tentaram teorizar ou discutir essa questão. Como se sabe, o termo "revolução" na política foi inspirado na astronomia, ou seja, os planetas dão uma volta em seu eixo e acabam em seu ponto inicial. Nesse sentido, a palavra representaria um retorno a uma ordem "original", que havia sido rompida e deveria ser reconstituída[1]. Isso significa que, como os movimentos cíclicos, lentos e regulares dos astros, as mudanças políticas não poderiam se dissociar das supostas "leis" universais. Em outras palavras, tratava-se de um conceito de caráter, em grande medida, "restaurador".

A partir da Revolução Francesa, e depois com o marxismo, o termo ganhará novo significado[2]. Daí em diante, terá um componente "progressista", significando um rompimento com a ordem vigente e o reviralho radical do sistema político e social; será "não só o instrumento essencial para a conquista da liberdade, identificada com o fim da exploração do homem pelo homem e, por consequência, com a possibilidade de vencer a pobreza, mas também [considerada] como meio de conseguir a igualdade, posta na justiça social, e de o homem desenvolver plenamente todas as suas qualidades"[3].

A ideia da violência como elemento integrante desses câmbios também não é nova. Para Charles Elwood, por exemplo, a revolução está marcada por modificações abruptas e arrebatadoras nas relações humanas[4]; já Johnson Chalmers define o termo como "a aceitação da violência com o objetivo de promover a mudança"[5]; e Harry Eckstein diria que, em sua essência, é uma tentativa de deslocamento das regras ou organização de um governo pelo emprego da força, ou pela ameaça de usá-la[6].

Por sua vez, Richard Onwuanibe apresenta a revolução (necessariamente localizada dentro do espectro da alteração e do conflito) como um esforço de ruptura da estrutura social ao desafiar ou derrubar a autoridade estabelecida, seja esta legítima ou ilegítima, *por meio ou não da violência*[7].

Mais importante em termos teóricos é Frantz Fanon, que via nela um processo de libertação, descolonização e desafio ao poder do opressor europeu, em busca de justiça e abjunção. Em outras palavras, uma ação continuada para ganhar a independência, envolvendo, até certo ponto, a promoção do retorno da história pré-colonial da população local (que teria sido interrompida pelas forças de ocupação), a restauração de seus valores originais, a recriação psicológica e cultural dos subjugados e o reordenamento da nação[8]. Nesse caso, a violência seria um ingrediente necessário.

Há, contudo, definições mais abrangentes. De acordo com Ramón Eduardo Ruiz, uma revolução *verdadeira* representaria uma transformação da ordem básica de uma sociedade, uma "catarse" social que, entre outras conquistas, alteraria dramaticamente o sistema econômico dominante e a estrutura de classes, assim como os padrões de riqueza e distribuição de renda, modificando igualmente a natureza da dependência financeira de um país em relação ao mundo exterior[9]. Mais recentemente, o filósofo esloveno Slavoj Žižek defendeu a posição de não equipará-la um estado de emergência, mas (interpretando o termo no sentido puramente formal) apenas como uma viragem radical, que não necessariamente teria de ser veloz. Para ele, a palavra representaria, essencialmente, um câmbio nas relações de poder[10].

É possível dizer que Caio Prado Júnior estava inserido, mesmo que indiretamente, no debate mais amplo no âmbito do marxismo sobre reforma e revolução, discussão que teve, ao longo de todo o século XX, expoentes como Rosa Luxemburgo[11] e Daniel De Leon[12] (só para citar dois importantes teóricos e dirigentes), assim como participava dos embates políticos mais localizados, intestinos, dentro do PCB e da esquerda brasileira. Posicionava-se claramente contra um "capitalismo reformado" (como afirmou em distintas ocasiões) e contra a *livre* iniciativa privada[13] (para ele, onde esta se encontrasse, haveria o capitalismo; e onde essa fase estivesse superada, existiria o socialismo)[14]. *Em última instância*, não poderia ser chamado de reformista, pelo menos em sua forma clássica[15]. Ao saber que estava sendo acusado de criar um "neorreformismo" após a publicação de *A revolução brasileira*, afirmou que o PCB, em sua época, é que era um defensor de políticas "neorreformistas", e não ele, já que "a função de um partido comunista não é a de defender os interesses da burguesia. E é isto que o PC está fazendo"[16]. Em entrevista, na segunda metade da década de 1960, disse que a agremiação apoiava o desenvolvimentismo e propunha a facilitação de crédito para auxiliar o progresso da burguesia: "Sou contra esta política, porque é puramente burguesa". E insistia:

> Em geral, com pequenas exceções, toda a esquerda participa desta política, ou seja, criou uma burguesia progressista, que seria um setor revolucionário da burguesia. Tratar-se-ia então de defender os interesses, a posição econômica e política desta burguesia progressista e isto faria 'avançar' a revolução brasileira, eliminando o feudalismo. É uma questão interligada: daí o oportunismo, uma política caudatária desse setor burguês, quando isto não existe.[17]

Anos antes, já seria duro com a política defendida por seu partido. Em 1960, disse que os "graves erros de orientação" do PCB vinham de longa data. Para ele, em vez de o partido concentrar seus esforços para estruturar as bases, "organizando efetivamente o proletariado dentro de um verdadeiro partido operário", os comunistas haviam se dispersado "numa estéril política de cúpula, eleitoral e sindical". Ou seja, "fizeram dessa política, que deve ser a extensão e expressão da atividade das bases, o seu objetivo essencial, e mesmo, frequentemente, único"[18].

Se Caíto não encampava a guerra de guerrilhas no Brasil, durante o regime militar, isso não significa que não concordasse com o uso da força e da luta armada em determinados processos revolucionários, dependendo da situação concreta, como foram os casos da Rússia e de Cuba. E isso ele expressou em diferentes momentos.

No começo da década de 1930, afirmou, em relação à violência, que "ela é a lei das transformações sociais; nenhuma se operou sem o seu concurso. Uma sociedade de classes, fundada em conflitos permanentes, só pelo aguçamento destes conflitos, levados ao extremo da violência, é capaz de se transformar, de evoluir". Para ele, naquela ocasião, "o socialismo só será realizado pelo partido que seguir as pegadas dos bolchevistas, isto é, *pela insurreição armada, pela tomada violenta do poder*, como se deu na Rússia, e não pela via pacífica da conquista da maioria parlamentar, como quer a social-democracia, os partidos socialistas de todo o mundo"[19].

Mesmo que não tivesse nada contra a violência *per se*, Caio Prado Júnior sabia que o processo revolucionário tinha condições de se desenvolver de formas *distintas*, de acordo com as especificidades de cada caso particular. Assim, as "reformas" poderiam fazer parte, a longo prazo, da construção do socialismo, e não necessariamente por meio de levantes[20].

Em relação a essa questão, o depoimento de Elias Chaves Neto é esclarecedor. Comentando a contribuição dos comunistas à Constituição Estadual de São Paulo, ele afirma:

> Caio Prado Júnior defendeu a supressão, por disposição constitucional, do imposto de vendas e consignações, a ser substituído pelo imposto territorial com objetivo não somente de forçar uma reforma técnica de nossas agriculturas, de maneira que pudesse comportá-lo, como obrigasse a venda das terras não aproveitadas, baixando-se consequentemente o seu preço, puramente especulativo. Criaram-se, assim, as condições para uma reforma agrária, visando a melhoria das condições de vida da população do interior. Inútil dizer que o projeto foi ferozmente guerreado pelos demais partidos representados na Assembleia, inclusive o Trabalhista, os quais nele viam uma perigosa ameaça ao direito de propriedade. O projeto também foi alvo de discussão entre os comunistas, muitos dos quais o consideravam reformista. Alegava Caio Prado que não existe medida que em si mesma possa ser taxada de reformista. Ela tem que ser analisada em vista do resultado almejado. Se se trata de atenuar o sentimento revolucionário (por exemplo, se tivesse por fim sofrear a luta das massas pela tomada da terra), ela seria reformista; se se trata, pelo contrário, de avivar uma reivindicação tornando-a exequível, ela atua em sentido revolucionário. É o que mais tarde Togliatti respondia aos que o acusavam de reformista, a saber, que se uma reforma levantada por um partido comunista ativo é seguida por outra, tal fato não importa em frear a revolução, mas pelo contrário, implica em marcha para o socialismo[21].

Ainda assim, para Caio Prado Júnior, tanto os movimentos grevistas como as lutas de libertação nacional eram elementos importantes no combate contra o capitalismo e o neocolonialismo. A *luta social*, consequentemente, sempre teve um papel fundamental no ideário caiopradiano: "Os pregadores da paz social pregam, pelo que se vê, no deserto"[22].

Não só isso. Após a vitória do proletariado, os trabalhadores teriam o direito de se armar para defender suas conquistas, como no caso da Tchecoslováquia depois da Segunda Guerra Mundial. Naquele país, para garantir a prevalência dos comunistas no poder, "restava aparelhar o povo contra um possível golpe armado".

> Para isso, fez-se ampla distribuição de armas. Esta se realizou sobretudo na porta das fábricas, na saída dos operários, tal era a confiança que o governo depositava na classe trabalhadora, vanguardeira da edificação democrática e socialista da República. E com isso abortou o último recurso com que contava a reação: o povo estava em condições de enfrentar os sicários dela, se ousassem recorrer à violência, o que não se deu.[23]

Nesse sentido, ele era incisivo:

> Imaginar um capitalismo bucólico, a tocar sua flauta inocente de pastor num cenário de belezas e perfeições, onde somente o lobo mau deve ser castigado, é muito bonito como história de crianças para ser contada nos cursos de economia política das Universidades burguesas. Mas os pastores concretos e verdadeiros deste mundo sublunar em que vivemos sabem muito bem no seu realismo terra a terra que aquele capitalismo nunca existiu, e cada vez existirá menos: a luta é dura, e os "golpes" são indispensáveis.[24]

Para Caio Prado Júnior, no Brasil, a revolução deveria partir do proletariado urbano, ainda que a massa principal do país, a seu ver, fosse a dos trabalhadores rurais[25]. De qualquer forma, sua visão se aproximaria, de acordo com um estudioso, das elaborações de Jules Humbert-Droz, que, por sinal, estava ligado a Bukharin e suas ideias[26]. Afinal, o dirigente suíço percebia a subordinação das burguesias latino-americanas ao imperialismo (em especial nas nações que apresentavam maior grau de desenvolvimento), designando os regimes dos países da região como "colonial capitalista"[27]. Em relação à via pacífica ou armada, CPJ diria:

> Não sou profeta, nem sei qual a maneira prática de realizar a Revolução. A luta é em torno de reivindicações, em torno de certos objetivos concretos a que se propõe, se for possível conseguir esses objetivos através de meios pacíficos, a revolução será sem luta armada. Caso contrário, se a resistência se revelar grande, a luta armada será, evidentemente, a única solução. A existência ou não da luta armada, depende das circunstâncias do momento, da situação tal como ela se apresenta.[28]

Já sobre um projeto revolucionário continental (uma clara alusão ao ideário guevarista), ele diria que havia diferenças regionais e que, no Brasil, as guerrilhas estavam resultando num fracasso. Ao contrário da Bolívia, onde havia grande movimentação camponesa, ocupação de terras e combates após a resistência dos terratenentes, no nosso país não havia nenhum indício de que isso pudesse ocorrer. O historiador, em última instância, declarava que "não adianta programar a luta armada, se não existem os elementos capazes de concretizá-la. A forma de ação é determinada pelas circunstâncias e condições do momento"[29].

No Brasil, a conjuntura do campo seria totalmente modificada à medida que fosse aplicada a Legislação Trabalhista, algo que dependeria de "luta intensa". As leis laborais, afinal, diminuiriam a concorrência da mão de obra barata, que se deslocava do campo para as cidades, desvalorizando assim a mão de obra urbana. Ainda que parte do proletariado rural reivindicasse a posse da terra, a luta por um pedaço de chão seria, em termos gerais, insignificante: aqui, a demanda era essencialmente por emprego[30]. Vale recordar que, para Caio Prado Júnior, o governo Vargas, em vez de combater o movimento operário frontalmente, legalizou-o, conseguindo canalizar para si o apoio do proletariado, o que foi, em sua opinião, um de seus fatores negativos. Mas, apesar disso, havia um aspecto favorável nesse caso: ele deu aos trabalhadores uma "consciência"[31].

A esquerda brasileira, que naturalmente representava a vanguarda dos setores populares e teria de apontar a direção do movimento revolucionário, não o fazia porque não possuía "uma teoria consistente, nem um objetivo muito claro". O propósito principal, segundo Caio, deveria ser a "organização no campo", que ainda estava num estágio "primaríssimo". Os trabalhadores rurais já se mobilizavam por seus direitos, mesmo que de forma imperfeita e confusa. A ordenação, contudo, precisava vir "de fora", dos setores urbanos, operários e estudantis. Além disso, não seria necessária a criação de um organismo ilegal. A constituição de um sindicato rural (uma ferramenta reconhecida por lei) cumpriria o papel nas contendas no agro (as Ligas Camponesas, em sua opinião, representaram uma experiência demasiadamente restrita; por outro lado, admirava a experiência de Miguel Arraes, ressaltando que "o grande movimento, em Pernambuco, antes do golpe, foi um movimento sindical, de organização sindical")[32].

Alguns anos antes, Caio Prado Júnior insistira que seria inimaginável o desaparecimento imediato da relação tradicional de emprego e a transformação súbita daquela massa de trabalhadores em "camponeses pequenos produtores e proprietários", pela falta de condições no país para que isso ocorresse. Assim, considerando a conjuntura histórica concreta, a transformação socialista do regime naquele momento não estava no foco da questão, uma advertência que fazia inclusive ao "sectarismo da esquerda": não se deveria visar situações "ideais" e esquemas "utópicos", por mais atraentes que fossem; a perspectiva "realista", portanto, era fundamental[33].

É possível dizer que, para Caio Prado Júnior, em vez de simples expropriação, retalhamento e distribuição de terras, era necessário promover prioritariamente a elevação do nível de conscientização política (por intermédio de sindicatos, por exemplo) e fazer com que a luta se desenvolvesse *pelos próprios trabalhadores rurais*[34]. A interpretação caiopradiana da "tática" política nos embates no campo é essencialmente similar (guardadas as distinções históricas, geográficas e culturais) àquela proposta pelo próprio Lenin em diferentes momentos, como em seu "Sobre a necessidade de fundar o sindicato de trabalhadores agrícolas"[35] ou mesmo o "Esboço inicial das teses sobre a questão agrária", texto preparado em 1920 para o II Congresso da IC[36].

O marxismo, "a expressão mais elevada da ciência", segundo o intelectual paulista, era contra considerações dogmáticas, fundadas em argumentos escolásticos de autoridade. Não constituía, portanto, uma "doutrina" no sentido *clássico* da palavra, nem era um conjunto de "verdades" contidas em documentos egrégios, para que os marxistas "vulgares" só tivessem como função interpretar o cânone oficial: essa atitude de alguns "ortodoxos" se assemelhava à conduta de certas religiões em relação a seus textos "sagrados"[37], algo que ele condenava.

Caio Prado Júnior também tinha opiniões sobre a relação do Partido Comunista com seus militantes. O autor de *Formação do Brasil contemporâneo* achava que determinadas posturas relativas à disciplina partidária em matéria de "pensamento" eram equivalentes a estabelecer uma censura prévia aos membros dos PCs, o que repugnava a própria natureza da ideologia de uma classe revolucionária que olhava para o futuro, e não para a conservação do passado: "não há artigos de fé, no comunismo, a serem resguardados em tabernáculos onde a razão não deve penetrar; e o pensamento no Partido tem de ser livre". A disciplina partidária deveria se manifestar na *ação*, o que implicava uma *consciência plena*, que, segundo ele, não se forjaria senão num clima de liberdade de pensamento. Com isso, o marxismo e seus frutos (a "revolução" e a "livre expressão *responsável* do pensamento*") ganhariam o vigor necessário para que pudessem progredir[38].

Não custa lembrar dos resultados negativos da conceitualização zinovieviana do leninismo "pós-Lenin" ao impor verticalmente o "modelo bolchevique" às diferentes seções internacionais do Comintern, que foi, muitas vezes, absorvido acriticamente pelos comunistas de vários países. O desenho organizacional difundido a partir de 1926 foi, na prática, um decalque caricatural do formato de partido em determinado momento e não incorporou a essência dinâmica desenvolvida pelo leninismo ao longo dos anos. A ideia de associar o leninismo ao "substitucionismo" (em grande medida, um "empréstimo" tático do esquema kautskiano), portanto, não se sustenta se o ideário do dirigente russo for analisado com maior cuidado. Ou seja, em última instância, o partido *não ocupa o lugar da classe*, mantendo como sua essência a autoatividade e a organização dos trabalhadores e, ao mesmo tempo, dando à sua estrutura interna um lugar aos elementos proletários e, simultaneamente, lhe atribuindo um papel de impulsionador de uma consciência política externa nas lutas cotidianas. A classe e o partido, assim, movem-se juntos, em unidade dialética e concreta. O espontaneísmo e a iniciativa das massas caminham lado a lado com a "vanguarda" revolucionária e os militantes profissionais. Nesse sentido, a revolução deve estabelecer a aliança entre camponeses e operários urbanos e ter um caráter nacional (ou seja, naquele caso, movimentar-se num ambiente sociocultural "russo"), com todas as contradições inerentes a ela. Essa é a proposta de um marxismo dinâmico e operativo, articulando a abordagem mais ampla ligada aos aspectos teóricos, princípios programáticos e discussão de perspectivas históricas com o nível concreto das análises de conjuntura, reivindicações imediatas e organização das massas. A democracia operária, portanto, seria um elemento fundamental daquela proposta e que está longe do "ultraesquerdismo" proposto por alguns grupos de então. O bolchevismo, vale recordar, foi muito menos radical e esquerdista que outras correntes da época (e posteriores). A avaliação objetiva da situação e a aplicação dos métodos mais sensatos para a estabilização e desenvolvimento econômico do país (no período leniniano) foram características da agrupação. Assim como também a insistência na disciplina e no compromisso moral de seus membros.

No caso de Caio Prado Júnior, ele atua num ambiente partidário permeado pelo "marxismo-leninismo", muitas vezes deturpado e calcificado em dogmas. Aquele é o entorno político e cultural em que transita e no qual deve expor suas ideias, debater com dirigentes, discutir com teóricos. Em diversos aspectos, ele está mais próximo da *essência* leninista original do que vários de seus interlocutores ortodoxos.

O historiador acreditava também que não se devia copiar as experiências socialistas, mas aproveitá-las *convenientemente*. Em outras palavras, tentar construir um socialismo "distinto". De qualquer forma,

> o socialismo, ao contrário do que frequentemente se vê afirmado, não constitui uma receita, um dogma, uma norma mais ou menos arbitrariamente escolhida segundo o gosto de reformadores, e a que se trataria de subordinar os fatos humanos e a organização da vida social [...]. O socialismo, como se pode concluir da observação e análise históricas deste último século decorrido, constitui um *processo evolutivo* que tem suas raízes no próprio capitalismo. É o capitalismo o principal responsável pelo socialismo cujas formas e forças propulsoras se geraram e desenvolveram precisamente no mesmo capitalismo. O socialismo é a resultante natural do capitalismo que lhe prepara e abre caminho, e que nele desemboca ao se desagregar.[39]

Afinal, para ele, o socialismo é "antes um processo, um sistema em transformação".

> Consiste numa substituição da economia capitalista, fundada na propriedade privada dos meios de produção – solo, subsolo, fábricas etc. –, e caracterizada por formas privadas de atividade econômica, por uma economia que tenha por base a propriedade coletiva e por norma uma atividade econômica também coletiva. Nisto se resume o socialismo. As suas fases são múltiplas. A substituição de um sistema por outro atravessa etapas sucessivas em que vamos encontrar, lado a lado, em proporções variáveis, caracteres de um e outro: os do primitivo, em vias de desaparecimento, os do novo, desenvolvendo-se continuamente. O desaparecimento total das formas capitalistas coincidirá com o comunismo.[40]

Nesse caso, a intervenção do Estado seria exigência e finalidade da ditadura do proletariado. Por sinal, o Estado socialista, para CPJ, representaria um órgão "transitório", incumbido de abolir as diferenças de classe, mas que tenderia a desaparecer assim que cumprisse sua tarefa. Isso ocorreria com a gradual dissolução daquela "categoria especial" de indivíduos permanentemente ocupados na administração pública e que constituem o "corpo" estatal, ou seja, com a progressiva eliminação do aparelho de Estado (com toda a hierarquia de funcionários públicos) e a transferência de suas funções para a própria sociedade (representada pelas organizações populares). Junto com isso, viria a supressão da coação, da ação e exercício da força compulsória da autoridade. E este processo, segundo o historiador, já estava começando a ocorrer nos países socialistas[41].

É certo que Caio Prado Júnior teve atuação parlamentar (que, diga-se de passagem, foi bem curta) e viu nela uma forma de ação política factível e útil para melhorar, mesmo que lentamente, a situação econômica e social, em seu caso, do estado de São Paulo e, de forma geral, do Brasil. Mas isso era apenas parte da *forma*, e não *todo* o conteúdo. Se ele era um militante fiel ao partido, acataria suas resoluções. E, se o jogo parlamentar estivesse vigente e fosse utilizado pelo PCB, também participaria dele. Mas tinha clara noção das limitações de uma ação desse tipo. Vários anos antes de se tornar deputado estadual, ele disse:

> Enquanto a política soviética está inteiramente impregnada por uma orientação proletária, os partidos operários dos países burgueses (operários no sentido de se apoiarem num eleitorado proletário), na medida em que se adaptam à engrenagem parlamentar, isto é, enquanto figuram nos parlamentos não como corpos estranhos e deslocados, mas como forças que efetivamente intervêm no funcionamento das câmaras e não como embaraço dele, estes partidos são incapazes de uma orientação verdadeiramente operária. Enquanto parlamentares, os partidos operários são operários apenas no nome. Isto se torna flagrante quando eles conseguem formar ministérios saídos do seu seio e tomam a seu cargo a direção política do país [...]. Pelo modo com que são constituídos, os parlamentos são incapazes de refletir uma política verdadeiramente classista e proletária. [...] nas condições atuais e dentro das funções extraordinariamente desenvolvidas do Estado moderno, o papel de legislar, isto é, de editar normas gerais e abstratas, torna-se função exclusiva de sua aplicação. É esta aplicação, isto é, a forma pela qual se faz, que vai dar às leis, depois de promulgadas, o seu verdadeiro conteúdo, a sua significação concreta e real. Daí o papel predominante que nos regimes burgueses cabe ao aparelhamento administrativo, esta imensa máquina burocrática que praticamente por si só resume todo o Estado moderno. Concentrando em suas mãos todo o funcionamento do Estado, e constituindo como é, em organismo completamente independente do parlamento, nele se perde toda influência que a representação popular pudesse

por acaso ter na direção efetiva do Estado [...]. Mesmo nos regimes parlamentares, onde os governos saem diretamente das câmaras, não são estas, e muito menos o povo, quem por detrás da cortina puxa os cordéis.[42]

Não custa mencionar que, aproximadamente na mesma época em que Caio Prado Júnior teve sua experiência na Assembleia Legislativa, Carlos Marighella era deputado federal. E invocava o autor de *Imperialismo, etapa superior do capitalismo* para justificar sua atuação: "O ensinamento que Lenin nos dá a respeito é o de que a luta na tribuna parlamentar é obrigatória para o partido do proletariado revolucionário, a fim de educar os elementos atrasados de sua classe, despertar e instruir a massa aldeã analfabeta, ignorante e embrutecida"[43]. Ou seja, a forma legal (nas tribunas eleitas por voto) e a "ilegal" (extraparlamentar) deveriam ser combinadas. Mas sem nunca alimentar ilusões em relação à primeira. De qualquer forma, o próprio líder bolchevique insistiria que a "solução marxista" do problema da democracia consistiria em o proletariado ter de utilizar *todas* as instituições e aspirações democráticas contra a burguesia, a fim de preparar o triunfo dos trabalhadores sobre ela[44]. E que, portanto, dependendo das circunstâncias, os comunistas *deveriam* participar de eleições para promover agitação entre todos os trabalhadores[45].

Lenin era, vez por outra, lembrado por Caio Prado Júnior. Em seu artigo "Fundamentos econômicos da revolução brasileira", de 1947, comentou que o líder bolchevique,

> dedicando-se sobretudo a seu país, que se encontrava em grande atraso econômico, social e político relativamente aos demais países da Europa, e ainda em regime nitidamente feudal [...] teve a necessidade de apreciar de um só golpe as sucessivas etapas de desenvolvimento histórico através das revoluções democrático-burguesa e socialista.[46]

A revolução estava na ordem do dia. Mas, como ele mesmo dizia, "a questão mais importante não é a do socialismo em si. É a do caminho que para lá conduz"[47].

Em outra ocasião, Caio Prado Júnior citou o autor de *Cartas de longe* ao afirmar que a ditadura na União Soviética não significava o oposto da democracia, mas que era "simplesmente um poder que não é limitado por nenhuma lei, que não é embaraçado por nenhuma regra e que se apoia diretamente na violência"[48]. O historiador paulista, contudo, aprofundou o comentário leniniano:

> Mas isto não exclui a democracia, pelo contrário, pressupõe-na, porque esta violência e esta força estão nas mãos das classes mais democráticas, a começar pelo proletariado, que delas precisa para destruir uma sociedade, a sociedade burguesa,

e construir outra, a sociedade socialista. Uma transformação desta ordem, que vai aos fundamentos da vida coletiva, não seria realizável se encontrasse pela frente, barrando-lhe o caminho, direitos e privilégios individuais. Estes precisam ceder diante dos interesses superiores da revolução.[49]

De qualquer forma, para Caio Prado Júnior, os termos "revolução" e "insurreição" não eram equivalentes[50]. E, no caso brasileiro, especificamente, a estratégia mais adequada, portanto, *não incluía a luta armada*[51] (ainda que, segundo Zillah Branco, ele respeitasse aqueles "que defendiam caminhos de luta sem segurança de sobrevivência")[52]. Nesse sentido, não seria muito diferente de outros dirigentes e intelectuais pecebistas, como Luiz Carlos Prestes[53] e Elias Chaves Neto[54], que criticavam a gesta guerrilheira durante a ditadura militar.

No esquema caiopradiano de revolução, os problemas brasileiros não poderiam ser resolvidos dentro do regime burguês vinculado aos interesses dos imperialistas e ao atraso dos grandes latifúndios no campo. Ainda que a revolução tenha de cumprir tarefas democráticas, incorporando grandes setores excluídos da população à vida nacional, ela tem um caráter de transição para o socialismo, e os trabalhadores são os líderes desse processo. A suposta "etapa" democrática, portanto, não seria "burguesa", mas condicionada, em última instância, ao caráter global socialista. E a revolução brasileira não deveria ser vista como um sistema acabado, mas como um processo *permanente, ininterrupto e dinâmico*. Caio Prado Júnior, nesse sentido, propõe lineamentos, indicações gerais a partir de uma avaliação do contexto histórico, apontando os principais problemas e a necessidade de lidar com eles. Mas pode deixar questões em aberto. Afinal, ele não escreve manuais nem sugere respostas definitivas (ou diz como chegar a elas de maneira "exata" e "científica"), mas aponta quais nós górdios devem ser desatados. Por isso, as questões se apresentam constantemente durante o processo; à medida que são resolvidas, novos questionamentos e problemas surgem, com os quais as forças populares também deverão lidar. É ao longo desse *continuum* que a revolução se processa.

Para Heleno Cláudio Fragoso, o ponto de vista de CPJ era que uma conquista do povo criaria condições para novas vitórias, o que resultaria na marcha para o socialismo (como sustentaria mais tarde Togliatti), a partir de um regime verdadeiramente democrático. Por isso, considerando que a massa popular é que seria o elemento revolucionário, ele era adversário, na época, de uma política que defendia uma ideia de revolução baseada na ação de uns poucos homens, que supostamente poderiam deflagrá-la por um ato de vontade[55].

Em relação especificamente à luta armada na década de 1960, Caio Prado Júnior estava em consonância com a posição oficial soviética da época. Em texto que expressava o ponto de vista de Moscou sobre a questão, Alexei Rumiántsev e seus colaboradores diziam:

uma nova situação histórica surgiu depois da Segunda Guerra Mundial. A formação de um *sistema socialista mundial*, a *desagregação do sistema colonial*, a evolução geral à esquerda das massas nos países capitalistas avançados, a ampliação da base social do movimento revolucionário são as premissas fundamentais que permitem levantar o tema da possibilidade de se passar para o socialismo em uma série de países sem *insurreição armada* nem guerra civil. A luta para realizar a possibilidade da transição pacífica para o socialismo está relacionada, em particular, com a intensificação da *atividade parlamentar dos comunistas*. Por certo, a via pacífica para o socialismo não é idêntica à parlamentar: a revolução pode se desenvolver pacificamente, eludindo as instituições parlamentares existentes. Não obstante, em uma série de casos a via pacífica pode ser possível como meio de utilização ampla das instituições parlamentares, democráticas.[56]

Os mesmos autores, expressando mais uma vez as posições soviéticas, afirmariam:

Os critérios dos fundadores do marxismo sobre esse tema estão claros: a via pacífica, enquanto for possível; a via não pacífica, quando for necessária. A escolha entre a possibilidade e a necessidade indicadas efetua-se segundo as circunstâncias e a correlação de forças reais, sobretudo em dependência do estado em que se encontre o aparato burocrático-militar, da resistência das classes dominantes, do caráter dos institutos políticos, das tradições, do papel e lugar do Parlamento na vida social.[57]

Ainda assim,

o reconhecimento da possibilidade real da via pacífica não pressupõe que as classes exploradoras renunciem voluntariamente ao poder, à propriedade e aos privilégios. Nenhuma revolução social profunda é concebível sem ações políticas de massas, sem aplicar medidas coercitivas contra os exploradores, sem estabelecer a ditadura das classes revolucionárias, ou seja, sem determinadas formas de violência social.[58]

Não custa recordar que a natureza da revolução moderna para os próprios Marx e Engels possuía um caráter bastante abrangente. E que até mesmo Lenin tinha ciência das formas diferenciadas de transição para o socialismo. De qualquer maneira, a política soviética do período Kruschev, que defendia uma suposta variação da tese bukharinista de "evolução" pacífica para o comunismo no país (ainda que não se explicitasse que esta era tributária do intelectual bolchevique), recebeu o apoio de Caio Prado Júnior naquele período[59].

Muito tempo antes, o próprio Marx interveio em diferentes ocasiões para discutir o assunto. A experiência de viver anos na Inglaterra sugeriu ao autor de *O capital* possibilidades de reformas socioeconômicas por meio da legislação, em vez de *necessariamente* pela violência. Mesmo *não abrindo mão do conceito mais corriqueiro de "revolução"*, em última instância, ele passou a encarar a questão, durante a década de 1860, em termos mais amplos, a partir de uma perspectiva de longa duração (permanecendo modesto em relação a outras de curto prazo) e fazendo distinções sobre o processo revolucionário, de acordo com contextos históricos concretos[60]. O que ele esperava naquele momento era apenas dar "os primeiros passos" da organização dos exércitos proletários que enfrentariam a "longa campanha" contra o inimigo "bem entrincheirado"[61].

Depois dos eventos de 1848, os fundadores do comunismo científico não acreditavam numa revolução imediata na Europa, muito menos socialista. Para as nações do continente, restava a organização de partidos políticos independentes do proletariado (ou de massa), que teriam reivindicações políticas imediatistas[62]. Seria importante a remoção legal de leis e instituições que se colocavam no caminho do desenvolvimento da classe trabalhadora em países democrático-burgueses. Marx, nesse sentido, não punha em questão a escolha entre o caminho da violência ou da não violência, ou de um processo gradual ou insurrecional, mas "o uso realista de tais possibilidades da forma que estavam abertas ao movimento operário em cada situação específica"[63].

Por outro lado, como aponta o historiador britânico Eric Hobsbawm, ele criticou atos como aqueles preconizados por elementos anarquistas. E até mesmo as ações dos fenianos em Clerkenwell, embora visse a enorme importância da luta de independência dos irlandeses. Seria essencial *educar* a classe trabalhadora, para que esta adquirisse *consciência política* mediante uma agitação contínua, em contraposição à atitude hostil das classes dominantes em relação ao proletariado. Os confrontos que resultassem desses entreveros levariam inevitavelmente à brutalidade policial, que seria bem-vinda, já que a atitude hostil das elites forneceria aos trabalhadores uma "educação revolucionária"[64]. Mas a violência deveria ficar do lado policial. Os atos terroristas por parte dos operários poderiam resultar no efeito oposto ao desejado.

Em setembro de 1872, após uma conferência em Haia, o autor de *A miséria da filosofia* concedeu uma entrevista para a imprensa na qual afirmou que, mesmo sendo a transformação revolucionária ainda inevitavelmente o objetivo mundial, o método para alcançá-la poderia variar: "as instituições, os costumes e as tradições de vários países devem ser levados em consideração"[65], diria.

Afinal, para Marx, uma revolução socialista representaria uma sociedade de indivíduos livres e produtores associados, entendendo-se isso como um resultado da *história*, e não da vontade arbitrária de homens. Ou seja, para ele, uma revolução social radical está amarrada a certas condições históricas de desenvolvimento econômico (uma precondição para que ela ocorra). E o primeiro passo desse "projeto emancipatório" seria a "conquista da democracia", o governo da imensa maioria no interesse desta, isto é, da classe trabalhadora, que deveria se autolibertar, tomando como premissa essencial que a *consciência* comunista surgiria a partir (e dentro) do proletariado. Marx, portanto, contava principalmente com o desenvolvimento intelectual e político dos obreiros. E essa consciência só surgiria da ação unificada e da ação dos *próprios* trabalhadores.

De qualquer forma, o marxismo, para Caio Prado Júnior, não podia se assemelhar ao que ocorria nas doutrinas religiosas, com seus textos sagrados e interpretações baseadas no argumento de autoridade[66]. É possível dizer que, em boa medida, as linhas principais de sua visão a respeito do marxismo seguiam, em essência, aquelas propugnadas pelos fundadores do materialismo histórico.

11
O HOMEM QUE INVENTOU ESSE TAL DE MARXISMO NO BRASIL

Se 1968 foi um ano quente no mundo, com os acontecimentos internacionais levados a ponto de ebulição, no Brasil representou a radicalização do regime militar, com a promulgação do AI-5 e o acirramento da repressão à luta armada. O ambiente sufocante do país resultou em perseguições que levaram Caio Prado Júnior a decidir exilar-se no Chile no ano seguinte. Afinal, ele era visto pela ditadura como um "subversivo": sua notoriedade como um dos mais importantes intelectuais marxistas brasileiros e sua filiação ao PCB poderiam ser razão suficiente para que se tornasse alvo do governo. Mas outras motivações ajudaram em sua decisão. Naquele ano, todas as publicações consideradas "comunistas" ou supostas ameaças à ditadura foram proibidas; isso resultou em grandes dificuldades financeiras para a Editora Brasiliense, que teve de destruir parte de seu estoque. Para completar (e principalmente por causa disto), uma entrevista polêmica concedida em 1967 à *Revisão*, revista estudantil da USP, foi interpretada pelos militares como uma provocação e incitação contra o governo[1]. Nela, ao ser perguntado sobre os meios de instalar o regime socialista no Brasil (não obstante dar a entender que não considerava a gesta armada a forma mais viável de combate político naquele momento), Caio Prado Júnior disse que "não devemos discutir a forma de lutar, e sim começar a lutar"[2]. Principalmente por essa afirmação, foi processado pela Justiça Militar de São Paulo.

A situação embaraçosa o obrigou a recusar diversos convites para dar palestras e paraninfar turmas de diferentes cursos universitários em outros estados. Foi assim com o CEMT da Associação Mato-Grossense de Estudantes, "símbolo de uma juventude que luta"[3] e com a Escola de Geologia da UFRGS[4]. Tinha um pedido de *habeas corpus* pendente no STF e, enquanto não fosse resolvida a questão, preferia não viajar. Seus advogados na época, Técio e Aldo Lins e Silva, insistiram no STM em que Caio Prado Júnior era "umas das glórias da cultura brasileira, mundialmente conhecido e consagrado como autor de numerosas obras de renome", e que a entrevista a uma revista de pequena tiragem fora apenas um pretexto para processar o intelectual. Para ambos, não podendo a acusação denunciar o historiador por seus livros, procurava fazê-lo de forma oblíqua, como incitador da ordem política. O procurador-geral da Justiça Militar, Nelson Barbosa Sampaio, contudo, contestou a alegação de falta de justa causa para a ação penal. E o ministro Figueiredo Costa concordou que havia presunção de delinquência[5]. O recurso, em última instância, não lhe foi concedido. O historiador sentia-se claramente coagido e impossibilitado de exprimir seu pensamento[6].

Nessa época, mostrou sua confiança na juventude como agente importante no processo dos câmbios necessários. Os estudantes deveriam, em seu entendimento, compenetrar-se da "triste situação política" em que o país se encontrava e, depois de formados, não poupar esforços para lutar por um Brasil melhor[7] (ainda assim, ele próprio admitia que nunca tivera qualquer ligação com o movimento estudantil desde seus tempos de faculdade e nunca se interessara especialmente pelas questões relacionadas a ele)[8]. Para os alunos do Centro de Estudos Históricos da Faculdade de Filosofia de Catanduva, cujo pedido para fazer uma homenagem a Caíto fora recusado por docentes e grupos de poder dentro da instituição (certamente por motivos políticos), em meados daquele ano, diria:

> Esta própria Faculdade [...] se encontra submetida ao obscurantismo de uma Congregação que se julga ainda nos tempos (de que provavelmente é bem saudosa) dos Hitlers e Mussolinis. Um quarto de século de atraso! [...] por estas e outras razões da mesma ordem que os estudantes do mundo estão [se] rebelando contra o arcaísmo mental de homens (serão mesmo homens?) do mesmo estofo desses professores (com que direito, pergunto, chamam-se "professores"?) que dirigem a escola de vocês. Rebelião essa que está marcando um grande passo no sentido da libertação do mundo, e também do nosso país, de preconceitos e falsos ídolos que mal escondem pequeninos e sórdidos interesses pecuniários.[9]

Para Caio, o movimento estudantil da época (no qual, como já foi dito, ele próprio não se envolveu diretamente) tinha um papel considerável a desempenhar no Brasil, já que seria "o setor mais sensível à necessidade de reformas e transformações no país"[10]. Constituía um fator importantíssimo na vanguarda revolucionária de então. Mas ele não acreditava que os estudantes pudessem ser os possíveis líderes da revolução (nem como guerrilheiros), ainda que tivessem condições de estimular o proletariado urbano e rural para iniciar sua luta[11]. (CPJ certamente acompanhou os acontecimentos estudantis de 1968 na França e no Brasil e, no ano seguinte, o *Cordobazo*, protagonizado por estudantes e trabalhadores argentinos, narrado com empolgação pelo amigo Frontini, que considerava o evento "uma ação revolucionária". Ele via, portanto, o caráter *internacional* e interconectado, de influências mútuas, entre os distintos movimentos no exterior e sua influência por aqui.)[12]

Outro fato que incomodou Caíto foi a prisão, em Belo Horizonte, de três padres franceses e um diácono, no final de 1968. Os advogados Ariovaldo Campos e Gemaliel Campos, juntamente com o arcebispo D. João de Resende Costa e o bispo-auxiliar D. Serafim Fernandes de Araújo, deram entrada no pedido de *habeas corpus* no STM para libertar os quatro religiosos, enquanto intelectuais começaram uma campanha indignada por sua soltura. Entre eles, Caio Prado Júnior, Antonio Candido, Chico Buarque, Emília Viotti, Florestan Fernandes, Gilda de Mello e Souza, João Cruz Costa, Mário Schenberg, Maria Isaura Pereira de Queiroz, Octavio Ianni e Sérgio Buarque de Holanda[13].

A situação de Caio Prado Júnior não melhoraria, apesar de todas as tentativas. Em outras palavras, temia ser preso a qualquer momento. Já no começo de 1969 ele se convenceu de que o exílio seria a solução. E parece que estava certo. Afinal, foi indiciado por "incitação subversiva" em 20 de março de 1969 num inquérito policial-militar perante o Conselho Permanente de Justiça da 2ª Auditoria da 2ª Região Militar (previsto no Artigo 33, Inciso I da Lei de Segurança, o Decreto-Lei n. 314), por iniciativa do procurador Durval Ayrton Moura de Araújo[14]. Antes que isso ocorresse, contudo, ele partiria do Brasil...

Aparentemente a forma de se evadir foi sugerida pelo ex-deputado federal Márcio Moreira Alves, que estava no Chile naquele momento. O historiador saiu do país por Foz do Iguaçu, no Paraná, e dali atravessou a fronteira paraguaia a pé, pela Ponte da Amizade, acompanhado de Danda e do caçula Roberto, seguindo para Puerto Stroessner (atual Ciudad del Este). A jovem disse às autoridades policiais que estava acompanhada de seu namorado, o senhor "Caio Silva", e que sua intenção era se hospedar num hotel para jogar num cassino local. Ambos os filhos o ajudaram a pegar, do outro lado da divisa, um táxi que o levou diretamente para Assunção[15]. A primogênita foi com ele até a capital e depois retornou de avião a São Paulo. Já Caíto continuou sua "fuga" para a Argentina, de onde seguiu, com o auxílio do amigo Norberto Frontini, para o Chile. Lá, a partir de fevereiro, passou a viver, por alguns meses, num antigo e confortável edifício na Avenida Bulnes, 185, apartamento 43, no centro de Santiago, próximo ao Palacio de La Moneda.

Foram momentos de angústia e solidão. É verdade que encontrou seu neto, Nelson, filho de Danda, que decidira por conta própria ir ter com o avô que tanto admirava[16] (ele ficaria algumas semanas em Santiago), e diversos brasileiros que haviam optado pelo mesmo destino. Mas o fato é que Caio sentia-se mal longe do Brasil. "Vida bem pouco atraente de exilado", diria[17].

A insatisfação vinha de antes, muito provavelmente pelas críticas e discordâncias de correligionários e intelectuais em relação a algumas de suas ideias, principalmente as expressadas no livro *A revolução brasileira*. E pelo clima asfixiante da ditadura militar. Isso para não falar da separação da esposa Nena e do concurso para a cátedra de História do Brasil na USP, para o qual havia se inscrito, a convite de Sérgio Buarque de Holanda, com a tese *História e desenvolvimento*[18], e que havia sido cancelado[19].

A possibilidade de ser preso por expressar suas ideias, contudo, talvez fosse o que mais pesasse naquele momento. Já no começo de 1969, procurou o famoso advogado criminal e jurista Heleno Cláudio Fragoso para defendê-lo das acusações. Fragoso, que na década de 1960 era professor de Direito Penal na UFRJ (e em 1966 também foi professor visitante da mesma disciplina na New York University), notabilizou-se, ao longo de sua carreira, por defender personalidades como Niomar Moniz Sodré Bittencourt, dona do *Correio da Manhã*, e o editor Ênio Silveira, proprietário da Civilização Brasileira, entre muitos outros[20]. Como Caio Prado Júnior estava vivendo em Santiago, Elias Chaves Neto faria visitas constantes a Fragoso (ou a seu filho, Fernando) em seu escritório de advocacia no edifício Erasmo Braga, na Travessa do Paço (Rio de Janeiro), servindo quase como um emissário do primo[21]. Os trâmites de pagamentos de honorários, por sua vez, ficariam a cargo do filho Roberto.

Desde as primeiras trocas de cartas com Caio Prado Júnior, Fragoso insistia em que o novo cliente se ausentara do Brasil "um pouco antes da hora"[22]. Preocupava-se que ele não estivesse presente às audiências e que isso prejudicasse seu caso. Podia passar a imagem de um fugitivo da justiça. O advogado escreveu diretamente ao ministro da Justiça sobre o caso e sugeriu que CPJ procurasse, em seu nome, alguns "bons amigos" no Chile, docentes universitários, principalmente da Faculdade de Direito, que poderiam ajudá-lo, como Eduardo Novoa Monreal, Miguel Schweizer, Alvaro Bunster e em especial Alfredo Etcheberry, "pessoa influente no governo"[23]. Para piorar, em março de 1969, o governo editou um decreto-lei que alterava vários artigos da Lei de Segurança e introduzia um dispositivo que determinava, em casos como o de Caíto, a intimação por edital, com prazo de dez dias. Aquela nova lei reduziu também para duas as testemunhas de defesa (enquanto a acusação tinha direito a três) e aumentou as penas[24].

"Sua carta abalou-me, tinha notas um pouco angustiantes", comentou a filha Danda, numa correspondência escrita no começo do ano anterior[25]. O pai queixava-se de que suas relações sociais eram "difíceis" e que seus colegas tinham um "nível inferior"[26]. Ou seja, não compreendiam o que ele via com clareza. Dessa vez, em Santiago, a distância só o faria se sentir mais isolado. Ele costumava almoçar no restaurante do Clube Espanhol e frequentemente via velhos republicanos exilados, que haviam saído de seu país depois da Guerra Civil e nunca mais retornaram ao lar. Essa cena o deprimia. Tinha medo de não poder voltar tão cedo ao Brasil, por causa da severidade das leis do regime militar. Como era idoso, evitava sequer cogitar essa possibilidade. Por outro lado, a compensação, de acordo com o próprio historiador, eram as "boas amizades" (ainda que "esporádicas") que tinha em Santiago com gente como Plínio de Arruda Sampaio, Paulo de Tarso e Almino Affonso. Ele havia estado naquela capital em maio de 1967, quando visitara exilados brasileiros, entre os quais Affonso, que lhe enviou no ano seguinte, influenciado pela leitura de *A revolução brasileira*, um estudo sobre o movimento camponês no Chile que demonstrava empiricamente que a pressão dos rurícolas se realizava, de maneira preponderante, sobre o salário (com ressalva àquela que provinha dos mapuches, orientada para a recuperação das terras usurpadas da comunidade indígena)[27]. A amizade dos dois se estreitou. Affonso conta que as visitas de Caíto à sua casa na capital, em 1969, eram um grande evento: chegava a plantar bananeiras e fazer exercícios de ioga para a família do anfitrião, que se divertia muitíssimo com as exibições do colega[28].

O principal vínculo de amizade que Caio teve no Chile, contudo, foi com Plínio de Arruda Sampaio, 23 anos mais novo que ele e filho de João Baptista de Arruda Sampaio, um colega dos tempos de estudante na Faculdade de Direito. Na residência de Plínio e sua esposa, Marietta, onde ia almoçar e trocar ideias com alguma frequência (e onde encontrava, por vezes, outros exilados, como o cantor e compositor Geraldo Vandré), as discussões sobre política, o PCB e os problemas do Brasil eram constantes. Em Santiago, passava boa parte do dia lendo ou passeando pela cidade de ônibus.

Costumeiramente participava de comícios promovidos pelos comunistas locais e viajava por terra, para ver de perto a situação social no campo. A questão agrária era um tema que continuava a lhe interessar[29]. Chegou a escrever a Sérgio Buarque, pedindo que contasse ao Chico que suas músicas eram muito tocadas no Chile e que ele, inclusive, havia escutado no rádio recentemente uma versão em espanhol de *A banda*[30]. Mas nem sempre estava entusiasmado. Em carta a seu filho Roberto, em 16 de abril de 1969, daria uma mostra de sua vida e de seu estado de espírito:

> Fui a um jogo de *volley*, URSS-Tchecoslováquia (uma *belíssima* partida, os tchecos, nitidamente superiores. Ganharam, mas foi uma exibição de agilidade, precisão, esforço físico e força moral de ambos os lados, que fiquei realmente entusiasmado), voltei restaurado...
> Quanto a mim, continuo rolando por aqui. Aproveito bem o meu tempo, tenho estudado bastante, observado, viajado, lendo toneladas. Não faço aliás outra coisa. As minhas relações, embora boas e bastantes, são esporádicas. Se disser a você que não me sobra tempo para convivência maior em plano social, você vai

achar graça. Mas é assim. Estou a maior parte do tempo só, ou com estranhos, encontros ocasionais em ônibus, restaurantes, viagens, na rua. Indagando, perguntando, procurando saber das coisas. Neste sentido, acho-me perfeitamente satisfeito, e aproveitando imenso. É claro que isto deixa, de um outro lado, um grande, um imenso vazio. E não sei quanto durará minha resistência contra o progressivo avanço desse "vazio" que virá aos poucos, disso não tenho dúvidas, destruindo o resto. O meu ânimo está alto ainda, o que vou aprendendo tem me sorvido para levar adiante o trabalho que preparo, dois livros, um que seria como complementação e desenvolvimento da *Revolução brasileira*, outro o resultado final das conclusões que cheguei em continuação à *Dialética do conhecimento* e a *Lógica dialética*. [...] Mas não sei até quando, na situação em que me encontro, conservarei esse ânimo. Tenho medo de um súbito *breakdown*, contra o que não fica outro remédio senão o retorno ao Brasil. E se isso não for possível, já não sei mais o que será de mim. Estou vendo que substituo um desabafo pelo outro. Mas este é mais fundo... Não se importe muito. Por enquanto tudo vai bem. Não vá pensar que preciso de alguma dose ou injeção de ânimo.[31]

Em abril, o presidente Costa e Silva assinou o decreto que "aposentava" vários "professores" da USP, entre eles, Caio Prado Júnior, ainda que ele não fosse docente da universidade (em maio, o Executivo Federal, percebendo o equívoco, mandou republicar o ato de aposentaria compulsória, retirando da lista o nome de Caio Prado Júnior, além dos de Júlio Puddles e Reynaldo Chiaverini)[32]. Como curiosidade, vale dizer que, também em maio de 1969, Caio Prado Júnior seria sondado por Raymond Carr, do Saint Antony's College, para passar uma temporada como visitante na Inglaterra (receberia 500 libras por cada termo de oito semanas), mas, por motivos óbvios, isso acabaria não acontecendo[33].

Ele ficou pouco tempo no Chile. O fato é que Fragoso continuava insistindo na volta do historiador. "Sempre pensei que sua saída do Brasil foi precipitada"[34], comentou. Em junho, o advogado lhe escreveu, dizendo que não haveria nenhum risco de constrangimento pessoal para o cliente em virtude do processo. A prisão preventiva, à revelia, não havia sido decretada e, portanto, Caio deveria comparecer diante do Conselho, na data marcada para o interrogatório, 21 de julho, para prestar depoimento[35]. A audiência de julgamento seria, então, marcada para agosto. Mas a relação entre o jurista e o intelectual apresentaria as primeiras fissuras ainda em meados daquele ano, por causa de supostos problemas com o pagamento dos serviços[36]. Possivelmente a cobrança das dívidas a Roberto e ao próprio CPJ foi um dos motivos que, mais tarde, causou o estremecimento da relação dos dois...

Caio Prado Júnior, de um lado por sentir falta do país e de outro pela insistência do advogado, acabaria por se decidir a retornar ao Brasil[37]. Sua situação, entretanto, não melhorou. Havia quem acreditasse que ele não deveria ter voltado[38]. Mas já era tarde.

Na audiência o historiador fez o possível para mostrar a improcedência das acusações. Como testemunhas de defesa, compareceram Gofredo da Silva Teles Júnior, Lívio Teixeira e Sérgio Buarque de Holanda. Todos salientaram "a alta categoria da obra do acusado e a sua personalidade invulgar"[39]. A situação de Caíto, contudo, não parecia melhorar. O cerco se fechava...

Em fevereiro de 1970, ele passou o aniversário em Paraty, um de seus últimos momentos de liberdade. O mês seguinte, contudo, foi o mais difícil. Afinal, a partir daí, sua vida foi transformada novamente. E ele acabou outra vez atrás das grades.

Fragoso preparou um livreto de 21 páginas grampeadas intitulado *Em defesa de Caio Prado Júnior*, impresso na Gráfica Urupês, para usar como apoio da defensoria durante o julgamento[40]. Mas de nada adiantou a tentativa. Logo depois de se apresentar à Justiça e ser julgado por um tribunal militar, em 25 de março de 1970, na presença da família, Caio foi condenado a quatro anos e seis meses de prisão. Tinha 63 anos de idade. Naquele dia, levou uma mala com roupas, porque intuía que o veredito lhe seria desfavorável (menos de um mês depois, Fragoso faria a primeira apelação em favor do cliente).

Para Elias Chaves Neto, ele foi condenado "por ser um pensador marxista e por seu passado político"[41]. O marechal Stenio Caio de Albuquerque, por sua vez, diria que o objetivo dos militares era "dar um exemplo aos intelectuais"[42]. Em certo momento da instrução do processo, o oficial que interrogava Caíto chegou a lhe perguntar: "O senhor é o homem que inventou esse tal de marxismo no Brasil, não é?"[43]. Vê-se por aí o nível daqueles que o julgavam...

Caio Prado Júnior, ainda que não estivesse militando ativamente no PCB, era membro do partido, e seu destino foi o mesmo de vários outros camaradas. Entre 1964 e 1977, muitos pecebistas foram encarcerados (e torturados) pelos órgãos de repressão; em torno de duas centenas se exilaram; e 39 militantes foram assassinados pela ditadura[44].

Para o procurador, Caio Prado Júnior era o responsável pelas atividades revolucionárias dos estudantes[45]. Na formulação da sentença, o tribunal, composto por um tenente-coronel, três capitães e o auditor Nelson da Silva Machado Guimarães ("o mais terrível dos juízes" que Fragoso jamais encontrou na Justiça Militar)[46], declarou que a luta sobre a qual o historiador se referia em sua entrevista à revista *Revisão* "pode bem não ser a luta armada. Pode até ser, como afirmou a própria defesa, o mero empenho – até apenas intelectual – para a realização de determinado fim. Esse fim é a subversão da ordem política e social vigente"[47]. Logo em seguida, completava:

Não se pode admitir que o acusado e outros intelectuais tenham sido provocadores diretos dessa criminalidade (subversão instalada no País a partir de 1968, explica antes a sentença), embora todos eles, como o acusado, a admitam desde que os elementos conjunturais a aconselham, como ficou claro na sua entrevista. Mas o que se deve admitir é que os universitários, principalmente em São Paulo, são os instrumentos prediletos dessa criminalidade política extremada. Quer dizer, a sua generosidade juvenil, estimulada por um incessante trabalho propagandístico e de apologia do marxismo, tem levado vários desses jovens a deixar de discutir a forma de luta e começar a luta, engajando-se, por exemplo, na luta armada. Esses fatos não foram de modo algum desmentidos pelo acusado. A revistinha de estudantes era distribuída, segundo depoimentos de um dos próprios réus, em cerca de catorze grêmios estudantis da Faculdade de Filosofia da USP.[48]

Antônio de Pádua Prado Júnior, diretor da *Revisão*, foi julgado à revelia e recebeu a mesma pena de CPJ, enquanto Antônio Mendes de Almeida Júnior, redator-chefe, pegou três anos. Ambos foram defendidos pelas advogadas Lurdes Maria Celso Vale e Anina de Carvalho[49]. Vale notar que Caíto havia sido entrevistado em sua casa, na verdade, por Roberto Cardoso Ferraz do Amaral e outro colega, cujos nomes não apareceram no processo. Isso porque o diretor e o redator decidiram não citá-los, para preservar os amigos (os nomes dos entrevistadores não apareceram na matéria)[50].

Como se pode imaginar, a repercussão nacional e internacional da detenção de um intelectual da importância e envergadura de Caio Prado Júnior foi enorme. Danda e Caio Graco tiveram papel seminal na mobilização de personalidades de diversos países para protestar e, depois do julgamento, exigir a libertação do pai. Pouco antes do veredito condenando-o, por exemplo, a filha procurou acadêmicos influentes para pedir que ajudassem no caso. Em carta em inglês para o professor Stanley Stein, da Universidade de Princeton, e em outra, em tom similar, para o antropólogo Charles Wagley, da Columbia University, ela diria:

> Ele decidiu arriscar ser preso, em vez de deixar o Brasil como exilado, talvez para sempre, pois suas esperanças de sobreviver à situação política atual são poucas[...] Estou lhe escrevendo pessoalmente e pedindo por sua interferência e auxílio, já que sempre me senti profundamente tocada pelo interesse e amizade que você manifestou por ele.[51]

Stein iria mobilizar-se especialmente para denunciar o ocorrido. "A situação difícil de Caio Prado Júnior é a mesma de todos os dissidentes políticos no Brasil hoje, e sentimos que devemos vocalizar nosso protesto imediatamente", respondeu o latino-americanista em seguida. Ele publicou na edição de domingo, 8 de março de 1970, do *New York Times*, em nome dos "membros da comunidade internacional de *scholars*", um manifesto datado de 23 de fevereiro, encabeçado por ele e Wagley, além do brasilianista da Universidade de Wisconsin Thomas Skidmore e do *chairman* do Conselho de Estudos Latino-Americanos da Universidade de Yale Richard Morse, no qual demonstravam a indignação dos acadêmicos do país aos atos da ditadura e aos ataques às liberdades civis, e contra a censura à imprensa, as prisões e os exílios dos que lutavam contra o regime. O documento recebeu centenas de assinaturas de intelectuais dos Estados Unidos[52]. Já no Texas, Warren Dean e um grupo de professores locais enviaram uma carta incisiva diretamente ao presidente Médici[53], enquanto no mesmo período, na Universidade de Yale (a mesma do amigo Morse), Caio Prado Júnior também teve o apoio de Joseph Love[54].

Outro personagem fundamental na luta por sua libertação foi o amigo argentino Norberto Frontini, que iniciou uma campanha na América Latina em nome do historiador brasileiro. Quando soube de sua prisão iminente, escreveu uma "carta aberta"[55] ao Palácio do Planalto e enviou pedidos de apoio para renomados artistas, acadêmicos e intelectuais do Chile, Peru, Bolívia, Equador, Colômbia, Venezuela, México e Argentina, além de latino-americanos que viviam na França, Espanha e Itália. Alvaro Jara, Tomás Lago, Olga Urtuvia, Genaro Carnero Checa, Yolanda Bedregal, Jorge Icaza, Miguel Otero Silva, Uslar Pietri, Arnaldo Orfila Raynal, Miguel Ángel Asturias, Julio Álvarez del Vayo, Garcia Márquez, Rafael Alberti, Maria Teresa León, Atilio Rossi e Rodolfo Puiggrós foram alguns dos que receberam a correspondência de Frontini. No dia 3 de março daquele ano, mandou seu manifesto a dezenas de pessoas e, duas semanas mais tarde, estenderia a lista, enviando protestos para que fossem publicados em vários jornais, como *La Razón* (500 mil exemplares), *La Nación*, *La Prensa* (cujo subdiretor era um velho conhecido dele), *Associated Press* e *Inter Press Service* (agência democrata-cristã).

"Você é um homem que[...] ultrapassou as fronteiras de seu país", afirmava Frontini a Caíto. No dia 18 de março, o argentino entregou a mesma carta à *United Press* e ao periódico *Crónica*. Já o colega Gregorio Bermann levou o documento, com 26 assinaturas, para que fosse divulgado nos diários de Córdoba.

E a campanha se ampliava: o semanário *Propósitos* publicou uma nota sobre a situação de CPJ e o jornalista Gregorio Selser encaminhou informes à revista *Marcha*, de Montevidéu. Na mesma época, Frontini recebeu uma missiva de Ana Maria Salas, nora de Manuel Agustín Aguirre, reitor da Universidade de Quito, dizendo que o sogro se encarregaria pessoalmente de fazer chegar um telegrama de protesto ao presidente do Brasil e que convidaria outros diretores a fazer o mesmo. O continente inteiro sabia da situação do brasileiro e o apoiava[56].

Na Europa, por outro lado, 31 escritores portugueses assinaram uma declaração de desacordo ao embaixador do Brasil em Lisboa, expressando solidariedade.

Entre eles, Urbano Tavares Rodrigues e o futuro prêmio Nobel de literatura, José Saramago[57]. Já no Brasil, diversos colegas escreveriam na imprensa apoiando o intelectual paulista, entre os quais Alceu Amoroso Lima, Danton Jobim, Moacir Werneck de Castro e Hélio Fernandes.

Caio Prado Júnior cumpriu a primeira etapa de sua pena no Presídio Tiradentes. Conviveu com vários presos políticos, inclusive com o também historiador Jacob Gorender[58]. Fumante havia anos (nunca conseguiu abandonar o hábito), retransmitia as mensagens de seus companheiros na cadeia através de pequenos papéis enrolados e colocados dentro dos cigarros, escondidos em meio ao tabaco. Sua filha Danda, então, pegava o material e fazia circular as informações[59]. Com o encarceramento de amigos e conhecidos seus, ela própria se exilou na França, de onde continuou a se corresponder com o pai.

Na prisão, Caíto dividiria a cela 4 com dois médicos, além do dominicano Francisco Catão e do advogado gaúcho Antonio Expedito Carvalho Perera, que mais tarde ficaria conhecido como o "chacal brasileiro"[60]. Perera, que na juventude fora um integrante do Partido Democrático Cristão, aproximou-se da VPR, através de Onofre Pinto, e a partir daí começou a colaborar com a organização. Chegou a conhecer o capitão Carlos Lamarca. Foi preso em 1969 e libertado em 1971, como um dos setenta militantes trocados pelo embaixador suíço Giovanni Bucher. Seguiu para o Chile e depois para a França. Na Europa, tornou-se amigo do terrorista internacional venezuelano Illich Ramírez Sánchez, ou "Carlos, o chacal", e apoiou o Exército Vermelho Japonês. Chegou a fazer contatos com insurgentes palestinos, com a esquerda libanesa e com grupos ligados a Muammar Kadhafi. Mais tarde, mudaria seu nome para Paulo Parra e se exilaria na Itália até o final da vida[61].

Por ser advogado, Perera conseguiu ficar numa cela "especial" (chamada pelos outros detentos de "cela dos lordes"), na mesma em que se encontrava Caio Prado Júnior. O escritor Frei Betto conta que todos ali costumavam comer pratos trazidos de restaurantes da capital. Como Caio era o único que já havia sido preso em outras ocasiões, lavava a própria roupa e pendurava as cuecas nas grades para secar, atitude que teria provocado, segundo o autor de *Batismo de sangue*, uma "revolta" no local[62].

Sua cela tinha em torno de quatro metros por quatro, beliches, televisão e um fogão elétrico de uma única boca, no qual se preparava comida ou café[63]. Ali, CPJ recebeu até livros marxistas, já que vários eram em língua estrangeira, o que aparentemente ludibriava as autoridades prisionais (outros vinham sem capa ou com esta trocada pela de outras obras[64]).

Entre os volumes que chegaram a suas mãos, um lhe interessaria bastante. O jovem brasilianista Joseph Love lhe enviou, por meio de Maria Odila (amiga íntima de Caio), um exemplar de *Confessions of Nat Turner*, do romancista William

Styron (publicado em 1967 e vencedor do Prêmio Pulitzer no ano seguinte), uma versão ficcionalizada, em forma de monólogo interior, da vida do líder da revolta dos escravos da Virgínia em 1831 (Turner foi encarcerado e enforcado no final do processo). O "prisioneiro ilustre", segundo Love, lhe agradeceu e disse que "gostou muito" do presente[65].

Mas aquele ambiente nem sempre era favorável à leitura. O historiador chegou até mesmo a pedir a familiares que levassem para ele um capacete, para proteger os ouvidos do barulho incômodo dos outros detentos[66]...

De acordo com Danda, em depoimento ao jornalista Fernando Molica, Perera foi o único dos prisioneiros a apoiar seu pai, conseguindo, por exemplo, que ele ficasse na janela quando familiares lhe levavam comida. Isso porque o "chacal brasileiro" (que costumava passar o dia de *peignoir* e chinelos, fumando cachimbos) prestava serviços à direção do presídio, por ser filho de delegado[67]. Depois de libertado, já no Chile, o gaúcho recebeu uma carta de Danda, convidando-o a se hospedar em seu apartamento na rua Octave Feuillet, em Paris, como retribuição por tudo que fizera por seu progenitor na cadeia. Ele aceitou e seguiu para lá, onde iniciou um caso amoroso com a filha do historiador[68].

Naquele período, Caíto também se encontrou, em poucas ocasiões, nas horas reservadas ao banho de sol no pátio (duas vezes por semana) ou aos domingos (quando os detentos podiam transitar pelas dependências prisionais), com Antônio de Pádua Prado Júnior, diretor da revista *Revisão*, também encarcerado ali[69] (na cela 5). Antônio, que fora ligado à VAR-Palmares, chegou a dizer em entrevista, anos mais tarde, que "tinha a impressão de que ele [CPJ] se sentia culpado por nós termos sido presos"[70]. E assim o descreveu na ocasião: "Era um preso tranquilo"[71].

Enquanto isso, *A revolução brasileira* continuava tendo grande êxito nas livrarias. Desde seu lançamento até 1970, a obra já vendera mais de 50 mil exemplares...

Em 5 de maio, o juiz auditor Nelson da Silva Machado Guimarães determinou, em ofício, que o delegado titular da Especializada de Ordem Política, Alcides Cintra Bueno Filho, removesse Caio Prado Júnior para um quartel da Polícia Militar, o que foi feito prontamente. Assim, seis dias mais tarde, o historiador foi transferido para o 16º Batalhão Policial, localizado na avenida Corifeu de Azevedo Marques, relativamente próximo da USP. Cintra Bueno enviou às autoridades competentes o recibo de "entrega" do referido. Por sua vez, o tenente-coronel Eduardo Monteiro confirmou a chegada do preso às 15h40 do dia 11 daquele mês. O intelectual, a partir de então, ficaria à disposição da Justiça Militar[72].

De acordo com o Artigo 295 do Código de Processo Penal, a partir do decreto n. 38.016 de 5 de outubro de 1955 (que regulamentava a "Prisão Especial" antes de condenação definitiva), todos os diplomados por qualquer uma das "faculdades superiores" da República tinham direito a ser recolhidos em quartéis ou centros de detenção nos quais lhes seriam assegurados "alojamento condigno, alimentação e recreio", "o uso de seus próprios vestuários", "assistência de seus advogados sem restrições durante o horário normal de expediente", "visitas de ascendentes, descendentes, irmãos e conjuges durante o expediente, sem horário determinado" (a visita poderia se prolongar fora do horário previsto), "recepção e transmissão de correspondência livremente", "assistência de médico particular" e "alimentação enviada pela família ou amigos". Seria nessas condições, portanto, que Caio permaneceria encarcerado naquele quartel.

No 16º Batalhão da Polícia Militar, CPJ continuou a ser visitado por vários amigos e familiares, como sua amiga Maria Odila da Silva Dias, o neto Nelson, o filho Caio Graco e a nora, Susana. E também pelo comunista pernambucano Paulo Cavalcanti.

Poucos anos antes, Cavalcanti criticara de forma dura *A revolução brasileira*, sem contudo conhecer pessoalmente o historiador paulista. Quando Caio Graco esteve no Recife para inspecionar a filial da Editora Brasiliense, travou amizade com o intelectual pecebista. Algum tempo depois, ao visitar São Paulo, Cavalcanti perguntou ao jovem editor se poderia visitar seu pai na prisão. A resposta foi afirmativa.

Caio Prado Júnior recebeu o camarada nordestino com alegria. Havia lido o folheto em que ele atacava suas posições e até mandara expô-lo nas vitrines de sua livraria, num gesto considerado "democrático" pelo interlocutor. Caíto queria mudar a classificação de seu delito, de "prática subversiva" para "propaganda de subversão". Estava tentando, com esse procedimento, que sua pena fosse aliviada. Por isso, perguntou a Cavalcanti se por acaso conhecia o relator de seu caso na Justiça, um ministro de Pernambuco. O interlocutor disse que sim e ofereceu-se para preparar e levar um memorial sobre o caso do historiador pessoalmente aos membros do STF, em Brasília. Seria um reforço ao trabalho que vinha sendo feito pelo advogado do autor de *O mundo do socialismo*. Cavalcanti foi à capital e hospedou-se na casa do então deputado federal Fernando Lyra, onde redigiu o memorial mostrando a improcedência das acusações. Em seguida, conversou com o relator do processo, seu amigo dos tempos de magistratura e Ministério Público, Djaci Falcão, que prometeu estudar o caso. Cavalcanti, com a ajuda do ex-senador baiano Josafá Marinho, também entregou um exemplar do material ao procurador. Ao retornar a São Paulo, relatou os fatos a Caio Graco e ficou aguardando o resultado de sua empreitada[73]. O apoio dos colegas e dos parentes, tanto no plano afetivo como no prático, seria extremamente importante naquela ocasião.

Mas Caíto, não obstante o esforço, continuava atrás das grades. De qualquer forma, o ambiente era certamente melhor que o anterior. No quartel da polícia militar, ele ficou instalado ao lado de outro detento, um contrabandista de automóveis chileno. De vez em quando, compartilhavam o mesmo espaço. Quando CPJ era visitado por familiares, às vezes era interrompido por oficiais e soldados que queriam consultá-lo sobre os melhores investimentos na Bolsa de Valores!

Para passar o tempo e enganar o tédio, fazia bolas com o papel laminado que revestia o interior dos maços de cigarro. Guardou várias dessas "esferas prateadas" depois de solto, como "recordação" dos tempos em que estivera encarcerado[74]. Também não abandonou dois hábitos de toda a vida, os banhos frios e os exercícios. Num daqueles dias, transcreveu o poema "Minha mãe", do primeiro livro de Vinicius de Moraes, *O caminho para a distância,* de 1933, que guardou pelo resto da vida:

> Minha mãe, minha mãe, eu tenho medo
> Tenho medo da vida, minha mãe.
> Canta a doce cantiga que cantavas
> Quando eu corria doido ao teu regaço
> Com medo dos fantasmas do telhado. [...]
>
> Minha mãe, minha mãe, eu tenho medo
> Me apavora a renúncia. Dize que eu fique
> Dize que eu parta, ó mãe, para a saudade.
> Afugenta este espaço que me prende
> Afugenta o infinito que me chama
> Que eu estou com muito medo, minha mãe.

Enquanto isso, Danda e Caio Graco escreveriam para a Amnesty International, que, por sua vez, mandava cartas para os ministros cujos nomes eles citavam. James P. Harrison e Ivan Morris, representantes da entidade em Nova York, e Elisabeth Jordan, da Alemanha, ainda enviariam cópias do apelo pela soltura do historiador ao presidente Médici, ao embaixador do Brasil em Washington Mozart Gurgel Valente, ao secretário de Estado norte-americano William Rogers e ao senador William Fulbright, do Comitê de Relações Internacionais do Senado. "O estudo do marxismo não vai contra a lei brasileira", diria uma das cartas. "Acreditamos que o dr. Prado é um prisioneiro de consciência"[75]. A pressão pela liberdade de Caio Prado Júnior continuava...

No quartel, Caíto manteve contato por correspondência com o amigo Antonio Expedito Carvalho Perera (enquanto este permanecia no Presídio Tiradentes) e enviou-lhe alguns de seus livros. Perera os lia e depois os colocava em discussão "num círculo restrito e competente de companheiros". Comentou: "Observo com novos olhos o conteúdo e o estilo". O futuro "chacal brasileiro" continuava apoiando o colega historiador e dizia, em resposta às suas missivas, que "a pressão internacional aliada à injustiça patente" o absolveria[76].

Neste ínterim, para tentar pressionar o Superior Tribunal Militar a rever a injustiça aplicada ao historiador, os professores de Direito nos Estados Unidos Henry Steiner (Harvard) e David M. Trubek (Yale), enviariam uma carta ao *New York Times* denunciando o caso.

Em agosto de 1970, Fragoso impetrou um novo recurso para libertar o amigo. Em vez da anulação do processo, o advogado tentava sua absolvição. Um artigo de Alceu Amoroso Lima, amigo pessoal de Caíto, ainda deveria sair no *Jornal do Brasil*, pouco antes do novo julgamento, apoiando o colega[77].

Em 2 de setembro, nova sessão, na qual estavam presentes Elias Chaves Neto e Paulo Alves Pinto, que acompanharam todas as discussões[78]. Mas de nada adiantou o esforço. O único voto a favor da absolvição de Caíto foi o de Alcides Carneiro, que analisou com cuidado a questão. Ele teria sido "a voz da razão" naquele momento. Afonso Arinos, que seguia de perto o caso, chegou a escrever para Carneiro para elogiá-lo por seu "voto admirável"[79] e ainda procurou o general Jurandir Mamede para tentar aliviar a situação do amigo, considerando-se sua idade e seu estado de saúde[80]. Carneiro chegaria a dizer: "É a primeira vez na vida que eu vejo isso. Caio foi condenado por um crime de opinião. Dizem que quem não deve não teme, mas eu acho o contrário. Quem não deve é que deve temer as iniquidades". A forma como se procedeu o debate, porém, mostrou que havia predisposição a manter a condenação do réu, até pelo fato de a acusação ter sido a última a falar. Além disso, o procurador-geral teria sido "infame", usando seu tempo para fazer ataques pessoais ao historiador. Os argumentos, em geral, eram sempre os mesmos:

> O acusado é de fato um escritor, editor, notável economista, ideologicamente marxista, comunista no melhor sentido, filósofo, em suma, intelectual de convicções definidas; todavia não é só isso – isto é, não se coloca exclusivamente no campo das ideias, não é apenas e tão somente um teórico, um pensador, é também e sem a menor dúvida, desde 1935, um político militante, um comunista atuante e por isso sempre presente em todas as campanhas de interesse do partido comunista a que pertenceu ostensivamente [...].
> Não há como negar que o apelante alia às suas reconhecidas qualidades de teórico as de um marxista de desassombradas atitudes, de um comunista atuante.
> A entrevista, afinal, outra coisa não é senão um afrontoso crime contra a Segurança Nacional, praticado não só pelos que faziam as perguntas, como pelos que a responderam.[81]

Além disso, Fragoso *supostamente* teria tido um desempenho fraco na sessão. Para Chaves Neto, seria preciso que o advogado "conhecesse um pouco melhor o marxismo" e pudesse restituir à entrevista de CPJ o "verdadeiro sentido que ela contém e sobre o qual nenhum marxista tem qualquer dúvida; embora tivesse falado sobre a distinção entre revolução e insurreição"[82].

Aquele foi considerado pelos dois amigos comunistas (Chaves Neto e Alves Pinto) um julgamento "kafkiano", ou seja, Caio Prado Júnior estava sendo condenado "por omissão", por não ter feito determinadas declarações... Tanto o relator como os que seguiram seu voto se esforçaram para separar o intelectual do "político", que, mesmo que não procurasse deliberadamente "agitar os estudantes", estava a lhes "inocular o vírus subversivo". E, assim, Caíto continuaria preso. "Agora só posso exprimir a minha repulsa por todo esse confusionismo em que o país se agita e do qual os brasileiros parecem nem sequer ter consciência", disse Chaves Neto ao primo[83].

O acórdão do STM de 2 de setembro, contudo, deu provimento à parte da apelação para reduzir a pena imposta de Caio Prado Júnior e Antônio Mendes de Almeida Júnior ao mínimo legal, desclassificando o delito e reduzindo a pena de ambos a um ano e seis meses. O ministro Alcides Carneiro foi o único que absolveu o acusado. Mas, como se vê, foi vencido na decisão.

O historiador na época não andava nada bem. Pelo contrário. Em 17 de setembro de 1970, David Rosenberg (livre-docente de clínica cirúrgica da Escola Paulista de Medicina) examinaria o amigo no cárcere e constataria que "o paciente apresenta-se num estado misto de tensão, ansiedade e excitação, de intensidade variável, passando, às vezes, para angústia e depressão". Além disso, "apresentou quatro episódios de desfalecimento súbito, com perda parcial de consciência e queda ao solo. O pulso arterial era de 54 batimentos por minutos [sic]". Pedia exames completamentares, inclusive um eletrocardiograma. "A persistência das condições em que se encontra o paciente terá efeito prejudicial sobre o seu organismo", completava.

Caio continuou a receber apoio de diferentes setores. Ainda em setembro, os alunos do quinto ano do curso de bacharelado em Direito da USP discutiram um nome para ser seu paraninfo. Fábio Konder Comparato, a primeira personalidade aventada pelos estudantes, teria gerado polêmica e, por eleição comandada por Carlos Eduardo Franceschini Vechio, Rachel Andrade e Lúcia Casali de Oliveira, foi aprovado para designar a turma (e ser seu patrono) Caio Prado Júnior, decisão homologada na sequência. O fato gerou tensão, já que a indicação contava somente com o apoio da ala esquerda da escola, e irritou profundamente o diretor em exercício da faculdade, o professor Pinto Antunes, coincidentemente o mesmo que havia vencido Caíto no concurso para a cátedra de Economia Política, muitos anos antes[84]!

Enquanto isso, *aparentemente* havia elementos de grupos guerrilheiros envolvidos numa *suposta* tentativa de libertá-lo. O Dops tinha em sua posse um documento escrito em espanhol, com data de 23 de setembro de 1970, *o qual deve ser visto com várias ressalvas*, em que "Mauricy das Flores", "autointitulado" membro do Colina (Comando de Libertação Nacional) e do Movimiento de Militantes Marxistas (que, teoricamente, coordenava as atividades daquele grupo na Bolívia), propunha aos tupamaros que libertassem o cônsul do Brasil no Uruguai, Aloysio Dias Gomide, desde que fosse divulgado na imprensa escrita e falada, em rede nacional (inclusive em cadeia noticiosa da Agência Nacional Voz do Brasil), um comunicado revolucionário do capitão Carlos Lamarca e que fossem libertados cinquenta presos políticos, entre os quais Caio Prado Júnior (o Colina, contudo, havia se fundido à VPR no ano anterior, constituindo a VAR-Palmares, o que certamente põe em dúvida a autenticidade da carta)[85]. Em seguida, outro manifesto público, também assinado por "Mauricy das Flores", desta vez em nome do MR-8, faria apelo para que os tupamaros soltassem Aloysio Dias Gomide e o técnico agrônomo norte-americano Claude Fly[86], depois que o governo brasileiro aceitasse deixar em liberdade e seguir de avião para o Chile quinze presos políticos, além de duas estudantes de Juiz de Fora, três de Belo Horizonte e vinte líderes estudantis que estavam na Ilha das Flores, sendo torturados pelo Cenimar. O texto desse documento deveria ser reproduzido pela Rádio Guaíba de Porto Alegre, até que os guerrilheiros uruguaios se pronunciassem através da agência noticiosa internacional. O fato é que isso, como se sabe, não ocorreu, e o historiador permaneceu preso[87].

O momento mais difícil vivido por Caíto na prisão, contudo, foi quando recebeu, em 3 de dezembro de 1970, a notícia do suicídio de seu filho caçula, Roberto, um jovem de apenas 25 anos de idade, recém-separado da esposa, com quem tivera uma filha dois anos antes. O rapaz havia sido incumbido pelo pai de administrar a Gráfica Urupês, empresa que estava em dificuldades financeiras. As responsabilidades eram grandes e a expectativa em relação à aprovação familiar, também. Talvez a pressão tenha sido excessiva.

O fato devastador causou enorme impacto no intelectual sexagenário. A pedido da família, Caíto foi autorizado a acompanhar o cortejo fúnebre do filho, no dia 4 do mesmo mês, do Hospital Beneficência Portuguesa até o Cemitério da Consolação, sempre seguido e observado por policiais. O jovem foi enterrado no jazigo da família. Depois da cerimônia lúgubre, Caíto retornou à cadeia, levado pelas autoridades.

Na prisão, ele escreveu *O estruturalismo de Lévi-Strauss/O marxismo de Louis Althusser*, textos que foram concluídos em abril de 1971 e que Danda, logo em seguida, mandou traduzir e tentou publicar na França, na revista *La Pensée*, do PCF. O pagamento da tradução, ao todo 150 dólares, ficou por conta do pai[88]. Embora os artigos tenham sido aceitos num primeiro momento[89] (seriam publicados em pelo menos duas partes, com revisão pessoal de Georges Cogniot)[90], foram recusados logo em seguida pelos editores, sem nenhuma explicação. Até mesmo o economista Celso Furtado fez o possível para intermediar a publicação do artigo, igualmente sem sucesso[91]. Pouco depois, Danda enviou os originais para a *Temps Modernes*, dirigida por Jean-Paul Sartre e Simone de Beauvoir, que também acabou não os incluindo em suas páginas (em 1972, o editor Antonio Reis, da Seara Nova, demonstraria enorme interesse em publicá-los em Portugal; por outro lado, Caíto tentaria publicá-los anos mais tarde na Espanha, sem êxito)[92]. Sairiam juntos, em forma de livro (dedicado ao filho Roberto), pela Brasiliense, ainda em 1971.

Aquele foi um período em que, na avaliação da primogênita, ele novamente andava negativo, sentindo o mesmo "vazio" de outras épocas, triste e ansioso diante da ideia de enfrentar o mundo do lado de fora[93]. Tempos de prisão...

Caio Prado Júnior também se incomodaria bastante com atitude insistente de Fragoso, que continuava cobrando valores atrasados. Após o suicídio de Roberto, o advogado se voltou imediatamente para Caio Graco, atrás do pagamento por suas atividades, que incluíam despesas de viagem, preparação de um novo memorial e fotocópias, além dos honorários devidos a ele e ao dr. José Luiz Clerot, que acompanhava o processo em Brasília, a pedido de Fragoso[94].

Talvez por causa do momento delicado, o que indispunha CPJ se tornou insuportável. Ele se recusou terminantemente a pagar o advogado e com rispidez, em julho de 1971, rompeu relações com ele. Fragoso ficou "estarrecido" com a atitude do historiador[95]. Considerou aquele um "fato inédito" em sua vida profissional, em especial diante da "dedicação extrema" e do "imenso trabalho" que havia realizado em seu favor. Para ele, aquilo não passava de uma "pequena mesquinharia financeira" em torno de "cifras ridículas". Além disso, jamais nenhum cliente havia recusado pagamento de tais despesas nem havia posto em dúvida a necessidade desse serviço. Quando terminasse o processo, ele ameaçava cobrar judicialmente os honorários, sujeitos ao arbitramento da Justiça, com as demais cominações legais. Aquilo havia sido, para o eminente advogado, um "desapontamento brutal"[96]. E lamentava que a relação entre os dois terminasse daquela maneira[97]. (Ainda assim, em seu *Advocacia da liberdade*, Fragoso em nenhum momento menciona tais fatos e dá a entender que permaneceu com Caíto até sua libertação, sempre demonstrando respeito e admiração pelo intelectual).

No final do processo, Caio mudou de advogado, contratando os serviços de Antônio Carlos Sigmaringa Seixas. Ele alcançou rapidamente seu objetivo, conseguindo enfim um resultado favorável no julgamento e, depois, diligenciando um ofício para o STM e outro para o auditor perante o qual se processou a ação penal, a fim de que seu cliente pudesse "respirar o oxigênio da liberdade"[98].

Caio Prado Júnior cumpriu sua pena até agosto de 1971, quando foi absolvido por unanimidade pelo STF e finalmente libertado[99]. A ementa do Recurso Ordinário Criminal n. 1.116 indicava:

o crime de incitamento à subversão da ordem político-social reclama uma vontade consciente, visando um fato determinado. Da análise da entrevista de Caio Prado Júnior, no seu conjunto percebe-se que não está caracterizado o escopo de incitar ou estimular a prática de subversão (Art. 33, I, do Dec. Lei 314, de 13.3.1967). Não se vê um fato concreto querido pelo sujeito ativo. Enfim, falta a potencialidade causal.[100]

Para o grupo de juízes da Primeira Turma, que tinha como presidente Luiz Gallotti e como relator Djaci Falcão, "o crime de propaganda subversiva decorre da instigação ou provocação indireta à subversão, através dos meios enumerados na lei específica, de modo a constituir ameaça ou atentado à segurança nacional (Dec. Lei n. 314, Art. 38). Não se vê comprovada tal infração quanto ao recorrente Caio Prado Júnior"[101]. Presentes à sessão encontravam-se os ministros Moacyr Amaral Santos, Raphael de Barros Monteiro, Oswaldo Trigueiro e o procurador-geral substituto Oscar Corrêa Pina, além dos advogados de Caio Prado Júnior, Sigmaringa Seixas, e de Antônio de Pádua Prado Júnior, Marcos Heusi Neto.

Alguns meses antes, Danda havia chamado o pai para ir à Índia em dezembro (quando tinha certeza de que ele estaria solto), a convite de Wladimir Murtinho, na época embaixador em Nova Délhi, o que acabaria não ocorrendo. Ainda que o historiador não tivesse a intenção de ir à Ásia, contudo, as viagens continuavam em seus planos imediatos[102].

Poucas semanas após sua soltura, Caio Prado Júnior foi ao Recife de carro. Na capital pernambucana, o novo amigo Cavalcanti (que pulou "de contente, como um menino", quando leu a notícia de que ele estava livre)[103], promoveu uma festa de arromba para comemorar a liberdade do camarada de partido. Com a presença de professores, historiadores e sociólogos (inclusive Peter Eisenberg), a recepção (com máscaras, guizos e confetes) durou até altas horas da madrugada, em clima carnavalesco. Cavalcanti, eufórico, disse a Caíto então: "O velho 'Partidão' teve a honra de ajudá-lo nesse transe de sua vida. Eu não agi sozinho, indo a Brasília. Os companheiros custearam as despesas extras. O PCB estava a par de todos os meus movimentos. E me estimulou a tanto. Foi a contribuição do partido à sua liberdade"[104]. Cavalcanti, mais tarde, diria que sentiu o "velho militante comunista" se comover, "no brilho maior dos olhos"[105].

Mas aquela não era uma época para comemorações. Afinal, no mesmo mês em que Caio Prado Júnior saía da prisão, a repressão ao partido continuava intensa e dois militantes do PCB, o ex-militar, ex-bancário e funcionário da Embratel Francisco de Chagas Pereira e o sapateiro e organizador dos garimpeiros de Jacundá, no Pará, Epaminondas Gomes de Oliveira seriam assassinados pela ditadura[106]...

Caio Prado Júnior em outubro de 1941.

Em 1909, aos dois anos, em Paris.

Abaixo, fotografia da família de Caio Prado Júnior, em julho de 1940. Em pé, da esquerda para a direita: seu irmão Carlos; sua cunhada Elzita; seu cunhado Roberto; sua irmã, Ana Iolanda; seu pai, Caio Prado; sua sobrinha Tuni; e o próprio Caio. Na fileira do meio, sentados: seu irmão Eduardo; seu filho, Caio Graco; sua mãe, Antonietta; seus sobrinhos Antonio Caio e Eduardo. No chão: sua sobrinha Maria de Lourdes e sua filha, Danda.

C

Caio, de pé, em uma reunião da ANL, em 1935.

Registro de prisão de Caio Prado Júnior em 1936.

Caio Prado Júnior no Presídio do Paraíso, *c.* 1936.

Caio Prado com seus filhos Danda e Caio Graco no Rio de Janeiro, c. 1939.

Da esquerda para a direita, Clóvis Graciano, Caio Prado Júnior, Sergio Milliet, Luís Martins, Eduardo Maffei e Arnaldo Pedroso D'Horta, c. década de 1940.

Autorretrato de Carlos Prado, óleo sobre tela, 1943. Capa do catálogo da primeira exposição individual de Carlos Prado, organizada por Carlos Pinto Alves e realizada no Edifício Jaraguá em São Paulo.

Acima, Caio Prado Júnior com Helena Maria Nioac, a Nena, sua segunda mulher, em 1943. Abaixo, em sua fazenda, no interior de São Paulo, na década de 1940.

Panfleto de divulgação da candidatura de Caio Prado Júnior a deputado federal, 1945.

UM CANDIDATO DO POVO

Para Deputado Federal

Caio Prado Junior

Nascido em S. Paulo (Capital) a 11 de fevereiro de 1907, fez seus estudos na cidade natal, tendo-se formado na Faculdade de Direito em 1928. Dedicou-se à política desde antes de 1930, tendo participado da revolução daquele ano. Mas logo se afastou da revolução vitoriosa por não concordar com o rumo que tomou. Aproximou-se então do povo e das classes trabalhadoras, de cujos interesses e aspirações se tornou defensor intransigente. Isto lhe valeu perseguições de toda ordem, inclusive várias prisões.

Em 1935 concorreu para a organização da ALIANÇA NACIONAL LIBERTADORA, tendo sido seu presidente em S. Paulo. Nesta época trabalhou na PLATÉIA, que era então o jornal paulista que defendia os interesses e aspirações populares. Dissolvida a ALIANÇA, foi preso, posto em liberdade, e preso novamente depois dos acontecimentos de novembro, ficando detido até setembro de 1937, quando foi suspenso o estado de guerra. Mas logo depois (outubro) o estado de guerra foi restabelecido, e CAIO PRADO JUNIOR, procurado pela policia do Rio de Janeiro, onde então se encontrava, conseguiu evadir-se para o estrangeiro, onde permaneceu exilado até 1939.

Tanto no exterior, como de volta ao Brasil, CAIO PRADO JUNIOR não interrompeu um momento sua luta contra a ditadura e o Estado Novo. Isto ainda lhe valeu novas prisões.

CAIO PRADO JUNIOR se apresenta agora candidato a Deputado Federal, afim de continuar na Assembléia Constituinte, se for eleito, a sua luta intransigente pelos interesses e aspirações do povo brasileiro.

CAIO PRADO JUNIOR é autor de livros históricos em que procurou analisar a evolução brasileira através de uma interpretação científica inspirada no Marxismo. São eles: EVOLUÇÃO POLÍTICA DO BRASIL, FORMAÇÃO DO BRASIL CONTEMPORÂNEO e HISTÓRIA ECONÔMICA DO BRASIL. Além destes, publicou U.R.S.S., UM NOVO MUNDO, que constitui o relato de suas observações e impressões de uma viagem realizada à União Soviética em 1933.

POR UMA CONSTITUINTE SOBERANA — CONTRA A CARESTIA E A INFLAÇÃO
CONTRA O LATIFUNDIO — CONTRA O INTEGRALISMO

UMA POLÍTICA PARA O POVO COM HOMENS DO POVO

Abaixo, em 1945, na ocasião da assinatura do contrato com a senhora Leandro Dupré, na casa de Caio Prado Júnior, localizada na rua Maestro Elias Lobo, em São Paulo.

H

Caio Prado Júnior sendo diplomado como deputado estadual.

Carteira de deputado estadual.

Abaixo, com colegas parlamentares da Comissão Especial de Constituição, da Assembleia Legislativa de São Paulo, em 18 de abril de 1947.

Caio Prado Júnior com Mario Schenberg, João Taibo Cadorniga e Catullo Branco em ato público contra a cassação dos parlamentares do PCB, no Viaduto do Chá, em 1947.

Cartaz do Congresso Mundial da Paz em Paris, 1949, com desenho de Pablo Picasso.

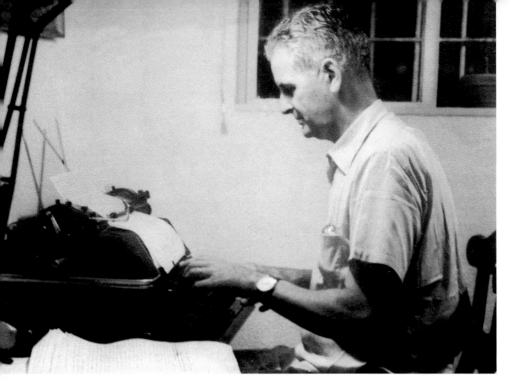

Durante a redação da obra *Notas introdutórias da lógica dialética*, em 1959.

Caio Graco, Danda Prado, Caio Prado Júnior e Roberto Prado em 1960.

Da esquerda para a direita, Caio Prado Júnior, Thales de Azevedo, Florestan Fernandes, Loureiro Fernandes e Sergio Buarque de Holanda, na banca de doutorado de Octavio Ianni, em 12 de outubro de 1961.

Caio Prado Júnior com a delegação brasileira em Cuba, 1962.

Caio Prado Júnior em frente ao iate "Granma", em Cuba, em 1962.

Caio Prado Júnior discursando em Cuba, janeiro de 1962.

Caio, na quarta fileira, junto com a delegação brasileira, em Cuba, em 1962, assistindo a um discurso de Fidel Castro, de costas na foto.

Da esquerda para a direita, Paulo Alves Pinto, Chu En-lai, Danda Prado, Mao Tsé-tung, general Chen Yi (ministro do Exército), Kuo Mo-Jo (ministro da Cultura), durante visita de Paulo e Danda à China em 1962.

Foto tirada no início de 1967, ao ganhar o prêmio Juca Pato de Intelectual do Ano de 1966, da União Brasileira de Escritores (UBE).

Caio Graco, em seu escritório, entre 1978 e 1979. Ao fundo, fotos de Federico García Lorca e Che Guevara.

Em pé, da esquerda para a direita, Caio Prado Júnior; sua esposa, Maria Cecília Naclério Homem; e o filósofo e editor José Chasin; sentada, a historiadora Rosa Maria Vieira. O encontro se deu em 1982, na casa de Caio, por ocasião de uma entrevista (que, porém, não chegou a ser publicada) para a revista *Nova Escrita/Ensaio*.

Caio Prado Júnior, em 1982, em sua casa, durante entrevista (não publicada) para a revista *Nova Escrita/Ensaio*.

Acompanhado de Florestan Fernandes, Florestan Fernandes Júnior, Maria Cecília Naclério Homem e Carlito Maia, em ato pelas "Diretas Já!", na praça Charles Miller, em frente ao estádio do Pacaembu, em 27 de novembro de 1983.

12
ÚLTIMOS ANOS

Depois de solto, Caio Prado Júnior voltou ao trabalho intelectual. Mas a década de 1970 certamente viu uma diminuição em seu ritmo de labor habitual, assim como em sua militância político-partidária, que foi, para todos os efeitos, nula.

Em outubro de 1971, cancelou sua inscrição de segurado de previdência social, recebendo aposentaria por tempo de serviço. Em sua carteira de trabalho constava como profissão "comerciário". E a categoria: "autônomo"[1].

No ano seguinte, CPJ pediu a rescisão de seu contrato com a versão brasileira da *Encyclopaedia Britannica*, projeto encabeçado por Antônio Houaiss e, segundo os editores, um "novo empreendimento editorial de grande envergadura"[2]. Alegou ter havido interferência na redação de seu verbete, modificado por um editor que ele chamou ironicamente de "colaborador da censura"[3]. Ele havia sido convidado no final de maio de 1971 para escrever um capítulo sobre a história do Brasil, que poderia ser um resumo de *Formação do Brasil contemporâneo*; teria em torno de quinhentas linhas, ou pouco mais, o equivalente a algo entre dezoito e vinte laudas, e renderia dois cruzeiros por linha[4]. Mas ele ficou indignado com a atitude dos responsáveis pelo projeto. Afinal, o "ânimo autoral" e a "substância" de sua contribuição haviam sido desfigurados "de maneira acintosa" em muitos pontos: uma "cuidadosa" exprobração "transformou o original com a finalidade transparente de cortar arestas suscetíveis de ferir valores hoje sagrados e oficialmente consagrados no Brasil". Expressões como "de armas na mão" e "interesse de classe" foram suprimidas. Para ele, o indivíduo que editara seu texto atacava "frontalmente e sem rebuços contra a interpretação marxista que eu dou, e que acredito ser no caso irrefutável, do processo de interação entre respectivamente a estrutura social e infraestrutura econômica". Assim, estava clara a intencionalidade com que o censor agiu, "para enquadrar meu trabalho nos cânones da ortodoxia político-social dominante"[5]. De qualquer forma, em 1972, época em que lia *The Economic Thought of Karl Marx*, de Ernest Mandel[6], publicou seu breve *História e desenvolvimento: a contribuição da historiografia para a teoria e prática do desenvolvimento econômico*, pela Brasiliense (dedicado a Maria Odila), a tese com a qual havia pretendido concorrer à livre-docência de História do Brasil na USP, quatro anos antes.

Na verdade, a década de 1970 foi um começo de balanço de vida, posturas e amizades. Segundo Danda, Caíto sempre foi um homem extremamente reservado, que não se abria nem sequer para os filhos quando se tratava de questões pessoais, de foro íntimo. Desde que retornara do Chile e passara pelas dificuldades da prisão, contudo, começara a mudar e a falar mais de si mesmo e de seus sentimentos[7]. E se dedicaria a revisar seu passado e sua obra.

Em 1972, a pedido de José Roberto do Amaral Lapa, fez um levantamento das críticas a *Evolução política do Brasil* e *Formação do Brasil contemporâneo* que considerava importantes, desde uma resenha de Antônio Alcântara Machado para o *Diário de São Paulo*, em 1933, até um texto de Fernand Braudel para os *Annales Économies, Sociétés, Civilisations*, quinze anos mais tarde[8].

Aquele era o momento em que a ditadura comemorava o sesquicentenário da Independência do Brasil com toda pompa e ufanismo, ainda que intelectuais importantes, como José Honório Rodrigues, começassem a preparar textos com uma visão crítica dos acontecimentos, como no caso de seu monumental *Independência: revolução e contrarrevolução no Brasil*, em cinco volumes, publicado poucos anos depois. Se no ano anterior não se registrou nenhuma greve no país, em 1972, só na Grande São Paulo, eclodiram onze (oito dos metalúrgicos e outras dos trabalhadores do setor gráfico, de alimentação e construção civil), com vitória dos participantes em suas reivindicações de aumento salarial e recebimento em dia[9]. Ao longo dos quatro trimestres, foram realizados doze congressos sindicais[10], eleições para diretorias e a mobilização de 400 mil trabalhadores, que reclamavam contra o patronato na Justiça do Trabalho[11].

No campo, podia-se identificar a presença da Contag, além de 16 federações e 1.500 sindicatos rurais de base, que contavam, na época, com 2 milhões de associados. Lutavam por meio de ações judiciais, marchas e protestos, e em muitos casos eram atacados, reprimidos e assassinados por capangas, jagunços e policiais, que agiam a favor dos interesses de fazendeiros, latifundiários e empresários[12]. Foi em 1972 também que o Exército começou a operação sistemática para destruir a Guerrilha do Araguaia, organizada pelo PCdoB, enviando milhares de soldados ao Pará. A primeira campanha militar durou de 12 de abril até o final de julho, e a segunda, de setembro a outubro.

No ano seguinte, quando o modelo econômico brasileiro entrou em crise, greves em São Paulo foram organizadas na indústria metalúrgica (Renus, AMC, Coltro e Clever), na de borracha (Hispanital), na construção civil (Camargo

Corrêa e Geobrás-Engenharia e Fundações) e na saúde (estagiários do Hospital das Clínicas)[13]. Ao mesmo tempo, 70 mil ferroviários (mobilizados por cinco organizações sindicais) enviaram um documento ao ministro do Trabalho no qual reivindicavam um reajuste salarial de 30%[14]. Os metalúrgicos paulistas (cerca de 445 mil filiados a 37 sindicatos) mandaram um memorial ao governo federal exigindo modificação da política salarial, melhor distribuição de renda e participação da classe operária no destino nacional[15]. Afinal, enquanto mais da metade da população do Brasil possuía somente 13,7% de participação na renda total, 1% dos mais abastados pegavam uma fatia equivalente a 17,7% dela, o que mostrava enorme desequilíbrio e injustiça social[16]. Em 1973, ocorreram 23 greves em São Paulo (18 só entre os metalúrgicos)[17]. O Movimento Feminino pela Anistia, encabeçado por Therezinha de Godoy Zerbini, e o Movimento contra o Custo de Vida também surgiram naquele momento[18]. Além disso, vale lembrar o crescimento do controle das empresas estatais e estrangeiras no quadro geral do país, e a diminuição do papel das nacionais. Se entre 1968 e 1973, as nacionais perderiam espaço, indo de 36,05% de participação para 26,04%, as estatais aumentariam sua parcela de 27% para 32,01% e as estrangeiras, de 36,04% para 41,05% do total. O envolvimento externo na economia, portanto, cresceu, enquanto o valor real dos salários dos trabalhadores se deteriorava significativamente no mesmo período[19].

Caíto, acompanhando o que acontecia no país e reconhecendo as vozes que se levantavam contra a ditadura, escreveu emocionado a Fernando Gasparian para elogiar o *Opinião*, semanário que ele esperava "avidamente toda segunda-feira para ter o bálsamo de uma leitura digna e decente neste pântano de ideias e senzala em que se transformou o nosso país, onde não mais se ouve de ordinário que o sibilar do açoite do feitor e os hinos de louvor a esse mesmo feitor". Em relação ao próprio Gasparian, disse que ele havia marcado profundamente aquela fase "tão triste de nossa história política" e que "seu nome se gravará indelevelmente nela como alto exemplo de dignidade, coragem, dedicação e serviço prestado ao Brasil e seu povo". Mandava ao colega um "abraço de brasileiro sinceramente reconhecido"[20].

Nessa época (e até alguns anos mais tarde), tinha o costume de visitar semanalmente, de bicicleta, sua ex-esposa Nena e a neta Roberta, que vivia com ela. Disciplinado, insistia para que a criança não tomasse Coca-Cola (refrigerante do "imperialismo ianque" e "produto de qualidade medíocre", segundo ele) e defendia sempre o "guaraná da Amazônia", produto tipicamente nacional; também lhe dizia para não usar tênis esportivos de marcas norte-americanas[21]. Se visse algum dos netos vestindo uma camisa com a estampa do Mickey Mouse, por exemplo, ficava indignado e mandava que fosse imediatamente trocada por outra que não tivesse nenhuma imagem que remetesse aos Estados Unidos[22]! Era rígido em relação a esse tipo de simbolismo...

Caíto também pedalava, aos sábados e domingos, de sua residência, na rua Maestro Elias Lobo, até a casa de Paulo Alves Pinto, em Santo Amaro, para visitar as outras netas, filhas de Danda. Apesar de aparentemente ser intransigente em relação a certos princípios (não admitia que fossem à igreja, por exemplo), era muito divertido com a garotada: nos almoços, brincava de "dedo roleta", apunhalando rapidamente, com uma faca pontiaguda, os espaços entre os dedos da mão espalmada sobre a mesa[23].

Naquela época, a neta Cláudia havia confidenciado ao avô que se sentia mal por um juramento que fora obrigada a fazer em seu grupo de bandeirantes: "ser fiel a Deus e à minha pátria". Afinal de contas, ela era ateia. Alguns diziam que, por causa de sua irreligiosidade, o compromisso solene não teria validade. Caíto rapidamente tranquilizou a menina: ela apenas deveria agregar ao voto que seria leal a Deus... "caso ele existisse"! Com isso, tudo ficou resolvido... O historiador ainda providenciou o primeiro emprego de Cláudia, quando ela entrava na adolescência, como vendedora da área infantil da Livraria Brasiliense, em caráter temporário[24].

Naquele período, continuava indo, durante as férias, a seu sítio Jurupeva, perto de Campos do Jordão[25]. O local era austero: não tinha TV, nem geladeira, nem chuveiro elétrico ou a gás. Fogão, só à lenha. Na sala, a escrivaninha-papeleira retrátil, de madeira laqueada, era mantida fechada e lacrada com uma etiqueta de papel adesivo (com a assinatura do dono), para que ele pudesse se certificar de que nenhum bisbilhoteiro ou curioso de plantão a abrisse e mexesse em seu conteúdo valioso: papéis, lápis, canetas e balas coloridas[26]! Gostava de assistir, naquela década, ao Festival de Inverno daquela cidade serrana. Afinal, sempre fora e continuava sendo um grande apreciador e aficionado de ópera e música clássica...

Em geral elegante, no sítio Caio Prado Júnior mantinha um jeito austero e simples: os sapatos de couro, por vezes com a sola descolando na parte da frente; as camisas, despojadas. Seus carros também eram pequenos, sem nenhuma imponência: possuía um fusca azul, ano 1954, e decidiu comprar outro automóvel... uma romiseta! Como era um homem alto[27], precisava se apertar para dirigir. Mas não se importava com isso[28]...

Continuava fumando, ainda que pouco. Um detalhe, contudo, não passava despercebido: sempre fazia um risco, com um lápis, na metade do cigarro, em volta de sua circunferência, mesmo quando estava na presença de outras pessoas, e só o fumava até chegar ao traço que havia assinalado. Achava que o tabaco só fazia mal do meio em diante, ou seja, quando se aproximava do filtro. Terminava de tragar ao chegar à divisão, jogava o resto fora e, em seguida, acendia outro...

Em 1973, também manteve relação epistolar com a amiga e militante comunista Zillah Branco (sobrinha de Catullo Branco), que na época morava com os filhos no Chile. Ela o conhecera ainda criança, no final de década de 1940, na casa do tio, quando este era deputado estadual[29]. As cartas enviadas por Zillah são um retrato rico e detalhado do momento pelo qual passava aquele país. Nelas, discutia a sociedade e a política chilenas, o clima tenso, a atuação dos *carabineros*, as lutas estudantis, o desabastecimento, as filas, os enfrentamentos populares, a crise que aumentava a cada dia.

> [A situação] está negra com uma decomposição horrível da esquerda. Não sei como será possível evitar a derrota. Parece que só rezando para que Deus seja comunista e muito disciplinado. É muito triste a debandada que estamos assistindo nesta hora tão difícil. E o desastre econômico se acentua dia a dia. Mas o pior é o desastre ideológico, que põe a nu toda a falta de base e seriedade de gente que assume grandes responsabilidades. O pobre Allende está sendo destruído por seus antigos companheiros, mais que pela oposição.[30]

Mais tarde, diria que "a ameaça de rompimento da unidade popular foi superada", prevalecendo a hegemonia do Partido Comunista, segundo ela, inegavelmente o único partido que merecia esse título dentro da esquerda, já que "sua organização e programa sólido constituem a garantia do comando no processo", e teria sido suficientemente aberto para incorporar os avanços conseguidos pela extrema-esquerda. "É um PC moderno, atual, dinâmico", completaria, enquanto "o PS acompanha a valsa, dando uns passos diferentes pelo meio, mas no fim entrando sempre no ritmo da maioria"[31]. Poucos dias mais tarde, ocorreria o golpe de Augusto Pinochet...

A troca de cartas também mostra aspectos da personalidade do historiador e como ele se sentia na época. Caio Prado Júnior (que, segundo Zillah, era um "amigo familiar" e "herói revolucionário")[32] dizia que havia se privado do melhor da vida: tinha ressecado e embotado sua emotividade[33]. Ainda assim, "é a realização do amor e como realizá-lo que me estimula [...]. O amor faz parte e pode tornar os seres humanos verdadeiramente humanos"[34]. Zillah, por sua vez, estava lendo o livro *Duro oficio el exilio*, do poeta comunista turco Nazim Hikmet, "revolucionário de Istambul" e um dos bardos favoritos de Che Guevara, que a havia impressionado muito por vincular o amor ao socialismo[35]. Citaria bastante os versos de Hikmet nas missivas[36].

Caíto havia sugerido visitá-la em Santiago, até mesmo para trazer de volta para o Brasil os filhos da colega, já que "com o golpe de Pinochet os imigrantes que trabalhavam com o governo de Allende tinham dificuldade em obter visto de saída"[37]. Preocupada com a situação política local, contudo, Zillah insistiria para que ele não fosse ao país. Segundo ela, seria se meter em algo bem pior do que o historiador já havia se metido antes[38]. Os argumentos foram convincentes e ele acabaria não viajando para o Chile...

No começo de 1974, o intelectual, ainda em São Paulo, fez questão de se manifestar a favor dos esforços para mudar a orientação que as autoridades vinham dando ao ensino no Brasil: elas visavam desvalorizar as ciências humanas, relegando a matéria a uma posição secundária (e praticamente nula) no currículo educacional. Isso representava um grave atentado à cultura nacional. Ele achava que, nesse sentido, a iniciativa da AGB, na figura do professor José Bueno Conti, era importante para as novas gerações, porque representava uma tentativa de reabilitação "oficial" da disciplina[39].

Naquele ano em que a ditadura completava uma década e o general Ernesto Geisel chegava à Presidência da República, generalizaram-se, em especial na grande indústria, as chamadas "greves-tartaruga", assim como as paralisações operárias (que foram em maior número do que no ano anterior), contribuindo para baixar a produtividade nas fábricas mais importantes do país. Se a aristocracia sindical perdia espaço, o movimento dos trabalhadores claramente começava a avançar, expandindo-se numericamente e ganhando organicidade.

Além disso, a crise do petróleo foi responsável por acelerar a taxa de inflação, que fora de 15,5% em 1973 e passara para 34,5% em 1974. Enquanto as taxas de crescimento iriam diminuir até o final daquele mandato (em torno de 6,5% ao ano), a balança comercial apresentaria *deficits* constantes (principalmente por causa da importação de petróleo). A dívida externa aumentava...

A ditadura mostrava sinais de exaustão, e a nova administração propunha uma distensão lenta, gradual e paulatina. Por um lado, o Movimento Democrático Brasileiro havia conquistado maior espaço depois das eleições de novembro; por outro, o crescimento e o acúmulo de forças das lutas proletárias resultaram, poucos anos mais tarde, num grande movimento sindical, especialmente no ABC paulista. A guerrilha rural estava em seu ocaso, e a urbana havia sido completamente destruída. Mesmo que naquele momento o PCB estivesse empenhado em construir um projeto vinculado ao MDB (propugnando a consolidação de uma frente democrática ampla contra a ditadura), e não tivesse promovido ou apoiado a luta armada, sofreu uma violenta repressão do *establishment* militar, que arrasou dois terços dos integrantes de seu Comitê Central e obrigou o restante a se exilar[40]. Diversos militantes e dirigentes pecebistas foram presos, torturados e executados, e a agremiação foi praticamente desmantelada a partir daí. Uma perseguição que seguia os moldes daquela que se verificara durante toda a década anterior e culminara com a eliminação física de revolucionários como Carlos Marighella[41], em novembro de 1969, de Mário Alves[42], em janeiro de 1970, do capitão Carlos Lamarca[43], em setembro de 1971, e de tantos e tantos outros militantes de esquerda do país. Caio Prado Júnior, que havia amargado quase um ano e meio de prisão, seria poupado dessa nova onda de repressão que pouco tempo depois culminaria nos trágicos assassinatos de Vladimir Herzog (1975), de Manoel Fiel Filho (1976) e dos dirigentes do PCdoB Ângelo Arroyo e Pedro Pomar, no episódio que ficou conhecido como Massacre da Lapa, no mesmo ano.

Os convites para Caio Prado Júnior participar de eventos continuaram. Em 1974, foi chamado para falar no Congresso Latino-Americano de Historiadores na Cidade do México (realizado entre 15 e 19 de julho)[44], que contou com a presença de Rodolfo Puiggrós (da Universidad Nacional y Popular de Buenos Aires), Pablo González Casanova (do Instituto de Investigaciones Sociales da Unam), Abelardo Villegas (do Centro de Estudios Económicos da mesma instituição) e Leopoldo Zea (diretor do Centro de Estudios Latinoamericanos de la Facultad de Filosofía y Letras da Unam). Caio foi um dos sete brasileiros convidados[45]. Também queria tê-lo entre seus conferencistas o XI Congresso Latino-Americano de Sociologia, realizado em San José, na Costa Rica, mas ele não pôde ir porque as datas coincidiam com o do México[46]. E, em novembro, ainda recebeu um pedido de entrevista sobre o panorama político-econômico do Brasil entre 1964 e 1974, para o repórter Edison Dezen, do jornal *Última Hora*, de São Paulo[47]. Naquele ano também conheceria Maria Cecília Naclério Homem, com quem viveria pelo resto de seus dias.

Em janeiro de 1975, seu colega Warren Dean, mesmo sabendo "que há dificuldade em entrar em nosso país", convidou Caíto para discursar na Conference on Brazilian History/Luso-Brazilian Colloquium, patrocinada pela Conference on Latin American History and Committee on Brazilian Studies, um evento coordenado por Ann M. Pescatello e Francis A. Dutra, que seria realizado na Florida International University, em Miami[48]. Em outubro, também foi solicitado a falar no Diretório Acadêmico do Centro de Ciências Jurídicas e Sociais da PUC do Paraná e no I Ciclo de Estudos Jurídicos que ocorreria naquela universidade[49], assim como na Semana de História da PUC de São Paulo[50]. Ainda naquele ano, foi chamado para uma conferência sobre a Evolução Econômica do Brasil, na Faculdade de Educação da Udesc, em Florianópolis[51].

Mas sua liberdade de movimentação ainda era restrita. O desejo de participar da reunião proposta pela Biblioteca Ayacucho, na Venezuela, por *invitación* de seu diretor literário, Ángel Rama, em novembro de 1975, não pôde ser realizado[52]. Afinal, seu visto de saída para aquele país seria negado pelas autoridades[53]! O amigo Antonio Candido, que também participaria do Encontro de Escritores e Pesquisadores da Cultura Latino-Americana em Caracas, decidiu não ir ao evento, em solidariedade a Caíto. E também como forma de protesto[54].

Vale recordar que foi também naquele mesmo ano que Caio Graco assumiu de vez a direção da Editora Brasiliense, que vivia na época um momento difícil. Aparentemente a falta de liquidez no mercado financeiro e a crise mundial do papel teriam levado a empresa a pedir uma concordata preventiva. Nos três anos anteriores, a Brasiliense (que no início dos anos 1960 tinha um capital de

Cr$ 200 milhões)[55] havia dobrado o faturamento a cada balanço (de setembro de 1973 a março de 1974, as vendas chegaram a 85% do semestre anterior, mesmo com a escassez de matéria-prima). O fato é que o aumento substancial das vendas, impulsionado pelo crédito direto e pela própria evolução do mercado livreiro, exigiu maiores investimentos. Para Caio Graco, a concordata, portanto, não podia ser vista como sinal de crise, mas como uma solução, já que a falta de liquidez bancária havia impedido a expansão. Quando a editora pediu concordata, tinha em carteira (papéis negociáveis), Cr$ 1,5 milhão, e o atraso no pagamento dos credores girava em torno de Cr$ 1 milhão. Com a impossibilidade de negociar esses papéis, não conseguiu saldar os compromissos, considerando que todo o mercado sofreu os efeitos da descapitalização. Assim, Caio Graco teria de se esforçar por fazer uma rigorosa escolha de livros, o que acabou ocorrendo. Ele daria dinamismo à editora e a tornaria outra vez uma referência no mercado, com novos títulos, apresentação gráfica inovadora e coleções emblemáticas como Primeiros Passos, Encanto Radical, Cantadas Literárias e Tudo é História.

Chamado de "o rei Midas da Editora Brasiliense"[56] e "o Indiana Jones da cultura brasileira"[57], Caio Graco (que começou como *office boy* entre os 18 e 19 anos, no escritório carioca da empresa do pai, passando por todos os seus departamentos), foi uma das personalidades mais emblemáticas do mundo editorial nacional de sua época. Sua lenda transcendia a esfera das letras. Não só era praticante de *motocross* e um dos pioneiros em voar de asa-delta no Brasil como teria sido até mesmo o primeiro a iniciar Amyr Klink na arte de velejar[58]! Por sua iniciativa, foram lançados e difundidos autores que agitaram a juventude dos anos 1970 e 1980, como Jack Kerouac, Charles Bukowski, Chacal e Paulo Leminski, só para citar alguns.

Já o pai continuava visado pelo *establishment* oficial. O fato é que a censura e o preconceito contra as posições políticas de CPJ permaneciam fortes. Ainda em 1975, ele havia sido convidado pelo professor Eurípedes Simões de Paula, da USP, para publicar um artigo no número 100 (comemorativo) da *Revista de História*, um dos mais importantes periódicos brasileiros em sua especialidade, editado trimestralmente, do qual Caio era membro desde a reunião de 17 de abril de 1951. Ele ofereceu o texto "História quantitativa e método na historiografia", apresentado no ano anterior no Congresso Latino-Americano de Historiadores (e publicado em seus anais). Tratava-se de um trabalho, de acordo com o próprio autor, "essencialmente e exclusivamente técnico em que se analisam questões da maior atualidade em todos os centros científicos internacionais que se ocupam de assuntos historiográficos e filosóficos"[59]. Apesar disso, pouco tempo depois, Simões de Paula foi obrigado a lhe comunicar, constrangido, que o artigo não poderia ser incluído naquela edição porque havia sido vetado pelo reitor da universidade, mesmo a revista sendo de iniciativa autônoma (não obstante ser impressa e receber financiamento da USP). O reitor teria alegado motivos de "segurança" (sem especificar quais) e determinação de "escalões superiores"[60]. Indignado, Caio Prado Júnior comentou que aquele episódio revelava "a situação a que se acha reduzida a Universidade de São Paulo" e "o nível cultural que é o seu nestes dias de hoje"[61].

Naquele ano, a Guerrilha do Araguaia foi destruída, após a terceira campanha militar, num processo que durara dois anos e nove meses de perseguições e combates, com a utilização, ao todo, de aproximadamente 10 mil soldados. O PCB, por seu lado, começou o trabalho de reorganização a partir de dirigentes que viviam no exterior.

Caio Prado Júnior foi um dos muitos amigos de Almino Affonso a recepcioná--lo em sua volta para o Brasil, em 1976, procedente da Argentina[62], e foi escalado para dar uma conferência na Associação dos Universitários para a Pesquisa em História do Brasil, juntamente com colegas como José Roberto do Amaral Lapa, Edgard Carone e Carlos Guilherme Mota[63]. Quando foi a Paris, naquele ano, ainda aproveitou para retirar um cartão emitido pela Bibliothéque Sainte--Geneviève, autorizando-o a trabalhar em sua sala de leitura[64].

No ano seguinte, seria a vez de ministrar um curso de férias do Centro Acadêmico Visconde de Cairu, na FEA/USP, onde falaria sobre "Metodologia nas Ciências Sociais"[65]. Já a Editorial Grijalbo lhe comunicou, logo em seguida, que reeditaria os ensaios "Distribuição da propriedade fundiária rural no estado de São Paulo" e "Contribuição para a análise da questão agrária no Brasil", que ocupariam setenta páginas da coletânea *Temas de Ciências Humanas*, que estaria à venda nas livrarias a partir de 15 de março[66].

Além disso, em agosto, a atriz Ruth Escobar, organizadora das Jornadas de Poesia, estreou esse evento popular com uma performance em homenagem a Federico García Lorca na frente da Editora Brasiliense[67], com o apoio de seu proprietário. Segundo um informe do II Exército, Caio Prado Júnior ainda participou de reuniões "subversivas", nos dias 27 e 31 daquele mês, na casa de Eduardo Suplicy, com o objetivo de perturbar a "semana da pátria". Estavam presentes também Alberto Goldman, Modesto de Souza Carvalhosa, Cláudio Abramo e sua esposa Radha, Raimundo Rodrigues (editor de *Movimento*), Fernando Morais, Bernardo Lerer, Otávio Frias de Oliveira, José Gregório, Luiz Eduardo Greenhalgh, Francisco de Oliveira, Ruth Escobar, Gianfrancesco Guarnieri, Celso Lafer, Marco Aurelio Ribeiro e Percival Maricato[68] (aproximadamente trinta pessoas teriam se reunido lá)[69].

A militância política direta, contudo, já estava no passado. Talvez pelo distanciamento do trabalho efetivo no PCB é que seu colega Hermes Lima, poucos meses depois, tenha dito, em artigo, que Caio Prado Júnior "hoje não se filia a partido algum"[70]. Na prática, ainda que não atuasse ativamente em suas fileiras havia bastante tempo, ele nunca se retirou "oficialmente" ou foi desligado da agremiação.

O momento mais emblemático de CPJ em 1977, contudo, foi sua participação no "Seminário sobre a estrutura agrária e o desenvolvimento recente da agricultura no Brasil", realizado na Unicamp nos dias 23 e 24 de setembro. O evento, promovido pelo Instituto de Filosofia e Ciências Humanas daquela universidade, na época dirigido por Wilson Cano, contou com a presença de conhecidos estudiosos do tema e foi, na opinião da Associação Brasileira de Reforma Agrária, "um dos mais sérios debates já realizados sobre o assunto"[71]. No primeiro dia, debateriam Octavio Ianni (Cebrap), Afrânio Raul Garcia Júnior (Museu Nacional), Guilherme Leite da Silva Dias (USP), José Francisco Graziano da Silva (Unesp de Botucatu), Maria Yedda Leite Linhares (FGV), Ignácio de Mourão Rangel e Alberto Passos Guimarães. Na manhã seguinte, seria a vez das apresentações de Caio Prado Júnior e Ruy Miller Paiva, representante do Ipea.

As discussões foram acaloradas. Na ocasião, Ianni insistiu em que "o aparelho estatal está a ocasionar a concentração de propriedade privada e divórcio entre produtores e empresários". Discorreu sobre os estudos que fazia em Conceição do Araguaia (Pará), destacando a presença marcante, na área citada, de empresários do Centro-Sul, responsáveis pelos empreendimentos na região, e acusando-os de usar de violência para possibilitar a implantação de seus projetos, praticando, para isso, "justiça privada". Os empresários, para ele, eram "elementos da tecnocracia industrial" que cometiam crimes contra os trabalhadores; estes, por sua vez, eram submetidos a um regime caracterizado por Ianni como "semiescravista". Outros desapareciam. Ianni insistia em que "a terra está se transformando em propriedade privada, com os incentivos governamentais"[72].

Por seu lado, Ignácio Rangel mostrou que "o Brasil apresenta uma das mais altas taxas de urbanização, comparável até aos países desenvolvidos". Ainda assim, faltava uma infraestrutura adequada nas cidades do país. O latifúndio estaria se constituindo em empresa capitalista: "esse grupo, dentro da classe latifundiária, constitui uma oposição progressista e, eventualmente, será chamado a participar mais diretamente na direção do Estado"[73]. Para Rangel, parte do latifúndio estava se tornando empresa capitalista, "sem perder caráter latifundiário, ou seja, a propriedade de grandes extensões de terra". Em 1930, segundo ele, "o latifúndio tinha outro caráter: feudal, clássico. Mas, pouco a pouco, ele foi se dividindo e foi aparecendo essa oposição progressista". O capital industrial ainda seria incipiente, mas a tendência era que a cada crise se formasse uma coalização entre este e o latifúndio empresarial. Por outro lado, os pequenos e médios proprietários teriam um lugar modesto, enquanto a propensão geral seria a concentração de renda e a necessidade de pesados investimentos como causa de um desenvolvimento acelerado. O capital financeiro teria um papel a desempenhar, "mas não um papel autônomo": sua função seria auxiliar o capital industrial. Finalmente, Rangel acreditava que os grandes problemas da agricultura no futuro seriam a poluição e a ruptura com o meio ambiente. O setor agrícola do país, em última instância, precisava de tecnologia avançada[74].

O intelectual comunista Alberto Passos Guimarães, autor de *Quatro séculos de latifúndio*, também teve presença marcante nas discussões. Em sua intervenção, salientou que, apesar do II PND estabelecer uma faixa de 7% para o crescimento da agricultura, o necessário seria 8%; também concordava que a estratégia de então (a tendência do país) era transformar o latifúndio tradicional em empresa rural. A partir da reunião de presidentes latino-americanos de 1967, a reforma agrária teria deixado de ser prioridade para os governos da região e o principal item passara a ser a "modernização". Seria, ainda, um contrassenso que se utilizasse uma estratégia de poupar mão de obra considerando a abundância de terra e o excedente de trabalhadores dispostos a laborar no campo. Assim, "com concentração de rendas e domínio de terras nas mãos de um mínimo de pessoas não se vai resolver o problema agrário brasileiro"[75].

Naquele mesmo dia 23 de setembro, José Francisco Graziano seguiu por um caminho distinto e condensou para o público presente a pesquisa que estava realizando em todos os estados do país, junto com outros nove investigadores (num convênio com a Contag), sobre a importância da pequena produção na agricultura brasileira. "As pequenas propriedades, de menos hectares, representam setenta por cento da produção básica de alimentos no Brasil". Para ele, "a agricultura de subsistência, embora esteja sendo substituída em algumas regiões por grandes culturas, está se expandindo nas fronteiras e novas zonas estão sendo incorporadas"[76].

O segundo dia de debates foi igualmente acirrado, com a audiência claramente a favor das opiniões de Caio Prado Júnior, que resumiu seu pensamento de muitos anos sobre o assunto. Vale recordar que CPJ e Miller Paiva se conheciam havia décadas e que o economista do Ipea, em 1946, chegara a se impressionar com *História econômica do Brasil*, um trabalho que, para ele, poderia ser elevado "a uma posição poucas vezes alcançada por outros livros no Brasil"[77]. De acordo com o autor de *Problemas da agricultura brasileira*, "o aparecimento de um livro que historia o passado e escancara as portas do futuro deve constituir um acontecimento"[78]. Por tudo isso, diz ele, "a leitura de seu livro foi valiosíssima, trazendo-me a convicção de que alguma coisa precisa ser feita para apressar a evolução de nosso sistema econômico colonial em um sistema nacional"[79]. Mas a trajetória dos dois intelectuais foi muito diferente. Enquanto Miller Paiva se integrou a um organismo técnico burocrático ligado ao Estado, Caio Prado Júnior nunca ocupou cargos na máquina pública e foi membro do PCB, o que mostra, por si só, que a abordagem, os objetivos e o comprometimento de cada um com os temas discutidos eram bastante distintos. O historiador, portanto, defenderia naquela manhã uma reforma agrária baseada "numa transformação econômica operando na massa, numa economia voltada para dentro"[80]. Assim, o que se impunha no campo era uma reforma que resultasse na *transformação* da economia agrária brasileira, que transitasse do puro *negócio* de uma minoria para uma organização que operasse em favor da massa rural e assegurasse à população um nível adequado e pelo menos decente de subsistência. O problema agrário nacional, portanto, não deveria ser encarado apenas da "simples" perspectiva do desenvolvimento (como o conceituava, segundo ele, a teoria econômica ortodoxa), da perspectiva de um *business*, realizado à base de força de trabalho "miseravelmente" remunerada e abaixo do que seria capaz de assegurar ao trabalhador condições razoáveis de uma existência decente[81]. Ele argumentava:

> Para se alcançar a problemática fundamental brasileira é preciso muito mais que um progresso tecnológico e quantitativo. Para elevar os padrões da massa da população rural são necessárias reformas profundas e não simples retoques de superfície. Por isso, são de pequeno proveito e contraproducentes medidas paternalistas, como algumas que têm sido notadas, quais sejam, umas pobres pensões e aposentadorias, verdadeiras esmolas atiradas ao mendigo.
> A reforma consistiria, de início, na eliminação desse verdadeiro monopólio da propriedade rural, determinado pela extrema concentração dessas propriedades nas mais favoráveis regiões do país, forçando, por medidas legais, a melhor distribuição dessas propriedades, tornando-a acessível à massa da população, decorrerão daí dois efeitos imediatos: de um lado, redistribuição de terra, o que elevaria as condições de vida dos trabalhadores rurais. De outro lado, o fácil acesso à propriedade da terra representará uma alternativa de ocupações, além do emprego a serviço de outrem. Isso influirá no mercado de trabalho, no sentido da elevação dos níveis salariais.[82]

Para Caio Prado Júnior, a imensa tarefa de modificar *profundamente* a estrutura agrária brasileira teria de ser planejada e levada a cabo com a participação dos principais interessados no assunto, a massa trabalhadora rural, através de seus legítimos representantes. Mas isso só poderia ocorrer num regime político que fosse autenticamente democrático (e que não era o caso na época). Essa reforma agrária acabaria, em última instância, por alcançar o "conjunto" do país como nação.

Por seu lado, Miller Paiva argumentou que o que lhe interessava naquele momento era apenas apresentar certas implicações quanto às possibilidades de um país em desenvolvimento conseguir uma ampla taxa de modernização no setor agrícola. Como diria:

Os países em desenvolvimento têm de aceitar que parte de sua agricultura terá de se manter tradicional, pouco produtiva e pobre e que os níveis de salário da mão de obra não poderão se elevar em relação aos baixos níveis de hoje. E que se a solução desses problemas através da modernização agrícola somente poderá ser alcançada num período muito longo de tempo, quando o país se tornar plenamente desenvolvido, ou seja, quando o seu setor não agrícola se desenvolver e tornar capaz de absorver maiores excedentes da produção e mão de obra pois, somente assim, o setor agrícola poderá se tornar plenamente modernizado.[83]

Para ele, as medidas para transferir renda para o setor agrícola que apresentava baixo nível de ingressos seriam relacionadas a uma política de assistência técnica e apoio financeiro, modificações no estatuto do trabalhador rural, uma reforma agrária "parcial", incremento nas exportações, alimentos subsidiados para as camadas mais pobres da população e o incentivo a um processo de ocupação de novas terras no país. Ou seja, a intensificação da modernização agrícola, a utilização de mecanismos assistencialistas no combate à pobreza no campo e a expansão para áreas ainda não utilizadas no meio rural[84].

No final de 1977, Caio Prado Júnior não só assinou o boletim *Reforma Agrária*, da Abra, como foi convidado a ser tornar sócio da entidade[85]. A questão agrária, de fato, continuou sendo um de seus principais interesses nos últimos anos de atividade pública e intelectual. Para terminar o ano, em outubro e novembro, ele ainda teve tempo de viajar a Portugal, França e Reino Unido[86].

Mesmo que os casos de tortura e repressão a partir de 1977 tenham diminuído em comparação com o triênio anterior, atos desse tipo, como aqueles contra membros do MEP, ainda eram denunciados pela imprensa[87]. Em apenas dois anos, contudo, chegaria a anistia e, com ela, o retorno de muitos exilados ao Brasil, inclusive da direção do PCB. Mas Caíto não participaria da reconstrução partidária. Afinal, não só estava afastado havia muitos anos da militância, como seria acometido por uma doença degenerativa que o alijaria dos debates intelectuais nos quais estava tão acostumado a se envolver.

No final da década de 1970, não obstante tentar manter uma rotina de normalidade, surgiram os primeiros sinais do mal de Alzheimer, traços que se agravariam com o passar do tempo. Em casa, sem televisão ou outras distrações, tinha um cotidiano simples: acordava cedo, fazia ginástica duas vezes ao dia com um professor particular de educação física e trabalhava horas a fio em seu escritório, recebendo amigos antigos que o visitavam ocasionalmente, entre eles Jacob Gorender, Antonio Candido, Cruz Costa, Sérgio Buarque de Holanda, Jovina Pessoa, Tuni e Wladimir Murtinho, David Rosenberg, Plínio de Arruda Sampaio, Elias Chaves Neto[88] e o colega Carlos Guilherme Mota, que o considerava a "versão brasileira de um Eric Hobsbawm"[89]. Enquanto tomavam vinho tinto (o favorito de Caíto, segundo Mota, era o chileno Concha y Toro), ele mostrava seu pouco entusiasmo com o país naquele momento[90]. "O Brasil é muito atrasado", insistia[91].

A preocupação de Caio Prado Júnior com a saúde sempre foi grande. Ainda assim, continuou a fumar ocasionalmente, mesmo em idade avançada.

Em 1978, ano em que o filho lançou, com Cláudio Abramo, a excelente e influente *Leia Livros*, Caio começou a encerrar seu balanço da década, com duas entrevistas conhecidas, para os jornais *O Estado de S. Paulo* e *Folha de S.Paulo*[92]. O problema do Brasil, diria, é que havia perdido o bonde do capitalismo. Estávamos mais atrasados do que na década de 1920. E seria impossível construir um país capitalista naquele momento. Concluía que a massa popular tinha baixo nível técnico e cultural, e que talvez só em duzentos ou trezentos anos pudesse ocorrer alguma mudança significativa no país. Ao contrário do Japão, por exemplo, que possuía um lastro cultural sólido e uma população alfabetizada, a formação brasileira era herdeira da escravidão; mesmo os imigrantes italianos eram brutalizados, num ambiente social que os tratava como cativos. Caio não tinha, portanto, como ele próprio dizia, um "patriotismo idiota", que se expressava na exaltação das grandezas do Brasil, mas uma visão crítica da formação nacional, e acreditava na necessidade de um salto significativo na qualidade da educação, da cultura e da saúde do povo brasileiro, para que só assim se pudesse falar em desenvolvimento. Além dessas conclusões, como historiador, ele ainda daria uma estocada na tradição escolástica brasileira, mais preocupada com a discussão dos "conceitos" e ideias do que com os *fatos*. Na época, todos discutiam a "democracia", segundo ele, mas ficavam no plano das elucubrações teóricas e especulativas. "A crítica é o reconhecimento de uma situação que necessita uma correção. Olho para o Brasil assim", completava[93]. As duras avaliações vinham num ano em que a dívida externa do país chegava a 35 bilhões de dólares e o déficit comercial, só no primeiro trimestre, atingia os 556 milhões e 389 mil dólares[94]. O aumento do custo de vida e a contenção salarial dos trabalhadores marcariam aquele momento.

Em julho, na 30ª Reunião Anual da SBPC, Caio Prado Júnior deu a conferência "Situação e perspectiva para o trabalhador rural brasileiro"[95]. Ao ser perguntado se a reforma agrária no país deveria ser feita para permitir a modernização do capitalismo ou a completa transformação em direção ao socialismo, diria: "não queremos obrigar o povo brasileiro a ser o campeão mundial da revolução socialista total". A primeira coisa que o Brasil precisava, segundo ele, era "a participação do povo na vida política, e depois pode-se pensar em como organizar"[96]. Em 1978, também foi um dos fundadores do Centro Brasil Democrático[97] e um dos participantes do I Congresso Nacional pela Anistia, que teve como presidente da mesa Luiz Eduardo Greenhalgh e contou com a presença de Lélia Abramo, Ruth Escobar, Cláudio Abramo, Mário Schenberg, Mário Pedrosa e Sérgio Buarque de Holanda[98].

Ainda naquela época, segundo Florestan Fernandes Júnior, ocorreria um episódio divertido. Certo dia, o jovem foi com seu pai visitar Caio Prado Júnior, que tinha acabado de fazer sua corrida matinal. Muito suado, ele contou que, na porta de casa, havia sido parado por dois rapazes da TFP, que lhe entregaram alguns folhetos e alertaram para o perigo vermelho, sem saber que estavam diante de um comunista histórico. A conversa correu desta forma: "Me diga uma coisa, vocês são de família importante?", perguntou o intelectual. "Não!", retrucaram. "Pois a minha é muito importante, sou da família Prado. Vocês têm tradição?" "Não!", responderam os jovens. "Eu tenho, minha família é quatrocentona e temos até brasão. Vocês tem propriedades?" "Não!" "Eu tenho, estão vendo essa mansão? É minha. Me digam uma coisa, se vocês não são de família importante, não têm tradição e nem propriedades, por que perdem tempo nas ruas fazendo propaganda pra mim?" Os dois arregalaram os olhos, baixaram a cabeça e foram embora. Caio Prado Júnior deu uma gargalhada: "Florestan, me vinguei do Plínio Correia de Oliveira", desabafou, referindo-se ao fundador da organização de direita Tradição, Família e Propriedade, que naquele dia deve ter perdido dois militantes[99]!

No ano seguinte, os compromissos continuaram. Em janeiro de 1979, um relatório policial ressaltou que o DCE da USP estaria tentando deflagrar uma greve geral no início do ano letivo, com as bandeiras "Contra o ensino pago" e "Ensino público e gratuito para todos"; ao mesmo tempo, estaria preparando um curso de férias, entre 12 e 23 de fevereiro, na Faculdade de Ciências Sociais, do qual participariam vários intelectuais, entre os quais José Serra, Brás José de Araújo, José Francisco Graziano e Caio Prado Júnior[100].

Em agosto, ele foi convidado para participar da comitiva que recepcionaria Miguel Arraes no Rio de Janeiro, de retorno ao Brasil, e o acompanharia ao Recife. Ainda que honrado pela lembrança, e expressando a "satisfação que é de um amigo, mas sobretudo de um brasileiro que almeja o bem de seu país e enxerga na pessoa de você um expoente na luta em que o país se acha empenhado em prol de sua libertação da negra nuvem que o envolve", desde o "nefasto" golpe militar de 1964, ele não poderia estar presente em virtude de uma viagem já planejada. Apesar disso, "mesmo ausente, não deixarei de festejar no meu íntimo a grande data de sua reintegração no Brasil que tanto espera de si para o futuro de seu povo"[101]. Caio ainda compareceu ao Congresso da AGB, em Fortaleza. E continuou se interessando pelas discussões sobre Althusser. Por isso, leria naquele período os livros de Ernest Mandel, *Réponse à Louis Althusser et Jean Elleinstein*, e de Paulo Silveira, *Do lado da história: uma leitura crítica da obra de Althusser*.

Mas a situação mudaria gradualmente a partir daí. Basta dizer que, em 27 de junho de 1979, o historiador participaria de um bate-papo com estudantes na

Faculdade de Direito da USP, encontro amplamente divulgado por um aluno militante do grupo Refazendo daquela instituição, mas aparentemente esteve "muito aquém do esperado em relação a debates desta natureza". Teria sido "muito esquivo nas respostas e quase sempre não entrava no mérito da pergunta". O estudante que convocara as classes para ouvi-lo teria classificado o conferencista como "fora de forma para debater atualmente e justificando-o por estar esclerosado"[102].

Ainda assim, os primeiros sinais da doença não eram de conhecimento de muitos colegas. Norberto Frontini, por exemplo, sem desconfiar de possíveis problemas, continuou a se corresponder com ele, como sempre. Convites para dar palestras, como o do Ivar, em 1980, para discutir "formas de organização" em Registro, também seriam recorrentes[103].

Enquanto preparava, naquele ano, o prefácio do volume sobre Caio Prado Júnior para a coleção Grandes Cientistas Sociais, da Editora Ática, coordenada por Florestan Fernandes[104], Francisco Iglésias pediu detalhes ao historiador e informações biobibliográficas e este, ao lhe responder, forneceu muitas datas e dados gerais errados ou imprecisos sobre sua vida e obra, um sinal claro de que sua mente não estava tão afiada como antes[105]. As dificuldades e o embaralhamento de ideias de Caíto não passaram despercebidos a Iglésias, que falou do assunto em outras missivas ao colega.

Ainda em 1980, a direção da revista *Temas de Ciências Humanas* lhe solicitou um artigo sobre o VI Congresso do PCB, em 1967, que deveria ser publicado num número especial programado para sair naquele ano. O objetivo era dar uma pequena contribuição ao debate sobre os caminhos da revolução brasileira, a partir de temas como a questão do imperialismo, da burguesia nacional e da questão agrária, assim como suas resoluções. Para isso, os editores convidariam, além de Caio Prado Júnior, intelectuais e dirigentes como Anita Leocádia Prestes, Edmundo Moniz, Carlos Nelson Coutinho, Ivan de Otelo Ribeiro, Luiz Carlos Prestes, Octavio Ianni, Apolônio de Carvalho, Giocondo Dias, Armênio Guedes, Marco Antônio Tavares Coelho, Hércules Correa, Luiz Werneck Vianna, Brás José de Araújo, Maria Hermínia Tavares de Almeida, Paulo Cavalcanti, João Manuel Cardoso de Mello, Alberto Passos Guimarães e Jacob Gorender. O artigo não foi preparado. E aquela edição da revista nunca foi publicada[106]. Em dezembro, por sua vez, a *Revista de Economia Política* escolheu Caio Prado Júnior como patrono. Uma justa homenagem[107].

Vale recordar que naquele ano a Brasiliense lançou o livro de bolso *O que é liberdade* pela coleção Primeiros Passos. E, no ano seguinte, foi a vez de *O que é filosofia*. Seu último trabalho importante, *A questão agrária no Brasil*, lançado em 1979, arrematava suas discussões recentes (como aquela no evento da Unicamp) e teve como característica essencial a reunião de artigos antigos, nesse caso publicados originalmente na *Revista Brasiliense*.

Caíto, naquele período, também se afastou de algumas instituições. A partir de 27 de janeiro de 1981, por exemplo, a OAB, a pedido do historiador, determinou o cancelamento de sua inscrição de seus quadros[108].

Em 1981, os sintomas de senilidade se aceleraram, em decorrência da progressão de uma arteriosclerose cerebral. Naquele mesmo ano, Caio teve de realizar uma cirurgia de emergência para intervir num aneurisma no estômago, num momento em que estava se recuperando de uma operação no braço (quebrado numa queda causada por insegurança ao andar; mais tarde, também fraturou o fêmur). Foi constatado pelos especialistas, na ocasião, um estado avançado de degeneração arterial[109]. Caio Prado Júnior sofreu uma isquemia cerebral (uma tomografia revelaria necrose em áreas ponderáveis do cérebro) e gradualmente começou a ter perdas de memória, dificuldade em reter e evocar impressões, lembranças e nomes, e a se afastar de seus interesses habituais, inclusive a leitura e o estudo.

Em 26 de outubro, apesar de tudo, assistiu à entrega do Prêmio Vladimir Herzog de Anistia e Direitos Humanos, no auditório do Sindicato dos Jornalistas de São Paulo, ao lado de outras personalidades, como Eduardo Suplicy, João Leite Neto, Frei Betto, David de Moraes, Hélio Bicudo e David Capistrano[110]. No mês seguinte, ainda recebeu um convite da Comissão Paulista pela Legalidade do PCB para prestigiar o lançamento do livro *O PCB em São Paulo: documentos (1974--1981)*, organizado por Marco Aurélio Nogueira, David Capistrano Filho e Cláudio Guedes. Marcado para 2 de dezembro, no auditório do Sindicato dos Jornalistas Profissionais do Estado de São Paulo, teria também um debate para o qual estavam escalados para participar Paulo Egydio Martins (ex-governador do estado de São Paulo), Guaçu Piteri (prefeito de Osasco e presidente regional do PDT/SP), Ivete Vargas (presidente nacional do PTB), Giocondo Dias (secretário-geral do Coletivo Nacional de Dirigentes Comunistas) e Marco Aurélio Ribeiro (deputado estadual)[111].

É bom recordar que aqueles eram anos de luta intensa pela redemocratização no Brasil, época de esgarçamento do regime militar, abertura gradual e surgimento de organizações populares, como o PT, a CUT e o MST. Nesse sentido, ele não se encantou com a fundação do Partido dos Trabalhadores nem o apoiou, atitude similar a muitos de seus camaradas do PCB; de maneira geral, deu seu suporte pessoal a amigos ligados ao MDB, como o deputado estadual por São Paulo Fernando Morais, que chegou até a agradecer a "ajuda indispensável que você deu à minha campanha, sem a qual, sem dúvida nenhuma, as dificuldades teriam sido infinitamente maiores"[112]. Ou seja, Caio Prado Júnior, ao contrário de muitos intelectuais e colegas, não se filiou ao PT na época de sua constituição.

A enfermidade, contudo, avançava. No início de julho de 1982, os professores José Chasin, Antonio Rago, Rosa Maria Vieira e Ester Vaisman, acompanhados do fotógrafo baiano Luiz Alberto França, tentaram entrevistá-lo para a revista *Nova Escrita/Ensaio*, sem sucesso. O que deveria ser uma conversa histórica e uma homenagem ao intelectual mostrou-se difícil, pois Caíto estava claramente confuso e apresentava indubitavelmente uma aguda perda de memória. Ele nem sequer se lembrava que editara a *Revista Brasiliense*. O bate-papo acabou não rendendo o que se esperava e foi interrompido. Daí em diante, os entrevistadores, percebendo a situação, decidiram discorrer sobre amenidades. Mais tarde, a fita com trinta minutos de gravação foi destruída para evitar constrangimentos futuros, e também para preservar a imagem do autor que eles tanto admiravam[113].

Naquele período, também tentou entrevistá-lo o sociólogo Ricardo Antunes, que deparou com o mesmo quadro. Sua intenção era discutir documentos e artigos publicados no jornal *A Platéa*, que ele havia localizado, transcrito e analisado para sua dissertação de mestrado e depois incluiria no livro *Classe operária, sindicatos e partidos no Brasil*. Antunes conheceu a biblioteca pessoal do historiador na ocasião, mas a conversa não foi aproveitada. Ainda assim, no número 10 da revista *Escrita/Ensaio*, seria incluído "O programa da ANL", escritos de CPJ extraídos de *A Platéa* dos dias 25, 26, 29, 30 e 31 de julho e 1º, 2 e 3 de agosto de 1935. Um tributo ao autor de *A revolução brasileira*[114]. Como curiosidade, vale dizer que CPJ foi convidado para fazer parte do conselho editorial tanto da revista *Temas de Ciências Humanas* como da *Escrita/Ensaio*, mas declinou ambos os convites[115].

Caio Prado Júnior percebia que algo estava errado e que suas deficiências aumentavam gradualmente. Tentou lutar contra a doença realizando diariamente exercícios de memória, fazendo anotações constantes e praticando ginástica, como de costume, mas nada parecia adiantar[116].

Seus correligionários, entretanto, não o esqueceriam e, por vezes, faziam questão de homenageá-lo. Foi assim com Giocondo Dias, que em 1983 lhe enviou, "em nome dos comunistas brasileiros", as mais calorosas saudações no cinquentenário da edição de *Evolução política do Brasil*, já que "com ela se iniciou uma carreira intelectual que engrandece a nossa cultura, honra o marxismo e contribui para a emancipação do nosso povo, para o avanço das lutas pela democracia e pelo socialismo"[117].

Naquele ano, Caio ainda acompanharia Florestan Fernandes e Carlito Maia no ato de lançamento da campanha pelas "Diretas Já!" no estádio do Pacaembu, na capital paulista. Na época, o filho Caio Graco, mais tarde chamado de "empresário do PT" e "editor petista"[118] (por seu estreito vínculo com o partido) se engajaria com entusiasmo no processo de redemocratização e seria o responsável por sugerir a cor amarela para simbolizar aquele movimento popular[119].

Em 1983, porém, os filhos do historiador, juntamente com a neta Roberta (na época menor de idade e representada pela avó), entraram com um processo para interditá-lo judicialmente, considerando-o incapacitado para reger sua pessoa e seus bens, ainda que ele próprio discordasse dessa atitude[120].

Caíto contestou a afirmação, discorrendo em juízo sobre aspectos da história de sua vida pessoal e de seus filhos, com o intuito de mostrar que estava em plena capacidade intelectual. Teceu considerações sobre a administração de seus bens e rendas, examinando-os um a um (Livraria e Editora Brasiliense, imóvel sede da editora, herança da família Prado e outros ingressos), e afirmou que continuava a lecionar para mestres (em 11 de maio de 1982, teria proferido conferência para docentes do Departamento de História da Arquitetura e Estética do Projeto da FAU/USP). Insistiu que não padecia, de forma alguma, de arteriosclerose cerebral e apresentou documentos para provar suas atividades de 1977 a 1982. Ele enfatizou que sempre fora um homem equilibrado e consentâneo em suas sucessivas manifestações de vontade. Para o historiador, sua saúde física e mental era resultado de um processo normal de envelhecimento, e não, como diziam, de uma doença arteriosclerótica irreversível. Ele se recusava, portanto, a ser interditado[121].

Depois de um cansativo processo, em que diferentes peritos e assistentes técnicos (como o doutor Caetano Lagrasta Neto) foram chamados para dar seu veredito sobre a saúde de Caio Prado Júnior, a Segunda e Terceira Curadorias de Ausentes e Incapazes, bem como a Curadoria da Família, opinaram a favor do decreto de interdição do historiador, com base nos artigos 446, I, e 454, parágrafos primeiro e segundo. O documento foi assinado pelo juiz de direito Benedicto Jorge Farah em 21 de janeiro de 1985, nomeando Caio Graco depositário dos bens conhecidos de seu pai e daqueles que fossem descobertos na instrução.

O filho havia lançado dois anos antes o último livro de CPJ, *A cidade de São Paulo, geografia, história*, outra coletânea de textos publicados previamente. Na época, por motivos óbvios, o historiador já não produzia mais nenhuma obra nova: estava recolhido à sua casa, na rua Maestro Elias Lobo, e era cuidado por enfermeiras. A partir de 1987, foi internado na Casa de Repouso Morada do Sol, uma clínica para atendimento permanente a idosos, na época situado na rua Lincoln Albuquerque, em Perdizes.

A Editora Brasiliense, enquanto isso, crescia. Em 1985, segundo Mário Sérgio Conti, a empresa encerrou o ano com um crescimento de 30%, o faturamento de 96 bilhões de cruzeiros, 186 títulos novos, 384 reedições e 3 milhões de exemplares vendidos. Era a maior editora paulista e a segunda maior do Brasil[122]. Ainda em 1985, a editora publicaria *Fidel e a religião*, obra de Frei Betto proposta por Caio Graco, na qual o dominicano entrevistou o *Máximo Jefe* da Revolução Cubana sobre temas religiosos (o livro vendeu 55 mil exemplares em 3 meses; em Cuba, seriam 150 mil em um mês)[123]. E, no ano seguinte, a Livraria Brasiliense, na rua Barão de Itapetininga, se tornou o maior ponto de vendas do país, com 40 mil livros vendidos por mês. A empresa planejava abrir 100 livrarias no mesmo período[124].

Naquela década, algumas homenagens ainda foram prestadas ao velho historiador. No começo de 1984, uma sala do Depto. de História da USP ganharia o nome do autor de *Formação do Brasil contemporâneo*. No ato, que teve diversos discursos laudatórios, estariam presentes Edgard Carone, Fernando Novais, Carlos Guilherme Mota, Antonio Candido, Florestan Fernandes e Paulo Sérgio Pinheiro. Na ocasião, Caíto apenas diria: "Essas coisas todas que disseram me tocaram muito, é minha vida. Estou muito emocionado"[125].

Em 1986, o PCB fez um tributo a comunistas históricos do partido na Assembleia Legislativa de São Paulo para marcar o 64º aniversário da agremiação. Entre as personalidades que receberam diplomas, estavam os ex-deputados Armando de Mazzo, Catullo Branco, Taibo Cadorniga, Clovis de Oliveira Neto, Lourival Costa Villar, João Sanches Segura, Milton Cayres de Brito, Zuleika Alambert, Mário Schenberg e Caio Prado Júnior[126]. Já em 1988, o historiador ganhou o Prêmio Almirante Álvaro Alberto para a Ciência e Tecnologia, outorgado pelo Ministério da Ciência e Tecnologia e pelo CNPq, que foi recebido por Danda, devido à impossibilidade de o intelectual comparecer à solenidade.

Entre 26 e 28 de maio do mesmo ano, ocorreu ainda a II Jornada de Ciências Sociais na Unesp de Marília, coordenada por Maria Angela D'Incao. Teve como tema a vida e obra de Caio Prado Júnior e professores de diferentes departamentos da instituição participaram de sua organização[127]. Depois do evento, foi lançada, em 1989, a coletânea *História e ideal: ensaios sobre Caio Prado Júnior*, pela Editora Unesp, Secretaria de Estado da Cultura e Editora Brasiliense, com contribuições de Heitor Ferreira Lima, Antonio Candido, Florestan Fernandes, Danda Prado, Jayme Wanderley Gasparoto, Octavio Ianni, Carlos Nelson Coutinho, Leandro Konder, Ignácio Rangel, Sérgio Adorno, Sedi Hirano, Jacob Gorender, Marco Aurélio Garcia, Luiz Carlos Bresser-Pereira, José Albertino Rodrigues, Manoel Correia de Andrade e vários outros.

Mas a essa altura a doença estava em estágio bastante avançado. Após ficar quarenta dias internado no Hospital Sírio-Libanês, no segundo semestre de 1990, CPJ foi transferido novamente para a Morada do Sol, onde permaneceu mais três semanas, recebendo cuidados intensivos[128].

Caio Prado Júnior deu seu último suspiro às 5h30 horas do dia 23 de novembro de 1990, na clínica onde estava internado, aos 83 anos de idade, deixando dois filhos, Danda e Caio Graco, sete netos e três bisnetos, depois de uma longa vida de lutas políticas e intelectuais pelo socialismo e pelo desenvolvimento econômico e cultural pleno do Brasil. Na tarde do mesmo dia, foi velado no saguão da Biblioteca Municipal Mário de Andrade e, no dia seguinte, às 10 horas da manhã, foi sepultado no Cemitério da Consolação. Amigos e familiares estiveram presentes para se despedir daquele que foi um dos maiores historiadores de nosso país.

Conclusão

Intelectual de prestígio e por anos militante político dedicado, Caio Prado Júnior, não obstante, foi muito criticado ao longo de sua vida, acusado por alguns de "burguês" ou "aristocrata" (em virtude de sua origem de classe) e por outros de "reformista". Mesmo pela própria família foi por vezes incompreendido e rotulado de "radical" e "rebelde". Já comunistas mais ortodoxos chegaram a dizer que ele não seria "marxista", mas, na prática, um eclético[1].

Desde seu ingresso no PCB, Caio Prado Júnior se aprofundou, na medida do possível, na leitura de obras marxistas. Apoiou o Socorro Vermelho Internacional, fundou e foi um dos dirigentes do CAM e fez uma viagem importante à URSS no ano seguinte, tornando-se um grande divulgador e defensor do país dos soviéticos no Brasil. Sua atuação política se intensificou quando em 1935 se tornou presidente da ANL em São Paulo; ao participar, no exílio na França, entre o final de 1937 e início de 1939, de um comitê em apoio aos refugiados republicanos que lutavam contra as hostes franquistas na Guerra Civil Espanhola (mantendo ligações com o PCF); ao ser eleito, em 1947, deputado estadual (tendo seu mandato cassado no ano seguinte); participando do Congresso da Paz, em Paris; e em suas distintas jornadas pela Tchecoslováquia, Polônia, URSS, China e Cuba.

Em vários momentos ressentiu-se profundamente com o PCB. Sentia-se mal aproveitado como teórico e dirigente dentro da organização e por ter sido, em grande medida, relegado a uma posição de segundo plano no partido, para o qual, não obstante, sempre contribuiu de diversas maneiras. Caio Prado Júnior investiu em publicações partidárias, organizou festas para levantar fundos para a agremiação e, na juventude, manteve uma gráfica clandestina com seu próprio capital. Tinha um pensamento crítico, original, muitas vezes discordante das posições defendidas pelo Comintern ou pela linha oficial pecebista[2]. E não temia expor suas ideias, mesmo sabendo que poderia ser repreendido ou isolado por alguns camaradas. Em seu núcleo, militavam também Paulo Alves Pinto, Elias Chaves Neto, Leôncio Basbaum, Carlos Tamagni, Roger Weiller, Gastão Rachou e a filha Danda, mas, nas discussões internas, ele aparentemente tinha, de acordo com colegas, uma postura "tolhida", sem grande eco na direção[3].

Na verdade, seu grupo não tinha nenhuma força para imprimir políticas dentro do partido. Leôncio Basbaum diria sobre a célula que integrou no começo dos anos 1950:

> era toda constituída de pessoas de classe média, em geral mais ricos do que pobres. Havia nela industriais, comerciantes, médicos, arquitetos, engenheiros e advogados, todos de uma cultura política e marxista superior à média. Às vezes tínhamos reuniões de cerca de quinze pessoas. Reuníamos em casas que seriam melhor designadas como palacetes, todas situadas entre o Jardim Paulista, Jardim América, Jardim Europa, ou vizinhança, e as reuniões mais pareciam, vistas de fora, uma festa, pelo número de automóveis à porta (inclusive o meu). E durante a reunião sempre se servia um cafezinho com biscoitos.[4]

A insatisfação de Caio Prado Júnior era muitas vezes transmitida àqueles que faziam parte de seu círculo mais íntimo. Um dos motivos disso é que suas reuniões sempre eram acompanhadas por um "observador" designado pelo *presidium*, cuja função era reportar tudo que havia sido discutido a instâncias superiores[5]. E isso desagradava sobremaneira ao historiador[6]. Outro era a questão do dinheiro: chegou a se queixar diversas vezes à filha Danda que os altos dirigentes do PCB só iam visitá-lo para pedir contribuições[7] (não custa ressaltar que ele era um dos que aportavam as maiores quantias para o partido)[8].

O que se deve agregar aqui, porém, é que Caio Prado Júnior não era o único a receber esse tipo de tratamento, como atestam os depoimentos de outros militantes históricos, como Leôncio Basbaum, Osvaldo Peralva e Agildo Barata[9]. E que não eram apenas seus correligionários comunistas que agiam dessa forma: o historiador era instado com frequência a cooperar com outras entidades das quais fazia parte. Como sempre, era visto como um indivíduo de posses, que teria condições econômicas e disposição para desembolsar quantias significativas se fosse solicitado. Diga-se de passagem, entretanto, que ele o fazia sem constrangimentos, aceitando a incumbência como parte do fato de que as contribuições eram uma obrigação inerente a qualquer sócio de agremiação política, profissional ou cultural. Assim, ele chegou a ser sócio, a ajudar economicamente ou a pagar mensalidades a muitas entidades, como a Associação Jurídica do Brasil, a União Cultural Brasil-Estados Unidos, a União Cultural Brasil-União Soviética, a Society for the History of Technology (afiliada à American Association for the Advancement of Science), a Associação Brasileira de Reforma Agrária, a Sociedade

Geográfica Brasileira, a União Brasileira de Escritores, o São Paulo Country Club, a Sociedade Hípica Paulista, a Sociedade de Amigos da Cinemateca, o Aero Club de São Paulo, a União Social pelos Direitos do Homem, o Centro Paulista de Estudos de Defesa do Petróleo e até o Murray's Cabaret Club, "*London's oldest luxury club*". Segundo um relatório policial, ele teria sido inclusive membro da diretoria provisória da Associação de Amigos da Guarda Civil[10]!

Um exemplo disso foi a Primeira Conferência Sul-Americana Pró-Anistia para os Presos Políticos e Exilados da Espanha e Portugal, realizada entre os dias 22 e 24 de janeiro de 1960, no Salão Nobre da Faculdade de Direito de São Paulo. Caíto não só participou como orador, como também ajudou os organizadores, pagando a impressão dos pôsteres de convocação e de um grande número de exemplares dos "documentos" oficiais do evento, que serviram para divulgar os trabalhos e as resoluções daquela conferência[11]. Para o secretário da Comissão Coordenadora, Murillo Mello, o historiador havia propiciado uma "magnífica e inestimável colaboração" e, sem ele, "dificilmente poderíamos mandar imprimir aqueles cartazes", ou mesmo os anais do colóquio[12].

Outro caso é a AGB, que em maio de 1963 enviou uma carta a Caio Prado Júnior solicitando sua ajuda: a agremiação passava por "sérios problemas financeiros", que vinham "afetando as [suas] atividades editoriais e sociais"; isso havia levado a diretoria a fazer uma campanha para angariar fundos patrimoniais mais efetivos, capazes de garantir o grupo por longos anos. O pedido oficial, assinado por Aziz Nacib Ab'Saber (presidente) e Nelson de la Corte (secretário), informava que "o nome de V. Sa. foi lembrado em boa hora para participar da Comissão de Levantamento de Fundos, a quem caberá a tarefa histórica de engendrar ideias e procurar meios de fortalecer o patrimônio de nossa querida Seção Regional". Entre as sugestões, doações de dinheiro, de terrenos urbanos e suburbanos, de títulos, de prédios, de móveis e coleções de livros[13].

Mais tarde, viriam pedidos de exilados brasileiros no Chile. Em 1969, um colega lhe escreveria de Santiago:

> desde a tua partida já chegaram aqui 42 pessoas, a grande maioria estudantes que tiveram de interromper os seus cursos. Face a essa onda, que prevemos aumentará, fui escalado para arrecadar o dinheiro da caixinha. Esse, aliás, é um dos motivos dessa carta. Já rapei o fundo do tacho das economias da colônia e ainda estamos com um déficit. Será que não poderias dar uma ajuda? A maneira de remeter o dinheiro, caso não tenhas um portador (o pai do Plínio geralmente tem), é através do First National, em nome de Martha Albina Rosa, conta número 007-226. Esta é a primeira vez que o pessoal do Chile precisa apelar para o Brasil, e o faz porque não há outro jeito.[14]

Até mesmo no início da década de 1980, quando Caio Prado Júnior começava a ficar doente, o procedimento continuava similar. Miguel Reale, em nome do Instituto Brasileiro de Filosofia, solicitaria ao colega "sua cooperação para a manutenção dos serviços do IBF", considerando "o vulto de nossas despesas", pedindo, portanto, uma contribuição que não fosse inferior a 1.500 cruzeiros por ano[15].

Na verdade, de acordo com amigos e familiares, durante muitos anos Caíto não participou *plenamente* da vida partidária, ainda que fosse consultado pela direção em algumas ocasiões[16]. O que não significa que seu interesse por tudo que fosse relacionado às experiências do mundo socialista (dos debates filosóficos aos acontecimentos políticos) tivesse arrefecido. As leituras, correspondências, viagens e discussões sobre diferentes aspectos da vida na URSS, China, Polônia, Tchecoslováquia e Cuba (e temas relacionados às lutas sociais nos Estados Unidos e na América Latina, assim como aqueles relativos ao marxismo) se mantiveram por décadas.

Filho de uma das mais tradicionais famílias da elite paulista, o autor de *Evolução política do Brasil* certamente teve de enfrentar os preconceitos e visões (em alguns casos) limitadas de muitos de seus correligionários. Apesar de quaisquer mágoas e divergências teóricas que tivesse com o PCB, Caio Prado Júnior nunca o abandonou nem criou frações dissidentes ou sectárias. Enquanto muitos foram expulsos ou decidiram sair de suas fileiras ao longo dos anos, CPJ nunca se desligou oficialmente da agremiação[17]. E continuou em contato (ainda que por vezes intermitente e não como militante) com o movimento operário e estudantil, como atestam as muitas cartas, telegramas e convites enviados por universidades e sindicatos[18]. Ao mesmo tempo, a coerência sempre o acompanhou. Ele foi um contínuo crítico dos governos Vargas, Kubitschek e Goulart, mesmo que em vários momentos o partido se aproximasse das diferentes administrações e as apoiasse.

É bom lembrar que ele teve de conviver a vida inteira com os detratores. Um episódio com Oswald de Andrade é ilustrativo. Certa vez, Caio Prado Júnior decidiu presentear com um de seus livros o autor de *Memórias sentimentais de João Miramar*, em deferência ao escritor que admirava. Quando Caíto finalmente se encontrou com Oswald e lhe perguntou se havia lido a obra enviada, o modernista teria apenas respondido, em tom depreciativo: "Não li e não gostei"[19].

Agressões teóricas ou pessoais, portanto, não foram estranhas ao autor de *Formação do Brasil contemporâneo*. Pelo contrário. Muitos fizeram ressalvas e críticas duras à sua obra (ou a aspectos dela) ao longo de décadas. A lista é extensa. Basta lembrar de colegas seus, como Lívio Xavier, Marco Antônio Coelho, Osny Pereira Duarte, André Gunder Frank, Paulo Cavalcanti e tantos outros.

Se as restrições a determinados elementos do pensamento caiopradiano, em geral, limitavam-se ao plano intelectual (como no caso das interpelações teóricas feitas por alguns amigos ou correligionários), houve casos em que chegaram ao nível pessoal. Ele receberia até mesmo intimidações por carta.

Em 1961, chegou às suas mãos uma correspondência anônima em que se lia, na frente do envelope, em forma de provocação: "Ao milionário 'comunista'... Caio Prado Júnior". O remetente desconhecido, que claramente não gostava do historiador, enviou apenas dois recortes do jornal *O Estado de S. Paulo*, de 6 de setembro de 1961: um intitulado "Manifesto do EMFA à Nação"[20] (todo sublinhado em vermelho e azul) e outro, da seção "Notas e Informações", com os artigos "Contra a democracia, pela ditadura" e "Cuba, o Brasil e a não intervenção". Os textos tinham um teor fortemente anticomunista[21]. Aquilo era uma ameaça velada, uma sugestão de que ele estava sendo vigiado e poderia sofrer alguma represália a qualquer momento (como se sabe, ele foi monitorado por décadas pelos órgãos de segurança, seu nome aparecendo em relatórios da polícia política desde a década de 1930 até os anos da ditadura militar de 1964).

Em 1966, outra missiva, igualmente agressiva e apócrifa, mas dessa vez de um suposto radical de esquerda (possivelmente "maoísta"). O remetente diria: "Li de relance o seu livro de 'economia' numa feira de livros, e o achei um livro de um renegado do marxismo, de um burguês reformista [...]. Não é à toa que você é assim; seus antepassados e os de hoje, inclusive você, vivem do sangue da 'classe operária' sãopaulina [sic]"[22]. Junto com a carta, um artigo do número 31 da revista *Pekin Informa*, "Colóquio de física en Pekín: discurso pronunciado por el vice primer ministro Nie Rong-chen en el acto de inauguración", que exaltava o maoísmo e a China Popular. E no topo da página inicial, em anotação cursiva: "Leia isto, renegado e traidor..."[23]. Nunca se soube quem era o autor daquelas palavras...

Houve ainda outro episódio desagradável, alguns anos antes, quando o jornal *O Estado de S. Paulo*, no artigo "A remessa de lucros e os economistas", da seção "Notas e Informações", acusou-o explicitamente de ter "falsificado" (esse foi o termo usado na matéria) os dados oficiais relativos ao Balanço de Pagamentos do Brasil em seu depoimento na Comissão Mista do Congresso Nacional que estudava o assunto. Irritado, ele escreveu uma réplica ao diretor do periódico, mostrando que os números haviam sido publicados no Boletim da Sumoc, n. 12, de dezembro de 1961. E solicitava direito de resposta nas páginas do diário paulista, o que lhe foi concedido[24].

Ainda assim, havia aqueles que, mesmo não estando de acordo, demonstravam respeito pelo grande intelectual, tanto nas relações privadas como na esfera pública. O historiador Nelson Werneck Sodré, por exemplo, que muitas vezes discordava das teses de CPJ, era um bom amigo seu e foi, inclusive, publicado por ele[25]. Caio Prado Júnior considerava *História da burguesia brasileira*, de 1964, um livro de grande valor[26], e *Formação histórica do Brasil*[27], lançado pela Editora

Brasiliense, tornou-se um *best-seller* absoluto, com pelo menos catorze edições desde que veio à luz, em 1962[28].

Sodré reconhecia e admirava, de fato, a contribuição de Caio Prado Júnior e não só o citou em seus trabalhos como afirmou sua importância em depoimentos e entrevistas. Incluiu três de suas obras nas referências de leitura de seu *História da literatura brasileira*[29] e aferiu a importância de *Evolução política do Brasil* ("o primeiro ensaio de aplicação do materialismo histórico ao caso brasileiro, com as deficiências naturais da iniciativa pioneira e o caráter demasiado sumário que apresenta")[30], para ele um exemplo da mudança qualitativa na historiografia nacional a partir da década de 1930, ainda que considerasse que "a trilha aberta por Caio Prado Júnior continua pouco frequentada"[31]. Por outro lado, mesmo que *Formação do Brasil contemporâneo* fosse para Sodré uma obra teoricamente produzida a partir da aplicação de critérios "ecléticos" (e que se distanciaria, portanto, do método marxista, fazendo com que "perdesse no conjunto" aquilo que ganhava nos detalhes), ela representava "o melhor trabalho histórico já escrito sobre a fase colonial do Brasil, aquele em que os acontecimentos são melhor situados, em que a análise é a mais objetiva, em que são devidamente coordenados os fatos, as pessoas, o quadro social e o quadro econômico. A colonização lusa é condenada com veemência"[32]. (O "ecletismo" de Caio Prado Júnior também seria apontado por Moisés Vinhas, em 1968, em seu "Problemas agrário-camponeses do Brasil".)[33]

Em carta a uma "jovem estudante de história", Sodré, sem citar explicitamente CPJ (mas claramente se referindo a ele), defenderia o amigo por ter sido várias vezes mal interpretado, insistindo que o fazia "por questão de honestidade intelectual"[34]. Afirmaria na ocasião:

> Divirjo de C. em muitos e muitos pontos – na teoria e na prática – e não tenho trazido isso a público por serem questões menores, *face às divergências com a cultura reacionária*. É preciso sempre considerar o essencial e as prioridades. Ademais, é preciso lembrar que C. foi um pioneiro dos estudos marxistas no Brasil, sua obra tem um lugar em nosso patrimônio cultural, ele já pagou alto preço por tudo isso, inclusive com a prisão. Precisamos, sempre e sempre, velar pelo justo respeito ao trabalho intelectual.[35]

Caio Prado Júnior por certo discordava do colega, principalmente em relação à questão feudal. Para ele, "Nelson Werneck Sodré acompanha, mais ou menos, o meu ponto de vista. Isto porque o marxismo vê a história como um processo e não como uma série de compartimentos estanques". Mas sobre o "feudalismo" diria:

> Sou radicalmente contrário a esta interpretação, a meu ver, errônea: teoricamente falha e praticamente prejudicial. Nelson Werneck não analisa em profundidade a

estrutura econômica brasileira e, o que caracteriza o feudalismo, são as relações de produção e trabalho, como procuro deixar claro em meus livros. Na agricultura brasileira, após analisar sua estrutura econômica, demonstro que, nas relações de trabalho, o que predomina são as relações de emprego. [...] Isto é muito importante porque determina a orientação que deve ser dada às reivindicações, à luta revolucionária.[36]

Caio Prado Júnior apoiou desde jovens pesquisadores e militantes políticos, como Arthur John Pryor[37], Clóvis Moura[38], Carlos Nelson Coutinho[39] e Vamireh Chacon[40], até renomados estudiosos acadêmicos, nacionais e estrangeiros. Nunca se furtou a ajudar quem o procurasse. Tinha admiradores em todas as partes do mundo. "Eu acalento o sonho, esse ousado sonho, bem sei, de que Vossa Senhoria queira conceder-me a autorização para a tradução de sua grande obra *História econômica do Brasil*", diria Yoshiaki Nishimukai, professor do Research Institute for Economics and Business Administration, da Universidade de Kobe. "Estará Vossa Senhoria disposto a consentir que o sonho se transforme em realidade? Não teria limites a minha alegria, se tal sucedesse, nem eu encontraria nunca expressões que definissem o meu reconhecimento", completaria[41].

Caio Prado Júnior poderia ter tido uma vida tranquila e recebido os louros e as glórias literárias entre os muros universitários. Mas sua opção de vida o privou de cátedras, trabalhos acadêmicos formais e mesmo da própria liberdade. Seus amigos Luís Martins e Sérgio Buarque de Holanda chegaram a cogitar propor seu nome para a Academia Paulista de Letras (fundada em novembro de 1909). Se a instituição o elegesse "seria formidável", de acordo com Martins. Já tinham conseguido doze adesões, apesar de saber que muitos "reacionários" não votariam nele. Precisavam de no mínimo vinte apoiadores para garantir a eleição[42]. Os esforços não tiveram êxito, e Caíto nunca faria parte daquela entidade...

O mundo das letras, contudo, não deixaria de procurá-lo. Seria até um dos três responsáveis, juntamente com Antonio D'Elia e Sérgio Milliet, por escolher entre as 33 inscritas a estatueta do Prêmio Jabuti, em 1959, um trabalho do escultor Bernardo Cid de Souza Pinto[43].

Mesmo que não lecionasse regularmente em nenhuma instituição e não tivesse qualquer vínculo *orgânico* com o meio acadêmico ("não sou e nunca fui professor universitário efetivo, ou em outro nível qualquer, e meu título de livre-docente da Faculdade de Direito da USP é puramente nominal, pois nunca lecionei, e não dei sequer uma aula", diria ele)[44], não deixaria de participar de atividades nas universidades, quando solicitado. Por isso, era vez por outra convidado a integrar bancas, como a comissão examinadora da prova pública da tese de Manuel Nunes Dias em 1957 (intitulada *O capitalismo monárquico português: subsídios para o estudo das origens do capitalismo moderno*)[45], a de Octavio Ianni em outubro de 1961⁴⁶ (o trabalho resultou no livro *As metamorfoses do escravo*), ou a congregação especial que deveria acompanhar o concurso de livre-docência na cadeira de Sociologia II, na FFCL da USP, no mesmo ano⁴⁷. Também faria parte, em 1962, junto com Florestan e Sérgio Buarque de Holanda, da comissão organizadora de um jantar em homenagem a Ianni e Fernando Henrique Cardoso pela publicação de *As metamorfoses do escravo* e *Capitalismo e escravidão*, com os quais obtiveram o grau de doutor⁴⁸.

Sua relação pessoal com diversos intelectuais marxistas do continente americano e da Europa deve ser ressaltada. Caio Prado Júnior foi amigo de vários acadêmicos, dirigentes e pensadores de esquerda, como Héctor Agosti, Norberto Frontini, Carlos M. Rama e Rodolfo Puiggrós, além de ter sido citado e discutido por alguns deles em seus trabalhos. (É interessante mencionar que Astrojildo Pereira dedicou seu livro *Crítica impura* a Norberto Frontini, Zdenek Hampejs e Nelson Werneck Sodré, três colegas bastante próximos de CPJ ao longo da vida.)⁴⁹ Era instado a se envolver em projetos editoriais e publicações marxistas de diferentes países, assim como de coletâneas ou coleções ao lado de nomes como Lukács, Alleg, Fanon, Ho Chi Mihn e Mao (no Brasil, Florestan Fernandes faria algo parecido, ao colocá-lo na coleção Grandes Cientistas Sociais, junto com Guevara, Lenin, Marx, Engels, Trotski, Mariátegui e Stalin, entre outros).

O mesmo pode ser dito dos correligionários brasileiros. É bem verdade que ele tinha maior proximidade com personagens menos destacados em termos políticos e até "malditos" dentro do PCB, aqueles que não necessariamente davam o tom e a direção política da agremiação, como seu primo Elias Chaves Neto. Estaria ao lado de Paulo Alves Pinto e Álvaro de Faria no conselho editorial de sua *Revista Brasiliense* e receberia colaborações de personalidades históricas (e então marginalizadas) em sua agremiação, como Heitor Ferreira Lima, Astrojildo Pereira, Everardo Dias e Octávio Brandão.

Por sua vez, com Luiz Carlos Prestes, o mais importante dirigente histórico do PCB, a relação nem sempre foi das melhores (em certos momentos, Prestes criticou o quadro teórico elaborado pelo historiador, discordou de suas posições dentro do partido e atacou o caráter supostamente "nacional-reformista" da *Revista Brasiliense*). Não custa lembrar que em 1945, ao ser perguntado se achava Caio Prado Júnior um bom marxista, o "cavaleiro da esperança" diria: "Os bons marxistas brasileiros estão em nosso Comitê Central"⁵⁰. E ainda chegaria a comentar, em outra ocasião, que *Formação do Brasil contemporâneo* seria um livro "anticientífico"!

Algo similar pode ser dito de Caíto, que, de acordo com seu amigo Victor de Azevedo, levantou-se inteiramente contra as teses oficiais de Prestes e de seus comandados no que se referia à questão dos traços feudais no campo, no caráter dos "camponeses" e "trabalhadores rurais", no papel da burguesia na luta social e nos caminhos da "revolução brasileira", julgando-as não apenas errôneas do ponto de vista do marxismo-leninismo, mas também condenáveis pelo oportunismo a que necessariamente conduziam[51]. Também se mostrou avesso às posições do "líder da Coluna Invicta" no fim do Estado Novo e nos governos JK e Jango. Em 1945, Caio Prado Júnior, mesmo reconhecendo a "absoluta sinceridade" e as "extraordinárias qualidades morais" de Prestes, teria percebido as "limitações" de seu "raciocínio político" na época, constituindo numa das causas principais da perda do momento ideal para o "desencadeamento do processo revolucionário que transformaria o Brasil numa Nação"[52]. Caíto diria:

> Não acredito em Prestes e na atual direção do Partido. Têm se mostrado de uma incapacidade sem par. Isto acrescido à suficiência que revelam, uma pretensão ilimitada de acerto infalível; mais o sectarismo que os caracteriza são condições precárias para o futuro do Partido. [...] A minha interpretação dos acontecimentos e da posição atual do Partido, é a seguinte. O comunismo no Brasil, representado de um lado por uma ideologia capaz de servir de base à renovação do Brasil, foi empolgado por um grupo de aventureiros que se valeram do prestígio imenso de Prestes. Aventureiros [num] bom sentido da palavra, i. e., bem intencionados no fundo, sem propósitos pessoais na maioria; mas de curta visão e incapacidade política total. E formando um pequeno grupo hermético e inteiramente destacado da realidade, vivendo no mundo da lua.
>
> Caberia a Prestes, se fosse realmente um grande líder político, uma remodelação completa do comunismo brasileiro, confinado até há poucos meses atrás [sic], a pequenos grupos dispersos, sectários e muito mais teóricos que práticos; e fazer do comunismo uma verdadeira e grande força nacional.
>
> Prestes fracassou nisto porque não está na altura da tarefa que o destino colocou em suas mãos. Suas grandes qualidades pessoais, não incluem as de um dirigente político de envergadura.
>
> Estabeleceu-se assim continuidade nefasta entre um pequeno grupo de semi-conspiradores do passado, e o atual partido de massas. O desastre foi completo.[53]

Ainda assim, esteve ao lado de Prestes em vários momentos. Em janeiro de 1948, por exemplo, o nome de Caíto encabeçou um convite da comissão central das festividades comemorativas do 50º aniversário de Prestes, para um "sarau dançante" em sua homenagem[54]. E, em dezembro, assinou um manifesto de democratas, intelectuais e líderes operários em defesa do dirigente comunista[55].

Em 1949, foi um dos oradores do comício contra a Lei de Segurança, criticando a cassação do registro do PCB e exaltando "o grande patriota Luiz Carlos Prestes"[56], além de subscrever o apelo feito pelo "cavaleiro da esperança" por ocasião do 70º aniversário de Stalin[57]. No ano seguinte, esteve presente ao almoço de confraternização no tributo prestado a Luiz Carlos Prestes pelos funcionários da Gráfica Hoje[58].

Já em 1957, foi um dos organizadores de um ato público e signatário de um manifesto em solidariedade a ele, na época com prisão preventiva decretada, "segregado de sua família, dos amigos e admiradores"[59]. E em 1959, de acordo com um relatório da Secretaria de Segurança Pública, participou de uma "pseudochurrascada" oferecida ao "líder vermelho" na Chácara Santa Luzia, na estrada de Itapecerica; a reunião tinha o objetivo "exclusivo" de ouvir a palavra do dirigente comunista, que indicaria o candidato que o PCB apoiaria nas eleições presidenciais do ano seguinte[60]. Justamente em 1960, Caio Prado Júnior fez uma saudação a Prestes num almoço oferecido a ele numa casa de festas na avenida Angélica, em São Paulo, evento patrocinado pelo Sindicato de Empregados no Comércio Hoteleiro e Similares[61].

É possível dizer que, apesar das divergências, com o tempo o dirigente máximo pecebista construiria uma relação amistosa com aquele a quem se referia como "camarada, companheiro e amigo".

O "velho", por sua vez, depois de seu retorno do exílio, em 20 de outubro de 1979, iria se encontrar algumas vezes com Caio Prado Júnior. No começo dos anos 1980, inclusive, mandaria ao colega e historiador veterano a coleção da *Voz Operária* e um artigo de sua filha Anita Leocádia, que desenvolvia as teses defendidas por ele na "carta aos comunistas"[62]. O que se pode dizer é que, pelo menos na velhice, ambos parecem ter mantido boas relações.

Mesmo com o economista Celso Furtado (um intelectual de tendência política distinta dos citados anteriormente), a relação foi melhor do que se imagina. Quando estava na França, no começo da década de 1970, Furtado teria dito a Danda que Caio não tinha a projeção internacional que merecia: deveria, a seu ver, passar dois anos na Europa após sair da prisão, colaborando com os estudos sobre o Brasil. Em sua opinião, ele seria o único intelectual de esquerda de sua geração não superado pelos seguintes[63]. Nas palavras de Rosa Freire D'Aguiar Furtado, "apesar do que dizem vários historiadores brasileiros (por conta daquela eterna história de que Celso não 'citou' CPJ no *Formação econômica*), Celso tinha real admiração por Caio Prado Júnior"[64].

Caíto nunca abandonou sua posição política. Seu trabalho como "autor" deveria ser vinculado sempre ao seu engajamento, mesmo quando *aparentemente* restrito ao campo das ideias. Por isso, em 1946, foi taxativo sobre como deveria ser um escritor comunista:

> *Escrever*, para um comunista, não é fazer "bonito", não é procurar louvores ou mandarinatos. É contribuir para a formação e divulgação da teoria revolucionária, do marxismo. Uns farão isto melhor, outros pior. Mas todos contribuirão com alguma coisa. E é isto que importa.[65]

Mais de vinte anos depois, ele manteria aquela postura. E mostraria como via a relação da pesquisa e do trabalho intelectual com a atividade de intervenção social. Em carta a Ernest Feder, comentaria:

> Ao considerar o fato social pesquisado, procuro identificar-me com ele. Não me sinto de fora e na posição de um simples conselheiro que pretende corrigir os males porventura encontrados e julgados tais em face de uma filosofia e de padrões éticos já de antemão adotados. Incluo-me, ou procuro me incluir, nas forças atuantes e no interior dos fatos e acontecimentos que me ocupo teoricamente: procuro participar do pensamento, sentimento e emoções que os animam e impulsionam. Numa palavra, esforço-me por unir a teoria à prática. E aí, talvez, na escolha das alternativas que se apresentam – pois tais forças são várias e divergentes – [é] que intervém possivelmente uma inclinação de ordem ético-filosófica. Mas esta não se refere própria e diretamente a conclusões preferidas, e sim unicamente a uma posição ativa que adoto. Daí por diante não me deixo guiar senão pela inspiração e experiência colhidas na posição e ação com que me identifiquei. É nesta base e em função dela que procuro teorizar, isto é, elaborar uma teoria e norma de conduta capazes de promoverem ainda mais aquela ação e lhe darem andamento e sentido adequados. Trata-se em suma de ligar pensamento e ação, teoria e prática, pois julgo que tanto a prática que não se acha fundada na teoria (que é *consciência da ação*) é empírica e via de regra inconsequente e insegura; como a teoria que não se inspira na experiência política é infecunda.[66]

Para completar, vale recordar o trecho de uma carta escrita pelo historiador e que pode servir como símbolo de seu compromisso político. Diria ele: "Livremente escolhi meu caminho na vida, e só tenho motivos para rigozijar-me com a escolha, que me tem dado uma consciência que não encontraria em outra parte. E com este lastro positivo, estou pronto, como sempre estive, para suportar o ônus da vida que preferi"[67].

Por diferentes motivos, ao longo de sua trajetória, Caíto foi apontado por adversários políticos como "burguês", "aristocrata", "positivista", "revisionista", "reformista" e "nacional reformista". De qualquer forma, acusações não são incomuns em casos como esse. Lenin, antes da Revolução de Outubro, foi acusado de "agente da Alemanha" e, durante a NEP, de defender práticas capitalistas. Foi chamado até mesmo de "direitista"! O jornalista e teórico político peruano José Carlos Mariátegui foi designado por seus detratores como "europeizante", "aprista", "populista" e até mesmo "bolchevique d'annunziano", entre outros qualificativos do gênero. E Che Guevara, de "trotskista", "maoista" e "aventureiro" por seus rivais políticos. O mesmo Guevara que, por sinal, ao escrever seus *Apuntes críticos a la economía política* (que permaneceram inéditos por décadas), chegou a dizer que "alguns tomarão este texto como sendo contrarrevolucionário ou reformista"[68]. Nem ele escaparia desse tipo de acusações...

Desde que se tornou marxista, Caio Prado Júnior manteve sempre uma postura crítica e independente em relação a teorias e práticas "oficiais". Por outro lado, defendeu, desde a década de 1930 até o final de sua vida, a luta pela "revolução brasileira" (que levaria, em última instância, ao socialismo), ainda que, certamente, apontasse para as sutilezas e especificidades de seu caráter em situações e contextos particulares. E isso é importante quando se quer discutir de forma mais detalhada os diferentes aspectos de seu pensamento.

Notas

Introdução

[1] Ver David Herreshoff, *The Origins of American Marxism, from the Transcendentalists to De Leon* (Nova York, Monad, 1973), p. 63. Para P. N. Fedosseiev e seus colaboradores, Cluss e Weydemeyer teriam sido "os pioneiros da difusão do marxismo nos Estados Unidos"; ver P. N. Fedosseiev et al., *Karl Marx, biografia* (Moscou/Lisboa, Progresso/Avante!, 1983), p. 316. Theodore Draper, por sua vez, designa muitos daqueles imigrantes alemães radicais como "socialistas marxianos", em vez de "marxistas"; ver Theodore Draper, *The Roots of American Communism* (Nova York, The Viking, 1957), p. 11. O mesmo termo é usado por John Reed, "Why Political Democracy Must Go", The New York Communist, Nova York, v. 1, n. 6, 24 maio 1919, p. 4. Outros autores, contudo, preferem descrevê-los como "marxistas"; ver, por exemplo, "Notes on the Early History of American Communism", *Workers' Republic*, n. 9-10, primavera de 2007; "The Labor Party Question in the US, 1828-1930: An Historical Perspective, Chapter 2", *Socialist Organizer*, 19 fev. 2007, disponível em: <socialistorganizer.org/labor-party-history-chapter-2/>, acesso em maio 2015; e Farrell Dobbs, *Marxist Leadership in the US: Revolutionary Continuity, The Early Years, 1848-1917* (Nova York, Monad, 1980). A origem do termo "marxismo", para alguns, remonta a 1879, por Franz Mehring; outros acreditam que ele era utilizado, de forma desfavorável, nas décadas de 1870 e 1880, por oponentes de Marx no movimento socialista; e há quem afirme, por sua vez, que sua definição e utilização estão vinculadas à sistematização feita por Karl Kautsky, assim como pelo uso feito por Eduard Bernstein e pelos divulgadores Gabriel Deville e Paul Lafargue. De qualquer forma, o termo ganharia proeminência e se consolidaria somente vários anos depois da chegada dos socialistas alemães aos Estados Unidos; ver, por exemplo, José Aricó, *Marx e a América Latina* (Rio de Janeiro, Paz e Terra, 1982), p. 48-9; Horacio Tarcus, *Marx en la Argentina* (Buenos Aires, Siglo Veintiuno, 2013), p. 22-3; e Tom Bottomore et al., *A Dictionary of Marxist Thought* (Cambridge, Harvard University Press, 1983), p. 309-10.

[2] De acordo com Fedosseiev e seus colaboradores, "Marx aprovava o desejo de Weydemeyer de criar nos Estados Unidos uma organização proletária segundo o modelo da Liga dos Comunistas. Aprovou muito particularmente a participação de Weydemeyer na organização de uma vasta

União Operária Americana, que foi criada em março de 1853. Na sua maioria, era composta por operários emigrados". A intenção era construir a estrutura inicial de um futuro partido político dos operários do país. Já os representantes do Clube Comunista chegaram a propor a Marx a reconstituição da Liga dos Comunistas na Europa, ao que ele teria respondido que "a tarefa essencial [...] era preparar o terreno para criar uma organização de massas e, em primeiro lugar, elaborar uma teoria revolucionária"; ver Fedosseiev et al, *Karl Marx, biografia*, cit., p. 316-7. Segundo Philip S. Foner, o Clube Comunista, fundado por Sorge, Conrad Carl e Sigfried Meyer, se tornaria a primeira seção da AIT nos Estados Unidos, em outubro de 1867. Ele também afirma, contudo, que em 1869 a *German General Working Men's Union* se estabeleceria como a "Section 1" de Nova York da Internacional. Ver Philip S. Foner, *History of the Labor Movement in the United States*, v. 1: *From Colonial Times to the Founding of the American Federation of Labor* (Nova York, International Publishers, 1998), p. 414. Morris Hillquit indica 1869 como a data aproximada em que as primeiras organizações norte-americanas teriam se afiliado diretamente à AIT. Ver Morris Hillquit, *History of Socialism in the United States,* p. 177.

[3] Ver Philip S. Foner, *History of the Labor Movement in the United States: From Colonial Times to the Founding of the American Federation of Labor* (Nova York, International Publishers, 1998), v. 1, p. 567; e Heinrich Gemkow et al., *Friedrich Engels: biografia* (Dresden, Zeit im Bild, 1973), p. 448.

[4] Karl Marx, "A Abraham Lincoln, presidente dos Estados Unidos da América", em Marcello Musto (org.), *Trabalhadores, uni-vos!: antologia política da I Internacional* (São Paulo, Boitempo/ Fundação Perseu Abramo, 2014), p. 281-2.

[5] A primeira tradução em inglês do *Manifesto Comunista* foi feita por Helen McFarlane e publicada em Londres, em 1850, no *Red Republican*, editado por George Julian Harney. Mais tarde, insatisfeito com as diferentes versões norte-americanas do livro, que eram até reproduzidas na Inglaterra, Engels apoiou uma nova tradução, feita por seu amigo Samuel Moore e publicada em 1888, que seria a "versão autorizada" em inglês, editada e anotada por ele próprio.

[6] Ver Theodore Draper, *The Roots of American Communism* (Nova York, The Viking, 1957), p. 25-32; e Friedrich Engels, "Carta de Engels a Florence Kelley-Wischnewetzky", Londres, 28 de dezembro de 1886, em Karl Marx e Friedrich Engels, *Obras escolhidas* (Lisboa/ Moscou, Avante!/ Progresso, 1985), t. 3, p. 540-2.

[7] Ver Stephen Coleman, *Daniel De Leon* (Manchester, Manchester University Press, 1990), p. 21.

[8] Stephen Coleman, *Daniel De Leon*, p. 162. O periodista George Seldes, que entrevistou Lenin em 1922, disse que o líder russo teria afirmado que "o bolchevismo, nossa leitura do marxismo, na verdade se originou na América... O que fizemos na Rússia foi aceitar a interpretação de De Leon do marxismo, que é o que os bolcheviques adotaram em 1917"; ver ibidem, p. 163 e 164.

[9] Alguns defensores do deleonismo, muitas vezes, não gostam de comparações com o leninismo. Apontam como características dessa vertente do marxismo a defesa de uma forma de gestão descentralizada e democrática, sua postura contra alianças com organizações políticas reformistas e sua estratégia dual, na qual sindicatos revolucionários complementariam o trabalho do partido de massas. Não há defesa do Estado como proprietário das indústrias. Ou seja, o deleonismo era contra a ideia de que um governo encabeçado por um partido operário devesse nacionalizar o aparato industrial. Haveria, isso sim, o controle operário direto e democrático.

Os trabalhadores chegariam ao poder pelo voto, para depois abolir todas as formas políticas de poder, fazendo uma completa mudança na estrutura do governo. Em outras palavras, a classe trabalhadora deveria chegar ao poder para depois destruí-lo. De acordo com o deleonismo, sem a urna (o atual método constitucional), a transformação social teria de ser violenta, o que resultaria no massacre do proletariado pelo Estado, fato que poderia postergar indefinidamente sua causa. Assim, o voto seria visto como um elemento "destrutivo", enquanto o único poder "construtivo" estaria representado pelo sindicato revolucionário. Quando a organização da classe trabalhadora nos campos político e industrial estivesse madura, o sindicato tomaria para si e controlaria os meios de produção. Já os críticos do deleonismo (tanto aqueles de direita como os marxistas ortodoxos) apontam o caráter autoritário e sectário de De Leon, aproximam suas ideias de alguns conceitos anarcossindicalistas, mostram sua ingenuidade em relação ao papel das eleições, seu desprezo pela greve geral como forma de luta eficiente dos trabalhadores e a ênfase na luta sindical. Uma crítica stalinista do deleonismo foi feita por Walter Burke, "Deleonism in the Light of Marxism-Leninism", *The Communist*, abr. 1934, p. 406.

[10] Ver L. Glen Seretan, *Daniel De Leon, The Odyssey of an American Marxist* (Cambridge, Harvard University Press, 1979), p. 1-2; e Stephen Coleman, *Daniel De Leon*, cit., p. 161-7. Para mais informações sobre Daniel De Leon, ver também Rudolph Schwab et al., *Daniel De Leon, The Man and His Work, A Symposium* (Nova York, National Executive Committee of the Socialist Labor Party, 1934); e David Herreshoff, *The Origins of American Marxism*, cit.

[11] Este escrito quando Wolfe já fazia parte do Partido Comunista (Oposição), uma cisão do partido oficial.

[12] Ver Michael Denning, *The Cultural Front: The Laboring of American Culture in the Twentieth Century* (Londres, Verso, 1998). Louis Fraina também ficaria conhecido como Lewis Corey.

[13] Para mais detalhes sobre Jay Lovestone e o "lovestoneísmo", ver Harvey Klehr, *The Communist Experience in America: A Political and Social History* (New Brunswick, Transaction, 2010), p. 39-53. Anos mais tarde, Lovestone e Wolfe se tornariam anticomunistas ferrenhos.

[14] Ibidem, p. 47.

[15] Mais uma vez, colocamos o termo entre aspas para ressaltar que é usado aqui para designar um correligionário e amigo de Marx, seguidor de suas ideias, insistindo, contudo, que a palavra "marxista" ainda não tinha uso corrente naquele período.

[16] Ver Horacio Tarcus, *Diccionario biográfico de la izquierda argentina* (Buenos Aires, Emecé, 2007), p. 327.

[17] Para alguns, "o primeiro marxista latino-americano"; ver Carmen Gómez García, *Carlos Baliño, primer pensador marxista cubano* (Havana, Editorial de Ciencias Sociales, 1985), p. 206; e Mariana Serra, *Carlos Baliño* (Havana, Gente Nueva, 1984).

[18] Para mais informações sobre a recepção do marxismo na América Latina e as ideias socialistas naquele período, ver Raúl Fornet-Betancourt, *O marxismo na América Latina* (São Leopoldo, Unisinos, 1995); Gastón Garcia Cantú, *El socialismo en* México, *siglo XIX* (4. ed., Cidade do México, Era, 1986); Julio Godio, *Historia del movimiento obrero latinoamericano* (Buenos Aires, El Cid, 1979); Mario Averhoff Purón, *Los primeros partidos políticos* (Havana, Instituto Cubano del Libro, 1971); Julio Ángel Carreras, *Cuba, contradicciones de clases en el siglo XIX* (Havana, Editorial de Ciencias Sociales, 1985); Horacio Tarcus, *Diccionario biográfico de la izquierda argentina*, cit.; Claudia Dubkin, *Fundadores de la izquierda argentina* (Buenos Aires,

Capital Intelectual, 2008); e Osvaldo Coggiola e Edgardo Bilsky, *História do movimento operário argentino* (São Paulo, Xamã, 1999).

[19] Ver Christine Hatzky, *Julio Antonio Mella, una biografía* (Santiago de Cuba, Oriente, 2008), p. 150.

[20] Os "21 pontos" ou "21 condições" para o ingresso no Comintern foram preparados por Lenin e adotados no Segundo Congresso da IC em Petrogrado, em 1920. Seus principais itens eram: rejeição de elementos reformistas ou centristas em posições de destaque no partido; incentivos à propaganda e à agitação diária nas Forças Armadas e no campo; inclusão da palavra "Comunista" no nome oficial do partido; obrigação de promover atividades legais e ilegais; disciplina partidária estrita; centralismo democrático; infiltração em sindicatos, cooperativas e outras organizações dos trabalhadores; aceitação do princípio da ditadura do proletariado; apoio aos movimentos de libertação nacional nas colônias e países dependentes; aceitação do princípio do internacionalismo proletário; entre outros.

[21] Para mais informações, ver Antonio Carlos Mazzeo, *Sinfonia inacabada: a política dos comunistas no Brasil* (São Paulo, Boitempo, 1999), p. 36-9.

[22] Christine Hatzky, *Julio Antonio Mella*, cit., p. 150 e 151.

[23] Ibidem, p. 150.

[24] Os delegados representavam Argentina, Brasil, Chile, Colômbia, Cuba, Equador, México e Uruguai.

[25] Ver Ricardo Paredes, "VI World Congress, Reply to Bukharin on Draft Programme", citado em Marc Becker, "Indigenous Nationalities in Ecuadorian Marxist Thought", *A Contracorriente*, v. 5, n. 2, inverno de 2008, p. 24.

[26] Para o dirigente comunista Rodney Arismendi, "durante muitos anos a América Latina foi quase o único continente dependente de tipo clássico. Brindou um material concreto a Lenin para elaborar a concepção de 'países dependentes' (apresenta grande interesse a breve história desta elaboração, exposta em seus *Cadernos sobre o imperialismo*)./ Lenin sempre distinguiu a especificidade da América Latina da especificidade da Ásia ou África. A América Latina foi um exemplo clássico de dependência, ainda que existissem colônias na *cuenca* do Caribe e alguns territórios coloniais no continente e em outras ilhas (Belize, ambas as Guianas, as Ilhas Malvinas e outras). Mas se tratava de territórios coloniais do continente cujos povos – em sua maioria há mais de um século e meio – haviam realizado revoluções que lhes asseguravam a independência política. Desde tempos remotos se observam diferenças essenciais totalmente definidas entre a história política e a estrutura social da América Latina, por um lado, e a história política e a estrutura social da Ásia e da África, por outro lado./ Lenin assinalou os países da América Latina, particularmente os da parte meridional (citou a Argentina como exemplo), como países que tinham relações especiais, ou seja, relações de dependência, e partindo disso determinou a orientação da investigação. Mostrou que, por causa de sua dependência, a Argentina e outros países latino-americanos que haviam conseguido libertar-se no século XIX, ao empreender o caminho de desenvolvimento do capitalismo, ficaram sob o jugo do capital econômico e financeiro"; ver Rodney Arismendi, "Revolución y contrarrevolución en América Latina", em M. P. Mchedlov et al., *Dialéctica de la revolución y la contrarrevolución* (Buenos Aires, Cartago, 1986), p. 282.

[27] Ver Ricardo Paredes, "VI World Congress, Reply to Bukharin on Draft Programme", citado em Marc Becker, "Indigenous Nationalities in Ecuadorian Marxist Thought", *A Contracorriente*, v. 5, n. 2, inverno de 2008, p. 24-5.

[28] Ver Gustavo Pérez Hinojosa, "La defensa del socialismo indo-americano en el VI Congreso de la Internacional Comunista", *Rebelión*, disponível em: <http://www.rebelion.org/noticia.php?id=140372>; acesso em maio 2015.

[29] Ver Klaus Meschkat, "Introducción: del socialismo revolucionario al estalinismo en Colombia, 1927-1933", em Klaus Meschkat e José María Rojas (orgs.), *Liquidando el pasado: la izquierda colombiana en los archivos de la Unión Soviética* (Bogotá, Taurus, 2009), p. 24.

[30] Ver Jürgen Mothes, "Comintern Politics Concerning Latin America", em Jürgen Rojahn (org.), *The History of the Communist International and its National Sections* (Amsterdã e Frankfurt, s. n., 1992), p. 44 e 45.

[31] Christine Hatzky, *Julio Antonio Mella*, cit; ver também Pablo Dominguez, *Victorio Codovilla: la ortodoxia comunista* (Buenos Aires, Capital Intelectual, 2006).

[32] Christine Hatzky, *Julio Antonio Mella*, p. 153. Vale dizer que esses organismos, ainda assim, tinham uma atuação bastante limitada. Para se ter uma ideia, o Bureau de Nova York, por exemplo, dependia essencialmente de notícias da grande imprensa, apesar de manter correspondência corriqueira com o Comitê Central do PCC e dos enviados da IC em Havana. Ou seja, a quantidade e a confiabilidade das informações eram muito limitadas, assim como a capacidade de atuação do *bureau*; ver Barry Carr, "From Caribbean Backwater to Revolutionary Opportunity: Cuba's Evolving Relationship with the Comintern, 1925-34", em Tim Rees e Andrew Thorpe (orgs.), *International Communism and the Communist International, 1919-43* (Manchester, Manchester University Press, 1998), p. 248.

[33] Para mais informações sobre Mariátegui, ver Luiz Bernardo Pericás (org.), *José Carlos Mariátegui: as origens do fascismo* (São Paulo, Alameda, 2010), *José Carlos Mariátegui: sobre educação* (São Paulo, Xamã, 2007), "José Carlos Mariátegui e o México", *Margem Esquerda*, São Paulo, n. 15, novembro de 2010, p. 113-42, "José Carlos Mariátegui e o Comintern", *Lutas Sociais*, São Paulo, n. 25-26, segundo semestre de 2010 e primeiro semestre de 2011, p. 176-90 e *José Carlos Mariátegui: Revolução Russa, história, política e literatura* (São Paulo, Expressão Popular, 2012).

[34] A discussão sobre a "nacionalização" do marxismo, como se percebe, é antiga, especialmente dentro do ambiente político de esquerda, vindo desde o século XIX e início do XX. No meio acadêmico, um dos destaques é David Herreshoff, com sua tese de doutorado *American Disciples of Marx*, nos anos 1950, publicada em livro na década seguinte e depois, com o título *The Origins of American Marxism* (Detroit, Wayne State University Press, 1967). No Brasil, uma discussão interessante pode ser encontrada no livro de Bernardo Ricupero, *Caio Prado Júnior e a nacionalização do marxismo no Brasil* (São Paulo, Departamento de Ciência Política da Universidade de São Paulo/Fapesp/Editora 34, 2000).

[35] Ver Warren Dean, *A industrialização de São Paulo* (São Paulo, Difel, s. d.), p. 69.

[36] Ibidem, p. 53.

[37] Ver texto de Hermes Lima, acervo de Caio Prado Júnior, IEB/USP, código de referência CPJ--CP-LIM040.

38 Ver Roberto Pompeu de Toledo, *A capital da vertigem: uma história de São Paulo de 1900 a 1954* (Rio de Janeiro, Objetiva, 2015), p. 53-4.

39 Luiz Bernardo Pericás e Maria Célia Wider, "Caio Prado Júnior", em Luiz Bernardo Pericás e Lincoln Secco (orgs.), *Intérpretes do Brasil: clássicos, rebeldes e renegados* (São Paulo, Boitempo, 2014), p. 193-4.

40 Ver Graziela Forte, *Carlos Prado: trajetória de um modernista aristocrata*, cit., p. 16 e 18.

41 Idem.

42 Ver Boris Fausto, *História do Brasil* (11. ed., São Paulo, Edusp, 2003), p. 273.

43 Ver Francisco Alencar, Lúcia Carpi e Marcus Venício Ribeiro, *História da sociedade brasileira* (Rio de Janeiro, Ao Livro Técnico, 1979), p. 196 e 202, e Victor V. Valla, *A penetração norte-americana na economia brasileira, 1898-1928* (Rio de Janeiro, Ao Livro Técnico, 1978), p. 124-5.

44 De acordo com Warren Dean, "por volta de 1930, não havia um único fabricante, nascido no Brasil, originário da classe inferior ou da classe média, e muito poucos surgiram depois"; ver Warren Dean, *A industrialização de São Paulo*, cit., p. 54.

45 Ver Graziela Forte, *Carlos Prado*, cit., p. 21 e 22; Maria Cecília Naclério Homem, *Higienópolis, grandeza de um bairro paulistano* (São Paulo, Edusp, 2011), p. 69; e Maria Cecília Naclério Homem, *O palacete paulistano e outras formas urbanas de morar da elite cafeeira* (São Paulo, WMF Martins Fontes, 2010), p. 211.

46 Carlos Prado, *Memórias sem palavras: infância/Memoires sans paroles: enfance* (Zurique, Lichtdruck/Orell Füssli, 1956).

47 Luiz Bernardo Pericás e Maria Célia Wider, "Caio Prado Júnior", em Luiz Bernardo Pericás e Lincoln Secco (orgs.), *Intérpretes do Brasil: clássicos, rebeldes e renegados* (São Paulo, Boitempo, 2014), p. 194.

48 Ver Boris Fausto, *História do Brasil*, cit., p. 275-88, e Boris Koval, *História do proletariado brasileiro, 1857 a 1967* (São Paulo, Alfa-Omega, 1982), p. 83.

49 Ver Wilson Cano, "Alguns aspectos da concentração industrial", em Flávio Rabelo Versiani e José Roberto Mendonça de Barros (orgs.), *Formação econômica do Brasil: a experiência da industrialização* (São Paulo, Saraiva, 1978), p. 92.

50 Ver Heitor Ferreira Lima, *História político-econômica e industrial do Brasil* (São Paulo, Companhia Editora Nacional, 1973), p. 330 e 331.

51 Victor V. Valla, *A penetração norte-americana na economia brasileira, 1898-1928*, cit., p. 79.

52 Ver Wilson Cano, "Alguns aspectos da concentração industrial", cit., p. 91.

53 Ver Boris Koval, *História do proletariado brasileiro*, cit., p. 82 e 83.

54 Ver Alexandre de Freitas Barbosa, "O mercado de trabalho antes de 1930: emprego e 'desemprego' na cidade de São Paulo", *Revista Novos Estudos Cebrap*, São Paulo, n. 80, mar. 2002, p. 102.

55 Boris Koval, *História do proletariado brasileiro*, cit., p. 121.

56 Ver Warren Dean, *A industrialização de São Paulo*, cit., p. 115.

57 Victor V. Valla, *A penetração norte-americana na economia brasileira, 1898-1928*, cit., p. 102.

⁵⁸ Ver João Marcelo Pereira dos Santos, *Energia elétrica e poder político: trabalhadores da Light São Paulo, 1900-1935* (São Paulo, Outras Expressões, 2015), p. 78.

⁵⁹ Ver Roberto Pompeu de Toledo, *A capital da vertigem: uma história de São Paulo de 1900 a 1954*, cit., p. 201.

⁶⁰ Ver Warren Dean, *A industrialização de São Paulo*, cit., p. 10.

⁶¹ Ver carta de Caio Prado Júnior a Evaldo da Silva Garcia, São Paulo, 11 de maio de 1946, acervo de Caio Prado Júnior, IEB/USP, código de referência CPJ-CA002. Ainda assim, apesar da retórica, é mais do que sabido que ele fora membro do Partido Democrático anteriormente.

⁶² Ver Paulo Teixeira Iumatti, *Diários políticos de Caio Prado Júnior: 1945* (São Paulo, Brasiliense, 1998), p. 31.

⁶³ Ibidem, p. 52, e Dops, 30-K-23-1, São Paulo, 19 de maio de 1958, arquivo pessoal de Danda Prado.

⁶⁴ No IX Congresso do PCB, em 1991, ano em que acaba a União Soviética, o partido encontrava-se dividido e polarizado em dois grupos: de um lado, os que desejavam mudar o nome da agremiação e seguir rumos distintos; de outro, os que defendiam a reconstrução partidária. No X Congresso Extraordinário, no ano seguinte, os "liquidacionistas" se retiram do PCB e formam o PPS. A partir daí, a fração comunista, após o X Congresso (pleno), realizado em 1993, inicia uma campanha de filiação entre 1994 e 1995, com o intuito de atender às exigências do TSE, e dá continuidade ao processo de reorganização partidária, com a Conferência Política Nacional em 1995 e o XI Congresso em 1996. No XII Congresso, em 2000, é consolidada a política organizacional leninista e aprovado o novo estatuto do PCB. Em março de 2005, no XIII Congresso, o partido rompe com o governo Lula e retira-se dos fóruns da CUT, organizando, por esse motivo, a UC. Um ano depois, a UJC seria reorganizada. Em 2009 ocorre o XIV Congresso, no qual os comunistas defendem a construção de uma frente anticapitalista e anti-imperialista, assim como o Bloco Revolucionário do Proletariado, lançando Ivan Pinheiro como candidato à Presidência do Brasil. Em 2012, o PCB comemoraria noventa anos; ver "Linha do tempo", *Imprensa Popular*, ano VI, n. 36, mar. 2012, p. 26 e 27.

⁶⁵ O ICP foi fundado em 10 de julho de 2006 como uma instituição nacional de pesquisa e debate, com sede no centro de São Paulo. A entidade publica a revista semestral *Novos Temas*, a coleção Cadernos do ICP e a coleção de divulgação Temas do Nosso Tempo. Possui uma direção executiva composta de seis membros, assim como um conselho consultivo e outro deliberativo. No ICP encontram-se membros do PCB e intelectuais progressistas não filiados ao partido. De acordo com Milton Pinheiro, em correspondência com Luiz Bernardo Pericás, fevereiro de 2013 e julho de 2015, e Antonio Carlos Mazzeo, depoimento a Luiz Bernardo Pericás, agosto de 2015.

⁶⁶ Ver, por exemplo, Paulo Teixeira Iumatti, *Diários políticos de Caio Prado Júnior*, cit.; Maria Célia Wider, *Caio Prado Jr., um intelectual irresistível* (São Paulo, Brasiliense, 2007); Lincoln Secco, *Caio Prado Júnior, o sentido da revolução* (São Paulo, Boitempo, 2008); Paulo Henrique Martinez, *A dinâmica de um pensamento crítico: Caio Prado Jr. (1928-1935)*, cit.; Bernardo Ricupero, *Caio Prado Jr. e a nacionalização do marxismo no Brasil* (São Paulo, Editora 34, 2000); Paulo Teixeira Iumatti, *Caio Prado Jr., uma trajetória intelectual*, cit., entre outros.

⁶⁷ Como aponta R. Laurence Moore, nem Marx nem Engels esperavam encontrar exatamente o mesmo padrão de desenvolvimento em cada país. Por isso sua insistência em táticas flexíveis;

ver R. Laurence Moore, *European Socialists and the American Promised Land*, cit., p. 21. Caio Prado Júnior defenderia os mesmos preceitos.

68 Para Pinto Ferreira, por exemplo, Caio Prado Júnior representaria a tendência dialético-marxista da sociologia no país e seria um "ilustre sociólogo brasileiro"; ver Pinto Ferreira, "Panorama da sociologia brasileira", *Revista Brasiliense*, n. 14, novembro-dezembro de 1957, p. 140; e "Panorama da sociologia brasileira", *Revista Brasiliense*, n. 16, março-abril de 1958, p. 44. Vale lembrar que CPJ era por vezes convidado a participar de eventos ligados a essa disciplina, por exemplo, a "Semana do Sociólogo", no Centro de Estudos de Ciências Sociais da Faculdade de Filosofia da UFBA; ver cartas de Caio Prado Júnior a Raimundo Humberto Caires Araújo, São Paulo, 30 de setembro de 1966, acervo de Caio Prado Júnior, IEB/USP, códigos de referência CPJ-CA143 e CPJ-CA144.

69 Ver carta de Érico Veríssimo a Caio Prado Júnior, Porto Alegre, 25 de janeiro de 1949, acervo de Caio Prado Júnior, IEB/USP, código de referência CPJ-CP-VER001.

70 Ver Paulo Cavalcanti, *A luta clandestina, o caso eu conto como o caso foi* (Recife, Guararapes, 1985), v. 4, p. 261.

71 Ver carta de Antônio Osvaldo Ferraz a Caio Prado Júnior, Piracicaba, 14 de junho de 1944, acervo de Caio Prado Júnior, IEB/USP, código de referência CPJ-CP-FERRA001.

72 Ver Raimundo Santos, "A presença das teses caiopradianas nos textos de Elias Chaves Neto", em *A importância da tradição pecebista* (Brasília, Fundação Astrojildo Pereira, 2009), p. 46.

73 Ver Heleno Cláudio Fragoso, *Advocacia da liberdade: a defesa nos processos políticos* (Rio de Janeiro, Forense, 1984), p. 97.

74 Ver carta de Caio Prado Júnior a Bernardete Carvalho, Eduardo Galasso Faria e José Roberto Silva de Domenico, 31 de julho de 1968, acervo de Caio Prado Júnior, IEB/USP, código de referência CPJ-CA131.

1. O ingresso no PCB

1 Essa história teria sido narrada pelo próprio Caio Prado Júnior a vários familiares. Depoimento de Danda Prado a Luiz Bernardo Pericás, 2012; depoimento de Maria Cecília Naclério Homem a Luiz Bernardo Pericás, 2012; e depoimento de Maria Célia Wider a Luiz Bernardo Pericás, 2012 e 2015.

2 Os acidentes com bondes da São Paulo Tramway, Light and Power, na capital do estado, eram bastante frequentes. De acordo com João Marcelo Pereira dos Santos, "na primeira metade do século XX, a companhia contabilizou, em seus relatórios, dezenas de mortes e milhares de acidentes com ferimentos sem perda de tempo (leves) e com perda de tempo (graves). No período de 1906 a 1917, encontramos anotação de 58 acidentes fatais. Em apenas 5 anos, ocorreram 1.741 acidentes envolvendo pedestres, passageiros e operários do setor de tráfego, isso significa 348 acidentes por ano e aproximadamente 1 por dia". Em 1918, por exemplo, quando Caio tinha onze anos e já cursava o Colégio São Luiz, ocorreriam dois acidentes emblemáticos. Em 4 de dezembro, segundo relatório da empresa, "ao chegar o bonde no largo São Francisco, quando parava para o embarque de passageiro, foi pelos mesmos assaltados, e que na ânsia de encontrar lugar, deram empurrão no de nome Francisco Queiroba, tendo este caído ao solo, sendo colhido pelas rodas do reboque, ficando com sua

perna fraturada, sendo internado na Santa Casa, onde veio a falecer". Outro caso ocorreu em 22 de dezembro, quando "o condutor Casemiro Valinhos, estando no estribo, em cobrança, bateu distraidamente com a cabeça em um poste, caindo ao solo, ficando machucado"; ver João Marcelo Pereira dos Santos, *Energia elétrica e poder político: trabalhadores da Light São Paulo, 1900-1935*, cit., p. 120-2.

3   Ver Lincoln Secco, *Formação da esquerda no Brasil: das primeiras impressões à batalha dos livros* (São Paulo, Ateliê, no prelo).

4   Ver Paulo Henrique Martinez, *A dinâmica de um pensamento crítico: Caio Prado Jr. (1928-1935)* (São Paulo, Edusp, 2008), p. 69.

5   Ver Roberto Pompeu de Toledo, *A capital da vertigem: uma história de São Paulo de 1900 a 1954*, cit., p. 310, 312.

6   Contudo, a composição de classes do PD logo que foi fundado, em 1926, de acordo com levantamento de Nazareth Prado, seria de 139 advogados, 42 engenheiros, 28 médicos, 10 jornalistas, 8 dentistas, 6 farmacêuticos, 6 professores de Direito, 3 professores, 3 professores da Escola de Farmácia, 2 cirurgiões-dentistas, 2 professores da Escola Politécnica, 1 militar, 1 solicitador, 1 pintor (José Wasth Rodrigues), 1 sacerdote, 1 professor de conservatório (Mário de Andrade), 1 químico, 1 professor da Faculdade de Medicina, 80 comerciários, 48 bancários, 7 guarda-livros, 2 tabeliães, 2 contadores, 2 escreventes, 59 lavradores, 34 proprietários, 68 comerciantes, 10 industriais, 8 corretores, 1 comissário, 18 estudantes, 4 funcionários e 2 empregados de ferrovias; ver Darrel E. Levi, *A família Prado* (São Paulo, Cultura 70, 1977), p. 337-9.

7   Ver texto de Hermes Lima, acervo de Caio Prado Júnior, IEB/USP, código de referência CPJ--CP-LIM040.

8   Ver CPDOC/FGV, "Partido Democrático de São Paulo (PD)", disponível em: <http://cpdoc.fgv.br/producao/dossies/AEraVargas1/anos20/CrisePolitica/PartidoDemocraticoSP>; e José Alfredo Otero Vidigal Pontes, *1932, o Brasil se revolta: o caráter nacional de um movimento democrático* (São Paulo, Terceiro Nome/ *O Estado de S. Paulo*, 2004), p. 34.

9   Ver "Comunicado do Bloco Operário e Camponês", *O Combate*, 23 de fevereiro de 1928, citado em Edgar De Decca, *1930: o silêncio dos vencidos* (São Paulo, Brasiliense, 1981), p. 89.

10 Ibidem, p. 90.

11 Idem.

12 Ver Antonio Candido, "Prefácio para o livro *Mário de Andrade por ele mesmo*", *O Estado de S. Paulo*, 5 dez. 1971, p. 262.

13 Idem.

14 Ver Paulo Teixeira Iumatti, *Caio Prado Jr., uma trajetória intelectual*, cit., p. 142.

15 Ver caderneta militar de Caio Prado Júnior, Exército Brasileiro, Diretoria-Geral de Intendência da Guerra, 4ª Circunscrição de Recrutamento, São Paulo, 31 de dezembro de 1925, 2ª Categoria, Classe de 1907, n. 138, Série A, 2ª Divisão, Folha de Identidade n. 4.766, acervo de Caio Prado Júnior, IEB/USP, código de referência CPJ-IC002 e CPJ-IC003.

16 Ele diria que "uma das funções dessas Delegacias era fazer um levantamento dos abusos do antigo regime, principalmente atos de corrupção. Os trabalhos então realizados devem estar nos

arquivos e são realmente interessantes. Pelo menos em nossa Delegacia foi feito um levantamento muito rigoroso. Verificamos nas Prefeituras, por exemplo, que a maior parte das pessoas bem situadas na política simplesmente não pagavam impostos. Perto do que se passa hoje, aquilo tudo era uma coisinha de nada, mas naquele tempo era um escândalo". Continuava: "Para fazer esse levantamento éramos apenas três pessoas. Não tínhamos mais ninguém, nenhuma secretária, nada. Tínhamos de fazer tudo sozinhos, inclusive o serviço burocrático. Aprendi muita coisa importante nessa experiência. Chegávamos nas cidades e publicávamos uma espécie de convite a todas as pessoas, pedindo-lhes que viessem apresentar as suas queixas contra o regime anterior. Todas as declarações eram tomadas por escrito. Comecei a compreender e a ver melhor as coisas, inclusive a questão social". Então: "Ao fim daqueles três meses de trabalho em Ribeirão Preto, percebi que aquilo não daria em nada. E me afastei. Aliás o cargo que ocupava desapareceu logo depois. Foi a partir de então que tomei outro rumo"; ver depoimento de Caio Prado Júnior, "É preciso deixar o povo falar", em Lourenço Dantas Mota, *A história vivida* (São Paulo, *O Estado de S. Paulo*, 1981), p. 303, 304 e 305.

[17] Ver "Ao povo de S. Paulo", *O Estado de S. Paulo*, 4 jan. 1930, p. 1.

[18] Ver carta de Caio Prado Júnior a Laudelino de Abreu, São Paulo, 20 de julho de 1931, acervo de Caio Prado Júnior, IEB/USP, código de referência CPJ-CA041.

[19] Ver carta de Caio Prado Júnior ao chefe de polícia de São Paulo, São Paulo, 6 de dezembro de 1930, acervo de Caio Prado Júnior, IEB/USP, código de referência CPJ-CA043.

[20] Ver "C. A. Paulistano: campeonato interno, o jogo de hoje", *O Estado de S. Paulo*, 28 fev. 1931, p. 6.

[21] Ver carta de Caio Prado Júnior ao presidente do Diretório Central do PD de São Paulo, 23 de outubro de 1931, acervo de Caio Prado Júnior, IEB/USP, código de referência CPJ-CA046.

[22] Ver carta de Caio Prado Júnior a Leopoldo Guaraná, São Paulo, 22 de outubro de 1931, acervo de Caio Prado Júnior, IEB/USP, código de referência CPJ-CA057.

[23] Ver carta de Marília Monteiro a Caio Prado Júnior, São Paulo, 3 de novembro de 1931, acervo de Caio Prado Júnior, IEB/USP, código de referência CPJ-CP-PDE001.

[24] Ver Marcos Tarcisio Florindo, "A grande repressão de 1932 em São Paulo", *Revista Brasileira de História e Ciências Sociais*, v. 4, n. 8, dez. 2012, p. 294-5.

[25] Ibidem, p. 295.

[26] Ver Ronald H. Chilcote, *The Brazilian Communist Party, Conflict and Integration, 1922-1972* (Nova York, Oxford University Press, 1974), p. 117.

[27] Prontuário do Deops/SP, n. 2.431 do PCB, v. 9, "A propaganda comunista no estado de São Paulo", de 10 de julho de 1935, citado em Marcos Tarcisio Florindo, "A grande repressão de 1932 em São Paulo", cit., p. 298.

[28] Ver Lincoln Secco, *Caio Prado Júnior, o sentido da revolução*, cit., p. 32.

[29] Diria ele: "São públicos e notórios os fatos desenrolados na madrugada do dia primeiro do corrente, e que resultaram na prisão ilegal de um cidadão pelo 'crime' monstruoso de ter dado um viva ao candidato adversário do presidente de S. Paulo./ Preso assim inqualificavelmente, estou procurando pelos meios legais obter satisfação da injustiça de que fui vítima. Quero por isso tornar pública a maneira com que a polícia de S. Paulo pretende antepor obstáculos [...] procedimento perfeitamente legal./ Requeri ao sr. chefe de polícia certidão de minha prisão.

Foi-me negada sob fundamento de que a polícia NÃO COSTUMAVA FORNECER ESTAS CERTIDÕES. Mas reconhecendo o absurdo de tal escusa, não quis o sr. chefe de polícia dar-me o despacho por escrito; comunicou-me apenas verbalmente./ Mas não pense a polícia que desistirei dos meus propósitos. Hei de levá-los adiante, custe o que custar. E quero que o público de S. Paulo conheça os métodos de uma polícia que não tem coragem de afirmar seus atos, e que pretende exigir dos outros o cumprimento da lei, de que ela é a primeira transgressora./ Caio Prado Jr./ Autorizo a publicação do artigo supra pela seção livre do *Estado de S. Paulo*./ S. Paulo, 10 de janeiro de 1930./ Caio Prado Jr./ Tabelionato Veiga. Reconheço a firma supra do dr. Caio Prado Júnior, S. Paulo, 10 de janeiro de 1930. Em testemunho da verdade, M. Uchoa da Veiga, 11. Tabelião interino"; ver "A polícia de S. Paulo e seus métodos", *O Estado de S. Paulo*, 11 jan. 1930, p. 13.

30 Ver Maria Célia Wider, *Caio Prado Jr., um intelectual irresistível*, cit., p. 41.

31 Depoimento de Danda Prado a Luiz Bernardo Pericás, 2012.

32 Depoimento de Dainis Karepovs a Luiz Bernardo Pericás, outubro de 2012.

33 Correspondência de Marly Vianna com Luiz Bernardo Pericás, 2012.

34 Vários prontuários do Deops a respeito de militantes do SVI estão reproduzidos em Taciana Wiazovski, *Bolchevismo e judaísmo: a comunidade judaica sob o olhar do Deops* (São Paulo, Arquivo do Estado/ Imprensa Oficial, 2001).

35 Ver Boris Koval, *História do proletariado brasileiro*, cit., p. 239.

36 Ibidem, p. 264-5.

37 Ibidem, p. 261.

38 Ibidem, p. 263-4.

39 De acordo com a pesquisadora Graziela Forte, a entidade seria "uma iniciativa particular, cuja direção reunia amigos militantes de esquerda e pertencentes à elite econômica. Suas atividades têm características tanto de [...] associações mutualistas que integram um sistema especial de instituições de previdência que surgiram no Brasil em meados do século XIX [...]" como também "algumas características de sociedade de socorro vermelho internacional, independente daquela organizada pela Internacional Comunista"; ver Graziela Forte, *Carlos Prado: trajetória de um modernista aristocrata* (tese de doutorado em Sociologia, Unicamp, Campinas, 2014), p. 30-1.

40 Ver Tito Batini, *Memórias de um socialista congênito* (Campinas, Editora da Unicamp, 1991), p. 166.

41 Ver José Toledo, *Flávio de Carvalho, o comedor de emoções* (São Paulo, Brasiliense, 1994), p. 150.

42 Ver Tito Batini, *Memórias de um socialista congênito*, cit., p. 165-6.

43 Ver Paulo Teixeira Iumatti, *Caio Prado Jr., uma trajetória intelectual*, cit., p. 80-1.

44 Ver José Toledo, *Flávio de Carvalho, o comedor de emoções* (São Paulo, Brasiliense, 1994), p. 150.

45 Francisco Iglésias chegou até mesmo a dizer que Caio Prado Júnior "assinou sua inscrição [no PCB] em 1931", sem mostrar nenhuma comprovação testemunhal ou documental; ver Francisco Iglésias, "Um historiador revolucionário", em Francisco Iglésias (org.), *Caio Prado Júnior: história* (São Paulo, Ática, 1982), p. 10. Por sua vez, Paulo Iumatti afirma que "o segundo filho nasceria dois anos depois, em 1931, quando Caio Prado Jr. já era um aguerrido militante

comunista". Caio Graco nasceu em 12 de agosto de 1931 e Caio Prado Júnior só receberia a carta de aceitação da saída do Partido Democrático em novembro. Ou seja, Caíto ainda era, ao que tudo indica, um membro do PD naquela época; ver Paulo Iumatti, *Caio Prado Jr., uma trajetória intelectual*, cit., p. 134.

[46] Ver carta de Caio Prado Júnior a "Costa", São Paulo, 6 de fevereiro de 1932, acervo de Caio Prado Júnior, IEB/USP, código de referência CPJ-CA045.

[47] Ver Caio Prado Júnior, "O sr. Plínio Barreto e o comunismo", *Correio da Tarde*, 3 de maio de 1932, citado em Paulo Henrique Martinez, *A dinâmica de um pensamento crítico*, cit., p. 274.

[48] Ver carta de Jorge Raffael a Caio Prado Júnior, São Paulo, 5 de maio de 1932, acervo de Caio Prado Júnior, IEB/USP, código de referência CPJ-CP-RAF001.

[49] Ver carta de "Francisco de Borja" a Caio Prado Júnior, Jaboticabal, s. d., acervo de Caio Prado Júnior, IEB/USP, código de referência CPJ-CP-BORJ001.

[50] Ver carta de anônimo a Caio Prado Júnior, São Paulo, 5 de maio de 1932, acervo de Caio Prado Júnior, IEB/USP, código de referência CPJ-CP-PRP001.

[51] Ver Caio Prado Júnior, "Nosso programa", citado em Jorge Caldeira, *História do Brasil com empreendedores* (São Paulo, Mameluco, 2009), p. 37.

[52] Ver carta de Caio Prado Júnior a Abrahão Ribeiro, São Paulo, 9 de maio de 1932, acervo de Caio Prado Júnior, IEB/USP, código de referência CPJ-CA118.

[53] Ver informes reservados do Gabinete de Investigação de São Paulo, de 18 de dezembro de 1933, em Paulo Henrique Martinez, *A dinâmica de um pensamento crítico*, cit., p. 288.

[54] Ver Taciana Wiazovski (citando Alzira Lobo de Arruda Campos), *O mito do complô judaico-comunista no Brasil* (São Paulo, Humanitas, 2008), nota 85, p. 209.

[55] Caio Prado Júnior diria: "Assino Graco, não para ocultar minha identidade, que poderá ser revelada a qualquer pessoa, mas apenas porque resolvi adotar este nome na imprensa. Para os efeitos da responsabilidade, subscrevo o verdadeiro"; ver carta de Caio Prado Júnior a "Francisco de Borja", São Paulo, 26 de maio de 1932, acervo de Caio Prado Júnior, IEB/USP, código de referência CPJ-CA119.

[56] Ver carta de Caio Prado Júnior a "Francisco de Borja", São Paulo, 26 de maio de 1932, acervo de Caio Prado Júnior, IEB/USP, código de referência CPJ-CA119.

[57] Ver carta de Caio Prado Júnior a "Francisco de Borja", São Paulo, 6 de julho de 1932, acervo de Caio Prado Júnior, IEB/USP, código de referência CPJ-CA120.

[58] Em carta a "Borja", Caio comenta: "Estou há vários dias para lhe escrever, mas atrasei-me porque fui obrigado a viajar. Falei a seu respeito e do seu caso com o CC e ficou resolvido que por carta ou por outra forma qualquer seria procurada ligação consigo. Assim o amigo não terá mais que fazer senão esperar que o procurem afim de resolver qualquer coisa sobre o trabalho a fazer em Jaboticabal"; ver carta de Caio Prado Júnior a "Francisco de Borja", São Paulo, 6 de julho de 1932, acervo de Caio Prado Júnior, IEB/USP, código de referência CPJ-CA120.

[59] Ver, por exemplo, Caio Prado Júnior, "O sr. Plínio Barreto e o comunismo", *Correio da Tarde*, São Paulo, 3 de maio de 1932, e *Diário da Noite*, São Paulo, 4 de maio de 1932, reproduzidos em Paulo Henrique Martinez, *A dinâmica de um pensamento crítico*, cit., p. 273-6.

60 Ver carta de Caio Prado Júnior a H. B. Summers, São Paulo, 21 de junho de 1932, acervo de Caio Prado Júnior, IEB/USP, código de referência CPJ-CA115.

61 Ver carta de H. B. Summers a Caio Prado Júnior, Manhattan, Kansas, 22 de julho de 1932, acervo de Caio Prado Júnior, IEB/USP, código de referência CPJ-CP-SUM001.

62 Ver Victor V. Valla, *A penetração norte-americana na economia brasileira, 1898-1928*, cit., p. 130-45.

63 Ver Caio Prado Júnior, *História econômica do Brasil* (São Paulo, Brasiliense, 1974), p. 272.

64 Um deles foi Joaquim Câmara Ferreira. Em depoimento, Edwirges Cardieri diria que "ele se recusou a participar da Revolução de 1932, por ela não apresentar fundamento marxista. Isso numa época em que toda a sua família e seus colegas mais próximos se alistavam como voluntários". E Leonoro Cardieri, em seus diários, afirmaria: "Em 1932, já compreendendo as razões verdadeiras da Revolução Paulista, não quis fazer parte dos batalhões 'pó de arroz', de estudantes que se opunham a Getulio. Por essa razão, os paulistas quatrocentões de Jaboticabal e São Paulo o acharam, a ele e a seu irmão, impatriotas"; ver Luiz Henrique de Castro e Silva, *O revolucionário da convicção, vida e ação de Joaquim Câmara Ferreira* (Rio de Janeiro, UFRJ, 2010), p. 67.

65 Ver Marcos Tarcisio Florindo, "A grande repressão de 1932 em São Paulo", cit., p. 296-7.

66 Ver José Toledo, *Flávio de Carvalho, o comedor de emoções*, cit., p. 134.

67 Ver carta de "Jayme" a Caio Prado Júnior, Guarantã, 19 de novembro de 1932, acervo de Caio Prado Júnior, IEB/USP, código de referência CPJ-CP001.

68 Ver carta do Comitê Regional de São Paulo do PCB a Caio Prado Júnior, São Paulo, 29 de novembro de 1932, acervo de Caio Prado Júnior, IEB/USP, código de referência CPJ-CP--CRSPPCB001.

69 Ver carta de Caio Prado Júnior ao Comitê Regional do PCB, 30 de novembro de 1932, acervo de Caio Prado Júnior, IEB/USP, código de referência CPJ-CA114, reproduzida em Luiz Bernardo Pericás, "Caio Prado Júnior: 'Carta a correligionários do PCB' (1932) e 'Telegrama para a Embaixada da União Soviética' (1968)", *Margem Esquerda*, n. 20, mar. 2013, p. 114-6.

70 Ver carta de Caio Prado Júnior, São Paulo, 19 de dezembro de 1932, acervo de Caio Prado Júnior, IEB/USP, código de referência CPJ-CA007. A relação com os trotskistas é comentada por Tito Batini. De acordo com ele, "o gravurista Lívio Abramo me apresenta a Lívio Xavier e Victor de Azevedo, que me levam a encontros com Aristides Lobo e Mário Pedrosa, preocupados com a fundação de um jornal trotskista; estranho a posição que defendem, trato de ir ler os livros que me fornecem, tento discutir com eles as minhas reservas e Pedrosa me espia de banda". Ver Tito Bartini, *Memórias de um socialista congênito*, cit., p. 168.

71 Idem.

72 Mesmo que, por vezes, ele próprio empregasse jargões "obreiristas" em seus textos naquele período.

73 Ver carta de Caio Prado Júnior a "Jaime", São Paulo, 21 de novembro de 1932, acervo de Caio Prado Júnior, IEB/USP, código de referência CPJ-CA044.

74 Ver informes reservados do Gabinete de Investigações de São Paulo sobre Caio Prado Júnior, reproduzidos em Paulo Henrique Martinez, *A dinâmica de um pensamento crítico*, cit., p. 283 e 288.

75 Depoimento de Marcos Del Roio a Luiz Bernardo Pericás, 2012.
76 Ver carta de Caio Prado Júnior a "Jaime", cit.
77 Ver, por exemplo, carta de Caio Prado Júnior a "Francisco de Borja", São Paulo, 6 de julho de 1932, na qual ele comenta sua relação com membros do Comitê Central do PCB, acervo de Caio Prado Júnior, IEB/USP, código de referência CPJ-CA120.
78 Essa opinião é corroborada pelo historiador Dainis Karepovs. Para ele, "de um lado, havia a polícia política que combinava uma enorme incapacidade de compreender os debates travados dentro da esquerda com os refinados jogos de provocação e, de outro, o PCB em pleno delírio 'obreirista' [...]. Na verdade, creio que foi uma proposta de expulsão feita em sua célula, a partir de algo que foi mal digerido por algum camarada, e que foi derrubada por uma instância intermediária e depois o caso deve ter caído em esquecimento, porque, pelo que se pode depreender pela cronologia do informe policial, logo depois CPJ foi à URSS [...]. Posso, enfim, também supor que CPJ tivesse uma espécie de protetor, 'anjo da guarda', dentro do PCB, obviamente mais interessado nas contribuições materiais que intelectuais, que o conseguia alocar em setores de menor atrito com a vanguarda do 'obreirismo', que teve influência até 1934, mais ou menos, quando começaram a entrar os prestistas, o que, para CPJ, não era muito refresco". Depoimento de Dainis Karepovs a Luiz Bernardo Pericás, outubro de 2012.
79 O Partido Operário Social-Democrata Russo (dos Bolcheviques), em março de 1918, mudou seu nome para Partido Comunista Russo (dos Bolcheviques) e trocou mais uma vez de denominação em 1925, quando a União Soviética já havia sido instituída, para Partido Comunista de Toda a União. Somente em 1952, o PCTU mudou seu nome definitivamente para Partido Comunista da União Soviética.
80 Ver Jozef Wilczynski, *An Encyclopedic Dictionary of Marxism, Socialism and Communism* (Londres, MacMillan, 1981), p. 95 e 105. Esses números são corroborados por outras fontes, como, por exemplo, Charles-Henri Favrod (org.), *Enciclopédia do mundo atual: os soviéticos* (Lisboa, Dom Quixote, 1978), p. 161. Já as cifras apresentadas por E. H. Carr são bastante distintas. De acordo com ele, em 1917 o Partido Bolchevique tinha apenas 25 mil membros; em 1921, entre 600 mil e 700 mil; e, em 1924, em torno de 350 mil filiados; ver E. H. Carr, *A Revolução Russa de Lenin a Stalin (1917-1929)* (Rio de Janeiro, Zahar, 1981), p. 68.
81 Ver Neil Harding, *Lenin's Political Thought: Theory and Practice in the Democratic Revolution* (Londres, MacMillan, 1977), p. 232-3.
82 Ver Vladimir Ilitch Lenin, "Sobre o significado do materialismo militante", publicado originalmente em *Pod Známeniem Marksizma*, n. 3, março de 1922, e reproduzido em Vladimir Ilitch Lenin, *Obras escolhidas* (Lisboa/ Moscou, Avante!/ Progresso, 1979), t. 3, p. 563.
83 Ver Vladimir Ilitch Lenin, "Discurso em defesa da tática da Internacional Comunista", publicado originalmente em *Boletim do III Congresso da Internacional Comunista*, n. 11, 8 de julho de 1921, e reproduzido in Vladimir Ilitch Lenin, *Obras escolhidas* (Lisboa/ Moscou, Avante!/ Progresso, 1979), t. 3, p. 542.
84 Ver Robert Service, *Camaradas: breve historia del comunismo* (Madri, Grupo Zeta, 2009), p. 178.
85 A questão sobre o papel de um partido de vanguarda, ao mesmo tempo aberto às massas, sempre esteve presente na tradição marxista. De Leon, por exemplo, propugnava um modelo baseado em cinco pontos que se assemelhava muito ao partido de vanguarda leninista e insistia igualmente

numa revolução resguardada pelo apoio popular, que precisava antes ser *educada*, considerando que, no século XX, o partido "não pode se mover mais rápido do que as massas..."; ver Stephen Coleman, *Daniel De Leon*, cit., p. 167. O esquema de partido mariateguiano também não pode deixar de ser notado nesse caso: um modelo mais aberto aos movimentos de massa, com uma estrutura que abarcasse os aspectos mais rígidos de uma vanguarda leninista e que ao mesmo tempo estivesse conectado com as lutas sociais, garantindo espaço de atuação para um leque maior de militantes populares, o que foi muito criticado na I Conferência Comunista Latino-Americana em Buenos Aires, ocorrida em 1929. Não custa lembrar que, na ocasião, o representante do Comintern, "Luís" (o suíço Jules Humbert Droz), atacando uma das propostas dos enviados de Mariátegui, diria que seria perigoso pensar em constituir "dois partidos proletários em um", ou seja, um "núcleo" comunista cercado por uma "periferia" socialista, como propunham os peruanos. De acordo com ele, os membros desse partido certamente entrariam em conflito e os "elementos da confusão" ou não comunistas que se infiltrassem no PS se oporiam, dia a dia, com a ajuda do governo, à política revolucionária que o partido tentaria impor. O delegado da IC Juvenil também atacou a possibilidade de construção de um partido "acessível", de massas, no Peru, já que ele nasceria acessível a outros setores, inclusive burgueses, que penetrariam em seus quadros e facilitariam a repressão governamental. O mais importante para todos esses críticos seria, portanto, manter uma "pureza" operária, proletária. Nas palavras do "camarada" Peters, os peruanos "propõem a criação de um 'partido socialista' e argumentam que este partido não será mais que a máscara legal do Partido Comunista; mas, os mesmos camaradas do Peru se refutam, quando nos dizem que esse partido socialista terá uma composição social ampla, que será formada por operários, camponeses, pequenos burgueses etc. Em suma, não se trata de 'uma máscara legal', mas de outro partido político mais 'acessível', como dizem os camaradas". Luiz Bernardo Pericás, "José Carlos Mariátegui e o Comintern", cit., p. 176-90. É claro que Caio Prado Júnior não participou daquele evento, e provavelmente nem sequer tinha ideia dos detalhes do debate ou das especificidades do partido mariateguiano, mas é possível inferir que o ambiente da época e os distintos influxos teóricos e culturais que permeavam as discussões no movimento comunista podem ter levado pensadores de origens nacionais diferentes a chegar a conclusões similares quando se viam diante de dilemas e questionamentos parecidos, como nesse caso. A proximidade entre os formatos partidários e a análise das movimentações das massas (e seu papel no processo político local), portanto, podem ser feitas, mesmo que os casos apresentem um relativo distanciamento geográfico e temporal. Não custa lembrar que, em relação à Liga dos Comunistas, "Marx e os seus companheiros mais próximos seguiam firme e incansavelmente a linha que tinham adotado no início da revolução e que visava criar uma organização política aberta, de massas, do proletariado alemão, da qual os comunistas deviam ser o núcleo central"; ver P. N. Fedosseiev et al., *Karl Marx, biografia*, cit., p. 233.

[86] Para mais informações sobre as ideias de Caio Prado Júnior em relação ao PC, ver Caio Prado Júnior, *URSS, um novo mundo* (São Paulo, Companhia Editora Nacional, 1934), p. 41-51; e *O mundo do socialismo* (São Paulo, Brasiliense, 1962), p. 108-23.

[87] Ver Florestan Fernandes, "A visão do amigo", em Maria Angela D'Incao (org.), *História e ideal: ensaios sobre Caio Prado Júnior* (São Paulo, Brasiliense/ Editora Unesp, 1989), p. 29 e 30.

2. Leitores (e leituras) marxistas de Caio Prado Júnior

[1] Ver entrevista de Carlos Nelson Coutinho a Néstor Kohan, em Néstor Kohan, *De Ingenieros al Che: ensayos sobre el marxismo argentino y latinoamericano* (Havana, Instituto Cubano de Investigación Cultural Juan Marinello, 2008), p. 361.

[2] Ver Carlos Nelson Coutinho, "Uma via 'não-clássica' para o capitalismo", em Maria Angela D'Incao (org.), *História e ideal*, cit., p. 116.

[3] Ver entrevista de Carlos Nelson Coutinho a Néstor Kohan, em Néstor Kohan, *De Ingenieros al Che*, cit., p. 361. É bem verdade que o mesmo Coutinho diria: "Seria pretensão mesquinha e ridícula submeter Caio Prado a um exame de marxismo. O registro é feito aqui não tanto para indicar os limites de sua produção, que certamente existem, mas sobretudo para sublinhar sua criatividade e os seus extraordinários méritos pioneiros enquanto intérprete marxista da história brasileira. Nesse terreno, as categorias marxistas de que Caio dispunha – e muitas das quais ele inventou – permitiram-lhe chegar, na maioria dos casos, a análises lúcidas, fecundas e quase sempre justas. [...] O desconhecimento de noções como a de 'via prussiana' ou 'revolução passiva' tampouco foi obstáculo à formulação de contribuições definitivas para a compreensão dos processos e modalidades de modernização conservadora ocorridos no Brasil. Pode-se mesmo dizer que, graças ao aporte da experiência específica do Brasil e da América Latina, Caio Prado contribuiu para o enriquecimento do próprio conceito marxista de 'vias não-clássicas' para o capitalismo"; ver Carlos Nelson Coutinho, "Uma via 'não clássica' para o capitalismo", cit., p. 117.

[4] Ver Guido Mantega, "Marxismo na economia brasileira", em João Quartim de Moraes (org.), *História do marxismo no Brasil: os influxos teóricos* (Campinas, Editora da Unicamp, 2007), pág. 110.

[5] Caio diria a Coutinho, em carta, sobre um de seus trabalhos: "A principal observação que tenho a fazer relativamente a seu trabalho é que você não apanhou ainda inteiramente o que significa a 'aplicação' do método marxista. Aplicar um método de interpretação à pesquisa histórica não consiste em partir de premissas teóricas, e deduzir daí a interpretação. O que o marxismo nos oferece é um método de indagação, de procura dos fatos históricos. O historiador tem de sempre escolher os fatos de que irá se ocupar, pois é impossível tratar de todas as ocorrências do passado. Além disso, o historiador precisa destacar os fatos mais importantes e fundamentais. É nisso, nessa escolha, que intervém a diretriz do método. O método permite ao historiador selecionar aqueles fatos de maior interesse, de maior significação. Em seguida, torna possível sintetizar esses fatos, sistematizá-los em conjunto, apontando suas relações./ É isso que o método, e em particular o método marxista, oferece ao historiador. Mas não pode dispensar os fatos, não os supre. A história se faz com fatos, e é de fatos que o historiador deve partir. E esses fatos, ele não os encontra, nem pode encontrá-los, no método. Tenho a impressão, salvo engano de minha parte, que você não assimilou ainda perfeitamente esse ponto. Tanto que dedica aos 'fatos' da Revolução de 1798 uma parte insignificante do seu trabalho. E declara mesmo que não é objeto desse trabalho a 'narrativa' dos fatos. Ora, em que consiste um trabalho de história, senão numa 'narrativa'? É certo que há muitas maneiras de 'narrar' um mesmo acontecimento. Você, como marxista que é, conforme declara, há de narrar a Revolução de 1798 de maneira diferente de um historiador que se guia pelos modelos clássicos. Mas será sempre uma 'narrativa'. E é essa narrativa marxista da Rev. de 1798 que você deveria ter feito. E estou certo que o faria, faria muito bem. Em vez disso, você preferiu fazer uma exposição teórica

com base nos textos de Marx, sobre generalidades, para 'comprimir' a narrativa dos fatos num último e pequeno parágrafo de seu trabalho"; ver carta de Caio Prado Júnior a Carlos Nelson Coutinho, São Paulo, 8 de fevereiro de 1960, em Lincoln Secco, *Caio Prado Júnior: o sentido da revolução*, cit., caderno de imagens.

6   Para mais informações sobre o panorama geral dos primórdios do marxismo no Brasil, tanto antes como durante as primeiras duas décadas após a Revolução Russa, ver Evaristo de Moraes Filho, "A proto-história do marxismo no Brasil", em João Quartim de Moraes e Daniel Aarão Reis (orgs.), *História do marxismo no Brasil: o impacto das revoluções* (Campinas, Editora da Unicamp, 2007), v. 1, p. 11-49; e Marcos Del Roio, "O impacto da Revolução Russa e da Internacional Comunista no Brasil", em João Quartim de Moraes e Daniel Aarão Reis (orgs.), *História do marxismo no Brasil*, cit., v. 1, p. 51-107. Para mais informações, ainda que resumidas, de alguns pioneiros do marxismo no Brasil, ver Ângelo José da Silva, "Tempo de fundadores", em João Quartim de Moraes e Marcos Del Roio (orgs.), *História do marxismo no Brasil: visões do Brasil* (Campinas, Editora da Unicamp, 2007), v. 4, p. 135-59.

7   Ver Octávio Brandão, *Combates e batalhas: memórias* (São Paulo, Alfa-Omega, 1978), v. 1. p. 287.

8   Ibidem, p. 293. O livro seria reeditado somente no século XXI incorporando correções feitas pelo próprio autor, com notas introdutórias de Marcelo Ridenti, João Quartim de Moraes, Marisa Brandão e Eduardo Bomfim. As referências da edição que utilizamos são Octávio Brandão, *Agrarismo e industrialismo: ensaio marxista-leninista sobre a revolta de São Paulo e a guerra de classes no Brasil, 1924* (2. ed., São Paulo, Anita Garibaldi, 2006).

9   Ver Mário Pedrosa e Lívio Xavier (M. Camboa e L. Lyon), "Esboço de uma análise da situação econômica e social do Brasil", em Fúlvio Abramo e Dainis Karepovs (orgs.), *Na contracorrente da história: documentos da Liga Comunista Internacionalista, 1930-1933* (São Paulo, Brasiliense, 1987), p. 67-82; e Dainis Karepovs, José Castilho Marques Neto e Michael Löwy, "Trotsky e o Brasil", em João Quartim de Moraes (org.), *História do marxismo no Brasil*, cit., v. 2, p. 242-7; ver também Marcos Del Roio, *A classe operária na revolução burguesa*, cit., p. 170-1. Para Del Roio, "os expoentes da fração de esquerda procuravam abordar os interesses concretos das classes dominantes brasileiras, possivelmente exagerando o nível de desenvolvimento capitalista brasileiro, mas se eximiam, para vantagem da análise, de baterem na tecla de reduzir a situação brasileira a um campo de disputa entre o imperialismo norte-americano e o inglês, como fazia o PCB, assimilando uma preocupação em parte derivada da posição internacional da URSS. No entanto, o projeto histórico expresso na conclusão do texto é praticamente o mesmo do PCB, subjetivista e abstrato, propondo a instauração da ditadura proletária e a salvaguarda da unidade nacional mediante a organização do Estado soviético"; ver Marcos Del Roio, *A classe operária na revolução burguesa*, cit., p. 172.

10 Ver Leôncio Basbaum, *Uma vida em seis tempos* (São Paulo, Alfa-Omega, 1976), p. 151.

11 Idem.

12 Ver Leôncio Basbaum (usando o pseudônimo de Augusto Machado), *A caminho da revolução operária e camponesa* (Rio de Janeiro, Calvino Filho, 1934).

13 Um texto muito interessante e explicativo sobre os comunistas e a questão do negro no país é "O Partido Comunista e o problema racial no Brasil (1922-1935)", de Augusto C. Buonicore, disponível em: <http://grabois.org.br/portal/revista.int.php?id_sessao=21&id_

publicacao=5726&id_indice=4499>. A questão da "autodeterminação" dos afrodescendentes onde se encontravam em maioria seria proposta pela IC entre 1928 e 1930 e, depois, acompanhada mais radicalmente pelo judeu húngaro Jozséf Pogány (também conhecido por John Pepper), autor de um conhecido panfleto, "American Negro Problems" (numa mudança pessoal de rumo político oportunista), no Workers Party of America (o PC dos Estados Unidos então); ver "The 1928 and 1930 Comintern Resolutions on the Black National Question in the United States", disponível em: <http://www.marx2mao.com/Other/CR75.html>; John Pepper, "American Negro Problems", disponível em: <https://www.marxists.org/history/usa/parties/cpusa/1928/nomonth/0000-pepper-negroproblems.pdf>; e Theodore Draper, American Communism and Soviet Russia (New Brunswick, Transaction Publishers, 2004).

[14] Ver Caio Prado Júnior, citado em Paulo Teixeira Iumatti, *Caio Prado Jr., uma trajetória intelectual*, cit., p. 143. A primeira versão popular, resumida, de *O capital* só sairia no Brasil em 1937 e, em sua edição integral, várias décadas mais tarde.

[15] Ver Lincoln Secco e Marisa Deaecto (orgs.), *Edgard Carone: leituras marxistas e outros estudos* (São Paulo, Xamã, 2004), p. 63.

[16] Depoimento de Lincoln Secco a Luiz Bernardo Pericás, dezembro de 2015.

[17] Ver Francisco Iglésias, "Um historiador revolucionário", cit., p. 7.

[18] Ver Florestan Fernandes, "Caio Prado Júnior: a rebelião moral", publicado originalmente com o título "Obra de Caio Prado nasce da rebeldia", *Folha de S.Paulo*, 7 set. 1991, Caderno Letras, p. 5, e reproduzido em Florestan Fernandes, *A contestação necessária: retratos intelectuais de inconformistas e revolucionários* (2. ed., São Paulo, Expressão Popular, 2015), p. 98-9.

[19] A segunda edição, de 1947, traria um novo subtítulo: "Ensaio de interpretação dialética da história brasileira"; a terceira, de 1953, teria o nome modificado para *Evolução política do Brasil e outros estudos*; e, em 1983, o livro seria reeditado por seu filho Caio Graco, pela Editora Brasiliense, dessa vez como *Evolução política do Brasil: Colônia e Império*.

[20] Por exemplo, o caso dos balaios; ver Caio Prado Júnior, *Evolução política do Brasil* (São Paulo, Brasiliense, 1947), p. 154.

[21] Ibidem, p. 151.

[22] Uma avaliação de certa maneira similar seria feita por Nelson Werneck Sodré naquele mesma década, em seu segundo livro, *Panorama do Segundo Império*, publicado em 1939; ver Nelson Werneck Sodré, *Panorama do Segundo Império* (2. ed., Rio de Janeiro, Graphia, 1998), p. 41.

[23] Ibidem, p. 195.

[24] Ver, por exemplo, Octávio Brandão, *Combates e batalhas*, cit., v. 1, p. 218-20, 231-2. Sandro Vaia, em sua biografia de Armênio Guedes, comenta o primeiro encontro entre João Falcão e Guedes, em março de 1938, quando este emprestou ao colega que acabava de ingressar no partido o *Manifesto Comunista, Fundamentos do leninismo, Materialismo histórico e materialismo dialético*, de Stalin e o *ABC do comunismo*, de Bukharin; ver Sandro Vaia, *Armênio Guedes: sereno guerreiro da liberdade* (São Paulo, Barcarolla, 2013), p. 30-1.

[25] Para uma boa descrição do ambiente cultural e literário marxista naquele período, e os livros que CPJ leu na época, ver Lincoln Secco, *Caio Prado Júnior, o sentido da revolução*, cit., p. 35.

[26] Ver Paulo Henrique Martinez, *A dinâmica de um pensamento crítico*, cit., p. 82.

27   Ver carta de Caio Prado Júnior à *Revista Acadêmica*, São Paulo, 20 de novembro de 1934, acervo de Caio Prado Júnior, IEB/USP, código de referência CPJ-CP224. Os títulos são apresentados aqui da forma utilizada por Caio na ocasião.

28   Ver Paulo Teixeira Iumatti, *Caio Prado Jr., uma trajetória intelectual*, cit., p. 81.

29   Depoimento de Maria Cecília Naclério Homem ao autor, janeiro de 2011, e também segundo Maria Itália Causin, responsável pela biblioteca de CPJ no IEB/USP; ver Maria Itália Causin, depoimento a Luiz Bernardo Pericás, junho de 2015. A biblioteca possuía mais livros, alguns dos quais ficaram com sua última esposa.

30   De acordo com Rosa Freire D'Aguiar Furtado, a biblioteca pessoal de Celso Furtado tinha em torno de 8 mil volumes. Depoimento de Rosa Freire D'Aguiar Furtado a Luiz Bernardo Pericás, abril de 2013.

31   Ver Josias Ricardo Hack, "Um general conta sua história: perfil biográfico de Nelson Werneck Sodré", *Sala de Prensa*, ano III, v. 2, n. 33, jul. 2001; disponível em: <http://www.saladeprensa.org/art241.htm>. Também depoimento de Lincoln Secco a Luiz Bernardo Pericás, março de 2014.

32   Lista da hemeroteca socialista caiopradiana preparada pela historiadora Maria Cecília Naclério Homem.

33   Ver carta de Gisèle Mollier a Caio Prado Júnior, Paris, 12 de setembro de 1961, acervo de Caio Prado Júnior, IEB/USP, código de referência CPJ-CP-ALAP001.

34   Ver carta de S. M. Levitas a Caio Prado Júnior, Nova York, s. d., acervo de Caio Prado Júnior, IEB/USP, código de referência CPJ-CP-NL001.

35   Ver Caio Prado Júnior, *URSS, um novo mundo*, cit., p. 204-6.

36   Ver Caio Prado Júnior, "O marxismo de Louis Althusser", em *O estruturalismo de Lévi-Strauss/O marxismo de Louis Althusser* (São Paulo, Brasiliense, 1971), p. 71-108.

37   De acordo com Paulo Ribeiro da Cunha, *Um olhar à esquerda* (Rio de Janeiro, Revan, 2002), p. 239. Em entrevista, Sodré diria: "A minha sala, na Escola de Estado-Maior, ficava ao lado da Biblioteca, e a Biblioteca era muito boa, particularmente em livros latino-americanos, em livros espanhóis sobre a América espanhola, pois fora doada pelo general Tasso Fragoso, que tinha sido adido militar na Argentina, e deixou a biblioteca para a Escola de Estado-Maior. Eu passava grande parte do tempo na biblioteca e lia muito. Eu lia muitos livros de História e livros marxistas [...] Eu lia muito e lia em línguas estrangeiras. Eu conheci Lukács em italiano. Ele tinha obras em francês e italiano. Eu lia Lukács em italiano e em francês. Eu penso que fui dos primeiros aqui, senão o primeiro, a estudar Lukács"; ver Paulo Ribeiro da Cunha, *Um olhar à esquerda*, cit., p. 239-40.

38   Ibidem, p. 240.

39   Em carta datada de 12 de agosto de 1943, Basbaum diria ao "senhor" Caio Prado Júnior: "Não tenho prazer de conhecê-lo pessoalmente, do mesmo modo que o snr. certamente nunca ouviu falar no meu nome. Mas creio que isso não seja realmente um obstáculo para lhe oferecer um exemplar do meu livro *Los fundamentos del materialismo*, que acaba de ser editado na Argentina". E conclui: "O que me levou a remeter-lhe esse livro, que aliás ainda não está a venda nas livrarias, foi o fato de ter apreciado profundamente o seu recente trabalho *Formação do Brasil contemporâneo*"; ver carta de Leôncio Basbaum a Caio Prado Júnior,

Rio de Janeiro, 12 de agosto de 1943, acervo de Caio Prado Júnior, IEB/USP, código de referência CPJ-CP-BAS001.

[40] Carta de Hersch Basbaum a Luiz Bernardo Pericás, maio de 2008.

[41] Ver carta de Tullio Seppilli a Caio Prado Júnior, Roma, 18 de dezembro de 1953, acervo de Caio Prado Júnior no IEB/USP, código de referência CPJ-CP-SEP001.

[42] Ver Michael Löwy, "Consciência de classe e partido revolucionário", *Revista Brasiliense*, n. 41, maio-jun. 1962, p. 138-160.

[43] Ver Caio Prado Júnior, *O estruturalismo de Lévi-Strauss/ O marxismo de Louis Althusser*, cit., p. 9.

[44] Ver E. P. Thompson, *A miséria da teoria, ou um planetário de erros: uma crítica ao pensamento de Althusser* (Rio de Janeiro, Zahar, 1981), p. 123.

[45] Ibidem, p. 126.

[46] Ver Caio Prado Júnior, *O estruturalismo de Lévi-Strauss/ O marxismo de Louis Althusser*, cit., p. 73.

[47] Ibidem, p. 74-85.

[48] Ele dirá: "Na edição Maspero de *Lire le Capital* (que estamos aqui utilizando), A. se defende categoricamente da incriminação de estruturalista de que foi tachado, e continua a sê-lo (L. C., *Advertissement*). Mas não há dúvida de que estas suas concepções, que acabamos de passar em revista, são muito afins das do Papa do estruturalismo, Lévi-Strauss. Não se trata, como pretende A., de simples coincidência terminológica. Porque esta coisa de A., de uma 'estrutura' que se manifesta através dos indivíduos pensantes que seriam simples 'agentes' do pensamento configurado naquela estrutura, e agentes a cada um dos quais a mesma estrutura atribui (*assigne*) o lugar e função próprios na produção do conhecimento, isto se parece muito, muito mesmo, com as estruturas lévi-straussianas que condicionam e determinam os modos de agir, de pensar e de sentir dos homens e das sociedades que eles compõem./ Mas isto de identificação ou não de A. com o estruturalismo é a meu ver sem maior importância, a não ser pelo fato que A., negando sua filiação estruturalista, mas não se aproveitando da oportunidade para reformular melhor o ponto essencial da sintomática estruturalista de sua obra, e fonte da confusão verificada (segundo o autor), que é aquela a que acabamos de nos referir, evidentemente confirma *in totum* as formulações a respeito, tais quais as apresenta. Formulações estas que situam A. num plano subjetivista e idealista"; ver Caio Prado Júnior, *O estruturalismo de Lévi-Strauss/ O marxismo de Louis Althusser*, cit., p. 82.

[49] Ibidem, p. 92-3.

[50] Ver carta de Carlos Nelson Coutinho a Caio Prado Júnior, Rio de Janeiro, 5 de novembro de 1971, acervo de Caio Prado Júnior, IEB/USP, código de referência CPJ-CP-COU005.

[51] Para mais informações sobre a trajetória do livro, ver nota do autor à segunda edição, em Carlos Nelson Coutinho, *O estruturalismo e a miséria da razão* (2. ed., São Paulo, Expressão Popular, 2010). Vale mencionar aqui o esclarecedor "Posfácio", de José Paulo Netto, em ibidem, p. 233-86.

[52] Ver carta de Carlos Nelson Coutinho a Caio Prado Júnior, Rio de Janeiro, 6 de janeiro de 1972, acervo de Caio Prado Júnior, IEB/USP, código de referência CPJ-CP-COU006.

[53] Depoimento de Luiz Eduardo Motta a Luiz Bernardo Pericás, setembro de 2013.

54 Ver carta de Nelson Werneck Sodré a Caio Prado Júnior, Rio de Janeiro, 3 de março de 1972, acervo de Caio Prado Júnior, IEB/USP, código de referência CPJ-CP-SOD005.

55 Idem. Para Motta, "o texto é de fato muito fraco, permeado de passagens irônicas, como podemos perceber nas primeiras páginas, onde o historiador marxista se diz 'chocado' com a 'extravagância' e 'originalidade' do pensamento de Althusser e da leitura deste sobre a obra de Marx. O foco central de sua crítica é a separação entre objeto real e objeto de conhecimento analisada por Althusser em *Pour Marx* e *Lire le Capital*, onde tem como texto referência de Marx a *Introdução Crítica da Economia Política*. Na verdade, CPJ retoma muitos dos argumentos de José Arthur Giannotti em *Contra Althusser* onde o filósofo da USP tece as mesmas críticas, embora mais sofisticadas e menos panfletárias do que a de CPJ. Não vou entrar no mérito se Althusser está mais certo em sua leitura desse texto do que CPJ e o seu mentor invisível JAG, mas essa posição de Althusser é compartilhada em grande parte por Miriam Limoeiro, que se dedicou a analisar esse texto não publicado de Marx [...] ademais, Althusser, a despeito de diferenciar o real do abstrato, não cai em nenhuma 'metafísica', como diz CPJ, pois como Althusser destaca, o real tem primado sobre o abstrato (de acordo com o preceito materialista), o que significa dizer que a formulação do conceito não implica em mudança do real [...] a construção do conceito visa apreender e analisar o conjunto das contradições e das determinações que o objeto em questão contém em si. Estranhamente, CPJ não tece uma linha sequer sobre o artigo de Althusser 'Contradição e Sobredeterminação', que está contido no livro PM. Sem dúvida, um dos melhores trabalhos de Althusser para análise de conjuntura, no qual ele enfatiza a pluralidade contraditória das formações sociais, e os deslocamentos das contradições nas estruturas e nas práticas, e a variação de domínio entre as contradições. Caio Prado Júnior também afirma que Althusser não se detém no conceito de ideologia. É estranho, mas certamente Caio não deve ter lido o texto 'Marxismo e Humanismo', em PM, onde Althusser começa a esboçar a sua tese de que a ideologia situa-se no campo imaginário e no inconsciente, além da sua afirmativa que a ideologia por ser uma estrutura e prática permaneceria numa sociedade comunista (o que opõe Althusser às concepções de ontonegatividade da política e da ideologia já que estes reduzem a ideologia ao fenômeno da alienação)". Depoimento de Luiz Eduardo Motta a Luiz Bernardo Pericás, setembro de 2013. Para uma defesa de Althusser, ver Luiz Eduardo Motta, *A favor de Althusser: revolução e ruptura na teoria marxista* (Rio de Janeiro, Faperj/Gramma, 2014).

56 Ver Caio Prado Júnior, "Através das democracias populares: Checoslováquia e Polônia", *Fundamentos*, ano II, n. 11, janeiro de 1950, p. 11.

57 Já Leôncio Basbaum, membro histórico do PCB, visitaria a Iugoslávia e teria opinião muito diferente sobre a questão. Declaradamente admirador do país, escreveria um livro para mostrar as muitas qualidades do sistema iugoslavo. Basbaum, contudo, rompido com o partido desde 1957, não representava a opinião majoritária do PCB, muito menos de seu núcleo dirigente; ver Leôncio Basbaum, *No estranho país dos iugoslavos* (São Paulo, Edaglit, 1962).

58 Ver Antonio Gramsci, *Concepção dialética da história* (Rio de Janeiro, Civilização Brasileira, 1966); *Gramsci dans le texte* (Paris, Éditions Sociales, 1975); *Il risorgimento* (Turim, Einaudi, 1952).

59 Ver Néstor Kohan, *De Ingenieros al Che*, cit., p. 191.

60 Ibidem, p. 195.

61 Ver Michael Löwy, "Consciência de classe e partido revolucionário", cit.

[62] Ver Lincoln Secco, *Gramsci e o Brasil: recepção e difusão de suas idéias* (São Paulo, Cortez, 2002), p. 46. O livro traça um panorama bastante amplo e rico da recepção das ideias de Gramsci em nosso país.

[63] Ver, por exemplo, Che Guevara, "Mensagem aos povos do mundo através da Tricontinental", em *Por uma revolução internacional* (São Paulo, Edições Populares, 1981), p. 97-106, e Che Guevara, "Tática e estratégia da revolução latino-americana", em ibidem, p. 43-51.

[64] Ver carta de Caio Prado Júnior a Olegario Becerra, São Paulo, 31 de outubro de 1935, acervo de Caio Prado Júnior, IEB/USP, código de referência CPJ-CA226. Grifos nossos.

[65] De acordo com Guillermo Almeyra, "os amigos de Caio Prado Júnior eram do PCA e figuram entre os menos stalinistas desse partido, ainda que stalinistas fossem todos eles". Correspondência de Guillermo Almeyra com Luiz Bernardo Pericás, fevereiro de 2013.

[66] Ver cartas de Luis Reissig a Caio Prado Júnior, Buenos Aires, 23 de outubro de 1944 e 7 de dezembro de 1944, acervo de Caio Prado Júnior, IEB/USP, códigos de referência CPJ-CP--CLES001 e CPJ-CP-CLES003.

[67] Ver carta do Estudio Jurídico Rava a Caio Prado Júnior, Santiago del Estero, 9 de janeiro de 1959, acervo de Caio Prado Júnior, IEB/USP, código de referência CPJ-CP-EJR001.

[68] Ver carta de "Alcêdo" a Caio Prado Júnior, Buenos Aires, 27 de dezembro de 1938, acervo de Caio Prado Júnior, IEB/USP, código de referência CPJ-CP-MAG007. Provavelmente trata-se de Alcêdo de Moraes Coutinho.

[69] Ver carta de Norberto Frontini a Caio Prado Júnior, Buenos Aires, 24 de junho de 1968, acervo de Caio Prado Júnior, IEB/USP, código de referência CPJ-CP-FRO022.

[70] Para mais detalhes sobre a guerrilha de Jorge Ricardo Masetti e do EGP, ver Jon Lee Anderson, *Che Guevara, uma biografia* (Rio de Janeiro, Objetiva, 1997), p. 669-75; e Ciro Bustos, *El Che quiere verte: la historia jamás contada del Che* (Buenos Aires, Zeta, 2011).

[71] Ver carta de Norberto Frontini a Caio Prado Júnior, Buenos Aires, 15 de abril de 1964, acervo de Caio Prado Júnior, IEB/USP, código de referência CPJ-CP-FRO017.

[72] Ver carta de Norberto Frontini a Caio Prado Júnior, Buenos Aires, 20 de outubro de 1960, acervo de Caio Prado Júnior, IEB/USP, código de referência CPJ-CP-FRO015.

[73] Ver Ernesto Guevara Lynch, *Meu filho Che* (São Paulo, Brasiliense, 1986).

[74] Ver cartas de Norberto Frontini a Caio Prado Júnior, Buenos Aires, 30 de abril de 1982, 16 de maio de 1982, 23 de outubro de 1982 e 12 de agosto de 1982, acervo de Caio Prado Júnior, IEB/USP, códigos de referência CPJ-CP-FRO067, CPJ-CP-FRO068, CPJ-CP-FRO072 e CPJ-CP-FRO071.

[75] Ver Alberto Granado, *Com Che Guevara pela América do Sul: viagem da juventude* (São Paulo, Brasiliense, 1987).

[76] Ver carta de Norberto Frontini a Caio Prado Júnior, Buenos Aires, 12 de janeiro de 1974, acervo de Caio Prado Júnior, IEB/USP, código de referência CPJ-CP-FRO058.

[77] Idem.

[78] Ver carta de Norberto Frontini a Caio Prado Júnior, Roma, 10 de julho de 1969, acervo de Caio Prado Júnior, IEB/USP, código de referência CPJ-CP-FRO028.

79 Em relação a Frondizi, Caio Prado Júnior diria: "O programa eleitoral de Frondizi se acha desde longos anos na ordem do dia da política argentina. Faltavam-lhe apenas forma adequada e clara definição na consciência coletiva do país – justamente aquilo que a candidatura Frondizi lhe concedeu. Consiste este programa essencialmente nos seguintes pontos: o desenvolvimento da Argentina na base da estruturação de uma economia nacional – isto é, liberta do imperialismo – e a democratização do país, tanto política, como social, isto é, a efetiva participação na vida política de todas as camadas da população, e a segurança dos direitos populares, em particular daqueles que permitem ao proletariado e ao povo em geral lutarem livremente por melhores condições de vida e maior participação na riqueza do país e bem-estar econômico. [...] Frondizi é visceralmente um democrata e um nacionalista. Nunca, em sua carreira de intelectual e político, que não é de ontem, se afastou uma linha sequer, seja por palavras, seja por atos, de suas convicções. [...] A vitória de Frondizi é a vitória de uma ideologia longamente amadurecida no pensamento político de um povo, e que alcança agora sua etapa de decisiva realização. Trata-se efetivamente, mais que de um simples programa eleitoral, de uma verdadeira ideologia política cuidadosamente elaborada. Uma ideologia revolucionária, no sentido de apontar rumos inteiramente novos e nitidamente traçados, para a evolução política e econômica argentina. [...] O que Frondizi representa é um pensamento político que se dilata muito além das fronteiras de seu país. É o que, mais ou menos amadurecido na consciência dos diferentes povos latino-americanos, encontrou ocasionalmente na Argentina sua expressão mais alta e definitiva; mas que pertence efetivamente a todos aqueles povos"; ver Caio Prado Júnior, "As eleições argentinas", *Revista Brasiliense*, n. 16, mar.-abr. 1958, p. 1-7.

80 Ver carta de Norberto Frontini a Caio Prado Júnior, Buenos Aires, 8 de abril de 1957, acervo de Caio Prado Júnior, IEB/USP, código de referência CPJ-CP-FRO012.

81 Ver carta de Norberto Frontini a Caio Prado Júnior, Buenos Aires, 31 de maio de 1966, acervo de Caio Prado Júnior, IEB/USP, código de referência CPJ-CP-FRO019.

82 Ver carta de Norberto Frontini a Caio Prado Júnior, Buenos Aires, 27 de setembro de 1966, acervo de Caio Prado Júnior, IEB/USP, código de referência CPJ-CP-FRO020.

83 Idem.

84 Ver cartas de Norberto Frontini a Caio Prado Júnior, Buenos Aires, 30 de março de 1945 e 21 de maio de 1945, acervo de Caio Prado Júnior, IEB/USP, códigos de referência CPJ-CP-FRO006 e CPJ-CP-FRO007.

85 Ver carta de Norberto Frontini a Caio Prado Júnior, Buenos Aires, 3 de dezembro de 1949, acervo de Caio Prado Júnior, IEB/USP, código de referência CPJ-CP-FRO010.

86 Ver carta de Norberto Frontini a Caio Prado Júnior, Buenos Aires, 15 de julho de 1981, acervo de Caio Prado Júnior, IEB/USP, código de referência CPJ-CP-FRO062.

87 Ver carta de Álvaro de Faria a Caio Prado Júnior, Santiago, 4 de abril de 1967, acervo de Caio Prado Júnior, IEB/USP, código de referência CPJ-CP-FARIA002.

88 Ver carta de Rodolfo Puiggrós a Caio Prado Júnior, Buenos Aires, 6 de março de 1968, acervo de Caio Prado Júnior, IEB/USP, código de referência CPJ-CP-PUI002.

89 Guillermo Almeyra comenta que Arturo Peña Lillo "era um tipógrafo de esquerda que se lançou a editor e publicou livros da esquerda em geral, desde os 'nacional-populares' (peronistas), como

J. A. Ramos, até os de membros ou simpatizantes do PCA". Correspondência de Guillermo Almeyra com Luiz Bernardo Pericás, fevereiro de 2013.

90 Ver carta de Caio Prado Júnior a Peña Lillo, São Paulo, 28 de fevereiro de 1967, acervo de Caio Prado Júnior, IEB/USP, código de referência CPJ-CA152.

91 Ver carta de Rodolfo Puiggrós a Caio Prado Júnior, Buenos Aires, 14 de agosto de 1967, acervo de Caio Prado Júnior, IEB/USP, código de referência CPJ-CP-PUI001.

92 Nesse livro, Puiggrós mencionaria Caio Prado Júnior. Também diria: "De nossa pesquisa dos últimos quarenta anos da vida argentina, extraímos a tese de que esta etapa, ainda não superada, se caracteriza pela existência de condições objetivamente pré-revolucionárias, determinadas pela contradição entre, de um lado, a superestrutura institucional (herdada da planificação colonizadora de 1853 e correspondente à concepção demoliberal individualista da economia, da propriedade e da liberdade) e, de outro lado, o desenvolvimento das forças produtivas e a crescente e cada vez mais ampla pressão do movimento nacional e popular de massas em oposição àquela superestrutura. A existência de condições objetivamente pré-revolucionárias não significa que seja fácil, iminente e seguro o salto revolucionário, tampouco o contrário. Um país pode manter-se em tal estado muitos anos e em seguida dar um salto revolucionário ou *aletegarse* e perder essas condições. Faz falta a intervenção da ideologia e da atividade revolucionárias para que o salto se produza, ideologia que só é revolucionária quando aplica à interpretação do particular e o específico do processo social para ascender ao geral dentro do mesmo e voltar em seguida ao particular, através da atividade prática". Continuava: "Ao não perceber a contradição básica e as condições objetivamente pré-revolucionárias que criava, o Partido Comunista se colocou fora da problemática argentina. Sua ideologia não podia ser revolucionária desde o momento em que, antes de se aplicar com a intenção sempre frustrada de transformar a nossa sociedade, se forjava uma imagem falsa dela, pois jogava fora – ou desfigurava – o que tinha de particular e específico e o substituía por esquemas ou modelos de um 'marxismo-leninismo' petrificado em citações de Marx, Engels, Lenin e Stalin ou de documentos internacionais, que empregava sem levar em conta as circunstâncias de tempo e lugar. Sua atividade, conduzida por essa ideologia, não se estendia além de pequenos nucleamentos que não ultrapassavam as barreiras que o isolavam das grandes massas populares e obtinham os únicos êxitos de certa importância pública com a agitação de bandeiras internacionais (no Primeiro de Maio, no aniversário da Revolução Russa, da República Espanhola, o antifascismo). Uma vez abandonado, ao terminar a década, o lema metafísico dos sovietes, integrou-se à totalidade conservadora das esquerdas, cujas diversas tendências (socialistas, comunistas, trotskistas) criticavam, denunciavam e atacavam o imperialismo e o capitalismo, mas sem oferecer soluções praticamente revolucionárias e iam parar na 'defesa da Constituição de 1853 em face da reação ao fascismo' ou na adoção de uma atitude pedantesca de mentores de um movimento de massas que não lhes pertencia, que não se dignavam a reconhecer e o que, não obstante, pretendiam dirigir de fora"; ver Rodolfo Puiggrós, *Historia crítica de los partidos políticos argentinos* (Buenos Aires, Hyspamérica, 1986), v. 3, p. 100-2.

93 Ver carta de Benito Marianetti a Caio Prado Júnior, Mendoza, 15 de dezembro de 1949, acervo de Caio Prado Júnior, IEB/USP, código de referência CPJ-CP-MARI003.

94 Idem.

95 Ver, por exemplo, carta de Benito Marianetti a Caio Prado Júnior, Mendoza, 23 de agosto de 1957, acervo de Caio Prado Júnior, IEB/USP, código de referência CPJ-CP-MARI004.

⁹⁶ Ver carta de Benito Marianetti a Caio Prado Júnior, Mendoza, 19 de setembro de 1949, acervo de Caio Prado Júnior, IEB/USP, código de referência CPJ-CP-MARI002.

⁹⁷ Para Astesano, o peronismo seria "o partido de vanguarda da classe trabalhadora argentina", dentro do qual ele tinha "uma clara e pública posição marxista desde 1947"; ver carta de Eduardo Astesano a Caio Prado Júnior, Buenos Aires, 1º de setembro de 1960, acervo de Caio Prado Júnior, IEB/USP, código de referência CPJ-CP-AST003.

⁹⁸ Idem.

⁹⁹ Idem.

¹⁰⁰ Ver carta de Raúl Larra a Caio Prado Júnior, Buenos Aires, 30 de dezembro de 1959, acervo de Caio Prado Júnior, IEB/USP, código de referência CPJ-CP-EFUT001, e contrato da Editorial Futura para o livro *Historia económica del Brasil*, Buenos Aires, 6 de janeiro de 1960, acervo de Caio Prado Júnior, IEB/USP, código de referência CPJ-CP-EFUT002.

¹⁰¹ Ver carta de Raúl Larra a Caio Prado Júnior, Buenos Aires, 9 de novembro de 1960, acervo de Caio Prado Júnior, IEB/USP, código de referência CPJ-CP-EFUT003.

¹⁰² Ver carta de Liborio Justo a Caio Prado Júnior, Buenos Aires, 13 de março de 1981, acervo de Caio Prado Júnior, IEB/USP, código de referência CPJ-CP-JUS001.

¹⁰³ Idem.

¹⁰⁴ Idem.

¹⁰⁵ Correspondência de Osvaldo Coggiola com Luiz Bernardo Pericás, 2013.

¹⁰⁶ Idem.

¹⁰⁷ Ver carta de Vicente Lombardo Toledano a Caio Prado Júnior, Cidade do México, 4 de março de 1946, acervo de Caio Prado Júnior, IEB/USP, código de referência CPJ-CP-TOLEDA001.

¹⁰⁸ Ver Alberto Saladino Garcia, *Indigenismo y marxismo en América Latina* (Cidade do México, Universidad Autónoma del Estado de México, 1994), p. 126.

¹⁰⁹ Ibidem, p. 150.

¹¹⁰ Ver carta de Benjamín Samamé Pacheco a Caio Prado Júnior, Lima, 16 de fevereiro de 1956, acervo de Caio Prado Júnior, IEB/USP, código de referência CPJ-CP-PAC006.

¹¹¹ Ver carta de James O'Connor a Caio Prado Júnior, Nova York, 7 de abril de 1964, acervo de Caio Prado Júnior, IEB/USP, código de referência CPJ-CP-OCO001.

¹¹² Ver carta de Ênio Silveira a Caio Prado Júnior, Rio de Janeiro, 30 de maio de 1967, acervo de Caio Prado Júnior, IEB/USP, código de referência CPJ-CP-ECBR003.

¹¹³ Ver carta de John Gerassi a Caio Prado Júnior, Nova York, 21 de maio de 1967, acervo de Caio Prado Júnior, IEB/USP, código de referência CPJ-CP-ECBR004.

¹¹⁴ Ver carta de Ênio Silveira a Caio Prado Júnior, Rio de Janeiro, 30 de maio de 1967, acervo de Caio Prado Júnior, IEB/USP, código de referência CPJ-CP-ECBR003.

¹¹⁵ Ver Irving Louis Horowitz, Josué de Castro e John Gerassi, *Latin American Radicalism: A Documentary Report on Left and Nationalist Movements* (Nova York, Vintage Books, 1969).

¹¹⁶ Seriam eles Régis Debray, Octavio Ianni, Alain Touraine, Gustavo Beyhaut, Ismael Vinas, Jose Luis Cacena, Alonso Aguila, Carlos Quijano, Salvador Allende, Irving Louis Horowitz, Robin Blackburn, Celso Furtado, Franklin de Oliveira, Edmundo Flores, Manuel Meza, Salvador de

la Plaza, Clodomiro Almeyda, Kalmon Silvert, Pablo Casanova, Gregorio Selser, Luis Cardoza y Aragon, Enrique González Pedrero e Jesús Silva Herzog.

[117] Ver carta de Fernando Henrique Cardoso a Caio Prado Júnior, São Paulo, 22 de outubro de 1971, acervo de Caio Prado Júnior, IEB/USP, código de referência CPJ-CP-CARD001.

[118] O texto de Caio Prado Júnior constaria no livro junto dos de outros dirigentes e intelectuais marxistas latino-americanos, como Luis Emilio Recabarren, José Carlos Mariátegui, Aníbal Ponce, Blas Roca, Luiz Carlos Prestes, Che Guevara, Vittorio Codovilla, Luis de la Puente Uceda e Fidel Castro, entre outros; ver Luis E. Aguilar (org.), *Marxism in Latin America* (Nova York, Alfred A. Knopf, 1968). Em relação a essa coletânea, Michael Löwy, contudo, diria: "Uma das raras obras deste tipo, o pequeno livro de Luis Aguilar [...] um cubano emigrado para os Estados Unidos após a revolução, padece das limitações drásticas do *pocket-book* de 'kremlinologia' norte-americana"; ver Michael Löwy (org.), *O marxismo na América Latina: uma antologia de 1909 aos dias atuais* (3. ed. ampl., São Paulo, Fundação Perseu Abramo, 2012), p. 65.

[119] Ver carta de Luis E. Aguilar a Caio Prado Júnior, Washington, 6 de abril de 1967, acervo de Caio Prado Júnior, IEB/USP, código de referência CPJ-CP-AGUIL001.

[120] Idem. Na ocasião, Caio Prado Júnior diria: "concordo plenamente com a utilização do texto da *História econômica*, bem como qualquer outro". Ele enviaria três outros de seus trabalhos, assim como um exemplar de *A revolução brasileira* (São Paulo, Brasiliense, 1966), livro que CPJ acreditava que interessaria a Aguilar; ver carta de Caio Prado Júnior a Luís E. Aguilar, São Paulo, 6 de junho de 1967, acervo de Caio Prado Júnior, IEB/USP, código de referência CPJ-CA147.

[121] Ver carta de Romano Trizzino a Caio Prado Júnior, Roma, 2 de julho de 1962, acervo de Caio Prado Júnior, IEB/USP, código de referência CPJ-CP-TRI001.

[122] Ver cartas de Ronald H. Chilcote a Caio Prado Júnior, Riverside, Califórnia, 21 de junho de 1969 e 13 de agosto de 1969, acervo de Caio Prado Júnior, IEB/USP, códigos de referência CPJ-CP-CHI001 e CPJ-CP-CHI002.

[123] Ver carta de Horace B. Davis a Caio Prado Júnior, Chicago, 10 de outubro de 1969, acervo de Caio Prado Júnior, IEB/USP, código de referência CPJ-CP-DAV001.

[124] Ver cartas de John W. F. Dulles a Caio Prado Júnior, São Paulo, 17 de novembro de 1965, e Rio de Janeiro, 28 de novembro de 1966, acervo de Caio Prado Júnior, IEB/USP, códigos de referência CPJ-CP-DUL001 e CPJ-CP-DUL002.

[125] Ver carta de Caio Prado Júnior a Richard Graham, São Paulo, 7 de fevereiro de 1968, acervo de Caio Prado Júnior, IEB/USP, código de referência CPJ-CA193.

[126] Ver carta de Merle Curti a Caio Prado Júnior, São Paulo, 25 de outubro de 1968, acervo de Caio Prado Júnior, IEB/USP, código de referência CPJ-CP-CURT002.

[127] Ver carta de Roy Nash a Caio Prado Júnior, São Paulo, 13 de maio de 1943, acervo de Caio Prado Júnior, IEB/USP, código de referência CPJ-CP-NAS001.

[128] Ver carta de Ernest Madril a Caio Prado Júnior, St. Louis, 4 de dezembro de 1949, acervo de Caio Prado Júnior, IEB/USP, código de referência CPJ-CP-MAD006.

[129] Ver carta de Leo Huberman a Caio Prado Júnior, Nova York, 5 de janeiro de 1966, acervo de Caio Prado Júnior, IEB/USP, código de referência CPJ-CP-MRE001.

¹³⁰ Ver carta de W. S. Lobato a Caio Prado Júnior, Porto Príncipe, 7 de outubro de 1959, acervo de Caio Prado Júnior, IEB/USP, código de referência CPJ-CP-LOB003.

¹³¹ De acordo com Paul Sweezy e Leo Huberman, ambos fizeram uma viagem no começo de 1963 para México, Chile, Argentina, Uruguai, Brasil e Venezuela. É possível que tenham se encontrado com Caio Prado Júnior nessa ocasião (como faziam diversos intelectuais estrangeiros em visita ao país), mas isso é apenas suposição. Não foi localizado nenhum registro concreto desse fato; ver Paul Sweezy e Leo Huberman, "Notas sobre a América Latina", em Paul Sweezy e Leo Huberman (orgs.), *Perspectivas da América Latina* (Rio de Janeiro, Zahar, 1964), p. 9.

¹³² Ver Caio Prado Júnior, *URSS, um novo mundo*, cit., p. 121.

¹³³ Ver Nicolai Bukharin, *Teoria do materialismo histórico, manual popular de sociologia marxista* (São Paulo, Caramuru, 1933 e 1943), 4 v.

¹³⁴ Ver John Foster W. F. Dulles, *Anarquistas e comunistas no Brasil* (Rio de Janeiro, Nova Fronteira, 1977), p. 168.

¹³⁵ Ver Edgard Carone, "A trajetória do *Manifesto do Partido Comunista* no Brasil", em Lincoln Secco e Marisa Deaecto (orgs.), *Edgard Carone: leituras marxistas e outros estudos*, cit., p. 82-4, e Edgard Carone, "Literatura e público", em ibidem, p. 121-2; ver também Octávio Brandão, *Combates e batalhas*, cit., v. 1, p. 241-2.

¹³⁶ Ver Leon Trotski, *Revolução e contrarrevolução na Alemanha* (São Paulo, Unitas, 1933).

¹³⁷ Ver Dainis Karepovs, José Castilho Marques Neto e Michael Löwy, "Trotsky e o Brasil", em João Quartim de Moraes (org.), *História do marxismo no Brasil*, cit., v. 2, p. 235-6.

¹³⁸ Ainda que o mesmo Lenin tenha dito que "é muito duvidoso que se possa considerar plenamente marxistas suas posições teóricas"; ver Stephen Cohen, *Bukharin, uma biografia política* (Rio de Janeiro, Paz e Terra, 1990), p. 178.

¹³⁹ Ibidem, p. 257.

¹⁴⁰ Idem.

¹⁴¹ Ver Heitor Ferreira Lima, *Caminhos percorridos* (São Paulo, Brasiliense, 1982). Heitor Ferreira Lima também chegou a escrever um artigo exclusivamente sobre Bukharin; ver Heitor Ferreira Lima, "Bukharin, teórico e revolucionário bolchevique", publicado originalmente na *Revista de Cultura e Política*, n. 5-6, Paz e Terra, 1981, p. 105-29, e reproduzido em Paulo Sérgio Pinheiro e Marcos Del Roio (orgs.), *Combates na história: a trajetória de Heitor Ferreira Lima* (Rio de Janeiro/ São Paulo, Paz e Terra/ Fapesp, 1990), p. 101-37. Leôncio Basbaum afirma que, quando estava em Moscou, "encontramos o 'nosso aluno' da Escola Leninista, o Heitor, o qual, quando tinha tempo, nos levava a conhecer alguns aspectos da cidade enorme. Heitor já estava vestido à moda russa, de botas, blusa, o boné com a pala revirada para cima, à moda de Bukharin, o grande ídolo da juventude na época e que não tardaria a ser derrubado, para surpresa geral, alguns dias depois, por um violento discurso de Stalin"; ver Leôncio Basbaum, *Uma vida em seis tempos*, cit., p. 58.

¹⁴² Leôncio Basbaum, *Uma vida em seis tempos*, cit., p. 37; ver também Hersch Basbaum, *Cartas ao Comitê Central, história sincera de um sonhador* (São Paulo, Discurso Editorial, 1999), p. 44-5.

¹⁴³ Ver Stephen Cohen, *Bukharin, uma biografia política*, cit.

[144] Ver Roy Medvedev, *Os últimos anos de Bukharin* (Rio de Janeiro, Civilização Brasileira, 1980), p. 23.

[145] Ver Fraser M. Ottanelli, *The Communist Party of the United States: from the Depression to World War II* (New Brunswick, Rutgers University Press, 1991), p. 14-5; ver também Edward P. Johanningsmeier, *Forging American Communism, The Life of William Z. Foster* (Princeton, Princeton University Press, 1998), p. 235-6. Em junho de 1930, durante o XVI Congresso do Partido, Pavel Postyshev diria: "O camarada Bukharin ainda continua a se manter calado e, como vocês podem constatar, nem ao menos aparece no Congresso. Com esse silêncio, ele reafirma plenamente a sua teoria do 'capitalismo organizado' e apoia integralmente seus seguidores, por exemplo, o grupo de Lovestone nos Estados Unidos. Com seu silêncio, apoia também aqueles que – sempre seus seguidores – criticam a política econômica aplicada pelo nosso Partido no país"; ver Roy Medvedev, *Os últimos anos de Bukharin*, cit., p. 29.

[146] Ver Marcos Del Roio, *A classe operária na revolução burguesa*, cit., p. 214; e Nelson Werneck Sodré, "Meu amigo Astrojildo Pereira", em Martin Cézar Feijó, *Formação política de Astrojildo Pereira* (2. ed., Belo Horizonte, Oficina de Livros, 1990), p. 36.

[147] Marcos Del Roio, *A classe operária na revolução burguesa*, cit., p. 219-20.

[148] Para conhecer as discussões e críticas ao livro de Bukharin, ver G. Lukács, "Tecnologia e relações sociais", e Antonio Gramsci, "Notas críticas sobre uma tentativa de ensaio popular de sociologia", em Vladimir Ilitch Lenin et al., *Bukharin, teórico marxista* (Belo Horizonte, Oficina de Livros, 1989), p. 41-51 e p. 83-127, respectivamente; e Aldo Zanardo, "El Manual de Bujarin visto por los comunistas alemanes y por Gramsci", em Nicolai Bukharin, *Teoría del materialismo histórico, ensayo popular de sociología marxista* (Córdoba, Pasado y Presente, 1972, série Cuadernos de Pasado y Presente, n. 31), p. 5-29. Para discussões sobre a vida e o pensamento de Bukharin, ver A. G. Löwy, *El comunismo de Bujarin* (Barcelona, Grijalbo, 1973), Roy Medvedev, *Os últimos anos de Bukharin*, cit.; Francesco Benvenuti, "Bukharin e a história soviética dos anos vinte", Mario Telo, "Análise do capitalismo e teoria da revolução em Bukharin, dirigente da Komintern", e Lisa Foa, "Bukharin entre a teoria do colapso e a estabilização", em Vladimir Ilitch Lenin, *Bukharin, teórico marxista*, cit., p. 129-37, p. 139-72 e p. 173-86, respectivamente; Mario Telo, "Bukharin: economia e política na construção do socialismo", em Eric J. Hobsbawm (org.), *História do marxismo* (Rio de Janeiro, Paz e Terra, 1986), v. 7, p. 159-201; e Stephen Cohen, *Bukharin, uma biografia política*, cit.

[149] Leandro Konder diria: "É verdade que a reflexão marxista pessoal e independente que permitiu a elaboração da *Evolução política do Brasil* (e depois permitiria o preparo do esplêndido *Formação do Brasil contemporâneo*) não conseguiu se cristalizar em resultados filosóficos satisfatórios, no esforço que Caio Prado Júnior realizou para explicar a fundamentação gnosiológica de suas investigações. Independentemente das divergências que se manifestam entre os críticos de Caio Prado Júnior na avaliação da *Dialética do conhecimento* e das *Notas introdutórias à lógica dialética*, parece-me que predomina na impressão dos leitores do grande historiador paulista uma certa decepção: os dois trabalhos ficam aquém dos ensaios anteriormente publicados. Ao se debruçar sobre si mesma, reflexivamente, a teoria não conseguiu produzir textos tão bem-sucedidos como aqueles em que se aplicou à pesquisa histórica"; ver Leandro Konder, *Intelectuais brasileiros e marxismo* (Belo Horizonte, Oficina de Livros, 1991), p. 33.

[150] Ver Leszek Kolakowski, *Main Currents of Marxism: The Breakdown* (Oxford, Claredon, 1978), p. 61.

[151] Ibidem, p. 62.

[152] Ver Jozef Wilczynski, *An Encyclopedic Dictionary of Marxism, Socialism and Communism*, cit., p. 54-5.

[153] Ver Leôncio Martins Rodrigues, "Preobrajensky e a Nova Econômica", em Eugênio Preobrajensky, *Nova econômica* (Rio de Janeiro, Paz e Terra, 1979), p. 25.

[154] Ver Nicolai Bukharin, "A Nova Política Econômica e nossas tarefas", citado em Eugênio Preobrajensky, *Nova econômica*, cit., p. 26.

[155] Ver Erik Van Ree, *The Political Thought of Joseph Stalin: A Study in Twentieth Century Revolutionary Patriotism* (Londres, Routledge Curzon, 2002), p. 85.

[156] Ibidem, p. 91.

[157] Ver Roy Medvedev, *Os últimos anos de Bukharin*, cit., p. 18. Para Medvedev, "do ponto de vista tanto formal como teórico, as propostas e as posições de Bukharin eram indubitavelmente mais próximas do que se podia chamar 'leninismo tardio'. Além do mais, elas eram preferíveis inclusive do ponto de vista de um desenvolvimento mais eficaz e menos patológico do socialismo"; ver ibidem, p. 20.

[158] Ver Caio Prado Júnior, *URSS, um novo mundo*, cit., p. 215.

[159] Ibidem, p. 221-2.

[160] Ver Lívio Xavier, "URSS, um novo mundo", em Paulo Henrique Martinez, *A dinâmica de um pensamento crítico*, cit., p. 310.

[161] Idem.

[162] Ver Caio Prado Júnior, "Perspectivas da política progressista e popular brasileira", *Revista Brasiliense*, São Paulo, n. 44, nov.-dez. 1962, p. 8.

[163] Ver Lincoln Secco, *Caio Prado Júnior, o sentido da revolução*, cit., p. 210-1.

3. Primeira viagem ao mundo do socialismo

[1] Ver Tito Batini, *Memórias de um socialista congênito*, cit.

[2] Ver carta da Asociación de Amigos de la Unión Soviética a Caio Prado Júnior, Moscou, 20 de maio de 1933, acervo de Caio Prado Júnior, IEB/USP, código de referência CPJ-CP-AAUS001. A carta, escrita em espanhol (e enviada de Moscou), continha mais de setenta assinaturas, dentre as quais havia nomes conhecidos, como Diego Hidalgo, Gregorio Marañon, Pio Baroja, Ramón del Valle-Inclán, Eduardo Ugarte, Federico Garcia Lorca, Cristóbal de Castro e Cristóbal Ruiz.

[3] Ver carta de Caio Prado Júnior a Voks, São Paulo, 17 de agosto de 1935, acervo de Caio Prado Júnior, IEB/USP, código de referência CPJ-AGB161.

[4] Ver Maurício de Medeiros, *Rússia* (Rio de Janeiro, Calvino Filho, s. d.), p. 17.

[5] Ver Elías Castelnuovo, "Yo vi...! en Rusia", em Sylvia Saítta (org.), *Hacia la revolución*, viajeros argentinos de izquierda (Buenos Aires, Fondo de Cultura Económica, 2007), p. 83, e Soviet

Union Information Bureau, "Transportation", disponível em: <http://www.marxists.org/history/ussr/government/1928/sufds/ch07.htm>.

6 O transporte aéreo comercial regular começou na URSS em 1922 e teve um aumento significativo nos anos seguintes. Se em 1922 os voos comerciais levaram 276 passageiros, em 1923 esse número subiu para 1.433; em 1924, para 2.618; em 1925, para 3.398; em 1926, para 4.035; em 1927, para 7.079; e em 1928, para 8.653 passageiros. Havia três companhias aéreas em operação: a Deruluft (empresa germano-soviética), a Dobrolot e a Ukrvozdukhput (companhia estatal ucraniana). A primeira tinha duas linhas: de Moscou para Smolensk, Riga, Köningsberg e Berlim, e de Leningrado para Reval e Riga, assim como voos regulares diários (com exceção dos domingos). Na primeira metade dos anos 1930, o voo saía de Berlim, duas horas e meia mais tarde pousava em Köningsberg, depois seguia para Riga (em aparelhos menores), de lá para Reval, e finalmente completava o trajeto em Leningrado; ver Maurício de Medeiros, *Rússia*, cit., p. 26-32.

7 Ver Gondin da Fonseca, *Bolchevismo* (Rio de Janeiro, Edição do Autor, 1935), p. 212; e Mike's Railway History, "Railways as They Were in the Years Until 1935: Russia and Siberia, a Century of Progress in Rail Transport", disponível em: <http://mikes.railhistory.railfan.net/r097.html>. Por outro lado, Enrique Castro Delgado, que fez o trajeto na primeira metade dos anos 1940, diria que o tempo de duração da viagem era de 36 horas; ver Enrique Castro Delgado, *O Komintern sem máscara: como perdi a fé em Moscou* (Rio de Janeiro, Tribuna da Imprensa, 1952), p. 10.

8 Ver Mike's Railway History, "Railways as They Were in the Years Until 1935", cit. Um jornalista brasileiro que esteve na URSS em 1934 comentou que seu trem (com quatro leitos em cabine de "primeira classe" e seis em cabines de segunda) "guinchava" o tempo todo, apitando e balançando sem parar, o que sugeriria bastante obsolescência e desconforto. No vagão-restaurante, a curiosidade seria a oferta de um vasto cardápio com mais de cinquenta pratos... até se descobrir que só havia omelete (ou ovos cozidos) e carne com batatas. O primeiro contato desse compatriota com os russos, por sua vez, teria sido decepcionante: eram, em suas palavras, um "rebanho humano" de trabalhadores e crianças carregando sacolas aos ombros..; ver Gondin da Fonseca, *Bolchevismo*, cit., p. 293-6. Por outro lado, um viajante argentino, Elías Castelnuovo, diria que ao longo do caminho, de Berlim a Leningrado, o trem ficava praticamente vazio (a maioria dos passageiros desembarcava na Letônia e na Lituânia), mas depois que entrava na Rússia lotava. Os usuários sentavam-se em qualquer lugar, muitos até mesmo no piso dos corredores. O vagão-restaurante havia sido eliminado e, por isso, era necessário levar a própria refeição (ou então preciso descer nas estações para comprar alimentos). Dentro do comboio, as pessoas continuavam o trajeto espremidas, consumindo apenas o que levavam..; ver Elías Castelnuovo, "Yo vi...! en Rusia", cit., p. 90-4. Os dirigentes soviéticos, contudo, viajavam em composições bastante diferentes. Na época em que CPJ esteve pela primeira na URSS, mais de mil oficiais do PCUS, entre membros do governo, do Politburo, das secretarias dos comitês regionais, comandantes dos distritos militares e autoridades ferroviárias, trasladavam-se pelo país em vagões privados, no chamado "Lux Blue Express", composto de carros escolhidos entre os melhores e mais bem conservados de diversas linhas, e que, ao contrário da maioria dos trens russos, moviam-se o mais suavemente possível, quase sem ruído. As passagens, nesse caso, não eram vendidas, mas distribuídas para alguns membros importantes do partido. Para conseguir isso, os técnicos

soviéticos colocavam uma grossa camada de ferro sobre o piso de cada vagão, que em seguida era coberta por uma camada de feltro, outra de cortiça e mais uma de feltro, assim como um piso de madeira, e então, finalmente, mais uma camada de feltro; sobre tudo isso, era jogada uma cobertura de linóleo e então um tapete macio. Cada um dos tapetes dos vagões *lounge* custava 5 mil rublos. Havia três categorias de passagens: a primeira, com a qual o passageiro poderia exigir tudo que estivesse disponível no vagão; e a segunda e terceira, que não davam direito a nenhum item do restaurante do trem, obrigando o viajante a pagar por alguns pratos. Em relação a esse trem pintado de azul laqueado, vale dizer que entrou em serviço em 1º de maio de 1933 e ficou em operação durante vários anos. De maio a novembro, deixavam-no parado para manutenção; todos os equipamentos eram trocados anualmente (o recondicionamento dos vagões chegava a custar, na época, mais de 500 mil rublos; todas as partes internas de metal eram feitas de níquel ou aço inoxidável, as janelas eram de vidro blindado; cada vagão Pullman, por sinal, tinha 23 metros de comprimento e acomodava 16 pessoas, em 8 compartimentos, com um toalete a cada dois e um banheiro). O vagão particular de Stalin, por exemplo, com paredes forradas de mogno e móveis do mesmo tipo de madeira, tinha dois quartos, uma sala de estar, um escritório para sua secretária, um compartimento para acompanhantes, um banheiro e uma cozinha. Os vagões particulares de outros dirigentes eram similares. Os membros do Politburo, por sua vez, tinham direito a um carro privado, que era engatado na parte traseira do trem. Atrás dele, vinha outro coche, com agentes da NKVD, para garantir a segurança daquela autoridade. Os maquinistas eram selecionados após uma extensa e meticulosa entrevista com membros da GPU, para garantir a segurança dos passageiros ilustres. Os agentes de segurança ficavam espalhados por toda a composição, distribuídos em diferentes vagões, plataformas e restaurante; ver David. J. Dallin, *The New Soviet Empire* (New Haven, Yale University Press, 1951), p. 152-4.

[9] Ver carta de Caio Prado Júnior a Carlos Prado, São Paulo, 15 de fevereiro de 1933, acervo de Caio Prado Júnior, IEB/USP, código de referência CPJ-CA014.

[10] Idem.

[11] Carta de Caio Prado Júnior a Antonieta Penteado da Silva Prado e Caio da Silva Prado, Paris, 23 de junho de 1933, acervo de Caio Prado Júnior, IEB/USP, código de referência CPJ-AAP207. Em seu livro *URSS, um novo mundo,* diferente do que disse na carta, Caio afirmará que sua viagem durou dois meses.

[12] Maurício de Medeiros diria, sobre sua experiência na legação da URSS na capital francesa: "O rapaz dava-me um itinerário sedutor: Leningrado, Moscou, Nizhni Novgorod, descer o Volga até o Mar Negro para atravessar o Cáucaso e voltar pelo Sul: Odessa, Karkhov, Moscou e daí regressar a Berlim"; ver Maurício de Medeiros, *Rússia*, cit., p. 14.

[13] Em 1938, um anúncio da mesma agência indicava mais de quarenta percursos sugeridos, que cobriam a parte europeia da Rússia, com preços diários de cinco dólares em terceira classe, oito dólares em classe "turística" e quinze dólares em primeira classe.

[14] Nesse caso, ele se impressionará com a falta de espetaculosidade e formalismo da justiça burguesa. Dirá que "os juízes tratam todo mundo e são tratados de igual para igual. Ninguém se levanta à sua entrada ou saída, ou dá quaisquer outras mostras exteriores de respeito ou homenagem. Fuma-se à vontade, e durante os intervalos, advogados, procuradores, funcionários do tribunal, e os próprios juízes deixam os seus lugares e vão se misturar com o público. Mais que uma

sessão de tribunal, tem-se a impressão de assistir a uma reunião de amigos e companheiros"; ver Caio Prado Júnior, *URSS, um novo mundo*, cit., p. 142-3.

[15] Em relação à religião e à propaganda antirreligiosa, CPJ afirmaria que "é a atitude lógica e coerente de um regime revolucionário, isto é, transformador, que na realização de sua tarefa precisa neutralizar e destruir todos os obstáculos com que depara no caminho. Ou isto ou a renúncia [...] Hoje as religiões são, sem exceção, reacionárias. Representam um obstáculo considerável oposto à revolução social. Com suas superstições, com o obscurantismo que as caracteriza e principalmente pela resignação e passividade que infundem nas massas, elas são aliadas naturais da ordem estabelecida, da ordem burguesa. Não é por acaso que todo recrudescimento da reação é sempre acompanhado de um revigoramento da religião. A razão é que esta é sempre um instrumento daquela. E os exemplos neste terreno não faltam. Não precisamos ir longe. Basta-nos observar o que hoje em dia se passa no Brasil". Para ele, "os homens do futuro [...] não precisarão da fé. Precisarão apenas do adversário irredutível dela: a Ciência"; ver Caio Prado Júnior, *URSS, um novo mundo*, cit., p. 171-2 e 178.

[16] Como o museu antirreligioso de Leningrado, instalado na antiga Catedral de Santo Isaac.

[17] Ver, por exemplo, o acervo de Caio Prado Júnior, IEB/USP, códigos de referência CPJ-F06-042, CPJ-F06-058, CPJ-F06-064, CPJ-F06-072, CPJ-F06-053, CPJ-F06-071, CPJ-F06-051, CPJ-F06-054, CPJ-F06-065, CPJ-F06-087, CPJ-F06-055, CPJ-F06-074, CPJ-F06-069, CPJ-F06-031, CPJ-F06-018, CPJ-F06-003, CPJ-F06-059, CPJ-F06-054, CPJ-F06-065, CPJ-F06-074, CPJ-F06-033, CPJ-F06-034.

[18] O Primeiro Plano Quinquenal começou a ser executado em 1º de outubro de 1928, e em 31 de dezembro de 1932, ou seja, nove meses antes do prazo previsto para seu término, foi concluído.

[19] Uma descrição interessante do processo pode ser encontrada no livro de Isaac Deutscher, *Stalin: A Political Biography* (Nova York, Vintage Books/ Random House, 1960).

[20] Ver Ralph Miliband, "Stalinism", em Tom Bottomore et al., *A Dictionary of Marxist Thought*, cit., p. 462.

[21] Ver Fabio Bettanin, *A coletivização da terra na URSS, Stalin e a "revolução do alto" (1929-1933)* (Rio de Janeiro, Civilização Brasileira, 1981), p. 2 e 3.

[22] Ver Caio Prado Júnior, *URSS, um novo mundo*, cit., p. 108-9.

[23] Ibidem, p. 108.

[24] Gondin da Fonseca diz que na comuna, o "terceiro tipo de *kolkhoz*, hoje transformado em 'artel', tudo era comum: as terras, os pomares, as aves domésticas, os animais de trabalho e as casas. Acabou. Não deu resultado"; ver Gondin da Fonseca, *Bolchevismo*, cit., p. 283.

[25] Ver Caio Prado Júnior, *URSS, um novo mundo*, cit., p. 108.

[26] Ibidem, p. 110.

[27] Ver o livro de John W. F. Dulles, *Anarquistas e comunistas no Brasil*, cit., p. 394. De acordo com Dênis de Moraes e Francisco Viana, "prestigiado pelo Secretariado Sul-Americano da Internacional Comunista, Prestes foi convidado a trabalhar como engenheiro na União Soviética. Aceitou o convite, desde que sua família pudesse acompanhá-lo. Antes de embarcar de navio, divulgou um manifesto explicando que na União Soviética 'poderia aprender o marxismo-leninismo, o instrumento teórico em que se apoiou o proletariado para tomar o poder, em 1917'. A viagem de navio durou um mês [...] Quando Luiz Carlos Prestes chegou a Moscou,

encontrou um país enfrentando imensas dificuldades. Apesar dos progressos da industrialização e da Revolução Cultural, a baixa produção de alimentos criara um clima de descontentamento. A colheita daquele ano fora medíocre e diminuíra o gado. A ração de pão, que era de 800 gramas por dia, teve de baixar para 200 gramas e os preços no mercado livre aumentavam de maneira considerável por causa da escassez dos produtos. A penúria alimentar provocou uma diminuição da taxa de natalidade e um aumento da taxa de mortalidade. Politicamente, aguçaram-se as divergências entre stalinistas (defensores do socialismo num só país) e trotskistas (adeptos da tese da revolução permanente). A crise começara em 1925, quando Leon Trotski fora destituído do cargo de comissário da guerra. Em 1926, o sucessor de Lenin (morto em 1924), Josef Stalin, afastou-o do Politburo; um ano depois, expulsou-o do partido, ordenando, mais tarde, seu confinamento em Kazakstan. Finalmente, em 1929, Trotski foi expulso da União Soviética, em vista de suas atividades contrarrevolucionárias". O próprio Prestes diria: "Eu vi coisas que talvez nenhum estrangeiro tenha visto. Trabalhava num truste de construção (conjunto de empresas encarregado da construção de fábricas e edifícios) e pude comprovar as sabotagens feitas por engenheiros ingleses, franceses e também pelos próprios engenheiros russos. Certa vez disse que precisava de 300 operários e o encarregado do partido me trouxe 300 camponeses que nunca tinham visto uma obra. A flor do operariado tinha morrido na trincheira da guerra civil e, naquele momento, tudo estava tendo de ser reconstruído. Em Ijebsky (capital da República Autônoma de Hidimurt), só havia, num determinado momento, dez pedreiros para fazer alojamentos para dois mil operários. A União Soviética era assim: estava tudo por fazer e não se podia esperar nenhum paraíso. Tinha que se trabalhar duro. E eu trabalhei e me preparei para voltar logo que pudesse"; ver Dênis de Moraes e Francisco Viana, *Prestes, lutas e autocríticas* (Rio de Janeiro, Mauad, 1997), p. 75-6, 78-9.

[28] Exilado em 1931, Brandão viveu na URSS até 1946 com a família. Estudou a língua russa, traduziu textos de Lenin, Stalin e Górki, visitou várias cidades e aldeias da Ucrânia, Donbass, Crimeia, Cáucaso e Urais, realizou trabalhos braçais, atuou no Comintern, foi colaborador científico no Instituto de Economia e Políticas Mundiais, foi redator e locutor da Rádio de Moscou, deu palestras em fábricas, publicou em diversas revistas e participou como trabalhador e radialista na resistência à invasão alemã na Segunda Guerra Mundial. Em 1946, voltou ao seu país; ver Octávio Brandão, "A vida de um escritor", em J. R. Guedes de Oliveira (org.), *Cartas de Octávio Brandão, memória* (Florianópolis, Editora da UFSC, 2005), p. 99-108.

[29] Ver Cláudio Edmundo, *Um engenheiro brasileiro na Rússia* (Rio de Janeiro, Calvino Filho, 1934).

[30] Uma referência interessante a esse processo pode ser encontrada no artigo de Maurício Tragtenberg, "Rússia atual: produto da herança bizantina e do espírito técnico norte-americano (II)", publicado na *Folha Socialista*, 1º de junho de 1954, e reproduzido em *A falência da política* (São Paulo, Editora Unesp, 2009). Para uma discussão sobre os norte-americanos na URSS naquele período, ver Tim Tzouliadis, *The Forsaken: An American Tragedy in Stalin's Russia*, Nova York, Penguin Books, 2008.

[31] Ibidem, p. 118.

[32] Alguns autores afirmam que a Verblud tinha em torno de 200 mil hectares, enquanto outros 250 mil acres ao todo; ver Abraham Aaron Heller, *The Decisive Year in the Soviet Union: Socialist Construction in USSR in 1931* (Nova York, Friends of the Soviet Union, 1931).

33 Carta de Caio Prado Júnior a Antonieta Penteado da Silva Prado e Caio da Silva Prado, Paris, 23 de junho de 1933, acervo de Caio Prado Júnior, IEB/USP, código de referência CPJ-AAP207.

34 Carta de Caio Prado Júnior a Antonieta Penteado da Silva Prado e Caio da Silva Prado, Paris, 1º de julho de 1933, acervo de Caio Prado Júnior, IEB/USP, código de referência CPJ-AAP208.

35 Osório César, *Onde o proletariado dirige: visão panorama da URSS* (São Paulo, Brasileira, 1932), e *Que é o Estado proletário?* (São Paulo, Udar, 1933).

36 Émile Schreiber, *Comment on vit en URSS* (Paris, Plon, 1931).

37 Société pour les Relations Culturelles entre l'URSS et l'Étranger, *Ethnographie, folklore et archéologie en URSS* (Moscou, Voks, 1933).

38 Ver Graziela Forte, *CAM e SPAM: arte, política e sociabilidade na São Paulo moderna, no início dos anos 1930* (dissertação de mestrado em História Social, Faculdade de Filosofia, Letras e Ciências Humanas, USP, São Paulo, 2008), p. 109; ver também Maria Célia Wider, *Caio Prado Jr., um intelectual irresistível*, cit., p. 43; Graziela Forte, *Carlos Prado*, cit.; e Lincoln Secco, *Caio Prado Júnior, o sentido da revolução*, cit., p. 48.

39 Ver Graziela Forte, *Carlos Prado*, cit.

40 Monteiro Lobato, *América* (São Paulo, Companhia Editora Nacional, 1932); Tabajara de Oliveira, *Shangai* (São Paulo, Companhia Editora Nacional, 1934).

41 Caio Prado Júnior recebia cartas de diversos indivíduos interessados em saber mais sobre a URSS e pedindo para que escrevesse um livro sobre o assunto. A demanda do grande público, portanto, também o influenciou a escrever seu *URSS, um novo mundo*; ver, por exemplo, carta do vendedor de revistas e livros de Amparo, Dalvino Oliveira, de 11 de setembro de 1933, acervo de Caio Prado Júnior, IEB/USP, código de referência CPJ-CP-OLI010.

42 "A Rússia de hoje", *Diário da Noite*, São Paulo, 15 set. 1933.

43 Ver carta de João Ramos a Caio Prado Júnior, São Paulo, 12 de outubro de 1935, acervo de Caio Prado Júnior, IEB/USP, código de referência CPJ-CP-LASP001.

44 Idem.

45 Ver Benjamin Lima, "São Paulo e a technocracia", *O Paiz*, Rio de Janeiro, 10 jul. 1934, acervo de Caio Prado Júnior, IEB/USP, código de referência CPJ-RO-026.

46 Para Álvaro Augusto Lopes, aquele era um "livro escrito com elevação de pensamento e clareza de argumentos, embora com bastante preocupação e proselitismo"; ver Álvaro Augusto Lopes, "URSS, um novo mundo", *A Tribuna*, 17 abr. 1934, acervo de Caio Prado Júnior, IEB/USP, código de referência CPJ-RO-019.

47 Para Heitor Moniz, "Caio Prado Júnior, que é um espírito fino e educado, visitou a União Soviética. Teve, assim, a oportunidade de apreciar de perto muita coisa curiosa. As suas impressões da viagem, agradáveis e eruditas, aí estão no seu livro *URSS, um novo mundo*". Para ele, "Caio Prado Júnior escreve o seu trabalho sem exagero e sem paixão. Conta com simplicidade e sem mentiras o que é a Rússia que ele viu, a estrutura política da União e do Partido Comunista, os caracteres gerais da economia soviética, a indústria, a agricultura e o comércio do país, a orientação familiar e religiosa, as realizações materiais e culturais até aqui levadas a efeito". Ele

ressaltaria, especialmente, a situação das mulheres naquele país; ver Heitor Moniz, "Um livro brasileiro sobre a Rússia", *Correio da Manhã*, 8 jul. 1934, acervo de Caio Prado Júnior, IEB/USP, código de referência CPJ-RO-022.

[48] Ver "URSS, um novo mundo", *A Bahia*, 3 maio 1934, acervo de Caio Prado Júnior, IEB/USP, código de referência CPJ-RO-020.

[49] Nas palavras de João da Casa, "das várias obras que tenho lido sobre as transformações sociais, políticas e econômicas que agitam a Rússia, sobre o novo material humano que ali se está formando, com nova mentalidade, nenhum melhor me impressionou do que a sua, já por ser uma exposição clara do fenômeno exposto, já porque não traz o ranço das obras de erudição pedante e enfadonha". Completava: "Com um aperto de mão pelo valor da obra com que você premiou os estudiosos dos fenômenos políticos da idade contemporânea, subscrevo-me confrade e amigo"; ver João da Casa, "Meu bilhete: Caio Prado Júnior", *Gazeta Popular*, Santos, 12 abr. 1934, acervo de Caio Prado Júnior, IEB/USP, código de referência CPJ-RO-023.

[50] Diria a matéria: "trata-se de uma obra notável que mereceu os mais francos elogios da crítica e da imprensa paulistas"; ver "Últimas edições paulistas", *O Jornal*, 26 de abril de 1934, acervo de Caio Prado Júnior, IEB/USP, código de referência CPJ-RO-024.

[51] Ver "Registro bibliográfico", *Folha da Noite*, 10 abr. 1934, acervo de Caio Prado Júnior, IEB/USP, código de referência CPJ-RO-025.

[52] O resenhista comentaria: "pode-se dizer que é um admirável resumo, com tal clareza apresentado, que nos faz conhecer a máquina soviética no seu manejo e desenvolvimento. E porque a compreendeu bem, é que o autor mostra-se otimista quanto a adaptação de um regime socialista que, sem extremismos rubros, corrija as atuais desigualdades burguesas"; ver "URSS", *A Tarde*, Bahia, 17 maio 1934, acervo de Caio Prado Júnior, IEB/USP, código de referência CPJ-RO-028.

[53] Diria o jornal que "o sr. Caio Prado Júnior, cujas convicções políticas e sociológicas são as mais avançadas possíveis, fez uma viagem à Rússia soviética, naturalmente com o fim preconcebido de estudar-lhe o regime". E continuava: "O livro do sr. Caio Prado Júnior, que é um simpatizante do regime comunista, constitui, por isso mesmo, um documento insuspeitíssimo sobre a Rússia dos soviets"; ver "Livros novos", *O Semeador*, Maceió, 11 de março de 1934, acervo de Caio Prado Júnior, IEB/USP, código de referência CPJ-RO-027.

[54] Ver "URSS, um novo mundo", *Fon-Fon*, Rio de Janeiro, 2 jun. 1934, acervo de Caio Prado Júnior, IEB/USP, código de referência CPJ-RO-030.

[55] Ver "Livros novos", *O Radical*, Rio de Janeiro, 15 abr. 1934, acervo de Caio Prado Júnior, IEB/USP, código de referência CPJ-RO-029.

[56] O livro *Rússia*, de Maurício de Medeiros, é um caso interessante. Num país em que as edições tinham de 2 mil a 3 mil exemplares, e demoravam anos para esgotar, a obra de Medeiros teve seis edições consecutivas em poucos meses; ver Edgard Carone, "O marxismo no Brasil, das origens a 1964", cit., p. 64.

[57] Ver Astrojildo Pereira, *URSS, Itália, Brasil* (Rio de Janeiro, Editorial Alba Limitada, 1934).

[58] Ver Carla Luciana Silva, *Onda vermelha: imaginários anticomunistas brasileiros (1931-1934)* (Porto Alegre, Edipucrs, 2001), p. 120.

⁵⁹ Ver Gondin da Fonseca, *Bolchevismo*, cit. O autor, que em muitos trechos ao longo de sua obra cita ou menciona Lenin de forma bastante elogiosa (e também, em menor grau, Bukharin e Trotski), usando constantemente de uma linguagem irônica e mordaz, mostra-se, na verdade, um crítico ferrenho de Stalin e do que a União Soviética havia se tornado após sua chegada ao poder. Em outras palavras, *Bolchevismo* está mais para um livro anti-stalinista do que necessariamente "antissoviético", ainda que aponte vários problemas políticos, econômicos e sociais da URSS da época.

⁶⁰ Livros como *O inferno russo* (São Paulo, Zenith, 1931), de V. Nicolaevicht; *Uma visita à nova Rússia* (Rio de Janeiro, Americana, 1931), de Fernand Corcos; *O bolchevismo por dentro* (Rio de Janeiro, Construtora Mendes Júnior, 1931), de Pedro Sinzig; *O paraíso moscovita* (Rio de Janeiro, Companhia Editora Nacional, 1931), de Paul Marion; *No país dos soviets*, de Jorge Le Fevre; *O que vi em Moscou* (Porto Alegre, Globo, 1931), de Henri Béraud; *As forças secretas da revolução* (Porto Alegre, Globo, 1931), de Leon de Poncins; *A outra Europa*, de Luc Durtain; e *Moscovo sem máscara* (Porto Alegre, Globo, 1931), de Joseph Douillet, entre outros; ver Carla Luciana Silva, *Onda vermelha*, cit., p. 120-1; ver também John Reed, *Dez dias que abalaram o mundo*, cit.; Álvarez del Vayo, *A nova Rússia* (São Paulo, Pax, 1931); Diego Hidalgo, *Impressões de Moscou* (São Paulo, Pax, 1931); César Vallejo, *Rússia em 1931*; Alexandra Kollontai, *A nova mulher e a moral sexual*; Michael Gold, *120 milhões*; Chatsky e Pinckevih, *Aspectos da educação soviética*; entre outros.

⁶¹ Ver Octavio de Faria, *Destino do socialismo* (Rio de Janeiro, Ariel, 1933).

⁶² Ver Odette de Carvalho e Souza, *Lenine* (Rio de Janeiro, Norte, [1939?], Figuras Contemporâneas).

⁶³ Ver Dionisio R. Napal, *O império soviético* (São Paulo, Revista dos Tribunais, 1934).

⁶⁴ Ver O. de Carvalho e Souza, *Lenine*, cit., p. 80-1.

⁶⁵ Ibidem, p. 81.

⁶⁶ Ver Frederico Pernambucano de Mello, *Estrelas de couro, a estética do cangaço* (São Paulo, Escrituras, 2010), p. 191.

⁶⁷ Ver Octavio de Faria, *Destino do socialismo*, cit., p. xvii e xviii.

⁶⁸ Ver Dionisio R. Napal, *O império soviético*, cit., p. 5.

⁶⁹ Também conhecida como Vecheka e Cherezvychaika, a Cheka é o termo coloquial e abreviado de Vserossiyskaya Cherezvychainaya Kommissiya Borbie Kontrrevolutsiei i Sabotazhem (Comissão Extraordinária de Toda a Rússia para o Combate à Contrarrevolução e à Sabotagem), a polícia secreta soviética, que atuou entre 1917 e 1922. Foi criada por iniciativa de Lenin, em dezembro de 1917, e teve Dzerzhinsky como seu primeiro diretor. Em fevereiro de 1922, a Cheka foi abolida. A GPU entrou em seu lugar logo em seguida.

⁷⁰ GPU (*Gossudarstvernnoe Politicheskoe Upravlenie*, ou "Administração Política do Estado") é a polícia secreta da Rússia soviética a partir de fevereiro de 1922, dentro do NKVD. Depois da fundação da URSS, em dezembro de 1922, a GPU foi transferida, em 1923, para a OGPU (Administração Política do Estado Unificada), ligada ao Conselho dos Comissários do Povo. Dzerzhinsky continuou como diretor.

⁷¹ Ele diria: "A URSS trabalha. Trabalha e pede e deseja a colaboração do mundo todo. Moscou. Kiev. Odessa. Há um frêmito de renovação por toda parte. Através de todo o meu reide fui

surpreender o russo médio no seu desvario de trabalho e criação. O Plano Quinquenal é o índice da capacidade deste povo. [...] Eu via a Rússia numa extensão de cerca de 7 mil quilômetros. Por toda a parte fui surpreender o renovo de uma diferente expressão de organização social; o resultado de uma experiência única na história da humanidade. A Rússia neste momento é o único país que conscientemente sabe o que quer e para onde vai [...] Quem chega de supetão e sem exame nesta sexta parte do mundo é assaltado por uma impressão de atordoamento. Os dois mundos se entrechocam, se digladiam; o mundo ocidental em luta com um oriente indecifrável. Não é para ser decifrado. Em tudo, na indumentária, na cara dos homens. Uma onda que vai, uma onda que chega. Não há paralisação; há um anseio constante, dinâmico, de procura, de confronto, de pesquisa. [...] O que eu não vi na Rússia! E compreendi. Não vi 300 mil crianças abandonadas; não vi populações famintas, em procissões trágicas, como aquelas das ruas pobres de Londres; não vi o Palácio de Inverno transformado numa estrebaria do Exército Vermelho; não vi o Tzarkoie-Selo mudado em cortiço; (Tzarkoie-Selo: aldeia do czar, hoje jardim da infância, aldeia de brinquedo da criançada proletária); não vi o olhar de soslaio espreitando dos agentes de 'guepéu' a pintar os estrangeiros curiosos do mundo novo; não vi o homem humilhado, bípede nossos irmãos dos lados ocidentais; não vi a mulher de olhos provocadores e cúpidos à caça de macho, borboleta de todos os *'trottoirs'* das cidades 'luzes' do mundo [...] E comecei a compreender porque nada disso vi. Vi intactos os museus fabulosos, reminiscências de épocas do tempo que foi; organizações escolares; clubes sociais; laboratórios; construções como a de Kharkov, a maior casa do mundo; vi, sem pasmar, aqui e ali, as águias bicéfalas, marcando os monumentos de prestígio czarista; o Neva atravancado de barcos, o Volga sem os seus barqueiros sonolentos, singrado pelos modernos vapores de construção dos estaleiros de Nijni Novgorod; vi o mujique escanchado no trator americano, a perguntar aos estrangeiros se tal máquina é conhecida nas outras terras; vi o camponês de barbas patriarcais e botas até o meio das coxas, segurando o guidon dos modernos caminhões transportando cereais para as cooperativas de Estado; vi o povo todo de alguns setores em confraternização promíscua a celebrar o dia do trabalho nas jornadas de 1º e 2 de maio; vi durante nove horas desfilar a grande parada do Exército Vermelho diante do túmulo de Lenin. Enfim, vi um povo substituindo todos os deuses de sua crença ancestral, pela crença num Estado científico, pela crença num deus humano, num deus mujique de barbas alouradas em sarcófago na Praça Vermelha [...] Só um espírito profundamente ingênuo, ou deformado pela incultura, poderia acreditar nas balelas que diariamente vêm sendo repetidas contra a URSS. Os anos trágicos da desorganização, do desmonte da velha máquina, que como uma rajada de aço entravaram a obra soviética, já pertencem ao passado. Eu tive ocasião de presenciar a serenidade de espírito com que o homem novo da Rússia se refere aos desmandos ocasionados pela revolução"; ver Jayme Adour da Câmara, *Oropa, França e Bahia* (São Paulo, Companhia Editora Nacional, 1933), p. 125-30.

[72] Ver Cláudio Edmundo, *Um engenheiro brasileiro na Rússia*, cit., p. 83-96.

[73] Comentava Basbaum: "Aguardávamos nossa chegada a Leningrado com ansiedade: íamos entrar não apenas num novo país, mas em uma nova sociedade, no socialismo, no paraíso da Terra, onde os ricos não tinham vez e os pobres não mais existiam, um país em que, graças a uma revolução, graças aos comunistas, aos 'homens como nós', a miséria e a desigualdade tinham sido banidas. Minha impressão, antes mesmo de desembarcar, foi das mais animadoras. O porto, no estuário do Neva, estava atulhado de navios, grandes e pequenos. De um barco mais próximo,

ouvimos que várias pessoas, que não víamos, estavam rindo às gargalhadas. E Paulo observou: 'Veja como estão rindo. Essa risada não pode ser de assassinos nem de vítimas. É risada de quem está alegre e contente com a vida!'/ Mas a segunda impressão, para quem vinha de um país capitalista e acabava de atravessar um país capitalista – a Alemanha –, não foi tão boa. Pois as ruas estavam cheias de gente, mas não havia tantos automóveis nem as pessoas estavam 'bem vestidas'. Não havia mulheres 'pintadas' nem homens engravatados. Ou se tinham escondido, ou estavam mortos, presos ou fugidos, ou simplesmente haviam abandonado o luxo das boas roupas e vestidos de seda feitos pelos grandes alfaiates ou os Diors da época, trocando-as pelas roupas pobres dos operários. As lojas eram igualmente pobres e as vitrinas nada tinham lá dentro a não ser cartazes. Em alguns armazéns havia filas e, conforme vim a verificar depois, filas para tudo: pão, alimentos, roupas. É claro, porém, que essa impressão se desfez quando comecei a convencer a mim mesmo que, afinal de contas, a Revolução tinha apenas dez anos, metade dos quais os russos haviam gasto lutando contra os invasores capitalistas e somente agora estavam aprendendo a dirigir empresas das quais os antigos proprietários haviam sido expulsos./ Com esse consolo no coração, passamos dois dias magníficos em Leningrado, visitando lugares pitorescos da cidade, apreciando a beleza da Perspectiva Nevsky, a principal avenida, passeamos pelo rio, subimos à torre da mais alta e mais bela igreja da cidade, a Catedral de Santo Isaac, agora transformada em Museu, e onde um guia de turistas nos mostrava como 'a Igreja explorava a crença dos pobres'./ Na terceira noite partimos para Moscou em um trem com vagão-leito, herança do tzarismo, até bem confortável e, no dia seguinte, pela manhã, estávamos em Moscou. Afinal, a grande cidade, a capital do mundo comunista! A cidade com que sonhavam todos os comunistas do mundo, como os muçulmanos sonham com Meca!/ Moscou era então uma cidade velha e feia, com um ou outro edifício novo, o mais alto dos quais era a sede do *Pravda*, o diário oficial do Partido da URSS. No Brasil havia edifícios mais altos e belos, pensava eu, amargurado. Mas tinha de ser assim mesmo, pois mal estavam começando! E isso me consolava"; ver Leôncio Basbaum, *Uma vida em seis tempos*, cit., p. 57-8.

[74] Ver Carta de Carlos Prado a Caio Prado Júnior, Fundo Caio Prado Júnior, IEB/USP, caixa n. 31, documento 65, em levantamento realizado por Graziela Forte.

[75] Na segunda metade da década de 1970, Carlos Prado escreveria o artigo "Direitos humanos", que deixou inacabado e nunca foi publicado. Nele, diria: "Considere-se a URSS: neste país vigora, há mais de 60 anos, uma ordem socialista; a imensa maioria de sua população foi pois abeberada, desde o berço, com a doutrina marxista e esta lhe foi administrada, indubitavelmente, com grande eficácia; além disto, tornou-se politicamente consciente e capaz de avaliar os indiscutíveis benefícios que lhes trouxe o socialismo. É pois muitíssimo pouco provável que hoje em dia haja, na URSS, mais do que uma insignificante porcentagem de inimigos do socialismo. Por que cargas d'água necessitaria pois o Estado soviético duma polícia política sem rival na Terra inteira, pelas suas força, técnica e violência? Por que cargas d'água haveria no país um número tão descomunal de presos políticos? Excluídos mortos e desaparecidos, este número varia, dependendo dos avaliadores, entre um milhão e muitos milhões; e é preciso considerar-se que, em todos os países governados policialmente, o número de inimigos do Estado é sempre incomparavelmente maior do que o dos que são presos, pois raríssimos são os humanos dotados de suficientes convicção, ânimo e coragem para se arriscar a cair nas garras duma polícia cujo poder é praticamente ilimitado..." Ele continua: "Está claro, pois, que a função da dita polícia não é apenas a defesa do socialismo, na guerra que lhe movem os Estados capitalistas.

Para que assim fosse, com efeito, seria preciso que houvesse na URSS milhões de traidores, vendidos aos Estados capitalistas [...] Tudo leva pois a crer que os dissidentes soviéticos não são inimigos do Estado devido ao fato dele defender uma Ordem socialista, mas sim devido ao mero fato dele ser policial. Se não o fosse, com efeito, se todas as opiniões pudessem ser defendidas à luz do dia, livremente, quaisquer atos nocivos ou injustos, eventualmente concebidos pelo Estado não poderiam sustentar-se, mas teriam de ser reformulados ou eliminados, desaparecendo assim quaisquer razões para que por sua causa surgissem inimigos do Estado; se, pelo contrário, as críticas a atos do Estado é que se revelassem não válidas, seriam elas que se evaporariam, sem criar desentendimentos permanentes. Se portanto o Estado soviético fosse democrático, ele teria a seu favor: no exterior, todos os injustiçados pelo capitalismo, isto é, a enorme maioria dos cidadãos dos países capitalistas, uma boa parte dos quais teme o 'comunismo', devido ao fato do modelo soviético ser intolerante e barbaramente repressivo; e no interior, praticamente *toda* a população da URSS". Prosseguia: "Por outra parte, a Ordem vigente na URSS está muito longe da IGUALDADE democrática, e de modo algum está-se aproximando dela. Depois de 60 anos de socialismo, com efeito, a população do país acha-se estratificada em classes de níveis econômicos – e consequentemente de status social –, muito diferentes entre si. Estas diferenças são postas flagrantemente em bairros de luxo, onde, em apartamentos tão sofisticados quanto os de executivos capitalistas de grandes firmas, moram somente funcionários de alto gabarito. Em outros bairros residem, muito mais modestamente, funcionários de status médio; e, finalmente, a grande maioria da população vive aglomerada em pequenos apartamentos, destinados aos que ganham apenas o suficiente para que não lhes falte o mínimo indispensável para mantê-los acima da miséria; que, por conseguinte, embora não sejam miseráveis, poderiam ser considerados como constituindo *as classes inferiores* da população soviética". E então: "Ora, este estado de coisas não é provisório, mas tende, pelo contrário, a se consolidar cada vez mais, por duas razões. Duma parte porque, tal como na Ordem capitalista, o montante dos salários tem por base a competência e a eficiência dos assalariados. Doutra parte, porque como todos os assalariados são, direta ou indiretamente, funcionários do Estado e este é uma ditadura absoluta, o filhotismo grassa desenfreadamente no país; do que resulta, portanto, que tal como na Ordem capitalista, parentes e amigos de cidadãos influentes obtêm melhores empregos do que os demais (isto é, a enorme maioria), que não têm a sorte de ser apadrinhados. Em suma, tal e qual como sucede nos países capitalistas. Nestes últimos, com efeito, os empregos (quer governamentais, quer privados) não são obtidos apenas graças à competência, mas em grande parte o são, graças à proteção de cidadãos influentes"; ver Carlos Prado, "Direitos humanos", texto inédito, arquivo pessoal de Cláudio Prado.

4. Os anos de fogo: da ANL ao cárcere

[1] Ver carta de Caio Prado Júnior e grupo de advogados ao corregedor da comarca da capital, São Paulo, 19 de dezembro de 1933, acervo de Caio Prado Júnior, IEB/USP, código de referência CPJ-CP003.

[2] Idem.

[3] Os signatários eram Caio Prado Júnior, Athos Ribeiro, Aureliano Guimarães, Lauro Caribé da Rocha, Danton Vampré, Miguel Ferrara, José Alvaro de Alvares Otero, Cicero Ferreira de

Abreu, Gama Cerqueira (professor da Faculdade de Direito), Ataliba Pereira Vianna, Antonio Pada Nunes, Enéas Ferreira, José Bonifácio Ferreira, Dimas César, Leal Costa, Alceu Ribeiro Meirelles, Sylvio Margarido, Ladira Marques, Synesio Rocha, M. C. Ferraz de Almeida, J. Otaviano de Lima Pereira, Martiniano Leonel de Rezende, Francisco Grandino Filho, Lívio Barreto Xavier, A. B. Velloso Junior, Noé Cesar, Egberto Chaves, Joviniano R. Cappellano, Jovilino Camargo Junior, Renato Werneck de Almeida Avelar, Paulo Rubião Meira, Tarquinio Giglio, Lazaro Maria da Silva, Mario Coutinho, Justo Seabra, Luciano Ribeiro Pinto, F. Collaço Veras, Abrahão Blay, Ennio Mario Rossi, Oscar Correa Pina, Nabor Cayres de Brito, João B. T. M. Tolosa, A. A. Prado e Ulysses Coutinho.

[4] Ver Boris Koval, *História do proletariado brasileiro*, cit., p. 275.

[5] Ver Paulo Henrique Martinez, *A dinâmica de um pensamento crítico*, cit., p. 164-5.

[6] Ver Boris Koval, *História do proletariado brasileiro*, cit., p. 276.

[7] Ibidem, p. 281.

[8] Para uma discussão sobre o VII Congresso da IC, ver Marta Dassú, "Frente única e frente popular: o VII Congresso da Internacional Comunista", em Eric J. Hobsbawm, *História do marxismo*, v. 6: *O marxismo na época da Terceira Internacional, da Internacional Comunista de 1919 às Frentes Populares* (Rio de Janeiro, Paz e Terra, 1988), p. 293-336.

[9] Ver Stanley Hilton, *A rebelião vermelha* (Rio de Janeiro, Record, 1986), p. 52.

[10] Ver Marly de Almeida Gomes Vianna, *Revolucionários de 1935, sonho e realidade*, cit., p. 158.

[11] Ibidem, p. 164.

[12] Ver Stanley Hilton, *A rebelião vermelha*, cit., p. 52. O livro mais importante sobre o tema é, provavelmente, *Revolucionários de 1935, sonho e realidade,* da historiadora Marly Vianna.

[13] Ver Marcos Del Roio, *A classe operária na revolução burguesa*, cit., p. 288.

[14] É comum encontrar livros que indicam CPJ como "vice-presidente" da ANL. O próprio Caio, contudo, afirmava ter sido o presidente da Aliança no estado, mesmo que em entrevista, na velhice, tenha dito que havia atuado como "um dos dirigentes da Aliança em São Paulo, como vice-presidente. O general Miguel Costa era o presidente, mas nunca atuou muito". De qualquer forma, o cartaz da campanha de CPJ a deputado federal indicaria que ele havia sido "presidente" da entidade em São Paulo. O mesmo diriam informes policiais da época. Essa posição foi corroborada por diferentes historiadores do comunismo no Brasil; ver, por exemplo, John W. F. Dulles, *Brazilian Communism, 1935-1945: Repression During World Upheaval* (Austin, University of Texas Press, 1983), p. 49; Stanley Hilton, *A rebelião vermelha*, cit., p. 55; e depoimento da principal estudiosa do assunto, Marly Vianna, a Luiz Bernardo Pericás, junho de 2015. A informação é corroborada por Yuri Costa, neto de Miguel Costa.

[15] Depoimento de Marly Vianna a Luiz Bernardo Pericás, junho de 2015.

[16] John W. F. Dulles, *Brazilian Communism, 1935-1945*, cit., p. 7.

[17] Ver Marly de Almeida Gomes Vianna, *Revolucionários de 1935*, cit., p. 233.

[18] Depoimento de Marly Vianna a Luiz Bernardo Pericás, junho de 2015.

[19] Ver Dops, 50-H-84-2, São Paulo, 19 de maio de 1958, arquivo pessoal de Danda Prado.

[20] Ver Dops, 30-K-33, São Paulo, 19 de maio de 1958, arquivo particular de Danda Prado.

²¹ Idem.

²² Ver Paulo Henrique Martinez, *A dinâmica de um pensamento crítico*, cit., p. 246; e "Aliança Nacional Libertadora", *O Estado de S. Paulo*, 12 maio 1935, p. 12.

²³ Ver carta de Caio Prado Júnior a Baby, São Paulo, 20 de maio de 1935, acervo particular de Danda Prado.

²⁴ Ver Dops, 50-H-84-2, São Paulo, 19 de maio de 1958, arquivo pessoal de Danda Prado.

²⁵ Ver Caio Prado Júnior, "O programa da Aliança Nacional", em Luiz Bernardo Pericás e Paulo Barsotti (orgs.), *América Latina: história, ideias e revolução* (São Paulo, Xamã, 1998), p. 77-94.

²⁶ Paulo Henrique Martinez, *A dinâmica de um pensamento crítico*, cit., p. 247.

²⁷ Ver SMT, R/GD 3973, R/PB 743-CIOp, Informação n. 683, Arquivo Geral, São Paulo, 6 de novembro de 1973, Argemiro Laurindo Carbonelli, chefe do Arquivo Geral do Dops.

²⁸ Citado em Maria Angela D'Incao (org.), *História e ideal: ensaios sobre Caio Prado Junior*, cit., p. 479.

²⁹ Ver Boris Koval, *História do proletariado brasileiro*, cit., p. 304-5.

³⁰ Ver carta de Caio Prado Júnior a Walfrido Guimarães, São Paulo, 23 de agosto de 1935, acervo de Caio Prado Júnior, IEB/USP, código de referência CPJ-CA116.

³¹ Ver Secretaria de Segurança Pública, Serviço de Informação, 30K/33/227, 28 de julho de 1970.

³² Ibidem, p. 327-8. De acordo com o *New York Times*, seriam 7 mil presos, entanto o francês *L'Humanité* elevaria o número para 17 mil; ver Carlos Guilherme Mota e Adriana Lopez, *História do Brasil: uma interpretação*, 2. ed., São Paulo, Editora 34, 2015, p. 653.

³³ Ibidem, p. 328.

³⁴ Ver Lincoln Secco, *Caio Prado Júnior, o sentido da revolução*, cit., p. 51, e Maria Célia Wider, *Caio Prado Jr., um intelectual irresistível*, cit., p. 48. Ele seria acusado, na ocasião, de ter se reunido na sede do jornal *A Platéa* com o médico José Maria Gomes e com o advogado de Rio Claro, Danton Vampré; ver Lincoln Secco, *Caio Prado Júnior, o sentido da revolução*, cit., p. 51.

³⁵ Ver "Vila Maria Zélia, fundada em 1917", disponível em: <http://www.vilamariazelia.com.br/historia.htm>.

³⁶ Ver a entrevista de Jair Siqueira Calçada, companheiro de caserna de Djalma Maranhão, concedida a Eduardo Maffei, disponível em: <http://www.dhnet.org.br/memoria/1935/livros/insurreicao/anexos09.htm>.

³⁷ Ver Regina Célia Pedroso, "Abaixo os direitos humanos! A história do massacre de cento e onze presos na Casa de Detenção de São Paulo", *Revista Liberdades*, Instituto Brasileiro de Ciências Criminais, disponível em: <http://www.ibccrim.org.br/revista_liberdades_artigo/119-HISTORIA>.

³⁸ Ver carta de Caio Prado Júnior a Baby, São Paulo, 17 de dezembro de 1935, acervo particular de Danda Prado.

³⁹ Idem.

⁴⁰ Ver carta de Baby a Caio Prado Júnior, São Paulo, 21 de dezembro de 1935, acervo particular de Danda Prado.

[41] O irmão Carlos se "entusiasmaria" com a nova barba, enquanto a esposa e os filhos, "não muito"; ver carta de Baby a Caio Prado Júnior, São Paulo, 28 de dezembro de 1935, acervo particular de Danda Prado.

[42] Ver carta de Baby a Caio Prado Júnior, São Paulo, 6 de janeiro de 1936, acervo particular de Danda Prado.

[43] Idem.

[44] Ver carta de Caio Prado Júnior a Baby, São Paulo, 11 de janeiro de 1936, acervo particular de Danda Prado.

[45] Ver carta de Caio Prado Júnior a Baby, São Paulo, 6 de janeiro de 1936, acervo particular de Danda Prado.

[46] Carta de Caio Prado Júnior a Baby, São Paulo, 16 de janeiro de 1936, acervo particular de Danda Prado.

[47] Idem.

[48] Carta de Baby a Caio Prado Júnior, São Paulo, 17 de janeiro de 1936, acervo particular de Danda Prado.

[49] Ver carta de Caio Prado Júnior a Baby, São Paulo, 19 de janeiro de 1936, acervo particular de Danda Prado.

[50] Ver carta de Caio Prado Júnior a Baby, São Paulo, 24 de janeiro de 1936, acervo particular de Danda Prado.

[51] Ver carta de Caio Prado Júnior a Baby, São Paulo, 27 de janeiro de 1936, acervo particular de Danda Prado.

[52] Idem.

[53] Ver carta de Caio Prado Júnior a Baby, São Paulo, 26 de janeiro de 1936, acervo particular de Danda Prado.

[54] Ver carta de Caio Prado Júnior a Baby, São Paulo, 27 de janeiro de 1936, acervo particular de Danda Prado.

[55] Ver carta de Caio Prado Júnior a Baby, São Paulo, 2 de fevereiro de 1936, acervo particular de Danda Prado.

[56] Ver carta de Caio Prado Júnior a Baby, São Paulo, 9 de fevereiro de 1936, acervo particular de Danda Prado.

[57] Idem.

[58] Ver carta de Caio Prado Júnior a Baby, São Paulo, 11 de fevereiro de 1936, acervo particular de Danda Prado.

[59] Ver carta de Caio Prado Júnior a Baby, São Paulo, 22 de fevereiro de 1936, acervo particular de Danda Prado.

[60] Ver carta de Caio Prado Júnior a Baby, São Paulo, 18 de fevereiro de 1936, acervo particular de Danda Prado.

[61] Ver carta de Caio Prado Júnior a Baby, São Paulo, 11 de fevereiro de 1936, acervo particular de Danda Prado. O jogo não foi especificado na correspondência.

⁶² Ver carta de Caio Prado Júnior a Baby, São Paulo, 25 de fevereiro de 1936, acervo particular de Danda Prado.

⁶³ Ver carta de Caio Prado Júnior a Baby, São Paulo, 3 de março de 1936, acervo particular de Danda Prado.

⁶⁴ John W. F. Dulles, *Brazilian Communism, 1935-1945*, cit., p. 21-2.

⁶⁵ Ver carta de Caio Prado Júnior a Baby, São Paulo, 3 de março de 1936, acervo particular de Danda Prado.

⁶⁶ Ver carta de Caio Prado Júnior a Baby, São Paulo, 13 de março de 1936, acervo particular de Danda Prado.

⁶⁷ Ver carta de Caio Prado Júnior a Baby, São Paulo, 15 de março de 1936, acervo particular de Danda Prado.

⁶⁸ Ver Maria Célia Wider, *Caio Prado Jr., um intelectual irresistível*, cit., p. 47.

⁶⁹ Ver carta de Caio Prado Júnior a Baby, São Paulo, 23 de maio de 1936, acervo particular de Danda Prado.

⁷⁰ Ver carta de Caio Prado Júnior a Baby, São Paulo, 17 de março de 1936, acervo particular de Danda Prado.

⁷¹ Idem.

⁷² Ver carta de Caio Prado Júnior a Baby, São Paulo, 18 de abril de 1936, acervo particular de Danda Prado.

⁷³ Idem.

⁷⁴ Ver carta de Baby a Caio Prado Júnior, Guarujá, 20 de abril de 1936, acervo particular de Danda Prado.

⁷⁵ Ver Maria Célia Wider, *Caio Prado Jr., um intelectual irresistível*, cit., p. 53 e 55.

⁷⁶ Ver carta de Caio Prado Júnior a Baby, São Paulo, 23 de maio de 1936, acervo particular de Danda Prado.

⁷⁷ Ver carta de Baby a Arthur Leite de Barros, São Paulo, 9 de junho de 1936, acervo particular de Danda Prado.

⁷⁸ SMT, R/GD 3973, R/PB 743-CIOp, Informação n. 683, Arquivo Geral, São Paulo, 6 de novembro de 1973, Argemiro Laurindo Carbonelli, chefe do Arquivo Geral do Dops.

⁷⁹ Ver carta de Flores da Cunha a Fábio Prado, Porto Alegre, 3 de julho de 1936, acervo de Caio Prado Júnior, IEB/USP, códigos de referência CPJ-CT-033, CPJ-CT-033a e CPJ-CT-033b.

⁸⁰ John W. F. Dulles, *Brazilian Communism, 1935-1945*, cit., p. 48-9.

⁸¹ Idem.

⁸² Ver carta de Caio Prado Júnior a Baby, São Paulo, 8 de outubro de 1936, acervo particular de Danda Prado.

⁸³ Uma descrição do episódio pode ser encontrada em John W. F. Dulles, *Brazilian Communism, 1935-1945*, cit., p. 52-4.

⁸⁴ Ver carta de Caio Prado Júnior a Baby, São Paulo, 5 de maio de 1937, acervo particular de Danda Prado.

[85] Depois da posse de José Carlos de Macedo Soares como ministro da Justiça, em meados de 1937, ocorreria a chamada "macedada", quando centenas de presos seriam soltos, num gesto de relativa liberalização do regime.

[86] Ver cartão da Bibliothèque Nationale, acervo de Caio Prado Júnior, IEB/USP, código de referência CPJ-IC017].

[87] Depoimento de Marly Vianna a Luiz Bernardo Pericás, abril de 2012.

[88] Correspondência de Anita Leocadia Prestes a Luiz Bernardo Pericás, julho de 2015. Para mais informações sobre a "Campanha Prestes", ver Anita Leocadia Prestes, *Campanha Prestes pela libertação dos presos políticos no Brasil (1936-1945)* (São Paulo, Expressão Popular, 2013).

[89] Ver Alex Hughes e Keith Reader (orgs.), *Encyclopedia of Contemporary French Culture* (Londres, Routledge, 1998), p. 359.

[90] Ver Brigitte Studer, *The Transnational World of the Cominternians* (Londres, Palgrave Macmillan, 2015), p. 11.

[91] Ver certidão de casamento de Caio Prado Júnior e Helena Maria Magalhães Nioac, República Oriental del Uruguay, Certif. n. 12/87923, Registro de Estado Civil n. PL-48597, 13 de outubro de 1944, expedido por Alberto Romero, acervo de Caio Prado Júnior, IEB/USP, código de referência CPJ-IC027.

[92] Ver carta de Carminha a Caio Prado Júnior, s. l., 14 de maio de 1938, acervo de Caio Prado Júnior, IEB/USP, código de referência CPJ-CP008.

[93] Ver carta de Caio Prado Júnior a Baby, Paris, 29 de junho de 1938, acervo particular de Danda Prado.

[94] Ver carta de Caio Prado Júnior a Baby, Helsinki, 4 de outubro de 1938, acervo particular de Danda Prado.

[95] Ver Boris Koval, *História do proletariado brasileiro*, cit., p. 334.

[96] Ver Marcos Tarcisio Florindo, "O Deops/SP na Era Vargas: crescimento institucional, administração burocrática e práticas tradicionais de atuação pública", *Aurora*, ano V, n. 7, janeiro de 2011, p. 134. Disponível em: <http://www.marilia.unesp.br/Home/RevistasEletronicas/Aurora/2florindo124a139.pdf>. Uma das melhores e mais detalhadas discussões acerca desse período pode ser encontrada no livro *Luta subterrânea: o PCB em 1937-1938*, de Dainis Karepovs (São Paulo, Hucitec/Editora Unesp, 2003).

[97] O TSN deveria funcionar durante o "estado de guerra" e julgar os casos de "subversão". Consistiria em cinco juízes, dois militares, dois civis e um magistrado profissional. A presidência do Tribunal foi para o juiz Frederico de Barros Barreto; ver John W. F. Dulles, *Brazilian Communism, 1935-1945*, cit., p. 45.

[98] Os outros absolvidos no mesmo dia foram Alcyr Proost de Souza, Antonio Lourenço Machado, Ariosto Pereira Magalhães, Bernardino Martins, Carlos Berretari, Roberto Sisson, David Wasserman, Diogo de Oliveira Martins, Silicindo Lopes, Gilberto de Andrade e Silva, Higino Alonso Delgado, João Adolpho Schutz, João Andrade Câmara, João Sermiano Ferreira, João Góes, José Moran Menendez, Julio Feijó Fernandes, Luiz Moran, Manuel Rios, Nelson Rangel, Noé Ribeiro de Castro, Raphael Sampaio Filho, Reginaldo Xavier de Carvalho, Ruy Barbosa de Moraes, Secundino Barreto e Ubaldo Castro; ver "Decisões proferidas pelo tribunal de segurança: absolvições em processo de São Paulo, diligência efetuada na Casa de Correção",

O Estado de S. Paulo, 30 nov. 1938, p. 1; ver também Dops, 50-H-84-2, São Paulo, 19 de maio de 1958, arquivo pessoal de Danda Prado.

5. Novas trincheiras de luta

[1] Ver Paulo Iumatti, *Caio Prado Jr.: uma trajetória intelectual* (São Paulo, Brasiliense, 2007), p. 136.

[2] Ela se separaria de Francisco Luís da Cunha Bueno primeiro informalmente e depois legalmente, por sentença dos tribunais de São Paulo, em 27 de maio de 1942.

[3] Ver Dops, 30-C-1-1209, São Paulo, 19 de maio de 1958, arquivo pessoal de Danda Prado.

[4] Caio Prado Júnior, *Formação do Brasil contemporâneo* (24. reimp., São Paulo, Brasiliense, 1996), p. 31.

[5] Octavio Ianni, "A dialética da história", em Maria Angela D'Incao (org.), *História e ideal*, cit., p. 66, e Luiz Bernardo Pericás e Maria Célia Wider, "Caio Prado Júnior", cit., p. 193.

[6] Ver Maria Cecília Naclério Homem, "Do palacete à enxada", em Maria Angela D'Incao (org.), *História e ideal: ensaios sobre Caio Prado Júnior*, cit., p. 48.

[7] Ver certidão de casamento de Caio Prado Júnior e Helena Maria Magalhães Nioac, República Oriental del Uruguay, Certif. n. 12/87923, Registro de Estado Civil n. PL-48597, de 13 de outubro de 1944, expedido por Alberto Romero, acervo de Caio Prado Júnior, IEB/USP, código de referência CPJ-IC027. Ambos diriam que estavam domiciliados, na ocasião, na rua Soriano, 872, daquela cidade.

[8] Ver carta de Helena Nioac Prado a Brasilio Machado Neto, São Paulo, 10 de maio de 1950, acervo de Caio Prado Júnior, IEB/USP, código de referência CPJ-CT-102.

[9] Ver Nota da Superintendência de Segurança Política e Social, "SS", 30K, 33, 31A, São Paulo, 6 de março de 1950, arquivo particular de Danda Prado.

[10] Também faziam parte da comissão o presidente da Câmara Municipal de São Paulo, André Nunes Júnior, o deputado Eumenio Machado, João Mendonça Falcão, Péricles Rolim, Cid Franco, Antonio Montezano, José Manino, Rio Branco Paranhos, Licio Moura e Afonso Schmidt, entre outros.

[11] Ver "Jornada O Brasil no Após Guerra", *O Estado de S. Paulo*, 21 dez. 1943, p. 11.

[12] Ver "Solenidade de inauguração das instalações da Editora Brasiliense", acervo de Caio Prado Júnior, IEB/USP, CPJ-RO-102. Na versão de Tito Batini: "Durante os anos em que Arthur Neves se juntara a nós no comitê de ação, propusera-me a fundação de uma editora que publicaria livros de esquerda. Não possuíamos capital para tanto, mas, dizia-me Arthur, podíamos contar com o nome de Monteiro Lobato e da romancista que se assinava 'Mme. Leandro Dupré', a qual com grande êxito lançara o romance *Éramos seis*. Os direitos autorais de ambos os escritores só por si representariam significativo capital. Imaginoso e ativo, Arthur, que se tornara grande amigo desses autores, trabalhando na ocasião na Companhia Editora Nacional, onde Octales Marcondes Ferreira era seu mestre, sugeria-me o nome de Caio Prado Júnior para reforçar nosso grupo. Embora havendo convivido com Caio no Presídio Maria Zélia, Arthur não se considerava capaz de influenciá-lo; pediu-me que o procurasse e fizesse de tudo para convencê-lo a sair do seu escritório, onde só se ocupava do estudo de nossos

problemas econômicos e sociais, sem vir à prática e sem ligar-se à produção. Fui visitá-lo por várias vezes e por fim consegui trazê-lo à Sociedade Brasileira de Escritores, que mensalmente realizava aos sábados um almoço de encontro e confraternização, durante o qual, por votação, premiávamos o melhor artigo publicado na imprensa. E durante tais almoços obtivemos sua adesão à ideia da editora. Arthur deixou, então, seu emprego, trazendo para a nova editora Lobato, Caio e Mme. Leandro Dupré. Esta é a história do surgimento da Editora Brasiliense". Ver Tito Batini, *Memórias de um socialista congênito*, cit., p. 266-7.

[13] Ver Dops, 50-Z-165-14, São Paulo, 19 de maio de 1958, arquivo pessoal de Danda Prado.

[14] Idem.

[15] Ver carta de Caio Prado Júnior a Aprigio dos Anjos, São Paulo, 10 de junho de 1943, acervo de Caio Prado Júnior, IEB/USP, código de referência CPJ-CA028.

[16] Idem.

[17] Ver Maria Célia Wider, *Caio Prado Jr., um intelectual irresistível*, cit., p. 29-30.

[18] Ver carta de Caio Graco Prado a Caio Prado Júnior, Rio de Janeiro, 11 de dezembro de 1943, acervo de Caio Prado Júnior, IEB/USP, código de referência CPJ-CGP033.

[19] Ver carta de Danda Prado a Caio Prado Júnior, Rio de Janeiro, 4 de outubro de 1946, acervo de Caio Prado Júnior, IEB/USP, código de referência CPJ-YCP159.

[20] Ver cartas de Danda Prado a Caio Prado Júnior, Rio de Janeiro, 13 de março de 1947, 1º de maio de 1947, 28 de agosto de 1947, 15 de agosto de 1947, 18 de março de 1948, 20 de setembro de 1948 e São Paulo, 26 de maio de 1949, acervo de Caio Prado Júnior, IEB/USP, códigos de referência CPJ-YCP176, CPJ-YCP181, CPJ-YCP197, CPJ-YCP200, CPJ-YCP223, CPJ-YCP243 e CPJ-YCP250.

[21] Depoimento de Cláudia Prado a Luiz Bernardo Pericás, 2014.

[22] Ver José Antonio Segatto, *Breve história do PCB* (2. ed., Belo Horizonte, Oficina de Livros, 1989), p. 56.

[23] Ver Edgard Carone, *A terceira república (1937-1945)* (São Paulo, Difel, 1976), p. 507.

[24] Ver Dainis Karepovs, "Caio da Silva Prado Júnior: um perfil biográfico", em *Caio Prado Júnior, parlamentar paulista* (São Paulo, Imprensa Oficial do Estado, 2003), p. 14.

[25] Ver John W. F. Dulles, *Brazilian Communism, 1935-1945: Repression During World Upheaval* (Austin, University of Texas Press, 1983), p. 198.

[26] Ibidem, p. 199.

[27] Idem.

[28] Ibidem, p. 202.

[29] Ibidem, p. 200.

[30] Ver José Antonio Segatto, *Breve história do PCB*, cit., p. 56.

[31] Em carta de 1º de fevereiro de 1944, Prestes diria ao historiador: "Seria ingenuidade de minha parte supor que por seu intermédio fosse possível chegar ao nosso povo a palavra de orientação política que tanto lhe desejaria dirigir, pois, como V. mesmo sabe, não permitiu o governo até agora que fossem encaminhados aos seus destinatários nem meu telegrama de 21 de agosto de 1942 a *La Razón* de Mdeo [Montevidéu], nem mesmo minha carta de junho do

mesmo ano ao Agildo Barata, documentos ambos que V. conhece e cita em sua carta. Nestas condições, responder à sua pergunta seria dirigir-me diretamente aos governantes – coisa totalmente desnecessária para quem como eu jamais participaria de acordos ou conchavos com os poderosos –, caminho escuso, útil talvez aos politiqueiros, mas impróprio à efetivação de uma verdadeira união nacional, que só pode surgir com a obra livre de toda a Nação. O essencial, por isso, é que os governantes confiem no povo, no seu ódio ao fascismo e no seu patriotismo, capaz de todos os sacrifícios. Hoje, não há um só patriota consciente – entre os quais naturalmente me coloco – que pense em derrubar governos. Muito ao contrário: todos só querem apoiar o governo constituído, o que aí está, independentemente dos homens que o formam e de suas atitudes anteriores – basta que lutem sinceramente contra o nazismo, não aproveitem as posições que ocupam para sabotar a vontade de luta de toda a Nação. Mas apoiar é colaborar, participar ativamente no governo ou fora dele – da vida política da Nação, é sugerir, discutir, contrariar ou aplaudir. Nenhum homem livre e digno pode prometer *apoio incondicional* a quem quer que seja, e muito menos à tirania que o amordaça e, ainda hoje, arma sicários para que fuzilem nas ruas de S. Paulo estudantes que só desejam apoiar o governo e participar da guerra contra o nazismo e, para tanto, pedem logicamente liberdade – a prática da democracia pela qual vão morrer na Europa os nossos soldados. Esteja certo, meu amigo: se luta contra nazismo é inseparável de luta pela democracia no país, já que sem esta unidade nacional, reduzida a um simples jogo de palavras, é praticamente impossível e sem prévia unidade nacional teremos de passar pela mesma *via crucis* por que passa a França, ou pela humilhação degradante de uma ditadura militarista a Cel. Perrón mais ou menos integralista, antes de poder vislumbrar sequer os primeiros indícios da Vitória sobre o nazismo". Continua: "E, como V. sabe, os problemas nacionais, devido em grande parte à própria guerra, mas também a velhos erros a ela anteriores, são de solução dia a dia mais difícil de encontrar e, nestas condições, se pela livre colaboração dos homens honestos, dos que só sabem dizer as verdades e, por isso, desagradam ao DIP e vivem ameaçados pela monstruosa legislação antidemocrática dos últimos tempos, só com a colaboração de tais homens, repito, conseguirá o governo fazer calar os falsos antinazistas, desmascarar a crítica derrotista e perversa dos que exploram o descontentamento popular com o único fim de dificultar a tarefa dos governantes e impedir a realização do pouco que estes ainda fazem em apoio dos povos das Nações Unidas. E aí tem o que lhe posso dizer por hoje. Para ser útil ao Brasil e ao seu povo, como V. deseja, lute sem repouso pela imediata revogação de todas as leis, inclusive artigos constitucionais, que impedem ou limitam as liberdades populares: liberdade de manifestação do pensamento, de palavra, de imprensa, liberdade de reunião, liberdade de organização, liberdades de opiniões políticas, liberdades para os partidos políticos etc. Pode crer, meu amigo, que com a prática da liberdade todos os problemas nacionais poderão ser resolvidos sem grandes choques e sem maiores derramamentos de sangue"; ver carta de Luiz Carlos Prestes a Caio Prado Júnior, s. l., 1º de fevereiro de 1944, acervo de Caio Prado Júnior, IEB/USP, código de referência CPJ-CP-PRE001.

[32] Ver carta de Caio Prado Júnior ao Sindicato dos Trabalhadores em Empresas Ferroviárias da Zona Paulista, São Paulo, 11 de abril de 1944, acervo de Caio Prado Júnior, IEB/USP, código de referência CPJ-CA025.

[33] Ver carta de Ari de Alvarenga Gouvêa a Caio Prado Júnior, Belo Horizonte, 27 de maio de 1944, acervo de Caio Prado Júnior, IEB/USP, código de referência CPJ-CP-UEEMG001.

34 Ver carta das Ediciones Pueblos Unidos a Caio Prado Júnior, Montevidéu, 29 de setembro de 1944, acervo de Caio Prado Júnior, IEB/USP, código de referência CPJ-CP-EPUL001.

35 Ver carta de Jorge Amado a Caio Prado Júnior, Periperi, 21 de agosto de 1944, acervo de Caio Prado Júnior, IEB/USP, código de referência CPJ-CP-AMAD001.

36 Ver cartas de Héctor Agosti a Caio Prado Júnior, Montevidéu, 12 de março de 1945, 29 de setembro de 1944, 15 de junho de 1945, 23 de junho de 1945, e Buenos Aires, 17 de setembro de 1945, 8 de dezembro de 1945, 21 de março de 1946, 6 de agosto de 1946, 27 de agosto de 1946, acervo de Caio Prado Júnior no IEB/USP, códigos de referência CPJ-CP-AGO003, CPJ-CP-AGO001 e CPJ-CP-AGO002, CPJ-CP-AGO004, CPJ-CP-AGO005, CPJ-CP--AGO006, CPJ-CP-AGO008, CPJ-CP-AGO009, CPJ-CP-AGO010, CPJ-CP-AGO011.

37 Ver carta de Caio Prado Júnior a Octavio Thyrso, São Paulo, 8 de novembro de 1944, acervo de Caio Prado Júnior, IEB/USP, código de referência CPJ-CP026.

38 Idem.

39 Caio Prado Júnior e Antonio Candido teriam mantido longas e continuadas conversas para preparar o Congresso no escritório da Editora Brasiliense; ver Maria Célia Wider, *Caio Prado Jr.: um intelectual irresistível*, cit., p. 71.

40 Ver Paulo Teixeira Iumatti, *Diários políticos de Caio Prado Júnior*, cit., p. 46.

41 Ver Heitor Ferreira Lima, *Caminhos percorridos*, cit., p. 275.

42 Ver carta de Roberto Henrique Faller Sisson a Caio Prado Júnior, Rio de Janeiro, 30 de março de 1945, acervo de Caio Prado Júnior, IEB/USP, código de referência CPJ-CP-SIS002.

43 Idem.

44 Ver telegrama de Caio Prado Júnior a Gilberto Freyre, 5 de março de 1945, acervo de Caio Prado Júnior, IEB/USP, código de referência CPJ-CA173.

45 Ver Paulo Teixeira Iumatti, *Diários políticos de Caio Prado Júnior*, cit., p. 56.

46 Ver Maria Victoria de Mesquita Benevides, *A UDN e o udenismo, ambiguidades do liberalismo brasileiro (1945-1965)* (Rio de Janeiro, Paz e Terra, 1981), p. 23-39. Ver também Tito Batini, *Memórias de um socialista congênito*, cit., p. 255. De acordo com Batini, "após a saída da prisão de Prestes, com quem nossos primeiros contatos vinham sendo feitos por Ilvo e Silo Meireles, a posição da CNOP seguida por este de não hostilização ao governo Vargas e com a passagem para aquele grupo de companheiros do comitê de ação, diminuiu nossa influência dentro da UDN, o que ensejou espaço aos elementos mais reacionários da direita, provindos do Partido Social Democrata, os quais transformaram essa frente no reacionário partido feudal burguês", idem.

47 Depoimento de Maria Victoria Mesquita Benevides a Luiz Bernardo Pericás, julho de 2015. Benevides afirma que Caio teria sugerido tanto "União" como "Democrática" para a sigla.

48 Ver Dops, 30-Z-50-6, São Paulo, 19 de maio de 1958, arquivo pessoal de Danda Prado.

49 Ver Maria Victoria de Mesquita Benevides, *A UDN e o udenismo, ambiguidades do liberalismo brasileiro (1945-1965)*, cit., p. 38-9.

50 Ver carta de Caio Prado Júnior ao redator do jornal *O Estado de S. Paulo*, 11 out. 1976, acervo de Caio Prado Júnior, IEB/USP, código de referência CPJ-CA187.

51 Ver Caio Prado Júnior, "Diário político de 23 de novembro de 1945", citado em Paulo Iumatti, *Diários políticos de Caio Prado Júnior: 1945*, cit., p. 205.

52 Ver Dops, 30-Z-50-5, São Paulo, 19 de maio de 1958, arquivo pessoal de Danda Prado.

53 Secretaria de Segurança Pública, Serviço de Informação, 30K/33/227, 28 de julho de 1970.

54 O Movimento Unificador dos Trabalhadores defendia um programa que reivindicava liberdade dos sindicatos ao controle do governo, criação de uma federação geral, restabelecimento do direito de greve e estabelecimento de contatos com organizações sindicais internacionais; ver Boris Koval, *História do proletariado brasileiro*, cit., p. 368.

55 Dênis de Moraes, *O velho Graça: uma biografia de Graciliano Ramos* (São Paulo, Boitempo, 2012), p. 207.

56 Ver José Antonio Segatto, *Breve história do PCB*, cit., p. 59.

57 Ver carta de Victor Konder a Caio Prado Júnior, Rio de Janeiro, 2 de maio de 1945, acervo de Caio Prado Júnior, IEB/USP, código de referência CPJ-CP-KON003.

58 Seriam três operários e dois outros, entre eles, o próprio Konder.

59 Idem.

60 Ver Paulo Iumatti, *Diários políticos de Caio Prado Júnior: 1945*, cit., p. 76-7.

61 Juntamente com Tito Batini, Paulo Zingg e Garcia Munhoz.

62 Segundo o correspondente, um elemento "intrigante, getulista, a serviço do governo".

63 Ver carta de Paulino Castro a Caio Prado Júnior, Bauru, 7 de maio de 1945, acervo de Caio Prado Júnior, IEB/USP, código de referência CPJ-CP-CASTR005.

64 Ver Elias Chaves Neto, *Minha vida e as lutas de meu tempo* (São Paulo, Alfa-Omega, 1978), p. 72; ver também Caio Prado Júnior, *Cadernos políticos*, citados em Paulo Teixeira Iumatti, *Diários políticos de Caio Prado Júnior*, cit., p. 90.

65 Ver carta de Antônio Risério Leite a Caio Prado Júnior, Belo Horizonte, 26 de maio de 1945, acervo de Caio Prado Júnior, IEB/USP, código de referência CPJ-CP LEI001.

66 Ver carta de Sebastiana Floripes Pires de Campos a Caio Prado Júnior, Jaú, 18 de abril de 1945, acervo de Caio Prado Júnior, IEB/USP, código de referência CPJ-CP-CAMPO001.

67 Ver carta de Wilson Alves de Carvalho a Caio Prado Júnior, Pindamonhangaba, 15 de maio de 1945, acervo de Caio Prado Júnior, IEB/USP, código de referência CPJ-CP-CARV003.

68 Segundo Heitor Ferreira Lima, "Prestes [...] em telegrama ao jornal argentino *La Razón*, diz que o povo brasileiro esperava por Getulio Vargas para ser guiado na luta contra a barbárie fascista"; ver Heitor Ferreira Lima, *Caminhos percorridos*, cit., p. 274.

69 Ver carta de Caio Prado Júnior a José Eduardo Macedo Soares, s. l., 1945, acervo de Caio Prado Júnior, IEB/USP, código de referência CPJ-CA228.

70 Idem.

71 Idem.

72 Ver Paulo Teixeira Iumatti, *Diários políticos de Caio Prado Júnior*, cit., p. 37-8.

73 Caio seria até o fiador da locação do prédio onde foi instalado o Comitê Estadual do PCB em São Paulo, na rua da Glória, 146, em junho daquele ano; e, em julho, seria um dos colabora-

dores da União Social pelos Direitos do Homem; ver Dops, 30-C-1-605, São Paulo, 19 de maio de 1958, arquivo pessoal de Danda Prado; e Secretaria da Segurança Pública, Dops, São Paulo, Serviço Secreto, São Paulo, 5 de maio de 1970.

[74] Ver Paulo Iumatti, *Diários políticos de Caio Prado Júnior: 1945*, cit., p. 97.

[75] Ibidem, p. 100-1.

[76] Ibidem, p. 128.

[77] Ibidem, p. 130.

[78] Ibidem, p. 140.

[79] Ver cartas de José Medina Echavarría a Caio Prado Júnior, México, 6 de junho de 1945 e 9 de agosto de 1945, acervo de Caio Prado Júnior, IEB/USP, códigos de referência CPJ-CP-CME001 e CPJ-CP-CME002.

[80] Ver Dainis Karepovs, "Caio da Silva Prado Júnior: um perfil biográfico", cit., p. 16.

[81] Ver Elias Chaves Neto, *Minha vida e as lutas de meu tempo*, cit., p. 74.

[82] Em carta a um dos diretores do jornal, em 1946, Caio Prado Júnior comentaria: "Fui hoje chamado pelo proprietário do prédio em que funciona o *Hoje*, tendo ele se queixado que o aluguel não está sendo pago com regularidade, havendo atualmente um atraso de dois meses. Já falei a v., bem como ao Tavares, várias vezes sobre este assunto, mostrando o risco que estávamos correndo. O proprietário tem todo interesse em despejar o *Hoje*, porque o aluguel que pagamos é baixo. E ele consegue com facilidade preço muitas vezes maior. E se isso ocorrer (o que não tenho dúvida ocorrerá, caso não se regularize o pagamento do aluguel) quero desde já ressalvar minha responsabilidade. Por isso é [que] fiz questão de escrever a v., a fim de documentar uma advertência que venho fazendo há muito, e para que, se acontecer alguma coisa de desagradável, eu fique com minha responsabilidade relativamente ao *Hoje* e ao Partido inteiramente a salvo"; ver carta de Caio Prado Júnior a "Câmara", s. l., 11 de abril de 1946, acervo de Caio Prado Júnior, IEB/USP, código de referência CPJ-CA009.

[83] Nas palavras de Elias Chaves Neto, "o *Hoje* nunca conseguiu se libertar completamente desta sua orientação sectária. O jornal era feito por militantes, isto é, amadores. Os dirigentes do Partido nunca souberam estabelecer a distinção entre traçar uma linha política, baixando palavras de ordem (o que é uma função de direção) e o estudo dos problemas 'à luz do marxismo', em todos os setores do conhecimento, o que é fundamentalmente uma função da intelectualidade que se ocupa profissionalmente de tais problemas. A direção se julgava detentora da verdade marxista e a ela cabia proferir a palavra final sobre tais assuntos; atitude que importou numa esterilização do pensamento marxista em nosso país, reduzido à repetição de chavões políticos, sem penetração alguma na massa popular. É o que explica que o *Hoje* nunca deixou de ser um jornal lido exclusivamente pelos comunistas e que se desfez nas crises políticas que se sucederam ao XX Congresso do PCUS"; ver Elias Chaves Neto, *Minha vida e as lutas de meu tempo*, cit., p. 87.

[84] Norberto Frontini sugeriria, na mesma época, que *Formação do Brasil contemporâneo* fosse traduzido para o espanhol e publicado na Argentina. Ele tentaria interessar a Editorial Losada a editar o livro no país; ver carta de Norberto Frontini a Caio Prado Júnior, Buenos Aires, 4 de novembro de 1943, acervo de Caio Prado Júnior, IEB/USP, código de referência CPJ--CP-FRO001.

85 Ver cartas de Caio Prado Júnior a Daniel Cosío Villegas, São Paulo, 11 de julho de 1945 e 24 de setembro de 1945, acervo de Caio Prado Júnior, IEB/USP, códigos de referência CPJ-CA077 e CPJ-CA076; cartas de Daniel Cosío Villegas a Caio Prado Júnior, México, 26 de agosto de 1943, 6 de dezembro de 1943, 8 de fevereiro de 1944, 10 de setembro de 1945 e 3 de outubro de 1945, acervo de Caio Prado Júnior, IEB/USP, códigos de referência CPJ-CP-FCE001a, CPJ-CP-FCE004a, CPJ-CP-FCE005a, CPJ-CP-FCE008a e CPJ-CP-FCE009a. Caio acabaria assinando contrato para a publicação daquele livro em castelhano em 20 de dezembro de 1957, no Chile, pela Editorial Universitária, em sua coleção América Nuestra; a edição teria 3 mil exemplares e o editor reteria os direitos exclusivos de venda do título, dentro e fora do país, por dez anos; em última instância, contudo, o livro seria publicado em 1960 na Argentina, por Raúl Larra, da Editorial Futuro; ver carta de Clodomiro Almeyda Medina a Caio Prado Júnior, Santiago, 17 de dezembro de 1957, acervo de Caio Prado Júnior, IEB/USP, código de referência CPJ-CP-EUN001; contrato de *História econômica do Brasil* no Chile, acervo de Caio Prado Júnior, IEB/USP, código de referência CPJ-CP-EUN002; e carta de Clodomiro Almeyda Medina a Caio Prado Júnior, Santiago, 27 de janeiro de 1958, acervo de Caio Prado Júnior, IEB/USP, código de referência CPJ-CP-EUN003.

86 Caio Prado Júnior, *História econômica do Brasil*, cit., p. 59.

87 Idem.

88 Ver Marcia R. Victoriano, *A questão nacional em Caio Prado Jr.: uma interpretação original do Brasil* (São Paulo, Pulsar, 2001), p. 59.

89 Uma interessante discussão sobre o tema pode ser encontrada em ibidem, p. 37-65.

90 Ver Francisco Iglésias, "Um historiador revolucionário", cit., p. 29.

91 Ver Ciro T. de Pádua, "História econômica do Brasil", *O Estado de S. Paulo*, 10 out. 1945 e 12 out. 1945, acervo de Caio Prado Júnior, IEB/USP, códigos de referência CPJ-RO-128 e CPJ-RO-129.

92 Ver Moacir Werneck de Castro, "Dialética e sectarismo", *Tribuna Popular*, 14 out. 1945, acervo de Caio Prado Júnior, IEB/USP, código de referência CPJ-RO-130.

93 Ver "História econômica/Prêmios", *Diretrizes*, Rio de Janeiro, 4 fev. 1946, acervo de Caio Prado Júnior, IEB/USP, código de referência CPJ-RO-136.

94 Ver "Caio Prado Júnior, História econômica do Brasil", *Correio do Povo*, Porto Alegre, 24 out. 1945, acervo de Caio Prado Júnior, IEB/USP, código de referência CPJ-RO-135.

95 Ver Alcântara Silveira, "Nossa economia", *Folha da Manhã*, 21 out. 1945, acervo de Caio Prado Júnior, IEB/USP, código de referência CPJ-RO-134; e Osório César, "História econômica do Brasil", *Folha da Manhã*, 23 nov. 1945, acervo de Caio Prado Júnior, IEB/USP, código de referência CPJ-RO-139.

96 Ver "Novidades literárias", *Diário do Povo*, Campinas, 18 nov. 1945, acervo de Caio Prado Júnior, IEB/USP, código de referência CPJ-RO-137.

97 Ver Manoel Ribeiro, "A vida das ideias", *Diário de Sergipe*, 15 jul. 1946, acervo de Caio Prado Júnior, IEB/USP, código de referência CPJ-RO-141.

98 Ver carta de Dyonélio Machado a Caio Prado Júnior, Porto Alegre, 16 de maio de 1977, acervo de Caio Prado Júnior, IEB/USP, código de referência CPJ-CP-MAC004.

[99] Secretaria da Segurança Pública, Dops, São Paulo, Serviço Secreto, São Paulo, 5 de maio de 1970.

[100] Os outros oradores seriam Marrey Júnior, Fidelino Figueiredo, Jorge Amado, A. F. Cesarino Júnior, Sérgio Milliet, Ruy Nazaré, Quintino Mingoia, Soares de Melo, Pascoal Del Guercio, Léo Halpern, Pinckas Steinwaks, F. Pinkus e Rafael Markman; ver "Israelitas e amigos do povo de Israel", *O Estado de S. Paulo*, 11 nov. 1945, p. 8.

[101] Ver Secretaria de Segurança Pública, Dependência Serviço de Informação, Dops, 28 de julho de 1970, arquivo pessoal de Danda Prado.

[102] Ver carta de Arthur Joaquim Borges a Caio Prado Júnior, Ourinhos, 21 de novembro de 1945, acervo de Caio Prado Júnior, IEB/USP, código de referência CPJ-CP-BORG001.

[103] A estratégia de campanha de Caio Prado Júnior incluía a redação e publicação de um manifesto de escritores em apoio a sua candidatura (e que este circulasse por todos os escritores do interior do estado, pedindo o apoio deles), a distribuição para toda a cidade e pelo interior de cédulas, cartazes, volantes e folhetos, durante sete dias (de 23 a 29 de novembro), e o trabalho individual, realizado por cada um, como cabo eleitoral, solicitando de amigos e parentes que votassem nele; ver relatório de trabalhos realizados para a campanha acervo de Caio Prado Júnior, IEB/USP, código de referência CPJ-CT-208.

[104] Ver carta da Comissão de Apoio à Candidatura de Caio Prado Júnior a Deputado Federal, São Paulo, novembro de 1945, acervo de Caio Prado Júnior, IEB/USP, código de referência CPJ-CT-211.

[105] Idem.

[106] De acordo com Boris Koval, baseado em números apresentados pela revista *Problemas*, seriam 150 mil membros; ver Boris Koval, *História do proletariado brasileiro*, cit., p. 374.

[107] Ver carta de Evaldo da Silva Garcia a Caio Prado Júnior, Rio de Janeiro, 7 de maio de 1946, acervo de Caio Prado Júnior, IEB/USP, código de referência CPJ-CP-GAR028.

[108] Ver carta de Caio Prado Júnior a Evaldo da Silva Garcia, São Paulo, 11 de maio de 1946, acervo de Caio Prado Júnior, IEB/USP, código de referência CPJ-CA002.

[109] Ver carta de Evaldo da Silva Garcia a Caio Prado Júnior, Rio de Janeiro, 7 de maio de 1946, acervo de Caio Prado Júnior, IEB/USP, código de referência CPJ-CP-GAR028.

[110] Ver cartas de Héctor Agosti a Caio Prado Júnior, Buenos Aires, 6 de agosto de 1946 e 27 de agosto de 1946, acervo de Caio Prado Júnior, IEB/USP, códigos de referência CPJ-CP-AGO010 e CPJ-CP-AGO011.

[111] Ver carta de Caio Prado Júnior a Evaldo da Silva Garcia, acervo de Caio Prado Júnior, IEB/USP, código de referência CPJ-CA002.

[112] Lincoln Secco mostra a votação de Caio nos bairros paulistanos: Aclimação (59), Cerqueira César (92), Tatuapé (109), Bom Retiro (112), Jardim América (113), Jardim Paulista (120), Penha (156), Pari (158), Consolação (167), Lapa (174), Santa Efigênia (174), Sé (174), Perdizes (199), Cambuci (202), Vila Mariana (213), Liberdade (241), Bela Vista (249), Mooca (255), Belém (256) e Brás (347). Já no interior do estado, ele receberia 102 votos em Campinas, 49 em São Roque e 27 em Altinópolis; ver Lincoln Secco, *Caio Prado Júnior: o sentido da revolução*, cit., p. 72.

[113] Ver Dainis Karepovs (org.), *Caio Prado Júnior, parlamentar paulista*, cit., p. 16.

[114] Ver Dainis Karepovs, *Caio Prado Júnior, parlamentar paulista*, cit., p. 16.

[115] Ibidem, p. 19-20.

[116] Ver carta de Danda Prado a Caio Prado Júnior, Rio de Janeiro, 1º de maio de 1947, acervo de Caio Prado Júnior, IEB/USP, código de referência CPJ-YCP181.

[117] Dainis Karepovs (org.), *Caio Prado Júnior, parlamentar paulista*, cit., p. 20-1.

[118] Ibidem, p. 21.

[119] Ver Caio Prado Júnior, "Os fundamentos econômicos da revolução brasileira", em Raimundo Santos (org.), *Caio Prado Jr., dissertações sobre a revolução brasileira* (São Paulo, Brasiliense/ Fundação Astrojildo Pereira, 2007), p. 136.

[120] Ibidem, p. 139.

[121] Ibidem, p. 140.

[122] De acordo com Chaves Neto, vários partidos comunistas teriam subestimado, na luta pela emancipação social das massas trabalhadoras, a importância do movimento de libertação dos povos coloniais e o papel das burguesias nacionais. "Esse erro foi responsável pelo recuo das ideias socialistas em muitos países e notadamente no nosso em que o Partido Comunista do Brasil não associou de forma alguma a sua luta pela libertação do nosso povo da dominação dos grandes proprietários rurais e do jugo capitalista, à luta pela emancipação econômica do país; problema do qual unicamente pode advir, no momento, uma melhoria das condições de vida do nosso povo e em que a burguesia nacional ainda tem um importante papel a desempenhar. E quando o procurou fazer, em seu programa aprovado no IV Congresso do Partido, o fez com tamanho desconhecimento da realidade brasileira que a propalada Frente Democrática de Libertação Nacional se transformou numa frase vazia, desprovida de qualquer sentido concreto. Este, entretanto, ainda é o grande problema brasileiro"; ver Elias Chaves Neto, "Socialismo e emancipação política", *Revista Brasiliense*, n. 12, jul.-ago. 1957, p. 37-8.

[123] Ver Elias Chaves Neto, *Minha vida e as lutas de meu tempo*, cit., p. 106.

[124] SMT, R/GD 3973, R/PB 743-CIOp, Informação n. 683, Arquivo Geral, São Paulo, 6 de novembro de 1973, Argemiro Laurindo Carbonelli, chefe do Arquivo Geral do Dops.

[125] Ver carta de Helena Nioac Prado a Norberto Frontini, São Paulo, 8 de abril de 1948, acervo de Caio Prado Júnior, IEB/USP, código de referência CPJ-CT-092.

[126] Ver carta de Caio Prado Júnior a Afonso Arinos, São Paulo, 15 de maio de 1948, acervo de Caio Prado Júnior, IEB/USP, código de referência CPJ-CA171.

[127] Idem.

[128] Ver "Pró-libertação de um intelectual", *O Estado de S. Paulo*, 16 maio 1948, p. 3.

[129] Idem.

[130] Ver carta de Helena Nioac Prado a Afonso Arinos, São Paulo, 20 de maio de 1948, acervo de Caio Prado Júnior, IEB/USP, código de referência CPJ-CT-093; e carta de Afonso Arinos de Mello Franco a Helena Nioac Prado, Rio de Janeiro, 1º de junho de 1948, acervo de Caio Prado Júnior, IEB/USP, código de referência CPJ-CT-095.

[131] Ver carta de Helena Nioac Prado a Lino Machado, São Paulo, 22 de maio de 1948, acervo de Caio Prado Júnior, IEB/USP, código de referência CPJ-CT-094.

[132] Ver Elias Chaves Neto, *Minha vida e as lutas de meu tempo*, cit., p. 106.

[133] No final daquele ano, ele ainda receberia uma carta de Octávio Brandão, que demonstrava interesse em publicar uma segunda edição de seu *Canais e lagoas* pela Brasiliense, livro que, aparentemente, já teria uns mil compradores garantidos e que Monteiro Lobato havia se oferecido para relançar; a editora paulista, contudo, não o reeditaria; ver carta de Octávio Brandão a Caio Prado Júnior, Rio de Janeiro, 17 de dezembro de 1948, em J. R. Guedes de Oliveira (org.), *Cartas de Octávio Brandão*, cit., p. 148.

[134] Ver Caio Prado Júnior, "Monteiro Lobato", *Fundamentos*, São Paulo, n. 4-5, set.-out.1948, p. 288-90.

[135] Ramos diria, em seu estilo característico: "Por excesso de trabalho, desorganização, relaxamento, deixei até hoje sem resposta a sua carta. O prejuízo não foi grande, pois a consulta era desnecessária; com certeza, V. percebeu isto e já estragou a revista pondo o meu nome na comissão. Ordene. Suprima os convites, que não sou de cerimônia./ Vou ver se posso arranjar para V. algumas páginas sobre as cadeias de 1936. Mais tarde: agora vivo numa confusão dos mil diabos./ Adeus. Mando-lhe muitos abraços e desejo felicidades à revista"; ver carta de Graciliano Ramos a Caio Prado Júnior, Rio de Janeiro, 12 de março de 1949, acervo de Caio Prado Júnior, IEB/USP, código de referência CPJ-CP-RAMO006.

[136] Ver carta de Astrojildo Pereira a Caio Prado Júnior, Rio de Janeiro, 19 de fevereiro de 1949, acervo de Caio Prado Júnior, IEB/USP, código de referência CPJ-CP-PEREI003.

[137] Inicialmente, Carneiro pediria que CPJ o dispensasse da colaboração, já que estava preparando dois livros, uma reconstituição histórica e um ensaio de linguística, e ainda tratando da impressão de outro livro, sobre a revolução praieira. Logo que se desobrigasse dessas tarefas, estaria à disposição do amigo; ver carta de Edison Carneiro a Caio Prado Júnior, Rio de Janeiro, 2 de fevereiro de 1949, acervo de Caio Prado Júnior, IEB/USP, código de referência CPJ-CP-CARNE005.

[138] Ver carta de Arthur Ramos a Caio Prado Júnior, Rio de Janeiro, 4 de fevereiro de 1949, acervo de Caio Prado Júnior, IEB/USP, código de referência CPJ-CP-RAMO002.

[139] Nesse caso, Costa Pinto achava que, pelo fato de a redação da revista ficar em São Paulo e ele viver no Rio de Janeiro, não poderia participar ativamente do grupo, já que a Comissão de Redação teria atribuições constantes e diárias. Ainda assim, sugeria participar como "simples colaborador"; ver carta de L. A. Pinto Ferreira a Caio Prado Júnior, Rio de Janeiro, 11 de março de 1949, acervo de Caio Prado Júnior, IEB/USP, código de referência CPJ-CP-PIN003.

[140] Ver carta de Érico Veríssimo a Caio Prado Júnior, Porto Alegre, 25 de janeiro de 1949, acervo de Caio Prado Júnior, IEB/USP, código de referência CPJ-CP-VER001.

[141] Idem.

[142] Ver Elias Chaves Neto, *Minha vida e as lutas de meu tempo*, cit., p. 116.

[143] Ibidem, p. 121.

[144] Ver carta de Astrojildo Pereira a Caio Prado Júnior, Rio de Janeiro, 27 de agosto de 1949, acervo de Caio Prado Júnior, IEB/USP, código de referência CPJ-CP-PEREI004. Naquela instância, segundo o DOPS, o nome de CPJ também seria apresentado por intelectuais e jornalistas à Presidência da ABDE. Além disso, o historiador acabaria sendo o orador, pouco depois, da 109ª reunião do Centro de Debates de Assuntos Econômicos Cásper Líbero, sobre o tema "Capitais

estrangeiros". Secretaria da Segurança Pública, Dops, São Paulo, Serviço Secreto, São Paulo, 5 de maio de 1970.

[145] Ver carta de Danda Prado a Caio Prado Júnior, São Paulo, 26 de maio de 1949, acervo de Caio Prado Júnior, IEB/USP, código de referência CPJ-YCP250.

[146] Ver Heitor de Andrade Carvalho Loureiro, *O comunismo dos imigrantes armênios de São Paulo (1935-1969)* (dissertação de mestrado em História Social, PUC, São Paulo, 2012), p. 123. No cartaz oficial do evento, estava indicado que este duraria entre os dias 20 e 23 de abril. O Congresso, contudo, terminou no dia 25 daquele mês.

[147] Secretaria de Segurança Pública, Dependência Serviço de Informação, Dops, 28 de julho de 1970, arquivo pessoal de Danda Prado; e Secretaria da Segurança Pública, Dops, São Paulo, Serviço Secreto, São Paulo, 5 de maio de 1970.

[148] Ver Volodia Teitelboim, *Neruda: An Intimate Biography* (Austin, University of Texas Press, 1992).

[149] Ver Caio Prado Júnior, "Através das democracias populares: Checoslováquia e Polônia", *Fundamentos*, São Paulo, n. 11, janeiro de 1950, p. 4-13, e n. 12, fevereiro de 1950, p. 31-6.

[150] Ver Jorge Amado, *O mundo da paz: União Soviética e democracias populares* (4. ed., Rio de Janeiro, Vitória, 1953), p. 7.

[151] Ver carta de Benito Marianetti a Caio Prado Júnior, Mendoza, 31 de agosto de 1949, acervo de Caio Prado Júnior, IEB/USP, código de referência CPJ-CP-MARI001.

[152] Ibidem, p. 5.

[153] Ibidem, p. 6.

[154] Ver ibidem, p. 4.

[155] Idem.

[156] Ibidem, p. 5.

[157] Carta de Caio Prado Júnior a Antonieta Álvares Penteado, Paris, 14 de junho de 1949, acervo de Caio Prado Júnior, IEB/USP, código de referência CPJ-AAP260.

[158] Ver cartas de Zdenek Hampejs a Caio Prado Júnior, Praga, 13 de fevereiro de 1956 e Rio de Janeiro, 3 de setembro de 1960, acervo de Caio Prado Júnior, IEB/USP, códigos de referência CPJ-CP-HAM001 e CPJ-CP-HAM002.

[159] Ver, por exemplo, Zdenek Hampejs, "Antenor Nascentes", *Revista Brasiliense*, n. 35, maio-jun. 1961, p. 120-33.

[160] Ver carta de Jerzy Grudzinski a Caio Prado Júnior, São Paulo, 10 de dezembro de 1951, acervo de Caio Prado Júnior, IEB/USP, código de referência CPJ-CP-JER001.

[161] Ver cartas de Stanislaw Kalina a Caio Prado Júnior, Varsóvia, 19 de fevereiro de 1966 e 15 de abril de 1966, acervo de Caio Prado Júnior, IEB/USP, códigos de referência CPJ-CP-KAL001 e CPJ-CP-KAL002.

[162] Secretaria de Segurança Pública, Dependência Serviço de Informação, Dops, 28 de julho de 1970, arquivo pessoal de Danda Prado.

[163] Dops, 30-K-33, São Paulo, 19 de maio de 1958, arquivo particular de Danda Prado. Ele comporia a nova diretoria da entidade em 15 de fevereiro de 1950, e esteve presente à conferência

e posse da diretoria da sede da Sociedade Escandinávia em 1º de março daquele ano. A nova diretoria seria composta, além do próprio Caíto, dos deputados Porfírio da Paz e Valentim Amaral, o vereador Jânio Quadros, José A. Rogé Ferreira, Galeão Coutinho, Helena Silveira, Ruth Guimarães, Maria de Lurdes Labert, Leo Ribeiro de Moraes, Rio Branco Paranhos, João Accioli, Ubaldo de Maio e João Rodrigues Silva Netto. O vereador Marrey Júnior, presidente da Câmara Municipal, seria o consultor jurídico.

[164] Secretaria de Segurança Pública, Dependência Serviço de Informação, Dops, 28 de julho de 1970, arquivo pessoal de Danda Prado.

[165] Idem.

6. A batalha das ideias

[1] Os autos foram encaminhados ao Fórum Criminal no dia 24 do mesmo mês. SMT, R/GD 3973, R/PB 743-CIOp, Informação n. 683, Arquivo Geral, São Paulo, 6 de novembro de 1973, Argemiro Laurindo Carbonelli, chefe do Arquivo Geral do Dops. Os indiciados foram Saulo Francisco Bastos, Omar Catunda, Caio Prado Júnior, Waldemar Rangel Belfort de Mattos, Henrique Verpa, Agenor Bevilqua, George Cabral, Ciro Monteiro, Elias Naufel Neto e Ruy Barbosa Cardoso.

[2] Secretaria de Segurança Pública, Dops, São Paulo, Serviço Secreto, São Paulo, 5 de maio de 1970.

[3] Ver Secretaria de Segurança Pública, Dops, São Paulo, Chefia de Ordem Social, Investigação n. 202, Assunto: Comunistas na tarde de hoje com parlamentares na Assembleia Legislativa, Dirigido ao Dr. Delegado de Ordem Social, 9/3/1950; Secretaria de Segurança Pública, Dops, São Paulo, 212, BLL, Militantes comunistas visitaram ontem parlamentares na Assembleia Legislativa, 10/3/1950; "Presos políticos e a polícia", *Folha da Tarde*, 11 mar. 1950.

[4] Ver Comunicado da Chefia, o Dr. Delegado Especializado de Ordem Social, 577, Manobra comunista na Associação Brasileira de Escritores, 30K/33/67, 2/8/1950. No ano seguinte, em nova eleição para o período de 1951 e 1952, seriam eleitos Galeão Coutinho (presidente), Abguar Bastos (vice-presidente), João Acioly (secretário-geral), Walter Sampaio (primeiro--secretário), Francisco Pompeu do Amaral (segundo-secretário), Rossine Camargo Guarnieri (tesoureiro) e, para o conselho fiscal, Caio Prado Júnior e mais cinco colegas.

[5] Ver Dênis de Moraes, *O velho Graça*, cit., p. 256.

[6] Ver Informações Reservadas do "SS", São Paulo, 26 de junho de 1950, 30 K, 33, 66. Quase a totalidade dos convidados da função (que duraria até as duas horas da madrugada) seria de supostos pecebistas, além de um "grande número de elemento judaico [sic]", de funcionárias da Delegacia Regional de Imposto de Renda de São Paulo, uma jornalista de *A Hora*, moças "usadas como 'chamarisco', com a finalidade de catequizarem os rapazes que não fossem co-munistas", estudantes e membros da Upes, além do pintor e desenhista Yoshiya Takaoka, que cobrava para fazer retratos dos presentes. Até um aluno do curso de detetives da Escola de Polícia estava presente! Tudo era vendido: cafezinhos, quentão, churrasco, bolinhos, chapéus de palha, doces, salgadinhos, pipoca e bebidas. O dinheiro arrecadado ia para o partido.

[7] Ver Comunicado da Chefia, o dr. Delegado Especializado de Ordem Social, "Esperada grande agitação comunista nos próximos dias nesta capital", 15 jul. 1950.

8   O capitão-aviador e engenheiro aeronáutico da Letônia, antigo membro do *Arajs Kommando* e acusado de envolvimento com o genocídio dos judeus durante a ocupação alemã a seu país, entre 1941 e 1944, depois da guerra mudou-se para o Brasil, primeiro para o Rio de Janeiro e em seguida para São Paulo, onde vivia legalmente e trabalhava sem ser incomodado pelas autoridades. Conhecido como "o carniceiro de Riga", seria assassinado em Montevidéu, em 1965, por agentes israelenses.

9   O evento, que teve o apoio do Centro de Cultura e Progresso, da Sociedade Pró-Estudantes, da União Estadual de Estudantes, do Departamento da Juventude do CCP, da União dos Israelitas Poloneses de São Paulo, da União Paulista de Estudantes Secundários e da ABDE, seção de São Paulo, também contou com a participação de Afonso Schmidt, Artur Neves, Aparício Torelly (Barão de Itararé), Galeão Coutinho, Helena Silveira e Isa Silveira Leal.

10 Ver carta da Editorial Losada a Caio Prado Júnior, Buenos Aires, 20 de março de 1950, acervo de Caio Prado Júnior, IEB/USP, código de referência CPJ-CP-ELO001.

11 Ver carta de Ary Souraty a Caio Prado Júnior, Pindamonhangaba, 25 de abril de 1951, acervo de Caio Prado Júnior, IEB/USP, código de referência CPJ-CP-GEEN001.

12 Ver carta de Norberto Frontini a Caio Prado Júnior, Buenos Aires, 15 de outubro de 1951, acervo de Caio Prado Júnior, IEB/USP, código de referência CPJ-CP-FRO011.

13 Ver Paulo de Castro, "Repetições e silêncios do sr. Caio Prado Júnior", *Tribuna da Imprensa*, Rio de Janeiro, 11 mar. 1952, acervo de Caio Prado Júnior, IEB/USP, código de referência CPJ-RO-161.

14 Ver Oswald de Andrade, "Salada russa", *Correio da Manhã*, 14 mar. 1952, acervo de Caio Prado Júnior, IEB/USP, código de referência CPJ-RO-162.

15 Ver Brito Viana, "O homem perante o marxismo", *A Gazeta*, 10 abr. 1952, acervo de Caio Prado Júnior, IEB/USP, código de referência CPJ-RO-167.

16 Ver Sérgio Buarque de Holanda, "Verdade e ideologia", Rio de Janeiro, *Diário Carioca*, 11 maio 1952, acervo de Caio Prado Júnior, IEB/USP, código de referência CPJ-RO-173.

17 Ver idem, "Verdade e ideologia", Rio de Janeiro, *Diário Carioca*, 20 maio 1952, acervo de Caio Prado Júnior, IEB/USP, código de referência CPJ-RO-174.

18 Ver "Últimos lançamentos", *Diário de S. Paulo*, 1952, acervo de Caio Prado Júnior, IEB/USP, código de referência CPJ-RO-169.

19 Ver carta de Pinto Ferreira a Caio Prado Júnior, Recife, 11 de fevereiro de 1953, acervo de Caio Prado Júnior, IEB/USP, código de referência CPJ-RO-187.

20 Ver carta de Jacob Bazarian a Caio Prado Júnior, Moscou, 7 de dezembro de 1957, acervo de Caio Prado Júnior, IEB/USP, código de referência CPJ-CP-BAZ001.

21 Ver "Prêmio Horácio Lafer de Filosofia", *Diário de S. Paulo*, 3 jul. 1952, acervo de Caio Prado Júnior, IEB/USP, código de referência CPJ-RO-168.

22 Ver carta do Instituto Brasileiro de Filosofia a Caio Prado Júnior, São Paulo, 28 de novembro de 1952, acervo de Caio Prado Júnior, IEB/USP, código de referência CPJ-CP-IBF001 e CPJ--CP-IBF002.

23 Ver "À margem do Prêmio Horácio Lafer de filosofia", *Diário de S. Paulo*, 28 dez. 1952, acervo de Caio Prado Júnior, IEB/USP, código de referência CPJ-RO-185.

24 Ver Euryalo Cannabrava, "Resposta à comissão julgadora do Prêmio Horácio Lafer", *Diário Carioca*, Rio de Janeiro, 8 fev. 1953, acervo de Caio Prado Júnior, IEB/USP, código de referência CPJ-RO-186.

25 Ver Leôncio Basbaum, *Sociología del materialismo* (Buenos Aires, Americalee), 1964, p. 379.

26 Marianetti seria incisivo: "Em realidade e de um ponto de vista geral, me parece que Você realizou um grande esforço e afrontou com êxito uma série de temas de grande importância do ponto de vista filosófico e sociológico. Neste sentido, se Você não fosse um camarada do Partido, haveria de destacar, sem titubeios, o valioso aporte cultural que significa seu trabalho". Continuava: "Mas, do ponto de vista teórico partidário, não penso o mesmo. Creio que em sua obra se fazem apreciações retificatórias sobre certos aspectos fundamentais de nossa doutrina, que não compartilho [...]. Considero que um homem que atua no movimento comunista não pode ser um autômato. Mas daí a que nós, especialmente, quando se trata de militantes destacados, como ocorre em seu caso, possamos aparecer publicamente, com divergências doutrinárias a nosso próprio Partido, medeia uma distância, a meu juízo, muito grande. Com atitudes desta índole não só não aportamos nenhum elemento benéfico a nossa causa, senão que ajudamos indiretamente a nossos inimigos e adversários e, sem querê-lo, ao introduzir um fator de confusão em nossas próprias filas, debilitamos a concepção monolítica do Partido, especialmente nas atuais circunstâncias tão sérias no Brasil e em outras partes". Carta de Benedito Marianetti a Caio Prado Júnior, Mendoza, 15 de maio de 1952, acervo de Caio Prado Júnior, IEB/USP, código de referência CPJ-RO-175.

27 Ver carta de Benito Marianetti a Caio Prado Júnior, Mendoza, 2 de junho de 1952, acervo de Caio Prado Júnior, IEB/USP, código de referência CPJ-RO-176.

28 Ver Caio Prado Júnior, *Dialética do conhecimento*, tomo I: *Preliminares: pré-história da dialética* (3. Ed., São Paulo, Brasiliense, 1960), p. 9.

29 Ver Jorge Grespan, "A teoria da história em Caio Prado Jr.: dialética e sentido", *Revista IEB*, n. 47, set. 2008.

30 Ver Caio Prado Júnior, *Dialética do conhecimento* (São Paulo, Brasiliense, 1960), t. 2, p. 551.

31 Ver carta de Jerzy Grudzinski a Caio Prado Júnior, São Paulo, 20 de fevereiro de 1952, acervo de Caio Prado Júnior, IEB/USP, código de referência CPJ-RO-160.

32 Ver carta de Gregorio Bermann a Caio Prado Júnior, Córdoba, 22 de março de 1952, acervo de Caio Prado Júnior, IEB/USP, código de referência CPJ-RO-163.

33 Ver carta de Norberto Rodríguez Bustamante a Caio Prado Júnior, Banfield, 18 de setembro de 1952, acervo de Caio Prado Júnior, IEB/USP, código de referência CPJ-RO-183.

34 Ver carta de Zdenek Kourim a Caio Prado Júnior, Praga, 21 de outubro de 1962, acervo de Caio Prado Júnior, IEB/USP, código de referência CPJ-CP-KOU003.

35 Ver texto de Zdenek Kourim, publicado in *Filosofický Casopis* 2, 1962, acervo de Caio Prado Júnior, IEB/USP, código de referência CPJ-CP-KOU002a.

36 Ver carta de Eli de Gortari a Caio Prado Júnior, México, 29 de setembro de 1959, acervo de Caio Prado Júnior, IEB/USP, código de referência CPJ-CP-GOR001.

37 Idem.

38 Para uma interpretação das ideias filosóficas de Lenin, vale conferir Neil Harding, *Lenin's Political Thought: Theory and Practice in the Democratic Revolution* (Londres, MacMillan, 1977), p. 273-81.

39 Como curiosidade, vale dizer que em 1952 Caíto seria membro da "comissão organizadora" das homenagens aos cinquenta anos de Sérgio Buarque de Holanda, um banquete que ocorreria na Maison Suisse, na rua Caio Prado 183, juntamente com amigos como Otávio Tarquínio de Souza, Júlio de Mesquita Filho, Fernando de Azevedo, Paulo Mendes de Almeida, José Nabantino Ramos, Paulo Duarte, Sérgio Milliet, Antonio Candido, Lourival Gomes Machado, Edgard Cavalheiro, entre outros. Ele também seria integrante da Comissão Piratininga de Ajuda aos Presos Políticos; ver "A sociedade: homenagens", *O Estado de S. Paulo*, 2 ago. 1952, p. 6.

40 Ver Elias Chaves Neto, *Minha vida e as lutas de meu tempo*, cit., p. 137.

41 Ver Secretaria de Segurança Pública, Dops, São Paulo, Subchefia de Ordem Social, 9 de janeiro de 1953, Investigação n. 3, relatório feito por Henrique Mébius, acervo pessoal de Danda Prado.

42 Ver Dops, Auto n. 9632, Delegacia Especializada de Ordem Social, Protocolado n. 70, Entrada 5 de maio de 1953, Saída 5 de maio de 1953, assinado pelo delegado-adjunto de Ordem Social Hugo Ribeiro da Silva.

43 Depoimento de Marina Darmaros a Luiz Bernardo Pericás, novembro de 2015.

44 Superintendência de Segurança Política e Social, 18 de maio de 1953.

45 Participavam da comissão julgadora Dorival Teixeira Vieira e o frei Benevenuto de Santa Cruz; ver "Biblioteca do IV Centenário", *O Estado de S. Paulo*, 12 maio 1953, p. 11.

46 Ver carta de Giulio de Marzio a Caio Prado Júnior, Roma, 9 de agosto de 1953, e carta da Fratelli Bocca Editori a Caio Prado Júnior, Roma, 19 de novembro de 1953, acervo de Caio Prado Júnior, IEB/USP, códigos de referência CPJ-CP-FBE001 e CPJ-CP-FBE002.

47 Dops, 30-K-33, São Paulo, 19 de maio de 1958, arquivo particular de Danda Prado. O evento esteve repleto de membros do PCB e contou com um público de aproximadamente mil pessoas, entre as quais Elias Chaves Neto, Sebastião da Silva Prado, Agenor Parente, Luciano Ramalho Vieira, Elisa Branco, Eunice Catunda, Samuel Pessoa, Mário Schenberg, Catullo Branco, Abguar Bastos, Fued Saad, José da Rocha Mendes, Antonio Chamorro, Ortiz Monteiro, Camargo Guarnieri, João Sanches Segura, Milton Marcondes, Benedito Lucas Sales e Horacio Berlink, entre outros.

48 "La batalla de Guatemala", *Revista Brasiliense*, n. 21, jan.-fev. 1959, p. 205-7.

49 Ver Sops, 16 de junho de 1954.

50 Ver Nota do jornal *Hoje*, de 24 out. 1954, reproduzida pela Sops, de 26 de outubro de 1954.

51 Em novembro, foi chamado a participar de uma mesa redonda promovida pela revista *Anhembi* sobre a realidade econômica e social do Brasil; ver "Serões Anhembi", *O Estado de S. Paulo*, 26 nov. 1954, p. 11.

52 Ligado ao primeiro-ministro Mohammad Mossadegh e defensor da nacionalização do petróleo e do gás em seu país, depois do golpe de Estado orquestrado pela CIA, Fatemi seria preso, torturado, sentenciado por um tribunal militar por "traição ao Xá" e executado.

53 Ver Recorte da *Folha da Tarde*, 1º dez. 1954, reproduzido pela Superintendência de Segurança Política e Social, em 2 de dezembro de 1954. Poucos meses depois, CPJ ainda participaria de um encontro inusitado: um "churrasco de confraternização" com antigos presos do presídio

Maria Zélia, realizado em abril de 1955. Também estariam presentes ao evento Antonio Donoso Vidal, João Araújo Lopes, Artur Neves, Marcelino Serrano, Sebastião Francisco, José Wanderley, Israel Pinheiro, Maurício Gertel, Francisco Ferraz de Oliveira, Antonio Vieira, Luiz Vais, Antonio Nicola e Antonio Debelaque; ver recorte do jornal *Notícias de hoje*, de 19 abr. 1955, e reproduzido em Superintendência de Segurança Política e Social, 20 de abril de 1955.

54 Ver "Tópico do relatório n. 239 de 5 de abril de 1956, SOG, SS", Sops.

55 Idem.

56 Ver carta de Pascoal Barbosa a Caio Prado Júnior, São Paulo, 7 de junho de 1954, acervo de Caio Prado Júnior, IEB/USP, código de referência CPJ-CP-BARB005.

57 Vale ressaltar que a Congregação da Faculdade, composta de catorze membros, decidia se o candidato estava ou não apto a participar do concurso, tendo o poder de aceitar ou rejeitar a candidatura ao posto. No caso de Caíto, cinco integrantes foram contra sua inclusão no pleito e nove a favor. Ele foi o candidato com o maior número de votos contrários à participação no concurso.

58 Ver "Concurso na Faculdade de Direito: iniciadas as provas públicas para provimento da cadeira de Economia Política", *O Estado de S. Paulo*, 12 jun. 1956, p. 12.

59 Ver "Concurso para provimento da cadeira de Economia Política: despertou grande interesse nos círculos jurídicos a arguição, ontem, do candidato Caio Prado Júnior – os trabalhos hoje", *O Estado de S. Paulo*, 14 jun. 1956, p. 11.

60 Depoimento de Fábio Lucas a Luiz Bernardo Pericás, novembro de 2013.

61 Ver Relatório para a Sops, arquivada no dia 16/6/1956 e com carimbo de 18 de junho de 1956, arquivo pessoal de Danda Prado. É interessante notar que alguns anos mais tarde a Editora Brasiliense publicou um livro de James Boggs que receberia o seguinte comentário de Elias Chaves Neto: "Boggs sustenta o ponto de vista original de que os Estados Unidos, com a revolução do *New Deal* e a fase que lhe sucedeu, criou mais rapidamente as bases da sociedade do futuro do que o mundo socialista, o qual, no entender dos marxistas, representa uma fase intermediária na passagem para o comunismo"; ver texto de orelha de Elias Chaves Neto em James Boggs, *A revolução americana: páginas do caderno de notas de um operário negro* (São Paulo, Brasiliense, 1969).

62 "Concurso para provimento da cadeira de Economia Política: despertou grande interesse nos círculos jurídicos a arguição, ontem, do candidato Caio Prado Júnior – os trabalhos hoje", *O Estado de S. Paulo*, 14 jun. 1956, p. 11.

63 Idem.

64 Ver "Concurso para provimento da cadeira de Economia Política: despertou grande interesse nos círculos jurídicos a arguição, ontem, do candidato Caio Prado Júnior – os trabalhos hoje", *O Estado de S. Paulo*, 14 jun. 1956, p. 11.

65 Ver "Concurso na Faculdade de Direito: iniciadas as provas públicas para provimento da cadeira de Economia Política", *O Estado de S. Paulo*, 12 jun. 1956, p. 12.

66 Ver "O resultado do concurso na faculdade de direito", *O Estado de S. Paulo*, 26 jun. 1956, p. 12.

67 Ver cartas de Brasílio Machado Neto a Caio Prado Júnior, Rio de Janeiro, 27 de dezembro de 1956, 23 de dezembro de 1958 e 5 de fevereiro de 1959, acervo de Caio Prado Júnior, IEB/USP, códigos de referência CPJ-CP-CNC001, CPJ-CP-CNC003 e CPJ-CP-CNC004.

68 Ver "Fundamentos da teoria econômica", *O Estado de S. Paulo*, 15 set. 1959, p. 13.

69 O presidente seria Lívio Teixeira. Os outros membros da entidade seriam João Cruz Costa (secretário-geral), José Arthur Giannotti (secretário-executivo), Jorge César Mota (primeiro-tesoureiro) e Mário Leonidas Casanova (segundo-tesoureiro). No conselho consultivo estariam Anatol Rosenfeld, Elias Chaves Neto e Sérgio Buarque de Holanda; ver "Sociedade de Estudos Filosóficos", *O Estado de S. Paulo*, 1º ago. 1959, p. 9.

70 A comissão promotora era composta de Carleto Ferrer Favalli, Agenor Barreto Parente, Leonor Petrarca, Gerhard Mayer, Waldomiro Ament, Heron Amaral Lima, Juvenal de Carvalho Costa, Agenor Pereira Mendonça, Alcides Ribeiro Soares e Moyses Amaro Pereira.

71 Diria o programa: "Estamos convencidos da necessidade inadiável de uma justa aplicação do marxismo à realidade brasileira, através de uma profunda apreciação crítica de caráter político, teórico e prático, com o objetivo de aglutinar as forças nacionalistas brasileiras que evoluem obrigatoriamente para a emancipação econômica e a libertação política da nação, voltamo-nos, principalmente, para os que pugnam pelos ideais socialistas, no Brasil; para os que têm em comum a tarefa de elevar as forças revolucionárias brasileiras à altura do poder de atração que as ideias socialistas conquistaram em todo o mundo, superando com ímpeto cada vez maior as concepções caducas das velhas estruturas sociais". Completava: "Quanto mais numeroso é o grupo de países que se aproximam do socialismo, mais variados são os caminhos e as formas que levam à socialização. Acreditamos que esses caminhos, no momento atual do Brasil, se resumem na conquista, ainda dentro dos quadros do atual regime, de um governo nacional e democrático que realize uma política de soberania nacional e adote medidas agrárias progressistas".

72 Um nacionalismo que assegurasse a emancipação do país, através do monopólio estatal dos setores estratégicos da indústria básica e do estímulo à iniciativa privada, nos demais setores. Também medidas efetivas de proteção ao desenvolvimento da indústria nacional e salvaguarda das riquezas naturais, assim como seleção, regulamentação e disciplinação dos investimentos e ação do capital estrangeiro, subordinando-os aos interesses do desenvolvimento econômico nacional. Para completar, uma política externa independente e contra a entrega do território a potências estrangeiras.

73 Por "liberdade", o MSR entendia a garantia dos preceitos constitucionais de absoluto respeito à liberdade de pensamento, reunião, associação e imprensa, regime de pluripartidarismo, extensão dos votos aos analfabetos, cabos, soldados e marinheiros, revogação da lei antigreve (Lei 9.070) e liberdade, autonomia e unidade sindical.

74 Em outras palavras, o aumento do nível de poder aquisitivo da população rural e urbana (ampliando assim o mercado interno), salário mínimo vital, revisão do sistema de previdência social, ampliação das conquistas da CLT, incentivo ao municipalismo por meio de discriminação tributária mais justa, fim do latifúndio improdutivo, estímulo ao cooperativismo e elaboração de uma legislação trabalhista para o campo.

75 Ver carta de Alcides Ribeiro Soares a Caio Prado Júnior, São Paulo, setembro de 1957, acervo de Caio Prado Júnior, IEB/USP, código de referência CPJ-CP-MSR001.

[76] Ver Elias Chaves Neto, "O quadragésimo aniversário do Partido Comunista do Brasil", *Revista Brasiliense*, n. 40, mar.-abr. 1962, p. 9-10.

[77] Ver Relatório n. 89, de 10 de fevereiro de 1956, "SOG", "SS", reproduzido pela Sops, de 16 de fevereiro de 1956, arquivo pessoal de Danda Prado.

[78] Também firmavam o abaixo-assinado de convocação o líder sindical Antonio Chamorro, os escritores Afonso Schmidt e Artur Neves, o professor Samuel Pessoa, o dirigente metalúrgico Eugenio Chemp, o advogado Rivadávia Mendonça, o jornalista Eduardo Sucupira Filho, o operário Luiz Vergatti, o poeta Jorge Medauar, o cineasta Galileu Garcia, a ganhadora do Prêmio Stalin da Paz Elisa Branco Batista, a operária Maria Salas e o industrial Antonio Montesano; ver "Apelo a todos os patriotas e democratas", de 29 de fevereiro de 1956, reproduzido pela Sops, 2 de abril de 1956, arquivo pessoal de Danda Prado.

[79] Ver Secretaria de Segurança Pública, Dops, Serviço Secreto, São Paulo, 14 de maio de 1956, Número do Setor 342, Comunicado preparado por SOG, Dirigido ao chefe do "SS", com carimbo do dia 15 de maio de 1956.

[80] Idem.

[81] Ver Ministério da Justiça, SSNJ/50-57, Proc. N. J/16, 1673, abril de 1957, Dops, arquivo pessoal de Danda Prado.

[82] Relatório do Deops, São Paulo, s. d. Já Nelson Werneck Sodré consideraria *Estudos Sociais* uma "excelente revista, das melhores que o Brasil conheceu e certamente a melhor de sua época. Embora não mantivesse a amplitude que *Literatura* mantivera antes de 1947 e que abandonara nem só por culpa dos comunistas, tinha qualidade apurada em suas colaborações. Era uma revista do PCB, feita com inteligência e com visão larga dos acontecimentos e dos fenômenos". Ainda assim, Sodré não deixou de fazer ressalvas e críticas à atitude de alguns redatores sectários da publicação; ver Nelson Werneck Sodré, "Meu amigo Astrojildo Pereira", cit., p. 28.

[83] Ver cartas de Jacob Bazarian a Caio Prado Júnior, Moscou, 7 de dezembro de 1957 e 28 de março de 1959, acervo de Caio Prado Júnior, IEB/USP, códigos de referência CPJ-CP-BAZ001 e CPJ-CP-BAZ003.

[84] Ver Caio Prado Júnior, "As eleições de 3 de outubro", *Revista Brasiliense*, n. 2, nov.-dez. 1960. Caio Prado Júnior diria em outro artigo que Juscelino Kubitschek havia realizado "talvez a administração mais antipopular, no sentido de contrariar o pensamento real e os interesses populares, que o Brasil jamais teve. *Entreguismo* e *inflação* em escala sem precedentes, foi isso o essencial do governo Kubitschek que levou, de um lado, ao total enfeudamento da economia brasileira ao capital imperialista, e doutro, à redobrada exploração do trabalho pelo capital (que é a consequência mais direta e imediata da inflação), e à decorrente concentração e acumulação capitalistas em proporções jamais vistas no Brasil. Nunca se enriqueceu tanto no Brasil como nesses '50 anos de desenvolvimento em 5' do sr. Kubitschek, como também nunca se empobreceu tanto e tão rapidamente"; ver Caio Prado Júnior, "Panorama da política brasileira", em *Revista Brasiliense*, n. 38, nov.-dez. 1961, p. 5.

[85] Ver Caio Prado Júnior, "A Instrução 204 e a política econômica brasileira", *Revista Brasiliense*, n. 35, maio-jun. 1961.

[86] Ver Maria Célia Wider, *Caio Prado Jr.: um intelectual irresistível*, cit., p. 92.

87 Ver Elias Chaves Neto, "O presidente Kubitschek e o Fundo Monetário Internacional", *Revista Brasiliense*, n. 24, jul.-ago. 1959, p. 1-2.

88 Ver Caio Prado Júnior, "As eleições de 3 de outubro", *Revista Brasiliense*, n. 32, nov.-dez. 1960, p. 14-5.

89 Sobre o tema, ver José de Souza Martins, "O Plano Trienal e a marcha da revolução burguesa", *Revista Brasiliense*, n. 48, jul.-ago. 1963, p. 41-52. Como diria Octavio Ianni, "a crise econômica e a democracia populista revelaram-se incompatíveis. Por essa razão, forças políticas 'latentes' assumem a primazia sobre aquelas predominantes anteriormente. No primeiro instante, aparece o poder militar. Uma das bases de manobra, no entanto, é a classe média. Assim, mais uma vez a solução política da crise brasileira resulta da dependência estrutural"; ver Octavio Ianni, *O colapso do populismo no Brasil* (Rio de Janeiro, Civilização Brasileira, 1975), p. 26. Osny Duarte Pereira, por sua vez, diria que, enquanto em 1951 cerca de 1% das empresas auferia 65% dos lucros, em 1959 a mesma quantidade de companhias recolhia 68% dos lucros, representando, portanto, um aumento na concentração dos lucros. E, das 66 maiores empresas que operavam no Brasil em 1961, 34 eram estrangeiras, com um capital correspondente a 46% dos capitais das 6.818 sociedades anônimas que atuavam no país. Além disso, 32.627 pessoas, ou 1,6% dos proprietários, eram donas de 60,8% das terras do país. Para ele, não havia dinheiro para hospitais, nem para escolas, nem para financiar a produção de vários gêneros alimentícios, mas havia dinheiro para ser investido na plantação de café, comprar café que não se vende e para que os torradores de café nos Estados Unidos controlassem a soberania e independência do Brasil. Para esse autor, "realmente seu 'Plano Trienal' será uma farsa e um insulto à miséria, se o latifúndio e o imperialismo permanecerem intocáveis"; ver Osny Duarte Pereira, "O Iseb, o desenvolvimento e as reformas de base", *Revista Brasiliense*, n. 47, maio-jun. 1963, p. 30-41. Finalmente, Wanderley Guilherme daria alguns exemplos da situação no país. A Phillips do Brasil tinha ramificações na Indústria Brasileira de Eletricidade, Companhia Fiação e Tecelagem Industrial Mineira, Companhia Têxtil Ferreira Guimarães, Companhia Cortume Riacho Fundo, Fundação Benjamin Guimarães, Teixeira e Cia., Companhia Fiação e Tecelagem Barbacenense, Panair do Brasil, Dragagem de Ouro S. A., Cooperativa Agropecuária Hoambra, Sociedade Imobiliária e Comercial Paulista Ltda., Sociedade de Imóveis, Melhoramentos Ltda., entre outras. Já a Sears Roebuck, na Companhia Construtora Pederneiras, Companhia de Estudos e Execuções de Obras, Produtos Magnéticos e Metalúrgicos, Companhia Petroquímica, Máquinas Automáticas, Scannia Vabis do Brasil, Motores Diesel, Max Factor do Brasil, Produtos Cosméticos e Multibrás, entre outras; ver Wanderley Guilherme dos Santos, *Reforma contra reforma* (Rio de Janeiro, Tempo Brasileiro, 1963), p. 35-7.

90 Ver Alcindo da Cunha Xavier, "Formação econômica do Brasil", *Revista Brasiliense*, n. 25, set.-out. 1959, p. 186-94.

91 Ver Caio Prado Júnior, "Os dois Brasis", *Revista Brasiliense*, n. 26, nov.-dez. 1959, p. 213-6.

92 Idem.

93 Depoimento de Paulo Alves Pinto a Luiz Bernardo Pericás, novembro de 2013.

94 Os editores da *Revista Brasiliense* certamente estimularam os comunistas da velha-guarda a publicar em suas páginas, o que lhes deu um veículo para expressar suas ideias naquela época. Octávio Brandão, por exemplo, chegaria a escrever para Elias Chaves Neto para expressar

"a alegria de ler, na *Revista Brasiliense*, o artigo Literatura sem ideologia" e para lhe agradecer não só pela publicação, mas também "pelo relevo que deu ao mesmo artigo". Também enviava para Chaves Neto um estudo sobre a ascensão histórica do Brasil e solicitava que comunicasse a Fernando Henrique Cardoso (Brandão era primo irmão de sua mãe), o recebimento do texto; ver carta de Octávio Brandão a Elias Chaves Neto, Rio de Janeiro, 28 de abril de 1960, em J. R. Guedes de Oliveira (org.), *Cartas de Octávio Brandão*, cit., p. 157.

[95] Para Caio, "no que se refere à agropecuária, os objetivos da Sudene consistem, no dizer de seu orientador e dirigente máximo, o economista Celso Furtado, no seguinte: Criação de uma economia agropecuária resistente às secas, na área do Polígono, através de um grande plano de irrigação nas bacias dos açudes e nas margens do São Francisco, e de melhor aproveitamento da flora xerófita (resistente às secas). Melhor aproveitamento das terras úmidas da faixa litorânea, onde deve intensificar-se a produção de alimentos. Incorporação de novas terras úmidas ao NE, deslocando sua fronteira agrícola em direção ao Maranhão. Intensificação dos trabalhos de pesquisa, tanto geológicas como agroecológicas". Então CPJ arremata: "Como se vê, os problemas agrários são aí propostos em termos de que se excluem inteiramente as questões relativas ao próprio fundamento em que assenta,m as atividades agrícolas e pastoris, a saber, a terra e a sua apropriação. Repete-se aí, e dessa vez na palavra de um economista do porte do sr. Celso Furtado, o grave erro de confundir os diferentes setores, categorias e classes sociais diretamente ligadas às atividades agrárias, no conceito genérico de 'agropecuária'. Ora, os problemas agrários, como quaisquer outros problemas sociais e econômicos, são antes de tudo 'humanos'. E são por isso os homens e a posição própria que respectivamente ocupam nas atividades agropecuárias que devem ser considerados em primeiro e principal lugar, e como elemento central que configura todas as questões analisadas"; ver Caio Prado Júnior, "Contribuição para a análise da questão agrária no Brasil", *Revista Brasiliense*, n. 28, mar.-abr. 1960, incluído em Caio Prado Júnior, *A questão agrária no Brasil* (São Paulo, Brasiliense, 1979), p. 19-20.

[96] Ibidem, p. 27.

[97] Luiz Bernardo Pericás e Maria Célia Wider, "Caio Prado Júnior", cit., p. 207.

[98] Ver entrevista de Caio Prado Júnior, "É preciso deixar o povo falar", *O Estado de S. Paulo*, 11 jun. 1978. Disponível em: <http://acervo.estadao.com.br/pagina/#!/19780611-31668-nac-0014-999-14-not>.

[99] Ver Caio Prado Júnior, "Contribuição para a análise da questão agrária no Brasil", cit., p. 67.

[100] Ver Karl Marx, carta a Mijailovsky, em Horacio Tarcus, *Marx en la Argentina: sus primeiros lectores obreros, intelectuales y científicos* (Buenos Aires, Siglo Veintiuno, 2013), p. 38.

[101] Idem.

[102] Ver Elias Chaves Neto, "O presidente Kubitschek e o Fundo Monetário Internacional", cit., p. 8.

[103] Elias Chaves Neto, "A etapa nacionalista", *Revista Brasiliense*, n. 26, nov.-dez. 1959, p. 7-8.

[104] Idem, "Revolução democrática", *Revista Brasiliense*, n. 48, jul.-ago. 1963, p. 4-5.

[105] Idem, "Socialismo e emancipação política", *Revista Brasiliense*, n. 12, jul.-ago. 1957, p. 46.

[106] Ibidem, p. 4-5.

[107] Caio Prado Júnior, "Nacionalismo e desenvolvimento", *Revista Brasiliense*, n. 24, jul.-ago. 1959, p. 9-15.

[108] Ver Álvaro de Faria, "Os trabalhadores e a nação", *Revista Brasiliense*, n. 17, maio-jun.1958.

7. De volta ao mundo do socialismo

[1] Ver Caio Prado Júnior, *O mundo do socialismo*, cit.

[2] Ver carta de Caio Graco Prado a Caio Prado Júnior, Paris, 16 de abril de 1958, acervo de Caio Prado Júnior, IEB/USP, código de referência CPJ-CGP074.

[3] Ver carta de Caio Graco Prado a Caio Prado Júnior, s. l., s. d., acervo de Caio Prado Júnior, IEB/USP, código de referência CPJ-CGP083.

[4] Esse evento ocorreria no salão de festas do antigo Centro do Professorado Paulista, na avenida Liberdade, 928. Da comissão promotora faziam parte Afonso Schmidt, Álvaro de Faria, Ariel Tommasini, Artur Neves, Bento Dias Gonzaga, Catullo Branco, Elias Chaves Neto, Eunice Catunda, João Taibo Cadorniga, João Batista Villanova Artigas, José Candido da Silva, Mário Schenberg, Maurício de Oliveira, Pedro Pomar, Rio Branco Paranhos, Salvador Romano Lossaco e Wilson Rahal, entre outros.

[5] Secretaria de Segurança Pública, Dops, Serviço Secreto, São Paulo, 5 de maio de 1970; e "Conferência de Caio Prado: investimentos e financiamento", *Notícias de Hoje*, 7 jun. 1958.

[6] Para mais informações biográficas sobre Jacob Bazarian, ver Jacob Bazarian, *Mito e realidade sobre a União Soviética* (2. ed., São Paulo, Record, 1973); ver também Heitor de Andrade Carvalho Loureiro, *O comunismo dos imigrantes armênios de São Paulo*, cit., p. 118-32.

[7] Ver carta de Jacob Bazarian a Caio Prado Júnior, Moscou, 22 de setembro de 1959, acervo de Caio Prado Júnior, IEB/USP, código de referência CPJ-CP-BAZ006.

[8] Ver carta de Caio Prado Júnior à União Cultural Brasil-Estados Unidos, São Paulo, 15 de junho de 1959, acervo de Caio Prado Júnior, IEB/USP, código de referência CPJ-CA059.

[9] Ver carta de Joaquim Muller Carioba a Caio Prado Júnior, São Paulo, 15 de julho de 1959, acervo de Caio Prado Júnior, IEB/USP, código de referência CPJ-CP-UCBEU001.

[10] Ver "Constituída a Sociedade Brasil-URSS", *O Estado de S. Paulo*, 25 jun. 1960, p. 11.

[11] Depoimento de Rafael Almir Marcial Tramm a Luiz Bernardo Pericás, agosto de 2012.

[12] Ele seria citado em 18 de agosto de 1965; ver "Divisão de Ordem Política", Informação n. 166/76, Caio Prado Júnior, São Paulo, 3 de março de 1976, acervo pessoal de Danda Prado.

[13] Ver "Início do curso para dirigentes sindicais", *O Estado de S. Paulo*, 21 maio 1960, p. 10.

[14] Secretaria de Segurança Pública, Serviço de Informação, 30K/33/227, 28 de julho de 1970.

[15] Ver "Jango critica as 'metas' no Segundo Congresso Sindical", *O Estado de S. Paulo*, 1º maio 1960, p. 27.

[16] O evento ocorreria no dia 26 de abril de 1960, na avenida Liberdade, 928, no antigo Centro do Professorado Paulista. Fariam parte da comissão os deputados Luciano Lepera, Jethero de Faria Cardoso e José Molina Júnior, os vereadores José de Freitas Nobre, Dario de Lorenzo e Rio Branco Paranhos, o jornalista Armando Gimenez, assim como Mário Schenberg, Elias

Chaves Neto, Alberto Caribé da Rocha, Alvaro R. dos Santos, Antonio Chamorro, José de Araújo Plácido e José Chediak; ver "Informação reservada", 20 de abril de 1960, Dops, com carimbo de 26 de abril de 1960, arquivo pessoal de Danda Prado.

17 Ver Setor "OG", 102, Comunismo, Homenagens, Almoço-homenagem a Luiz Carlos Prestes (ocorrido na casa de festas "Gersal", na avenida Angélica, 672, 30K/33/145, 3 de março de 1960, documento produzido em 26 fevereiro de 1960.

18 Ver Carta de Helena Nioac a Roberto Prado, Moscou, 30 de julho de 1960, acervo de Caio Prado Júnior, IEB/USP, código de referência CPJ-RNP121.

19 Ver Nestor de Holanda, *O mundo vermelho, notas de um repórter na URSS* (2. ed., Rio de Janeiro, Irmãos Pongetti, 1962).

20 Cartão de Caio Prado Júnior a Roberto Nioac Prado, Moscou, 27 de julho de 1960, acervo de Caio Prado Júnior, IEB/USP, código de referência CPJ-RNP120. Grifos nossos.

21 Ver carta de Caio Prado Júnior a Carlos Nelson Coutinho, de 18 de outubro de 1962.

22 Ver Caio Prado Júnior, "Categorias del materialismo dialectico", *Revista Brasiliense*, n. 26, nov.-dez. 1959, p. 202-13. O livro de Rosental e Straks também teve outros colaboradores, como M. I. Saoserov, V. Y. Blumberg, N. V. Pilipenko, N. V. Medvedev, V. A. Sidorkin, A. O. Sternin e P. V. Kopnin.

23 Ver Pinto Pereira, "Pequena história da literatura brasileira, especialmente nos séculos XIX e XX", *Revista Brasiliense*, n. 26, nov.-dez. 1959, p. 129.

24 Pinto Ferreira, "Panorama da sociologia brasileira, III", *Revista Brasiliense*, n. 16, mar.-abr. 1958, p. 40.

25 De acordo com Danda Prado, em depoimento a Luiz Bernardo Pericás, dezembro de 2009. Nos anos 1950, Caio Prado Júnior pediu algumas vezes ao amigo Jacob Bazarian que lhe enviasse livros de ensino da língua russa, para que sua esposa pudesse se aprimorar no idioma. Em carta escrita em 6 de agosto de 1959, Bazarian diria: "Os livros que sua companheira pediu não existem e, pelo que me dizem os livreiros, nunca existiram. Peça a ela me explicar diretamente ou através de V. para que fim se destinam, isto é, qual o nível de conhecimento do russo e eu então enviarei tudo que houver aqui. Eu mesmo aprendi o russo (e continuo ainda estudando-o) e conheço bem a literatura a respeito. Eu aprendi o russo pela Nina Potopova – 1 exemplar do qual já enviei há tempo para vocês. Será que não receberam? Em geral não há aqui bons compêndios de aprendizado do russo para os estrangeiros. A Potopova é uma exceção. E por isso o livro dela está traduzido (adaptado) para várias línguas (entre elas, espanhol, francês, inglês, albanês, chinês etc.)". E mais: "Uma companheira russa nossa que morava no Brasil e que agora está morando aqui – Natalia Voinova – escreveu um compêndio de língua russa para os brasileiros. O livro deve ser muito bom, pois ela é inteligente e conhece perfeitamente as duas línguas. Mas o livro até agora não saiu e não se sabe quando sairá. Está claro que logo que for publicado enviarei um exemplar a vocês"; ver carta de Jacob Bazarian a Caio Prado Júnior, Moscou, 6 de agosto de 1959, acervo de Caio Prado Júnior, IEB/USP, código de referência CPJ-CP-BAZ005. Em 22 de setembro de 1959, ele volta ao assunto: "O livro de Nina Potopova tinha sido publicado em francês e espanhol, mas agora os dois estão esgotados e não é possível consegui-los. A Editora está preparando a adaptação e tradução do mesmo para o português. Logo que eu por acaso encontrar os mesmos no 'sebo' eu os enviarei. Está claro que quando sair a adaptação portuguesa eu lhe

enviarei alguns exemplares. Mas pelo visto isso não será tão em breve. Escreva-me pormenores sobre o nível de estudo do russo de sua companheira e de sua filha e eu lhe enviarei tudo que aqui existe sobre o mesmo (em russo é claro)"; ver carta de Jacob Bazarian a Caio Prado Júnior, Moscou, 22 de setembro de 1959, acervo de Caio Prado Júnior, IEB/USP, código de referência CPJ-CP-BAZ006.

[26] Ver Caio Prado Júnior, "A dialética materialista", *Revista Brasiliense*, n. 3, jan.-fev. 1956.

[27] Ver idem, "Materialismo dialético", *Revista Brasiliense*, n. 4, mar.-abr. 1956.

[28] Ver idem, "Manual de economia política", *Revista Brasiliense*, n. 5, maio-jun. 1956.

[29] Ver idem, "Categorias do materialismo dialético", *Revista Brasiliense*, n. 26, nov.-dez. 1959.

[30] Na província de Guizhou, por exemplo, 94% das refeições eram feitas em cantinas públicas.

[31] A cota de maio, por exemplo, foi cumprida apenas pela metade. As cargas de grãos enviadas para Pequim, Tianjin, Xangai e as cidades industriais da província de Liaoning foram vendidas e acabaram imediatamente.

[32] Ver Liu Suinian e Wu Qungan, *China's Socialist Economy, An Outline History (1949-1984)* (Pequim, Beijing Review, 1986), p. 260-7.

[33] Ver carta de Manuel Agustín Aguirre a Caio Prado Júnior, Quito, 16 de setembro de 1959, acervo de Caio Prado Júnior, IEB/USP, código de referência CPJ-CP-AGUIR002.

[34] Ver cartão-postal de Caio Prado Júnior a Roberto Prado, Xangai, agosto de 1960, acervo de Caio Prado Júnior, IEB/USP, código de referência CPJ-RNP132. O interesse em saber como andava o campeonato e especificamente o Santos apareceriam ainda em outra carta.

[35] Carta de Caio Prado Júnior a Roberto Nioac Prado, Pequim, 1º de setembro de 1960, acervo de Caio Prado Júnior, IEB/USP, código de referência CPJ-RNP133.

[36] Ver carta de Caio Prado Júnior a Roberto Nioac Prado, Wuhan, 21 de agosto de 1960, acervo de Caio Prado Júnior, IEB/USP, código de referência CPJ-RNP130.

[37] Ver Caio Prado Júnior, "Convivência pacífica", *Revista Brasiliense*, n. 33, jan.-fev. 1961, p. 5 e 6.

[38] Ver ibidem, p. 6 e 7.

[39] Elias Chaves Neto, por exemplo, afirmaria: "Os comunistas, sem dúvida alguma, lutam pela vitória do socialismo no mundo. Porém, os seus dirigentes são unânimes em declarar, e o têm feito reiteradamente, que quando proclamam a vitória final do socialismo, o fazem convictos de que ela resultará da superioridade do socialismo sobre o capitalismo, mas nunca da força das armas. Será a luta individual de cada povo, pacífica, na medida que lhe forem assegurados os seus direitos democráticos. É nisto que consiste a política de coexistência pacífica. Ela não nega os antagonismos de classe, da qual resulta a contenda, capitalismo ou comunismo. Mas quer circunscrevê-la ao âmbito da luta ideológica e econômica, a qual imprimirá às forças econômicas o curso que convém aos interesses da maioria"; ver Elias Chaves Neto, "O congresso mundial pelo desarmamento geral e pela paz", *Revista Brasiliense*, n. 43, set.-out. 1962, p. 3-4.

[40] Ver Che Guevara, *Textos econômicos* (São Paulo, Edições Populares, 1982), p. 145; ver também Luiz Bernardo Pericás, *Che Guevara e o debate econômico em Cuba* (São Paulo, Xamã, 2004), p. 161.

[41] Ver Caio Prado Júnior, *O mundo do socialismo*, cit., p. 124.

⁴² Depoimento de Paulo Iumatti a Luiz Bernardo Pericás, março de 2011. Aparentemente, Manoel Correia de Andrade teria aventado essa possibilidade, a partir de rumores da época, ainda que não haja *nenhuma* garantia de que de fato esse tenha sido o caso.

⁴³ Fiorani, casado com uma sobrinha de Caio Prado Júnior, diria: "Recebemos seu livro. Obrigado. Eu já o li (como se diz dos romances? Já o 'devorei', numa noite!) e Marylu o está acabando. Fiquei entusiasmado; era o livro que precisava: simples, profundo, lúcido, numa forma clara e agradável. E será com certeza um livro que desagradará a muita gente! Como todas as obras que tem como fim a desmistificação, trata-se – em suma – de um livro 'vivo' (coisa rara nesses dias, e raríssima quando se trata deste assunto), e extremamente oportuno (isto é, nada existia – até hoje – nesse gênero)". Continuava: "Espero que vocês, também por meio da revista, organizem uma boa e ampla campanha para fazê-lo conhecer e para difundi-lo ao máximo". E então: "Se você permite, faço uma única ressalva: trata-se da capa. Achei-a francamente feinha. Chamo sua atenção sobre as capas e a veste gráfica da Vitória (antigamente a pior das editoras) que agora encontrou uma fórmula moderna e cheia de atrativo"; ver carta de Mario Fiorani a Caio Prado Júnior, Fazenda Santa Elza, Santa Cruz das Palmeiras, São Paulo, 24 de março de 1962, acervo de Caio Prado Júnior, IEB/USP, código de referência CPJ-CP-FIO003.

⁴⁴ Gicovate, por sua vez, comentaria: "Li e reli, com grande proveito, *O mundo socialista* [sic]. Em verdade, deveria ele estar nas mãos de todos os brasileiros, porquanto as lições nele contidas, contribuem, grandemente, para melhor entendimento do maior acontecimento do século XX"; ver carta de Moisés Gicovate a Caio Prado Júnior, São Paulo, 2 de maio de 1962, acervo de Caio Prado Júnior, IEB/USP, código de referência CPJ-CP-GIC001.

⁴⁵ Em artigo para *A Tribuna*, Lopes diria que "nada mais interessante será do que seguir o A., nessa magistral lição de socialismo aplicado nas terras alheias visitadas, à luz do materialismo dialético de Karl Marx, Engels e Lenin (p. 114), verificando que a sua elaboração científica já se conseguiu de maneira satisfatória. Postulados como 'a cada um segundo as suas necessidades', vão pouco a pouco, tendo expressão imediatista, na União Soviética e na China Popular, graças ao esforço de homens extraordinários, com qualidades morais e espirituais de primeira ordem, como este livro demonstra"; ver Álvaro Augusto Lopes, "O mundo do socialismo", *A Tribuna*, 25 mar. 1962, acervo de Caio Prado Júnior, IEB/USP, código de referência CPJ-RO-031.

⁴⁶ Ver Lannoy Dorin, "O mundo do socialismo", *Revista Brasiliense*, n. 45, jan.-fev. 1963, p. 137-41.

⁴⁷ Ver carta de Héctor Agosti a Caio Prado Júnior, Buenos Aires, 1º de julho de 1962, acervo de Caio Prado Júnior, IEB/USP, código de referência CPJ-CP-AGO13.

⁴⁸ Ver Jozef Wilczynski, *An Encyclopedic Dictionary of Marxism, Socialism and Communism*, cit., p. 519; ver também Jacques Levesque, *O conflito sino-soviético* (Póvoa de Varzim, Estúdios Cor, 1974).

⁴⁹ Ver Jean Baby, *As grandes divergências do mundo comunista* (São Paulo, Senzala, s. d.), p. 59.

⁵⁰ Ibidem, p. 61-2. Em relação ao estudo *Viva o leninismo*, ver Redação da Revista *Hongqi* (Bandeira Vermelha), *Viva el leninismo* (Pequim, Ediciones en Lenguas Extranjeras, 1960). Poucos anos depois, as críticas dos chineses aos soviéticos se tornariam mais ácidas e explícitas, e vários artigos com ataques às políticas da URSS seriam publicados na imprensa chinesa; ver, por exemplo, Che Kiun et al., *Imperialismo e social-imperialismo* (Porto, Estrela Vermelha, 1975).

⁵¹ Ver Wladimir Pomar, *Pedro Pomar, uma vida em vermelho* (São Paulo, Xamã, 2003), p. 230.

52 Idem.
53 Ibidem, p. 260-1.
54 Ibidem, p. 262. De acordo com Wladimir Pomar, "o PCB não ficou passivo, porém, diante da aproximação entre o PCdoB e o Partido Comunista chinês. Em abril de 1963, enviou à China uma delegação do Comitê Central, chefiada por Jover Telles, com o objetivo de 'ouvir os camaradas chineses sobre as divergências no movimento comunista internacional' e 'tratar das relações' entre os dois partidos, principalmente tendo em conta a 'utilização pela rádio chinesa do jornal do grupo antipartido *A Classe Operária*, em suas irradiações' [...] Jover historiou ao PCCh a posição desses militantes diante do processo de autocrítica necessária do PCB, a partir de 1956. Informou-os de que, no V Congresso, em 1960, os principais chefes desse grupo não haviam sido eleitos. A direção do partido tivera grande paciência e tolerância com eles, deu-lhes a possibilidade de fazer autocrítica [...] 'Qual a orientação que segue o grupo fracionista?', perguntou-se Jover. 'Deturpam a linha política do partido e tentam ganhar adeptos. Caluniando a direção de nosso partido e caricaturando a nossa linha política, desenvolvem uma atividade visando a formar seu próprio partido. De palavra são esquerdistas, de fato são direitistas. Pregam a abstenção política das massas. Isso aconteceu na crise político-militar de 1962, na greve geral de 5 de julho e na greve geral de setembro daquele mesmo ano, assim como no plebiscito de janeiro de 1963. Afirmavam que eram choques entre grupos dominantes e que o proletariado nada tinha a ver com isso. Querem aplicar mecanicamente no Brasil a experiência cubana de forma errada. Não compreendem que a Revolução Cubana também teve duas etapas e querem ir direto ao socialismo no Brasil. Do ponto de vista político e das massas estão isolados. Não dirigem um sindicato, uma liga ou associação camponesa, nem uma organização de intelectuais. Não obstante, editam o jornal *A Classe Operária* e têm uma editora chamada Futuro. O financiamento do jornal e da editora não é feito com dinheiro da classe operária brasileira, dos camponeses, da intelectualidade, dos dirigentes de nossa terra. Corre no Brasil que esse dinheiro é fornecido por vocês, por intermédio de Cuba. É claro que é difícil acreditar nisso, mas é o que anda de boca em boca no Brasil', concluiu Jover". E, então, Wladimir Pomar completaria: "É lógico que os chineses repeliram a insinuação e declararam que não iriam se imiscuir nos problemas internos do movimento comunista no Brasil. Estavam dispostos a manter relações com ambos os partidos e levaram em consideração, principalmente, a solidariedade do PCdoB às posições do PC da China nas discussões ideológicas e políticas com o PCUS. As divergências do PCB quanto àquelas posições chinesas não seriam, porém, empecilho para que o PC da China continuasse a manter relações com ele. O PCB não aceitou a sugestão"; ver Wladimir Pomar, *Pedro Pomar, uma vida em vermelho*, cit., p. 261-2.
55 Depoimentos de Danda Prado, em 2011, e de Paulo Alves Pinto, em novembro de 2013, a Luiz Bernardo Pericás.
56 Ver Caio Prado Júnior, *O mundo do socialismo*, cit., p. 58.
57 Ibidem, p. 59.
58 Ibidem, p. 169.
59 No último capítulo, intitulado "Regresso ao mundo livre", John R. Cotrim comentará: "Depois de três semanas vivendo com a impressão de estar em outro planeta, decolei de Moscou, de regresso a Paris. Ao saltar do avião no aeroporto de Amsterdã, tive a sensação de estar saindo de um túnel escuro onde me estava asfixiando; o alívio de respirar o ar puro da liberdade e ver novamente a

luz da razão era indescritível. E dificilmente terei alegria maior em minha vida do que a que senti ao divisar novamente uma banca de jornais onde poderia enfim adquirir livremente periódicos e revistas de qualquer parte do mundo, inclusive da própria Rússia. Era a euforia de ter voltado à Civilização, a esta Civilização do Ocidente, da qual descendemos e fazemos parte, e que não temos direito nem motivos de renegar, pois que, com todas as suas injustiças sociais – que reconhecemos e procuramos corrigir – e com os desníveis econômicos que gradualmente também se equilibram, foi a que até hoje propiciou à humanidade o melhor nível de vida e as instituições políticas, jurídicas e morais mais nobres e mais condizentes com a dignidade humana"; ver John R. Cotrim, *Um engenheiro brasileiro na Rússia* (Rio de Janeiro, IBGE, 1962), p. 71.

[60] Ver Nestor de Holanda, *Diálogo Brasil-URSS* (Rio de Janeiro, Civilização Brasileira, 1960), e *O mundo vermelho*, cit.

[61] Ver Angélica Lovatto, *Os Cadernos do Povo Brasileiro e o debate nacionalista nos anos 1960: um projeto de revolução brasileira* (tese de doutorado em Ciência Política, PUC, São Paulo, 2010), p. 153.

[62] Ver Nestor de Holanda, *O mundo vermelho*, cit., texto de orelha.

[63] Ver ibidem, quarta capa.

[64] Ver Ênio Silveira, "A URSS hoje: rumo ao cosmos e ao conforto pessoal", *Revista Civilização Brasileira*, Caderno Especial: *A Revolução Russa: cinquenta anos de história*, Rio de Janeiro, ano III, n. 1, nov. 1967, p. vii-xviii.

[65] Ver "Economista depõe na comissão sobre o envio de lucros", *O Estado de S. Paulo*, 12 abr. 1962, p. 4.

[66] Secretaria de Segurança Pública, Dependência Serviço de Informação, Dops, 28 de julho de 1970, arquivo pessoal de Danda Prado. O conselho diretor da comissão era: Dácio de Arruda Campos (presidente), Bensaúde Branquinho Maracajá, Antonio Sergio Luciano, Antonio Carlos Canton, João Louzada, Artur Frota Moreira, Rogê Ferreira, deputados estaduais Luciano Espera, Jethero de Faria Cardoso, Roberto Cardoso Alves, José Magalhães de Almeida Prado, deputados federais Coutinho Cavalcanti, Nelson Omegna, Ivette Vargas, Salvador Romano Lossaco, além de Elias Chaves Neto, Aldo Lins e Silva e Caio Prado Júnior. Também eram dirigentes da organização Remo Forli, João da Rocha Mendes, João Vilanova Artigas, Paulo Singer, Armando Gimenez, Armando Piani, Artur Cangaçu de Almeida, Vera Lúcia Brizola, Martin Arrudão, Bernardo Boris, João Manuel Conrado, Waldemar Cordeiro, Joaquim Guedes, Plinio Pimenta, Fabio Coliman, Eder Simão Sader, Carleto Ferrer Favalli, Laonte Klawa, Maria Cecília Silveira Bueno, Calil Chade, Alvaro Rodrigues dos Santos, Luiz Roberto Salinas Fortes, José Flores Navarro, Edgard de Moura Bittencourt, Rogê Ferreira, Cid Franco, Luciano Lepera, Farabulini Júnior, Onofre Cozuen, Israel Dias Novaes, Solon Borges dos Reis, Roberto Cardoso Alves, Antonio Magalhães de Almeida Prado, Rio Branco Paranhos, Rubens Pereira e Leo Ribeiro de Morais; ver Dops, 30K/33/181, novembro de 1960.

[67] Entre as sugestões propostas no evento, incluíam-se o entrosamento com entidades de todo o país, para a realização de uma passeata nacional até Brasília; a promoção de "comícios-aula", com encenação de esquetes teatrais, com esclarecimentos sobre a Revolução Cubana; a impressão de folhetos com a "Declaração de Havana"; a realização de um plebiscito nos portões dos estádios de futebol, para que a população pudesse dar sua opinião sobre a ilha; a fundação de um jornal para a defesa de Cuba; a criação de círculos de amigos de Cuba em todos os bairros de

São Paulo; e a publicação de manifestos; ver Dops, 29 de novembro de 1960, Setor "O. O.", Movimento de Massas, Revolução Cubana, Fundação da "Comissão Paulista de Solidariedade a Cuba", 30K/33/153.

68 Ver Dops, 22 de abril de 1961, 154, Setor "O. G.", Reunião, Agitação, Reunião realizada na UEE no dia 19 de abril de 1961, 30K/33/155.

69 Depoimento de Michael Löwy a Luiz Bernardo Pericás, julho de 2014.

70 Ver Dops, n. 206, São Paulo, 3 de julho de 1961, "Encontro Estadual dos Amigos de Cuba", realizado na sede do Sindicato dos Metalúrgicos, à Rua do Carmo, 171, Relatório da Subchefia de Ordem Social, investigador Gunther Rosenberg, 30K/33/156.

71 Secretaria de Segurança Pública, Dependência Serviço de Informação, Dops, 28 de julho de 1970, arquivo pessoal de Danda Prado.

72 Ver Caio Prado Júnior, "Convivência pacífica", *Revista Brasiliense*, n. 33, jan.-fev. 1961, p. 6-7.

73 Ver Álvaro de Faria, "A Revolução Cubana no seu 2º aniversário", *Revista Brasiliense*, n. 33, jan.-fev. 1961, p. 84.

74 Ver Armando Gimenez, *Sierra Maestra: a revolução de Fidel Castro* (São Paulo, Zumbi, 1959).

75 Correspondência de Augusto Buonicore com Luiz Bernardo Pericás, julho de 2014.

76 Ver Wladimir Pomar, *Pedro Pomar, uma vida em vermelho*, cit., p. 233.

77 Idem.

78 Ver Luiz Bernardo Pericás, "Condecorando Che", *Revista de História da Biblioteca Nacional*, ano 3, n. 33, junho de 2008, p. 67; Luiz Bernardo Pericás, "O encontro de Che Guevara e Jânio Quadros", *Quaderni della Fondazione Ernesto Che Guevara*, Bolsena, n. 7, 2007-2008, p. 93-4; Carlos Alberto Leite Barbosa, *Desafio inacabado, a política externa de Jânio Quadros* (São Paulo, Atheneu, 2007); e depoimento de Luiz Alberto Moniz Bandeira a Luiz Bernardo Pericás, janeiro de 2011.

79 Ver Elias Chaves Neto, *Minha vida e as lutas de meu tempo*, cit., p. 154-9.

80 Ver Jamil Almansur Haddad, *Revolução cubana e revolução brasileira* (Rio de Janeiro, Civilização Brasileira, 1961).

81 Ver Almir Matos, *Cuba: a revolução na América* (Rio de Janeiro, Vitória, 1961).

82 Ver Nery Machado, *Cuba, vanguarda e farol da América* (São Paulo, Fulgor, 1963).

83 Depoimento de Luiz Alberto Moniz Bandeira a Luiz Bernardo Pericás, janeiro de 2011.

84 Correspondência de Anita Leocádia Prestes com Luiz Bernardo Pericás, setembro de 2011. Susana Prado afirma que Elias Chaves Neto também se encontrava na delegação. Depoimento de Susana Prado a Luiz Bernardo Pericás, novembro de 2009.

85 Jamil Almansur Haddad diria, num artigo publicado na *Revista Brasiliense*, que "Guillén esteve entre nós e a sua presença despertou manifestações de simpatia unívocas, dessas que apenas podem significar que há um sentido da poesia que encontra – pelo menos subconscientemente – uma aceitação da parte de todos, os homens da esquerda mais aberta como os da direita mais empederninda". Continuaria: "O autor de 'El son intero' chega-nos numa hora de Cuba em que ele é o poeta da Revolução Cubana, 'eco sonoro', porta-voz de reivindicações, pulso latejando insócrono com o de seu povo, voz de poesia, poderosa, contra a discriminação, a fome e o

imperialismo"; ver Jamil Almansur Haddad, "Guillén no Brasil", *Revista Brasiliense*, n. 38, nov.-dez. 1961, p. 77. É bastante possível que Caio Prado Júnior tenha se encontrado com Guillén em sua visita ao país.

[86] Ver convite de Alejo Carpentier e da Uneac a Caio Prado Júnior, s. l., 21 de dezembro de 1961, acervo de Caio Prado Júnior, IEB/USP, código de referência CPJ-CP-UNEAC001.

[87] Ver, por exemplo, carta de Nicolás Guillén a Caio Prado Júnior, Havana, 18 de junho de 1951, acervo de Caio Prado Júnior, IEB/USP, código de referência CPJ-CP-GUIL001. Nessa carta específica, Guillén pedia a CPJ que solicitasse a Eunice Catunda autorização para publicar um fragmento de um artigo escrito por ela na revista *Fundamentos* sobre sua obra, o qual queria incluir na edição de um poema que acabara de terminar, "Elegía a Jesús Menendez", líder açucareiro assassinado em 1948 pelo governo Prío. Ainda comenta que havia recebido carta de Astrojildo Pereira e de Jorge Amado naquela época.

[88] Correspondência de Anita Leocádia Prestes com Luiz Bernardo Pericás, novembro de 2009.

[89] Depoimento de Danda Prado a Luiz Bernardo Pericás, dezembro de 2009.

[90] Carta de Caio Prado Júnior a Roberto Nioac Prado, Havana, 3 de janeiro de 1962, acervo de Caio Prado Júnior, IEB/USP, código de referência CPJ-RNP138.

[91] Elias Chaves Neto, "Cuba", *Revista Brasiliense*, n. 30, jul.-ago. 1960, p. 1-9; "Cuba e a América Latina", *Revista Brasiliense*, n. 32, nov.-dez. 1960, p. 49-58; "A Revolução Cubana", *Revista Brasiliense*, n. 34, mar.-abr. 1961, p. 84-95; "Cuba, no III aniversário da vitória da revolução", *Revista Brasiliense*, n. 39, jan.-fev. 1962, p. 37-43; "A beira do abismo", *Revista Brasiliense*, n. 44, nov.-dez. 1962, p. 15-20; "Paz para Cuba", *Revista Brasiliense*, n. 45, jan.-fev. 1963, p. 1-6.

[92] Álvaro de Faria, "A Revolução Cubana no seu 2º aniversário", *Revista Brasiliense*, n. 33, jan.-fev. 1961, p. 82-4.

[93] Ver "Os intelectuais cubanos unidos na obra da cultura do serviço do povo e da revolução", *Revista Brasiliense*, n. 34, mar.-abr. 1961, p. 96-8.

[94] Dácio de Arruda Campos, "Cuba e o princípio da soberania", *Revista Brasiliense*, n. 36, jul.-ago. 1961, p. 94-9.

[95] Hélio Dutra, "Uma carta de Cuba", *Revista Brasiliense*, n. 38, nov.-dez. 1961, p. 70-6.

[96] Jamil Almansur Haddad, "Romanceiro cubano", *Revista Brasiliense*, n. 30, jul.-ago. 1960, p. 13; "Guillén no Brasil", *Revista Brasiliense*, n. 38, nov.-dez. 1961, p. 77.

[97] Luiz Izrael Febrot, "Cuba, ano 4 (impressões de viagem e anotações de leitura)", *Revista Brasiliense*, n. 43, set.-out. 1962, p. 62-95.

[98] Ver idem, "O estatuto do trabalhador rural", *Revista Brasiliense*, n. 47, maio-jun. 1963, e reproduzido em *A questão agrária no Brasil*, cit., p. 153-4. Para Marx, "aquilo de que precisamos é de uma produção que aumente diariamente e as suas exigências não podem ser preenchidas consentindo que uns poucos indivíduos a regulem de acordo com os seus caprichos e interesses privados ou que ignorantemente esgotem as forças do solo. Todos os métodos modernos – tais como irrigação, drenagem, aradura a vapor, tratamento químico etc. – devem ser aplicados à agricultura em grande [escala]. Mas o conhecimento científico que possuímos e os meios técnicos de agricultura que dominamos, tais como maquinaria etc., não podem ser aplicados com êxito senão cultivando a terra em larga escala [...] Nacionalizar a terra em ordem a deixá--la em pequenos lotes a indivíduos ou a sociedades de operários apenas engendraria, com um

governo da classe média, uma temerária concorrência entre eles próprios e resultaria, portanto, num aumento progressivo da *"Renda"* que, por seu turno, forneceria novas oportunidades aos apropriadores de se sustentarem dos produtores [...] Eu digo [...] o movimento social conduzirá a esta decisão de que a terra não pode ser possuída senão pela própria nação. Abandonar o solo nas mãos dos trabalhadores rurais associados seria fazer a sociedade render-se a uma classe exclusiva de produtores". E completava: "A nacionalização da terra produzirá uma mudança completa nas relações entre trabalho e capital e, finalmente, porá de lado a forma capitalista de produção, tanto industrial como rural. Então, distinções de classe e privilégios desaparecerão juntamente com a base econômica sobre que repousam [...] A *centralização nacional dos meios de produção* tornar-se-á a base nacional de uma sociedade composta por associações de produtores livres e iguais, prosseguindo os negócios sociais segundo um plano comum e racional"; ver Karl Marx, "A nacionalização da terra", em Karl Marx e Friedrich Engels, *Obras escolhidas*, cit., t. 2, p. 314-6.

99 Depoimento de Susana Prado a Luiz Bernardo Pericás, novembro de 2009. Isso era algo muito comum. Anita Leocádia Prestes afirma que "o Fidel realmente costumava chegar de surpresa ao hotel onde estávamos, o Havana Riviera, altas horas da noite, para conversar com delegados estrangeiros. Uma madrugada, quando eu já dormia em meu quarto, fui acordada por um secretário do Fidel, dizendo que ele queria falar comigo. Tive que descer rapidamente para encontrá-lo. Queria mandar um recado para meu pai... Nesses momentos havia grande rebuliço, pois todo mundo queria ver o Fidel". Correspondência de Anita Leocádia Prestes com Luiz Bernardo Pericás, janeiro de 2010.

100 Ver *El Mundo*, "Homenaje a delegado brasileño", *El Mundo*, Havana, 21 jan. 1962, acervo pessoal de Susana Prado.

101 Ver Leo Huberman e Paul Sweezy, *Socialism in Cuba* (Nova York/ Londres, Modern Reader/ Monthly Review, 1970), e Leo Huberman e Paul Sweezy, *Cuba: Anatomy of a Revolution* (Nova York, Monthly Review, 1960).

102 Idem.

103 Ver Paul Baran, *Reflexiones sobre la revolución cubana* (Buenos Aires, Jorge Álvarez, 1963).

104 Ver C. Wright Mills, *A verdade sobre Cuba* (3. ed., Rio de Janeiro, Zahar, 1961).

105 Vale recordar também que entre 12 de agosto e 21 de outubro de 1960, o filósofo francês Jean-Paul Sartre e sua mulher, Simone de Beauvoir, estiveram no Brasil, logo após uma visita a Cuba. O périplo do casal teve enorme repercussão no país. É claro que CPJ não poderia tê-los encontrado, já que nessa época ele próprio estava visitando a URSS e a China. Mas, durante sua estada no Brasil, os franceses estiveram com diversos artistas, intelectuais e membros do PCB, gente como Jorge Amado, Zélia Gattai, Roland Corbisier, Nelson Werneck Sodré, Josué de Castro, Luiz Carlos Prestes, Vinicius de Moraes, Oscar Niemeyer, Paulo Emílio Sales Gomes, Décio de Almeida Prado, Augusto Boal, José Celso Martinez Correa, Cacilda Becker, Juscelino Kubitschek, Sérgio Buarque de Holanda, Ariano Suassuna, Francisco Brennand, entre outros. Em boa parte de seu *tour*, Sartre discorreu sobre a Revolução Cubana. O interesse foi tanto que Rubem Braga, Walter Acosta e Fernando Sabino, que dirigiam a recém-criada Editora do Autor, decidiram publicar em forma de livro, em tempo recorde, a reportagem do intelectual existencialista sobre sua recente passagem pela ilha caribenha, encomendada pela revista *France-soir*, com o título de *Furacão sobre Cuba*. A reportagem foi traduzida e editada

em apenas seis dias. Uma equipe se esforçou para que o livro ficasse pronto enquanto Sartre ainda estivesse no país, para lançá-lo com a presença do escritor. Sartre ainda abriu mão dos direitos autorais, que foram em parte para a UBE, que ajudou a patrocinar a publicação. O autor participaria de sessão de autógrafos na Livraria Francesa de São Paulo e num shopping center de Copacabana, no Rio de Janeiro. Só nesse segundo lançamento foram vendidos mais de oitocentos exemplares da obra. O casal, que esteve em várias cidades de diferentes estados brasileiros, proferiu palestras em algumas universidades (por exemplo, na Faculdade de Filosofia da Universidade de Pernambuco, no Salão Nobre da Reitoria da Universidade da Bahia, na Faculdade Nacional de Filosofia no Rio de Janeiro, na Fundação Armando Álvares Penteado em São Paulo, na Faculdade de Filosofia e Letras de Araraquara, na Universidade Mackenzie em São Paulo e na Universidade Federal do Ceará), no Iseb e no Teatro João Caetano, deu entrevistas à imprensa, visitou igrejas, monumentos e museus, participou de lançamento de livro, debateu com sindicalistas, visitou o sertão do Ceará e a Amazônia, e conversou com dezenas de artistas e intelectuais brasileiros. A luta contra o imperialismo norte-americano, a denúncia do colonialismo francês na Argélia e a defesa da Revolução Cubana eram assuntos obrigatórios, que geravam bastante polêmica. Só durante sua estada em São Paulo, foram publicadas 250 matérias sobre o casal; ver Luís Antônio Contatori Romano, *A passagem de Sartre e Simone de Beauvoir pelo Brasil em 1960* (Campinas, Mercado de Letras, 2002), p. 170-2 e 175.

[106] Ver René Dumont, *Cuba: Socialism and Development* (Nova York, Grove, 1970).

[107] Ver Hugh Thomas, *Cuba or The Pursuit of Freedom* (Londres, Eyre and Spottiswoode, 1971).

[108] Ver Maurice Zeitlin, *La política revolucionaria y la clase obrera cubana* (Buenos Aires, Amorrortu, 1970).

[109] Ver Jurema Finamour, *Vais bem Fidel* (São Paulo, Brasiliense, 1962); *Três declarações fazem história* (São Paulo, Brasiliense, 1962).

[110] Ver carta de Caio Prado Júnior a Roberto Nioac Prado, Paris, 11 de fevereiro de 1962, acervo de Caio Prado Júnior, IEB/USP, código de referência CPJ-RNP139. Grifos nossos.

[111] Boruch Milman iria para Cuba no final de 1961 e ficaria dois anos na ilha. Foi convidado pelo governo cubano, por indicação do PCB. Ao retornar ao Brasil, casou-se com Pamela Mills, a filha mais velha do sociólogo norte-americano C. Wright Mills. Fazia parte de um núcleo de engenheiros ligado ao partido, e continuou nele, como apoiador (inclusive financeiro) do PCB, até a dissolução da União Soviética. Depoimento de Boruch Milman a Luiz Bernardo Pericás, janeiro de 2013.

[112] Ver carta de Boruch Milman a Caio Prado Júnior, Camagüey, 21 de abril de 1962, acervo de Caio Prado Júnior, IEB/USP, código de referência CPJ-CP-MIL001.

[113] O evento durou das 20h40 até as 22h15 e contou com cerca de oitocentas pessoas. A mesa diretora foi constituída por Silvio Monteiro, Paulo Dantas, Antonio Chamorro, Dante Pelacani, João Louzada, José Gomes de Souza, Salvador Rodrigues, Maurício Villar, Luís Tenório de Lima, Urbano França, Vito Salvatori, Evaristo de Carvalho, Jofre Correia Netto, Rubens Pereira Pinto, Adalberto Machado, Tulio de Lemos, Ivo Santos do Amaral e Caio Prado Júnior. Os números artísticos consistiram em leituras dos poemas "Gracias Fidel", "Sierra Maestra", "Cuba sim" e "Credo e Revolução Cubana" (de Jamil Almansur Haddad), e vários números musicais, com canções de Solano Trindade, Vinicius de Moraes, Chico Assis, Chico Dias e outros; ver Secretaria de Segurança Pública, Dependência Serviço de Informação, Dops, 28 de

julho de 1970, arquivo pessoal de Danda Prado; e Setor OG, Atos públicos, Comemorações, Ato público no Sindicato dos Metalúrgicos de São Paulo, em Comemoração ao 9º aniversário da Revolução Cubana, 27 de julho de 1962, 193.

[114] Secretaria de Segurança Pública, Dops, Serviço Secreto, São Paulo, 5 de maio de 1970.

[115] Ver "Divisão de Ordem Política", Informação n. 166/76, Caio Prado Júnior, São Paulo, 3 de março de 1976, arquivo pessoal de Danda Prado.

[116] Ver carta de Caio Prado Júnior a Maia Neto, São Paulo, 13 de junho de 1967, acervo de Caio Prado Júnior, IEB/USP, código de referência CPJ-CA146.

[117] Secretaria de Segurança Pública, Dependência Serviço de Informação, Dops, 28 de julho de 1970, arquivo pessoal de Danda Prado; ver também *Anais do Congresso Continental de Solidariedade a Cuba*, Niterói, 28 a 30 de março de 1963.

[118] Entre os apoiadores estavam Oduvaldo Vianna Filho, Carlos Lyra, Gianfrancesco Guarnieri, Mário Lago, Dias Gomes, Rubem Valentim, Cacá Diegues, Augusto Boal, Glauce Rocha, Lélia Abramo, Stênio Garcia, Djanira, Di Cavalcanti, Iberê Camargo, Álvaro Lins, Aníbal Machado, Astrojildo Pereira, Jorge Amado, James Amado, Wanderley Guilherme, Paulo Mendes Campos, Nelson Werneck Sodré, Ênio Silveira, Guerreiro Ramos, Nestor de Holanda, Ferreira Gullar, Armênio Guedes, Joel Silveira, Franklin de Oliveira, Luiz Luna, Rui Facó, Moacir Werneck de Castro, Jânio de Freitas, Mário Alves, Moacyr Félix, Edmundo Moniz, Vinicius de Moraes, Luiz Alberto Moniz Bandeira, Josué Guimarães, Marco Antônio Coelho, Arnaldo Jabor, Maurício Grabois, Lincoln Cordeiro Oeste, Armando Gimenez, Pedro Pomar, Ivan Junqueira e Amílcar de Castro, entre vários outros.

[119] Ver *Anais do Congresso Continental de Solidariedade a Cuba*, cit., p. 101.

[120] Ver ibidem, p. 104.

[121] Secretaria de Segurança Pública, Dependência Serviço de Informação, Dops, 28 de julho de 1970, arquivo pessoal de Danda Prado.

[122] Ver cartas de Silvia Gil a Caio Prado Júnior, Havana, 19 de dezembro de 1966 e 26 de agosto de 1968, acervo de Caio Prado Júnior, IEB/USP, códigos de referência CPJ-CP-CLA001 e CPJ-CP-CLA002. Os livros de Caio Prado Júnior recebidos pela Casa de las Américas foram *Formação do Brasil contemporâneo, A revolução brasileira, Notas introdutórias à lógica dialética, Evolução política do Brasil e outros estudos, História econômica do Brasil, O mundo do socialismo, Esboço dos fundamentos da teoria econômica* e *Dialética do conhecimento*.

[123] Ver carta de Irina Trapote a Caio Prado Júnior, Havana, 22 de fevereiro de 1967, acervo de Caio Prado Júnior, IEB/USP, código de referência CPJ-CP-OLAS001.

[124] Ver Secretaria de Segurança Pública, Dops, N. Rel. 285, Palestra do escritor Caio Prado Júnior, na sede do Sindicato dos Metalúrgicos, à Rua Carmos, 171, Relatório da Subchefia de Ordem Social, Investigador Roberto Quass, São Paulo, 27 de julho de 1962.

[125] Idem.

[126] Idem.

[127] Idem.

[128] Idem. As ideias de Caio Prado Júnior sobre a Revolução Cubana se assemelham bastante àquelas defendidas por seu primo Elias Chaves Neto. Um artigo bastante ilustrativo neste sentido é

"A Revolução Cubana", publicado em 1961; ver Elias Chaves Neto, "A Revolução Cubana", *Revista Brasiliense*, n. 34, mar.-abr. 1961, p. 84-95.

[129] Ver carta de Paulo Alves Pinto a Caio Prado Júnior, Budapeste, 3 de setembro de 1962, acervo de Caio Prado Júnior, IEB/USP, código de referência CPJ-CP035.

[130] Ver Setor "OG", 308, Assuntos vários, Ambientes não especificados, Informação reservada, 30K/33/168, 29 de dezembro de 1962.

[131] Secretaria de Segurança Pública, Dops, Serviço Secreto, São Paulo, 5 de maio de 1970. As informações variam dependendo dos documentos policiais. A reunião ocorreu no Centro Democrático Espanhol, na rua da Figueira, 257, e de 800 a 1.500 pessoas lotaram o recinto. Foi iniciada entre 19h45 e 20 horas e durou até as 22 horas. Teve em sua mesa de trabalhos José Vendrel, Miguel Alberto Ignacius, Raimundo Nonato de Souza, Maria Fernandes Gonzales, Luiz Anastacio, Luiz Carlos Prestes, Dácio de Arruda Campos, Caio Prado Júnior, Helena Nioac Prado, Aldo Lins e Silva, Cid Franco, Joaquim Câmara Ferreira, Fued Saad, José da Rocha Mendes, José Marinho, Maria Rodrigues Bourbon, Frederico Gaeta, Elias Chaves Neto, Gianfrancesco Guarnieri, Ricardo Bandeira, José Duarte, José Marino, Antonio Gadiola e Florestan Fernandes, entre outros; ver Dops, Subchefia de Ordem Política, Relatório n. 101, Investigador n. 1574, 30K/33/176, 23 de abril de 1963; e Relatório n. 136, Setor "OG", Atos públicos, Protesto, 30K/33/179, 23 de abril de 1963.

[132] Ver carta de Maria Yedda Leite Linhares a Caio Prado Júnior, Rio de Janeiro, 27 de maio de 1963, acervo de Caio Prado Júnior, IEB/USP, código de referência CPJ-CP-TBRC001.

[133] Álbum de fotos de família de Caio Prado Júnior, acervo pessoal de Danda Prado.

[134] Ver carta de Caio Prado Júnior a Castorino Telles de Souza, São Paulo, 27 de novembro de 1968, acervo de Caio Prado Júnior, IEB/USP, código de referência CPJ-CA128. Essa era exatamente a mesma opinião de Paulo Alves Pinto. Em artigo na *Revista Brasiliense,* de 1963, Alves Pinto comentaria em detalhes a situação econômica das duas Alemanhas e das duas partes de Berlim, usando os mesmos argumentos de Caio Prado Júnior na ocasião; ver Paulo Alves Pinto, "A paz e o problema alemão", *Revista Brasiliense*, n. 45, jan.-fev. 1963, p. 7-17.

[135] Ver "Intelectuais apoiam a candidatura Odon Pereira da Silva", *O Estado de S. Paulo*, 18 de outubro de 1963, p. 8.

8. Do golpe de 1964 aos debates sobre a revolução brasileira

[1] Ver carta de August Frugé a Caio Prado Júnior, Berkeley, 31 de dezembro de 1963, acervo de Caio Prado Júnior, IEB/USP, código de referência CPJ-CP-UCPR001.

[2] Ele pediria 8% de direitos autorais sobre o preço de venda do livro e trezentos dólares de adiantamento. E enviaria a edição mais recente da obra; ver carta de Caio Prado Júnior a August Frugé, São Paulo, 9 de janeiro de 1964, acervo de Caio Prado Júnior, IEB/USP, código de referência CPJ-CA154.

[3] Ver carta de Caio Prado Júnior a Harlan Kessel, São Paulo, 11 de dezembro de 1968, acervo de Caio Prado Júnior, IEB/USP, código de referência CPJ-CA130.

[4] De acordo com o denunciante, um deles, "violento e estúpido", explorava o jogo do bicho, emprestava dinheiro aos trabalhadores cobrando juros diários e estava envolvido em negociatas

escusas. Outro era um parasita que abusava do álcool. E o terceiro, que antes trabalhava como auxiliar e incentivava os colegas a serem revolucionários, agora, no cargo de chefia, condenava seus subalternos; ver carta de anônimo a Caio Prado Júnior, São Paulo, 26 de fevereiro de 1964, acervo de Caio Prado Júnior, IEB/USP, código de referência CPJ-CP037.

[5] Ver carta de José Carlos Longo a Caio Prado Júnior, Ribeirão Preto, 24 de fevereiro de 1964, acervo de Caio Prado Júnior, IEB/USP, código de referência CPJ-CP-FDLC001.

[6] Ver carta de Cesar Simões Salim a Caio Prado Júnior, São José dos Campos, 25 de março de 1964, acervo de Caio Prado Júnior, IEB/USP, código de referência CPJ-CP-ITA001.

[7] Ver carta de Luiz Carlos da Cunha a Caio Prado Júnior, Porto Alegre, 5 de março de 1964, acervo de Caio Prado Júnior, IEB/USP, código de referência CPJ-CP-CUN001.

[8] Idem.

[9] Ver Elias Chaves Neto, *Minha vida e as lutas de meu tempo*, cit., p. 200.

[10] Depoimento de Paulo Alves Pinto a Luiz Bernardo Pericás, novembro de 2013.

[11] Depoimento de Paulo Alves Pinto a Luiz Bernardo Pericás, 2013. Nas palavras de Dênis de Moraes e Francisco Viana, "no dia do golpe militar, Prestes descobriu que o movimento de massa estava isolado. Ainda pensou em resistir. Apelou para comunistas organizados na Aeronáutica e pediu que fosse bombardeado o Palácio Guanabara, onde Lacerda fazia grande estardalhaço, estimulando a ação dos golpistas. A resposta o dissuadiu de novas tentativas: todos os oficiais tinham passado para o outro lado". O "cavaleiro da esperança" diria que "não estávamos preparados para o enfrentamento armado, o que era uma consequência da nossa própria orientação política. Determinar a resistência seria o massacre. Por isso, no dia 1º de abril, a instrução que eu dei, a responsabilidade que eu assumi, foi de recuar em todas as frentes, salvando o que fosse possível salvar. Houve lugares em que houve alguma resistência. Em Maceió, da prisão, o camarada Jaime Miranda conseguiu organizar alguma resistência. Em Santos, também houve reação, mas foi espontânea. A ordem fundamental no PCB era a retirada"; ver Dênis de Moraes e Francisco Viana, *Prestes, lutas e autocríticas*, cit., p. 212 e 214.

[12] Ver Marco Antônio Tavares Coelho, *Herança de um sonho: as memórias de um comunista* (Rio de Janeiro, Record, 2000), p. 275.

[13] Ver Elias Chaves Neto, *Minha vida e as lutas de meu tempo*, cit., p. 201.

[14] Ver John W. F. Dulles, *Unrest in Brazil, Political-Military Crises 1955-1964* (Austin, University of Texas Press, 1970), p. 188.

[15] Ver Secretaria de Estado dos Negócios da Segurança Pública, Dops, Serviço dactiloscópico, guia de identificação, São Paulo, 4 de maio de 1964.

[16] Outros presos naquelas dependências do Dops no mesmo mês, junto com Caio Prado Júnior e seu filho Caio Graco Prado, foram Cassiano Rodrigues Leite, Celso Fioretti, Conrado del Papa, Constantino Milano Neto, Cristiano Montalvo Rodrigues, Carlos Roberto Santos, Cícero de Castro Tolentino, Cid Lopes, Chau Wang Guan, Carlos Siqueira, Carlos Augusto Afonso Pizarro, Chu Ngai e Chien Ping Fong; ver "Relação geral dos elementos que estiveram detidos neste departamento, durante o movimento revolucionário de 31 de março de 1964", Dops, "SS", 28 de janeiro de 1965, arquivo pessoal de Danda Prado.

[17] Ver bilhete de Caio Prado Júnior a Nena, enviado do Dops, abril de 1964, acervo de Caio Prado Júnior, IEB/USP, código de referência CPJ-CA196.

18 Idem.

19 Ver "Gráfica interditada por agentes do Dops", *O Estado de S. Paulo*, 25 abr. 1964, p. 10.

20 Ver carta de Reina Reyes a Castelo Branco, Montevidéu, 20 de junho de 1964, acervo de Caio Prado Júnior, IEB/USP, código de referência CPJ-CT-129.

21 De acordo com Raúl Fornet-Betancourt, *O marxismo na América Latina*, cit., p. 18.

22 Ver carta de Carlos M. Rama à esposa de Caio Prado Júnior, Montevidéu, 3 de julho de 1964, acervo de Caio Prado Júnior, IEB/USP, código de referência CPJ-CT-106.

23 Ver cartas de Carlos M. Rama a Caio Prado Júnior, Montevidéu, 30 de maio de 1962 e agosto de 1964, acervo de Caio Prado Júnior, IEB/USP, códigos de referência CPJ-CP-RAMA002 e CPJ-CP-RAMA003.

24 Os outros estudos do livro teriam tradutores diferentes. "Formação dos limites meridionais do Brasil" seria traduzido por Renzo Pi e Mabel Coelho de Pi, e "Análise do problema agrário do Brasil", por Germán Wettstein; ver Caio Prado Júnior, *Evolución política del Brasil* (Montevidéu, Palestra, 1964).

25 De acordo com Rubens Ricupero, "Paulo Carvalho Neto foi personalidade muito conhecida no setor cultural do Itamaraty e no Equador, onde deixou memória de mestre até para os cientistas sociais locais... Foi muito tempo diretor do Instituto de Estudos Brasileiros em Quito e teve papel destacado no desenvolvimento de estudos e a cultura do Equador". Correspondência de Rubens Ricupero a Luiz Bernardo Pericás, abril de 2013.

26 Ver carta de Paulo de Carvalho Neto a Caio Prado Júnior, Quito, 7 de abril de 1964, acervo de Caio Prado Júnior, IEB/USP, código de referência CPJ-CEBR004.

27 Ver carta de Alarico Baroni a Caio Prado Júnior, Porto Alegre, 25 de setembro de 1962, acervo de Caio Prado Júnior, IEB/USP, código de referência CPJ-CP-BARO001.

28 Para mais informações sobre a atuação de Peri Constant Bevilaqua, ver Renato Lemos, "Por inspiração de Dona Tiburtina: general Peri Bevilaqua no Superior Tribunal Militar", *Locus*, Juiz de Fora, v. 9, n. 1, p. 113-24, e Renato Lemos (org.), *Justiça fardada: o general Peri Bevilaqua no Superior Tribunal Militar (1965-1969)* (Rio de Janeiro, Bom Texto, 2004).

29 Ver carta de Alarico Baroni a Caio Prado Júnior, Porto Alegre, 25 de setembro de 1962, acervo de Caio Prado Júnior, IEB/USP, código de referência CPJ-CP-BARO001.

30 Ver carta de Caio Prado Júnior a Robert L. Heilbroner, São Paulo, 5 de abril de 1964, acervo de Caio Prado Júnior, IEB/USP, código de referência CPJ-CA079.

31 Ver carta de Caio Prado Júnior a Francisco Rangel Pestana, São Paulo, 22 de abril de 1964, acervo de Caio Prado Júnior, IEB/USP, código de referência CPJ-CA135.

32 Não era incomum que Caio Prado Júnior procurasse discussão, mesmo que por motivos sem grande importância. Em 1957, por exemplo, depois de receber pelo correio uma divulgação da Proaço, com uma amostra grátis de lâmina de barbear, ele ficaria incomodado com o "estilo" da carta-circular com a propaganda do produto, fazendo uma crítica dura ao colonialismo cultural que ela representava, já que considerava que fora escrita dentro dos "padrões de publicidade" norte-americanos, de "gosto deplorável", e com expressões que, para ele, soavam ridículas. Aquilo era um "atentado" ao patrimônio "tão precioso [...] a todos nós, que é a língua de que nos servimos, instrumento em que se exprime nosso pensamento, nossas emoções e tudo quanto

diz tão de perto com nossa existência e personalidade". Ao final, assinava, "um eventual futuro consumidor das lâminas Proaço"; ver carta de Caio Prado Júnior à Proaço (Produtos de Aço S.A.), São Paulo, 24 de outubro de 1957, acervo de Caio Prado Júnior, IEB/USP, código de referência CPJ-CA158.

[33] Secretaria de Segurança Pública, Dops, Serviço Secreto, São Paulo, 5 de maio de 1970.

[34] Ver Carlos Guilherme Mota, *Ideologia da cultura brasileira (1933-1974)* (4. ed., São Paulo, Ática, 1980), p. 205.

[35] Fidel Castro, *A revolução e o Estado* (São Paulo, Brasiliense, 1963), *Discurso de 2 de janeiro de 1963* (São Paulo, Brasiliense, 1963), *Três declarações fazem história* (São Paulo, Brasiliense, 1962); ver "Subversão ainda persiste nas faculdades, afirma promotor", *O Estado de S. Paulo*, 15 abr. 1965, p. 15.

[36] Relatório do delegado-adjunto de Ordem Política Sylvio Moraes Bartoletti, s. d.

[37] Secretaria de Segurança Pública, Dops, Serviço Secreto, São Paulo, 5 de maio de 1970. Para mais detalhes sobre a coleção História Nova do Brasil, ver Rodrigo Czajka, "Livros da subversão: imprensa comunista e a coleção História Nova do Brasil", *Literatura e Autoritarismo*, maio de 2012, disponível em: <http://w3.ufsm.br/grpesqla/revista/dossie07/RevLitAut_art13.pdf>; e Petrônio José Domingues, "História Nova do Brasil: um projeto abortado da revolução brasileira", *Novos Rumos,* ano 19, n. 42, 2004, disponível em: <http://www2.marilia.unesp.br/revistas/index.php/novosrumos/article/viewFile/2142/1769>.

[38] Pelo menos dois livros de Caio Prado Júnior seriam vetados pela ditadura: *O mundo do socialismo* e *A revolução brasileira*; ver Sandra Reimão, "Proíbo a publicação e circulação... censura a livros na ditadura militar", *Estudos Avançados*, v. 28, n. 80, jan.-abr. 2014, p. 81-2. Para um panorama das editoras de esquerda que atuavam durante a ditadura, ver Flamarion Maués, *Livros contra a ditadura: editoras de oposição no Brasil, 1974-1984* (São Paulo, Publisher Brasil, 2013).

[39] Ver "Presos e soltos Caio Prado Jr. e seu filho", *Folha de S.Paulo*, São Paulo, 8 jun. 1965, acervo pessoal de Susana Prado; e "Dops prende e Exército solta Caio Prado Jr.", *Diário Popular*, 8 jun. 1965.

[40] De acordo com os órgãos de repressão, o advogado Raul de Barros Barbosa de Lima orientaria movimentos subversivos em fazendas em Campos do Jordão, Pedra do Baú, Serra da Mantiqueira, Pirangussu, Tajubá, Brasópolis, Capivari, Paraisópolis, São Bento do Sapucaí, Sapucaí-Mirim, Santo Antonio do Pinhal, São Francisco Xavier e Monteiro Lobato. A fazenda de Caio Prado Júnior seria estratégica, porque supostamente se situaria perto do campo de aviação da cidade.

[41] Ver "Incêndio", *O Estado de S. Paulo*, 15 jun. 1965, p. 15.

[42] Ver Secretaria de Segurança Pública, Dops, relatório do delegado-adjunto de ordem econômica Omar Horácio Salvatori, São Paulo, 8 de julho de 1966; Secretaria de Segurança Pública, Dops, declaração de Roberto Alves, assinada por Omar Horácio Salvatori, 5 de julho de 1966; Auto de qualificação e interrogatório, Paulo Roberto dos Santos, São Paulo, 5 de julho de 1966; Termo de declarações, Luiz Roberto de Jesus Nunes, São Paulo, 7 de julho de 1966; Qualificação, Paulo Roberto dos Santos, São Paulo, 5 de julho de 1966; Termo de declarações, Caio da Silva Prado Júnior, São Paulo, 28 de abril de 1966; Termo de declarações, Lázaro Borges, São Paulo, 27 de abril de 1966; Assentada, José Trombe, São Paulo, 25 de abril de 1966; Termo de

declarações, Paulo Roberto dos Santos, São Paulo, 28 de junho de 1966; Termo de declarações, Casemiro Mizael Silva, São Paulo, 28 de junho de 1966; Termo de declarações, Roberto Alves, São Paulo, 30 de junho de 1966.

[43] Ver carta de André Gunder Frank e Arturo Bonilla Sánchez a Caio Prado Júnior, México, 2 de maio de 1966, acervo de Caio Prado Júnior, IEB/USP, código de referência CPJ-CP-FRAN010.

[44] Havia assinaturas de intelectuais da Argentina, Bolívia, Brasil, Colômbia, Chile, El Salvador, Guatemala, Haiti, Honduras, Nicarágua, Panamá, Paraguai, Porto Rico, República Dominicana, Uruguai, Venezuela e México.

[45] Os brasileiros que assinaram o documento eram Caio Prado Júnior, pela Faculdade de Direito da USP, Jairo Simões e Antonio Plinio P. Moura, ambos da Faculdade de Ciências Econômicas da Universidade da Bahia, Cid Silveira, da Faculdade de Economia da Universidade do Brasil, e Péricles S. Velloso, da Comissão de Planejamento Econômico da Bahia.

[46] Ver José Antonio Segatto, *Breve história do PCB*, cit., p. 115.

[47] O artigo, na verdade, constituía o primeiro capítulo de uma longa análise de 120 páginas sobre a conduta do PCB e o processo político nacional, que Tavares Coelho escreveu durante quatro meses de licença que tirou do partido.

[48] Ver Marco Antônio Tavares Coelho, *Herança de um sonho*, cit., p. 309-10.

[49] Ver carta de Caio Prado Júnior a Assis Tavares (Marco Antônio Tavares Coelho), São Paulo, 10 de novembro de 1966, acervo de Caio Prado Júnior, IEB/USP, código de referência CPJ-CA142.

[50] Idem.

[51] No dia 5 de setembro de 1966, Toynbee daria a palestra "Why Study History?", no auditório da Faculdade de Ciências Econômicas e Administrativas, e, no dia 6, a conferência "How Are We to Educate Ourselves for World-Citizenship?", no salão da Faculdade de Direito do Largo São Francisco.

[52] Ver carta de E. T. H. Fitzsimmons a Caio Prado Júnior, São Paulo, 29 de agosto de 1966, acervo de Caio Prado Júnior, IEB/USP, código de referência CPJ-CP-FIT001.

[53] Ver carta de Raimundo Humberto Caires Araújo a Caio Prado Júnior, Salvador, 22 de setembro de 1966, acervo de Caio Prado Júnior, IEB/USP, código de referência CPJ-CP-UFBA001; e carta de Caio Prado Júnior a Raimundo Humberto Caires Araújo, São Paulo, 30 de setembro de 1966, acervo de Caio Prado Júnior, IEB/USP, código de referência CPJ-CA143.

[54] Ver carta de Ashbel Green a Caio Prado Júnior, Nova York, 19 de outubro de 1966, acervo de Caio Prado Júnior, IEB/USP, código de referência CPJ-CP-AAKI001.

[55] Ver carta de Irany Novah Moraes a Caio Prado Júnior, São Paulo, 14 de dezembro de 1966, acervo de Caio Prado Júnior, IEB/USP, código de referência CPJ-CP-ADUSP001.

[56] Em carta, Johann-Lorenz Schmidt pedia que CPJ lhe enviasse *A revolução brasileira*, obra que, de acordo com ele, estava "no centro do interesse e das discussões entre os economistas brasileiros". O livro seria útil para ser discutido onde lecionava, na Universidade de Humboldt de Berlim; ver carta de Johann-Lorenz Schmidt a Caio Prado Júnior, Berlim, 21 de novembro de 1966, acervo de Caio Prado Júnior, IEB/USP, código de referência CPJ-CP-SCHM001.

[57] Ver cartas de Jaime Franco a Caio Prado Júnior, Santos, 15 de janeiro de 1967 e 19 de fevereiro de 1967, acervo de Caio Prado Júnior, IEB/USP, códigos de referência CPJ-CP-JUNO001 e

CPJ-CP-JUNO004; e convite da União Brasileira de Escritores a Caio Prado Júnior, São Paulo, 28 de fevereiro de 1967, acervo de Caio Prado Júnior no IEB/USP, código de referência CPJ--CP-UBE002. No discurso de agradecimento, ao falar sobre as características dos intelectuais que o Brasil precisava e que mereciam ganhar o prêmio, diria: "Refiro-me ao intelectual atuante, ao homem de pensamento que não se encerra em torre de marfim, e daí contempla sobranceiro o mundo. E sim aquele que procura colocar o pensamento a serviço da coletividade em que vive e da qual efetivamente participa. E é justo o critério que norteia a concessão do prêmio Juca Pato, pois é sobretudo de homens de pensamento, que sejam também homens de ação, que o Brasil necessita. E necessita hoje mais que nunca, neste momento que vivemos, quando parecem coincidir um máximo de necessidades e aspirações do povo brasileiro, a exigirem amplos horizontes e perspectivas, com o projeto, bem marcado e abertamente proclamado pelas atuais forças dominantes no país, de limitar aquelas perspectivas e encerrá-las na tutela de um estreito horizonte"; ver Dainis Karepovs (org.), *Caio Prado Júnior, parlamentar paulista*, cit., p. 24.

[58] Ver bilhete de Pedro de Oliveira Ribeiro a Caio Prado Júnior, São Paulo, 21 de março de 1967, acervo de Caio Prado Júnior, IEB/USP, código de referência CPJ-CP-RIB004.

[59] Depoimento de Fábio Lucas a Luiz Bernardo Pericás, novembro de 2013.

[60] Correspondência de Nilsi Roman com Luiz Bernardo Pericás, dezembro de 2013.

[61] Ver "Caio Prado eleito intelectual do ano", *Folha de S.Paulo*, 11 fev. 1967.

[62] Ver Jacob Gorender, *Combate nas trevas, a esquerda brasileira: das ilusões perdidas à luta armada* (2. ed., São Paulo, Ática, 1987), p. 73.

[63] Lincoln Secco, *Caio Prado Júnior, o sentido da revolução*, cit., p. 115.

[64] Ver carta de Wilson Afonso a Caio Prado Júnior, Porto Alegre, 20 de setembro de 1966, acervo de Caio Prado Júnior, IEB/USP, código de referência CPJ-CP-AFO001.

[65] Ver carta de Carlos Nelson Coutinho a Caio Prado Júnior, Rio de Janeiro, 5 de novembro de 1971, acervo de Caio Prado Júnior, IEB/USP, código de referência CPJ-CP-COU005.

[66] Ainda assim, Florestan diria: "Eu não concordava com tudo. Num jornal de circulação restrita, opus-me a certas conclusões que me pareciam controversas. Eu achava o livro insuficiente, em pontos que exigiam reflexão mais radical, como, por exemplo, os que envolviam terra e trabalho, em seus desdobramentos sobre a reforma agrária. Todavia, nos assuntos essenciais e estratégicos, Caio apanhou em cheio as necessidades de uma nova orientação e de outras linhas políticas"; ver Florestan Fernandes, "A visão do amigo", em Maria Angela D'Incao (org.), *História e ideal*, cit., p. 36.

[67] Ver carta de Murilo Adelson Alves Terra a Caio Prado Júnior, São Paulo, 13 de julho de 1967, acervo de Caio Prado Júnior, IEB/USP, código de referência CPJ-CP-FGV001.

[68] Ver carta de Murilo Adelson Alves Terra a Caio Prado Júnior, São Paulo, 7 de novembro de 1967, acervo de Caio Prado Júnior, IEB/USP, código de referência CPJ-CP-FGV002, e carta de Arthur Pereira Nunes a Caio Prado Júnior, Rio de Janeiro, 26 de março de 1968, acervo de Caio Prado Júnior, IEB/USP, código de referência CPJ-CP-FGV003.

[69] Ver carta de Izabel Guimarães de Abreu a Caio Prado Júnior, Rio de Janeiro, 18 de abril de 1968, acervo de Caio Prado Júnior, IEB/USP, código de referência CPJ-CP-PUCRJ001.

[70] Ver carta de Henrique Levy a Caio Prado Júnior, Recife, 30 de setembro de 1966, acervo de Caio Prado Júnior, IEB/USP, código de referência CPJ-CP-LEVY001.

71 Ver carta de Vitório Sorotiuk a Caio Prado Júnior, Curitiba, 29 de março de 1967, acervo de Caio Prado Júnior, IEB/USP, código de referência CPJ-CP-UFPR002.

72 Ver carta de Aloysio Nunes Ferreira Filho a Caio Prado Júnior, São Paulo, 28 de março de 1967, acervo de Caio Prado Júnior, IEB/USP, código de referência CPJ-CP-USPFD014.

73 Depoimento de Aloysio Nunes Ferreira a Luiz Bernardo Pericás, fevereiro de 2015.

74 Ver carta de alunos da Faculdade de Filosofia, Letras e Ciências Humanas da USP a Caio Prado Júnior, São Paulo, 16 de maio de 1967, acervo de Caio Prado Júnior, IEB/USP, código de referência CPJ-CP-USPFFLCH010.

75 Ver carta de alunos da USP a Caio Prado Júnior, São Paulo, 13 de junho de 1967, acervo de Caio Prado Júnior, IEB/USP, código de referência CPJ-CP-USPFFLCH011.

76 Em agosto, a Comissão Executiva suspendeu Marighella; em setembro, o CC o expulsou; e o VI Congresso, em dezembro, ratificou o expurgo. Na versão de Prestes, "Marighella, Jover Telles, Mário Alves, Jacob Gorender e Apolônio de Carvalho, todos tinham posições esquerdistas. Eles procuraram orientar o partido na direção de suas ideias. Quem rompeu com o partido foram eles. Foram eles que começaram o trabalho fracionista [...] Nós expulsamos todos eles antes do VI Congresso, mas ninguém pode dizer que isto foi feito para que não participassem dos debates. Foram eles e não nós que formaram um novo partido. Câmara Ferreira saiu após o Congresso. Ele não participou porque não quis. Era muito ligado a Marighella e, pouco a pouco, foi se afastando da gente"; ver Dênis de Moraes e Francisco Viana, *Prestes, lutas e autocríticas*, cit., p. 229-30.

77 O documento dizia que "a realização dessa tarefa está estreitamente ligada aos objetivos revolucionários em sua etapa atual e ao desenvolvimento da luta de classe operária pelo socialismo [...] O caráter prioritário da defesa das liberdades democráticas decorre da necessidade de que as amplas massas intervenham na vida política e no processo revolucionário. A luta pelas liberdades, desde os direitos de reunião, associação e manifestação, até a liberdade de imprensa e de organização dos partidos políticos liga-se à luta de massas em todos os seus níveis, das reivindicações mais elementares às batalhas decisivas pelo poder. Cada vitória, pequena ou grande, ou mesmo derrota na luta pelas liberdades, incorpora-se à experiência de luta que levará as massas a avançar em seus objetivos, formar e prestigiar suas organizações e seus líderes, intervir decisivamente nas ações políticas que conduzirão à derrota do regime ditatorial"; ver "Resolução política do VI Congresso", em José Antonio Segatto, *Breve história do PCB*, cit., p. 117-8.

78 Ibidem, p. 119.

79 Ver Dênis de Moraes e Francisco Viana, *Prestes, lutas e autocríticas*, cit., p. 235-6.

80 Ver Presidência da República, Serviço Nacional de Informações, Agência de São Paulo, 5 de janeiro de 1967, do coronel chefe do SNI/ASP, Referência Prot. 7699/66 de 15 de dezembro de 1966, assinado por Paulo Ernesto Huss Veloso, Protocolado n. 147/67, Entrada 23 de janeiro de 1967, Saída 23 de janeiro de 1967, arquivo pessoal de Danda Prado.

81 Ver carta de Manoel Correia de Andrade a Caio Prado Júnior, Recife, 21 de janeiro de 1967, acervo de Caio Prado Júnior no IEB/USP, código de referência CPJ-CP-AND015.

82 Ver carta de William da Costa Pinheiro a Caio Prado Júnior, Recife, 15 de setembro de 1967, acervo de Caio Prado Júnior, IEB/USP, código de referência CPJ-CP-UFPE001; e telegrama

de William da Costa Pinheiro a Caio Prado Júnior, Recife [setembro de 1967], acervo de Caio Prado Júnior, IEB/USP, código de referência CPJ-CP-UFPE002.

[83] Ver telegrama de William da Costa Pinheiro a Caio Prado Júnior, Recife [outubro de 1967], acervo de Caio Prado Júnior, IEB/USP, código de referência CPJ-CP-UFPE003.

[84] Idem.

[85] Ver "Em Curitiba", *O Estado de S. Paulo*, 1º jan. 1967, p. 16.

[86] Ver carta de Ênio Silveira a Caio Prado Júnior, Rio de Janeiro, 26 de janeiro de 1967, acervo de Caio Prado Júnior, IEB/USP, código de referência CPJ-CP-ECBR002.

[87] Idem.

[88] Ver artigo de Victor de Azevedo sobre *A revolução brasileira*, acervo de Caio Prado Júnior, IEB/USP, código de referência CPJ-CP043.

[89] Ver carta de Jaime Franco Rodrigues Junot a Caio Prado Júnior, Santos, 15 de janeiro de 1967, acervo de Caio Prado Júnior, IEB/USP, código de referência CPJ-CP-JUNO001.

[90] Ver carta de Pinto Ferreira a Caio Prado Júnior, Recife, 17 de dezembro de 1967, acervo de Caio Prado Júnior, IEB/USP, código de referência CPJ-CP-FERR004.

[91] Wladimir Pomar (usando o pseudônimo Valter Pomar), *A questão agrária no Brasil e a contrar-revolução do sr. Caio Prado* (Rio de Janeiro, Alvorada, 1969).

[92] Ver Paulo Cavalcanti, *Os equívocos de Caio Prado Júnior* (São Paulo, Argumentos, s.d).

[93] Ver Moisés Vinhas, *Problemas agrário-camponeses do Brasil* (Rio de Janeiro, Civilização Brasileira, 1968). Ele diria que "inúmeros historiadores e sociólogos, de todos os matizes ideológicos, no passado e no presente, assim como a legislação jurídica oficial e as mais diversas correntes políticas esposam esta ideia [de que houve relações feudais de produção e ainda existiam traços feudais no país], isto é, que houve influência do referido sistema na estrutura agrária brasileira. Alguns raros, e agora com muita insistência o escritor Caio Prado Júnior em seu último livro *A revolução brasileira*, desejam demonstrar que não ocorreu tal fenômeno e que não existem restos semifeudais ou pré-capitalistas nas relações de produção no campo. O principal arrazoado do autor em defesa de suas ideias é que no Brasil nada dos senhores da terra se assemelha aos da Europa pré-capitalista ou da Ásia. Mas por que, indagamos nós, deve ser exatamente como ocorreu em países diferentes do nosso? Mesmo os traços feudais ou semifeudais variavam em diferentes aspectos em cada país da Europa, na Ásia e muito mais nestes que naqueles. De acordo com opiniões persistentes de historiadores e pesquisadores perspicazes da realidade nacional, os traços feudais no país tiveram peculiaridades inconfundíveis com as de outros países, e variavam no seu conteúdo e forma em cada cultura e época, nas diversas regiões do país". Para Vinhas, "o autor da *Revolução* empenha-se em demonstrar que a parceria em nada se parece com a parceria europeia. Os teóricos (que por vezes o autor cita) arrazoam – especialmente Lenin – que a retribuição do trabalho *in natura*, isto é, em espécie, é uma das características típicas de restos feudais. Porém, para Caio Prado Júnior, no Brasil representa uma forma capitalista de remuneração do trabalho. Também Marx demonstra que a renda absoluta da terra, a exploração do trabalho gratuito e outras formas atrasadas, que abundam em nossos meios rurais, expressam relações pré-capitalistas"; ver Moisés Vinhas, "Problemas agrário-camponeses do Brasil: 1968", em João Pedro Stedile (org.), *A questão agrária no Brasil, o debate tradicional: 1500-1960* (São Paulo, Expressão Popular, 2005), p. 128-9.

⁹⁴ Ver Ruy Mauro Marini, "Crítica à *Revolução brasileira*, de Caio Prado Júnior, 1967", em João Pedro Stedile (org.), *A questão agrária no Brasil 2, o debate na esquerda: 1960-1980* (São Paulo, Expressão Popular, 2012), p. 101-6.

⁹⁵ Ver carta de André Gunder Frank a Caio Prado Júnior, Montreal, 24 de novembro de 1967, acervo de Caio Prado Júnior, IEB/USP, código de referência CPJ-CP-FRAN011.

⁹⁶ Ver carta de Caio Prado Júnior a André Gunder Frank, São Paulo, 30 de novembro de 1967, acervo de Caio Prado Júnior no IEB/USP, código de referência CPJ-CA134.

⁹⁷ Ver carta de Carlos Guilherme Mota a Caio Prado Júnior, Austin, 7 de fevereiro de 1976, acervo de Caio Prado Júnior, IEB/USP, código de referência CPJ-CP-MOT003.

⁹⁸ Ver carta de Ladislau Dowbor a Caio Prado Júnior, Coimbra, 18 de novembro de 1976, acervo de Caio Prado Júnior, IEB/USP, código de referência CPJ-CP-DOW001.

9. A hora das fornalhas

¹ São Paulo, Boitempo, 2009; Rio de Janeiro, Record, 2002, respectivamente.

² Ver Mike Davis, "1968: The Year the World Caught Fire", *Socialist Review*, maio 2008. Disponível em: <www.socialistreview.org.uk/article.php?articlenumber=10386>.

³ Ver carta de Danda Prado a Caio Prado Júnior, Nova York, 22 de abril de 1968, acervo de Caio Prado Júnior no IEB/USP, código de referência CPJ-YCP277.

⁴ Ver Kurt Kloetzel, "A campanha pela conquista dos 'direitos civis' nos EUA", *Revista Brasiliense*, n. 50, nov.-dez. 1963, p. 70-85.

⁵ Mais tarde lançado com o título de *História da riqueza dos EUA: nós, o povo* (São Paulo, Brasiliense, 1979).

⁶ Ver carta de Danda Prado a Caio Prado Júnior, Nova York, 11 de abril de 1968, acervo de Caio Prado Júnior, IEB/USP, código de referência CPJ-YCP276.

⁷ Ver cartas de Danda Prado a Caio Prado Júnior, Nova York, 4 de março de 1968 e 21 de março de 1968, acervo de Caio Prado Júnior, IEB/USP, códigos de referência CPJ-YCP273 e CPJ-YCP274.

⁸ Ver carta de Danda Prado a Caio Prado Júnior, Nova York, 5 de maio de 1968, acervo de Caio Prado Júnior, IEB/USP, código de referência CPJ-YCP278.

⁹ Idem.

¹⁰ Ver carta de Danda Prado a Caio Prado Júnior, Nova York, 4 de março de 1968, acervo de Caio Prado Júnior, IEB/USP, código de referência CPJ-YCP273.

¹¹ Ver carta de Danda Prado a Caio Prado Júnior, Nova York, 22 de março de 1968, acervo de Caio Prado Júnior no IEB/USP, código de referência CPJ-YCP277.

¹² Ver carta de Danda Prado a Caio Prado Júnior, Nova York, 21 de março de 1968, acervo de Caio Prado Júnior no IEB/USP, código de referência CPJ-YCP274.

¹³ Ver carta de João Belline Burza a Caio Prado Júnior, Ouro Fino, 27 de março de 1978, acervo de Caio Prado Júnior, IEB/USP, código de referência CPJ-CP-BUR005.

¹⁴ Ver carta de José Jesuino Maciel a Caio Prado Júnior, São Paulo, 16 de dezembro de 1945, acervo de Caio Prado Júnior, IEB/USP, código de referência CPJ-CP-ICBU001; e carta de

Geir Campos e Osny Duarte Pereira a Caio Prado Júnior, Rio de Janeiro, 9 de dezembro de 1958, acervo de Caio Prado Júnior, IEB/USP, código de referência CPJ-CP-IICBU001.

15 Dops, 30-J-26-2 e 30-K-33, São Paulo, 19 de maio de 1958, no arquivo particular de Danda Prado.

16 Ver carta de Pinto Ferreira a Caio Prado Júnior, Recife, 12 de agosto de 1959, acervo de Caio Prado Júnior, IEB/USP, código de referência CPJ-CP-FERRE003.

17 Ver Iosif Grigulevich, *Luchadores por la libertad de América Latina* (Moscou, Progreso, 1988) e *Ernesto Che Guevara* (Moscou, Progreso, 1975).

18 Ver carta de José Grigulevich a Caio Prado Júnior, Moscou, 13 de abril de 1958, acervo de Caio Prado Júnior, IEB/USP, código de referência CPJ-CP-RLAT001.

19 Ver carta de José Grigulevich a Caio Prado Júnior, Moscou, 9 de maio de 1958, acervo de Caio Prado Júnior, IEB/USP, código de referência CPJ-CP-GRI001.

20 Ver anúncio "Revista soviéticas", *Revista Brasiliense*, São Paulo, n. 34, mar.-abr. 1961, p. 184.

21 Ver, por exemplo, carta de V. I. Shunkov a Caio Prado Júnior, Moscou, 24 de março de 1959, acervo de Caio Prado Júnior, IEB/USP, código de referência CPJ-CP-SHU001.

22 Ver, por exemplo, carta de Caio Prado Júnior ao Banco do Brasil, sobre pagamento referente à assinatura da revista *Current Digest of Soviet Press*, São Paulo, 2 de julho de 1962, acervo de Caio Prado Júnior, IEB/USP, código de referência CPJ-CA061.

23 Ver, por exemplo, carta de Caio Prado Júnior ao First National City Bank, sobre o pagamento referente à assinatura da revista *Soviet Studies in Philosophy*, São Paulo, 11 set. 1969, acervo de Caio Prado Júnior, IEB/USP, código de referência CPJ-CA072.

24 Ver, por exemplo, carta de A. Gukassov a Caio Prado Júnior, de 14 de junho de 1966, acervo de Caio Prado Júnior, IEB/USP, código de referência CPJ-CR-RCUB001. O livro de Kedrov parece ter interessado muito a Caio Prado Júnior. Como Gukassov não havia conseguido um exemplar para ele, CPJ continuaria atrás da obra e, um ano mais tarde, faria o mesmo pedido ao amigo João Belline Burza, que morava em Moscou e também não conseguiu encontrar o título nas livrarias; ver carta de João Belline Burza a Caio Prado Júnior, 20 de julho de 1967, acervo de Caio Prado Júnior, IEB/USP, código de referência CPJ-CR-BUR001.

25 Ver cartão de visita de Sergei Mikhailov a Caio Prado Júnior, anexado à carta de 30 de abril de 1968, acervo de Caio Prado Júnior, IEB/USP, código de referência CPJ-CP-MIK001.

26 Ver, por exemplo, convite de Sergei Mikhailov a Caio Prado Júnior, para o dia 7 de novembro de 1966, acervo de Caio Prado Júnior, IEB/USP, código de referência CPJ-CP-EURSS001. CPJ não poderia comparecer e enviou um telegrama dizendo: "Impedido comparecer recepção comemorativa data revolução socialista apresento-lhe minhas cordiais saudações e melhores votos felicidade povo soviético".

27 Ver, por exemplo, carta de Sergei Mikhailov a Caio Prado Júnior, s. l., 30 de abril de 1968, acervo de Caio Prado Júnior, IEB/USP, código de referência CPJ-CP-MIK001.

28 Por exemplo, em novembro de 1963, no antigo Centro do Professorado Paulista, na avenida Liberdade, 928, com cerca de 350 pessoas, entre elas Mário Schenberg, Paulo Singer, Miguel Alberto Ignatius, Luiz Carlos Prestes, Carlos Lima, Fúlvio Abramo, Geraldo Rodrigues dos Santos, Paulo Dantas, Antonio Chamorro, Ramiro Luchesi, Lindolpho Silva, Raimundo Pascoal

Barbosa, Ibiapaba Martins, Moisés Vinhas, Remo Forli, João Baptista Moraes de Andrade, Suzana Sampaio, Vilanova Artigas, entre outros. Na ocasião, Caíto ficaria na presidência do ato. Ou então no ato realizado no mesmo local, em 1965, quando Mário Schenberg faria uma palestra sobre "A influência da Revolução de Outubro nas lutas dos povos pela emancipação nacional", Paulo Singer falaria sobre "A Revolução de Outubro e o movimento socialista" e Miguel Ignatius discorreria sobre "A Revolução de Outubro e a mocidade". Caio Prado Júnior e mais dezenove militantes convidariam a população a participar do evento; ver Setor "OG", Comunismo, Ato público, Ato público comemorativo ao 46º aniversário da Revolução Russa, realizado em 8 de novembro de 1963, 30K/33/182, 9 de novembro de 1963; Dops, Subchefia de Ordem Social, Relatório n. 422, 8 de novembro de 1963, SS, 30K/33/190, 28/12/1964; e Dops, SS, 30K/33/191, 27 de janeiro de 1965.

[29] O "Manifesto das duas mil palavras" foi uma declaração pública escrita por Ludvik Vaculik e assinada por setenta intelectuais e trabalhadores a favor do movimento "liberal", em oposição à "ditadura" comunista. Foi enviada, como telegrama, para o *International Pen Club* de Londres, em nome do *Pen Club* da Tchecoslováquia, e publicada no *Literarni Listy*, em Praga, em 27 de junho de 1968.

[30] Ver "Manifesto de intelectuais brasileiros", *Revista Civilização Brasileira*, Rio de Janeiro, ano IV, Caderno Especial, n. 3, set. 1968, p. 287.

[31] Ibidem, p. 388.

[32] Ver carta de Ênio Silveira a Caio Prado Júnior, Rio de Janeiro, 22 de maio de 1968, acervo de Caio Prado Júnior, IEB/USP, código de referência CPJ-CP-SILVE007.

[33] Idem.

[34] Nesse caso, as jornadas de luta dos operários da indústria metalúrgica de Poznan, que já vinham expressando insatisfação com os rumos do país desde o ano anterior, intensificaram-se após o falecimento do então primeiro-secretário do PZPR, Boleslaw Bierut, representante da linha dura e apelidado de "Stalin polonês". Num curto período, os ecos do relatório Kruschev, com a denúncia do culto da personalidade e o processo de desestalinização, chegaram à Polônia e deram voz a diversos setores insatisfeitos com os rumos que a nação vinha tomando. A greve em Poznan foi, quem sabe, a culminação desse momento. Em 28 de junho de 1956, cerca de 100 mil trabalhadores (dos quais apenas 200 armados) decidiram se mobilizar em junho daquele ano, nas fábricas Cegielski, para exigir compensações e aumentos salariais, concessões de certas liberdades, barateamento dos preços dos alimentos e melhoria das condições de habitação; eles também questionavam as relações comerciais com a União Soviética e a má gestão da economia. Naquela ocasião, a multidão atacou a sede local do PZPR e o escritório das forças de segurança da política secreta, e tomou ou cercou vários edifícios públicos, uma estação de rádio, delegacias de polícia, um campo de prisioneiros em Mrowino e a Escola Militar da Universidade de Tecnologia de Poznan. A situação se complicou para os manifestantes quando o ministro de Defesa Nacional, o general soviético Konstantin Rokossovsky, decidiu enviar o também general Stanislav Poplavsky para reprimir a rebelião. Este último, comandando a 10ª e a 19ª Divisões Blindadas, além da 4ª e da 5ª Divisões de Infantaria polonesas, num total de 10.300 soldados e 400 tanques, eliminou toda a resistência até o dia 30 do mesmo mês. Os números são imprecisos, mas de 57 a 100 pessoas perderam a vida, 600 ficaram feridas e 746 foram detidas até o dia 8 de agosto. Como resultado, houve o aumento de 50% nos salários,

uma relativa liberalização política e a indicação de Wladyslaw Gomulka para primeiro-secretário do partido, feita pelo primeiro-ministro, Edward Ochab.

35 No caso da Hungria, as lutas populares culminariam, em última instância, com a consolidação de János Kádár como primeiro-ministro e secretário-geral do PCH e a execução de Imre Nagy em 1958. Mesmo com a supressão arrasadora das manifestações polonesas por parte de Moscou e do "Novo Curso" húngaro, CPJ continuaria a escrever e a apoiar a URSS publicamente por mais de uma década.

36 Ver telegrama de Caio Prado Júnior a Sergei Mikhailov, São Paulo, s. d., acervo de Caio Prado Júnior, IEB/USP, código de referência CPJ-CA172.

37 Um colega comunista lhe escreveria indignado com sua condenação à invasão da Tchecoslováquia. Para esse amigo, os Bálcãs e boa parte da Europa Oriental eram uma aglomeração de "tribos", sem capacidade de autogoverno. Então, "veio agora o povo soviético a organizar todo esse conglomerado de tribos, e levou pela primeira vez em séculos a calma e a prosperidade a esta gente, tanto que não houve mais nenhuma guerra entre eles em quase 30 anos. Tudo isto conseguido, somente com o pulso de FERRO soviético. Acha você justo que a relativa prosperidade, calma e segurança de que desfrutam à custa de 20 milhões de russos mortos na Grande Guerra deva ser utilizada para criar embaraços aos seus salvadores? Pode a União Soviética admitir um rombo nas fronteiras ocidentais com a defecção da Tchecoslováquia do campo de segurança da União Soviética? [...] Não me consta que você tenha protestado contra a invasão da Guatemala (Jacobo Arbenz), nem de Cuba, nem da República Dominicana por parte dos USA"; ver carta de Chiaffardi a Caio Prado Júnior, s. l., s. d., acervo de Caio Prado Júnior, IEB/USP, código de referência CPJ-CP094.

38 Depoimento de Maria Cecília Naclério Homem a Luiz Bernardo Pericás, novembro de 2009.

10. Reforma, revolução e socialismo

1 Ver Melvin J. Lasky, "The Birth of a Metaphor: On the Origin of Utopia and Revolution", *Encounter*, v. 34, n. 2, fev. 1970, p. 35-45; ver também Luís Alfredo Galvão, *Capital ou Estado?* (São Paulo, Cortez, 1984), p. 39, e Gianfranco Pasquino, "Revolução", em Norberto Bobbio, Nicola Matteuci e Gianfranco Pasquino (orgs.), *Dicionário de política* (5. ed., Brasília/ São Paulo, Editora Universidade de Brasília/ Imprensa Oficial do Estado, 2000), v. 2, p. 1121-31.

2 Como comenta Kurt Lenk, "o conceito moderno no sentido estrito, no qual a revolução já não é compreendida como acontecimento único nem simplesmente como um processo fatal na esfera política e estatal, surge com o começo da Revolução Francesa. O que no século XIX e até nossos dias se entende por revolução 'ainda tem sua origem na riqueza de acontecimentos históricos da grande Revolução Francesa' [...] A gênese do conceito de revolução demonstra que a compreensão desse termo é determinada por toda a situação histórico-política e social de um período. Assim como antes da Revolução Francesa não se podia pensar em desenvolver uma estratégia da ação revolucionária precisamente porque as revoluções se referiam a acontecimentos independentes da intervenção humana, da mesma maneira depois da Revolução Francesa já não se pode entender a história e a vida social simplesmente como o resultado cego do destino, senão como um processo evolutivo aberto, em princípio, à intervenção e ação humanas. Isso significa, não obstante, que desde a experiência da Revolução Francesa seus objetivos também fizeram história nos demais países da Terra; que a consciência revolucionária pôde se converter

em um potente fator nas lutas sociais dos últimos séculos [...] Desde então, todas as grandes revoluções são, em certo sentido, revoluções 'procuradas', já que necessitam de revolucionários e de consciência revolucionária antes de lograrem se pôr em marcha; de revolucionários que se considerem mais ou menos conscientemente herdeiros da grande Revolução Francesa [...] A práxis revolucionária, transformadora, converte-se também em objeto de uma reflexão principalmente técnica, o qual dá lugar à ideia da revolução permanente [...] Nesse sentido, as revoluções verdadeiras só existem desde a Revolução Francesa, já que nas guerras civis, rebeliões e sublevações anteriores a 1789 não se pretendia uma transformação radical da estrutura socioeconômica global de uma sociedade, senão simplesmente a expulsão dos monarcas de suas posições de poder ou a melhoria das oportunidades de vida de determinados grupos; ou seja, pretendia-se sempre uma transformação do papel e da posição *dentro* das estruturas de dominação e hierarquias preexistentes. Ademais, só a partir da Revolução Francesa se pretende, de maneira declarada, cumprir não só uma missão nacional francesa, mas também uma missão universal"; ver Kurt Lenk, *Teorías de la revolución* (Barcelona, Anagrama, 1978), p. 21-4. Já para Luís Alfredo Galvão, foi Marx quem revolucionou o próprio conceito de revolução. Sendo assim, "toda a ideia de transformação social do socialismo pré-marxista estava presa a uma concepção que, simples e genericamente, foi chamada por Marx de 'reacionária' –mas reacionária no sentido estrito da palavra. O que se pretendia era fazer girar para trás a roda da história. O socialismo estava vinculado a uma concepção de revolução cujo significado era o de um re-volta. O conceito de revolução não é originário da política, mas da astronomia –trata-se da revolução dos astros. Transposto da astronomia para a política, o conceito expressava inicialmente a ideia de que a felicidade tinha ficado para trás, no passado, era preciso voltar na história para reencontrá-la". Mas, "tendo tido toda a sua formação filosófica no hegelianismo, Marx alterou profundamente a própria concepção de história e associou o seu conceito de desenvolvimento histórico ao socialismo. O que há de fundamental nos fatos sociais é o movimento; tudo está em permanente movimento, se autotransformando e em desenvolvimento O socialismo, a partir de então, não é mais visto como algo que vai contra a história ou está fora dela. Ao contrário, ele está em seu próprio bojo, como resultado do desenvolvimento histórico". Luís Alfredo Galvão, *Capital ou Estado?* (São Paulo, Cortez, 1984), p. 39.

3   Ver Gianfranco Pasquino, "Revolução", in Bobbio, Matteuci e Pasquino (orgs.), *Dicionário de política*, v. 2, p. 1.123. Para Jozef Wilczynski, a revolução, de forma mais ampla, representaria uma mudança radical e fundamental no pensamento, no sistema de governo e no modo de produção, enquanto para os marxistas seria um levante político e social violento, que substituiria uma ordem social decadente por outra progressista e dinâmica. Ela ocorreria em formações socioeconômicas antagônicas, quando relações de produção ultrapassadas obstruem o desenvolvimento ulterior das forças de produção. Os marxistas considerariam as revoluções eventos altamente desejáveis, constituindo saltos qualitativos de estágios mais baixos para os mais elevados, quando o poder é tomado pelas classes progressistas mais fortes das classes obsoletas e reacionárias; ver Jozef Wilczynski, *An Encyclopedic Dictionary of Marxism, Socialism and Communism*, cit., p. 492-3.

4   Ver Richard Onwuanibe, *A Critique of Revolutionary Humanism: Frantz Fanon* (St. Louis, W. H. Green, 1983), p. 5.

5   Ver Johnson Chalmers, *Revolution and Social System* (Stanford, Stanford University Press, 1964), p. 10.

⁶ Ver Harry Eckstein, "On the Etiology of Internal Wars", em Bruce Mazlish (org.), *Revolution: A Reader* (Nova York, Macmillan, 1971), p. 21.

⁷ Ver Richard Onwuanibe, *A Critique of Revolutionary Humanism*, cit., p. 5.

⁸ Ver Frantz Fanon, *The Wretched of the Earth* (Nova York, Grove, 1965), p. 35.

⁹ Ver Ramón Eduardo Ruiz, *México: la gran rebelión, 1905/1924* (Cidade do México, Era, 1984), p. 17.

¹⁰ Ver entrevista de Slavoj Žižek a Miguel Conde, "Slavoj Žižek e a novidade do comunismo", *O Globo*, 28 de maio de 2011. Disponível em: <http://oglobo.globo.com/blogs/prosa/posts/2011/05/28/slavoj-zizek-a-novidade-do-comunismo-382949.asp>.

¹¹ Leszek Kolakowski resume bem a abordagem de Rosa Luxemburgo. Diz ele que "a questão da significação e das perspectivas da ação 'reformista' – ou seja, a luta econômica dos trabalhadores por melhores condições, e a promoção de valores democráticos dentro da sociedade burguesa – era, na opinião de Rosa Luxemburgo, uma questão de vital importância para todo o movimento socialista. Sua posição era essencialmente a mesma de Marx: o valor das reformas estava não apenas no fato de que estas traziam uma melhora das condições, mas a própria luta proporcionava ao proletariado a prática necessária para a batalha decisiva". Ele continuava, dizendo que: "seu principal ponto é que as reformas não tinham significado se não fossem um meio para a conquista do poder; elas não deviam ser consideradas, nem sequer parcialmente, como um fim em si mesmas, e aqueles que o faziam, quaisquer que fossem suas crenças, estariam abandonando a causa revolucionária. Qualquer luta por reforma que não estivesse subordinada à preparação da revolução vindoura era um obstáculo, ao invés de uma ajuda ao socialismo, qualquer que fosse seu resultado imediato. [...] O tratamento mais geral dessa questão feito por Rosa Luxemburgo está em seu panfleto *Reforma social ou revolução?*. Não há oposição, ela afirma, entre a luta pela reforma e a luta pelo poder político: a primeira é um meio, a última é o próprio fim. A social-democracia se distingue do reformismo burguês por sua consciência do fim último. Tratar as reformas como um fim em si significa aceitar a continuação indefinida do capitalismo, possibilitando que ele escape da destruição à custa de algumas modificações. [...] Portanto, revolução e reforma são de naturezas diferentes, e não diferem apenas em grau: a reforma não equivale a uma revolução gradual, ou a revolução a uma reforma telescópica. Pensar o contrário é acreditar que o capitalismo precisa apenas ser remendado, e que sua destruição é desnecessária"; ver Leszek Kolakowski, *Main Currents of Marxism: The Golden Age* (Oxford, Clarendon, 1978), p. 76-9.

¹² Daniel De Leon, "Reform or Revolution", *Socialist Labor Party of America*, fevereiro de 2000. Disponível em: <http://www.slp.org/pdf/de_leon/ddlother/reform_rev.pdf>.

¹³ Aqui vale recordar o colega Leo Huberman, que dizia que "a questão de empregos e de paz está assim intimamente ligada à estrutura do monopólio americano e do sistema de lucros. A questão não é se o americano é contra ou a favor da 'livre empresa'. A questão é se a economia deve ser dirigida pelo capitalismo monopolizador para atingir seus objetivos particulares, ou pelo povo, para seu próprio bem-estar./ O homem comum não deve esquecer do 'New Deal'. Foi uma experiência valiosa. Deu aos trabalhadores e lavradores uma avaliação de seu próprio poder. Eles aprenderam que para conseguir qualquer das coisas que ambicionavam tinham que se organizar, tanto política como economicamente. E hoje, quando o 'New Deal' está rapidamente passando a constituir apenas uma recordação, é preciso lembrar da lição. Eles

precisam redobrar suas atividades econômicas e políticas. Querem emprego e paz. Precisam tomar a iniciativa de consegui-los. E precisam aprender que os empregos e a paz somente são conseguidos através de um sistema de produção para consumo, e não visando lucros"; ver Leo Huberman, *História da riqueza dos EUA: nós, o povo*, cit., p. 324.

[14] Lannoy Dorin, "O mundo do socialismo", *Revista Brasiliense*, n. 45, jan.-fev. 1963, p. 137-41.

[15] Opinião distinta tem Marcos Del Roio. Para ele, "no campo teórico do marxismo, essa concepção de revolução [de CPJ], na mesma medida em que se afasta da concepção leniniana, por exemplo, se aproxima bastante da visão reformista predominante na Segunda Internacional, particularmente em Bernstein". Continua: "Essa observação parece se confirmar no momento em que Caio Prado Júnior procura desqualificar a validade de se questionar científica e politicamente o 'caráter' ou a 'natureza' da revolução em curso, advogando que só saberemos a resposta ao final do processo, composto por lutas e objetivos imediatos que prescindem de qualquer ligação com o objetivo histórico do socialismo. Parece dizer que o objetivo final para pouco ou nada serve diante das agruras da luta econômica cotidiana, reafirmando o equívoco do poeta que avisava ao caminhante que, em não havendo caminhos, esses seriam construídos no próprio ato de caminhar (mesmo sem se saber para onde, poderia ter respondido o caminhante na ocasião)". E completa: "Na verdade, desde o início, a concepção teórica de revolução brasileira de Caio Prado Júnior menospreza a questão crucial de toda a revolução que é a tomada do poder político por uma classe ou aliança de classes em detrimento de outra"; ver Marcos Del Roio, "A teoria da revolução brasileira, tentativa de particularização de uma revolução burguesa em processo", em João Quartim de Moraes e Marcos Del Roio (orgs.), *História do marxismo no Brasil*, cit., v. 4, p. 107. Por outro lado, Caio Prado Júnior diria: "O comunismo, como regime econômico e social, foi previsto e prognosticado por Marx. Mas nem em Marx, nem nos seus sucessores e continuadores se fez da maneira de o realizar objeto de especulações abstratas e aprioristicas. Nem tampouco – a não ser nos primeiros e imaturos momentos da revolução socialista, e unicamente em algumas raras e esporádicas instâncias logo repelidas – se tentou introduzir esquemas teóricos e fórmulas comunizantes. Das premissas teóricas do marxismo se concluía, como Marx já o fizera, que da revolução socialista, isto é, da tomada do poder pelo proletariado e da consequente socialização dos meios de produção, resultaria o comunismo. Mas a maneira como se realizaria essa transformação, isso somente a experiência derivada do próprio desenvolvimento da revolução socialista poderia dar a resposta". Em outras palavras, "cuidaram assim os teóricos e políticos marxistas orientadores e dirigentes da revolução socialista unicamente de realizarem essa mesma revolução, centrada na abolição da propriedade privada dos meios de produção e da livre iniciativa econômica, a serem respectivamente substituídas pela propriedade coletiva e pela iniciativa social planificada; bem como no desenvolvimento das forças produtivas e elevação do nível material e cultural da população trabalhadora. Mas não se cogitou do comunismo e de sua implantação. Foi no curso do processo revolucionário socialista, e como resultante dele, que se desenvolveram e afinal destacaram certas formas econômicas, sociais e políticas que devidamente observadas, apreendidas e analisadas pelos teóricos e políticos da revolução socialista lhes permitiram esboçar os primeiros traços concretos do comunismo, e formularem a linha de desenvolvimento e da ação política no rumo da transformação comunista. Esboço e formulação esses que se fundem e inspiram na própria dinâmica natural e espontânea daquelas formas anunciadoras e precursoras do comunismo"; ver Caio Prado Júnior, *O mundo do socialismo*, cit., p. 14-2.

[16] Ver Caio Prado Júnior, entrevista à revista *Revisão*, citado em "Supremo Tribunal Federal, Recurso ordinário criminal n. 1.116, São Paulo, Seção de Jurisprudência, Primeira Turma, 20 de agosto de 1971".

[17] Idem.

[18] Ver Caio Prado Júnior, "As eleições de 3 de outubro", *Revista Brasiliense*, n. 32, nov.-dez. 1960, p. 15.

[19] Ver Caio Prado Júnior, *URSS, um novo mundo*, cit., p. 24 e 230. Grifos nossos.

[20] Friedrich Engels diria que "seria de desejar que isso [a abolição da propriedade privada por via pacífica] pudesse acontecer, e os comunistas seriam certamente os últimos que contra tal se insurgiriam. Os comunistas sabem muitíssimo bem que todas as conspirações são não apenas inúteis, como mesmo prejudiciais. Eles sabem muitíssimo bem que as revoluções não são feitas propositada nem arbitrariamente, mas que, em qualquer tempo e em qualquer lugar, elas foram a consequência necessária de circunstâncias inteiramente independentes da vontade e da direção deste ou daquele partido e de classes inteiras". Em relação à abolição da propriedade privada de um só golpe, afirmaria que não seria possível, "do mesmo modo que não se podem fazer aumentar de *um* só golpe as forças produtivas já existentes tanto quanto é necessário para a edificação da comunidade [a sociedade comunista]". Entre as medidas propostas por Engels estão a restrição da propriedade privada por meio de impostos progressivos, altos impostos sobre heranças, expropriação gradual dos latifundiários e fabricantes pela concorrência em parte da indústria estatizada e em parte, diretamente, contra indenização em papéis do Estado, organização do trabalho ou ocupação dos proletários em herdades nacionais, fábricas e oficiais, educação para todas as crianças, combinação da educação com o trabalho fabril, entre outros; ver Friedrich Engels, "Princípios básicos do comunismo", em Karl Marx e Friedrich Engels, *Obras escolhidas*, cit., t. 1, p. 85-7.

[21] Ver Elias Chaves Neto, *Minha vida e as lutas de meu tempo*, cit., p. 89-90.

[22] Ver Caio Prado Júnior, *O mundo do socialismo*, cit., p. 6.

[23] Ver idem, "Através das democracias populares: Checoslováquia e Polônia", *Fundamentos*, ano II, n. 11, janeiro de 1950, p. 7; e entrevista à revista *Revisão*, cit.

[24] Idem, idem, "Através das democracias populares: Checoslováquia e Polônia", cit., p. 12.

[25] Opinião similar tem Antonio Carlos Mazzeo. Para ele, "na visão caiopradiana, o elemento basilar da política dos comunistas deveria estar nucleado pelo proletariado, e não subordinada à pretensa burguesia nacional, sendo que esse proletariado, na medida em que avançasse em sua organização, construiria alianças, inclusive com setores da burguesia que, por um motivo ou outro, momentaneamente, estivessem em divergências com o imperialismo, já que para Caio Prado, a burguesia brasileira não apresenta em sua essencialidade um caráter nacional – visão que se diferencia substancialmente do projeto de unidade subalternizada com a burguesia proposta pelo núcleo dirigente do PCB e que se aproxima das formulações de Humbert-Droz"; ver Antonio Carlos Mazzeo, "O Partido Comunista na raiz da teoria da Via Colonial do desenvolvimento do capitalismo", em Antonio Carlos Mazzeo e Maria Izabel Lagoa (orgs.), *Corações vermelhos: os comunistas brasileiros no século XX* (São Paulo, Cortez, 2003), p. 162.

[26] Ver Antonio Carlos Mazzeo, *Sinfonia inacabada: a política dos comunistas no Brasil* (Marília/São Paulo, Unesp/ Boitempo, 1999), p. 79.

27 Ver idem, "O Partido Comunista na raiz da teoria da Via Colonial do desenvolvimento do capitalismo", cit., p. 158.

28 Ver Caio Prado Júnior, entrevista à revista *Revisão*, cit.

29 Idem.

30 Idem.

31 "*Revisão* entrevista Caio Prado Júnior", *Revisão*, n. 4, agosto de 1967, p. 21.

32 Idem. Caio Prado Júnior já havia expressado sua admiração por Miguel Arraes no artigo "Um discurso marca época", *Revista Brasiliense*, n. 46, mar.-abr. 1963, p. 1-9.

33 Ver Caio Prado Júnior, "Nova contribuição para a análise da questão agrária no Brasil", *Revista Brasiliense*, n. 43, setembro-outubro de 1962, reproduzido em *A questão agrária no Brasil*, cit., p. 90-1.

34 Aqui vale recordar novamente seu artigo "Um discurso marca época", no qual dizia que Miguel Arraes "começa por desmascarar o simplismo da solução que consistiria em 'dar um pedaço de terra a cada nordestino'. Efetivamente, posto nestes termos simplistas –e é o que tantos infelizmente fazem no Brasil, uns por ingenuidade calçada de desconhecimento do que realmente se passa no País, outros por simples demagogia, e até mesmo para hipocritamente embaraçar a marcha da questão –a reforma agrária brasileira se apresenta irrealizável e não passará nunca além de palavreado oco e agitação estéril a desviar as atenções de outras providências e medidas que efetivamente encaminhariam a solução do problema. Sem contar que a simples 'distribuição de fatias de terra', como afirma o governador de Pernambuco, 'não virá resolver o problema'. [...] Não se exclui a necessidade de uma redistribuição mais equitativa da propriedade da terra. Mas essa redistribuição precisa ser enquadrada numa reforma de conjunto que inclua toda uma política agrária de muitas facetas"; ver Caio Prado Júnior, "Um discurso marca época", *Revista Brasiliense*, n. 46, mar.-abr. 1963, p. 1-9.

35 Disse Lenin: "Os trabalhadores das cidades têm muito mais experiências, conhecimentos, meios e força. É necessário consagrar diretamente uma parte dessas forças a ajudar os trabalhadores agrícolas a se colocar de pé". Afinal, seria fundamental "fundar imediatamente nas distintas localidades os sindicatos de trabalhadores agrícolas assalariados". Para ele, "só a própria experiência de semelhantes sindicatos ajudará a encontrar o caminho acertado para continuar desenvolvendo essa obra. A primeira tarefa de cada um desses sindicatos deve consistir em melhorar a situação daqueles que vendem sua força de trabalho às empresas agrícolas, conquistar salários mais elevados, melhorar os locais, a alimentação etc. [...] Por isso, o Sindicato dos Trabalhadores Agrícolas deve se colocar como tarefa desde o primeiro momento não só lutar para melhorar a situação dos trabalhadores em geral, mas, em particular, defender seus interesses como classe na grande transformação agrária que nos espera"; ver V. I. Lenin, "Acerca de la necesidad de fundar el sindicato de obreros agrícolas de Rusia", em *Acerca de los sindicatos* (Moscou, Progreso, 1979), p. 306-11.

36 Para Lenin, "a enorme dificuldade de organizar e educar para a luta revolucionária as massas trabalhadoras do campo, colocadas pelo capitalismo em condições de particular embrutecimento, de dispersão e, frequentemente, de dependência semimedieval, exige dos partidos comunistas uma atenção especial à luta grevista no campo, ao intenso apoio e ao desenvolvimento múltiplo das greves de massas dos proletários e semiproletários agrícolas. A experiência das revoluções russas de 1905 e de 1917, confirmada e ampliada agora pela experiência da Alemanha e de

outros países avançados, mostra que só a luta grevista de massas em desenvolvimento (na qual podem e devem ser integrados, em certas condições, também os pequenos camponeses) é capaz de quebrar a letargia do campo, de despertar nas massas exploradas do campo a consciência de classe e a consciência da necessidade da organização de classe, e revelar-lhes, de um modo evidente e prático, a importância da sua aliança com os operários das cidades"; ver Vladimir Ilitch Lenin, "Esboço inicial das teses sobre a questão agrária", em *Obras escolhidas*, cit., t. 3, p. 364-5.

37 Ver carta de Caio Prado Júnior a Benito Marianetti, São Paulo, 20 de junho de 1952, acervo de Caio Prado Júnior, IEB/USP, código de referência CPJ-RO-177.

38 Idem.

39 Ver Caio Prado Júnior, "Através das democracias populares: Checoslováquia e Polônia", *Fundamentos*, ano II, n. 11, jan. 1950, p. 9. Grifos nossos.

40 Idem, *URSS, um novo mundo*, cit., p. 62-3.

41 Ver Caio Prado Júnior, *O mundo do socialismo*, cit., p. 151.

42 Ibidem, p. 33-5.

43 Ver citação feita por Carlos Marighella em "A Assembleia Constituinte e o Partido Comunista", *A Classe Operária*, Rio de Janeiro, 16 de março de 1946, reproduzido em Milton Pinheiro e Muniz Ferreira (orgs.), *Escritos de Carlos Marighella* (São Paulo/ Rio de Janeiro, ICP/ FDR, 2013), p. 33; e também em outro discurso, em termos similares: Carlos Marighella, "A representação parlamentar comunista e a defesa da democracia", *A Classe Operária*, Rio de Janeiro, 28 set. 1946, reproduzido em Milton Pinheiro e Muniz Ferreira (orgs.), *Escritos de Carlos Marighella*, cit., p. 62.

44 Ver V. I. Lenin, "Respuesta a P. Kievski (Y. Piatkov)", em *Contra el dogmatismo y el sectarismo en el movimiento obrero* (Moscou, Progreso, s.d), p. 71.

45 Ver idem, "Carta a los comunistas austriacos", em *Contra el dogmatismo y el sectarismo en el movimiento obrero*, cit., p. 157.

46 Ver Caio Prado Júnior, "Fundamentos econômicos da revolução brasileira", *A Classe Operária*, Rio de Janeiro, 19 abr. 1947, reproduzido em Bernardo Ricupero, *Caio Prado Jr. e a nacionalização do marxismo no Brasil*, cit., p. 200.

47 Ver Caio Prado Júnior, *URSS, um novo mundo*, cit., p. 229.

48 Ibidem, p. 23.

49 Idem.

50 Em relação ao tema, vale recordar o texto de Vladimir Ilitch Lenin, "O marxismo e a insurreição", de setembro de 1917, publicado mais tarde na revista *Proletárskaia Revoliútsia*, n. 2, 1921; ver Vladimir Ilitch Lenin, "O marxismo e a insurreição", em *Obras escolhidas*, cit, t. 2.

51 Ver os comentários de Bernardo Ricupero em *Caio Prado Jr. e a nacionalização do marxismo no Brasil*, cit., p. 202, e Lincoln Secco, *Caio Prado Júnior, o sentido da revolução*, cit., p. 117. Já uma dura crítica às concepções caiopradianas sobre a revolução podem ser encontradas em Marcos Del Roio, "A teoria da revolução brasileira, tentativa de particularização de uma revolução burguesa em processo", cit., p. 102-14.

52 Depoimento de Zillah Branco a Luiz Bernardo Pericás, novembro de 2014.

53 Prestes diria que, "quando a guerrilha explodiu, eu compreendi que era por desespero. Em Caparaó, isto ficou bem claro: os sargentos estavam até bem equipados, tinham barracas de nylon, mas não entendiam nada de guerrilha. A opção da luta armada tem que ser entendida dentro de toda uma época. Era a afirmação dos companheiros que achavam que fazer a revolução era empunhar um fuzil, repetindo uma famosa frase de Mao Tsé-tung. Cuba e China contribuíram muito para isso. Nessa época, Cuba estimulava a guerrilha em toda a América Latina [...] A juventude combativa, valente, inconformada com a situação de repressão, de violência, de exploração e arbitrariedade policial [no Brasil], não vendo no PCB uma orientação revolucionária, preferiu seguir outro caminho. Uma orientação de luta armada através de grupos que iam se formando e que se dividiam e se subdividiam, porque todos queriam ser líderes. É muito difícil o surgimento de líderes nessas condições; quando surgia um, levava os seus partidários para um determinado lado e provocava nova divisão. Nenhum desses grupos estava preparado para a guerrilha. A começar pelo PCdoB. Este grupo mandou elementos para o Araguaia e fracassou porque a região era imprópria. É um local deserto. E, para se fazer revolução, é necessário haver massas. O PCdoB fugiu das massas para uma região deserta. E o que aconteceu? O governo descobriu que lá havia elementos dispostos à luta armada, ocupou a região e foi matando um a um. Pelo que li nos jornais, os guerrilheiros foram sitiados e depois fuzilados. A falta de direção é a responsável pela pulverização da esquerda brasileira. Como não tínhamos uma linha revolucionária, a juventude se insurgiu e foi levada ao radicalismo, inclusive por alguns elementos oportunistas que havia em nosso partido. A responsabilidade disso é nossa. A classe operária não participou da luta armada. Se formos verificar as listas dos torturados e desaparecidos, vamos ver que a maioria é de jovens da pequena burguesia, e da pequena burguesia abastada"; ver Dênis de Moraes e Francisco Viana, *Prestes, lutas e autocríticas*, cit., p. 232-4.

54 Nas palavras de Elias Chaves Neto, "a insurreição armada se apresentava perante a mocidade como o único caminho verdadeiro para enfrentar a ditadura e levar o país ao socialismo; esquecidos de que uma revolução não é determinada por um ato de vontade de alguns, mas o fruto de um processo histórico que as forças revolucionárias, dirigidas pelos princípios de uma política científica – o marxismo-leninismo – são capazes de conduzir ao fim desejado. E encaminhou-se no sentido das guerrilhas descambando para o terrorismo. [...] Mas o terrorismo veio apenas favorecer a ascensão das forças mais reacionárias, os chamados militares da linha dura, de formação fascista, no governo do país, onde sua influência se tornou decisiva. A mocidade que se aventurou por aquele caminho, pensando poder fazer da revolução um ato de vontade, mostrou apenas desconhecer as leis do desenvolvimento histórico, não tendo sido capazes de se libertar dos princípios do idealismo filosófico que continua norteando suas ações, sem que nem sequer tivessem consciência deste fato"; ver Elias Chaves Neto, *Minha vida e as lutas de meu tempo*, cit., p. 204-6.

55 Heleno Cláudio Fragoso, *Advocacia da liberdade*, cit., p. 100.

56 Ver Alexei Rumiántsev, *Comunismo científico, diccionario* (Moscou, Progreso, 1985), p. 178. Essas opiniões, contudo, foram publicadas originalmente na década de 1970, e continuaram a ser reproduzidas em edições posteriores do dicionário. O mesmo diziam Mikhail Basmánov e Boris Leibzón. De acordo com eles, "a nova correlação de forças no mundo e o enfraquecimento do imperialismo ofereceram amplas perspectivas ao movimento revolucionário mundial e brindaram a possibilidade de surgimento de diversas formas de transição dos distintos países do capitalismo para o socialismo, de criar amplas alianças anti-imperialistas, de maior aproximação entre a luta

pela democracia e a paz e a luta pelo socialismo, ou seja, determinaram a estratégia e a tática dos partidos comunistas e as peculiaridades de uma e outra que devem adquirir maior desenvolvimento na nova época [...] O movimento comunista estima que a coexistência pacífica dos dois sistemas sociais é uma forma de luta de classes na arena internacional, mas a possibilidade de manter a paz não significa em absoluto que esta seja fatalmente inevitável, que a luta pela paz há de ser longa e acalorada e que desempenhará nela o papel decisivo no crescente poderio da comunidade dos países socialistas. Os destinos da paz dependem em muitos aspectos da capacidade de combate do movimento operário dos países capitalistas e de suas alianças com outras forças democráticas, da força dos movimentos da libertação nacional e da política dos países adictos à paz". E completavam: "Ainda assim, os comunistas não têm ilusões a respeito da natureza agressiva do imperialismo. A coexistência pacífica em escala mundial dos dois sistemas sociais opostos por sua natureza de classe não supõe de modo algum a possibilidade de coexistência de classes antagônicas dentro dos países capitalistas, o enfraquecimento da luta de classes e, portanto, o desaparecimento da necessidade de que a vanguarda revolucionária tenha um caráter combativo"; ver Mikhail Basmánov e Boris Leibzón, *Vanguardia revolucionaria: problemas de la lucha ideológica* (Moscou, Progreso, 1978), p. 55-6.

57   Ibidem, p. 177.
58   Ibidem, p. 403.
59   Ver Stephen Cohen, *Bukharin, uma biografia política*, cit., p. 431.
60   Eric Hobsbawm comenta: "devemos também rejeitar a ideia de que há uma aguda diferença entre um marxismo 'correto' e um 'incorreto'. Sua forma de indagação [a de Marx] podia produzir diferentes resultados e perspectivas políticas. De fato, isso ocorreu com o próprio Marx, que vislumbrava uma possível transição pacífica para o poder na Grã-Bretanha e nos Países Baixos, e a possível evolução da comunidade aldeã russa para o socialismo". O historiador britânico também diria que para Marx e Engels, depois da década de 1840, era óbvio que "grandes fatias do proletariado não estavam se tornando em absoluto mais pobres", inferindo que suas previsões e remédios "anteriores" poderiam ser modificados e adaptados de acordo com novas situações; ver Eric Hobsbawm, *How to Change the World: Tales of Marx and Marxism* (Londres, Little Brown, 2011), p. 13-4.
61   Ver idem, *A era do capital* (15. ed. rev., São Paulo, Paz e Terra, 2012), p. 184-5.
62   Ibidem, p. 245.
63   Ver idem, *Revolutionaries* (Londres, Abacus, 1999), p. 117.
64   Ver ibidem, p. 119.
65   Ibidem, p. 65-6.
66   Ver carta de Caio Prado Júnior a Benito Marianetti, São Paulo, 20 de junho de 1952, acervo de Caio Prado Júnior, IEB/USP, código de referência CPJ-RO-177.

11. O homem que inventou esse tal de marxismo no Brasil

1   "*Revisão* entrevista Caio Prado Júnior", *Revisão*, n. 4, ago. 1967, p. 21. Esse número da revista incluía também textos sobre a UNE, a Revolução Cultural na China, a crise da economia brasileira e as FALN e a luta armada na Venezuela.

² Ver "Prisão, a sentença para Caio Prado Jr.", *Correio da Manhã*, Rio de Janeiro, terça-feira, 26 mar. 1970, p. 7.

³ Ver carta de Benedito Zacarias da Silva a Caio Prado Júnior, Rio de Janeiro, 25 de abril de 1968, acervo de Caio Prado Júnior, IEB/USP, código de referência CPJ-CP-AME001.

⁴ Ver carta de Caio Prado Júnior a Oniro Augusto Monaco, São Paulo, 25 de novembro de 1968, acervo de Caio Prado Júnior, IEB/USP, código de referência CPJ-CA038.

⁵ "Negado habeas corpus ao sociólogo Caio Prado Jr.", *O Dia*, 27 out. 1968.

⁶ Ver carta de Caio Prado Júnior a Maria Yolanda E. P. de Miranda e Maria Teresa de Lemos Coutinho, São Paulo, 4 de dezembro de 1968, acervo de Caio Prado Júnior, IEB/USP, código de referência CPJ-CA032.

⁷ Idem.

⁸ Ver Heleno Cláudio Fragoso, *Advocacia da liberdade*, cit., p. 103.

⁹ Ver carta de Caio Prado Júnior a Bernardete Carvalho, Eduardo Galasso Faria e José Roberto Silva de Domenico, São Paulo, 31 de julho de 1968, acervo de Caio Prado Júnior, IEB/USP, código de referência CPJ-CA131.

¹⁰ Ver Caio Prado Júnior, entrevista à revista *Revisão*, de 1967, e citado em "Supremo Tribunal Federal, Recurso ordinário criminal n. 1. 116, São Paulo, Seção de Jurisprudência, Primeira Turma, 20 ago. 1971".

¹¹ Idem.

¹² De acordo com Frontini, "os trabalhadores das CGT se uniram. Os trabalhadores e os estudantes se uniram pela primeira vez, na ação revolucionária. Ao que parece, existiu organização, pois as ações estiveram coordenadas. As massas excederam as pautas hierárquicas. Controlaram a situação. Desapareceu o medo dos policiais. Estas [as massas] receberam paus, socos e tiros [...] A esquerda revolucionária do peronismo, a esquerda marxista ou simplesmente juvenil das universidades (não o PC!!!), os pós-conciliadores do catolicismo agiram coordenados. E a ação teve a ajuda do povo em geral [...] O povo realizou uma experiência extraordinária. Única desde há cem anos. Uma ação revolucionária, com ou sem programa, é, *por lo pronto*, um exercício que põe à prova muitas coisas. A audácia potencial se converte em audácia real e combativa. Os ideais, em realidade concreta. O homem de ação toma corpo, consciência de si mesmo. E ao julgar-se, perde o medo e pensa menos em si mesmo"; ver carta de Norberto Frontini a Caio Prado Júnior, Roma, 10 de julho de 1969, acervo de Caio Prado Júnior, IEB/USP, código de referência CPJ-CP-FRO028. Em relação ao caso dos estudantes na França e no Brasil, Caio Prado Júnior diria que "o movimento estudantil significativo é posterior, como se sabe, à agitação dos estudantes franceses (maio de 1968) que lhes serviu de inspiração, estímulo e modelo. Trata-se, aliás, de acontecimentos mundiais, que ocorreram em toda parte e que foram inteiramente imprevistos, nem mesmo por políticos de esquerda ou direita, sociólogos, pedagogos, pensadores em geral. Descobrir assim na agitação dos estudantes brasileiros qualquer parcela de responsabilidade de intelectuais brasileiros, e da minha entrevista em particular, é simplesmente absurdo..."; ver Heleno Cláudio Fragoso, *Advocacia da liberdade*, cit., p. 108-9.

¹³ Ver "Intelectuais lançam manifesto de apoio", *Última Hora*, 9 dez. 1968.

¹⁴ A 2ª Auditoria decretaria a prisão preventiva de várias personalidades, como Carlos Marighella, Câmara Ferreira, Mário Schenberg, Villanova Artigas, João Belline Burza, Álvaro de Faria,

Astrojildo Pereira e Aldo Lins e Silva; ver Aldo Lins e Silva, "Aldo Lins e Silva: fui apenas um criminalista itinerante", em José Mentor (org.), *Coragem: a advocacia criminal nos anos de chumbo* (São Paulo, s. n., 2014). Disponível em: <http://josementor.com.br/wp-content/files_mf/1397772269CORAGEM.pdf>; ver também Heleno Cláudio Fragoso, *Advocacia da liberdade*, cit., p. 94.

[15] Depoimento de Danda Prado a Luiz Bernardo Pericás, 2011; e Depoimento de Maria Célia Wider a Luiz Bernardo Pericás, 2013 e 2015.

[16] Em carta escrita em Nova York, em 22 de abril de 1968, Danda diria a seu pai: "para Nelson sua figura é cada dia mais seu ideal de identificação, e para ambos, me parece que quanto mais ampla a ligação, melhor"; ver carta de Danda Prado a Caio Prado Júnior, acervo de Caio Prado Júnior, IEB/USP, código de referência CPJ-YCP277.

[17] Ver carta de Caio Prado Júnior a "Álvaro", Santiago, 13 de fevereiro de 1969, acervo de Caio Prado Júnior, IEB/USP, código de referência CPJ-CA092.

[18] Esse trabalho seria publicado em 1972 pela Editora Brasiliense; ver Caio Prado Júnior, *História e desenvolvimento: a contribuição da historiografia para a teoria e prática do desenvolvimento econômico* (São Paulo, Brasiliense, 1972).

[19] Em 1969, em carta para Sérgio Buarque de Holanda, enviada do Chile, onde estava exilado, CPJ diria: "Estou-lhe remetendo com esta carta uma reportagem acerca do seu filho, e que naturalmente interessará a você, embora essas coisas já devam ser peru de festa para o Chico [...] Você deve ter recebido carta minha, já há tempos agradecendo seu depoimento a meu favor na Justiça Militar. Reitero aqui esses meus agradecimentos. Tive notícia de meu pedido de aposentadoria, e vai-se com isto o último esteio de minha natimorta candidatura à cadeira. Você sabe que nunca acreditei na eventualidade, e aceitei a circunstância de sua candidatura unicamente para atender a um pedido seu, e para não me esquivar de uma incumbência que foi julgada, à minha inteira revelia, útil ao ensino de História do Brasil na Universidade. Apesar de meu ceticismo a respeito, fiz o que pude. Creio que estive à altura do honroso convite que você me fez, de certa forma, até me impôs, e sinto-me agora aliviado de uma responsabilidade que muito me pesou./ Mas seja como for, de uma coisa você pode estar seguro, de minha grande amizade e admiração que espero poder reiterar pessoalmente logo que me atenuarem as tão desfavoráveis circunstâncias do momento que atravessa o Brasil e de que todos somos vítimas"; ver carta de Caio Prado Júnior a Sérgio Buarque de Holanda, 27 de maio de 1969, acervo particular de Thiago Nicodemo.

[20] De acordo com Fernando Fragoso, "Heleno foi o advogado que impetrou o Habeas Corpus coletivo que libertou os estudantes secundaristas que se reuniram, em Ibiúna, SP, no ano de 1968, entre eles Franklin Martins, Vladimir Palmeira, José Dirceu e vários outros dirigentes da União Nacional dos Estudantes./ Um dos casos marcantes da atuação do advogado Heleno Fragoso constitui-se a defesa da sra. Niomar Moniz Sodré Bittencourt, proprietária do matutino carioca *Correio da Manhã*. Niomar era uma das mais consistentes adversárias da ditadura militar, tendo reagido duramente, num de seus editoriais, contra o AI-5. Em editorial divulgado no dia seguinte ao Ato, Niomar destacava que ele tornava escancarada a ditadura militar, editado pelo Gen. Costa e Silva, alçado pelas forças armadas à Presidência da República. Costa e Silva sentiu-se pessoalmente ofendido pelo editorial de Niomar e exigiu severa punição da ousada jornalista, por sua atividade subversiva, atentatória à segurança institucional [...] Era evidente

o propósito de atingir a liberdade de imprensa, com a longa prisão preventiva e processo penal contra Niomar Bittencourt. A certeza de que não haveria julgamento justo e imparcial, pela Auditoria do Exército, onde a ação penal tramitava, levou Heleno a solicitar e ver atendida a presença de um observador indicado pela Comissão Internacional de Juristas da ONU. Veio ao Brasil o prof. Sebastián Soler, penalista argentino, cujas entrevistas com autoridades locais tiveram significativa repercussão na solução do processo. A absolvição de Niomar, entretanto, não desanimou o governo em sua campanha aberta para fechar o jornal que ela presidia. O *Correio da Manhã* não sobreviveu ao regime militar, vindo a cerrar suas portas em 1974 [...] Heleno defendeu inúmeros religiosos católicos, vários dos quais atuavam em regiões muito carentes do país. A Igreja católica era entendida adversária do poder e protetora dos subversivos. Nesta linha, qualquer opinião em pregações que pudessem realçar a usurpação de direitos civis era considerada atividade subversiva. Ainda no seu livro *Advocacia da liberdade*, Heleno refere a defesa de Stuart Angel Jones, quando este já havia sido assassinado nos porões do regime, especificamente na Base Aérea do Galeão. A Justiça Militar, por uma das Auditorias de Aeronáutica do Rio, se recusou a reconhecer a morte de Stuart, mantendo os processos e realizando seus julgamentos. Foram defesas de um réu morto! Filho de uma brava mulher brasileira e de pai naturalizado americano, o desaparecimento de Stuart foi objeto de denúncia a vários organismos de defesa dos direitos humanos em todo o mundo, que cobraram notícias e posicionamento de parte do governo militar brasileiro [...] Não por outra razão, por suas reiteradas denúncias das torturas impostas a acusados, Heleno Fragoso foi sequestrado em nossa residência em novembro de 1970. Levado por agentes não identificados naquela noite para local desconhecido, sem exibir qualquer mandado judicial ou de qualquer autoridade./ Ficou por dois dias desaparecido e ao tempo que exercia a Vice-Presidência da Ordem dos Advogados do Brasil na Guanabara. As autoridades negaram a prisão de Heleno. Ao final do segundo dia, foi liberado, encapuzado, no alto de um morro no bairro de Laranjeiras, comandado a caminhar sem rumo, sem ver o caminho. Imaginou que seria fuzilado, o que afinal não aconteceu"; ver Fernando Fragoso, "Heleno Fragoso: a defesa de presos políticos", em José Mentor (org.), *Coragem*, cit.

[21] De acordo com Fragoso, em carta a Caio Prado Júnior, "o dr. Elias esteve aqui no Rio mais de uma vez, revelando extrema dedicação e interesse, atendendo com presteza às solicitações que faço"; ver carta de Heleno Cláudio Fragoso a Caio Prado Júnior, Rio de Janeiro, 24 de fevereiro de 1969, acervo de Caio Prado Júnior, IEB/USP, código de referência CPJ-CP-FRAGO001.

[22] Idem.

[23] Ver carta de Heleno Cláudio Fragoso a Caio Prado Júnior, Rio de Janeiro, 24 de fevereiro de 1969, acervo de Caio Prado Júnior, IEB/USP, código de referência CPJ-CP-FRAGO001.

[24] Ver carta de Heleno Cláudio Fragoso a Caio Prado Júnior, Rio de Janeiro, 25 de março de 1969, acervo de Caio Prado Júnior, IEB/USP, código de referência CPJ-CP-FRAGO003.

[25] Ver carta de Danda Prado a Caio Prado Júnior, Nova York, 27 de janeiro de 1968, acervo de Caio Prado Júnior, IEB/USP, código de referência CPJ-YCP269.

[26] Ver carta de Danda Prado a Caio Prado Júnior, Nova York, 22 de abril de 1968, acervo de Caio Prado Júnior, IEB/USP, código de referência CPJ-YCP277.

[27] Ver carta de Almino Affonso a Caio Prado Júnior, Santiago, 25 de novembro de 1968, acervo de Caio Prado Júnior, IEB/USP, código de referência CPJ-CP-AFF001.

[28] Depoimento de Almino Affonso a Luiz Bernardo Pericás, 2013.

29 Depoimento de Plínio de Arruda Sampaio a Luiz Bernardo Pericás, outubro de 2013.
30 Depoimento de Renato Maia a Luiz Bernardo Pericás, julho de 2015.
31 Ver carta de Caio Prado Júnior a Roberto Nioac Prado, Santiago, 16 de abril de 1969, acervo de Caio Prado Júnior, IEB/USP, código de referência CPJ-RNP186.
32 Também foram aposentados compulsoriamente Alberto de Carvalho da Silva, Bento Prado Almeida Ferraz Júnior, Elsa Salvatori Bercuo, Emília Viotti da Costa, Fernando Henrique Cardoso, Isaias Rag, Jean Claude Bernadet, Jon Adoni Vergareche, Maitte-Jean, José Arthur Gianotti, Júlio Puddles, Luiz Hildebrando Pereira da Silva, Luiz Rey, Mário Schenberg, Octavio Ianni, Olga Baieta Henriques, Paula Beiguelman, Paulo Duarte, Paulo Israel Singer, Pedro Calil Babif, Reynaldo Chiaverini e Sebastião Baeta Henriques; ver "Ato alcança 23 na Universidade", *O Estado de S. Paulo*, 20 abr. 1969, p. 36. O novo decreto retiraria o nome de Caio Prado Júnior por ele não ter vínculos formais com a universidade, apenas o título de docente-livre. Também eliminaria da lista Júlio Puddles, por ser cidadão francês, e o professor Chiaverini, que já era aposentado; ver "Modificando ato punitivo", *O Estado de S. Paulo*, 22 maio 1969.
33 Ver carta de Raymond Carr a R. F. Colson, Oxford, 1º de maio de 1969, acervo de Caio Prado Júnior, IEB/USP, código de referência CPJ-CT-130.
34 Ver carta de Heleno Cláudio Fragoso a Caio Prado Júnior, Rio de Janeiro, 20 de julho de 1969, acervo de Caio Prado Júnior, IEB/USP, código de referência CPJ-CP-FRAGO005.
35 Na ocasião, Caio Prado Júnior disse que "a entrevista não fora sua iniciativa. Os estudantes é que o procuraram para conversar sobre o livro recentemente aparecido"; além disso, ele "não conhecia os estudantes e jamais se envolvera, nem antes nem depois da entrevista, nem direta nem indiretamente, com questões relativas a estudantes e seus problemas, atividades e movimentos", e "o que foi publicado se constituía apenas de trechos destacados de seu discurso"; ver Heleno Cláudio Fragoso, *Advocacia da liberdade*, cit., p. 95.
36 Em maio de 1969, Fragoso escreveria uma carta a Roberto mostrando que, por ter impetrado inicialmente um *habeas corpus* no STF, havia recebido 3.400 cruzeiros novos. Depois disso, Elias Chaves Neto teria pedido que ele defendesse Caíto no processo criminal, na auditoria de São Paulo, pelo qual estava cobrando 10 mil cruzeiros novos. Ou seja, dizia que ainda precisava receber 6.600 cruzeiros novos, propondo que esse pagamento fosse feito em três parcelas. Também queria o reembolso de despesas de viagem no valor de 170 cruzeiros novos. Essa seria a primeira insistência para pagamentos supostamente atrasados ou não realizados, algo que criaria bastante desconforto para seu cliente; ver carta de Heleno Cláudio Fragoso a Roberto Nioac Prado, Rio de Janeiro, 5 de maio de 1969, acervo de Caio Prado Júnior, IEB/USP, código de referência CPJ-CP-FRAGO004.
37 Um amigo, em carta enviada do Chile, em 27 de novembro de 1969, diz que "ficamos muito felizes em saber que você estava de novo em São Paulo"; ver acervo de Caio Prado Júnior, IEB/USP, código de referência CPJ-CP058. Em carta escrita a Caio Prado Júnior, em 30 de novembro de 1969, o argentino Gregorio Bermann diz que "me alegrei muito quando Norberto me fez saber que você estava novamente em seu lar"; ver carta de Gregorio Bermann a Caio Prado Júnior, Córdoba, 30 de novembro de 1969, acervo de Caio Prado Júnior, IEB/USP, código de referência CPJ-CP-BERM001.

38 Um colega, exilado no Chile, comentaria que "o teu lacônico bilhete nos deixou na mesma sobre a tua volta ao Brasil. Continuamos sem saber como resolveste voltar e qual a situação do teu processo. Imagino que as absolvições do Darcy e do Callado, atualmente muito mais proeminentes na lista negra do regime, sejam uma excelente indicação. Em todo caso, como não existe racionalidade no sistema, gostaríamos de ter uma notícia mais minuciosa"; ver carta enviada de Santiago, 11 de outubro de 1969, acervo de Caio Prado Júnior, IEB/USP, código de referência CPJ-CP059.

39 Heleno Cláudio Fragoso, *Advocacia da liberdade*, cit., p. 96.

40 Idem, *Em defesa de Caio Prado Júnior* (São Paulo, Gráfica Urupês, 3 de março de 1970), acervo de Caio Prado Júnior, IEB/USP, código de referência CPJ-CP-FRAGO012a.

41 Ver Elias Chaves Neto, *Minha vida e as lutas de meu tempo*, cit., p. 255.

42 Ver Maria Célia Wider, *Caio Prado Jr., um intelectual irresistível*, cit., p. 19.

43 Ver Paulo Cavalcanti, *A luta clandestina: o caso eu conto como o caso foi* (Recife, Guararapes, 1985), v. 4, p. 261.

44 Depoimento de Milton Pinheiro a Luiz Bernardo Pericás, janeiro de 2013.

45 Heleno Cláudio Fragoso, *Advocacia da liberdade*, cit., p. 103.

46 Ibidem, p. 103-4.

47 Ver "Prisão, a sentença de Caio Prado Jr.", *Correio da Manhã*, Rio de Janeiro, terça-feira, 26 mar. 1970, p. 7.

48 Idem.

49 Idem. Ver também "2ª Auditoria: condenado Caio Prado Junior", *Folha de S.Paulo*, 26 mar. 1970.

50 Depoimento de Antônio de Pádua Prado Júnior a Luiz Bernardo Pericás, dezembro de 2014. Já Heleno Cláudio Fragoso diz que CPJ foi entrevistado por um grupo de cinco ou seis estudantes; ver Heleno Cláudio Fragoso, *Advocacia da liberdade*, cit., p. 94.

51 Ver cartas de Danda Prado a Stanley Stein e Charles Wagley, São Paulo, 13 de fevereiro de 1970, acervo de Caio Prado Júnior, IEB/USP, códigos de referência CPJ-YCP280 e CPJ-YCP281.

52 Ver carta de Stanley Stein a Danda Prado, Princeton, New Jersey, 23 de fevereiro de 1970, acervo de Caio Prado Júnior, IEB/USP, código de referência CPJ-YCP282, e carta de Stanley Stein ao *New York Times*, Princeton, New Jersey, 23 fev. 1970, acervo de Caio Prado Júnior, IEB/USP, código de referência CPJ-YCP322.

53 Ver carta a Maria Odila, Ann Arbor, 4 de março de 1970, acervo de Caio Prado Júnior, IEB/USP, código de referência CPJ-CT-133.

54 Ver carta de Caio Prado Júnior a Joseph Love, São Paulo, 14 de dezembro de 1971, acervo de Caio Prado Júnior, IEB/USP, código de referência CPJ-CA157.

55 A carta aberta, dirigida ao "Exmo. Sr. Presidente do Brasil, Garrastazu Médici", dizia: "OS SIGNATÁRIOS aprendemos a amar e admirar o BRASIL através de seus grandes criadores, cujas obras nos deram uma imagem clara do país. RECORDAMOS com emoção os nomes de O Aleijadinho, Castro Alves, Euclides da Cunha, Machado de Assis, Graciliano Ramos, Lins do Rego, Artur Ramos, Villa-Lobos, Lasar Segall, Cândido Portinari, Manuel Bandeira, Monteiro Lobato, Guimarães Rosa, Gilberto Freyre, Bruno Giorgi, Jorge Amado, Di

Cavalcanti, Josué de Castro, Drummond de Andrade, Dorival Caymmi, Sérgio Buarque de Holanda, Lucio Costa, Oscar Niemeyer, Vinicius de Moraes e muitos outros. Nessa mesma linha de conhecimento e de amor a seu país situamos ao eminente historiador e economista CAIO PRADO Jr. cujo livro *Formação do Brasil contemporâneo* nos permitiu ter uma perspectiva real do Brasil. DIANTE DA NOTÍCIA de que no dia 25 de março próximo um tribunal militar julgará a Caio Prado Jr. por suas opiniões políticas, INTERCEDEMOS, em nome da liberdade de pensamento para chamar a atenção do Sr. Presidente sobre o grande desprestígio que significaria para o Brasil a condenação de uma personalidade que o honra e cuja obra transcendeu as fronteiras de sua pátria"; ver Norberto Frontini, "Carta aberta", Buenos Aires, 3 de março de 1970, acervo de Caio Prado Júnior, IEB/USP, código de referência CPJ-CP-FRO033.

[56] Ver carta de Norberto Frontini a Caio Prado Júnior, Buenos Aires, 3 de março de 1970, acervo de Caio Prado Júnior, IEB/USP, código de referência CPJ-CP-FRO032; Norberto Frontini, "Carta abierta", acervo de Caio Prado Júnior, IEB/USP, código de referência CPJ-CP-FRO033, e carta de Norberto Frontini a Caio Prado Júnior, Buenos Aires, 17 de março de 1970, acervo de Caio Prado Júnior, IEB/USP, código de referência CPJ-CP-FRO034.

[57] Ver carta de escritores portugueses em solidariedade a Caio Prado Júnior, Lisboa, 23 de março de 1970, citada em Maria Angela D'Incao, *História e ideal*, cit., p. 481.

[58] Ver "Caio Prado Júnior morre aos 83 anos", *O Estado de S. Paulo*, sábado, 24 nov. 1990, p. 20. Para uma descrição das condições de vida no Presídio Tiradentes, ver Alípio Freire, Izaías Almada e J. A. de Granville Ponce (orgs.), *Tiradentes, um presídio da ditadura: memórias de presos políticos* (São Paulo, Scipione, 1997).

[59] Ver Maria Célia Wider, *Caio Prado Jr., um intelectual irresistível*, cit., p. 104.

[60] Correspondência de Frei Betto com Luiz Bernardo Pericás, junho de 2014; e depoimento de Antônio de Pádua Prado Júnior a Luiz Bernardo Pericás, dezembro de 2014.

[61] Ver Fernando Molica, *O homem que morreu três vezes: uma reportagem sobre o "chacal brasileiro"* (2. ed., Rio de Janeiro, Record, 2003), e entrevista de Fernando Molica ao jornal italiano *La Cronaca*, 19 de dezembro de 2005, disponível em: <www.fernandomolica.com.br/caso/FernandoMolica-Entrevista.pdf>.

[62] Correspondência de Frei Betto com Luiz Bernardo Pericás, junho de 2014.

[63] Depoimento de Antônio de Pádua Prado Júnior a Luiz Bernardo Pericás, dezembro de 2014.

[64] Idem.

[65] Depoimento de Joseph Love a Luiz Bernardo Pericás, julho de 2015.

[66] Depoimento de Cláudia Prado a Luiz Bernardo Pericás, 2014.

[67] Ver Fernando Molica, *O homem que morreu três vezes*, cit., p. 132.

[68] Ibidem, p. 155. Depoimento de Danda Prado a Luiz Bernardo Pericás, 2013.

[69] Depoimento de Antônio de Pádua Prado Júnior a Luiz Bernardo Pericás, dezembro de 2014.

[70] Ver "Historiador foi acusado de incitar luta armada", *Folha de S.Paulo*, domingo, 4 fev. 2007. Disponível em: <www1.folha.uol.com.br/fsp/mais/fs0402200707.htm>.

[71] Idem.

72 Vale ressaltar que toda a bibliografia até o momento indica que CPJ havia sido transferido do Presídio Tiradentes para o Quartel de Quitaúna, ainda que sem nenhuma comprovação documental. Alguns familiares entrevistados confirmam que iam visitá-lo no 16º Batalhão da Polícia Militar. E todos os documentos oficiais dos órgãos públicos responsáveis confirmam essa informação; ver SMT, R/GD 3973, R/PB 743-CIOp, Informação n. 683, Arquivo Geral, São Paulo, 6 de novembro de 1973, Argemiro Laurindo Carbonelli, Chefe do Arquivo Geral do Dops; Poder Judiciário, Justiça Militar, 2ª Auditoria da 2ª Região Militar, Of. n. 868/70, Nelson da Silva Machado Guimarães, São Paulo, 5 de maio de 1970; Deops, Of. 157/70-Deop, Alcides Cintra Bueno Filho, São Paulo, 11 de maio de 1970; Ofício n. 016-1279-Bs, 16º BP, Eduardo Monteiro, 11 de maio de 1970.

73 Ver Paulo Cavalcanti, *A luta clandestina*, cit., p. 260-3.

74 Depoimento de Cláudia Prado a Luiz Bernardo Pericás, 2014.

75 Ver carta da Amnesty International dos Estados Unidos, Riverside Group, escrita por James P. Harrison e Ivan Morris, para o presidente Médici e com cópias para o ministro da Justiça Buzaid, o ministro do Interior coronel José Costa Cavalcanti, o ministro das Relações Exteriores Mario Gibson Barbosa, o ministro da Educação coronel Jarbas Passarinho, o governador de São Paulo, o embaixador Mozart Gurgel Valente, o secretário de Estado William Rogers e o senador William Fulbright, enviada de Riverside Drive, Nova York, 1º de junho de 1970, arquivo pessoal de Susana Prado; carta de Elisabeth Jordan a Caio Graco Prado, Oppenheim, 24 de julho de 1970, arquivo pessoal de Susana Prado; carta de Caio Graco Prado a Elisabeth Jordan, São Paulo, 29 de junho de 1970, arquivo pessoal de Susana Prado; carta de Elisabeth Jordan a Caio Graco Prado, Oppenheim, 14 de junho de 1970, arquivo pessoal de Susana Prado. Ver também carta de Danda Prado a Caio Prado Júnior, Paris, 21 de julho de 1971, acervo de Caio Prado Júnior, IEB/USP, código de referência CPJ-YCP328. Danda enviaria cartas para a *Amnesty International* até o final do processo. Ver, por exemplo, carta de Danda Prado a Caio Prado Júnior, Paris, 21 de julho de 1971, acervo de Caio Prado Júnior, IEB/USP, código de referência CPJ-YCP328.

76 Ver carta de Antonio Expedito Carvalho Perera a Caio Prado Júnior, Tiradentes, 23 de julho de 1970, acervo de Caio Prado Júnior no IEB/USP, código de referência CPJ-CP060.

77 Ver carta apócrifa (provavelmente escrita por Caio Prado Júnior), 12 de agosto de 1970, acervo de Caio Prado Júnior, IEB/USP, código de referência CPJ-CA264.

78 Ver carta de Elias Chaves Neto a Caio Prado Júnior, Rio de Janeiro, 3 de setembro de 1970, acervo de Caio Prado Júnior, IEB/USP, código de referência CPJ-CP-CHA017.

79 Ver carta de Afonso Arinos a Alcides Carneiro, s. l., s. d., acervo de Caio Prado Júnior, IEB/USP, código de referência CPJ-CT-006.

80 Ver carta de Afonso Arinos a Jurandir Mamede, s. l., s. d., acervo de Caio Prado Júnior, IEB/USP, código de referência CPJ-CT-007.

81 Ver "Supremo Tribunal Federal, Recurso ordinário criminal n. 1. 116, São Paulo, Seção de Jurisprudência, Primeira Turma, 20 de agosto de 1971".

82 carta de Elias Chaves Neto a Caio Prado Júnior, Rio de Janeiro, 3 de setembro de 1970, acervo de Caio Prado Júnior, IEB/USP, código de referência CPJ-CP-CHA017.

83 Idem.

84 Ver Dops, 50Z/13/783, de 23 de setembro de 1970.
85 José Luiz Del Roio, que examinou o documento, afirma que "é evidente que é uma iniciativa pessoal e fora de lógica. Envolver os nomes de companheiros presos numa empresa aventureira como esta colocava em perigo suas vidas. Os tupamaros jamais concordariam em uma proposta como esta, pelo menos sem uma intensa discussão direta e possivelmente apenas com representantes do Câmara Ferreira. Além disso a ditadura brasileira não ia se expor somente para salvar a vida de um cônsul nacional" (correspondência de José Luiz Del Roio com Luiz Bernardo Pericás, maio de 2014). João Quartim de Moraes, por sua vez, acredita que o documento era possivelmente "fabricado" pelos órgãos de segurança (correspondência de João Quartim de Moraes com Luiz Bernardo Pericás, maio de 2014). Já Takao Amano afirma: "Quanto à autenticidade dos documentos e seu conteúdo e a existência de alguém usando o nome de guerra de Mauricy das Flores, passo a fazer as seguintes considerações./ Fiz pesquisa junto aos companheiros do Colina de MG e setores da dissidência da Polop em S. Paulo e no Rio de Janeiro, assim como do segundo MR-8 (Dissidência da Guanabara), pois o primeiro MR-8 fora dizimado no norte do Paraná./ Tendo como fonte importante o *Combate nas trevas*, de Jacob Gorender, podemos fazer um organograma das cisões da Polop em MG, GB e RS; fundindo com ex-militares (MNR) dão origem à VPR e posteriormente VAR-Palmares e finalmente em 09/1969 dão origem a duas organizações, VAR-Palmares e VPR./ O Colina existiu como organização independente até 01/07/1969, quando se funde com a VPR (congresso de Mongaguá), dando origem a VAR-Palmares./ No primeiro Congresso da VAR em Teresópolis em 09/1969 ocorre o racha que dá origem à nova VPR (sargento Darcy, Lamarca, Liszt, José Araújo, Herbert, Juares de Brito, Maria do Carmo) e a nova VAR-Palmares (Espinosa, Franklin Araújo etc...). Lamarca se mantém na VPR./ No dia 23/10/1970, assassinato do Toledo./ No dia 07/12/1970, sequestro do embaixador suíço com libertação de 70 presos enviados para o Chile./ Março de 1971, Lamarca se transfere para o MR-8 junto com Iara Iavelberg, sua companheira./ Este é um pequeno histórico do período para situar no tempo os dois documentos em análise (23 de setembro de 1970)./ Os companheiros consultados desconhecem que o Colina tenha uma sucursal na Bolívia e que o MR-8 tenha também intercedido junto aos tupamaros para libertação de companheiros./ Na análise do texto (Colina e MMM) há vários elementos estranhos à nossa metodologia: não se sabe a quem está sendo dirigido. Logo no começo do texto eles 'propõem' (e não o termo exigem) ao governo brasileiro./ Quanto aos tupamaros o termo usado para se dirigir a eles é '*ustedes*' (formal) e não 'companheiros', que é a linguagem da esquerda./ Quem fez o sequestro foram os tupamaros e (Colina e MMM) 'determinamos a eles que *devem cumprir as seguintes condições*'./ Isso demonstra que o Colina e o MR-8 não tinham contato direto com os tupamaros. Quando desejamos que os tupamaros contribuam conosco no caso do cônsul, não o fazemos de forma pública, mediante comunicado nos órgãos de imprensa, e sim mediante contato bilateral e sigiloso. O texto coloca o Lamarca na VAR-Palmares, quando do último racha ele estava na VPR./ No tocante à lista consideramos que havia companheiros mais importantes do Colina e de outras organizações para serem libertados e nunca deixávamos em aberto os nomes na lista tal como no texto em espanhol, por exemplo três presos políticos (estudantes de Curitiba que tenham participado do congresso da UNE etc.../ No item 05 do texto em espanhol consta: dependendo ainda '*da compreensão do governo brasileiro...*'. Nós sempre colocamos no imperativo e não solicitamos a compreensão do governo brasileiro, mas *exigimos*./ *No segundo texto*, informa a existência de uma organização criada pelo Che, o Exército de Libertação Nacional – ELN. Não temos informação segura sobre

essa organização boliviana porque o PC da Bolívia é que ficou de dar apoio logístico ao Che e seu movimento guerrilheiro. E o MR-8, por meio do ELN, pede a atenção dos tupamaros no seguinte [...]/ Curioso é que o MR-8 solicita a intermediação do ELN para solicitar aos tupamaros a libertação de prisioneiros. Por que fazer tal mediação se os companheiros do RS teriam mais facilidade de entrar em contato direto com os tupamaros? Assim como por meio de inúmeros exilados brasileiros em Montevidéu, inclusive o nosso camarada professor Wilson Barbosa do Nascimento, que lá esteve. Veja o absurdo contido no último parágrafo: '*O texto integral deste documento deverá ser lido repetidamente pela Rádio Guaíba de Porto Alegre até que os tupamaros contestem através da agência noticiosa internacional...*'/ O contato com os tupamaros seria através da imprensa?! Os tupamaros iriam indagar se tais documentos são autênticos ou forjados pela Polícia?/ Os contatos com uma organização clandestina tupamaros também deverão obedecer às regras da clandestinidade e não os cogitados pelos documentos./ Todos os 50 prisioneiros iriam para o Chile./ O nome 'Mauricy das Flores' pode estar ligado com o presídio da Ilha das Flores, onde estava presa a maioria dos companheiros da ALN, Colina, os dois MR-8s da Guanabara, do Rio de Janeiro e até de MG./ Por todo o exposto, na minha modesta opinião, não creio na autenticidade dos dois documentos" (depoimento de Takao Amano a Luiz Bernardo Pericás, maio de 2014). Opinião similar tem Paulo Vannuchi. Para ele, "uma das esquisitices é aparecer Colina e VAR simultaneamente, quando o Colina deixou de existir, definitivamente, ao se incorporar à VAR./ A VAR nasceu de uma fusão entre Colina e VPR (Lamarca), mas a VPR voltou a existir poucos meses depois, num racha da VAR em Monguaguá./ O Colina não. Seus quadros permaneceram como VAR e nenhum grupo retomou a sigla anterior à fusão./ Eram raríssimos os exilados na Bolívia./ Além disso, o texto me cheira a *wishful thinking*./ A lista não faz muito sentido. Caio Prado, por exemplo, provavelmente não concordaria em ser incluído numa lista dessas, como não quis permanecer no coletivo de presos políticos do Presídio Tiradentes (onde eu estava) e preferiu ficar sozinho no Batalhão Tobias Aguiar, da PM, do outro lado da avenida Tiradentes./ Idem Hélio Navarro, ex-deputado federal do MDB./ Há outras esquisitices na lista, que deixa de lado importantes quadros dessas duas organizações que estavam presos naquele momento./ Jesse Jane, Colombo, Fernando eram nomes de pouca expressão e mais próximos da ALN (tentativa de sequestro de um Caravelle no Rio, sendo morto Eiraldo, irmão de Fernando)./ Duvidosa igualmente a inclusão dos religiosos dominicanos (Betto, Tito, Ivo e Fernando)./ Idem Luís Raul, quadro da UNE e da AP./ Ou seja, praticamente sem nomes do Colina e do MR-8, em correspondências dessas duas organizações?/ Cheira a coisa de militantes desgarrados ou, pior ainda, esquema de inteligência e contrainteligência" (correspondência de Paulo Vannuchi com Luiz Bernardo Pericás, maio de 2014). Para Wladimir Pomar, contudo, "lendo o texto, eu o acho crível. Coincide realmente com a ação dos tupamaros na ocasião. Mas a negociação pode não ter sido aceita por eles e o documento depois ter caído nas mãos do Cisa e, depois, do Dops. Quanto ao nome Mauricy das Flores está mais para codinome" (correspondência de Wladimir Pomar com Luiz Bernardo Pericás, maio de 2014).

[86] As referências da imprensa na época indicam o nome como "Claude Fly" e "Claude Fry". Aqui utilizamos a forma como consta no documento.

[87] Ver Colina, Comando de Liberación Nacional-Colina del Brasil, Pacto Revolucionario Latinoamericano, Movimiento de Militantes Marxistas, Bolívia, 23 de septiembre de 1970, e reprodução de documento escrito por "Mauricy das Flores", MR-8, Quarta Zona Aérea, Quartel-General, Divisão de Segurança, 8/2/71, 50D, 26, 2667.

⁸⁸ Ver cartas de Danda Prado a Caio Prado Júnior, Paris, 11 de maio de 1971 e 24 de maio de 1971, acervo de Caio Prado Júnior, IEB/USP, códigos de referência CPJ-YCP313 e CPJ-YCP319.

⁸⁹ Danda diria: "O Cogniot, quando levei a tradução de seu artigo, já tinha recebido instruções de aceitá-lo dadas por outro figurão cujo nome não me lembro. Este sabia português, e tinha lido o seu artigo antes. Aliás, seu nome é super conhecido como historiador do Brasil, como filósofo é que é novidade. Minha conversa e as prioridades que você obteve foram em relação ao *momento de publicação*. Como antigo deputado ele deu ao caso uma precedência política, isto é, como representante, mesmo há anos atrás, da entidade que patrocina esta revista, já que como membro inexiste outra confirmação, o artigo sairá no próximo número, também devido à sua situação do momento, compreendendo ele a necessidade e importância da publicação diante de sua futura liberdade de movimentos"; ver carta de Danda Prado a Caio Prado Júnior, Paris, 7 de maio de 1971, acervo de Caio Prado Júnior, IEB/USP, código de referência CPJ-YCP309.

⁹⁰ Ver carta de Danda Prado a Caio Prado Júnior, Paris, 25 de maio de 1971, acervo de Caio Prado Júnior, IEB/USP, código de referência CPJ-YCP320.

⁹¹ De acordo com Danda, "sobre o Althusser, o C. Furtado faz questão de ocupar-se pessoalmente, será publicado no *Société et Politique*, mais ou menos é esse o nome da revista, que ele acha mais indicada para o tema"; ver carta de Danda Prado a Caio Prado Júnior, Paris, 3 de maio de 1971, acervo de Caio Prado Júnior, IEB/USP, código de referência CPJ-YCP343.

⁹² Ver carta de Antonio Reis a Caio Prado Júnior, Lisboa, 21 de novembro de 1972, acervo de Caio Prado Júnior, IEB/USP, código de referência CPJ-CP-REI001. Já o amigo espanhol Marcial Suárez diria: "Lamento ter que confirmar-lhe o que o senhor seguramente já supõe. Refiro--me a que não me foi possível encontrar editor para uma tradução de seu livro Lévi-Strauss e Louis Althusser. Creio que aqui seria de enorme utilidade, pois suponho que o senhor não desconhecerá a grande confusão ideológica que vivemos na Espanha –eurocomunismo etc. –, mas os editores de quem eu poderia esperar uma boa acolhida se encontram comodamente instalados nessa confusão, e, em boa medida, contribuem para criá-la e mantê-la. Assim, pois, tanto no que se refere a seu livro como no que concerne a mudanças de caráter mais geral, não renuncio a seguir tentando possibilidades, em espera – ou, melhor, em busca – de tempos melhores"; ver carta de Marcial Suárez a Caio Prado Júnior, Madri, 26 de abril de 1982, acervo de Caio Prado Júnior, IEB/USP, código de referência CPJ-CP-SUAR002.

⁹³ Ver cartas de Danda Prado a Caio Prado Júnior, Paris, 7 de maio de 1971 e 17 de maio de 1971, acervo de Caio Prado Júnior, IEB/USP, códigos de referência CPJ-YCP309 e CPJ-YCP317.

⁹⁴ Ver carta de Heleno Cláudio Fragoso a Caio Graco Prado, Rio de Janeiro, 4 de julho de 1971, acervo de Caio Prado Júnior, IEB/USP, código de referência CPJ-CP-FRAGO006.

⁹⁵ Ver carta de Heleno Cláudio Fragoso a Caio Prado Júnior, Rio de Janeiro, 21 de julho de 1971, acervo de Caio Prado Júnior, IEB/USP, código de referência CPJ-CP-FRAGO009.

⁹⁶ Idem.

⁹⁷ Ver carta de Heleno Cláudio Fragoso a Caio Prado Júnior, Rio de Janeiro, 26 de julho de 1971, acervo de Caio Prado Júnior, IEB/USP, código de referência CPJ-CP-FRAGO011.

⁹⁸ Ver carta de Antônio Carlos Sigmaringa Seixas a Caio Prado Júnior, Brasília, 25 de agosto de 1971, acervo de Caio Prado Júnior, IEB/USP, código de referência CPJ-CP-SEI001.

[99] Ver carta de Nelson Werneck Sodré a Caio Prado Júnior, Rio de Janeiro, 21 de agosto de 1971, acervo de Caio Prado Júnior, IEB/USP, código de referência CPJ-CP-SOD004.

[100] Ver "Supremo Tribunal Federal, Recurso ordinário criminal n. 1. 116, São Paulo, Seção de Jurisprudência, Primeira Turma, 20 de agosto de 1971".

[101] Idem.

[102] Ver carta de Danda Prado a Caio Prado Júnior, Paris, 11 de maio de 1971, acervo de Caio Prado Júnior, IEB/USP, código de referência CPJ-YCP313.

[103] Ver carta de Paulo Cavalcanti a Caio Prado Júnior, Recife, 27 de agosto de 1971, acervo de Caio Prado Júnior, IEB/USP, código de referência CPJ-CP-CAV001.

[104] Ver Paulo Cavalcanti, *A luta clandestina*, cit., p. 263-4.

[105] Ibidem, p. 264.

[106] Depoimento de Milton Pinheiro a Luiz Bernardo Pericás, janeiro de 2013.

12. Últimos anos

[1] Ver carteira profissional de Caio Prado Júnior, Prot. 04180/7, Ag. Pinheiros, Número de Matr. 2901-09361-56, cancelada a inscrição do segurado em 19 de outubro de 1971, fundamento: aposentadoria, acervo de Caio Prado Júnior, IEB/USP, código de referência CPJ-IC005, e aposentaria por tempo de serviço, data de entrada 1º de outubro de 1971, acervo de Caio Prado Júnior, IEB/USP, código de referência CPJ-IC012.

[2] Ver carta dos editores da *Encyclopaedia Britannica* a Caio Prado Júnior, Rio de Janeiro, 31 de maio de 1971, acervo de Caio Prado Júnior, IEB/USP, código de referência CPJ-CP-BARB001.

[3] Ver carta de Caio Prado Júnior a Chico Barbosa, s. l, 18 de novembro de 1972, acervo de Caio Prado Júnior, IEB/USP, código de referência CPJ-CA023.

[4] Ver carta dos editores da *Encyclopaedia Britannica* a Caio Prado Júnior, Rio de Janeiro, 31 de maio de 1971, acervo de Caio Prado Júnior, IEB/USP, código de referência CPJ-CP-BARB001.

[5] Idem.

[6] Ver carta de Caio Prado Júnior a Maria Odila, s. l., 5 de junho de 1972, acervo de Caio Prado Júnior, IEB/USP, código de referência CPJ-CA062.

[7] Depoimento de Danda Prado a Luiz Bernardo Pericás, 2012.

[8] A lista completa incluía as críticas ao livro *Evolução política do Brasil*, feitas por Antônio Alcântara Machado, *Diário de São Paulo*, 13 out. 1933, e do editorial do *Jornal do Comércio*, Rio de Janeiro, 18 maio 1947, e, ao livro *Formação do Brasil contemporâneo*, as críticas de Hermes Lima, *Diário de Notícias*, Rio de Janeiro, 25 out. 1942, do editorial de *Diretrizes*, Rio de Janeiro, 29 out. 1942, de Ernani da Silva Bruno, *A Noite*, São Paulo, 29 out. 1942, de Sérgio Milliet, *A Noite*, 5 nov. 1942, de Álvaro Lins, *Correio da Manhã*, 21 nov. 1942, do editorial do *Jornal do Comércio*, Rio de Janeiro, 29 nov. 1942, de Afonso Arinos de Mello Franco, *Diário de Notícias*, 27 dez. 1942 e 3 jan. 1942 (além de mais dois que ele não conseguiu localizar), de Eloy Pontes, *O Globo*, Rio de Janeiro, 28 ago. 1943, e de Fernand Braudel, *Annales Économies, Sociétés, Civilisations*, jan.-mar. 1948; ver carta de Caio Prado Júnior a José Roberto do Amaral Lapa, São Paulo, 26 abr. 1972, acervo de Caio Prado Júnior, IEB/USP, código de referência CPJ-CA169.

9   Ver "O proletariado e a política da ditadura", *Voz Operária*, n. 100, junho de 1973, em Celso Frederico (org.), *A esquerda e o movimento operário, 1964-1984: a crise do "milagre brasileiro"* (Belo Horizonte, Oficina de Livros, 1990), v. 2, p. 90.

10 Foram eles: Congresso dos Servidores Públicos do Estado de São Paulo, em abril; I Congresso dos Trabalhadores na Agricultura do Estado de São Paulo, em março; Congresso dos Trabalhadores em Empresas de Petróleo, em julho; III Congresso Nacional dos Trabalhadores em Transportes Rodoviários, em agosto; IV Congresso dos Trabalhadores nas Indústrias Metalúrgicas, Mecânicas e do Material Elétrico do Estado de São Paulo, em agosto; Congresso dos Trabalhadores em Construção Civil, realizado em Pernambuco, em setembro; Congresso dos Trabalhadores na Indústria de Alimentação, também realizado em Pernambuco, em setembro; Congresso Nacional dos Servidores Públicos, em Porto Alegre, em outubro; Congresso dos Jornalistas Profissionais, em outubro; Congresso Nacional dos Servidores Civis, em Brasília, em outubro; Congresso Nacional dos Trabalhadores nas Indústrias Metalúrgicas, Mecânicas e do Material Elétrico, em novembro; e Encontro Regional das Federações de Minas Gerais, Goiás, Rio de Janeiro e Espírito Santo, realizado em Belo Horizonte, também em novembro daquele ano.

11 Ver "Notícias sindicais do Brasil", *ARCH A*, 1. 19(2)-3, Asmob, em Celso Frederico (org.), *A esquerda e o movimento operário, 1964-1984*, cit., v. 2, p. 96-7.

12 Ibidem, p. 97-100.

13 Ver "O proletariado e a política da ditadura", *Voz Operária*, n. 100, jun. 1973, em Celso Frederico (org.), *A esquerda e o movimento operário*, cit., v. 2, p. 91.

14 Ibidem, p. 91-2.

15 Ibidem, p. 92.

16 Ibidem, p. 93.

17 Ver "Greves em São Paulo", *Voz Operária*, n. 118, dez. 1974, em Celso Frederico (org.), *A esquerda e o movimento operário*, cit., v. 2, p. 109.

18 Ver Celso Frederico (org.), *A esquerda e o movimento operário*, cit., p. 144.

19 Ver Francisco Alencar, Lúcia Carpi e Marcus Venício Ribeiro, *História da sociedade brasileira* (Rio de Janeiro, Ao Livro Técnico, 1979), p. 328.

20 Ver carta de Caio Prado Júnior a Fernando Gasparian, São Paulo, 5 de março de 1973, acervo de Caio Prado Júnior, IEB/USP, código de referência CPJ-CA168.

21 Depoimento de Roberta Nioac Prado a Luiz Bernardo Pericás, outubro de 2013. Em seu *História econômica do Brasil*, Caio Prado Júnior diria: "Caso típico deste tivemos com um produto de qualidade medíocre, a famosa *Coca-Cola* norte-americana, que desejando novos mercados, conseguiu através de uma ensurdecedora campanha publicitária, bem como, sejamos justos, uma distribuição perfeita, convencer os consumidores brasileiros a preferirem seu produto às dezenas de similares já existentes no país que não puderam acompanhá-la na propaganda que fez, e passaram por isso a serem considerados piores"; ver Caio Prado Júnior, *História econômica do Brasil*, p. 279.

22 Depoimento de Carla Prado a Luiz Bernardo Pericás, janeiro de 2014.

23 Depoimento de Cláudia Prado a Luiz Bernardo Pericás, 2014.

24 Idem.

²⁵ Depoimento de Graziela Forte a Luiz Bernardo Pericás, julho de 2014.

²⁶ Idem.

²⁷ De acordo com a Caderneta Militar de Caio Prado Júnior, de 1925, ele tinha 1,83 metro. Já seu Prontuário do Deops, de 1935, indicava 1,80 metro. Por sua vez, na carteira profissional do historiador, de 1970, constava que ele tinha 1,85 metro de altura.

²⁸ Depoimentos de Graziela Forte e Carla Prado a Luiz Bernardo Pericás.

²⁹ Depoimento de Zillah Branco a Luiz Bernardo Pericás, novembro de 2014.

³⁰ Ver carta de Zillah Branco a Caio Prado Júnior, Santiago, 7 de agosto de 1973, acervo de Caio Prado Júnior, IEB/USP, código de referência CPJ-CP-BRANC018.

³¹ Ver carta de Zillah Branco a Caio Prado Júnior, Santiago, 1º de setembro de 1973, acervo de Caio Prado Júnior, IEB/USP, código de referência CPJ-CP-BRANC020.

³² Depoimento de Zillah Branco a Luiz Bernardo Pericás, novembro de 2014.

³³ Ver carta de Zillah Branco a Caio Prado Júnior, Santiago, 7 de agosto de 1973, acervo de Caio Prado Júnior, IEB/USP, código de referência CPJ-CP-BRANC018.

³⁴ Ver carta de Zillah Branco a Caio Prado Júnior, Santiago, 2 de julho de 1973, acervo de Caio Prado Júnior, IEB/USP, código de referência CPJ-CP-BRANC015.

³⁵ Idem.

³⁶ Ver carta de Zillah Branco a Caio Prado Júnior, Santiago, 27 de agosto de 1973, acervo de Caio Prado Júnior, IEB/USP, código de referência CPJ-CP-BRANC019.

³⁷ Depoimento de Zillah Branco a Luiz Bernardo Pericás, novembro de 2014.

³⁸ Ver carta de Zillah Branco a Caio Prado Júnior, Santiago, 22 de setembro de 1973, acervo de Caio Prado Júnior, IEB/USP, código de referência CPJ-CP-BRANC021.

³⁹ Ver carta de Caio Prado Júnior a José Bueno Conti, São Paulo, 12 de janeiro de 1974, acervo de Caio Prado Júnior, IEB/USP, código de referência CPJ-CA177.

⁴⁰ Ver Celso Frederico (org.), *A esquerda e o movimento operário*, cit., v. 2, p. 143-6.

⁴¹ Carlos Marighella era originalmente do PCB e, na época do assassinato, era membro da ALN.

⁴² Mário Alves também era originalmente do PCB, mas na época de sua execução era do PCBR.

⁴³ Carlos Lamarca era originalmente do VPR e, na época do justiçamento, do MR-8. Naquele período, um agente da repressão, por incrível que pareça, chegaria a mencionar, num informe, Caio Prado Júnior, a fim de contrapor as ações do líder guerrilheiro. O relatório dizia que "a leitura da longa 'carta quase que um diário', talvez a última escrita por Lamarca, revela, de um lado, a megalomania do homem solitário convencido de que poderia liderar uma 'rebelião' das 'massas camponesas'. Essa pretensão mostra o desconhecimento da experiência de Che Guevara, que, afinal, foi derrotado não só pelos 'rangers', mas sobretudo pelos 'campesinos' bolivianos. O sertanejo baiano, a rigor, é o vitorioso humilde nessa luta contra o terror [...] O escritor marxista Caio Prado Júnior tem criticado e provado o notável desconhecimento pelos comunistas brasileiros das realidades desse País. A carta de Carlos Lamarca à sua companheira é mais uma evidência dessa alienação"; ver "Reservado", set. 71, CI-SI, 9. 10, 20C/43/3530.

⁴⁴ Ver convite do Congresso Latino-Americano de Historiadores a Caio Prado Júnior, s. l., julho de 1974, acervo de Caio Prado Júnior, IEB/USP, código de referência CPJ-CP-CLAH001.

45 Os brasileiros convidados foram Adalgisa Maria Vieira do Rosário, do Departamento de Filosofia e História da UnB, Janice Theodoro da Silva e Carlos Guilherme Mota, do Setor de Documentação da USP, Caio Prado Júnior, pela USP, E. S. de Paula, da *Revista de História*, José Roberto do Amaral Lapa, da Uncamp, e Theotônio dos Santos, do Instituto de Investigaciones Económicas do México; ver carta de Andrea Sánchez Quintanar e Federico Bolaños a Caio Prado Júnior, s. l., s. d., acervo de Caio Prado Júnior, IEB/USP, código de referência CPJ-CP-UNAM005.

46 Ver carta de Isabel Wing Ching a Caio Prado Júnior, San José, 8 de janeiro de 1974, acervo de Caio Prado Júnior, IEB/USP, código de referência CPJ-CP-CLAS001.

47 Ver cartas de Takao Miyagui a Caio Prado Júnior, São Paulo, 26 de novembro de 1974, acervo de Caio Prado Júnior, IEB/USP, códigos de referência CPJ-CP-UHJ002 e CPJ-CP-UHJ003.

48 Ver carta de Warren Dean a Caio Prado Júnior, Miami, [1974?], acervo de Caio Prado Júnior, IEB/USP, código de referência CPJ-CP-FIU001.

49 Ver carta de Antonio do Rego Monteiro Rocha a Caio Prado Júnior, Curitiba, 8 de outubro de 1975, acervo de Caio Prado Júnior, IEB/USP, código de referência CPJ-CP-PUCPR001. Depois de sua palestra, CPJ ainda enviaria a Antonio do Rego Monteiro Rocha *O estruturalismo de Lévi-Strauss/O marxismo de Louis Althusser* e "História quantitativa e método na historiografia", que causariam "entusiasmo" e "alegria" no correspondente do historiador paulista; ver carta de Antonio do Rego Monteiro Rocha a Caio Prado Júnior, Curitiba, 30 de outubro de 1975, acervo de Caio Prado Júnior, IEB/USP, código de referência CPJ-CP073.

50 Ver carta de Frances Rocha a Caio Prado Júnior, São Paulo, 7 de outubro de 1975, acervo de Caio Prado Júnior, IEB/USP, código de referência CPJ-CP-PUCSP001.

51 Ver carta de Sérgio Uliano e Tânia Leal a Caio Prado Júnior, Florianópolis, 18 de setembro de 1975, acervo de Caio Prado Júnior, IEB/USP, código de referência CPJ-CP-UDESC001.

52 Ver carta de Ángel Rama a Caio Prado Júnior, Caracas, 21 de agosto de 1975, acervo de Caio Prado Júnior, IEB/USP, código de referência CPJ-CP-BAYA001.

53 Ver carta de Elias Chaves Neto a Caio Prado Júnior, Rio de Janeiro, 19 de novembro de 1975, acervo de Caio Prado Júnior, IEB/USP, código de referência CPJ-CP-CHA016.

54 Ver "Caio Prado não pode ir à Venezuela", *Jornal do Brasil*, Rio de Janeiro, 19 nov. 1975.

55 Ver Curriculum Vitae de Caio Prado Júnior, acervo de Caio Prado Júnior, IEB/USP, código de referência CPJ-IC018.

56 Ver Paola Andreoni, "O rei Midas da Editora Brasiliense", *Interview*, n. 94, 1986.

57 Ver "O Indiana Jones da cultura brasileira", *O Estado de S. Paulo*, 8 jun. 1988, Caderno 2.

58 Depoimento de João Prado a Luiz Bernardo Pericás, julho de 2015. O próprio Klink diria algo nesse sentido; ver Amyr Klink, *Linha d'água: entre estaleiros e homens do mar* (São Paulo, Companhia das Letras, 2006), p. 39-40.

59 Ver carta de Maria Regina C. R. Simões de Paula a Caio Prado Júnior, acervo de Caio Prado Júnior, IEB/USP, código de referência CPJ-CP-USPFFLCH006, e carta de Caio Prado Júnior ao senador Marcos Freire, São, Paulo, 20 de junho de 1975, acervo de Caio Prado Júnior, IEB/USP, código de referência CPJ-CA183.

60 Ver carta de Caio Prado Júnior ao senador Marcos Freire, São Paulo, 20 de junho de 1975, acervo de Caio Prado Júnior, IEB/USP, código de referência CPJ-CA183.

61 Idem.

62 Entre os amigos que receberam Almino Affonso, em 31 de agosto de 1976, estavam Airton Soares, Fernando Henrique Cardoso, Cid Vieira, Fernando Gasparian, Adib Jatene, Mário Sérgio Duarte Garcia, Carmo Domingos Jatene, José Gregori, Francisco Weffort e Plínio de Arruda Sampaio.

63 Programa da Associação dos Universitários para a Pesquisa em História do Brasil, de 9 de outubro a 20 de novembro de 1976.

64 Ver Bibliothéque Sainte-Geneviève, acervo de Caio Prado Júnior, IEB/USP, código de referência CPJ-IC019.

65 Outros convidados a dar os cursos seriam Carlos Martins, Ricardo Bueno, Luiz Alfredo Galvão e Alberto Goldman; ver Secretaria de Estado dos Negócios da Segurança Pública, Polícia Civil de São Paulo, Deops, Dops, Divisão de Informações, São Paulo, 16 de fevereiro de 1977.

66 Ver carta da Editorial Grijalbo a Caio Prado Júnior, São Paulo, 1º de março de 1977, acervo de Caio Prado Júnior, IEB/USP, código de referência CPJ-CP-EGRI001.

67 Ver RPI n. 09/77, do II Exército, 50Z/8/2190, 1977.

68 Idem.

69 Depoimento de Eduardo Suplicy a Luiz Bernardo Pericás, dezembro de 2014. Suplicy acredita que Caio Graco estava presente à reunião, ainda que seu nome não tenha sido citado no relatório do II Exército.

70 Ver carta de Hermes Lima a Caio Prado Júnior, Rio de Janeiro, 26 set. 1977, acervo de Caio Prado Júnior, IEB/USP, código de referência CPJ-CP-LIM039.

71 Ver carta de José Gomes da Silva a Caio Prado Júnior, Campinas, 5 de outubro de 1977, acervo de Caio Prado Júnior, IEB/USP, código de referência CPJ-CP-ABRA001.

72 Ver "Estrutura agrária em debate agronômico", *Correio Popular*, 23 set. 1977.

73 Idem.

74 Ver "Seminário sobre a estrutura agrária", *Diário do Povo*, 23 set. 1977.

75 Ver "Seminário sobre a estrutura agrária", *Diário do Povo*, 23 set. 1977.

76 Ver "70 dos alimentos do país", *Diário do Povo*, 23 set. 1977.

77 Ver carta de Ruy Miller Paiva a Caio Prado Júnior, s. l., janeiro de 1946, acervo de Caio Prado Júnior, IEB/USP, código de referência CPJ-RO-147.

78 Ver carta de Ruy Miller Paiva a Caio Prado Júnior, s. l., janeiro de 1946, acervo de Caio Prado Júnior, IEB/USP, código de referência CPJ-RO-147.

79 Idem.

80 Ver "Reforma agrária é tema central de seminário", *Correio Popular*, 24 set. 1977.

81 Idem.

82 Idem.

83 Idem.

84 Ver idem e "Assistência técnica à agricultura", *Diário do Povo*, 24 set. 1977.

85 Ver carta de Luís Carlos Guedes Pinto a Caio Prado Júnior, Brasília, Brasília, 26 de novembro de 1977, acervo de Caio Prado Júnior, IEB/USP, código de referência CPJ-CP-ABRA008.

86 Ver passaporte de Caio Prado Júnior, número CA100325, expedição 21 de maio de 1976, acervo de Caio Prado Júnior, IEB/USP, código de referência CPJ-IC006.

87 Ver Jacob Gorender, *Combate nas trevas*, cit., p. 233.

88 Depoimentos de Jacob Gorender e Maria Cecília Naclério Homem a Luiz Bernardo Pericás, respectivamente em 2012 e 2013.

89 Ver Fred Melo Paiva, "Você também está atrás das grades", *O Estado de S. Paulo*, Caderno Aliás, domingo, 9 dez. 2007, p. J4.

90 Idem.

91 Idem.

92 Ver entrevista de Caio Prado Júnior, "É preciso deixar o povo falar", *O Estado de S. Paulo*, 11 jun. 1978, disponível em: <http://acervo.estadao.com.br/pagina/#!/19780611-31668-nac-0014-999-14-not>; ver Caio Prado Júnior, "Que país é este?", *Folha de S.Paulo*, São Paulo, 21 maio 1978, disponível em: <almanaque.folha.uol.com.br/entcaioprado.htm>.

93 Idem.

94 Ver Francisco Alencar, Lúcia Carpi e Marcus Venício Ribeiro, *História da sociedade brasileira*, cit., p. 330.

95 Ver "Os destaques de hoje", *O Estado de S. Paulo*, 13 jul. 1978, p. 21.

96 Ver Dops, Apreciação especial, 30ª Reunião Anual da SBPC, 50Z/0/14.975, 5/1/1979. Em 22 de dezembro de 1978, os "bacharéis da turma de 1928", da qual fazia parte Caio Prado Júnior, comemorariam cinquenta anos de formatura com uma missa de ação de graças na igreja de São Francisco, contígua à Academia de Direito; ver "Bacharéis em direito de 1928", *O Estado de S. Paulo*, 12 dez. 1978, p. 35.

97 Também assinavam o manifesto de fundação do Centro Brasil Democrático Oscar Niemeyer, Ênio Silveira, Sérgio Buarque de Holanda, Alberto Dines, Alberto Passos Guimarães, Alceu Amoroso Lima, Aldo Lins e Silva, Antonio Callado, Antonio Candido, Antônio Houaiss, Audálio Dantas, Chico Buarque, Cláudio Abramo, Dalmo Dallari, Darcy Ribeiro, Dias Gomes, Edmundo Moniz, Fernando Henrique Cardoso, Fernando Moraes, Francisco de Oliveira, Franklin de Oliveira, Hélio Bicudo, João Antonio, João Saldanha, Joaquim Pedro de Andrade, José Honório Rodrigues, Luiz Carlos Bresser-Pereira, Luiz Pinguelli Rosa, Maria Isaura Pereira de Queiroz, Mário Lago, Mário Pedrosa, Mário Schenberg, Moacyr Werneck de Castro, Osny Duarte Pereira, Plínio Marcos, Roland Corbisier, Rômulo Almeida, Ruth Escobar, Sérgio Cabral, Thiago de Mello, Zelito Viana, Ziraldo e Zuenir Ventura, entre muitos outros.

98 O I Congresso Nacional pela Anistia foi realizado no Tuca, no anexo Tuquinha e no Instituto Sedes Sapientiae, todos em São Paulo, entre 2 e 5 de novembro de 1978. Foi patrocinado pelo Comitê Brasileiro pela Anistia e Movimento Feminino pela Anistia, contando com o apoio da OAB, CNBB, Comissão Justiça e Paz da Arquidiocese de São Paulo, MDB, ABI, Instituto dos Arquitetos do Brasil, Comissão Pró-UNE e Comando Geral da Greve dos Metalúrgicos de São Paulo.

99 Correspondência de Florestan Fernandes Júnior a Luiz Bernardo Pericás, junho de 2013.

[100] Ver Secretaria de Estado dos Negócios da Segurança Pública, Polícia Civil de São Paulo, Divisão de Informações, SE/Dops, São Paulo, 24 de janeiro de 1979.

[101] Ver carta de Caio Prado Júnior a Miguel Arraes de Alencar, São Paulo, 29 de agosto de 1979, acervo de Caio Prado Júnior, IEB/USP, código de referência CPJ-CA094. Miguel Arraes responderia ao amigo em outra missiva, agradecendo a deferência do colega; ver carta de Miguel Arraes de Alencar a Caio Prado Júnior, Recife, 7 de outubro de 1979, acervo de Caio Prado Júnior, IEB/USP, código de referência CPJ-CP-ALENCAR001.

[102] Ver Secretaria de Estado dos Negócios da Segurança Pública, Polícia Civil de São Paulo, Divisão de Informações, SE/Dops, São Paulo, 28 de junho de 1979, RE/251-79, Assunto: Movimento estudantil na Faculdade de Direito da USP.

[103] Ver carta de Carlos Régis Leme Gonçalves a Caio Prado Júnior, São Paulo, 20 de abril de 1980, acervo de Caio Prado Júnior, IEB/USP, código de referência CPJ-CP-IVAR001.

[104] O livro seria publicado em 1982; ver Francisco Iglésias (org.), *Caio Prado Júnior*, cit.

[105] Ver cartas de Francisco Iglésias a Caio Prado Júnior, Belo Horizonte, 19 de fevereiro de 1980 e 3 de abril de 1980, acervo de Caio Prado Júnior, IEB/USP, códigos de referência CPJ-CP--IGL007 e CPJ-CP-IGL005.

[106] Ver carta da direção da revista *Temas de Ciências Humanas* a Caio Prado Júnior, São Paulo, 16 de setembro de 1980, acervo de Caio Prado Júnior, IEB/USP, código de referência CPJ-CP--LECH001. De acordo com Marcos Del Roio, a revista *Temas* teve quatro números em 1980, dos quais o último foi o número 10, sem que fosse publicado qualquer dossiê sobre a história do PCB ou texto de Caio Prado Júnior. Marcos Del Roio lembra de ter traduzido um artigo de Poulantzas que deveria sair no número seguinte, em 1981, mas nunca foi publicado. Correspondência de Marcos Del Roio com Luiz Bernardo Pericás, abril de 2013. Anita Leocádia Prestes, cujo nome foi citado na carta como possível colaboradora daquele dossiê da revista, não se recorda do convite nem da edição em questão. Correspondência de Anita Leocádia Prestes com Luiz Bernardo Pericás, abril de 2013.

[107] Ver carta da *Revista de Economia Política* a Caio Prado Júnior, São Paulo, 19 de dezembro de 1980, acervo de Caio Prado Júnior, IEB/USP, código de referência CPJ-CP-REP001.

[108] Ver carta de José Celio Manso Vieira a Caio Prado Júnior, São Paulo, 8 de novembro de 1982, acervo de Caio Prado Júnior, IEB/USP, código de referência CPJ-CP-OAB001.

[109] Ver documento do Poder Judiciário, processos n. 1.511/82, 1.129/82 e 642/83, 8ª Vara da Família e das Sucessões, acervo pessoal de Carlos Guilherme Mota.

[110] Secretaria da Segurança Pública, Polícia Civil de São Paulo, Deops, Divisão de Informações, Relatório, 20c/44/20.411, São Paulo, 27 de outubro de 1981.

[111] Ver convite do PCB a Caio Prado Júnior, São Paulo, novembro de 1981, acervo de Caio Prado Júnior, IEB/USP, código de referência CPJ-CP-PCB001.

[112] Ver carta de Fernando Morais a Caio Prado Júnior, São Paulo, março de 1983, acervo de Caio Prado Júnior, IEB/USP, código de referência CPJ-CP-ALESP003. Foram muitos os que apoiaram publicamente Fernando Morais, desde 1978, entre os quais Antonio Callado, Antonio Candido, Audálio Dantas, Augusto Boal, Bolívar Lamounier, Boris Schnaiderman, Carlos Guilherme Mota, Chico Buarque, Darcy Ribeiro, Elifas Andreato, Ênio Silveira, Ferreira Gullar, Florestan Fernandes, Gianfrancesco Guarnieri, Henfil, Ignácio de Loyola, João

Antonio, João Belline Burza, Juca Kfouri, Lígia Fagundes Telles, Modesto Carone, Perseu Abramo, Pedro Simon, Rodolfo Konder, Roniwalter Jatobá, Ruth Escobar, Sérgio Buarque de Holanda, Sérgio Cabral, Thiago de Mello, Wolfgang Leo Maar, Ziraldo, Zuenir Ventura.

[113] Depoimento de Paulo Barsotti a Luiz Bernardo Pericás, maio de 2013; correspondência de Antonio Rago com Luiz Bernardo Pericás, junho de 2012.

[114] Correspondência de Ricardo Antunes com Luiz Bernardo Pericás, 2013.

[115] Depoimento de Antonio Rago a Luiz Bernardo Pericás, outubro de 2013.

[116] Ver Maria Célia Wider, *Caio Prado Jr., um intelectual irresistível*, cit., p. 107.

[117] Ver carta de Giocondo Dias a Caio Prado Júnior, São Paulo, 30 de agosto de 1983, acervo de Caio Prado Júnior, IEB/USP, código de referência CPJ-CP-DIA002.

[118] Ver "Editor petista sonha com crescimento do mercado", *O Globo*, 11 dez. 1988, p. 12.

[119] Ver Ruy Castro, "Amarelo, meu amor", *Folha de S.Paulo*, 10 abr. 1984, p. 27.

[120] Ver documento do Poder Judiciário, processos n. 1.511/82, 1.129/82 e 642/83, 8ª Vara da Família e das Sucessões, acervo pessoal de Carlos Guilherme Mota.

[121] Idem.

[122] Ver Mário Sérgio Conti, "Caio Graco, o editor de idéias jovens", *Veja São Paulo*, 1986; e "Caio Graco Prado: o editor de sucessos", *Exame/VIP*, 29 out. 1986.

[123] Ver "Caio Graco Prado, director de la Editora Brasiliense, editor del libro Fidel y la religión", *Casa de las Américas*, Havana, 19 fev. 1986; e Frei Betto, *Fidel e a religião* (São Paulo, Brasiliense, 1985), p. 20-1.

[124] Ver José Nêumanne Pinto, "Brasiliense abrirá 100 livrarias em 86", *Jornal do Brasil*, 17 maio 1986, p. 17.

[125] "USP presta homenagem ao historiador Caio Prado Jr.", *Folha de S.Paulo*, 2 mar. 1984, p. 23.

[126] Ver "Comunistas divididos até na festa", *O Estado de S. Paulo*, 26 mar. 1986, p. 5.

[127] A jornada seria organizada por Célia A. F. Tolentino, Claude Lépine, Eloísa Faria Sacarabôtolo, Geraldo E. Balestriero, Maria Angela D'Incao, Maria Valéria B. Veríssimo, Paulo de Salles Oliveira, Sebastião J. Chammé, Teresinha D'Aquino Ricci, Tullo Vigevani e Yoshico T. Mott; ver Maria Angela D'Incao (org.), *História e ideal*, cit., p. 11.

[128] Ver "Caio Prado Júnior morre aos 83 anos", *O Estado de S. Paulo*, sábado, 24 nov. 1990, p. 20.

Conclusão

[1] Um texto de Antonio Candido sobre Florestan Fernandes ilustra bem essa discussão. Ao se questionar se Florestan era um eclético, Candido responderia que não. Para ele, "vendo as coisas de hoje percebe-se que estava explorando como socialista linhas teóricas de maneira por assim dizer paralela, acabando por extrair da sua interação uma visão coerente e flexível. Assim foi que ao cabo de certo número de anos o seu paralelismo teórico chegou ao que se poderia chamar de marxismo enriquecido, que foi a sua fórmula pessoal. Marx também explorou diferentes linhas, por vezes potencialmente conflitantes, como a economia liberal, inclusive a teoria de Ricardo, o radicalismo democrático francês, o materialismo filosófico alemão, e nem por isso

foi eclético"; ver Antonio Candido, "Florestan Fernandes marxista", em Osvaldo Coggiola (org.), *Marx e Engels na história* (São Paulo, Xamã, 1996), p. 249.

2   Basta recordar o que Caio Prado Júnior diria, por exemplo, em seu livro *A revolução brasileira*, publicado em 1966. Para ele, "no Brasil, talvez mais que em qualquer outro lugar (porque o mesmo mal também existiu e ainda existe em outras partes), a teoria marxista da revolução, na qual direta ou indiretamente, deliberada ou inadvertidamente se inspira todo o pensamento brasileiro de esquerda, e que forneceu mesmo os lineamentos gerais de todas as reformas econômicas fundamentais propostas no Brasil, a teoria marxista da revolução se elaborou sob o signo de abstrações, isto é, de conceitos formados *a priori* e sem consideração adequada dos fatos; procurando-se posteriormente, e somente assim – o que é mais grave –, encaixar nesses conceitos a realidade concreta. Ou melhor, adaptando-se aos conceitos aprioristicamente estabelecidos e de maneira mais ou menos forçada, os fatos reais. Derivou daí um esquema teórico planando em boa parte na irrealidade, e em que as circunstâncias verdadeiras da nossa economia e estrutura social e política aparecem com frequência grosseiramente deformadas"; ver Caio Prado Júnior, *A revolução brasileira*, cit., p. 29.

3   Ver Maria Célia Wider, *Caio Prado Jr., um intelectual irresistível*, cit., p. 95.

4   Ver Leôncio Basbaum, *Uma vida em seis tempos*, cit., p. 221. Leôncio Basbaum diria em carta: "Mas o que quero frisar é outro aspecto da questão. Desde que vim para São Paulo, há quatro anos, tenho sido procurado por inúmeros camaradas, alguns mesmo com bastante responsabilidade e ligados à direção. Também camaradas daqui me têm procurado, de todos os setores desde Comitês de Zona até dirigentes estaduais. Mas nunca recebi uma visita que não fosse para me pedir dinheiro. Jamais cogitaram de que houvesse questões que pareciam obscuras ou erradas, jamais solicitaram minha cooperação para qualquer atividade de caráter político, jamais se preocuparam em me proporcionar uma oportunidade para colaborar ou melhor ajudar o partido (a não ser nesses três ou quatro meses, em tarefas que não chegaram a se concretizar). Todas as vezes em que fui procurado foi somente para dar dinheiro"; ver Hersch Basbaum, *Cartas ao Comitê Central*, cit., p. 167-8. Muitos daqueles encontros, que não tinham periodicidade definida, ocorriam na casa de Paulo Alves Pinto em Santo Amaro e, em geral, duravam das 20h00 à meia-noite ou até mais tarde. Depoimento de Paulo Alves Pinto a Luiz Bernardo Pericás, novembro de 2013.

5   Depoimento de Danda Prado a Luiz Bernardo Pericás.

6   Idem.

7   Depoimento de Danda Prado a Luiz Bernardo Pericás, março de 2011.

8   Secretaria da Segurança Pública, Dops, Serviço Secreto, São Paulo, 5 de maio de 1970. Em 1962, por exemplo, além de CPJ, outros que também davam grandes contribuições financeiras ao partido eram Helena Silveira, Elias Chaves Neto, David Rosenberg e João Belline Burza.

9   Agildo Barata diria que "durante um certo período eu fora designado para trabalhar como membro efetivo da Comissão Nacional de Finanças que tinha como dirigente, nas funções de tesoureiro, o camarada 'dr. Sousa'. Este camarada, porém, caiu na desafeição do *soit-disant núcleo dirigente* e foi afastado, ao mesmo tempo que me nomearam para o cargo de tesoureiro, sem dúvida, uma das mais trabalhosas e árduas funções do partido. As necessidades financeiras [a partir de 1945] eram muito grandes, acrescidas pela prática de uma exagerada e desnecessária clandestinidade a que voluntariamente se entregavam os membros do *núcleo dirigente* [...].

Inicialmente, o dr. Sousa organizou os chamados 'grupos de amigos do CC', constituídos de contribuintes permanentes e mensais. Esses 'círculos de amigos' funcionavam no Rio e em S. Paulo e foram gradativamente se consolidando à base de reuniões permanentes nas quais se expunha a razão do trabalho e a necessidade de realizá-lo. Nossa convicção sobre a necessidade e essa justeza era muito grande e isto aumentava nossa eficiência, tendo a Comissão de Finanças, já então sob a minha direção pessoal, conseguido um nível médio de arrecadação, jamais alcançado, de alguns milhões de cruzeiros mensais que constituíam o necessário e o bastante para suprir, com largueza, as necessidades de funcionamento, segurança e manutenção do CC, inclusive seus jornais e publicações (com os apertos a que já aludi)"; ver Agildo Barata, *Vida de um revolucionário: memórias* (2. ed., São Paulo, Alfa-Omega, 1978), p. 350-1.

[10] Dops, 50-D-5-222-A, São Paulo, 19 de maio de 1958.

[11] Ver carta de Murilo Mello a Caio Prado Júnior, São Paulo, 12 de maio de 1960, acervo de Caio Prado Júnior, IEB/USP, código de referência CPJ-CP-CSAPA001.

[12] Idem.

[13] Ver carta de Aziz Nacib Ab'Saber e Nelson de la Corte a Caio Prado Júnior, São Paulo, 5 de maio de 1962, acervo de Caio Prado Júnior, IEB/USP, código de referência CPJ-CP-AGB003.

[14] Ver carta de um amigo a Caio Prado Júnior, Santiago, 11 de outubro de 1969, acervo de Caio Prado Júnior, IEB/USP, código de referência CPJ-CP059.

[15] Ver carta de Miguel Reale a Caio Prado Júnior, São Paulo, 10 de fevereiro de 1981, acervo de Caio Prado Júnior, IEB/USP, código de referência CPJ-CP-IBF005.

[16] Depoimentos de Jacob Gorender e Maria Cecília Naclério Homem a Luiz Bernardo Pericás, ambos em março de 2011.

[17] Para mais informações sobre a militância de Caio Prado Júnior no PCB, ver Jacob Gorender, "Do pecado original ao desastre de 1964", em Maria Angela D'Incao (org.), *História e ideal*, cit., p. 259-69.

[18] Ver, por exemplo, carta de Caio Prado Júnior ao Sindicato dos Ferroviários de Campinas, São Paulo, 15 de abril de 1944, acervo de Caio Prado Júnior, IEB/USP, código de referência CPJ--CA025; carta de Caio Prado Júnior a Teodoro Alves Lamounier, São Paulo, 16 de setembro de 1959, acervo de Caio Prado Júnior, IEB/USP, código de referência CPJ-CA055; carta de Benedicto de Campos (presidente do Departamento. de Sociologia do Centro de Ciências, Letras e Artes de Campinas) a Caio Prado Júnior, Campinas, 5 de dezembro de 1963, acervo de Caio Prado Júnior, IEB/USP, código de referência CPJ-CP-CCLA003; carta de Caio Prado Júnior a Benedicto de Campos, São Paulo, 12 de dezembro de 1963, acervo de Caio Prado Júnior, IEB/USP, código de referência CPJ-CA136; e carta de Caio Prado Júnior a Boanerges A. Tocoloni, do Centro de Estudos de Filosofia da UCP (Curitiba), São Paulo, 7 de fevereiro de 1968, acervo de Caio Prado Júnior, IEB/USP, código de referência CPJ-CA033; e carta de Benedito Zacarias da Silva (presidente do Centro de Estudos Mato-Grossense da Associação Mato-Grossense de Estudantes) a Caio Prado Júnior, Rio de Janeiro, 21 de abril de 1968, acervo de Caio Prado Júnior, IEB/USP, código de referência CPJ-CP-AME001.

[19] Depoimento de Maria Cecília Naclério Homem a Luiz Bernardo Pericás, março de 2011.

[20] A matéria dizia: "Rio, 30 ('Estado') – O Estado-Maior das Forças Armadas lançou o seguinte manifesto: 'Desde muito que o comunismo se esforça por destruir as bases da nossa socie-

dade civil. Os seus adeptos espalhados pelo mundo penetrando todos os setores da sociedade fizeram um contrato infame: apagar o nome de Deus dos corações; Destruir os seus templos; Escravizar o homem; Prostituir a família; Arrancar os marcos das fronteiras das nacionalidades; Tirar o direito de legítima propriedade. Os comunistas, pois, mancham a natureza humana; desprezam o poder; a autoridade legítima: blasfemam da Majestade de Deus, de sua Divina Vontade que tudo ordenou sabiamente estabelecido pelas leis divinas e humanas para segurança e honra da vida. Contra tudo isto é que, nesta hora, as Forças Armadas atuam para impedir a marcha dos novos bárbaros infiltrados nos setores da vida política do Brasil. Guerra, Marinha e Aeronáutica e Forças Auxiliares estão na linha do espírito contra o materialismo, pois no mundo se trava a batalha gigantesca da liberdade contra a escravidão, a guerra das nações livres contra o totalitarismo comunista que quer fazer dos povos um rebanho de escravos"; ver carta anônima a Caio Prado Júnior, s. l., 6 de setembro de 1961, acervo de Caio Prado Júnior, IEB/USP, código de referência CPJ-CP114.

[21] Ver carta anônima a Caio Prado Júnior, s. l., 1961, acervo de Caio Prado Júnior, IEB/USP, código de referência CPJ-CP113.

[22] Ver carta de autor desconhecido a Caio Prado Júnior, São Paulo, 26 de agosto de 1966, acervo de Caio Prado Júnior, IEB/USP, código de referência CPJ-CP044.

[23] Ver texto anexado à carta de autor desconhecido a Caio Prado Júnior, Pequim, 3 de agosto de 1966, acervo de Caio Prado Júnior, IEB/USP, código de referência CPJ-CP045.

[24] Ver carta de Caio Prado Júnior ao diretor do jornal *O Estado de S. Paulo*, 14 abr. 1962, acervo de Caio Prado Júnior, IEB/USP, código de referência CPJ-CA019. As discordâncias com *O Estado de S. Paulo* aparentemente eram recorrentes. Em 1976, ele pediria (e conseguiria) que uma carta sua fosse publicada, contestando as informações de uma matéria do jornal. Dizia: "*O Estado de S. Paulo*, em sua edição de 10 do corrente, publicou um capítulo do próximo livro do sr. Helio Silva, onde se afirma que eu teria apoiado a candidatura do brigadeiro Eduardo Gomes a presidente da República em 1945. A informação não é exata. Não apoiei essa candidatura em nenhum momento, e tampouco sei de comunistas que tenham tido tal atitude". A carta foi publicada na edição de 17 de outubro de 1976; ver carta de Caio Prado Júnior ao redator do jornal *O Estado de S. Paulo*, 11 out. 1976, acervo de Caio Prado Júnior, IEB/USP, código de referência CPJ-CA187.

[25] Isso pode ser comprovado em diversas cartas enviadas por Nelson Werneck Sodré a Prado Júnior. Ele muitas vezes se referia como "seu amigo e admirador"; ver, por exemplo, cartas de Nelson Werneck Sodré a Caio Prado Júnior, Rio de Janeiro, 5 de janeiro de 1961, 4 de janeiro de 1971, 21 de agosto de 1971 e 31 de março de 1972, acervo de Caio Prado Júnior, IEB/USP, códigos de referência CPJ-CP-SOD002, CPJ-CP-SOD003, CPJ-CP-SOD004 e CPJ-CP-SOD005; ver também as várias referências elogiosas no livro de Nelson Werneck Sodré, *Memórias de um escritor* (Rio de Janeiro, Civilização Brasileira, 1970).

[26] Ver Nelson Werneck Sodré, *História da burguesia brasileira* (3. ed., Rio de Janeiro, Civilização Brasileira, 1976).

[27] Idem, *Formação histórica do Brasil* (São Paulo, Brasiliense, 1962).

[28] De acordo com Paulo Ribeiro da Cunha, em correspondência com Luiz Bernardo Pericás, dezembro de 2012.

29 Os trabalhos citados eram *Evolução política do Brasil*, *Introdução a O Tamoio* e *Formação do Brasil contemporâneo*; ver Nelson Werneck Sodré, *História da literatura brasileira* (5. ed., Rio de Janeiro, Civilização Brasileira, 1969), p. 549.

30 Ver Nelson Werneck Sodré, *O que se deve ler para conhecer o Brasil* (5. ed., Rio de Janeiro, Civilização Brasileira, 1976), p. 216.

31 Idem, *História e materialismo histórico no Brasil* (São Paulo, Global, 1985), p. 114.

32 Idem, *O que se deve ler para conhecer o Brasil*, cit., p. 216.

33 Ver Moisés Vinhas, "Problemas agrário-camponeses do Brasil: 1968", em João Pedro Stedile (org.), *A questão agrária no Brasil*, cit., p. 131.

34 Ibidem, p. 115-6.

35 Ibidem, p. 116.

36 Ver "*Revisão* entrevista Caio Prado Júnior", cit., p. 13-4.

37 Ver carta de Wladimir Murtinho a Caio Prado Júnior, Rio de Janeiro, setembro de 1961, acervo de Caio Prado Júnior, IEB/USP, código de referência CPJ-CP-MINRE002.

38 Clóvis Moura escreveria a Caio Prado Júnior para expor alguns problemas intelectuais "de jovem provinciano isolado na vastidão deste sertão imenso, onde respingos da civilização chegam muito raramente e com um atraso pasmoso". Ele estava desiludido com alguns "intelectuais" graúdos do Sul, que se isolavam na "torre de marfim", gente como Carlos Drummond de Andrade, por seu pessimismo, e o "sociólogo" Emilio Willems, que disse que o marxismo era "uma corrente de opinião passada". Mas havia lido um artigo de CPJ sobre Monteiro Lobato na *Fundamentos* e viu que ele era um intelectual sem aspas. Ou seja, "um intelectual, simplesmente". Quando soube que ele era militante de "nosso glorioso partido", decidiu escrever para ele (ainda que tivesse enviado cartas a outros intelectuais militantes do PCB e não obtivesse resposta). Como em sua cidade era difícil conseguir livros, já que lá não chegavam as modernas obras de interpretação, como as de Nelson Werneck Sodré, Edison Carneiro, CPJ e Astrojildo Pereira, nem sequer clássicos como *O capital*, pedia que CPJ lhe mandasse livros e um "roteiro" para ele se guiar; ver carta de Clóvis Moura a Caio Prado Júnior, Juazeiro (Bahia), 19 de fevereiro de 1949, acervo de Caio Prado Júnior, IEB/USP, código de referência CPJ-CP-MOURA001.

39 Em carta de 1971, Carlos Nelson Coutinho diria: "Não sei se o sr. ainda se recorda do meu nome: há cerca de dez anos costumava enviar-lhe de Salvador, onde então residia, alguns medíocres artigos históricos e filosóficos que o sr. tinha a extrema gentileza de ler e criticar. Muito tempo se passou desde então e, infelizmente para mim, aquele estimulante contato se perdeu"; ver carta de Carlos Nelson Coutinho a Caio Prado Júnior, Rio de Janeiro, 5 de novembro de 1971, acervo de Caio Prado Júnior, IEB/USP, código de referência CPJ-CP-COU005.

40 O jovem Chacon diria: "Escreve-lhe aqui o estudante de Direito que lhe foi apresentado pelo prof. Pinto Ferreira na Faculdade de Direito do Recife e que estava aguardando a impressão de uma tese acerca do marxismo. Ela está agora pronta. Envio um exemplar agora. É trabalho de principiante, de moço de vinte anos". Continuaria: "Importunei bastante o sr. no Hotel Guararapes a fazer-lhe perguntas e a falar acerca do meu estudo sobre os judeus. Estou continuando, entretanto, para meu rumo ser mais seguro. Gostaria de ouvir sua opinião"; ver carta de Vamireh Chacon a Caio Prado Júnior, Recife, 6 de agosto de 1955, acervo de Caio Prado Júnior, IEB/USP, código de referência CPJ-CP-CHA001.

⁴¹ Ver carta de Yoshiaki Nishimukai a Caio Prado Júnior, Kobe, 15 de março de 1965, acervo de Caio Prado Júnior, IEB/USP, código de referência CPJ-CP-NIS001.

⁴² Ver carta de Luís Martins a Sérgio Buarque de Holanda, s. l., s. d., acervo de Caio Prado Júnior, IEB/USP, código de referência CPJ-CT-069. Foram membros da Academia Paulista de Letras, ao longo dos anos, Alcântara Machado, J. C. de Macedo Soares, José Cretella Júnior, Miguel Reale, Alfredo Pujol, Mário de Andrade, Washington Luís, Plínio Salgado, Afonso Schmidt, Cassiano Ricardo, Marcos Rey, Roberto Simonsen, Plínio Barreto, Guilherme de Almeida, Sérgio Milliet, Júlio de Mesquita Filho, Mário Graciotti, Monteiro Lobato e Menotti del Picchia, entre outros; ver <academiapaulistadeletras.org.br/academicos-anteriores.html>.

⁴³ Ver "Prêmio Jabuti", *O Estado de S. Paulo*, 26 mar. 1959, p. 8.

⁴⁴ Heleno Cláudio Fragoso, *Advocacia da liberdade*, cit., p. 108. Em 1963, ele chegou a ser convidado para lecionar na Faculdade Estadual de Araraquara, todavia, mesmo tendo sido aprovado pela congregação, sua contratação foi vetada pelo governo estadual por motivos políticos.

⁴⁵ Também participaram da banca os professores Eduardo D'Oliveira França, Torquato de Souza Soares, Sérgio Buarque de Holanda e Antonio Augusto Soares Amora; ver "Defesa de doutoramento", *O Estado de S. Paulo*, 13 nov. 1957, p. 12.

⁴⁶ Ver carta de Eduardo Marques da Silva Ayrosa a Caio Prado Júnior, São Paulo, 23 de setembro de 1961, acervo de Caio Prado Júnior, IEB/USP, código de referência CPJ-CP-USPFFLCH002. Para Octavio Ianni, a participação de CPJ em sua banca foi um orgulho; ver "Caio Prado Júnior morre aos 83 anos", *O Estado de S. Paulo*, sábado, 24 nov. 1990, p. 20. Também participaram da banca Thales de Azevedo, Florestan Fernandes, Loureiro Fernandes e Sérgio Buarque de Holanda.

⁴⁷ Ver carta de Mário Guimarães Ferri a Caio Prado Júnior, São Paulo, 25 de novembro de 1961, acervo de Caio Prado Júnior, IEB/USP, código de referência CPJ-CP-USPFFLCH003.

⁴⁸ Ver "Homenagem a professores", *O Estado de S. Paulo*, 19 ago. 1962, p. 16, e Carlos Guilherme Mota, "Fernando Henrique e a ponte de ouro, *O Estado de S. Paulo*, 12 out. 1998, p. 2.

⁴⁹ Nelson Werneck Sodré, "Meu amigo Astrojildo Pereira", cit., p. 41.

⁵⁰ Ver "Os parafusos do aparelho", *O Estado de S. Paulo*, 9 set. 1960, p. 7.

⁵¹ Ver artigo de Victor de Azevedo sobre *A revolução brasileira*, acervo de Caio Prado Júnior, IEB/USP, código de referência CPJ-CP043.

⁵² Ver Paulo Teixeira Iumatti, *Diários políticos de Caio Prado Júnior: 1945*, cit., p. 105.

⁵³ Ibidem, p. 192-3.

⁵⁴ Dops, 0-Z-9-291, São Paulo, 19 de maio de 1958, arquivo particular de Danda Prado.

⁵⁵ Dops, 30-Z-9-388, São Paulo, 19 de maio de 1958, arquivo particular de Danda Prado.

⁵⁶ Secretaria de Segurança Pública, Dependência Serviço de Informação, Dops, 28 de julho de 1970, arquivo pessoal de Danda Prado.

⁵⁷ Idem.

⁵⁸ Idem.

⁵⁹ Ver "Ato público de solidariedade a Prestes", *O Estado de S. Paulo*, 17 dez. 1957, p. 3.

⁶⁰ Secretaria de Segurança Pública, Dependência Serviço de Informação, Dops, 28 de julho de 1970, arquivo pessoal de Danda Prado.

[61] Idem.

[62] Ver cartão de visitas de Luiz Carlos Prestes a Caio Prado Júnior, 1957-1958, acervo de Caio Prado Júnior, IEB/USP, código de referência CPJ-CP-PRE003, cartas de Luiz Carlos Prestes a Caio Prado Júnior, Rio de Janeiro, 25 de abril de 1981, e São Paulo, 30 de março de 1981, acervo de Caio Prado Júnior, IEB/USP, códigos de referência CPJ-CP-PRE005 e CPJ-CP--PRE004, e cartão de Luiz Carlos Prestes a Caio Prado Júnior, 1981-1982, acervo de Caio Prado Júnior, IEB/USP, código de referência CPJ-CP-PRE007.

[63] Ver carta de Danda Prado a Caio Prado Júnior, Paris, 3 de maio de 1971, acervo de Caio Prado Júnior, IEB/USP, código de referência CPJ-YCP343.

[64] Correspondência de Rosa Freire D'Aguiar Furtado com Luiz Bernardo Pericás, setembro de 2013.

[65] Ver carta de Caio Prado Júnior a Evaldo da Silva Garcia, São Paulo, 11 de maio de 1946, acervo de Caio Prado Júnior, IEB/USP, código de referência CPJ-CA002.

[66] Ver carta de Caio Prado Júnior a Ernest Feder, São Paulo, 27 de março de 1967, acervo de Caio Prado Júnior, IEB/USP, código de referência CPJ-CA137a.

[67] Carta de Caio Prado Júnior a Afonso Arinos, São Paulo, 15 de maio de 1948, acervo de Caio Prado Júnior, IEB/USP, código de referência CPJ-CA171.

[68] Ver Jon Lee Anderson, *Che Guevara, uma biografia*, cit., p. 873.

Capas de livros de Caio Prado Júnior.

Cronologia

1907   Nasce no dia 11 de fevereiro, no bairro de Higienópolis, cidade de São Paulo.
1918   Ingressa no Colégio São Luís.
1920   Passa o ano estudando no Chelmsford Hall, Eastbourne, Inglaterra. No retorno ao Brasil, volta ao Colégio São Luís.
1924   Ingressa na Faculdade de Direito do Largo São Francisco, em São Paulo.
1926   Participa do I Congresso de Estudantes de Direito em Belo Horizonte (MG).
1927   Publica seu primeiro artigo, no periódico *A Chave*.
1928   Forma-se bacharel em direito. Filia-se ao Partido Democrático. Em dezembro, casa-se com Hermínia Cerquinho da Silva Prado, também chamada de Baby.
1929   Nasce sua primeira filha, Danda.
1930   Na madrugada do dia 1º de janeiro, é preso na saída do baile de *réveillon* do Automóvel Club Paulista. Naquele ano, participa da Delegacia Revolucionária em Ribeirão Preto.
1931   Nasce o filho Caio Graco. No fim do ano, abandona o Partido Democrático e aproxima-se do Partido Comunista do Brasil (PCB).
1932   Participa da fundação da Cooperativa Internacional dos Trabalhadores (também designada por alguns autores como Sociedade de Socorros Mútuos Internacionais) e do Clube dos Artistas Modernos (CAM). Sai do emprego no escritório do advogado e amigo Abrahão Ribeiro. Provável ingresso oficial no PCB. Atua no Socorro Vermelho Internacional. O Comitê Regional de São Paulo do PCB ameaça expulsá-lo do partido.
1933   Viaja à União Soviética. Traduz o *Tratado de materialismo histórico*, de Nikolai Bukharin, que será publicado naquele ano e no seguinte. É publicado seu livro *Evolução política do Brasil*.
1934   Publica *URSS: um novo mundo*. Ingressa como aluno no departamento de Geografia e História da Faculdade de Filosofia, Ciências e Letras da USP. É um

dos fundadores da Associação dos Geógrafos Brasileiros. Torna-se secretário da AGB.

1935 Presidente regional da ANL em São Paulo (Miguel Costa seria o presidente "honorário" da Aliança no estado). Caio Prado Júnior é preso no fim do ano.

1937 Solto, parte para a Europa. Matricula-se na Sorbonne e liga-se ao Partido Comunista Francês. Atua no auxílio aos refugiados da Guerra Civil Espanhola.

1938 Em março, separa-se de Baby, na Holanda. A mulher retorna ao Brasil.

1939 Em março, volta ao Brasil. Numa tentativa de reconciliação, vai morar no Rio de Janeiro com Baby e os filhos. A empreitada não dá certo, e ele decide residir em São Paulo novamente.

1940 Viaja a Minas Gerais.

1941 Torna-se membro da "Comissão Jurídica Popular de Inquérito", criada pelo PCB para a defesa dos comunistas. Conhece Helena Maria Magalhães Nioac, a Nena. Compra um sítio perto de Campos do Jordão, que recebe o nome de Jurupeva.

1942 Publica *Formação do Brasil contemporâneo*.

1943 Funda a editora Brasiliense e as revistas *Ilustração* e *Hoje: O Mundo em Letra de Forma*.

1944 Em outubro, casa-se novamente, desta vez com Nena, em Montevidéu, no Uruguai.

1945 Nasce o filho Roberto. Torna-se membro da Comissão Política do I Congresso Brasileiro de Escritores. Publica *História econômica do Brasil*. É candidato a deputado federal pelo PCB, mas não se elege.

1946 Participa do Congresso Paulista de Escritores, em Limeira (SP).

1947 Viaja a Santa Catarina e Paraná (no trajeto, passou por Piedade, Capão Bonito, Apiaí, Ribeira, Curitiba, Morretes, Paranaguá, Joinville, Jaraguá, Itajaí, Blumenau, Brusque, Canavieiras e Florianópolis). Eleito deputado estadual, assume a cadeira na Assembleia Constituinte Estadual paulista. Falecimento de seu pai.

1948 Seu mandato é cassado; é preso por quase três meses. Viagens a Minas Gerais e a Goiás.

1949 Participa do Congresso da Paz em Paris. Viaja para a Tchecoslováquia e para a Polônia.

1952 Recebe o prêmio Horácio Lafer, do Instituto Brasileiro de Filosofia, por seu *Dialética do conhecimento*. O livro foi publicado em dois tomos naquele ano.

1954 Fundação da gráfica Urupês. Abertura das inscrições do concurso para a Cátedra de Economia Política da Faculdade de Direito da USP. Ele se inscreverá com a tese *Diretrizes para uma política econômica brasileira*. Falecimento de sua mãe.

1955 Funda a *Revista Brasiliense*.

1956 Participa do concurso para a Cátedra de Economia Política da Faculdade de Direito da USP. O vencedor seria José Pinto Antunes. Todos os outros candidatos, inclusive ele, recebem o título de livre-docente. Caio Prado Júnior ingressa no conselho técnico da Confederação Nacional do Comércio.

1957 Publica *Esboço dos fundamentos da teoria econômica*.

1959 Publica *Notas introdutórias à lógica dialética*. É desligado do quadro de sócios da União Cultural Brasil-Estados Unidos por suas posições políticas.

1960 É um dos fundadores da União Cultural Brasil-União Soviética. Viagem para a União Soviética e para a China. É um dos membros fundadores do conselho diretor da Comissão Paulista de Solidariedade a Cuba. Membro da comissão organizadora do Encontro Estadual dos Amigos de Cuba, na sede do Sindicato dos Metalúrgicos, em São Paulo.

1961 No final de dezembro, viaja a Cuba.

1962 Passa janeiro em Cuba, onde discursa e realiza viagens pelo país. Depois ainda viaja para a França. Profere a conferência "A revolução e a realidade de Cuba", na sede do Sindicato dos Metalúrgicos, em São Paulo. Em agosto, integra a comissão organizadora do I Congresso de Libertação Nacional, que ocorreu no Cine-Teatro Paramount, em São Paulo, que contou com a participação de Leonel Brizola, Mauro Borges, Gilberto Mestrinho, Aurélio do Carmo, Celso Peçanha e Chagas Rodrigues. Torna-se membro da Sociedade Cultural Sino-Brasileira. Publica *O mundo do socialismo*.

1963 Com a esposa Nena e o filho Roberto, viaja a França, Itália, Suíça, Alemanha (Ocidental e Oriental), Dinamarca, Suécia, Noruega e Inglaterra. É convidado para dar aulas na Faculdade Estadual de Araraquara (SP), mas o governo impede sua nomeação.

1964 É preso no fim de abril e fica encarcerado por quase uma semana, com o filho Caio Graco. A *Revista Brasiliense* publica seu último número. A gráfica Urupês é brevemente interditada por agentes do Departamento de Ordem Política e Social (Dops).

1965 Em abril é detido, junto com o filho Caio Graco, acusado de publicar livros subversivos. Em maio, é intimado a depor perante o Inquérito Policial-Militar (IPM) do Iseb. Em junho, é detido novamente por agentes do Dops, ao lado do filho Caio Graco, ficando algumas horas nas dependências do Departamento. No mesmo mês, a gráfica Urupês pega fogo.

1966 Publicação do livro *A revolução brasileira*.

1967 Em fevereiro, ganha o prêmio Juca Pato de intelectual do ano (1966). Viaja ao Québec para participar do Congresso de Filosofia. Também visita a Argentina e o Chile.

1968 Envia telegrama ao embaixador soviético, repudiando a invasão das tropas do Pacto de Varsóvia à Tchecoslováquia. Candidata-se ao cargo de professor da área de história na USP, mas o concurso é cancelado.

1969 Procura os serviços do advogado Heleno Fragoso. Exílio por alguns meses no Chile. Indiciado por "incitação subversiva" em 20 de março de 1969 num IPM perante o Conselho Permanente de Justiça da Segunda Auditoria da Segunda Região Militar.

1970 Em março, é condenado a quatro anos e seis meses de prisão (mais tarde, a pena acabou sendo reduzida). É enviado para o Presídio Tiradentes. Em maio, é transferido para o 16º Batalhão da Polícia Militar, na Avenida Corifeu de Azevedo Marques, perto da USP. No final daquele ano, suicídio de seu filho Roberto.

1971 Em abril, termina de escrever os textos "O estruturalismo de Lévi--Strauss" e "O marxismo de Louis Althusser", que foram publicados em livro ainda naquele ano, num único tomo. Em agosto, é libertado. Viaja pelo Nordeste de carro.

1972 Publica *História e desenvolvimento*.

1975 É proibido pelas autoridades brasileiras de participar de um evento na Venezuela.

1977 Participa do "Seminário sobre a estrutura agrária e o desenvolvimento recente da agricultura no Brasil", realizado na Unicamp, nos dias 23 e 24 de setembro. O evento foi promovido pelo Instituto de Filosofia e Ciências Humanas daquela universidade, que contou com a presença de importantes estudiosos do tema.

1978 Participa da 30ª reunião anual da Sociedade Brasileira para o Progresso da Ciência (SBPC). É um dos fundadores do Centro Brasil Democrático e participa do I Congresso Nacional pela Anistia.

1979 Apresenta os primeiros sinais do mal de Alzheimer. Participa do Congresso da Associação dos Geógrafos Brasileiros, no Ceará. Publicação do livro *A questão agrária no Brasil*.

1980 Publicação do livro *O que é a liberdade: capitalismo x socialismo*, da Coleção Primeiros Passos, da Brasiliense.

1981 Passa por uma cirurgia de emergência para intervir num aneurisma no estômago, enquanto se recuperava de uma operação no braço, quebrado após uma queda causada por insegurança ao andar (mais tarde, também fraturou o fêmur). Na ocasião, foi constatado pelos especialistas um estado avançado de degeneração arterial. Também sofreu uma isquemia cerebral. Publicação do livro *O que é filosofia*, também pela Coleção Primeiros Passos.

1983 Pela Coleção Tudo é História, da Brasiliense, publica seu último livro, *A cidade de São Paulo: geografia e história*. Participa do início da campanha "Diretas Já!".

1985 Aos 78 anos, é interditado judicialmente. Seus filhos tornam-se responsáveis por seus bens.

1987 O Ministério de Estado da Ciência e Tecnologia e o CNPq outorgam-lhe o prêmio Almirante Álvaro Alberto para Ciência e Tecnologia, na área de Ciências Humanas.

1990 Morre no dia 23 de novembro, aos 83 anos. Seu corpo é velado na Biblioteca Municipal Mário de Andrade e sepultado no Cemitério da Consolação.

ÍNDICE ONOMÁSTICO

Abramo, Cláudio, 265, 270-1, 399, 401
Abramo, Fúlvio, 104, 307, 373
Abramo, Lélia, 271, 365
Abramo, Lívio, 301
Abramo, Perseu, 401
Ab'Saber, Aziz Nacib, 279
Acker, Ana, 188
Adorno, Sérgio, 276
Affonso, Almino, 185, 194, 243, 265, 398
Afonso, Wilson, 208
Agosti, Héctor, 25, 56, 63-6, 68, 118, 131, 163, 180, 194, 284
Aguilar, Luis E., 73, 314
Aguirre, Manuel Agustín, 65, 177, 247
Aires, Venâncio, 123
Alambert, Zuleika, 132, 276
Alberti, Rafael, 247
Albuquerque, Stenio Caio de, 245
Alencastre, Amilcar, 183
Alexándrov, G., 150
Alleg, Henri, 73, 284
Allende, Salvador, 194, 261, 313
Althusser, Louis, 56-60, 62, 254, 271, 309, 393
Almeida, Joaquim Fogaça de, 172
Almeida, José Luiz de, 155
Almeida, Maria Hermínia Tavares de, 272
Almeida, M. C. Ferraz de, 330

Almeida, Paulo Mendes de, 137, 347
Almeida, Rômulo, 399
Almeida Júnior, Antônio Mendes de, 246, 253
Álvarez Baragaño, José, 190
Alvarez del Vayo, Julio, 92, 247
Alves, Henrique L., 166
Alves, Márcio Moreira, 187, 241
Alves, Mário, 70, 116, 209, 262, 363, 396
Amado, James, 223, 363
Amado, Jorge, 71, 115, 118-9, 122-4, 126, 130, 140, 144, 151, 159, 165, 340, 360-1, 363, 388
Amaral, Péricles, 130
Amaral, F. Pompeu do, 126, 163
Amaral, Roberto Cardoso Ferraz do, 246
Amaral, Tarsila do, 90-1, 165
Amaral, Wilson Gurgel do, 143
Amazonas, João, 116-7, 130
Amorín, Enrique, 131
Andrade, Ana de, 143
Andrade, Carlos Drummond de, 389, 405
Andrade, Manoel Correa de, 211, 276, 356
Andrade, Oswald de, 146, 165, 280
Andrade, Rachel, 253
André, Mendes, 119
Andrews, Stephen Pearl, 12
Anjos, Aprigio dos, 115
Antonil, André João, 128

Antunes, José Pinto, 154-5, 253
Antunes, Ricardo, 274
Apocalypse, Mary de Moraes, 170
Aragon, Louis, 140, 170
Aranda, Sergio, 195
Aranha, A. B. Martins, 93
Aranha, Fábio de Camargo, 31
Araújo, Brás José de, 271-2
Araújo, Durval Ayrton Moura de, 203, 241
Araújo, Serafim Fernandes de, 241
Arbenz, Jacobo, 151-2
Arcila Farias, Eduardo, 65
Aristides, Manoel, 97
Armitage, John, 53
Arnault, Jacques, 71
Arraes, Miguel, 230, 271, 380, 400
Arroyo, Ângelo, 263
Arruda, Diógenes, 64
Artigas, J. Vilanova, 122, 139, 353, 358, 374, 384
Artusi, Rosa Maria, 209
Assis, [Joaquim Maria] Machado de, 165, 199, 388
Astesano, Eduardo, 65, 70, 313
Astúrias, Miguel Ángel, 247
Augier, Angel, 190
Avé-Lallemant, Germán, 14
Aveling, Edward, 12
Azcoaga, Enrique, 145
Azevedo, Fernando de, 159, 347
Azevedo, Victor de, 212, 284, 301

Babel, Isaac, 126
Baby, Jean, 181
Bagú, Sergio, 65
Baliño, Carlos, 15, 18
Bandeira, Beatriz, 188
Bandeira, Luiz Alberto Moniz, 187, 207, 363
Bandeira, Manoel, 206, 388
Baragaño, José Álvarez, 190
Baran, Paul, 190
Barata, Agildo, 25, 117, 278, 335, 402-3
Barata, Ruy, 184
Barbosa, Dionísio, 22

Barbosa, Francisco Assis, 151
Barbosa, Raimundo Pascoal, 153, 373-4
Barbuy, Heraldo, 147
Baroni, Alarico, 202
Barreto, [Afonso Henriques de] Lima, 151, 165
Barreto, Plínio, 37-8, 406
Barros, Adhemar de, 121, 132
Barros, Arthur Leite de, 107
Barros, Oscar Gonçalves, 194
Barros, Paulo Moraes, 30
Barros Filho, Teotonio Monteiro de, 153
Barroso, Ary, 159
Barroso, Haydée Jofre, 70
Bartoletti, Sylvio Moraes, 203
Basbaum, Leôncio, 25, 50-1, 56-7, 75-6, 94, 148, 150, 207, 278, 307, 309, 315, 325, 402
Bastos, Abguar, 100, 144, 162, 344, 347
Bastos, Lemos, 112
Batini, Tito, 36, 42, 46, 117, 121, 123, 301, 333, 336
Batista, Elisa Branco, 144, 184, 350, 347
Batista, Fulgencio, 196
Batista, Miguel, 209
Baumann, H., 150
Bazarian, Jacob, 140, 147, 150, 159, 163, 170, 220, 354-5
Beauvoir, Simone de, 223, 255, 361
Bebel, August, 13
Becerra, Olegario, 65
Becker, João, 92
Bedregal, Yolanda, 68, 247
Beer, Max, 53, 56
Behrmann, Ewald, 147
Belinky, Tatiana, 172
Benevides, Maria Victoria Mesquita, 121, 336
Bermann, Gregorio, 63, 65, 149, 247, 387
Bernardet, Jean Claude, 163
Bernardo, Cleo, 184
Berni, Antonio, 68
Bettelheim, Charles, 56, 190, 194
Betto, Frei, 206, 248, 273, 275, 392
Bevan, Aneurin, 13

Bevilaqua, Pery C., 202
Bezerra, Gregório, 56, 130
Bezerra, João Clímaco, 166
Bicudo, Hélio, 273, 399
Bittelman, Alex, 131
Blum, León, 110
Boggs, James, 217, 348
Boisson, Guy de, 140
Bonfim, Antonio Maciel (Miranda), 99
Bonilla Sánchez, Arturo, 204, 368
Bonnecker, Cleber, 203
Borges, Lázaro, 204, 368
Borges, Mauro, 194
Boris, Bernardo Vargaftig, 184, 358
Borja, Francisco de, 38, 40, 300
Boti, Regino, 195
Boudin, Louis, 14
Boulter, Veronica, 205
Boxer, C. R., 199
Braga, Rubem, 66, 187, 361
Branco, Catullo, 132, 136, 143, 159, 162
Branco, Zillah, 235, 260-1
Brandão, Octávio, 15, 25, 50, 56, 74, 86, 152, 163, 205, 284, 321, 342, 351-2
Brandler, Heinrich, 76
Brant, Celso, 194
Brant, Vinícius Caldeira, 194
Braudel, Fernand, 98, 258
Brejnev, Leonid, 223
Bressane, Júlio, 223
Bresser-Pereira, Luiz Carlos, 276, 399
Brito, Mário da Silva, 137
Brito, Milton Caires de, 117, 126, 132, 136, 276
Brito, Nabor Caires de, 328
Brizola, Leonel, 190, 194, 199-200
Browder, Earl, 131
Buarque, Chico, 206, 241, 389, 399-401
Buber, Martín, 201
Bucher, Giovanni, 248
Bueno, Alcides Cintra, 249
Bueno, Francisco Luis da Cunha, 113
Bueno Filho, Alcides Cintra, 201, 249

Bukharin, Nikolai, 47, 53, 56, 74-9, 128, 145, 229, 315-7, 324
Bukowski, Charles, 264
Bunster, Alvaro, 242
Burza, João Belline, 171-3, 194, 220, 373, 384, 401, 402
Bustos, José, 184

Cabanas, João, 99
Cabello, Benjamin Soares, 99-100
Cabrera, Gina, 190
Cadorniga, João Taibo, 132, 136, 276, 353
Callado, Antônio, 206, 388, 399-400
Calógeras, João Pandiá, 128
Calvo, Alberto, 65
Câmara, Diógenes Arruda, 116
Câmara, Jayme Adour da, 91-2, 94,
Campos, Ariovaldo, 241
Campos, Cantídio de Moura, 172
Campos, Dácio de Arruda, 172, 184, 189, 358, 364
Campos, Gemaliel, 241
Campos, Odilon Ribeiro de, 204
Campos, Roberto, 156
Campos, Sebastiana Floripes Pires de, 124
Candido, Antonio, 31, 121, 137, 241, 263, 269, 276, 347, 399-101
Cannabrava, Euryalo, 147
Cano, Wilson, 21, 266
Capistrano Filho, David, 273
Capovilla, Maurice, 163
Cárdenas, Lázaro, 194
Cardoso, Felicíssimo, 194
Cardoso, Fernando Henrique, 59, 73, 162, 172, 284, 352, 387, 398, 400
Cardoso, Ruy Barbosa, 138, 344
Carioba, Joaquim Muller, 171
Carmo, Aurélio do, 194
Carné, Marcel, 110
Carneiro, Alcides, 252-3, 391
Carneiro, Edison, 139, 342, 405
Carnero Checa, Genaro, 247
Carone, Edgard, 52, 56, 163, 265, 276

Carpeaux, Otto Maria, 223
Carpentier, Alejo, 188
Carr, Raymond, 244
Carvalho, Aloísio, 137
Carvalho, Anina de, 246
Carvalho, Apolônio de, 109, 209, 272, 370
Carvalho, Edson de, 166
Carvalho, Ferdinando de, 202
Carvalho, Flávio de, 36, 42, 91
Carvalho, Paulo Pinto de, 126
Carvalho, Reginaldo de, 104, 332
Carvalho, Renée France de, 109
Carvalho, Wilson Alves de, 124
Carvalho, Zacharias de Sá, 117
Carvalho Neto, Paulo de, 202, 366
Carvalhosa, Modesto de Souza, 265
Cascardo, Hercolino, 99, 108
Castello Branco, Carlos, 187
Castelnuovo, Elías, 318
Castelo Branco, Humberto, 201, 209
Castelo Branco, Renato, 126
Castro, Fidel, 56, 185-6, 190, 192, 195-6, 203, 217, 223, 314
Castro, Israel de, 172
Castro, Josué de, 72, 151, 162, 362
Castro, Moacir Werneck de, 55, 119, 129, 139, 248, 363
Castro, Paulo de, 145
Castro Ruz, Fidel Alejandro, *ver Castro, Fidel*
Catão, Francisco, 248
Catunda, Omar, 162, 172, 344
Cavalcanti, Paulo, 25-6, 159, 201, 212, 250, 256, 272, 280
Cavalcanti, Teófilo Siqueira, 147
Cavalheiro, Edgard, 137, 166, 347
Cepero Bonilla, Raúl, 195
Cerník, Oldrich, 222
Cerquinho, Alfredo Vaz, 33
Cerquinho, Hermínia Ferreira (Baby), 33, 42, 82, 102, 105-8, 111, 113, 115-6
Césaire, Aimé, 140
César, Osório, 90, 92

Chacal, 266
Chacon, Vamireh, 221, 283, 405
Chalmers, Johnson, 228
Chaplin, Charlie, 140
Chasin, José, 58, 163, 273
Chautemps, Camille, 110
Chaves, Elias Pacheco, 19
Chaves Neto, Elias, 25, 56, 123, 126, 130, 134, 136, 139, 143-4, 150, 157-8, 160, 162-3, 166, 172, 180, 184, 187, 189, 200-1, 228, 235, 242, 245, 252-3, 269, 278, 284, 338, 341, 347-9, 351-5, 358-9, 364, 382, 387, 402
Cheever, John, 223
Chiaverini, Reynaldo, 244, 387
Chilcote, Ronald H., 73
Chou En-lai, 56, 182
Christo, Carlos Alberto Libânio, *ver Betto, Frei*
Cleaver, Eldridge, 218
Clerot, José Luiz, 255
Cluss, Adolph, 11, 289
Cadorniga, Taibo, 132, 136, 276, 353
Codovilla, Vittorio, 17, 55-6, 220, 314
Coelho, Germano, 188
Coelho, Marco Antônio Tavares, 168, 205, 272, 280, 363, 368
Coggiola, Osvaldo, 71
Cogniot, George, 71, 254, 393
Conti, José Bueno, 262
Conti, Mário Sérgio, 275
Cony, Carlos Heitor, 223
Coralina, Cora, 206
Corbisier, Roland, 147, 172, 203, 223, 361, 399
Corção, Gustavo, 156
Correa, André Trifino, 99
Correa, Gilberto Kobler, 191
Corrêa, Hércules, 276
Correa, José Celso Martinez, 361
Correa, Villas-Boas, 187
Correia, Oscar Dias, 154
Corte, Nelson de la, 279
Cosío Villegas, Daniel, 127
Costa, Aguinaldo, 126
Costa, Bolívar, 207

Costa, David Capistrano da, 212
Costa, Elson, 159
Costa, Emília Viotti da, 73, 128, 387
Costa, Eneida, 34
Costa, Figueiredo, 240
Costa, João Cruz, 137, 199, 241, 269
Costa, João de Resende, 241
Costa, Lúcio, 191, 389
Costa, Manfredo, 31
Costa, Maria Della, 172
Costa, Miguel, 100, 121, 328
Costa e Silva, Arthur da, 209, 244, 385
Costa Filho, Miguel, 121, 152, 159
Cotrim, John R., 183, 357-8
Coutinho, Carlos Nelson, 49, 58-63, 175, 208, 272, 276, 283, 304, 405
Coutinho, Galeão, 139, 144, 344-5
Crespi, Renata, 19
Crespi, Rodolfo, 19
Cross, Cecil P., 115
Cukurs, Herberts, 144
Cunha, Euclides da, 165, 191, 388
Cunha, Flores da, 108
Cunha, Jorge Carneiro da, 120
Cunha, Lima, 143
Cunha, Luiz Carlos da, 199-200
Cunha, Paulo Ribeiro da, 307
Cunha, Raimundo Vieira da, 159
Cunhal, Álvaro, 223
Curti, Merle, 74

Daladier, Édouard, 110
Dallari, Dalmo de Abreu, 206, 399
D'Andrea, Renato, 204
Dantas, Francisco Clementino San Tiago, 156, 206
Dantas, Paulo, 162, 206, 362, 373
Darié, Sandú, 190
David, Juan, 190
Davis, Horace B., 73
Davis, Mike, 217
Dean, Warren, 247, 263, 294
Decca, Edgar De, 30

Deffontaines, Pierre, 98
De Leon, Daniel, 12-3, 18, 23, 228, 290-1, 302
Delgado, Oscar, 65
D'Elia, Antonio, 137, 283
Del Roio, José Luiz, 391
Del Roio, Marcos, 100, 305, 378, 400
Denis, Pierre, 128
Deodato, Alberto, 154
Depestre, René, 190
Deutscher, Isaac, 56
Dezen, Edison, 263
D'Horta, Arnaldo Pedroso, 205
Dias, Everardo, 56, 103, 159, 163, 284
Dias, Giocondo, 116, 272-4
Dias, Guilherme Leite da Silva, 266
Dias, Manuel Nunes, 283
Dias, Maria Odila da Silva, 250
Dias Gomes, Alfredo de Freitas, 223, 363, 499
Díaz, Mario, 190
Di Cavalcanti, Emiliano, 42, 122, 193, 363, 388-9
Diniz, Almáquio, 92
Djilas, Milovan, 56, 78
Dobb, Maurice, 194
Domingues, João Batista, 206
Domingues, Vitorino, 97
Donato, Mário, 159
Dorin, Lannoy, 180
Dornas Filho, João, 128
Dorticós, Osvaldo, 186
Dowbor, Ladislau, 215
Dreyfus, André, 36, 42
Drohojowski, Jan, 71
Duarte, Paulo, 30, 347, 387
Duarte, Ricardo de Carvalho, *ver Chacal*
Dubcek, Alexander, 221-3
Du Bois, W. E. B., 140
Dulles, John W. F., 73, 100, 106, 117
Dumont, René, 190
Duncker, Hermann, 131
Dupré, Leandro, 115, 126, 333-4
Dupré, [Sra. Leandro] Maria José, 333-4
Dühring, Eugen, 146

Dutra, Eurico Gaspar, 130, 134, 137
Dutra, Francis A., 263
Dutra, Hélio, 189-90

Echavarría, José Medina, 126
Eckstein, Harry, 226
Edmundo, Cláudio, 86, 92, 94, 156
Ehrenburg, Ilya, 140
Eisenberg, Peter, 256
Ekman, Carlos, 20
Eliachevitch, Basile, 90
Éluard, Paul, 140, 170
Elwood, Charles, 225
Engels, Friedrich, 11-3, 55, 74, 110, 131, 133, 146, 148, 236, 284, 290, 295, 312, 356, 379, 383
Etcheberry, Alfredo, 242
Escalante, Aníbal, 192
Escobar, Carlos Henrique, 59, 62
Escobar, Ruth, 265, 271, 399, 401
Evers, Medgar, 215

Facó, Rui, 56, 163, 363
Fadeyev, Alexander, 140
Falcão, Djaci, 250, 256
Fanon, Frantz, 73, 226, 284
Farah, Benedicto Jorge, 275
Faria, Álvaro de, 68-9, 143, 150, 152, 162-3, 167, 185, 189, 284, 353, 384-5
Faria, Octavio de, 93
Fast, Howard, 140
Fatemi, Hossein, 152, 347
Fausto, Boris, 73, 184
Fausto, Ruy, 59, 212
Febrot, Luiz Izrael, 166, 189
Fedeiev, Konstantin, 140
Feder, Ernest, 287
Fedin, Konstantin, 126
Fedoseyev, P. N., 140
Feijó, Germinal, 115, 194
Felipe, León, 68
Félix, Moacyr, 223, 363

Fernandes, Florestan, 48, 53, 166, 172, 208, 241, 272, 274, 276, 284, 364, 369, 400-2, 406
Fernandes, Hélio, 248
Fernandes, J. E., 138
Fernandes Júnior, Florestan, 271
Fernandez Retamar, Roberto, 190
Fernandez Soler, Antenor, 68
Ferraz, Antônio Osvaldo, 26
Ferreira, Hernani, 137
Ferreira, Joaquim Câmara, 42, 126, 163, 209, 301, 364, 370, 384, 391
Ferreira, José Ribamar, *ver Gullar, Ferreira*
Ferreira, Pinto, 147, 212, 220, 296, 405
Ferreira, Procópio, 36, 42
Ferreira, Rogê, 153, 358
Ferreira, Waldemar, 30, 153
Ferreira Filho, Aloysio Nunes, 208
Fiel Filho, Manoel, 263
Figueiredo, Guilherme, 115
Finamour, Jurema, 188, 190
Fiorani, Mário, 180, 356
Fitzsimmons, E. T. H., 205
Fiuza, Yedo, 130
Flores, Mauricy das, 254, 391-2
Florindo, Marcos Tarcisio, 32, 42, 112
Fly, Claude, 254, 392
Fogarasi, Béla, 58, 150
Fonseca, Manoel José Gondin da, 92, 187, 318, 320, 324
Forte, Graziela, 19, 91, 299
Fox, Ralph, 131
Fragoso, Fernando, 242, 385-6
Fragoso, Heleno Cláudio, 235, 242, 244-5, 252, 255, 385-7
Fraina, Louis, 14, 291
França, Luiz Alberto, 273
Franco, Afonso Arinos de Mello, 115, 341, 394
Franco, Cid, 194, 333, 358, 364
Franco, Francisco, 90, 109
Franco, Maria Eugenia, 130
Frank, André Gunder, 163, 204, 212, 280
Freire, Dorian Jorge, 163

Freire, Felisbelo, 53
Freitas, Newton, 66
Freud, Sigmund, 116
Freyre, Gilberto, 24, 55, 120-1, 388
Frondizi, Arturo, 68, 71, 311
Frondizi, Silvio, 56
Frontini, Federico "Grillo", 67
Frontini, Norberto, 65-8, 127, 137, 145, 241, 247, 272, 284, 338, 384, 389
Frontini, Ricardo, 67
Frugé, August, 199
Frugoni, Emilio, 15
Fuentes, Carlos, 223
Fulbright, William, 251, 390
Furtado, Celso, 56, 128-9, 161, 164, 199, 212, 255, 286, 307, 313, 352, 393
Furtado, Rosa Freire D'Aguiar, 286, 307

Galeano, Eduardo, 56
Galeffi, Romano, 147
Galloti, Luiz, 256
Gance, Abel, 110
Garcia, Evaldo da Silva, 130
Garcia, Marco Aurélio, 276
García Marquez, Gabriel, 247
Garcia, Nelly de Freitas, 147
Garcia, Trindade, 143
Garcia, Victor, 97
Garcia Buchaca, Edith, 190
Garcia Júnior, Afrânio Raul, 266
García Lorca, Federico, 265, 317
Gasparian, Fernando, 259, 398
Gasparoto, Jayme Wanderley, 276
Geisel, Ernesto, 262
George, Pierre, 140
Gerassi, John, 72-3
Gertel, Noé, 136
Ghioldi, Carmen, 118
Ghioldi, Rodolfo, 56, 69, 118, 194
Gianotti, José Arthur, 387
Gicovate, Moisés, 180, 356
Gikovate, Febus, 121, 184

Gil, Silvia, 195
Gimenez, Armando, 186-7, 353, 358, 363
Gitlow, Benjamin, 76
Giusti, Roberto F., 131
Goldman, Alberto, 265, 398
Gomes, Eduardo, 121-2, 404
Gomes, Francisco, 117
Gomes, José Maria, 126, 130, 329
Gomes, Paulo Emilio Sales, 104, 117, 119, 121, 361
Gomide, Aloysio Dias, 254
Gomide, Antônio, 42
Gomulka, Wladyslaw, 140, 375
González, Marta A., 195
González Casanova, Pablo, 263
Gorender, Jacob, 56, 62, 173, 197, 207, 209, 248, 269, 272, 276, 370, 391
Górki, Máximo, 75, 116, 174, 321
Gortari, Eli de, 65, 149
Goulart, João, 160, 173, 280
Goulart, José Alípio, 128
Goulart, Rondon, 143
Gouveia, Zoroastro de, 36
Grabois, Maurício, 116-7, 130, 363
Graciano, Clóvis, 123, 139, 145, 194
Graciotti, Mário, 206, 406
Graham, Richard, 74, 128, 215
Gramsci, Antonio, 13-4, 49, 56, 63-4, 77, 145, 310
Granado, Alberto, 67
Graziano da Silva, José Francisco, 266-7, 271
Green, Ashbel, 205
Greenhalgh, Luiz Eduardo, 265, 270
Gregório, José, 265
Grellet, Odilon de Araújo, 155
Grespan, Jorge, 148
Grimaud Garcia, Julian, 197
Grinja, Alberto, 34
Grudzinski, Jerzy, 142, 149
Guanabarino, Juvenal, 92
Guaraná, Leopoldo, 32
Guarnieri, Eduardo, 172

Guarnieri, Gianfrancesco, 163, 194, 265, 363-4, 400
Guarnieri, Rossine Camargo, 137, 144, 162, 344, 347
Gudin, Eugênio, 156, 170,
Guedes, Armênio, 272, 306, 363
Guedes, Cláudio, 273
Gueier, Sima Leia, 150
Guevara, Ernesto "Che", 56, 64-8, 180, 186-7, 193, 195, 261, 284, 287, 314, 396
Guevara Lynch, Ernesto, 67, 194
Guillén, César, 191
Guillén, Nicolás, 140, 188-90, 359-60
Guillén, Rosa Portillo de, 190
Guimarães, Alberto Passos, 119, 266-7, 272, 399
Guimarães, Nelson da Silva Machado, 245, 249
Gullar, Ferreira, 223, 363, 400
Gukassov, A., 221, 373
Gurgel Valente, Mozart, 251, 390
Gurvich, G., 150
Gusev, Sergei Ivanovich, 16
Gusmão, Clóvis, 104
Gusmão, Roberto, 172
Guterman, Norbert, 145

Haddad, Jamil Almansur, 137, 163, 187, 189, 359-60, 362
Hall, Gus, 223
Hampejs, Zdenek, 142, 284
Harrison, James P., 251, 390
Hatzky, Christine, 16
Hauer, Lício, 188
Haya de la Torre, Victor Raúl, 68
Haywood, William, 85
Heilbroner, Robert L., 202
Herlein, Jorge, 117
Herzog, Vladimir, 262, 273
Heusi Neto, Marcos, 256
Hilferding, Rudolph, 128
Hill, Lindolfo, 117
Hilton, Stanley, 99
Hirano, Sedi, 276

Hirschmann, Leon, 223
Hitler, Adolf, 240
Hobsbawm, Eric, 56, 237, 269, 316, 383
Hobson, John A., 128
Holanda, Francisco Buarque de, *ver Buarque, Chico*
Holanda, Nestor de, 173, 183, 207, 363
Holanda, Sergio Buarque de, 23, 26, 55, 115, 137, 139, 146, 162, 241-2, 245, 269, 271, 283-4, 347, 349, 361, 385, 389, 399, 401, 406
Homem, Maria Cecília Naclério, 20, 263, 307
Horowitz, Irving L., 72
Horta, Jair Rabelo, 119
Houaiss, Antônio, 223, 257, 399
Huber, E., 150
Huberman, Leo, 56, 74, 190, 195, 219, 315, 377-8
Hughes, Langston, 140
Humbert-Droz, Jules, 16-7, 229, 303, 379
Humbold, Alexander von, 195
Hurtado, Leopoldo, 131
Hutton, Bobby, 218

Ianni, Octavio, 73, 197, 203, 206, 223, 241, 266, 272, 276, 283-4, 313, 351, 387, 406
Icaza, Jorge, 247
Iglésias, Francisco, 53, 129, 272, 299
Ivens, Joris, 190

Jaguaribe, Hélio, 26, 147
James, C. L. R., 218
Jara, Alvaro, 247
Jerome, Victor Jeremy, 131
Johnson, Lyndon, 218
Joliot-Curie, Frederic, 140
Jordan, Elisabeth, 251
Julião, Francisco, 185, 187, 194
Junot, Jaime Franco Rodrigues, 212
Junqueira, Waldomiro Alves, 152
Jurandir, Dalcídio, 115
Justo, Liborio, 56, 71

Kafka, Franz, 61

Kaganovich, Lasar, 90
Kalugin, Yuri Alexandrovich, 151
Kamm, Friedrich, 11
Kardelj, Edvard, 140
Karepovs, Dainis, 34, 302
Kautsky, Karl, 13, 55, 289
Kedrov, B., 150, 221, 373
Kelly, José Eduardo do Prado, 119, 121
Kennedy, John, 197
Kennedy, Robert, 218
Kerouac, Jack, 264
Kadhafi, Muammar, 248
King, Martin Luther, 218
Klink, Amyr, 264
Kloetzel, Kurt, 219
Kohan. Néstor, 63
Kolakowski, Leszek, 56, 58, 77, 377
Komp, Albrecht, 11
Konder, Leandro, 62, 123, 276, 316, 337
Konder, Rodolfo, 223, 401
Konder, Victor, 117, 122
Konder Comparato, Fábio, 253
Kopnin, P. V., 150, 354
Kosic, Karel, 150
Kourim, Zdenek, 142, 149
Koval, Boris, 35, 103, 337, 340
Kovalsky, Abrahão, 34
Kovalsky, Tzia, 34
Kriegel, Frantisek, 221
Kruschev, Nikita, 153, 180-2, 236, 374
Kubitschek, Juscelino, 159-60, 207, 280, 285, 350, 361
Kusmischev, Wladimir, 169
Kun, Béla, 55-6
Kuteischkova, Vera, 151
Kuusinen, Otto, 47

Laberenne, Paul, 145
Labrador Ruiz, Enrique, 190
Lacerda, Armando Carlos, 150
Lacerda, Carlos, 66, 99, 152, 365

Lacerda, Fernando de, 117, 152
Lacerda, Maurício de, 30, 121
Lafargue, Laura, 74
Lafer, Celso, 265
Lafer, Horácio, 147
Lago, Tomás, 247
Lagrasta Neto, Caetano, 275
Lamarca, Carlos, 248, 254, 262, 391-2, 396
Lambert, Jacques, 161-2, 199
Lamounier, Bolívar, 223, 400
Lange, Oskar, 163
Lapa, José Roberto do Amaral, 258, 265, 394, 397
Lapidus, Iosif, 56
Larra, Raúl, 70, 339
Lassalle, Ferdinand, 13
Lataste Hoffer, Alban, 195
Lavrenev, Boris, 126
Le Cointe, Paul, 128
Lefebvre, Henri, 145, 150
Leguía, Augusto, 17
Leite, Carlos Costa, 37
Leite, Luiz Gonzaga de Oliveira, 194
Leite, Manoel Cerqueira, 166
Leite, Rosa Meirelles Costa, 117
Leite Neto, João, 273
Leme, Lino de Moraes, 154
Leminski, Paulo, 264
Lemos, Tulio de, 189, 362
Lenin, Vladimir Ilitch, 13, 15-6, 23, 44, 47, 49-50, 55-6, 62, 74-9, 81, 90-4, 110, 116, 119, 122, 128, 133, 145-6, 150, 173, 182-3, 219, 224, 230-1, 234, 236, 284, 287, 290, 292, 312, 315-6, 321, 324-5, 356, 371, 380
León, Maria Teresa, 247
Leonelli, Dante, 159
Lerer, Bernardo, 265
Le Riverend, Julio, 190, 195
Lerner, David, 117
Lessa, Ivan, 67
Líbero, Pio, 36
Lima, Abdon Prado, 104
Lima, Alceu Amoroso, 248, 252, 399

Lima, Benjamin, 92
Lima, Cunha, 143
Lima, Heitor Ferreira, 25, 56, 75, 117, 119, 123, 128, 162-3, 276, 284, 315, 337
Lima, Hermes, 30, 115, 156, 265
Lima, Lourenço Moreira, 126,
Lima, Luiz Firmino de, 184
Lima, Pedro Motta, 36, 169
Lincoln, Abraham, 12
Linhares, Hermínio, 158
Linhares, Maria Yedda Leite, 197, 266
Litvinov, Maksim Maksimovich, 98
Lobato, José Bento Renato Monteiro, 70, 91, 115, 126, 130-1, 137-9, 150, 157, 165-6, 204, 333, 342, 367, 388, 405-6
Lobato, W. S., 74
Lombardo Toledano, Vicente, 65, 71, 194
Lomsky, H., 140
Lonatti, Horacio, 67
Lopes, Álvaro Augusto, 92, 180, 322, 356
Lopes, Isidoro Dias, 90
Lopes, Juarez Brandão, 172
Losovski, Solomon A., 75
Lovestone, Jay, 14, 76, 291, 316
Lozano, Esteban, 97
Löwy, Michael, 56, 58, 64, 163, 184, 314
Lucas, Fábio, 154, 206
Luchesi, Ramiro, 173, 373
Lukács, György, 56-8, 61-2, 73, 77, 145, 284, 307, 316
Lunatcharsky, A., 23
Luxemburgo, Rosa , 55-6, 131, 163, 226, 377
Luz y Caballero, José de la, 195
Lyra, Fernando, 350

Macedo, Suzette, 199
Machado, Annibal M., 139
Machado, Antonio Alcântara, 258
Machado, Delamare, 123
Machado, Dyonélio, 119, 122, 129
Machado, Lino, 138
Machado, Lourival Gomes, 137, 347
Machado, Nery, 187
Machado, Raul, 112
Machado Neto, A. L., 147
Machado Neto, Brasílio, 156
Maciel, Ruy, 159
Mackenzie, Norman, 131
Madril, Ernest, 74
Maffei, Ermelindo, 104
Magalhães, João Paulo de Almeida, 154, 156
Magalhães, Sérgio, 194
Magdoff, Harry, 56, 129
Maia, Carlito, 274
Malatesta, Errico, 15
Mandel, Ernest, 56, 190, 258, 271
Mangabeira, Francisco, 66, 99
Mangabeira, João, 121
Maugüé, Jean, 98
Manna, Hilio de Lacerda, 112
Mantega, Guido, 49
Mao Tsé-tung, 56, 73, 139, 182, 382
Maracajá, Bensaude Branquinho, 184, 358
Maranhão, Djalma, 104
Marcuse, Herbert, 56, 60, 217
Marianetti, Benito , 25, 65-6, 69, 140, 148, 346
Maricato, Percival, 265
Marinho, Josafá, 150
Marinho, Ribas, 36
Marini, Ruy Mauro, 212
Mariátegui, José Carlos, 17-8, 23, 54-6, 156, 163, 284, 287, 293, 303, 314
Marighella, Carlos, 56, 64, 130, 153, 159, 208-9, 234, 262, 370, 384
Marinello, Juan, 56, 140
Marković, Mihailo, 150
Martins, Elias Cruz, 137-8,
Martins, Jair, 36
Martins, José de Souza
Martins, Luís, 283
Martins, Paulo Egydio, 273
Marrey Júnior, José Adriano, 30-1, 340, 344
Martinez, Paulo Henrique, 30
Martínez Heredia, Fernando, 156

Martins, Ivan Pedro, 100
Marx, Karl, 11-5, 49, 52, 55, 58-9, 74, 110, 116, 131, 133, 145-6, 154, 163, 165, 197, 224, 236-8, 258, 284, 289-91, 295, 303, 305, 309, 312, 356, 360, 371, 376-8, 383, 401
Marzagão, Augusto, 187
Masagão, Mário, 153
Masetti, Jorge Ricardo, 67
Matos, Almir, 187, 195
Matos, Gregório de, 165
Mazzo, André, 136
Mazzo, Armando de, 132, 276
Medeiros, Maurício de, 90, 92, 319, 323
Médici, Emílio Garrastazú, 247, 251, 388, 390
Medina, José, 117, 126
Medvedev, Roy, 77, 317
Mehring, Franz, 131, 289
Mello, Arnon de, 119
Mello, João Manuel Cardoso de, 272
Mello, Murilo, 279
Melo, Plinio Gomes de, 137
Melo, Soares de, 144, 340
Mamede, Jurandir, 252
Meneses, Raimundo, 206
Menezes, Glauco Pinheiro, 117
Mendes, Murilo, 159
Merger, Anton, 55
Mesquita Filho, Júlio de, 347, 406
Mestrinho, Gilberto, 194
Mickiewicz, Adam, 221
Miguel, João, 206
Mikhailov, Sergei S., 221
Mikoyan, Sergei, 221
Miliband, Ralph, 84
Miller, Arthur, 223
Milliet, Sérgio, 123, 128, 137, 162, 166, 172, 283, 340, 347, 394, 406
Milman, Boruch, 191, 362
Miraglia, José, 153
Miranda, Murilo, 55
Mondolfo, Rodolfo, 56
Molica, Fernando, 249

Monbeig, Pierre, 98, 115
Moniz, Edmundo, 223, 272, 363, 399
Moniz, Heitor, 92, 322
Monteiro, Eduardo, 249
Monteiro, Honório, 153
Monteiro, Marília, 32
Monteiro, Raphael de Barros, 256
Moore, Samuel, 12, 290
Moraes, David de, 273
Moraes, Dênis de, 144
Moraes, Estocel de, 132, 136
Moraes, Irany Novah, 206
Moraes, Leo Ribeiro de, 139
Moraes, Vinicius de, 115, 159, 165, 251
Moraes Neto, Prudente de, 31
Morais, Fernando, 261, 273, 400
Morais, Rubens Borba de, 98
Morato, Francisco, 30
Mordvinov, Arcady, 173
Moreira, Artur Frota, 152, 358
Morel, Edmar
Morena, Roberto
Moreira, Alvaro, 159
Moreyra, Álvaro, 115, 144
Morgan, Robin, 218
Morris, Ivan, 251, 390
Morse, Richard, 247
Mossaddegh, Mohammad, 347
Mota, Benedito, 147
Mota, Carlos Guilherme, 203, 215, 265, 269-70, 276, 400
Motta, Luiz Eduardo, 62
Motta Filho, Candido, 147
Moura, Aristóteles, 128
Moura, Clóvis, 166, 283, 405
Munhoz, Garcia, 337
Muraro, Mautílio, 132
Murgel, Samuel, 206
Murtinho, Tuni, 269
Murtinho, Wladimir, 256, 269
Mussolini, Benito, 240

Nabuco, Joaquim, 53
Napal, Dionisio, 93
Nash, Roy, 74
Nejedlý, Zdenek, 140
Neruda, Pablo, 129, 140
Newberry, Jorge, 71
Newton, Huey, 218
Neves, Artur, 115, 130, 138, 333, 345, 348, 350, 353
Neves, Castro, 143
Nevierof, Alexander, 126
Nico, Enzo Luiz, 137
Niemeyer, Oscar, 67, 122, 139, 159, 194, 361, 389, 399
Nie Rong-chen, 281
Nioac, Helena Maria Magalhães (Nena), 113-5, 137, 140, 173, 176-7, 190, 197, 201, 242, 259
Nioac, Roberto da Rocha Faria de, 113
Nioac, Zilda Magalhães, 113
Nishimukai, Yoshiaki, 283
Nixon, Richard, 218
Nogueira, Marco Aurélio, 273
Nolde, Boris, 90
Normano, João Frederico, 128
Novais, Fernando, 276
Novoa Monreal, Eduardo, 242
Novotný, Antonín, 222
Noyola, Juan, 190
Nunes, Abigail, 188
Nunes, Adão Pereira, 188
Núñez Jiménez, Antonio, 56, 195

O'Connor, James, 72
Oest, Henrique Cordeiro, 99
Ognev, Nikolai, 126
Oliveira, Epaminondas Gomes de, 256
Oliveira, Francisco Campos, 151
Oliveira, Francisco de, 265, 399
Oliveira, José Aparecido de, 187
Oliveira, Lúcia Casali de, 253
Oliveira, Nelson Tabajara de, 91
Oliveira, Otávio Frias de, 265

Oliveira Neto, Clóvis de, 132, 276
Ollivier, Marcel, 53
Onwuanibe, Richard, 226
Ordoqui, Joaquín, 56, 190, 195
Orfila Raynal, Arnaldo, 68, 247
Osório, Carlos Amoretty, 99
Ostrovitianov, Konstantin, 56
Otero Silva, Miguel, 247

Pacheco, Renato J. C., 166
Pádua, Ciro Tassara de, 129, 144
Paiva, Ruy Miller, 266-8
Palme, R., 131
Paranhos, Rio Branco, 138, 333, 344, 353, 358
Paredes, Ricardo, 15-6
Parente, Agenor, 201, 347
Parra, Fernando, 97
Paula, Eurípedes Simões de, 264
Paz, Manoel Venâncio Campos da, 99
Paz, Porfírio da, 143, 344
Peçanha, Celso, 194
Pedreira, Fernando, 162
Pedraurrieux, Paul, 104
Pedro, Martínez, 190
Pedrosa, Mário, 42, 50-1, 74, 207, 271, 301, 399
Peixoto, Antônio Carlos, 188
Peixoto, Enio Sandoval, 185
Peña Lillo, Arturo, 69
Penelón, José, 76
Penteado, Ana Franco de Lacerda Álvares, 20, 38
Penteado, Antônio Álvares Leite, 20
Peralva, Osvaldo, 56, 278
Pereira, Astrojildo, 50, 56, 75-6, 92, 115, 117, 119, 121, 139, 145, 153, 159, 163, 284, 363, 385, 405
Pereira, Francisco de Chagas, 256
Pereira, Luiz, 62
Pereira, Osny Duarte, 211, 280, 351, 373, 399
Perera, Antonio Expedito Carvalho (Paulo Parra), 248-9, 251
Pérez Cabrera, José Manuel, 195
Perón, Juan Domingo, 69-70

Pescatello, Ann M., 263
Pessoa, Jovina, 269
Pessoa, Samuel B., 163
Phelps, Dudley Maynard, 128
Picasso, Pablo, 140
Pieterkosky, Moisés, 150
Pietri, Uslar, 247
Pimenta, Carlito Flávio, 206
Pina, Gerson de, 205
Pina, Oscar Corrêa, 256, 328
Pinheiro, Paulo Sérgio, 276, 315
Pinochet, Augusto, 261
Pinto, Bernardo Cid de Souza, 283
Pinto, L. A. Costa, 139
Pinto, Onofre, 248
Pinto, Paulo Alves, 162, 180, 182, 196, 200, 210, 252-3, 260, 278, 284, 364, 402
Piteri, Guaçu, 273
Piza, Wladimir de Toledo, 152
Pla, Roger, 68
Plekhanov, Georges, 55
Policastro, Enrique, 68
Polišenský, Josef, 140
Pomar, Pedro, 116-7, 182, 187, 263, 353, 363
Pomar, Wladimir, 117, 182, 212, 357, 392
Popper, Karl, 150
Portella, João Machado, 19
Portela, Maria del Carmen, 190
Portinari, Candido, 122, 139, 145, 166, 388
Porto, José Luiz de Almeida Nogueira, 155
Porto, Moreira, 36, 122
Portocarrero, Mariano, 190
Posadas, J., 56
Prado, Antonieta (mãe), 18
Prado, Antonio da Silva, 18
Prado, Antonio (tio-avô), 19, 30-1
Prado, Caio Graco (filho), 33, 40, 67, 105, 107, 111, 114, 116, 169, 188, 190, 201, 203, 246, 250-1, 255, 263-4, 274-6, 300, 306, 365
Prado, Carlos (irmão), 20, 23, 36, 42, 94-5, 105, 113, 115-6, 326, 330
Prado, Cláudia, 260
Prado, Danda (Yolanda; filha), 33, 105, 111, 114, 116, 139, 162, 182, 196, 219, 241-2, 246, 248-9, 251, 254-6, 258, 260, 276, 278, 286, 385, 393
Prado, Décio de Almeida, 137, 361
Prado, Eduardo (irmão), 20
Prado, Eduardo (tio-avô), 20
Prado, Fábio, 19, 105, 108
Prado, Martinho, 19
Prado, Martinico, 19
Prado, Paulo, 19, 21, 42
Prado, Roberto (filho), 115, 174, 178, 188, 190, 197, 204, 211, 241-4, 254-5, 387
Prado, Sebastião da Silva, 153, 347
Prado, Susana, 188, 190, 250, 359
Prado, Veridiana, 19
Prado, Yolanda (irmã), 20, 42
Prado Júnior, Antonio da Silva, 19
Prado Júnior, Antônio de Pádua, 246, 249, 256
Prestes, Júlio, 33
Prestes, Anita Leocádia, 188, 272, 361
Prestes, Leocadia, 109
Prestes, Luiz Carlos, 25, 30, 56, 86, 99-100, 116-25, 129-30, 136, 152, 158-9, 165, 170, 173, 194, 200, 207, 210, 235, 272, 284-6, 314, 320-1, 334, 336-7, 361, 364-5, 370, 373, 382, 400
Prestes, Lygia, 109
Proust, Marcel, 61
Pryor, Arthur John, 283
Pucca, Quirino, 36, 42, 104
Puccini, Dario, 166
Puddles, Júlio, 244, 387
Puiggrós, Rodolfo, 25, 56, 65-6, 68-9, 247, 263, 284, 312

Quadros, Jânio, 159, 185, 187, 344
Queirós, Paulo Edmur de Souza, 147
Queiroz, Eça de, 69
Queiroz, Maria Isaura Pereira de, 241, 399
Queiroz, Plínio de, 31

Rabelo, Marques, 159
Rachou, Gastão, 162, 278

Radek, Karl, 47
Raffael, Jorge, 37
Rago, Antonio, 273
Rama, Ángel, 65, 263
Rama, Carlos M., 65, 201, 284
Ramírez Sánchez, Illich (Carlos, o Chacal), 248
Ramos, Arthur, 139, 388
Ramos, Ernesto, 19
Ramos, Graciliano, 71, 122, 139, 145, 165, 342, 388
Ramos, Guerreiro, 197, 363
Ramos, José Nabantino, 347
Ramos, Ricardo, 165
Rangel, Ignácio de Mourão, 266-7, 276
Raphael, Max, 145
Rappoport, Charles, 74
Rava, Horacio G., 66
Rava, Raul Horacio, 66
Ravines, Eudocio, 18
Reale, Miguel, 147-8, 280, 406
Recabarren, Luis Emilio, 15, 314
Reed, John, 13, 289, 324
Rego, José Lins do, 165, 388
Rego, Luís Flores de Moraes, 98
Reis, Antonio, 255
Reissig, Luis, 66
Renoir, Jean, 110
Reyes, Reina, 201
Reznik, José, 191
Riazanov, David, 55
Ribeiro, Abrahão, 33, 39, 115
Ribeiro, Ivan de Otelo, 272
Ribeiro, Janoart Moutinho, 166
Ribeiro, Marco Aurélio, 265, 273
Ribeiro, Pedro de Oliveira, 206
Ricardo, Cassiano, 206, 406
Rippy, James Fred, 128
Ristori, Oreste, 42
Rivera, Diego, 140
Rivet, Paul, 140
Robeson, Paul, 140
Roca, Blas, 56, 195, 314

Roca, Gustavo, 67
Roces, Wenceslao, 176
Rocha, Eduardo de Souza, 123
Rocha, Lauro Reginaldo da (Bangu), 112
Rocha Pombo, José Francisco da, 128
Rodrigues, Chagas, 194
Rodrigues, José Albertino, 276
Rodrigues, José Honório, 199, 258, 399
Rodrigues, Leôncio Martins, 77
Rodrigues, Raimundo, 265
Rodrigues, Urbano Tavares, 248
Rodriguez Luna, Antonio, 68
Rogers, William, 251, 390
Roig de Leuchsenring, Emilio, 195
Rojas, Marta, 195
Rojo, Ricardo, 67
Rolim, Francisco Moésia, 99
Romani, Guido, 97
Romano, Luiz, 166
Romero, Elvio, 190
Romero, Silvio, 114
Roosevelt, Franklin, 133
Rosa, Martha Albina, 279
Rosenberg, David, 150, 253, 269, 402
Rosenberg, Ethel, 150
Rosenberg, Julius, 150
Rosenfeld, Anatol, 61, 349
Rosental, Mark Moiseevich, 150, 175-6, 354
Rossi, Atilio, 247
Roy, Manabendra Nath, 16, 76
Rozhin, V. P., 150
Ruiz, Ramón Eduardo, 226
Rumiántsev, A., 235
Russell, Bertrand, 73, 194
Rutkevich, M. N., 150
Ryff, Raul, 119

Saad, Fued, 158, 347, 364
Sabato, Ernesto, 68
Sabino, Fernando, 187, 361
Sacheta, Hermínio, 112, 123
Saco, José Antonio, 195

Sader, Emir, 67
Salas, Ana Maria, 247, 350
Salvatori, Omar Horácio, 204, 367
Samamé Pacheco, Benjamín, 65, 72
Sampaio, João Baptista de Arruda, 243
Sampaio, Marietta Ribeiro de Azevedo, 243
Sampaio, Nelson Barbosa, 240
Sampaio, Plínio de Arruda, 243, 269, 398
Sampaio Filho, Theodoro, 36
Sánchez, Luís Amador, 127
Sanchez, Mário, 136
Sánchez Vázquez, Adolfo, 176
Sant'Anna, Affonso Romano de, 223
Santiago, Haroldo, 163
Santos, Carlos Afonso dos, 90
Santos, Celestino dos, 132, 136
Santos, Guarino Fernandes dos, 184
Santos, José de Oliveira, 163
Santos, Moacyr Amaral, 256
Santos, Manuel Elias dos, 121
Santos, Paulo de Tarso, 187
Santos, Paulo Roberto dos, 204, 367-8
Santos, Samuel, 130
Santos, Theotônio dos, 397
Saramago, José, 248
Sartre, Jean-Paul, 56-7, 170, 190, 195, 223, 255, 361-2
Saulit, Victor, 85
Schaff, Adam, 56
Schapire, Rosa P. Raicher de, 201
Schmidt, Afonso, 138, 144, 150, 152, 158, 172, 333, 345, 350, 353, 406
Schenberg, Mário, 119, 121-3, 130, 132, 136, 139-40, 171-2, 184, 241, 271, 276, 347, 353, 373-4, 384, 387, 399
Schneider, Edgard, 154
Schreiber, Émile, 90
Schwarz, Roberto, 168
Schweizer, Miguel, 242
Scliar, Carlos, 140
Seale, Bobby, 218
Secco, Lincoln, 29, 52, 64, 340

Segura, João Sanches, 132, 276, 347
Selsam, Howard, 131
Selser, Gregorio, 56, 247, 314
Seoane, Luis, 140
Seppilli, Tullio, 57
Serra, José, 271
Serrano Pérez, Manuel, 65
Shammas, Elias, 152
Shaw, George Bernard, 116
Sholokhov, Mikhail, 140
Shostakovich, Dimitri, 140
Sigmaringa Seixas, Antonio Carlos, 255-6
Sik, Ota, 222
Silva, Aldo Lins e, 172, 184, 239, 358, 364, 385, 399
Silva, Antonieta Dias de Morais, 144
Silva, Antonio Angarita, 172
Silva, Claudino José da, 117
Silva, Edmundo Macedo Soares e, 156
Silva, Elias Reinaldo da (André), 112
Silva, Gilberto de Andrade e, 143, 152, 332
Silva, Hélio, 223, 404
Silva, João Bernardes da, 138
Silva, Odon Pereira da, 198
Silva, Roberto, 104
Silva, Técio, 239
Silveira, Cid, 211, 368
Silveira, Ênio, 58, 72, 183, 203-4, 211, 223, 242, 363, 399-400
Silveira, Helena, 172, 344-5, 402
Silveira, Joel, 223, 363
Silveira, Otávio, 100
Silveira, Paulo, 59, 117, 271
Silveira Filho, Manuel Guilherme da, 36
Simonsen, Roberto, 128-9, 153, 406
Siodmak, Robert, 110
Sisson, Roberto, 99, 119-20, 332
Slánský, Rudolf, 140
Smrkovsky, Josef, 221
Soares, José Custódio, 147
Sobrinho, Alexandre Barbosa Lima, 194
Sobrinho, Oliveira Ribeiro, 124

Sobrinho, Paulo Cretella, 147
Sodré, Nelson Werneck, 25, 55-7, 62, 183, 188, 203, 207, 281-2, 284, 306-7, 350, 361, 363, 404-5
Sodré, Niomar Moniz, 203, 242, 385
Sodré, Olga, 188
Sorel, Georges, 55
Sorge, Friedrich, 11, 290
Sorotiuk, Vitório, 208
Sosa, Jesualdo, 65, 190, 194
Souza, Alberto Coelho de, 59
Souza, Gilda de Mello e, 241
Souza, O. de Carvalho e, 93
Souza, Otávio Tarquinio de, 347
Souza, Roberto Pinto de, 155
Souza Filho, Demócrito de, 120
Stalin, Joseph, 55, 57, 75, 77, 84, 90-1, 122, 139-40, 148, 150, 153, 181, 284-5, 312, 315, 319, 321, 324, 374
Stasova, Elena, 34
Stein, Stanley, 128, 246
Stevens, Leonard Cording, 23
Stone, I. F., 223
Straks, Grigorii Markovich, 175-6, 354
Street, Jorge Luís Gustavo, 104
Strenger, Irineu, 206
Studer, Brigitte, 110
Styron, William, 223, 248-9
Suassuana, Ariano, 199, 361
Sue, Eugène, 13
Summers, H. B., 40-1, 301
Suplicy, Eduardo, 265, 273, 398
Suslov, I. A., 175
Sweezy, Paul, 56, 74, 129, 190, 195, 315
Svoboda, Ludvik, 222
Szigeti, Joszef, 58

Tager, Paul, 90
Tamagni, Carlo, 162, 278
Tarcus, Horacio, 165, 289
Tarso, Paulo de, 194, 243
Taunay, Afonso de, 128

Tavants, P. V., 174
Tchesnokov, D., 150
Teixeira, Anísio, 223
Teixeira, Lívio, 245, 349
Teixeira, Maria de Lourdes, 166
Teles Júnior, Gofredo da Silva, 154, 206, 245
Telles, Gilberto Mendonça, 206
Telles, Jover, 209, 357, 370
Telles, Lygia Fagundes, 206
Thompson, E. P., 58-9
Thyrso, Octavio, 118
Tibiriçá, Maria Augusta, 188
Tito, Josip Broz, 56, 63, 139
Todescan, Reynaldo, 206
Togliatti, Palmiro, 56, 64, 228, 235
Torelly, Aparício (Barão de Itararé), 137, 345
Toriello, Guillermo, 152
Torres, Alberto, 114
Toynbee, Arnold, 205, 368
Trevisan, Roque, 132
Trigueiro, Oswaldo, 256
Trizzino, Romano, 73
Troise, Emilio, 131
Trotski, Leon, 23, 55, 74, 90, 123, 181, 220, 284, 321, 324
Tugarinov, V. P., 150

Urquidi, Víctor Luis, 199
Urtuvia, Olga, 247

Vaisman, Ester, 273
Váldes Vivó, Raúl, 189
Vale, Lurdes Maria Celso, 246
Valente, Ricardo Capote, 115
Valla, Victor, 20-1, 41
Vandré, Geraldo, 206, 243
Varela, Alfredo, 140
Vargas, Getulio, 30, 33-4, 41, 65-6, 102, 113, 120-4, 165, 230, 280, 336-7
Vargas, Ivete, 194, 273
Vasconcelos, Amarílio, 116
Vassiliev, B., 90

Vayo, Julio Álvarez del, 92, 247
Vechio, Carlos Eduardo Franceschini, 253
Veiga, José Gláucio Pinto, 155
Velascos, Domingues, 100
Ventura, Álvaro, 117
Vera, Nestor, 136
Vergal, Romeu de Campos, 152
Veríssimo, Érico, 26, 139
Viana, Brito, 146
Vianna, Luiz Werneck, 272
Vianna, Marly de Almeida Gomes, 7, 100
Vianna, Oduvaldo, 122
Vianna, Oliveira, 114
Vieira, José Geraldo, 137, 144, 172
Vieira, Rosa Maria, 273
Villar, José, 39-40
Villar, Lourival Costa, 132, 276
Villegas, Abelardo, 263
Vinhas, Moisés, 163, 212, 282, 371, 374
Virta, Nikolai, 126
Vitureira, Cipriano Santiago, 201
Volaki, Vitor, 220

Wagley, Charles, 246-7
Wallerstein, Immanuel, 218-9

Wallon, Henri, 145
Wangüemert, Luis G., 190
Watson, James, 74
Weerth, Georg, 14
Weiller, Roger, 162, 278
Weydemeyer, Joseph, 11, 18 , 289
Weydemeyer, Otto, 12
Wilczynski, Jozef, 46, 376
Wilmart, Raymond, 14
Wolfe, Bertram, 14, 76, 291
Woog, Edgar, 17
Wright Mills, C., 190, 362

X, Malcolm, 217
Xavier, Alcindo da Cunha, 161
Xavier, Lívio Barreto, 50-1, 78, 280, 301, 328

Yacubian, Levon, 170

Zea, Leopoldo, 263
Zerbini, Therezinha de Godoy, 259
Zhdanov, Andrei Aleksandrovich, 150
Zingg, Paulo, 123, 137, 337
Žižek, Slavoj, 226
Zorrilla, Cézar Pérez, 115

Capas de algumas das edições da *Revista Brasiliense*.

BIBLIOGRAFIA

2ª AUDITORIA: CONDENADO CAIO PRADO JUNIOR. *Folha de S.Paulo*, 26 mar. 1970.
70 DOS ALIMENTOS DO PAÍS. *Diário do Povo*, Campinas, 23 set. 1977.
AGUILAR, Luis E. (org.). *Marxism in Latin America*. Nova York, Alfred A. Knopf, 1968.
ALENCAR, Francisco; CARPI, Lúcia e RIBEIRO, Marcus Venício. *História da sociedade brasileira*. Rio de Janeiro, Ao Livro Técnico, 1979.
ALIANÇA NACIONAL LIBERTADORA. *O Estado de S. Paulo*, 12 maio 1935. p. 12.
AMADO, Jorge. *O mundo da paz:* União Soviética e democracias populares. 4. ed., Rio de Janeiro, Vitória, 1953.
ANDERSON, Jon Lee. *Che Guevara, uma biografia*. Rio de Janeiro, Objetiva, 1997.
ANDREONI, Paola. O rei Midas da Editora Brasiliense. *Interview*, n. 94, 1986.
AO POVO DE S. PAULO. *O Estado de S. Paulo*, 4 de janeiro de 1930. p. 1.
ARICÓ, José. *Marx e a América Latina*. Rio de Janeiro, Paz e Terra, 1982.
ARISMENDI, Rodney. Revolución y contrarrevolución en América Latina. In: Mchedlov, M. P. et al. *Dialéctica de la revolución y la contrarrevolución*. Buenos Aires, Cartago, 1986.
A RÚSSIA HOJE. *Diário da Noite*, São Paulo, 15 set. 1933.
A SOCIEDADE: homenagens. *O Estado de S. Paulo*, 2 ago. 1952. p. 6.
ASSISTÊNCIA TÉCNICA À AGRICULTURA. *Diário do Povo*, Campinas, 24 set. 1977.
ATHAYDE, Tristão de. Pela correção da nossa imagem. *Jornal do Brasil*, 13 jul. 1970.
ATO PÚBLICO DE SOLIDARIEDADE A PRESTES. *O Estado de S. Paulo*, 17 dez. 1957. p. 3.
AVERHOFF PURÓN, Mario. *Los primeros partidos políticos*. Havana, Instituto Cubano del Libro, 1971.
BABY, Jean. *As grandes divergências do mundo comunista*. São Paulo, Senzala, s. d.
BACHARÉIS EM DIREITO DE 1928. *O Estado de S. Paulo*, 12 dez. 1978. p. 35.
BARAN, Paul. *Reflexiones sobre la revolución cubana*. Buenos Aires, Jorge Álvarez, 1963.
BARATA, Agildo. *Vida de um revolucionário:* memórias. 2. ed., São Paulo, Alfa-Omega, 1978.
BARBOSA, Alexandre de Freitas. *A formação do mercado de trabalho no Brasil*. São Paulo, Alameda, 2008.
_____. O mercado de trabalho antes de 1930: emprego e "desemprego" na cidade de São Paulo. *Revista Novos Estudos Cebrap*, São Paulo, edição 80, mar. 2002.

BARBOSA, Carlos Alberto Leite. *Desafio inacabado, a política externa de Jânio Quadros*. São Paulo, Atheneu, 2007.

BASBAUM, Hersch. *Cartas ao Comitê Central, história sincera de um sonhador*. São Paulo, Discurso Editorial, 1999.

BASBAUM, Leôncio (sob o pseudônimo de Augusto Machado). *A caminho da revolução operária e camponesa*. Rio de Janeiro, Calvino Filho, 1934.

_____. *No estranho país dos iugoslavos*. São Paulo, Edaglit, 1962.

_____. *Sociología del materialismo*. Buenos Aires, Americalee, 1964.

_____. *Uma vida em seis tempos*. São Paulo, Alfa-Omega, 1976.

BASMÁNOV, Mikhail; LEIBZÓN, Boris. *Vanguardia revolucionaria:* problemas de la lucha ideológica. Moscou, Progreso, 1978.

BATINI, Tito. *Memórias de um socialista congênito*. Campinas, Editora da Unicamp, 1991.

BECKER, Marc. Indigenous Nationalities in Ecuadorian Marxist Thought, *A Contracorriente*, v. 5, n. 2, inverno de 2008.

BENEVIDES, Maria Victoria de Mesquita. *A UDN e o udenismo, ambiguidades do liberalismo brasileiro (1945-1965)*. Rio de Janeiro, Paz e Terra, 1981.

BENVENUTI, Francesco. Bukharin e a história soviética dos anos vinte. In: LENIN, Vladimir Ilicht et al., *Bukharin, teórico marxista*. Belo Horizonte, Oficina de Livros, 1989. p. 129-37.

BETTANIN, Fabio. *A coletivização da terra na URSS, Stalin e a "revolução do alto" (1929-1933)*. Rio de Janeiro, Civilização Brasileira, 1981.

BETTO, Frei. *Fidel e a religião*. São Paulo, Editora Brasiliense, 1985.

BIBLIOTECA DO IV CENTENÁRIO. *O Estado de S. Paulo*, 12 maio 1953. p. 11.

BLACKBURN, Robin. *An Unfinished Revolution*: Karl Marx and Abraham Lincoln. Londres, Verso, 2011.

BOBBIO, Norberto; MATTEUCI, Nicola; PASQUINO, Gianfranco (orgs.). *Dicionário de política*. 5. ed., Brasília/ São Paulo, Editora Universidade de Brasília/ Imprensa Oficial do Estado, 2000.

BOGGS, James. *A revolução americana:* páginas do caderno de notas de um operário negro. São Paulo, Brasiliense, 1969.

BOTTOMORE, Tom (org.). *A Dictionary of Marxist Thought*. Cambridge, Harvard University Press, 1983. [Ed. bras.: *Dicionário do pensamento marxista*, Rio de Janeiro, Zahar, 2001.]

BRANDÃO, Octávio. *Agrarismo e industrialismo: ensaio marxista-leninista sobre a revolta de São Paulo e a guerra de classes no Brasil, 1924*. 2. ed. São Paulo, Anita Garibaldi, 2006.

_____. *Combates e batalhas, memórias*, v. 1. São Paulo, Alfa-Omega, 1978.

BRYANT, Louise. *Six Red Months in Russia*. Nova York, George H. Doran, 1918.

BUENO, Silveira. *Visões da Rússia e do mundo comunista*. São Paulo, Saraiva, 1961.

BUKHARIN, Nicolai. *Teoría del materialismo histórico, ensayo popular de sociología marxista*. Córdoba, Pasado y Presente, 1972. Série Cuadernos de Pasado y Presente, n. 31.

_____. *Teoria do materialismo histórico, manual popular de sociologia marxista*. São Paulo, Caramuru, 1933-1934. 4 v.

_____. *Teoría economica del período de transición*. Córdoba, Pasado y Presente, 1972. Série Cuadernos de Pasado y Presente, n. 29.

BUONICORE, Augusto C., O Partido Comunista e o problema racial no Brasil (1922-1935). Disponível em: <http://grabois.org.br/portal/revista.int.php?id_sessao=21&id_publicacao=5726&id_indice=4499>.

BURKE, Walter. Deleonism in the Light of Marxism-Leninism, *The Communist*, abr. 1934. p. 302-10.

BUSTOS, Ciro. *El Che quiere verte: la historia jamás contada del Che*. Buenos Aires, Zeta, 2011.

CAIO GRACO PRADO, DIRECTOR DE LA EDITORA BRASILIENSE, EDITOR DEL LIBRO *FIDEL Y LA RELIGIÓN*. *Casa de las Américas,* Havana, 19 fev. 1986.

CAIO GRACO PRADO: O EDITOR DE SUCESSOS. *Exame/VIP,* 29 out. 1986.

CAIO PRADO ELEITO INTELECTUAL DO ANO. *Folha de S.Paulo,* 11 fev. 1967.

CAIO PRADO JÚNIOR MORRE AOS 83 ANOS. *O Estado de S. Paulo,* 24 nov. 1990. p. 20.

CAIO PRADO NÃO PODE IR À VENEZUELA. *Jornal do Brasil,* Rio de Janeiro, 19 nov. 1975.

CAIO PRADO TEM RECURSO NO STM. *Jornal do Brasil.* 11 jul. 1970.

CALDEIRA, Jorge. *História do Brasil com empreendedores.* São Paulo, Mameluco, 2009.

CALVERT, Peter, *Revolution*. Nova York, Praeger, 1970.

CÂMARA, Jayme Adour da. *Oropa, França e Bahia.* São Paulo, Companhia Editora Nacional, 1933.

CAMPOS, Dácio de Arruda. Cuba e o princípio da soberania. *Revista Brasiliense,* n. 36, jul.-ago. 1961. p. 94-9.

CANDIDO, Antonio. Florestan Fernandes marxista. In: COGGIOLA, Osvaldo (org.), *Marx e Engels na história.* São Paulo, Xamã, 1996.

_____. Prefácio para o livro *Mário de Andrade por ele mesmo*. *O Estado de S. Paulo,* 5 dez. 1971.

CANO, Wilson. Alguns aspectos da concentração industrial. In: VERSIANI, Flávio Rabelo; BARROS, José Roberto Mendonça de (orgs.). *Formação econômica do Brasil:* a experiência da industrialização. São Paulo, Saraiva, 1978.

C. A. PAULISTANO: campeonato interno, o jogo de hoje. *O Estado de S. Paulo,* 28 fev. 1931. p. 6.

CARONE, Edgard. *A terceira república (1937-1945).* São Paulo, Difel, 1976.

_____. A trajetória do *Manifesto do Partido Comunista* no Brasil. In: SECCO, Lincoln; DEAECTO, Marisa (orgs.). *Edgard Carone:* leituras marxistas e outros estudos. São Paulo, Xamã, 2004.

_____. O marxismo no Brasil: das origens a 1964. In: SECCO, Lincoln; DEAECTO, Marisa (orgs.). *Edgard Carone:* leituras marxistas e outros estudos. São Paulo, Xamã, 2004.

CARR, Barry. From Caribbean Backwater to Revolutionary Opportunity: Cuba's Evolving Relationship with the Comintern, 1925-1934. In: REES, Tim; THORPE, Andrew (orgs.). *International Communism and the Communist International, 1919-1943.* Manchester, Manchester University Press, 1998.

CARR, E. H. *A Revolução Russa de Lenin a Stalin (1917-1929).* Rio de Janeiro, Zahar, 1981.

CARRERAS, Julio Ángel. *Cuba, contradicciones de clases en el siglo XIX.* Havana, Editorial de Ciencias Sociales, 1985.

CARVALHO E SOUZA, Odette de. *Lenine.* Rio de Janeiro, Norte, [1939?].

CASTELLO BRANCO, Carlos. Medidas concretas contra os abusos, *Jornal do Brasil.* 6 ago. 1970. p. 4.

CASTELNUOVO, Elías. Yo ví...! En Rusia. In: SAÍTTA, Sylvia (org.). *Hacia la revolución, viajeros argentines de izquierda.* Buenos Aires, Fondo de Cultura Económica, 2007.

CASTRO, Moacir Werneck de. Delito de ideias. *Última Hora,* 20 mar. 1970.

_____. O caso Caio Prado. *Última Hora,* 3 ago. 1970. p. 14.

CASTRO, Ruy. Amarelo, meu amor. *Folha de S.Paulo,* 10 abr. 1984. p. 27.

CASTRO DELGADO, Enrique. *O Komintern sem máscara:* como perdi a fé em Moscou. Rio de Janeiro, Tribuna da Imprensa, 1952.

CAVALCANTI, Paulo. *A luta clandestina, o caso eu conto como o caso foi,* v. 4. Recife, Guararapes, 1985.

_____. *Da Coluna Prestes à queda de Arraes, o caso eu conto como o caso foi,* v. 1. São Paulo, Alfa-Omega, 1978.

_____. *Homens e ideias do meu tempo*. Recife, Nordestal, 1993.

_____. *Os equívocos de Caio Prado Júnior*. São Paulo, Argumentos, [1967?].

CHALMERS, Johnson. *Revolution and Social System*. Stanford, Stanford University Press, 1964.

CHAVES NETO, Elias. A beira do abismo. *Revista Brasiliense*, n. 44, nov.-dez. 1962. p. 15-20.

_____. A etapa nacionalista. *Revista Brasiliense*, n. 26, nov.-dez. 1959. p. 1-8.

_____. A liberdade de Luiz Carlos Prestes. *Revista Brasiliense*, n. 15, jan.-fev. 1958.

_____. A Revolução Cubana. *Revista Brasiliense*, n. 34, mar.-abr. 1961. p. 84-95.

_____. Cuba. *Revista Brasiliense*, n. 30, jul.-ago. 1960. p. 1-9.

_____. Cuba e a América Latina. *Revista Brasiliense*, n. 32, nov.-dez. 1960. p. 49-58.

_____. Cuba, no III aniversário da vitória da revolução. *Revista Brasiliense*, n. 39, jan.-fev. 1962. p. 37-43.

_____. Legalidade do Partido Comunista, marcha para a revolução socialista. *Revista Brasiliense*, n. 38, nov.-dez. 1961.

_____. *Minha vida e as lutas de meu tempo*. São Paulo, Alfa-Omega, 1978.

_____. O congresso mundial pelo desarmamento geral e pela paz. *Revista Brasiliense*, n. 43, set.-out. 1962.

_____. O presidente Kubitschek e o Fundo Monetário Internacional. *Revista Brasiliense*, n. 24, jul.-ago. 1959. p. 1-8.

_____. O quadragésimo aniversário do Partido Comunista do Brasil. *Revista Brasiliense*, n. 40, mar.-abr. 1962.

_____. Paz para Cuba. *Revista Brasiliense*, n. 45, jan.-fev. 1963. p. 1-6.

_____. Revolução democrática. *Revista Brasiliense*, n. 48, jul.-ago. 1963. p. 1-5.

_____. *Sentido dinâmico de democracia*. São Paulo, Brasiliense, 1982.

_____. Socialismo e emancipação política. *Revista Brasiliense*, n. 12, jul.-ago. 1957.

CHE, Kiun et al. *Imperialismo e social-imperialismo*. Porto, Estrela Vermelha, 1975.

CHILCOTE, Ronald H. *The Brazilian Communist Party, Conflict and Integration 1922-1972*. Nova York, Oxford University Press, 1974. [Ed. bras.: *O Partido Comunista Brasileiro:* conflito e integração – 1922-1972, Rio de Janeiro, Graal, 1982.]

COELHO, Marco Antônio Tavares. *Herança de um sonho:* as memórias de um comunista. Rio de Janeiro, Record, 2000.

COGGIOLA, Osvaldo (org.). *Marx e Engels na história*. São Paulo, Xamã, 1996.

COGGIOLA, Osvaldo; BILSKY, Edgardo. *História do movimento operário argentino*. São Paulo, Xamã, 1999.

COHEN, Stephen. *Bukharin, uma biografia política*. Rio de Janeiro, Paz e Terra, 1990.

COLEMAN, Stephen. *Daniel De Leon*. Manchester, Manchester University Press, 1990.

COMUNISTAS DIVIDIDOS ATÉ NA FESTA. *O Estado de S. Paulo*, 26 mar. 1986. p. 5.

CONCURSO NA FACULDADE DE DIREITO: iniciadas as provas públicas para provimento da cadeira de Economia Política. *O Estado de S. Paulo*, 12 jun. 1956. p. 12.

CONCURSO PARA PROVIMENTO DA CADEIRA DE ECONOMIA POLÍTICA: despertou grande interesse nos círculos jurídicos a arguição, ontem, do candidato Caio Prado Júnior – os trabalhos hoje. *O Estado de S. Paulo*, São Paulo, 14 jun. 1956. p. 11.

CONDE, Miguel. Slavoj Žižek e a novidade do comunismo. *O Globo*, 5 maio 2011. Disponível em: <http://oglobo.globo.com/blogs/prosa/posts/2011/05/28/slavoj-zizek-a-novidade-do-comunismo-382849.asp>.

CONFERÊNCIA DE CAIO PRADO: investimentos e financiamento. *Notícias de Hoje*, 7 jun. 1958.

CONGRESSO CONTINENTAL DE SOLIDARIEDADE A CUBA. *Anais...*, 1963. Niterói, 28 a 30 mar. 1963.

CONSTITUÍDA A SOCIEDADE BRASIL-URSS. *O Estado de S. Paulo*, 25 jun. 1960. p. 11.

CONTI, Mário Sérgio. Caio Graco, o editor de idéias jovens. *Veja/SP,* 1985.

COSTA, Bolívar. *Quem pode fazer a revolução no Brasil?* Rio de Janeiro, Civilização Brasileira, 1962. Coleção Cadernos do Povo Brasileiro, v. 7.

COUTINHO, Carlos Nelson. *O estruturalismo e a miséria da razão.* 2. ed., São Paulo, Expressão Popular, 2010.

_____. Uma via "não clássica" para o capitalismo. In: D'INCAO, Maria Angela (org.). *História e ideal:* ensaios sobre Caio Prado Júnior. São Paulo, Editora Unesp/ Secretaria de Estado da Cultura/ Brasiliense, 1989.

CPDOC/FGV. Partido Democrático de São Paulo (PD). Disponível em: <http://cpdoc.fgv.br/producao/dossies/AEraVargas1/anos20/CrisePolitica/PartidoDemocraticoSP>.

CUNHA, Paulo; CABRAL, Fátima (orgs.). *Nelson Werneck Sodré:* entre o sabre e a pena. São Paulo, Editora Unesp, 2006.

CZAJKA, Rodrigo. Livros da subversão: imprensa comunista e a coleção História Nova do Brasil, *Literatura e Autoritarismo*, maio de 2012. Disponível em: <http://w3.ufsm.br/grpesqla/revista/dossie07/art_13.php>.

DALLIN, David J. *The New Soviet Empire.* New Haven, Yale University Press, 1951. [Ed. bras.: *O novo império soviético*, Rio de Janeiro, Livraria Clássica Brasileira, 1951.]

DASSÚ, Marta. Frente única e frente popular: o VII Congresso da Internacional Comunista. In: HOBSBAWM, Eric J. *História do marxismo*, v. 6: *O marxismo na época da Terceira Internacional, da Internacional Comunista de 1919 às Frentes Populares.* Rio de Janeiro, Paz e Terra, 1988.

DAVIS, Mike. 1968: The Year the World Caught Fire, *Socialist Review*, maio de 2008. Disponível em: <www.socialistreview.org.uk/article.php?articlenumber=10386>.

DEAN, Warren. *A industrialização de São Paulo.* São Paulo e Rio de Janeiro, Difel, s. d.

DECISÕES PROFERIDAS PELO TRIBUNAL DE SEGURANÇA: absolvições em processo de São Paulo, diligência efetuada na Casa de Correção, *O Estado de S. Paulo*, 30 nov. 1938. p. 1.

DE DECCA, Edgar. *1930:* o silêncio dos vencidos. São Paulo, Brasiliense, 1981.

DEFESA DE DOUTORAMENTO. *O Estado de S. Paulo*, 13 nov. 1957. p. 12.

DE LEON, Daniel. *Reform or Revolution.* Mountain View, New Labor News/ Socialist Labor Party of America, 2000. Disponível em: <http://www.slp. org/pdf/de_leon/ddlother/reform_rev.pdf>.

DEL ROIO, Marcos. *A classe operária na revolução burguesa, a política de alianças do PCB: 1928--1935.* Belo Horizonte, Oficina de Livros, 1990.

_____. A teoria da revolução brasileira, tentativa de particularização de uma revolução burguesa em processo. In: MORAES, João Quartim de; DEL ROIO, Marcos (orgs.). *História do marxismo no Brasil:* visões do Brasil. Campinas, Editora da Unicamp, 2007. v. 4.

_____. O impacto da Revolução Russa e da Internacional Comunista no Brasil. In: MORAES, João Quartim de; REIS, Daniel Aarão (orgs.). *História do marxismo no Brasil*, v. 1: *O impacto das revoluções.* Campinas, Editora da Unicamp, 2007.

DENNING, Michael. *The Cultural Front:* The Laboring of American Culture in the Twentieth Century. Londres, Verso, 1998.

DEUTSCHER, Isaac. *Stalin:* A Political Biography. Nova York, Vintage Books/Random House, 1960. [Ed. bras.: *Stalin, uma biografia política*, Rio de Janeiro, Civilização Brasileira, 2006.]

D'INCAO, Maria Angela (org.). *História e ideal:* ensaios sobre Caio Prado Júnior. São Paulo, Editora Unesp/ Secretaria de Estado da Cultura/ Brasiliense, 1989.

DOBBS, Farrell. *Marxist Leadership in the US:* Revolutionary Continuity, The Early Years, 1848-1917. Nova York, Monad, 1980.

DOMINGUES, Petrônio José. História Nova do Brasil: um projeto abortado da revolução brasileira, *Novos Rumos*, ano 19, n. 42, 2004. Disponível em: <http://www2.marilia.unesp.br/revistas/index.php/novosrumos/article/viewFile/2142/1769>.

DOMINGUEZ, Pablo. *Victorio Codovilla:* la ortodoxia comunista. Buenos Aires, Capital Intelectual, 2006.

DOPS PRENDE E EXÉRCITO SOLTA CAIO PRADO JR. *Diário Popular*, 8 jun. 1965.

DORIN, Lannoy. O mundo do socialismo. *Revista Brasiliense*, n. 45, jan.-fev. 1963. p. 137-41.

DRAPER, Theodore. *American Communism and Soviet Russia.* New Brunswick, Transaction Publishers, 2004.

_____. *The Roots of American Communism.* Nova York, The Viking, 1957.

DUBKIN, Claudia. *Fundadores de la izquierda argentina.* Buenos Aires, Capital Intelectual, 2008.

DULLES, John Foster. *Anarquistas e comunistas no Brasil.* Rio de Janeiro, Nova Fronteira, 1977.

_____. *Brazilian Communism, 1935-1945, Repression during World Upheaval.* Austin, University of Texas Press, 1983.

_____. *Unrest in Brazil, Political-Military Crises 1955-1964.* Austin, University of Texas Press, 1970.

DUMONT, René. *Cuba:* Socialism and Development. Nova York, Grove, 1970.

DUTRA, Hélio. Uma carta de Cuba. *Revista Brasiliense*, n. 38, nov.-dez. 1961. p. 70-6.

ECKSTEIN, Harry. On the Etiology of Internal Wars. In: MAZLISH, Bruce (org.). *Revolution: A Reader.* Nova York, Macmillan, 1971.

ECONOMISTA DEPÕE NA COMISSÃO SOBRE O ENVIO DE LUCROS. *O Estado de S. Paulo*, 12 abr. 1962. p. 4.

EDITOR PETISTA SONHA COM CRESCIMENTO DO MERCADO. *O Globo*, 11 dez. 1988. p. 12.

EDMUNDO, Cláudio. *Um engenheiro brasileiro na Rússia.* Rio de Janeiro, Calvino Filho, 1934.

EM CURITIBA. *O Estado de S. Paulo*, 1º jan. 1967. p. 16.

ENGELS, Friedrich. Carta de Engels a Florence Kelley-Wischnewetzky, Londres, 28 de dezembro de 1886. In: MARX, Karl; ENGELS, Friedrich. *Obras escolhidas*, t. 3. Lisboa/ Moscou, Avante!/ Progresso, 1985.

_____. Princípios básicos do comunismo. In: MARX, Karl; ENGELS, Friedrich. *Obras escolhidas*, t. 1. Lisboa/ Moscou, Avante!/ Progresso, 1982.

ESTRUTURA AGRÁRIA EM DEBATE ECONÔMICO. *Correio Popular*, Campinas, 23 set. 1977.

INTELECTUAIS LANÇAM MANIFESTO DE APOIO. *Última Hora*, 9 dez. 1968.

FANON, Frantz. *The Wretched of the Earth.* Nova York, Grove, 1965. [Ed. bras.: *Os condenados da terra*, 1. reimp. atualiz., Juiz de Fora, UFJF, 2010.]

FARIA, Álvaro de. A Revolução Cubana no seu 2º aniversário. *Revista Brasiliense*, n. 33, jan.-fev. 1961. p. 82-4.

_____. Os trabalhadores e a nação. *Revista Brasiliense*, n. 17, maio-jun. 1958.

FARIA, Octavio de. *Destino do socialismo.* Rio de Janeiro, Ariel, 1933.

FAUSTO, Boris. *História do Brasil.* 11. ed., São Paulo, Edusp, 2003.

FAVROD, Charles-Henri (org.). *Enciclopédia do mundo atual:* os soviéticos. Lisboa, Publicações Dom Quixote, 1978.

FEBROT, Luiz Izrael. Cuba, ano 4 (impressões de viagem e anotações de leitura). *Revista Brasiliense,* n. 43, set.-out. 1962. p. 62-95.

FEDOSSEIEV, P. N., et al. *Karl Marx, biografia.* Lisboa/ Moscou, Avante!/ Progresso, 1983.

FEIJÓ, Martin Cézar. *Formação política de Astrojildo Pereira.* 2. ed., Belo Horizonte, Oficina de Livros, 1990.

FERNANDES, Florestan. *A contestação necessária: retratos intelectuais de inconformistas e revolucionários,* 2. ed., São Paulo, Expressão Popular, 2015.

_____. A visão do amigo. In: D'INCAO, Maria Angela (org.). *História e ideal:* ensaios sobre Caio Prado Júnior. São Paulo, Editora Unesp/ Secretaria de Estado da Cultura/ Brasiliense, 1989.

FERNANDES, Hélio. Caio Prado Jr.: a reparação de uma injustiça, o julgamento de um intelectual e não de um agitador. *Tribuna da Imprensa,* 31 ago. 1970.

FLORINDO, Marcos Tarcisio. A grande repressão de 1932 em São Paulo, *Revista Brasileira de História e Ciências Sociais,* v. 4, n. 8, dez. 2012. p. 291-316.

FONER, Philip S. *History of the Labor Movement in the United States,* v. 1: *From Colonial Times to the Founding of the American Federation of Labor.* Nova York, International Publishers, 1998.

FONSECA, Gondin da. *Bolchevismo.* Rio de Janeiro, Edição do Autor, 1935.

FORTE, Graziela Naclério. *CAM e SPAM:* arte, política e sociabilidade na São Paulo moderna, no início dos anos 1930. Dissertação (Mestrado em História Social), Faculdade de Filosofia, Letras e Ciências Humanas, USP, São Paulo, 2008.

_____. *Carlos Prado:* trajetória de um modernista aristocrata. Tese (Doutorado em Sociologia), Instituto de Filosofia e Ciências Humanas, Unicamp, Campinas, 2014.

FRAGOSO, Fernando. Heleno Fragoso: a defesa de presos políticos. In: MENTOR, José (org.). *Coragem:* a advocacia criminal nos anos de chumbo, São Paulo, s. n., 2014. Disponível em: <http://josementor.com.br/wp-content/files_mf/1397772269CORAGEM.pdf>.

FRAGOSO, Heleno Cláudio. *Advocacia da liberdade:* a defesa nos processos políticos. Rio de Janeiro, Forense, 1984.

FREDERICO, Celso (org.). *A esquerda e o movimento operário, 1964-1984,* v. 2: *A crise do "milagre brasileiro".* Belo Horizonte, Oficina de Livros, 1990.

FREIRE, Alípio; ALMADA, Izaías; PONCE, J. A. de Granville (orgs.). *Tiradentes, um presídio da ditadura:* memórias de presos políticos. São Paulo, Scipione, 1997.

FUNDAMENTOS DA TEORIA ECONÔMICA. *O Estado de S. Paulo,* 15 set. 1959. p. 13.

GALVÃO, Luís Alfredo. *Capital ou Estado?* São Paulo, Cortez, 1984.

GARCÍA, Mariana Serra. *Carlos Baliño.* Havana, Gente Nueva, 1984.

GARCIA CANTÚ, Gastón. *El socialismo en México, siglo XIX.* 4. ed., Cidade do México, Era, 1986.

GEMKOW, Heirich et al. *Friedrich Engels: biografia.* Dresden, Zeit im Bild, 1973.

GLUCKSMANN, André. *Althusser: un estructuralismo ventrílocuo.* Barcelona, Anagrama, 1971.

GODIO, Julio. *Historia del movimiento obrero latinoamericano.* Buenos Aires, El Cid, 1979.

GÓMEZ GARCIA, Carmen. *Carlos Baliño, primer pensador marxista cubano.* Havana, Editorial de Ciencias Sociales, 1985.

GORENDER, Jacob. *Combate nas trevas, a esquerda brasileira:* das ilusões perdidas à luta armada. São Paulo, Ática, 1987.

_____. Do pecado original ao desastre de 1964. In: D'INCAO, Maria Angela (org.). *História e ideal:* ensaios sobre Caio Prado Júnior. São Paulo, Editora Unesp/ Secretaria de Estado da Cultura/ Brasiliense, 1989.

GRÁFICA INTERDITADA POR AGENTES DO DOPS. *O Estado de S. Paulo*, 25 abr. 1964. p. 10.

GRAMSCI, Antonio. Notas críticas sobre uma tentativa de ensaio popular de sociologia. In: LENIN, Vladimir Ilicht et al., *Bukharin, teórico marxista*. Belo Horizonte, Oficina de Livros, 1989.

GRANADO, Alberto. *Com Che Guevara pela América do Sul:* viagem da juventude. São Paulo, Brasiliense, 1987.

GRESPAN, Jorge. A teoria da história em Caio Prado Jr.: dialética e sentido. *Revista IEB*, n. 47, set. 2008.

GRIGULÉVICH, Iósif. *Luchadores por la libertad de América Latina*. Moscou, Progreso, 1988.

GUEVARA, Che. Mensagem aos povos do mundo através da Tricontinental. In: *Por uma revolução internacional*. São Paulo, Edições Populares, 1981. p. 97-106.

_____. Tática e estratégia da revolução latino-americana. In: *Por uma revolução internacional*. São Paulo, Edições Populares, 1981. p. 43-51.

_____. *Textos econômicos*. São Paulo, Edições Populares, 1982.

GUEVARA LYNCH, Ernesto. *Meu filho Che*. São Paulo, Brasiliense, 1986.

HACK, Josias Ricardo. Um general conta sua história: perfil biográfico de Nelson Werneck Sodré, *Sala de Prensa*, ano III, v. 2, n. 33, julho de 2001. Disponível em: <http://www.saladeprensa.org/art241.htm>.

HADDAD, Jamil Almansur. Guillén no Brasil. *Revista Brasiliense*, n. 38, nov.-dez. 1961. p. 77.

_____. *Revolução Cubana e revolução brasileira*. Rio de Janeiro, Civilização Brasileira, 1961.

_____. Romanceiro cubano. *Revista Brasiliense*, n. 30, jul.-ago. 1960. p. 13-33.

HARDING, Neil. *Lenin's Political Thought: Theory and Practice in the Democratic Revolution*. Londres, MacMillan, 1977.

HATTO, Arthur. Revolution: An Enquiry into the Usefulness of an Historical Term. *Mind*, New Series, n. 58, out. 1949.

HATZKY, Christine. *Julio Antonio Mella, una biografia*. Santiago de Cuba, Oriente, 2008.

HELLER, Abraham Aaron. *The Decisive Year in the Soviet Union:* Socialist Construction in USSR in 1931. Nova York, Friends of the Soviet Union, 1931.

HERRESHOFF, David. *The Origins of American Marxism, from the Transcendentalists to De Leon*. Nova York, Monad, 1973.

HICKS, John Stuart Granville. *John Reed, la formación de un revolucionario*. Cidade do México, Instituto Politécnico Nacional/ Casa Abierta al Tiempo/ Domes, 1990.

HILTON, Stanley. *A rebelião vermelha*. Rio de Janeiro, Record, 1986.

HISTORIADOR FOI ACUSADO DE INCITAR LUTA ARMADA. *Folha de S.Paulo*, 4 fev. 2007. Disponível em: <www1.folha.uol.com.br/fsp/mais/fs0402200707.htm>.

HOBSBAWM, Eric. *A era do capital*. 15. ed. rev., São Paulo, Paz e Terra, 2012.

_____ (org.). *História do marxismo*, v. 7. Rio de Janeiro, Paz e Terra, 1986.

_____. *How to Change the World: Tales of Marx and Marxism*. Londres, Little Brown, 2011.

_____. *Revolutionaries*. Londres, Abacus, 1999. [Ed. bras.: *Revolucionários, ensaios contemporâneos*, 3. ed., Rio de Janeiro, Paz e Terra, 2003.]

HOLANDA, Nestor de. *Como seria o Brasil socialista?* Rio de Janeiro, Civilização Brasileira, 1963. Coleção Cadernos do Povo Brasileiro, v. 8.

_____. *Diálogo Brasil-URSS*. Rio de Janeiro, Civilização Brasileira, 1960.

_____. *O mundo vermelho, notas de um repórter na URSS*. Rio de Janeiro, Irmãos Pongetti, 1962.

HOMEM, Maria Cecília Naclério. *Higienópolis, grandeza de um bairro paulistano.* São Paulo, Edusp, 2011.

_____. *O palacete paulistano e outras formas urbanas de morar da elite paulista.* São Paulo, WMF Martins Fontes, 2010.

HOMENAGEM A PROFESSORES. *O Estado de S. Paulo*, 19 ago. 1962. p. 16.

HOOK, Sidney. Fifty Years After, *Problems of Communism*, Washington, v. XVI, n. 2, mar. e abr. 1967.

HOROWITZ, Irving Louis; CASTRO, Josué de; GERASSI, John. *Latin American Radicalism:* A Documentary Report on Left and Nationalist Movements. Nova York, Vintage Books, 1969.

HOVEY, Tamara. *John Reed:* Witness to Revolution. Los Angeles, George Sand Books, 1982.

HUBERMAN, Leo. *História da riqueza dos EUA: nós, o povo.* 2. ed., São Paulo, Brasiliense, 1978. (Reedição de *Nós, o povo:* a epopeia norte-americana, São Paulo, Brasiliense, 1966.)

_____. *Nós, o povo:* a epopeia norte-americana. São Paulo, Brasiliense, 1966.

HUBERMAN, Leo; SWEEZY, Paul. *Cuba:* Anatomy of a Revolution. Nova York, Monthly Review Press, 1960. [Ed. bras.: *Cuba:* anatomia de uma revolução. 3. ed., Rio de Janeiro, Zahar, 1960.]

_____; _____. *Socialism in Cuba.* Nova York/ Londres, Modern Reader/ Monthly Review Press, 1970.

HUGHES, Alex; READER, Keith (orgs.). *Encyclopedia of Contemporary French Culture.* Londres, Routledge, 1998.

IANNI, Octavio. A dialética da história. In: D'INCAO, Maria Angela (org.). *História e ideal:* ensaios sobre Caio Prado Júnior. São Paulo, Editora Unesp/ Secretaria de Estado da Cultura/ Brasiliense, 1989.

_____. *O colapso do populismo no Brasil.* Rio de Janeiro, Civilização Brasileira, 1975.

INCÊNDIO. *O Estado de S. Paulo*, 15 jun. 1965. p. 15.

INFORMAÇÃO SOBRE O MOVIMENTO SINDICAL. *ARCH A*, 1. 19 (2)-3, Asmob. In: FREDERICO, Celso (org.). *A esquerda e o movimento operário, 1964-1984*, v. 2: *A crise do "milagre brasileiro".* Belo Horizonte, Oficina de Livros, 1990. p. 101-10.

INÍCIO DO CURSO PARA DIRIGENTES SINDICAIS. *O Estado de S. Paulo*, 21 maio 1960. p. 10.

INTELECTUAIS APOIAM A CANDIDATURA ODON PEREIRA DA SILVA. *O Estado de S. Paulo*, 18 out. 1963. p. 8.

ISRAELITAS E AMIGOS DO POVO DE ISRAEL. *O Estado de S. Paulo*, 11 nov. 1945. p. 8.

IUMATTI, Paulo Teixeira. *Caio Prado Jr., uma trajetória intelectual.* São Paulo, Brasiliense, 2007.

_____. *Diários políticos de Caio Prado Júnior: 1945.* São Paulo, Brasiliense, 1998.

JANGO CRITICA AS "METAS" NO SEGUNDO CONGRESSO SINDICAL. *O Estado de S. Paulo*, 1º maio 1960. p. 27.

JOBIM, Danton. Não há crimes de ideias. *Última Hora*, Rio de Janeiro, 13 jul. 1970. p. 2.

JOHANNINGSMEIER, Edward P. *Forging American Communism:* The Life of William Z. Foster. Princeton, Princeton University Press, 1998.

JORNADA O BRASIL NO APÓS GUERRA. *O Estado de S. Paulo*, 21 dez. 1943. p. 11.

KAREPOVS, Dainis (org.). *Caio Prado Júnior, parlamentar paulista.* São Paulo, Imprensa Oficial do Estado, 2003.

_____. *Luta subterrânea: o PCB em 1937-1938.* São Paulo, Hucitec/Editora Unesp, 2003.

KAREPOVS, Dainis; MARQUES NETO, José Castilho; LÖWY, Michael. Trotsky e o Brasil. In: MORAES, João Quartim de (org.). *História do marxismo no Brasil*, v. 2: *Os influxos teóricos.* Campinas, Unicamp, 2007. p. 229-54.

KLEHR, Harvey. *The Communist Experience in America:* A Political and Social History. New Brunswick, Transaction, 2010.

KLINK, Amyr. *Linha d'água: entre estaleiros e homens do mar,* São Paulo, Companhia das Letras, 2006.

KOHAN, Néstor. *De Ingenieros al Che:* ensayos sobre el marxismo argentino y latinoamericano. Havana, Instituto Cubano de Investigación Cultural Juan Marinello, 2008.

KOLAKOWSKI, Leszek. *Main Currents of Marxism*, v. 2: *The Golden Age.* Oxford, Clarendon, 1978.

_____. *Main Currents of Marxism*, v. 3: *The Breakdown.* Oxford, Claredon, 1978.

KONDER, Leandro. *Intelectuais brasileiros e marxismo.* Belo Horizonte, Oficina de Livros, 1991.

KOVAL, Boris. *História do proletariado brasileiro, 1857 a 1967.* São Paulo, Alfa-Omega, 1982.

_____. *La gran revolución de Octubre y América Latina.* Moscou, Progreso, 1978.

LA BATALLA DE GUATEMALA. *Revista Brasiliense,* n. 21, jan.-fev. 1959. p. 205-7.

LASKEY, Melvin J. The Birth of Metaphor: On the Origin of Utopia and Revolution, *Encounter,* v. XXXIV, n. 2, fevereiro de 1970.

LAVRETSKI, I. *Ernesto Che Guevara.* Moscou, Progreso, 1975.

LEMOS, Renato (org.). *Justiça fardada:* o general Peri Bevilaqua no Superior Tribunal Militar (1965-1969). Rio de Janeiro, Bom Texto, 2004.

_____. Por inspiração de Dona Tiburtina: general Peri Bevilaqua no Superior Tribunal Militar, *Locus,* Juiz de Fora, v. 9, n. 1. p. 113-24.

LENIN, Vladimir Ilicht. Acerca de la necesidad de fundar el sindicato de obreros agrícolas de Rusia. In: *Acerca de los sindicatos.* Moscou, Progreso, 1979.

_____. Carta a los comunistas austriacos. In: *Contra el dogmatismo y el sectarismo en el movimiento obrero.* Moscou, Progreso, s.d.

_____. Discurso em defesa da tática da Internacional Comunista. In: *Obras escolhidas,* t. 3. Lisboa/ Moscou, Avante!/ Progresso, 1979.

_____. Esboço inicial das teses sobre a questão agrária. In: *Obras escolhidas,* t. 3. Lisboa/ Moscou, Avante!/ Progresso, 1979. p. 357-66.

_____. *Materialismo y empiriocriticismo.* Cidade do México, Grijalbo, 1967. [Ed. port.: *Materialismo e empiriocriticismo,* Lisboa, Estampa, 1971.]

_____. *Obras escolhidas,* t. 2 e 3. Lisboa/ Moscou, Avante!/ Progresso, 1978-1979.

_____. O marxismo e a insurreição. In: *Obras escolhidas,* t. 2. Lisboa/ Moscou, Avante!/ Progresso, 1978.

_____. Respuesta a P. Kievski (Y. Piatkov). In: *Contra el dogmatismo y el sectarismo en el movimiento obrero.* Moscou, Progreso, s.d.

_____. Sobre o significado do materialismo militante. In: *Obras escolhidas,* t. 3. Lisboa/ Moscou, Avante!/ Progresso, 1979.

LENIN, Vladimir Ilicht et al. *Bukharin, teórico marxista.* Belo Horizonte, Oficina de Livros, 1989.

LENK, Kurt. *Teorías de la revolución.* Barcelona, Anagrama, 1978.

LEVANO, César. Lenin y Mariátegui en nuestro tiempo. In: SCHWAB, Rudolph et al. *Lenin y Mariátegui.* Lima, Amauta, 1970.

LEVESQUE, Jacques. *O conflito sino-soviético.* Póvoa de Varzim, Estúdios Cor, 1974.

LEVI, Darrel E. *A família Prado.* São Paulo, Cultura 70, 1977.

LIMA, Heitor Ferreira. Bukharin, teórico e revolucionário bolchevique. In: PINHEIRO, Paulo Sérgio; DEL ROIO, Marcos (orgs.). *Combates na história:* a trajetória de Heitor Ferreira Lima. Rio de Janeiro e São Paulo, Paz e Terra/ Fapesp, 1990. p. 105-29.

_____. *Caminhos percorridos*. São Paulo, Brasiliense, 1982.

_____. *História político-econômica e industrial do Brasil*. São Paulo, Companhia Editora Nacional, 1973.

LINHA DO TEMPO. *Imprensa Popular*, ano VI, n. 23, mar. 2012. p. 26-7.

LINHARES, Hermínio. O comunismo no Brasil. *Revista Brasiliense*, n. 26, nov.-dez. 1959.

LINS E SILVA, Aldo. Aldo Lins e Silva: fui apenas um criminalista itinerante. In: MENTOR, José (org.). *Coragem:* a advocacia criminal nos anos de chumbo. São Paulo, s. n., 2014. Disponível em: <http://josementor.com.br/wp-content/files_mf/1397772269CORAGEM.pdf>.

LOBATO, Monteiro. *América*. São Paulo, Companhia Editora Nacional, 1932.

LOUREIRO, Heitor de Andrade Carvalho. *O comunismo dos imigrantes armênios de São Paulo (1935-1969)*. Dissertação (Mestrado em História Social), PUC, São Paulo, 2012.

LOVATTO, Angélica. *Os Cadernos do Povo Brasileiro e o debate nacionalista nos anos 1960:* um projeto de revolução brasileira. Tese (Doutorado em Ciências Sociais), PUC, São Paulo, 2010.

LÖWY, A. G. *El comunismo de Bujarin*. Barcelona, Grijalbo, 1973.

LÖWY, Michael, Consciência de classe e partido revolucionário. *Revista Brasiliense*, n. 41, maio--jun. 1962. p. 138-60.

_____. Notas sobre a questão agrária no Brasil, *Revista Brasiliense*, n. 31, set.-out. 1960.

_____ (org.). *O marxismo na América Latina:* uma antologia de 1909 aos dias atuais. 3. ed. ampl., São Paulo, Fundação Perseu Abramo, 2012.

LÚKACS, György. Tecnologia e relações sociais. In: LENIN, Vladimir Ilicht et al. *Bukharin, teórico marxista*. Belo Horizonte, Oficina de Livros, 1989. p. 41-51.

MACHADO, Nery. *Cuba, vanguarda e farol da América*. São Paulo, Fulgor, 1963.

MAFFEI, Eduardo. Ex-companheiro fala sobre Djalma Maranhão. Entrevista de Jair Siqueira Calçada, companheiro de caserna de Djalma Maranhão, concedida a Eduardo Maffei. Disponível em: <http://www.dhnet.org.br/memoria/1935/livros/insurreicao/anexos09.htm>.

MANIFESTO DE INTELECTUAIS BRASILEIROS. *Revista Civilização Brasileira*, Rio de Janeiro, ano IV, n. 3, set. 1968.

MANTEGA, Guido. Marxismo na economia brasileira. In: MORAES, João Quartim de (org.). *História do marxismo no Brasil*, v. 2: *Os influxos teóricos*. Campinas, Editora da Unicamp, 2007.

MARIGHELLA, Carlos. A Assembleia Constituinte e o Partido Comunista. In: PINHEIRO, Milton; FERREIRA, Muniz (orgs.). *Escritos de Marighella no PCB*. São Paulo/ Rio de Janeiro, Instituto Caio Prado Jr./ Fundação Dinarco Reis, 2013.

_____. A representação parlamentar comunista e a defesa da democracia. In: PINHEIRO, Milton; FERREIRA, Muniz (orgs.). *Escritos de Marighella no PCB*. São Paulo/ Rio de Janeiro, Instituto Caio Prado Jr./ Fundação Dinarco Reis, 2013.

_____. Crítica às teses do comitê central (1967). In: *Escritos de Carlos Marighella*. São Paulo, Livramento, 1979. p. 99-111.

MARINI, Ruy Mauro. Crítica à *Revolução brasileira*, de Caio Prado Júnior, 1967. In: STEDILE, João Pedro (org.). *A questão agrária no Brasil 2, o debate na esquerda:* 1960-1980. São Paulo, Expressão Popular, 2012. p. 101-6.

MARTINEZ, Paulo Henrique. *A dinâmica de um pensamento crítico:* Caio Prado Júnior (1928--1935). São Paulo, Edusp/ Fapesp, 2008.

MARTINS, José de Souza. O Plano Trienal e a marcha da revolução burguesa. *Revista Brasiliense*, n. 48, jul.-ago. 1963. p. 41-52.

MARX, Karl. A Abraham Lincoln, presidente dos Estados Unidos da América. In: MUSTO, Marcello (org.). *Trabalhadores, uni-vos!*: antologia política da I Internacional. São Paulo, Boitempo/Fundação Perseu Abramo, 2014. p. 281-2.

_____. A nacionalização da terra. In: MARX, Karl; ENGELS, Friedrich. *Obras escolhidas*, t. 2. Lisboa/ Moscou, Avante!/ Progresso, 1983.

MARX, Karl; ENGELS, Friedrich. *Obras escolhidas*, t. 1, 2 e 3. Lisboa/ Moscou, Avante!/ Progresso, 1982-1985.

_____; _____. *The Communist Manifesto*. Londres, Penguin Books, 1985. [Ed. bras.: *O Manifesto Comunista*, São Paulo, Boitempo, 1998.]

MATOS, Almir. *Cuba:* a revolução na América. Rio de Janeiro, Vitória, 1961.

MAUÉS, Flamarion. *Livros contra a ditadura:* editoras de oposição no Brasil, 1974-1984. São Paulo, Publisher Brasil, 2013.

MAZLISH, Bruce (org.). *Revolution:* A Reader. Nova York, Macmillan, 1971.

MAZZEO, Antonio Carlos. O Partido Comunista na raiz da teoria da Via Colonial do desenvolvimento do capitalismo. In: MAZZEO, Antonio Carlos; LAGOA, Maria Izabel (orgs.). *Corações vermelhos:* os comunistas brasileiros no século XX. São Paulo, Cortez, 2003.

_____. *Sinfonia inacabada:* a política dos comunistas no Brasil. Marília/ São Paulo, Unesp/ Boitempo, 1999.

MAZZEO, Antonio Carlos; LAGOA, Maria Izabel (orgs.). *Corações vermelhos:* os comunistas brasileiros no século XX. São Paulo, Cortez, 2003.

MCHEDLOV, M. P. et al., *Dialéctica de la revolución y la contrarrevolución*. Buenos Aires, Cartago, 1986.

MEDEIROS, Maurício de. *Rússia*. Rio de Janeiro, Calvino Filho, s. d.

MEDEIROS, Rui. *A Rússia de hoje:* a marcha do imperialismo soviético. Rio de Janeiro, Jalkh, 1979.

MEDVEDEV, Roy. *Os últimos anos de Bukharin*. Rio de Janeiro, Civilização Brasileira, 1980.

MELLO, Frederico Pernambucano de. *Estrelas de couro, a estética do cangaço*. São Paulo, Escrituras, 2010.

MESCHKAT, Klaus. Introducción: del socialismo revolucionario al estalinismo en Colombia, 1927-1933. In: MESCHKAT, Klaus; ROJAS, José María (orgs.). *Liquidando el pasado:* la izquierda colombiana en los archivos de la Unión Soviética. Bogotá, Taurus, 2009.

MESCHKAT, Klaus; ROJAS, José María (orgs.). *Liquidando el pasado:* la izquierda colombiana en los archivos de la Unión Soviética. Bogotá, Taurus, 2009.

MESEGUER ILLÁN, Diego. *José Carlos Mariátegui y su pensamiento revolucionário*. Lima, Instituto de Estudios Peruanos, 1974.

MIKE'S RAILWAY HISTORY. *Railways as They Were in the Years Until 1935, Russia and Siberia, A Century of Progress in Rail Transport*. Disponível em: <http://mikes.railhistory.railfan.net/r097.html>.

MILLS, C. Wright. *A verdade sobre Cuba*. Rio de Janeiro, Zahar, 1961.

MODIFICANDO ATO PUNITIVO. *O Estado de S. Paulo*, 22 maio 1969.

MOLICA, Fernando. Entrevista ao jornal italiano *La Cronaca*, 19 dez. 2005. Disponível em: <www.fernandomolica.com.br/caso/FernandoMolica-Entrevista.pdf>.

_____. *O homem que morreu três vezes, uma reportagem sobre o "chacal brasileiro"*. Rio de Janeiro, Record, 2003.

MONIZ BANDEIRA, Luiz Alberto. *Cartéis e desnacionalização*. Rio de Janeiro, Civilização Brasileira, 1975.

_____. *O caminho da revolução brasileira*. Rio de Janeiro, Melso, 1962.

MONIZ BANDEIRA, Luiz Alberto; MELLO, Clóvis; ANDRADE, A. T. *O ano vermelho, a Revolução Russa e seus reflexos no Brasil*. Rio de Janeiro, Civilização Brasileira, 1967.

MOORE, Robert Laurence. *European Socialists and the American Promised Land*. Nova York, Oxford University Press, 1970.

MORAES, Dênis de. *O velho Graça*: uma biografia de Graciliano Ramos. São Paulo, Boitempo, 2012.

MORAES, Dênis de; VIANA, Francisco. *Prestes, lutas e autocríticas*. Rio de Janeiro, Mauad, 1997.

MORAES, João Quartim de (org.). *História do marxismo no Brasil*, v. 2: *Os influxos teóricos*. Campinas, Unicamp, 2007.

_____. Sodré, Caio Prado e a luta pela terra. In: CUNHA, Paulo Ribeiro; CABRAL, Fátima (orgs.). *Nelson Werneck Sodré: entre o sabre e a pena*. São Paulo, Editora Unesp, 2006.

MORAES, João Quartim de; DEL ROIO, Marcos (orgs.). *História do marxismo no Brasil*, v. 4: *Visões do Brasil*. Campinas, Unicamp, 2007.

MORAES, João Quartim de; REIS, Daniel Aarão (orgs.). *História do marxismo no Brasil*, v. 1: *O impacto das revoluções*. Campinas, Unicamp, 2007.

MORAES FILHO, Evaristo de. A proto-história do marxismo no Brasil. In: MORAES, João Quartim de; REIS, Daniel Aarão (orgs.). *História do marxismo no Brasil*, v. 1: *O impacto das revoluções*. Campinas, Unicamp, 2007.

MOTA, Carlos Guilherme. Fernando Henrique e a ponte de ouro. *O Estado de S. Paulo*, 12 out. 1998. p. 2.

_____. *Ideologia da cultura brasileira (1933-1974)*. São Paulo, Ática, 1980.

MOTA, Carlos Guilherme; LOPEZ, Adriana. *História do Brasil: uma interpretação,* São Paulo, Editora 34, 2015.

MOTHES, Jürgen. Comintern Politics Concerning Latin America. In: ROJAHN, Jürgen (org.). *The History of the Communist International and its National Sections*. Amsterdã e Frankfurt, s. n., 1992.

MOTTA, Luiz Eduardo. *A favor de Althusser:* revolução e ruptura na teoria marxista. Rio de Janeiro, Faperj/Gramma, 2014.

MOVIMENTO PARA REGISTRO DO PC BRASILEIRO. *O Estado de S. Paulo*, 22 set. 1961. p. 5.

NAPAL, Dionisio R. *O império soviético*. São Paulo, Revista dos Tribunais, 1934.

NEGADO HABEAS CORPUS AO SOCIÓLOGO CAIO PRADO JR. *O Dia*, 27 out. 1968.

NETTO, José Paulo. Posfácio. In: COUTINHO, Carlos Nelson. *O estruturalismo e a miséria da razão*. 2. ed., São Paulo, Expressão Popular, 2010. p. 233-86.

NOTES ON THE EARLY HISTORY OF AMERICAN COMMUNISM. *Workers' Republic*, n. 9-10, primavera de 2007.

NOTÍCIAS SINDICAIS DO BRASIL, *ARCH A*, 1. 19 (2)-3, Asmob. In: FREDERICO, Celso (org.). *A esquerda e o movimento operário, 1964-1984*, v. 2: *A crise do "milagre brasileiro"*. Belo Horizonte, Oficina de Livros, 1990. p. 95-100.

O'CONNOR, Richard; WALKER, Dale L. *The Lost Revolutionary:* A Biography of John Reed. Nova York, Harcourt, Brace and World, 1967.

O INDIANA JONES DA CULTURA BRASILEIRA, *O Estado de S. Paulo,* Caderno 2, 8 jun. 1988.

OLIVEIRA, Franklin de. *Que é a Revolução Brasileira?* Rio de Janeiro, Civilização Brasileira, 1963. Coleção Cadernos do Povo Brasileiro.

_____. *Revolução e contra-revolução no Brasil*. Rio de Janeiro, Civilização Brasileira, 1962. Coleção Cadernos do Povo Brasileiro, volume avulso.

OLIVEIRA, J. R. Guedes de (org.). *Cartas de Octávio Brandão:* memória. Florianópolis, UFSC, 2005.

OLIVEIRA, Nelson Tabajara de. *Shangai*. São Paulo, Companhia Editora Nacional, 1932.

ONWUANIBE, Richard. *A Critique of Revolutionary Humanism:* Frantz Fanon. St. Louis, W. Green, 1983.

O PROLETARIADO E A POLÍTICA DA DITADURA. *Voz Operária*, n. 100, jun. 1973. In: FREDERICO, Celso (org.). *A esquerda e o movimento operário, 1964-1984*, v. 2: *A crise do "milagre brasileiro"*. Belo Horizonte, Oficina de Livros, 1990. p. 89-93.

O RESULTADO DO CONCURSO NA FACULDADE DE DIREITO. *O Estado de S. Paulo*, 26 jun. 1956. p. 12.

OS DESTAQUES DE HOJE. *O Estado de S. Paulo*, 13 jul. 1978. p. 21.

OS PARAFUSOS DO APARELHO. *O Estado de S. Paulo*, 9 set. 1960. p. 7.

OTTANELLI, Fraser M. *The Communist Party of the United States:* From the Depression to World War II. New Brunswick, Rutgers University Press, 1991.

PADOVER, Saul K. (org.). *The Essencial Marx, The Non-Economic Writings*. Nova York, Mentor Book/ New American Library, 1979.

PAIVA, Fred Melo. Você também está atrás das grades. *O Estado de S. Paulo*, Caderno Aliás, 9 dez. 2007. p. 14.

PASQUINO, Gianfranco. Revolução. In: BOBBIO, Norberto; MATTEUCI, Nicola; PASQUINO, Gianfranco (orgs.). *Dicionário de política*, v. 2. Brasília/ São Paulo, Editora Universidade de Brasília/ Imprensa Oficial do Estado, 2000.

PEDROSO, Regina Célia. Abaixo os direitos humanos! A história do massacre de cento e onze presos na Casa de Detenção de São Paulo, *Revista Liberdades*, Instituto Brasileiro de Ciências Criminais, n. 9, jan.-abr. 2012. Disponível em: <http://www.ibccrim.org.br/revista_liberdades_artigo/119-HISTORIA>.

PEPPER, John, *American Negro Problems*. Disponível em: <https://www.marxists.org/history/usa/parties/cpusa/1928/nomonth/0000-pepper-negroproblems.pdf>.

PERALVA, Oswaldo. *Pequena história do mundo comunista*. Porto Alegre, Editora do Autor, 1964.

PEREIRA, Astrojildo. *URSS, Itália, Brasil*. São Paulo, Novos Rumos, 1985.

PEREIRA, Osny Duarte. O Iseb, o desenvolvimento e as reformas de base. *Revista Brasiliense*, n. 47, maio-jun. 1963.

PÉREZ HINOJOSA, Gustavo. La defensa del socialismo indo-americano en el VI Congreso de la Internacional Comunista, *Rebelión*, 1º dez. 2011. Disponível em: <http://www.rebelion.org/noticia.php?id=140372>.

PERICÁS, Luiz Bernardo. Caio Prado Júnior e o socialismo. *Mouro*, n. 3, São Paulo, 2010. p. 147-66.

_____. *Che Guevara e o debate econômico em Cuba*. São Paulo, Xamã, 2004.

_____. Condecorando Che. *Revista de História da Biblioteca Nacional*, ano 3, n. 33, jun. 2008.

_____. El historiador brasileño Caio Prado Júnior y el socialismo. *Contexto Latinoamericano*, Havana, n. 12, 2010. p. 60-76.

_____(org.), *José Carlos Mariátegui:* as origens do fascismo. São Paulo, Alameda, 2010.

_____. José Carlos Mariátegui e o Brasil. *Estudos Avançados*, v. 24, n. 68, jan.-abr. 2010. p. 335-61.

_____. José Carlos Mariátegui e o Comintern. *Lutas Sociais*, n. 25-6, segundo semestre de 2010 – primeiro semestre de 2011. p. 176-90.

_____. José Carlos Mariátegui e o México. *Margem Esquerda*, n. 15, nov. 2010. p. 113-42.

_____(org.). *José Carlos Mariátegui:* Revolução Russa, história, política e literatura. São Paulo, Expressão Popular, 2012.

_____(org.). *Mariátegui:* sobre educação. São Paulo, Xamã, 2007.

_____. O encontro de Che Guevara e Jânio Quadros. *Quaderni della Fondazione Ernesto Che Guevara*, Bolsena, n. 7, 2007-2008.

_____. O pensamento livre. *CartaCapital*, 21 fev. 2007.

_____. O pensamento livre. *Política Democrática*, ano V, n. 18, 2007. p. 191-4.

_____. Revista Brasiliense, *Crítica y Emancipación*, Buenos Aires, CLACSO, ano V, n. 9, primeiro semestre de 2013. p. 213-24.

_____. Um homem por inteiro. *Correio Braziliense*, 21 fev. 2009. p. 5.

PERICÁS, Luiz Bernardo; BARSOTTI, Paulo (orgs.). *América Latina:* história, idéias e revolução. São Paulo, Xamã, 1998.

PERICÁS, Luiz Bernardo; SECCO, Lincoln (orgs.). *Intérpretes do Brasil:* clássicos, rebeldes e renegados. São Paulo, Boitempo, 2014.

PERICÁS, Luiz Bernardo; WIDER, Maria Célia. Caio Prado Júnior. In: PERICÁS, Luiz Bernardo; SECCO, Lincoln (orgs.). *Intérpretes do Brasil:* clássicos, rebeldes e renegados. São Paulo, Boitempo, 2014.

PINHEIRO, Milton (org.). *Caio Prado Júnior:* história e sociedade. Salvador, Quarteto, 2011.

_____ (org.). *Ditadura:* o que resta da transição. São Paulo, Boitempo, 2014.

PINHEIRO, Milton; FERREIRA, Muniz (orgs.). *Escritos de Carlos Marighella*. São Paulo/ Rio de Janeiro, Instituto Caio Prado Jr./ Fundação Dinarco Reis, 2013.

PINHEIRO, Paulo Sérgio; DEL ROIO, Marcos (orgs.). *Combates na história:* a trajetória de Heitor Ferreira Lima. Rio de Janeiro/ São Paulo, Paz e Terra/ Fapesp, 1990.

PINTO, José Nêumanne. Brasiliense abrirá 100 livrarias em 86. *Jornal do Brasil*, 17 maio 1986. p. 17.

PINTO, Paulo Alves, A paz e o problema alemão. *Revista Brasiliense*, n. 45, jan.-fev. 1963. p. 7-17.

PINTO FERREIRA, Luís. Panorama da sociologia brasileira. *Revista Brasiliense*, n. 14, nov.-dez. 1957.

_____. Panorama da sociologia brasileira. *Revista Brasiliense*, n. 16, mar.-abr. 1958.

_____. Panorama da sociologia brasileira III. *Revista Brasiliense*, n. 16, mar.-abr. 1958.

POMAR, Wladimir. *Pedro Pomar, uma vida em vermelho*. São Paulo, Xamã, 2003.

_____ (sob o pseudônimo Valter Pomar). *A questão agrária no Brasil e a contra-revolução do sr. Caio Prado*. Rio de Janeiro, Alvorada, 1969.

PONTES, José Alfredo Otero Vidigal. *1932, o Brasil se revolta:* o caráter nacional de um movimento democrático. São Paulo, Terceiro Nome/ O Estado de S. Paulo, 2004.

PRADO JÚNIOR, Caio. Através das democracias populares: Checoslováquia e Polônia. *Fundamentos*, n. 11, janeiro de 1950.

_____. Através das democracias populares: Checoslováquia e Polônia. *Fundamentos*, n. 12, fev. 1950.

_____. *A cidade de São Paulo, geografia, história*. 13. ed., São Paulo, Brasiliense, 1983.

_____. A dialética materialista. *Revista Brasiliense*, n. 3, jan.-fev. 1956.

_____. A economia marxista. *Revista Brasiliense*, n. 26, nov.-dez. 1959. p. 76-93.

_____. As eleições argentinas. *Revista Brasiliense*, n. 16, mar.-abr. 1958. p. 1-7.

_____. As eleições de 3 de outubro. *Revista Brasiliense*, n. 2, nov.-dez. 1960.

_____. A Instrução 204 e a política econômica brasileira. *Revista Brasiliense*, n. 35, maio-jun. 1961.

_____. A polícia de S. Paulo e seus métodos. *O Estado de S. Paulo*, 11 jan. 1930. p. 13.

_____. *A questão agrária*. São Paulo, Brasiliense, 1979.

_____. *A revolução brasileira*. São Paulo, Brasiliense, 2004.

_____. *Caio Prado Júnior e o "Juca Pato"*, São Paulo, Divisão de Arquivo do Estado, 1983.

_____. Categorias del materialismo dialectico. *Revista Brasiliense*, n. 26, nov.-dez.1959.

_____. Convivência pacífica. *Revista Brasiliense*, n. 33, jan.-fev. 1961.

_____. *Dialética do conhecimento*, tomo I, Preliminares: pré-história da dialética, 3. ed., São Paulo, Brasiliense, 1960.

_____. *Dialética do conhecimento*, t. 2. São Paulo, Brasiliense, 1960.

_____. *Diretrizes para uma política econômica brasileira*. São Paulo, Urupês, 1954. (Monografia para o concurso para a cadeira de Economia Política da Faculdade de Direito da Universidade de São Paulo.)

_____. É preciso deixar o povo falar. In: MOTA, Lourenço Dantas. *A história vivida*. São Paulo, O Estado de S. Paulo, 1981.

_____. É preciso deixar o povo falar. *O Estado de S. Paulo*, 11 . jun. 1978. Disponível em: <http://acervo.estadao.com.br/pagina/#!/19780611-31668-nac-0014-999-14-not>.

_____. *Esboço dos fundamentos da teoria econômica*. São Paulo, Brasiliense, 1957.

_____. *Evolução política do Brasil, ensaio de interpretação dialética da história brasileira*. São Paulo, Brasiliense, 1947.

_____. *Evolução política do Brasil e outros estudos*. São Paulo, Brasiliense, 1957.

_____. *Evolución política del Brasil y otros estudios*. Montevidéu, Palestra, 1964.

_____. *Formação do Brasil contemporâneo*. São Paulo, Livraria Martins, 1942.

_____. *Formação do Brasil contemporâneo*. 24. reimp. , São Paulo, Brasiliense, 1996.

_____. *História econômica do Brasil*. São Paulo, Brasiliense, 1974.

_____. *História e desenvolvimento:* a contribuição da historiografia para a teoria e prática do desenvolvimento brasileiro. São Paulo, Brasiliense, 1972.

_____. Manual de economia política. *Revista Brasiliense*, n. 5, maio-jun. 1956.

_____. Materialismo dialético. *Revista Brasiliense*, n. 4, mar.-abr. 1956.

_____. Monteiro Lobato. *Fundamentos*, São Paulo, n. 4-5, set.-out. 1948. p. 288-90.

_____. Nacionalismo e desenvolvimento. *Revista Brasiliense*, n. 24, jul.-ago. 1959. p. 9-15.

_____. *Notas introdutórias à lógica dialética*. São Paulo, Brasiliense, 1959.

_____. *O mundo do socialismo*. São Paulo, Brasiliense, 1962.

_____. Os dois Brasis. *Revista Brasiliense*, n. 26, nov.-dez. 1959. p. 213-6.

_____. O estatuto do trabalhador rural. *Revista Brasiliense*, n. 47, maio-jun. 1963.

_____. *O estruturalismo de Lévi-Strauss/ O marxismo de Louis Althusser*. São Paulo, Brasiliense, 1971.

_____. O programa da Aliança Nacional. In: PERICÁS, Luiz Bernardo; BARSOTTI, Paulo (orgs.). *América Latina:* história, idéias e revolução. São Paulo, Xamã, 1998. p. 77-94.

_____. *O que é liberdade:* capitalismo x socialismo. São Paulo, Brasiliense, 1989.

_____. Panorama da política brasileira. *Revista Brasiliense*, n. 38, nov.-dez. 1961. p. 1-15.

_____. Perspectivas da política progressista e popular brasileira. *Revista Brasiliense*, n. 44, nov.-dez. 1962.

_____. *The Colonial Background of Modern Brazil*. Berkeley, University of California Press, 1969.

_____. Um discurso marca época. *Revista Brasiliense*, n. 46, mar.-abr. 1963. p. 1-9.

_____. *URSS, um novo mundo*. São Paulo, Companhia Editora Nacional, 1934.

PRADO, Carlos. Direitos humanos. Texto inédito, arquivo pessoal de Cláudio Prado.

_____. *Memórias sem palavras:* infância/ *Memoires sans paroles*: enfance. Zurique, Lichtdruck/ Orell Füssli, 1956.

PRÊMIO JABUTI. *O Estado de S. Paulo*, 26 mar. 1959. p. 8.

PREOBRAJENSKY, Eugênio. *A nova econômica*. Rio de Janeiro, Paz e Terra, 1979.

PRESOS POLÍTICOS E A POLÍCIA. *Folha da Tarde*, 11 mar. 1950.

PRESTES, Anita Leocadia. *Campanha Prestes pela libertação dos presos políticos no Brasil (1936- -1945)*. São Paulo, Editora Expressão Popular, 2013.

_____. Da Declaração de Março de 1958 à renúncia de Jânio Quadros: as vicissitudes do PCB na luta por um governo nacionalista e democrático. In: *Crítica Marxista,* Disponível em: <http://www. ifch.unicamp. br/criticamarxista/arquivos_biblioteca/artigo237merged_document_247.pdf>.

PRÓ-LIBERTAÇÃO DE UM INTELECTUAL. *O Estado de S. Paulo*, 16 maio 1948. p. 3.

PUIGGRÓS, Rodolfo. *Historia crítica de los partidos políticos argentinos*. Buenos Aires, Hyspamérica, 1986.

REE, Erik van. *The Political Thought of Joseph Stalin:* A Study in Twentieth Century Revolutionary Patriotism. Londres, Routledge Curzon, 2002.

REED, John. *Ten Days That Shook The World*. Nova York, Boni and Liveright, 1919. [Ed. bras.: *Dez dias que abalaram o mundo*, São Paulo, Penguin/ Companhia das Letras, 2011.]

_____. Why Political Democracy Must Go. *The New York Communist*, v. I, n. 6, 24 maio 1919. p. 4.

REES, Tim; THORPE, Andrew (orgs.). *International Communism and the Communist International, 1919-1943*. Manchester, Manchester University Press, 1998.

REFORMA AGRÁRIA É TEMA CENTRAL NO SEMINÁRIO. *Correio Popular*, Campinas, 24 set. 1977.

REFORMA AGRÁRIA PARA A ELIMINAÇÃO DO MONOPÓLIO. *Diário do Povo*, Campinas, 24 set. 1977.

REIMÃO, Sandra. Proíbo a publicação e circulação... censura a livros na ditadura militar. *Estudos Avançados*, v. 28, n. 80, jan.-abr. 2014. p. 75-90.

REVISÃO ENTREVISTA CAIO PRADO JÚNIOR. *Revisão*, n. 4, ago. 1967.

REVISTA HONGQI. *Viva el leninismo*. Pequim, Ediciones en Lenguas Extranjeras, 1960.

RICUPERO, Bernardo. *Caio Prado Júnior e a nacionalização do marxismo no Brasil*. São Paulo, Departamento de Ciência Política da Universidade de São Paulo/ Fapesp/ Editora 34, 2000.

_____. *Sete lições sobre as interpretações do Brasil*. São Paulo, Alameda, 2007.

RIDENTI, Marcelo. *O fantasma da revolução brasileira*. São Paulo, Editora Unesp, 1993.

RODRIGUES, Leôncio Martins. Preobrajensky e a Nova Econômica. In: PREOBRAJENSKY, Eugênio. *A nova econômica*. Rio de Janeiro, Paz e Terra, 1979.

ROJAHN, Jürgen (org.). *The History of the Communist International and its National Sections*. Amsterdã e Frankfurt, s. n., 1992.

ROMANO, Luís Antônio Contatori. *A passagem de Sartre e Simone de Beauvoir pelo Brasil em 1960*. Campinas/ São Paulo, Mercado das Letras/ Fapesp, 2002.

ROSENSTONE, Robert A. *Romantic Revolutionary*. Nova York, Vintage Books, 1975.

RUBIM, Antonio Albino Canelas. *Marxismo, cultura e intelectuais no Brasil*. Salvador, Centro Editorial e Didático da UFBA, 1995.

RUIZ, Ramón Eduardo. *México:* la gran rebelión, 1905-1924. México, Era, 1984.

RUMIÁNTSEV, A. et al. *Comunismo científico, diccionario*. Moscou, Progreso, 1985.

SAÍTTA, Sylvia. *Hacia la revolución, viajeros argentinos de izquierda*. Buenos Aires, Fondo de Cultura Económica, 2007.

SALADINO GARCIA, Alberto. *Indigenismo y marxismo en América Latina*. México, Universidad Autónoma del Estado de México, 1994.

SAMPAIO JR., Plínio de Arruda. *Entre a nação e a barbárie:* os dilemas do capitalismo dependente. Petrópolis, Vozes, 1999.

SANTOS, João Marcelo Pereira dos. *Energia elétrica e poder político:* trabalhadores da Light São Paulo, 1900-1935. São Paulo, Editora Outras Expressões, 2015.

SANTOS, Raimundo (org.). *A importância da tradição pecebista.* Brasília, Fundação Astrojildo Pereira, 2009.

_____. *A primeira renovação pecebista:* reflexos do XX Congresso do PCUS no PCB, 1956-1957. Belo Horizonte, Oficina de Livros, 1988.

_____. *Caio Prado Jr., dissertações sobre a revolução brasileira.* São Paulo, Brasiliense/ Fundação Astrojildo Pereira, 2007.

_____. *O pecebismo inconcluso, escritos sobre idéias políticas.* Rio de Janeiro, Universidade Rural/ Sociedade do Livro, 1994.

SANTOS, Wanderley Guilherme dos. *Reforma contra reforma.* Rio de Janeiro, Editora Tempo Brasileiro, 1963.

SCHAEFER, Sérgio. *A lógica dialética:* um estudo da obra filosófica de Caio Prado Júnior. Porto Alegre, Movimento, 1985.

SCHWAB, Rudolph et al. *Daniel De Leon, The Man and His Work:* A Symposium. Nova York, National Executive Committee of the Socialist Labor Party, 1934.

_____ et al. *Lenin y Mariátegui.* Lima, Biblioteca Amauta, 1970.

_____ et al. Os intelectuais cubanos unidos na obra da cultura do serviço do povo e da revolução. *Revista Brasiliense*, n. 34, mar.-abr. 1961. p. 96-8.

SECCO, Lincoln. *Caio Prado Júnior, o sentido da revolução.* São Paulo, Boitempo, 2008.

_____. *Formação da esquerda no Brasil:* das primeiras impressões à batalha dos livros. São Paulo, Ateliê, no prelo.

_____. *Gramsci e o Brasil:* recepção e difusão de suas idéias. São Paulo, Cortez, 2002.

_____. Intelectuales Comunistas: Caio Prado Junior. *Políticas de la Memoria*, v. 15, Buenos Aires, 2015. p. 201-4.

_____. Tradução do marxismo no Brasil: Caio Prado Júnior. *Mouro*, n. 2, jan. 2010. p. 7-22.

SECCO, Lincoln; DEAECTO, Marisa Midori (orgs.). *Edgard Carone:* leituras marxistas e outros estudos. São Paulo, Xamã, 2004.

SEGATTO, José Antonio. *Breve história do PCB.* 2. ed., Belo Horizonte, Oficina de Livros, 1989.

_____. *Reforma e revolução:* as vicissitudes políticas do PCB, 1954-1964. Rio de Janeiro, Civilização Brasileira, 1995.

SEMINÁRIO SOBRE A ESTRUTURA AGRÁRIA. *Diário do Povo*, Campinas, 23 set. 1977.

SERETAN, Lloyd Glen. *Daniel De Leon, The Odyssey of an American Marxist.* Cambridge, Harvard University Press, 1979.

SERÕES ANHEMBI. *O Estado de S. Paulo*, 26 nov. 1954. p. 11.

SERRA, Mariana. *Carlos Baliño.* Havana, Editorial Gente Nueva, 1984.

SERVICE, Robert. *Camaradas:* breve historia del comunismo. Madri, Grupo Zeta, 2009.

SILVA, Ângelo José da. Tempo de fundadores. In: MORAES, João Quartim de; DEL ROIO, Marcos (orgs.). *História do marxismo no Brasil*, v. 4: *Visões do Brasil.* Campinas, Unicamp, 2007.

SILVA, Carla Luciana. *Onda vermelha:* imaginários anticomunistas brasileiros, 1931-1934. Porto Alegre, Edipucrs, 2001.

SILVA, Luiz Henrique de Castro e. *O revolucionário da convicção, vida e ação de Joaquim Câmara Ferreira*, Rio de Janeiro, UFRJ, 2010.

SILVEIRA, Ênio. A URSS hoje: rumo ao cosmos e ao conforto pessoal, *Revista Civilização Brasileira*. Caderno Especial: *A Revolução Russa:* cinquenta anos de história, ano III, n. 1, nov. 1967. p. vii-xviii.

SOCIEDADE DE ESTUDOS FILOSÓFICOS. *O Estado de S. Paulo*, 1º ago. 1959. p. 9.

SODRÉ, Nelson Werneck. *História da burguesia brasileira.* 3. ed., Rio de Janeiro, Civilização Brasileira, 1976.

_____. *História da literatura brasileira.* 5. ed., Rio de Janeiro, Civilização Brasileira, 1969.

_____. *História e materialismo histórico no Brasil.* São Paulo, Global, 1985.

_____. *Introdução à revolução brasileira.* 4. ed., São Paulo, Editora Ciências Humanas, 1978.

_____. *Memórias de um escritor*, Rio de Janeiro, Civilização Brasileira, 1970.

_____. Meu amigo Astrojildo Pereira. In: FEIJÓ, Martin Cézar. *Formação política de Astrojildo Pereira.* 2. ed., Belo Horizonte, Oficina de Livros, 1990.

_____. *O que se deve ler para conhecer o Brasil.* 5. ed., Rio de Janeiro, Civilização Brasileira, 1976.

_____. *Panorama do Segundo Império.* 2. ed., Rio de Janeiro, Graphia, 1998.

_____. *Quem é o povo no Brasil?* Rio de Janeiro, Civilização Brasileira, 1962. Coleção Cadernos do Povo Brasileiro, v. 2.

STEDILE, João Pedro (org.). *A questão agrária no Brasil, o debate tradicional:* 1500-1960. São Paulo, Expressão Popular, 2005.

_____ (org.). *A questão agrária no Brasil 2, o debate na esquerda:* 1960-1980. São Paulo, Expressão Popular, 2012.

STUDER, Brigitte. *The Transnational World of the Cominternians.* Londres, Palgrave Macmillan, 2015.

SUBVERSÃO AINDA PERSISTE NAS FACULDADES, AFIRMA PROMOTOR. *O Estado de S. Paulo*, 15 abr. 1965. p. 15.

SWEEZY, Paul; HUBERMAN, Leo. Notas sobre a América Latina. In: SWEEZY, Paul; HUBERMAN, Leo. (orgs.). *Perspectivas da América Latina.* Rio de Janeiro, Zahar, 1964.

_____; _____ (orgs.). *Perspectivas da América Latina.* Rio de Janeiro, Zahar Editores, 1964.

TARCUS, Horacio. *Diccionario biográfico de la izquierda argentina.* Buenos Aires, Emecé, 2007.

_____. *Marx en la Argentina.* Buenos Aires, Siglo Veintiuno, 2013.

TEITELBOIM, Volodia. *Neruda: An Intimate Biography.* Austin, University of Texas Press, 1992.

TELO, Mario. Análise do capitalismo e teoria da revolução em Bukharin, dirigente da Komintern. In: LENIN, Vladimir Ilicht et al., *Bukharin, teórico marxista.* Belo Horizonte, Oficina de Livros, 1989. p. 139-72.

_____. Bukharin: economia e política na construção do socialismo. In: HOBSBAWM, Eric (org.). *História do marxismo*, v. 7. Rio de Janeiro, Paz e Terra, 1986. p. 159-201.

THE 1928 AND 1930 COMINTERN RESOLUTIONS ON THE BLACK NATIONAL QUESTION IN THE UNITED STATES. Disponível em: <http://www.marx2mao.com/Other/CR75.html>.

THE LABOR PARTY QUESTION IN THE US, 1828-1930: An Historical Perspective, Chapter 2. *Socialist Organizer*, 19 fev. 2007. Disponível em:<socialistorganizer.org/labor-party-history-chapter-2/>.

THOMAS, Hugh. *Cuba or The Pursuit of Freedom.* Londres, Eyre and Spottiswoode, 1971.

THOMPSON, E. P. *A miséria da teoria, ou um planetário de erros:* uma crítica ao pensamento de Althusser. Rio de Janeiro, Zahar, 1981.

TOLEDO, J. *Flávio de Carvalho, o comedor de emoções.* São Paulo/ Campinas, Brasiliense/ Unicamp, 1994.

TOLEDO, Roberto Pompeu de. *A capital da vertigem:* uma história de São Paulo de 1900 a 1954. Rio de Janeiro, Objetiva, 2015.

TRAGTENBERG, Maurício. *A falência da política.* São Paulo, Editora Unesp, 2009.

_____. Rússia atual: produto da herança bizantina e do espírito técnico norte-americano (II). In: *A falência da política.* São Paulo, Editora Unesp, 2009.

TZOULIADIS, Tim. *The Forsaken: An American Tragedy in Stalin's Russia.* Nova York, Penguin Books, 2008.

USP PRESTA HOMENAGEM AO HISTORIADOR CAIO PRADO JR. *Folha de S.Paulo,* 2 mar. 1984. p. 23.

VAIA, Sandro. *Armênio Guedes:* sereno guerreiro da liberdade. São Paulo, Barcarolla, 2013.

VALLA, Victor V. *A penetração norte-americana na economia brasileira, 1898-1928,* Rio de Janeiro, Ao Livro Técnico, 1978.

VERSIANI, Flávio Rabelo; BARROS, José Roberto Mendonça de (orgs.). *Formação econômica do Brasil:* a experiência da industrialização. São Paulo, Saraiva, 1978.

VIANNA, Marly de Almeida Gomes. *Revolucionários de 1935, sonho e realidade.* 3. ed. São Paulo, Expressão Popular, 2011.

VICTORIANO, Marcia R. *A questão nacional em Caio Prado Jr.:* uma interpretação original do Brasil. São Paulo, Pulsar, 2001.

VILA MARIA ZÉLIA, FUNDADA EM 1917. Disponível em: <http://www.vilamariazelia.com.br/historia.htm>.

VINHAS, Moisés. *Problemas agrário-camponeses do Brasil.* Rio de Janeiro, Civilização Brasileira, 1968.

_____. Problemas agrário-camponeses do Brasil: 1968. In: STEDILE, João Pedro (org.). *A questão agrária no Brasil, o debate tradicional:* 1500-1960. São Paulo, Expressão Popular, 2005.

WIAZOVSKI, Taciana. *Bolchevismo e judaísmo:* a comunidade judaica sob o olhar do Deops. São Paulo, Arquivo do Estado/ Imprensa Oficial, 2001.

_____. *O mito do complô judaico-comunista no Brasil.* São Paulo, Humanitas, 2008.

WIDER, Maria Célia. *Caio Prado Jr., um intelectual irresistível.* São Paulo, Brasiliense, 2007.

WILCZYNSKI, Jozef. *An Encyclopedic Dictionary of Marxism, Socialism and Communism.* Londres, Macmillan, 1981.

WILLIAMS, Albert Rhys. *Through the Russian Revolution.* Londres, Labour Publishing Co., 1923.

XAVIER, Alcindo da Cunha. Formação econômica do Brasil. *Revista Brasiliense,* n. 25, set.-out. 1959. p. 186-94.

ZAIDAN, Michel. *Comunistas em céu aberto.* Belo Horizonte, Oficina de Livros, 1989.

_____. *PCB (1922-1929):* na busca das origens de um marxismo nacional. São Paulo, Global, 1985.

ZANARDO, Aldo. El Manual de Bujárin visto por los comunistas alemanes y por Gramsci. In: BUKHARIN, Nicolai. *Teoría del materialismo histórico, ensayo popular de sociología marxista.* Córdoba, Pasado y Presente, 1972. Série Cuadernos de Pasado y Presente, n. 31. p. 5-29.

ZEITLIN, Maurice. *La política revolucionaria y la clase obrera cubana.* Buenos Aires, Amorrortu, 1970.

Revistas e jornais (citados, mencionados ou consultados)

A Chave
A Classe Operária
A Contracorriente
A Gazeta
Amauta
América Latina
Annales Économies, Sociétés, Civilisations
A Noite
A Platéa
A Plebe
Ararat, a voz do povo armênio
Arménie
Artes
A Tribuna
A Voz Operária
Bloco
Boletim Interno do PCB
Brasil Democrático
CartaCapital
Civilização Brasileira
Contexto Latinoamericano
Continental
Correio Braziliense
Correio da Manhã
Correio da Tarde
Crítica y Emancipación
Crónica
Cuadernos Americanos
Cultura y Vida
Current Digest of Soviet Press
Darbiniku Zodis
Démocratie Populaire
Desarrollo Económico
Dianóia
Diário Carioca
Diário da Noite
Diário de Notícias
Diário de Pernambuco
Diário de São Paulo

Diretrizes
El Mundo
El Plata
Emancipação
Encounter
Estudos Avançados
Estudos Sociais
Exame/VIP
Expresión
Films Soviéticos
Folha da Manhã
Folha de S.Paulo
Folha do Povo
Folha Socialista
Frente Operária
Fundamentos
Gacetilla Austral
Hora do Povo
Hoy
Imprensa Popular
Jornadas
Jornal da Independência
Jornal das Trincheiras
Jornal do Brasil
Jornal do Comércio
Jornal do Povo
Jovem Proletariado
Kommunist
La Correspondence Internationale
La Correspondencia Internacional
L'Humanité
La Nación
La Pensée
La Prensa
La Razón
Latitud
Le Journal de Moscou
Leia Livros
Liberdades

Literatura
Literatura e Autoritarismo
Literatura Soviética
Locus
Los Partidarios de la Paz
Luta Estudantil
Magazine de Hoy
Manifesto Ecológico Brasileiro
Marcha (Brasil)
Marcha (Uruguai)
Mind
Mouro
Movimento
Músu Zodis
Nossa Tribuna
Nossa Voz
Notícias Censuradas
Notícias de Hoje
Nova Escrita/Ensaio
Novos Rumos
Novos Tempos
Nueva Gaceta
O Camponês
O Capital
O Combate
O Dia
O Estado de S. Paulo
O Estudante
O Globo
O Momento
Opinião
Opinião Jornal
O Radical
O Separatista
Paix et Démocratie
Para Todos
Pasquim
Pekín Informa
Pensamiento Crítico
Política Democrática
Political Science Quarterly

Popular
Por uma Democracia Popular
Por Una Paz Duradera
Por Une Paix Durable
Problemas da Paz e do Socialismo
Problèmes de la Paix et du Socialisme
Problems of Communism
Proletarskáia Revoliútsia
Propósitos
Quaderni della Fondazione Ernesto Che Guevara
Quarterly Journal of Economics
Ramparts
Rebelión
Red Republican
Resenha Literária
Resistência
Revista Brasileira de História e Ciências Sociais
Revista Brasiliense
Revista de Economia Política
Revista de História
Revista de História da Biblioteca Nacional
Revista IEB
Sala de Prensa
São Paulo pela Paz
Socialist Register
Socialist Review
Sombra
Soviet Studies in Philosophy
Speak Out
Student
Temas de Ciências Humanas
Temps Modernes
Terra Livre
The Communist
The Economist
The New Leader
The New York Communist
The New York Herald
The New York Times
The People's Paper
Tiempos Nuevos

Tribuna da Imprensa
Tribuna de Debates
Tribuna Popular
Unidad (La Paz)
Unidad (Lima)
Unidade

Unión Soviética
Vanguarda Proletária
Veja São Paulo
Woodhull and Claflin's Weekly
Workers' Republic

Correspondência e depoimentos

Affonso, Almino, 2013
Almeyra, Guillermo, 2012 e 2013
Amano, Takao, 2014
Antunes, Ricardo, 2013
Barsotti, Paulo, 2013 e 2015
Basbaum, Hersch, 2008 e 2011
Benevides, Maria Victoria, 2015
Branco, Zillah, 2014
Buonicore, Augusto, 2014
Causin, Maria Itália, 2015
Charf, Clara, 2013
Coggiola, Osvaldo, 2013
Cunha, Paulo Ribeiro da, 2012
Darmaros, Marina
Del Roio, José Luiz, 2012
Del Roio, Marcos, 2012
Fausto, Boris, 2014
Fernandes Júnior, Florestan, 2013
Ferreira, Aloysio Nunes, 2015
Forte, Graziela, 2014
Frei Betto, 2014
Freire, Alípio, 2014
Furtado, Rosa Freire D'Aguiar, 2013
Gorender, Jacob, 2011
Grespan, Jorge, 2014
Homem, Maria Cecília Naclério, 2009, 2011 e 2013
Iumatti, Paulo, 2011
Karepovs, Dainis, 2012 e 2013
Love, Joseph, 2015
Löwy, Michael, 2011 e 2014
Lucas, Fábio, 2013

Magalhães, Mário, 2013 e 2014
Maia, Renato, 2015
Mazzeo, Antonio Carlos, 2015
Mills, Pamela, 2013
Milman, Boruch, 2013
Moniz Bandeira, Luiz Alberto, 2011 e 2014
Moraes, Dênis de, 2014
Mota, Carlos Guilherme, 2013
Motta, Luiz Eduardo, 2013
Pinheiro, Milton, 2013 e 2015
Pinto, Paulo Alves, 2013
Pomar, Wladimir, 2014
Prado, Carla, 2014
Prado, Cláudia, 2014
Prado, Danda, 2009, 2011 e 2013
Prado, João, 2013 e 2015
Prado, Minuca
Prado, Roberta Nioac, 2013
Prado, Susana, 2009
Prado Júnior, Antônio de Pádua, 2014
Prestes, Anita Leocádia, 2009, 2011 e 2015
Quartim de Moraes, João, 2014
Rago, Antonio, 2012
Retamar, Roberto Fernández, 2013
Ricupero, Bernardo, 2014
Ricupero, Rubens, 2013
Roman, Nilsi, 2013
Sader, Emir, 2014
Sampaio, Marietta Ribeiro de Azevedo, 2013
Sampaio, Plínio de Arruda, 2013
Secco, Lincoln, 2011, 2014 e 2015
Sodré, Olga, 2011

Suplicy, Eduardo, 2014
Tramm, Rafael Almir Marcial, 2012
Vanucchi, Paulo, 2014

Vianna, Marly, 2012 e 2015
Wider, Maria Célia, 2013 e 2015

Documentos consultados[*]

Caderneta militar de Caio Prado Júnior, Exército Brasileiro, Diretoria Geral de Intendência da Guerra, 4ª Circunscrição de Recrutamento, São Paulo, 31 de dezembro de 1925, IEB/USP, código de referência CPJ-IC002 e CPJ-IC003.

Certidão de casamento de Caio Prado Júnior e Hermínia Ferreira Cerquinho, 18 de dezembro de 1928, IEB/USP, código de referência CPJ-IC021.

Carta de Caio Prado Júnior à Delegacia de Ordem Política, São Paulo, 6 de dezembro de 1930, IEB/USP, código de referência CPJ-CA043.

Carta de Caio Prado Júnior ao presidente e membros do Diretório Democrático de Santa Cecília, São Paulo, 22 de outubro de 1931, IEB/USP, código de referência CPJ-CA058.

Carta de Caio Prado Júnior a Leopoldo Guaraná, São Paulo, 22 de outubro de 1931, IEB/USP, código de referência CPJ-CA057.

Carta de Caio Prado Júnior ao presidente do Diretório Central do Partido Democrático de São Paulo, 23 de outubro de 1931, IEB/USP, código de referência CPJ-CA046.

Carta de Caio Prado Júnior a "Costa", São Paulo, 6 de fevereiro de 1932, IEB/USP, código de referência CPJ-CA045.

Carta de Caio Prado Júnior a Baby, 8 de março de 1932, acervo particular de Danda Prado.

Carta de Caio Prado Júnior a Baby, 14 de março de 1932, acervo particular de Danda Prado.

Carta de Caio Prado Júnior a Baby, 17 de março de 1932, acervo particular de Danda Prado.

Carta de Jorge Raffael a Caio Prado Júnior, São Paulo, 5 de maio de 1932, IEB/USP, código de referência CPJ-CP-RAF001.

Carta de "Francisco de Borja" a Caio Prado Júnior, Jaboticabal, s. d., IEB/USP, código de referência CPJ-CP-BORJ001.

Carta de Caio Prado Júnior a "Francisco de Borja", São Paulo, 26 de maio de 1932, IEB/USP, código de referência CPJ-CA119.

Carta de Caio Prado Júnior a H. B. Summers, São Paulo, 21 de junho de 1932, IEB/USP, código de referência CPJ-CA115.

Carta de Caio Prado Júnior a "Francisco de Borja", São Paulo, 6 de julho de 1932, IEB/USP, código de referência CPJ-CA120.

Carta de Caio Prado Júnior a "Jaime", São Paulo, 21 de novembro de 1932, IEB/USP, código de referência CPJ-CA044.

Carta de Caio Prado Júnior a "CA", São Paulo, 19 de dezembro de 1932, IEB/USP, código de referência CPJ-CA007.

Caderneta anual de sócio da Sociedade Hípica Paulista, 1932, IEB/USP, código de referência CPJ-IC022.

Carta de Caio Prado Júnior para Carlos Prado, de São Paulo, 15 de fevereiro de 1933, IEB/USP, código de referência CPJ-CA014.

---

[*] Ordenados por data. (N. E.)

Carta da Asociación de Amigos de la Unión Soviética para Caio Prado Júnior, Moscou, 20 de maio de 1933, IEB/USP, CPJ-CP-AAUS001.

Carta de Caio Prado Júnior a Antonietta Penteado da Silva Prado e Caio da Silva Prado, Paris, 23 de junho de 1933, IEB/USP, código de referência CPJ-AAP207.

Carta de Caio Prado Júnior a Antonietta Penteado da Silva Prado e Caio da Silva Prado, Paris, 1º de julho de 1933, IEB/USP, código de referência CPJ-AAP208.

Registro bibliográfico, *Folha da Noite*, 10 de abril de 1934, IEB/USP, código de referência CPJ-RO-025.

Artigo de João da Casa, "Meu bilhete: Caio Prado Júnior", *Gazeta Popular*, 12 de abril de 1934, IEB/USP, código de referência CPJ-RO-023.

Livros novos, *O Radical*, Rio de Janeiro, 15 de abril de 1934, IEB/USP, código de referência CPJ-RO-029.

Artigo de Álvaro Augusto Lopes, "URSS, um novo mundo", *A Tribuna*, 17 de abril de 1934, IEB/USP, código de referência CPJ-RO-019.

Últimas edições paulistas, *O Jornal*, 26 de abril de 1934, IEB/USP, código de referência CPJ-RO-024.

URSS, um novo mundo, *A Bahia*, 3 de maio de 1934, IEB/USP, código de referência CPJ-RO-020.

Livros novos, *O Semeador*, Maceió, 11 de maio de 1934, IEB/USP, código de referência CPJ-RO-027.

URSS, *A Tarde*, Bahia, 17 de maio de 1934, IEB/USP, código de referência CPJ-RO-028.

URSS, um novo mundo, *Fon-Fon*, Rio de Janeiro, 2 de junho de 1934, IEB/USP, código de referência CPJ-RO-030.

Artigo de Heitor Moniz, "Um livro brasileiro sobre a Rússia", *Correio da Manhã*, 8 de julho de 1934, IEB/USP, código de referência CPJ-RO-022.

Artigo de Benjamin Lima, "São Paulo e a technocracia", *O Paiz*, Rio de Janeiro, 10 de julho de 1934, IEB/USP, código de referência CPJ-RO-026.

Carta de Caio Prado Júnior à *Revista Acadêmica*, São Paulo, 20 de novembro de 1934, IEB/USP, código de referência CPJ-CA224.

Carta de Caio Prado Júnior a Baby, São Paulo, 20 de maio de 1935, acervo particular de Danda Prado.

Carta de Theophilo Mesquita aos diretores da ANL, São Paulo, 14 de junho de 1935, IEB/USP, código de referência CPJ-CT-002.

Carta de Caio Prado Júnior a Baby, São Paulo, 16 de junho de 1935, acervo particular de Danda Prado.

Cartão de Caio Prado Júnior da Biblioteca Nacional, 12 de julho de 1935, IEB/USP, código de referência CPJ-IC024.

Carta de Caio Prado Júnior à Voks da URSS, São Paulo, 17 de agosto de 1935, IEB/USP, código de referência CPJ-AGB161.

Carta da *Revista Acadêmica* a Caio Prado Júnior, Rio de Janeiro, 7 de outubro de 1935, IEB/USP, código de referência CPJ-CP-RAC002.

Carta de João Ramos a Caio Prado Júnior, São Paulo, 12 de outubro de 1935, IEB/USP, código de referência CPJ-CP-LASP001.

Carta de Caio Prado Júnior a Baby, São Paulo, 17 de dezembro de 1935, acervo particular de Danda Prado.

Carta de Baby a Caio Prado Júnior, São Paulo, 21 de dezembro de 1935, acervo particular de Danda Prado.

Carta de Baby a Caio Prado Júnior, São Paulo, 28 de dezembro de 1935, acervo particular de Danda Prado.
Carta de Caio Prado Júnior a Baby, São Paulo, 6 de janeiro de 1936, acervo particular de Danda Prado.
Carta de Baby a Caio Prado Júnior, São Paulo, 6 de janeiro de 1936, acervo particular de Danda Prado.
Carta de Caio Prado Júnior a Baby, São Paulo, 11 de janeiro de 1936, acervo particular de Danda Prado.
Carta de Baby a Caio Prado Júnior, São Paulo, 13 de janeiro de 1936, acervo particular de Danda Prado.
Carta de Baby a Caio Prado Júnior, São Paulo, 14 de janeiro de 1936, acervo particular de Danda Prado.
Carta de Caio Prado Júnior a Baby, São Paulo, 16 de janeiro de 1936, acervo particular de Danda Prado.
Carta de Baby a Caio Prado Júnior, São Paulo, 17 de janeiro de 1936, acervo particular de Danda Prado.
Carta de Caio Prado Júnior a Baby, São Paulo, 19 de janeiro de 1936, acervo particular de Danda Prado.
Carta de Caio Prado Júnior a Baby, São Paulo, 24 de janeiro de 1936, acervo particular de Danda Prado.
Carta de Caio Prado Júnior a Baby, São Paulo, 26 de janeiro de 1936, acervo particular de Danda Prado.
Carta de Caio Prado Júnior a Baby, São Paulo, 27 de janeiro de 1936, acervo particular de Danda Prado.
Carta de Caio Prado Júnior a Baby, São Paulo, 2 de fevereiro de 1936, acervo particular de Danda Prado.
Carta de Caio Prado Júnior a Baby, São Paulo, 9 de fevereiro de 1936, acervo particular de Danda Prado.
Carta de Caio Prado Júnior a Baby, São Paulo, 11 de fevereiro de 1936, acervo particular de Danda Prado.
Carta de Caio Prado Júnior a Baby, São Paulo, 18 de fevereiro de 1936, acervo particular de Danda Prado.
Carta de Caio Prado Júnior a Baby, São Paulo, 21 de fevereiro de 1936, acervo particular de Danda Prado.
Carta de Caio Prado Júnior a Baby, São Paulo, 22 de fevereiro de 1936, acervo particular de Danda Prado.
Carta de Caio Prado Júnior a Baby, São Paulo, 25 de fevereiro de 1936, acervo particular de Danda Prado.
Carta de Caio Prado Júnior a Baby, São Paulo, 3 de março de 1936, acervo particular de Danda Prado.
Carta de Caio Prado Júnior a Baby, São Paulo, 10 de março de 1936, acervo particular de Danda Prado.
Carta de Caio Prado Júnior a Baby, São Paulo, 13 de março de 1936, acervo particular de Danda Prado.
Carta de Caio Prado Júnior a Baby, São Paulo, 15 de março de 1936, acervo particular de Danda Prado.
Carta de Caio Prado Júnior a Baby, São Paulo, 17 de março de 1936, acervo particular de Danda Prado.
Carta de Caio Prado Júnior a Baby, São Paulo, 20 de março de 1936, acervo particular de Danda Prado.
Carta de Caio Prado Júnior a Baby, São Paulo, 23 de março de 1936, acervo particular de Danda Prado.
Carta de Caio Prado Júnior a Baby, São Paulo, 28 de março de 1936, acervo particular de Danda Prado.
Carta de Caio Prado Júnior a Baby, São Paulo, 18 de abril de 1936, acervo particular de Danda Prado.
Carta de Baby a Caio Prado Júnior, Guarujá, 20 de abril de 1936, acervo particular de Danda Prado.
Carta de Caio Prado Júnior a Baby, São Paulo, 26 de abril de 1936, acervo particular de Danda Prado.
Carta de Caio Prado Júnior a Baby, São Paulo, 23 de maio de 1936, acervo particular de Danda Prado.
Carta de Baby a Arthur Leite de Barros, São Paulo, 9 de junho de 1936, acervo particular de Danda Prado.
Carta de Flores da Cunha a Fábio Prado, Porto Alegre, 3 de julho de 1936, IEB/USP, código de referência CPJ-CT-033, CPJ-CT-033a e CPJ-CT-033b.
Carta de Caio Prado Júnior a Baby, São Paulo, 8 de outubro de 1936, acervo particular de Danda Prado.

Carta de Baby Cerquinho Prado a Cásper Líbero, São Paulo, 1º de março de 1937, IEB/USP, código de referência CPJ-CT-055.

Carta de Caio Prado Júnior a Baby, São Paulo, 5 de maio de 1937, acervo particular de Danda Prado.

Cartão de Caio Prado Júnior da Bibliothèque Nationale, São Paulo, 11 de maio de 1938, IEB/USP, código de referência CPJ-IC017.

Carta de "Carminha" a Caio Prado Júnior, s. l., 14 de maio de 1938, IEB/USP, código de referência CPJ-CP008.

Carta de Caio Prado Júnior a Baby, Paris, 29 de junho de 1938, acervo particular de Danda Prado.

Carta de Caio Prado Júnior a Baby, Helsinki, 4 de outubro de 1938, acervo particular de Danda Prado.

Carta de Caio Prado Júnior a Baby, Tallin, 10 de outubro de 1938, acervo particular de Danda Prado.

Carta de Caio Prado Júnior a Baby, Helsingfors, 18 de outubro de 1938, acervo particular de Danda Prado.

Carta de "Alcêdo" a Caio Prado Júnior, Buenos Aires, 27 de dezembro de 1938, IEB/USP, código de referência CPJ-CP-MAG007.

Member's Card de Caio Prado Júnior, São Paulo Country Club, 1939, IEB/USP, código de referência CPJ-IC016.

Carteira do Aero Club de São Paulo, [c. década de 1930], IEB/USP, código de referência CP-J-IC031.

Carta de Roy Nash a Caio Prado Júnior, São Paulo, 13 de maio de 1943, IEB/USP, código de referência CPJ-CP-NAS001.

Carta de Caio Prado Júnior a Aprigio dos Anjos, São Paulo, 10 de junho de 1943, IEB/USP, código de referência CPJ-CA028.

Carta de Daniel Cosío Villegas a Caio Prado Júnior, México, 26 de agosto de 1943, IEB/USP, código de referência CPJ-CP-FCE001a.

Carta de Norberto Frontini a Caio Prado Júnior, Buenos Aires, 4 de novembro de 1943, no IEB/USP, código de referência CPJ-CP-FRO001.

Carta de Daniel Cosío Villegas a Caio Prado Júnior, México, 6 de dezembro de 1943, IEB/USP, código de referência CPJ-CP-FCE004a.

Carta de Caio Graco Prado a Caio Prado Júnior, Rio de Janeiro, 11 de dezembro de 1943, IEB/USP, código de referência CPJ-CGP033.

Carta de Luiz Carlos Prestes a Caio Prado Júnior, 1º de fevereiro de 1944, IEB/USP, código de referência CPJ-CP-PRE001.

Carta de Daniel Cosío Villegas a Caio Prado Júnior, México, 8 de fevereiro de 1944, IEB/USP, código de referência CPJ-CP-FCE005a.

Artigo de Caio Prado Júnior, "O trabalho rural no Brasil", revista *Ilustração*, março de 1944, IEB/USP, código de referência CPJ-RO-100.

Carta de Caio Prado Júnior aos Sindicato dos Trabalhadores de Empresas Ferroviárias da Zona Paulista, São Paulo, 15 de abril de 1944, IEB/USP, código de referência CPJ-CA025.

Solenidade de inauguração das instalações da Editora Brasiliense, 25 de abril de 1944, IEB/USP, código de referência CPJ-RO-102.

Carta de Ari de Alvarenga Gouvêa a Caio Prado Júnior, Belo Horizonte, 27 de maio de 1944, IEB/USP, código de referência CPJ-CP-UEEMG001.

Carta de Antônio Osvaldo Ferraz a Caio Prado Júnior, Piracicaba, 14 de junho de 1944, IEB/USP, código de referência CPJ-CP-FERRA001.

Carta de Jorge Amado a Caio Prado Júnior, Periperi, 21 de agosto de 1944, IEB/USP, código de referência CPJ-CP-AMAD001.

Autorização de viagem, Secretaria de Segurança Pública, Delegacia Especializada de Estrangeiros, São Paulo, 26 de setembro de 1944, IEB/USP, código de referência CPJ-IC034.

Carta da Ediciones Pueblos Unidos a Caio Prado Júnior, Montevidéu, 29 de setembro de 1944, IEB/USP, código de referência CPJ-CP-EPUL001.

Carta de Héctor Agosti a Caio Prado Júnior, Montevidéu, 29 de setembro de 1944, IEB/USP, código de referência CPJ-CP-AGO001 e CPJ-CP-AGO002.

Certificado de casamento de Caio Prado Júnior e Nena, Certif. No. 12/87923, Montevidéu, expedido em 13 de outubro de 1944, IEB/USP, código de referência CPJ-IC027.

Carta de Luis Reissig a Caio Prado Júnior, Buenos Aires, 23 de outubro de 1944, IEB/USP, código de referência CPJ-CP-CLES001.

Carta de Caio Prado Júnior a Octavio Thyrso, São Paulo, 8 de novembro de 1944, IEB/USP, código de referência CPJ-CA026.

Carta de Luis Reissig a Caio Prado Júnior, Buenos Aires, 7 de dezembro de 1944, IEB/USP, código de referência CPJ-CP-CLES003.

Telegrama de Caio Prado Júnior a Gilberto Freyre, São Paulo, 5 de março de 1945, IEB/USP, código de referência CPJ-CA173.

Carta de Paulino de Castro a Caio Prado Júnior, Bauru, 7 de março de 1945, IEB/USP, código de referência CPJ-CP-CASTR005.

Carta de Héctor Agosti a Caio Prado Júnior, Montevidéu, 12 de março de 1945, IEB/USP, código de referência CPJ-CP-AGO003.

Carta de Roberto Henrique Faller Sisson a Caio Prado Júnior, Rio de Janeiro, 30 de março de 1945, IEB/USP, código de referência CPJ-CP-SIS002.

Carta de Norberto Frontini a Caio Prado Júnior, Buenos Aires, 30 de março de 1945, IEB/USP, código de referência CPJ-CP-FRO006.

Carta de Nicolau e Menelik Melico a Caio Prado Júnior, Araguari, 5 de abril de 1945, IEB/USP, código de referência CPJ-CP-MELI001.

Carta de Attila B. Dias a Caio Prado Júnior, Piquerobi, 14 de abril de 1945, IEB/USP, código de referência CPJ-CP-DIA001a.

Carta de Sebastiana Floripes Pires de Campos a Caio Prado Júnior, Jaú, 18 de abril de 1945, IEB/USP, código de referência CPJ-CP-CAMPO001.

Carta de Nuno da Gama Lobo D'Eca a Caio Prado Júnior, São Paulo, 28 de abril de 1945, IEB/USP, código de referência CPJ-CP-DEC001a.

Carta de Victor Konder a Caio Prado Júnior, Rio de Janeiro, 2 de maio de 1945, IEB/USP, código de referência CPJ-CP-KON003.

Carta de Glauco Pinheiro a Caio Prado Júnior, Recife, 14 de maio de 1945, IEB/USP, código de referência CPJ-CP-PINH001.

Carta de Wilson Alves de Carvalho a Caio Prado Júnior, Pindamonhagaba, 15 de maio de 1945, IEB/USP, código de referência CPJ-CP-CARV003.

Carta de Norberto Frontini a Caio Prado Júnior, Buenos Aires, 21 de maio de 1945, IEB/USP, código de referência CPJ-CP-FRO007.

Carta de Antônio Risério Leite a Caio Prado Júnior, Belo Horizonte, 26 de maio de 1945, IEB/USP, código de referência CPJ-CP-LEI001.

Carta de José Medina Echavarría a Caio Prado Júnior, México, 6 de junho de 1945, IEB/USP, código de referência CPJ-CP-CME001.

Carta de Héctor Agosti a Caio Prado Júnior, Montevidéu, 15 de junho de 1945, IEB/USP, código de referência CPJ-CP-AGO004.

Carta de Caio Prado Júnior a Daniel Cosío Villegas, São Paulo, 11 de julho de 1945, IEB/USP, código de referência CPJ-CA077.

Carta de Héctor Agosti a Caio Prado Júnior, Montevidéu, 23 de julho de 1945, IEB/USP, código de referência CPJ-CP-AGO005.

Carta de José Medina Echavarría a Caio Prado Júnior, México, 9 de agosto de 1945, IEB/USP, código de referência CPJ-CP-CME002.

Carta de Daniel Cosío Villegas a Caio Prado Júnior, México, 10 de setembro de 1945, IEB/USP, código de referência CPJ-CP-FCE008a.

Carta de Héctor Agosti a Caio Prado Júnior, Buenos Aires, 17 de setembro de 1945, IEB/USP, código de referência CPJ-CP-AGO006.

Artigo de Sergio Milliet, "Fatos sociais brasileiros", *Diário de Notícias*, Rio de Janeiro, 23 de setembro de 1945, IEB/USP, código de referência CPJ-RO-120.

Carta de Caio Prado Júnior a Daniel Cosío Villegas, São Paulo, 24 de setembro de 1945, IEB/USP, código de referência CPJ-CA076.

Carta de Daniel Cosío Villegas a Caio Prado Júnior, México, 3 de outubro de 1945, IEB/USP, código de referência CPJ-CP-FCE009a.

Artigo de Elias Chaves Neto, "Dialética materialista", *Noite*, São Paulo, 4 de outubro de 1945, IEB/USP, código de referência CPJ-RO-125.

Artigo de Ciro T. de Padua, "História econômica do Brasil", São Paulo, *O Estado de S. Paulo*, 10 de outubro de 1945, IEB/USP, código de referência CPJ-RO-128.

Artigo de Ciro T. de Padua, "História econômica do Brasil", São Paulo, *O Estado de S. Paulo*, 12 de outubro de 1945, código de referência CPJ-RO-129.

Artigo de Moacir Werneck de Castro, "Dialética e sectarismo", *Tribuna Popular*, 14 de outubro de 1945, IEB/USP, código de referência CPJ-RO-130.

Artigo de Alcântara Silveira, "Nossa economia", *Folha da Manhã*, 21 de outubro de 1945, IEB/USP, código de referência CPJ-RO-134.

Caio Prado Júnior, História econômica do Brasil, *Correio do Povo*, Porto Alegre, 24 de outubro de 1945, IEB/USP, código de referência CPJ-RO-135.

Novidades literárias, *Diário do Povo*, Campinas, 18 de novembro de 1945, IEB/USP, código de referência CPJ-RO-137.

Carta de João Miranda a Caio Prado Júnior, Poá, 19 de novembro de 1945, IEB/USP, código de referência CPJ-CP-MIR001.

Carta de Arthur Joaquim Borges a Caio Prado Júnior, Ourinhos, 21 de novembro de 1945, IEB/USP, código de referência CPJ-CP-BORG001.

Artigo de Osório César, "História econômica do Brasil", *Folha da Manhã*, 23 de novembro de 1945, IEB/USP, código de referência CPJ-RO-139.

Carta da campanha de Caio Prado Júnior a escritores paulistas, s. l. [c. novembro de 1945], IEB/USP, código de referência CPJ-CT-207.

Relatório de trabalhos realizados na campanha de Caio Prado Júnior, s. l. [c. novembro de 1945], código de referência CPJ-CT-208.

Carta da Comissão de Apoio à Candidatura de Caio Prado Júnior à Deputado Federal, São Paulo, novembro de 1945, IEB/USP, código de referência CPJ-CT-211.

Carta de Héctor Agosti a Caio Prado Júnior, Buenos Aires, 8 de dezembro de 1945, IEB/USP, código de referência CPJ-CP-AGO008.

Carta de Caio Prado Júnior a José Eduardo Macedo Soares, s. l., 1945, IEB/USP, código de referência CPJ-CA228.

Carta de Ruy Miller Paiva a Caio Prado Júnior, s. l., janeiro de 1946, IEB/USP, código de referência CPJ-RO-147.

História econômica/Prêmios, *Diretrizes*, Rio de Janeiro, 4 de fevereiro de 1946, IEB/USP, código de referência CPJ-RO-136.

Carta de James F. King a Caio Prado Júnior, Berkeley, 25 de fevereiro de 1946, IEB/USP, código de referência CPJ-CP-DUK001.

Carta de Héctor Agosti a Caio Prado Júnior, Buenos Aires, 21 de março de 1946, IEB/USP, código de referência CPJ-CP-AGO009.

Carta de Vicente Lombardo Toledano a Caio Prado Júnior, México, 4 de abril de 1946, IEB/USP, código de referência CPJ-CP-TOLEDA001.

Carta de Paul T. Homan a Caio Prado Júnior, Washington, 1º de maio de 1946, IEB/USP, código de referência CPJ-CP-AER001.

Carta de Evaldo da Silva Garcia a Caio Prado Júnior, Rio de Janeiro, 7 de maio de 1946, IEB/USP, código de referência CPJ-CP-GAR028.

Carta de Caio Prado Júnior a Evaldo da Silva Garcia, São Paulo, 11 de maio de 1946, IEB/USP, código de referência CPJ-CP002.

Carta de Caio Prado Júnior a "Câmara", s. l., 11 de abril de 1946, IEB/USP, código de referência CPJ-CA009.

Artigo de Manoel Ribeiro, "A vida das idéias", *Diário de Sergipe*, 15 de julho de 1946, IEB/USP, código de referência CPJ-RO-141.

Carta de Héctor Agosti a Caio Prado Júnior, Buenos Aires, 6 de agosto de 1946, IEB/USP, código de referência CPJ-CP-AGO010.

Carta de Héctor Agosti a Caio Prado Júnior, Buenos Aires, 27 de agosto de 1946, IEB/USP, código de referência CPJ-CP-AGO011.

Carta de Danda Prado a Caio Prado Júnior, Rio de Janeiro, 4 de outubro de 1946, IEB/USP, código de referência CPJ-YCP159.

Carta de Danda Prado a Caio Prado Júnior, Rio de Janeiro, 1º de maio de 1947, IEB/USP, código de referência CPJ-YCP081.

Carta de Danda Prado a Caio Prado Júnior, Rio de Janeiro, 15 de agosto de 1947, IEB/USP, código de referência CPJ-YCP200.

Carta de Danda Prado a Caio Prado Júnior, Rio de Janeiro, 28 de agosto de 1947, IEB/USP, código de referência CPJ-YCP197.

Carta de Danda Prado a Caio Prado Júnior, Rio de Janeiro, 18 de março de 1948, IEB/USP, código de referência CPJ-YCP223.

Carta de Helena Nioac Prado a Norberto Frontini, São Paulo, 8 de abril de 1948, IEB/USP, código de referência CPJ-CT-092.

Carta de Caio Prado Júnior a Afonso Arinos, São Paulo, 15 de maio de 1948, IEB/USP, código de referência CPJ-CA171.

Carta de Helena Nioac Prado a Afonso Arinos, São Paulo, 20 de maio de 1948, IEB/USP, código de referência CPJ-CT-093.

Carta de Helena Nioac Prado a Lino Machado, São Paulo, 22 de maio de 1948, IEB/USP, código de referência CPJ-CT-094.

Carta de Afonso Arinos a Helena Nioac Prado, Rio de Janeiro, 1º de junho de 1948, IEB/USP, código de referência CPJ-CT-095.

Carta de Danda Prado a Caio Prado Júnior, Rio de Janeiro, 20 de setembro de 1948, IEB/USP, código de referência CPJ-YCP243.

Carta de Érico Veríssimo a Caio Prado Júnior, Porto Alegre, 25 de janeiro de 1949, IEB/USP, código de referência CPJ-CP-VER001.

Carta de Lucio dos Santos a Caio Prado Júnior, Rio de Janeiro, 27 de janeiro de 1949, IEB/USP, código de referência CPJ-CT-131 e CPJ-CT-132.

Carta de Edison Carneiro a Caio Prado Júnior, Rio de Janeiro, 2 de fevereiro de 1949, IEB/USP, código de referência CPJ-CP-CARNE005.

Carta de Arthur Ramos a Caio Prado Júnior, Rio de Janeiro, 4 de fevereiro de 1949, IEB/USP, código de referência CPJ-CP-RAMO002.

Carta de Astrojildo Pereira a Caio Prado Júnior, Rio de Janeiro, 19 de fevereiro de 1949, IEB/USP, código de referência CPJ-CP-PEREI003.

Carta de Clóvis Moura a Caio Prado Júnior, Juazeiro (Bahia), 19 de fevereiro de 1949, IEB/USP, código de referência CPJ-CP-MOURA001.

Carta de L. A. Costa Pinto a Caio Prado Júnior, Rio de Janeiro, 11 de março de 1949, IEB/USP, código de referência CPJ-CP-PIN003.

Carta de Graciliano Ramos a Caio Prado Júnior, Rio de Janeiro, 12 de março de 1949, IEB/USP, código de referência CPJ-CP-RAMO006.

Carta de Danda Prado a Caio Prado Júnior, São Paulo, 26 de maio de 1949, IEB/USP, código de referência CPJ-YCP250.

Carta de Caio Prado Júnior a Antonietta Álvares Penteado, de Paris, 14 de junho de 1949, IEB/USP, código de referência CPJ-AAP260.

Carta de Astrojildo Pereira a Caio Prado Júnior, Rio de Janeiro, 27 de agosto de 1949, IEB/USP, código de referência CPJ-CP-PEREI004.

Carta de Benito Marianetti a Caio Prado Júnior, Mendoza, 31 de agosto de 1949, IEB/USP, código de referência CPJ-CP-MARI001.

Carta de Benito Marianetti a Caio Prado Júnior, Mendoza, 19 de setembro de 1949, IEB/USP, código de referência CPJ-CP-MARI002.

Carta de Norberto Frontini a Caio Prado Júnior, Buenos Aires, 3 de dezembro de 1949, IEB/USP, código de referência CPJ-CP-FRO010.

Carta de Ernest Madril a Caio Prado Júnior, St. Louis, 4 de dezembro de 1949, IEB/USP, código de referência CPJ-CP-MAD006.

Carta de Benito Marianetti a Caio Prado Júnior, 15 de dezembro de 1949, IEB/USP, código de referência CPJ-CP-MARI003.

Nota da Superintendência de Segurança Política e Social, "SS", 30K, 33, 31A, São Paulo, 6 de março de 1950, arquivo particular de Danda Prado.

Secretaria da Segurança Pública, Departamento de Ordem Política e Social, São Paulo, Chefia de Ordem Social, Investigação n. 202, Assunto: Comunistas na tarde de hoje com parlamentares na Assembleia Legislativa, Dirigido ao Dr. Delegado de Ordem Social, 9 de março de 1950.

Secretaria da Segurança Pública, Departamento de Ordem Política e Social, São Paulo, 212, BLL, Militantes comunistas visitaram ontem parlamentares na Assembleia Legislativa, 10 de março de 1950.

Carta da Editorial Losada a Caio Prado Júnior, Buenos Aires, 20 de março de 1950, IEB/USP, código de referência CPJ-CP-ELO001.

Carta de Helena Nioac Prado a Brasílio Machado Neto, São Paulo, 10 de maio de 1950, IEB/USP, código de referência CPJ-CT-102.

Informações reservadas do "SS", São Paulo, 26 de junho de 1950, 30 K, 33, 66.

Comunicado da chefia, o Dr. Delegado especializado de ordem social, "Esperada grande agitação comunista nos próximos dias nesta capital", 15 de julho de 1950.

Comunicado da Chefia, o Dr. Delegado Especializado de Ordem Social, 577, Manobra comunista na Associação Brasileira de Escritores, 30K/33/67, 2 de agosto de 1950.

Carta de Ary Souraty a Caio Prado Júnior, Pindamonhagaba, 25 de abril de 1951, IEB/USP, código de referência CPJ-CP-GEEN001.

Carta de Nicolás Guillén a Caio Prado Júnior, Havana, 18 de junho de 1951, IEB/USP, código de referência CPJ-CP-GUIL001.

Carta de Norberto Frontini a Caio Prado Júnior, Buenos Aires, 15 de outubro de 1951, IEB/USP, código de referência CPJ-CP-FRO011.

Carta de Jerzy Grudzinski a Caio Prado Júnior, São Paulo, 10 de dezembro de 1951, IEB/USP, código de referência CPJ-CP-JER001.

Carta de Jerzy Grudzinski a Caio Prado Júnior, São Paulo, 20 de fevereiro de 1952, IEB/USP, código de referência CPJ-RO-160.

Artigo de Paulo de Castro, "Repetições e silêncios do sr. Caio Prado Júnior", *Tribuna da Imprensa*, Rio de Janeiro, 11 de março de 1952, IEB/USP, código de referência CPJ-RO-161.

Artigo de Oswald de Andrade, "Salada russa", *Correio da Manhã*, 14 de março de 1952, IEB/USP, código de referência CPJ-RO-162.

Carta de Gregorio Bermann a Caio Prado Júnior, Córdoba, 22 de março de 1952, IEB/USP, código de referência CPJ-RO-163.

Artigo de Luís Washington, "Dialética do conhecimento", *Diário de S. Paulo*, 30 de março de 1952, IEB/USP, código de referência CPJ-RO-164.

Artigo de Brito Viana, "O homem perante o marxismo", *A Gazeta*, 10 de abril de 1952, IEB/USP, código de referência CPJ-RO-167.

Artigo de Sérgio Buarque de Holanda, "Verdade e ideologia", Rio de Janeiro, *Diário Carioca*, 11 de maio de 1952, IEB/USP, código de referência CPJ-RO-173.

Carta de Benito Marianetti a Caio Prado Júnior, Mendoza, 15 de maio de 1952, IEB/USP, código de referência CPJ-RO-175.

Artigo de Sérgio Buarque de Holanda, "Verdade e ideologia", parte II, Rio de Janeiro, *Diário Carioca*, 20 de maio de 1952, IEB/USP, código de referência CPJ-RO-174.

Carta de Benito Marianetti a Caio Prado Júnior, Mendoza, 2 de junho de 1952, IEB/USP, código de referência CPJ-RO-176.

Carta de Caio Prado Júnior a Benito Marianetti, São Paulo, 20 de junho de 1952, IEB/USP, código de referência CPJ-RO-177.

Prêmio Horácio Lafer de filosofia, *Diário de S. Paulo*, 3 de julho de 1952, IEB/USP, código de referência CPJ-RO-168.

Carta de Norberto Rodríguez Bustamante a Caio Prado Júnior, Banfield, 18 de setembro de 1952, IEB/USP, código de referência CPJ-RO-183.

Carta do Instituto Brasileiro de Filosofia a Caio Prado Júnior, São Paulo, 28 de novembro de 1952, IEB/USP, código de referência CPJ-CP-IBF001 e CPJ-CP-IBF002.

À margem do Prêmio Horácio Lafer de filosofia, *Diário de S. Paulo*, 28 de dezembro de 1952, IEB/USP, código de referência CPJ-RO-185.

Últimos lançamentos, *Diário de S. Paulo*, 1952, IEB/USP, código de referência CPJ-RO-169.

Artigo de Euryalo Cannabrava, "Resposta à comissão julgadora do Prêmio Horácio Lafer", *Diário Carioca*, Rio de Janeiro, 8 de fevereiro de 1953, IEB/USP, código de referência CPJ-RO-186.

Carta de Pinto Ferreira a Caio Prado Júnior, Recife, 11 de fevereiro de 1953, IEB/USP, código de referência CPJ-RO-187.

Carta de Giulio de Marzio a Caio Prado Júnior, Roma, 9 de agosto de 1953, IEB/USP, código de referência CPJ-CP-FBE001.

Carta da Fratelli Bocca Editori a Caio Prado Júnior, Roma, 19 de novembro de 1953, IEB/USP, código de referência CPJ-CP-FBE002.

Carta de Tullio Seppilli a Caio Prado Júnior, Roma, 18 de dezembro de 1953, IEB/USP, código de referência CPJ-CP-SEP001.

Carta de Pascoal Barbosa a Caio Prado Júnior, São Paulo, 7 de junho de 1954, IEB/USP, código de referência CPJ-CP-BARB005.

Recorte do jornal *Notícias de hoje*, 19 de abril de 1955, e reproduzido em Superintendência de Segurança Política e Social, 20 de abril de 1955, arquivo pessoal de Danda Prado.

Carta de Vamireh Chacon a Caio Prado Júnior, Recife, 6 de agosto de 1955, IEB/USP, código de referência CPJ-CP-CHA001.

Carta de Zdenek Hampejs a Caio Prado Júnior, Praga, 13 de fevereiro de 1956, IEB/USP, código de referência CPJ-CP-HAM001.

Carta de Benjamín Samamé Pacheco a Caio Prado Júnior, Lima, 16 de fevereiro de 1956, IEB/USP, código de referência CPJ-CP-PAC006.

Relatório n. 89 de 10 de fevereiro de 1956, "SOG", "SS", reproduzido pela Superintendência de Ordem Política e Social, 16 de fevereiro de 1956, arquivo pessoal de Danda Prado.

Apelo a todos os patriotas e democratas, 29 de fevereiro de 1956, reproduzido por Superintendência de Ordem Política e Social, 2 de abril de 1956, arquivo pessoal de Danda Prado.

Tópico do relatório n. 239 de 5 de abril de 1956, SOG, SS, Superintendência de Ordem Política e Social, arquivo pessoal de Danda Prado.

Secretaria de Segurança Pública, Departamento de Ordem Política e Social, Serviço Secreto, São Paulo, 14 de maio de 1956, Número do Setor 342, Comunicado preparado por SOG, Dirigido ao chefe do "SS", com carimbo do dia 15 de maio de 1956, arquivo pessoal de Danda Prado.

Relatório para a Superintendência de Ordem Política e Social, arquivada no dia 16 de junho de 1956 e com carimbo de 18 de junho de 1956, arquivo pessoal de Danda Prado.

Carta de Brasílio Machado Neto a Caio Prado Júnior, Rio de Janeiro, 27 de dezembro de 1956, IEB/USP, código de referência CPJ-CP-CNC001.

Carta de Pinto Ferreira a Caio Prado Júnior, Recife, 5 de maio de 1957, IEB/USP, código de referência CPJ-CP-FERRE002.

Carta de Norberto Frontini a Caio Prado Júnior, Buenos Aires, 8 de abril de 1957, IEB/USP, código de referência CPJ-CP-FRO012.

Ministério da Justiça, SSNJ/50-57, Proc. N. J/16, 1673, em abril de 1957, Departamento de Ordem Política e Social, arquivo pessoal de Danda Prado.

Carta de Ênio Silveira a Caio Prado Júnior, Rio de Janeiro, 12 de junho de 1957, IEB/USP, código de referência CPJ-CP-ECBR001.

Carta de Raúl Larra a Caio Prado Júnior, Buenos Aires, 1º de julho de 1957, IEB/USP, código de referência CPJ-CP-LAR001.

Carta de Benito Marianetti a Caio Prado Júnior, Mendoza, 23 de agosto de 1957, IEB/USP, código de referência CPJ-CP-MARI004.

Carta de Alcides Ribeiro Soares a Caio Prado Júnior, São Paulo, setembro de 1957, IEB/USP, código de referência CPJ-CP-MSR001.

Carta de Caio Prado Júnior à Proaço, Produtos de Aço S.A., São Paulo, 24 de outubro de 1957, IEB/USP, código de referência CPJ-CA158.

Carta de Clodomiro Almeyda Medina a Caio Prado Júnior, Santiago, 17 de dezembro de 1957, IEB/USP, código de referência CPJ-CP-EUN001.

Contrato de *História econômica do Brasil* com a Editorial Universitaria do Chile, 20 de dezembro de 1957, IEB/USP, código de referência CPJ-CP-EUN002.

Carta de Clodomiro Almeyda Medina a Caio Prado Júnior, Santiago, 27 de janeiro de 1958, IEB/USP, código de referência CPJ-CP-EUN003.

Carta de Caio Graco Prado a Caio Prado Júnior, Paris, 4 de abril de 1958, IEB/USP, código de referência CPJ-CGP073.

Departamento de Ordem Política e Social, 30-K-33, 30-C-1-1209, 30-K-23-1, 50-H-84-2, 50--Z-165-14, 30-Z-50-6, 30-Z-50-5, 30-Z-66-4, 30-C-1-605, 30-J-26-2, 30-K-33, 30-Z-9-291, 30-Z-9-388, São Paulo, 19 de maio de 1958, arquivo particular de Danda Prado.

Carta de Caio Graco Prado a Caio Prado Júnior, Paris, 16 de abril de 1958, IEB/USP, código de referência CPJ-CGP074.

Carta de Caio Graco Prado a Caio Prado Júnior, s. l., s. d., IEB/USP, código de referência CPJ--CGP083.

Carta de Brasílio Machado Neto a Caio Prado Júnior, Rio de Janeiro, 23 de dezembro de 1958, IEB/USP, código de referência CPJ-CP-CNC003.

Carta do Estudio Jurídico Rava a Caio Prado Júnior, Santiago del Estero, 9 de janeiro de 1959, IEB/USP, código de referência CPJ-CP-EJR001.

Carta de Brasílio Machado Neto a Caio Prado Júnior, Rio de Janeiro, 5 de fevereiro de 1959, IEB/USP, código de referência CPJ-CP-CNC004.

Carta de Eduardo Arcila Farias a Caio Prado Júnior, Caracas, 17 de fevereiro de 1959, IEB/USP, código de referência CPJ-CP-RPOL001.

Carta de Alberto Calvo a Caio Prado Júnior, Caracas, 29 de abril de 1959, IEB/USP, código de referência CPJ-CP-RPOL002.

Carta de Caio Prado Júnior à União Cultural Brasil Estados Unidos, São Paulo, 15 de junho de 1959, IEB/USP, código de referência CPJ-CA059.

Carta de Joaquim Muller Carioba a Caio Prado Júnior, 15 de julho de 1959, IEB/USP, código de referência CPJ-CP-UCBEU001.

Carta do Murray's Cabaret Club a Caio Prado Júnior, Londres, 11 de agosto de 1959, IEB/USP, código de referência CPJ-CP-MCC001.

Carta de Pinto Ferreira a Caio Prado Júnior, Recife, 12 de agosto de 1959, IEB/USP, código de referência CPJ-CP-FERRE003.

Carta de Ricardo M. Ortiz a Caio Prado Júnior, Buenos Aires, 13 de agosto de 1959, IEB/USP, código de referência CPJ-CP-ORT001.

Carta de Caio Prado Júnior a Teodoro Alves Lamounier, São Paulo, 16 de setembro de 1959, IEB/USP, código de referência CPJ-CA055.

Carta de Alberto Calvo a Caio Prado Júnior, Caracas, 17 de setembro de 1959, IEB/USP, código de referência CPJ-CP-RPOL003.

Carta de Eli de Gortari a Caio Prado Júnior, México, 29 de setembro de 1959, IEB/USP, código de referência CPJ-CP-GOR001.

Carta de W. S. Lobato a Caio Prado Júnior, Porto Príncipe, 7 de outubro de 1959, IEB/USP, código de referência CPJ-CP-LOB003.

Carta de Raúl Larra a Caio Prado Júnior, Buenos Aires, 30 de dezembro de 1959, IEB/USP, código de referência CPJ-CP-EFUT001.

Carta de V. I. Shunkov a Caio Prado Júnior, Moscou, 24 de março, 1959, IEB/USP, código de referência CPJ-CP-SHU001.

Contrato da Editorial Futura para publicação de *Historia Económica del Brasil*, Buenos Aires, 6 de janeiro de 1960, IEB/USP, código de referência CPJ-CP-EFUT002.

Carta de Caio Prado Júnior a Alberto Calvo, São Paulo, 12 de janeiro de 1960, IEB/USP, código de referência CPJ-CA048.

Setor "OG", 102, Comunismo, Homenagens, Almoço-homenagem a Luiz Carlos Prestes, 30K/33/145, 3 de março de 1960, documento produzido em 26 de fevereiro de 1960.

Carta de Luiz Menossi e Dante Pelacani a Caio Prado Júnior, São Paulo, 3 de abril de 1960, IEB/USP, código de referência CPJ-CP-CSTESP001.

Informação reservada, 20 de abril de 1960, Departamento de Ordem Política e Social, com carimbo de 26 de abril de 1960, arquivo pessoal de Danda Prado.

Carta de Yoon Hak-Soo a Caio Prado Júnior, Seul, 14 de junho de 1960, IEB/USP, código de referência CPJ-CP-YOO001.

Carta de Caio Prado Júnior a Roberto Nioac Prado, Moscou, 30 de julho de 1960, IEB/USP, código de referência CPJ-RNP121.

Membership Card de Caio Prado Júnior do Murray's Cabaret Club, validade, 10 de agosto de 1960, IEB/USP, código de referência CPJ-IC029.

Carta de Caio Prado Júnior e Helena Maria Nioac a Roberto Nioac Prado, Pequim, 18 de agosto de 1960, IEB/USP, código de referência CPJ-RNP128.

Carta de Caio Prado Júnior a Roberto Nioac Prado, Wuhan, 21 de agosto de 1960, IEB/USP, código de referência CPJ-RNP129.

Carta de Helena Maria Nioac a Roberto Prado, Wuhan, 21 de agosto de 1960, IEB/USP, código de referência CPJ-RNP130.

Cartão de Caio Prado Júnior e Helena Maria Nioac a Roberto Nioac Prado, Xangai, agosto de 1960, IEB/USP, código de referência CPJ-RNP132.

Carta de Caio Prado Júnior e Helena Maria Nioac a Roberto Nioac Prado, de Pequim, 1º de setembro de 1960, IEB/USP, código de referência CPJ-RNP133.

Carta de Eduardo Astesano a Caio Prado Júnior, Buenos Aires, 1º de setembro de 1960, IEB/USP, código de referência CPJ-CP-AST003.

Carta de Melvin Kranzberg a Caio Prado Júnior, Cleveland, 1º de setembro de 1960, IEB/USP, código de referência CPJ-CP-SHT001.

Carta de Zdenek Hampejs a Caio Prado Júnior, Rio de Janeiro, 3 de setembro de 1960, IEB/USP, código de referência CPJ-CP-HAM002.

Carta de Norberto Frontini a Caio Prado Júnior, Buenos Aires, 20 de outubro de 1960, IEB/USP, código de referência CPJ-CP-FRO015.

Departamento de Ordem Política e Social, 30K/33/181, novembro de 1960.

Carta de Raúl Larra a Caio Prado Júnior, Buenos Aires, 9 de novembro de 1960, IEB/USP, código de referência CPJ-CP-EFUT003.

Departamento de Ordem Política e Social, 29 de novembro de 1960, Setor "O. O.", Movimento de massas, Revolução Cubana, Fundação da "Comissão Paulista de Solidariedade a Cuba", 30K, 33, 153.

Carta de S. M. Levitas a Caio Prado Júnior, Nova York, [c. década de 1960], IEB/USP, código de referência CPJ-CP-NL001.

Curriculum Vitae de Caio Prado Júnior, [c. 1960], IEB/USP, código de referência CPJ-IC018.

Carta de Nelson Werneck Sodré a Caio Prado Júnior, Rio de Janeiro, 5 de janeiro de 1961, IEB/USP, código de referência CPJ-CP-SOD002.

Carta de Benito Marianetti a Caio Prado Júnior, Mendoza, 9 de janeiro de 1961, IEB/USP, código de referência CPJ-CP-MARI006.

Carta de Eduardo B. Astesano a Caio Prado Júnior, Buenos Aires, 10 de fevereiro de 1961, IEB/USP, código de referência CPJ-CP-AST001.

Carta de Benito Marianetti a Caio Prado Júnior, Mendoza, 25 de fevereiro de 1961, IEB/USP, código de referência CPJ-CP-MARI007.

Carta de Edvard Arab-Ogly a Caio Prado Júnior, Praga, 17 de março de 1961, IEB/USP, código de referência CPJ-CP-ARAB001 e CPJ-CP-ARAB002.

Departamento de Ordem Política e Social, 22 de abril de 1961, 154, Setor "O. G.", Reunião, Agitação, Reunião realizada na UEE no dia 19 de abril de 1961, 30K, 33, 155.

Carta de Benedito L. de Toledo a Caio Prado Júnior, São Paulo, 18 de maio de 1961, IEB/USP, código de referência CPJ-CP-USPFAU003.

Departamento de Ordem Política e Social, n. 206, São Paulo, 3 de julho de 1961, "Encontro Estadual dos Amigos de Cuba", realizado na sede do Sindicato dos Metalúrgicos, Rua do Carmo, n. 171, Relatório da Subchefia de Ordem Social, investigador Gunther Rosenberg, 30K, 33, 156.

Carta de Gisèle Mollier a Caio Prado Júnior, Paris, 12 de setembro de 1961, IEB/USP, código de referência CPJ-CP-ALAP001.

Carta de Eduardo Marques da Silva Ayrosa a Caio Prado Júnior, São Paulo, 23 de setembro de 1961, IEB/USP, código de referência CPJ-CP-USPFFLCH002.

Carta de Wladimir Murtinho a Caio Prado Júnior, setembro de 1961, IEB/USP, código de referência CPJ-CP-MINRE002.

Carta anônima a Caio Prado Júnior, setembro de 1961, IEB/USP, código de referência CPJ--CP113 e CPJ-CP114.

Carta de Manuel Serrano Pérez a Caio Prado Júnior, San Miguel de Tucumán, 15 de outubro de 1961, IEB/USP, código de referência CPJ-CP-PEREZ001.

Carta de Mario Guimarães Ferri a Caio Prado Júnior, São Paulo, 25 de novembro de 1961, IEB/USP, código de referência CPJ-CP-USPFFLCH003.

Carta de Alejo Carpentier a Caio Prado Júnior, Havana, 19 de dezembro de 1961, IEB/USP, código de referência CPJ-CP-UNEAC001.

Carta de Caio Prado Júnior a Roberto Nioac Prado, de Havana, 3 de janeiro de 1962, IEB/USP, código de referência CPJ-RNP138.

Carta de Caio Prado Júnior a Roberto Nioac Prado, Paris, 11 de fevereiro de 1962, IEB/USP, código de referência CPJ-RNP139.

Artigo de Alvaro Augusto Lopes, "O mundo do socialismo", *A Tribuna*, 25 de março de 1962, IEB/USP, código de referência CPJ-RO-031.

Carta de Aziz Nacib Ab'Saber e Nelson de La Corte a Caio Prado Júnior, São Paulo, 5 de maio de 1962, IEB/USP, código de referência CPJ-CP-AGB003.

Carta de Márcio Tosi a Caio Prado Júnior, Marília, 24 de maio de 1962, IEB/USP, código de referência CPJ-CP-UNESP001.

Carta de Carlos M. Rama a Caio Prado Júnior, 30 de maio de 1962, IEB/USP, código de referência CPJ-CP-RAMA002.

Carta de Héctor Agosti a Caio Prado Júnior, Buenos Aires, 1º de junho de 1962, IEB/USP, código de referência CPJ-CP-AGO013.

Carta de Caio Prado Júnior ao Banco do Brasil, São Paulo, 2 de julho de 1962, IEB/USP, código de referência CPJ-CA061.

Carta de Romano Trizzino a Caio Prado Júnior, Roma, 2 de julho de 1962, IEB/USP, código de referência CPJ-CP-TRI001.

Setor OG, Atos públicos, Comemorações, Ato Público no Sindicato dos Metalúrgicos de São Paulo, em comemoração ao 9º aniversário da reevolução cubana, 27 de julho de 1962, 193.

Secretaria de Segurança Pública, Departamento de Ordem Política e Social, Número Rel. 285, Palestra do escritor Caio Prado Júnior na sede do Sindicato dos Metalúrgicos, Rua Carmos,

171, Relatório da Subchefia de Ordem Social, Investigador Roberto Quass, São Paulo, 27 de julho de 1962.

Cartão de Yolanda Cerquinho da Silva Prado e Paulo Fernando Alves Pinto a Roberto Nioac Prado, Pequim, 11 de agosto de 1962, IEB/USP, código de referência CPJ-RNP143.

Carta de Paulo Alves Pinto a Caio Prado Júnior, Budapest, 3 de setembro de 1962, IEB/USP, código de referência CPJ-CP-CP035.

Carta do coronel Alarico Baroni a Caio Prado Júnior, Porto Alegre, 25 de setembro de 1962, IEB/USP, código de referência CPJ-CP-BARO001.

Carta de Zdenek Kourim a Caio Prado Júnior, Praga, 21 de outubro de 1962, IEB/USP, código de referência CPJ-CP-KOU003.

Carta de Clóvis de Vasconcelos Cavalcanti a Caio Prado Júnior, Recife, 23 de outubro de 1962, IEB/USP, código de referência CPJ-CP-ENECE001.

Setor "OG", 308, Assuntos vários, Ambientes não especificados, Informação reservada, 30K/33/168, 29 de dezembro de 1962.

Carta de Zdenek Kourim a Caio Prado Júnior, Praga, 28 de janeiro de 1963, IEB/USP, código de referência CPJ-CP-KOU005.

Carta de Manuel Correia a Caio Prado Júnior, Recife, 21 de fevereiro de 1963, IEB/USP, código de referência CPJ-CP-AND010.

Setor "OG", 91, Comunismo, Comemorações, "Festa em comemoração ao 41º aniversário do Partido Comunista Brasileiro", 30K/33/171, 23 de março de 1963.

Relatório n. 74/63, Investigador 502 e outros, Festa cívica recreativa realizada no Ginásio do Pacaembu com presença de Luiz Carlos Prestes, o Delegado Titular da Delegacia Especializada de Ordem Social, 23 de março de 1963.

Departamento de Ordem Política e Social, Subchefia de Ordem Política, Relatório n. 101, Investigador n. 1574, 30K/33/176, 23 de abril de 1963.

Relatório n. 136, Setor "OG", Atos públicos, Protesto, 30K/33/179, 23 de abril de 1963.

Carta de Benedicto de Campos a Caio Prado Júnior, Campinas, 24 de abril de 1963, IEB/USP, código de referência CPJ-CP-CCLA001.

Carta de Oscar Delgado a Caio Prado Júnior, México, 18 de junho de 1963, IEB/USP, código de referência CPJ-CP-DEL001.

Carta de Oscar Delgado a Caio Prado Júnior, México, 20 de julho de 1963, IEB/USP, código de referência CPJ-CP-DEL002.

Carta de Oscar Delgado a Caio Prado Júnior, México, 5 de outubro de 1963, IEB/USP, código de referência CPJ-CP-DEL004 e CPJ-CP-DEL005.

Carta de Luiz Tenório de Lima a Caio Prado Júnior, São Paulo, 16 de outubro de 1963, código de referência CPJ-CP-CNTIA001.

Setor "OG", Comunismo, Ato público, Ato público comemorativo ao 46º aniversário da Revolução Russa, realizado em 8/11/1963, 30K/33/182, 9 de novembro de 1963.

Carta de Benedicto Campos a Caio Prado Júnior, Campinas, 5 de dezembro de 1963, IEB/USP, código de referência CPJ-CP-CCLA003.

Carta de Caio Prado Júnior a Benedicto de Campos, São Paulo, 12 de dezembro de 1963, IEB/USP, código de referência CPJ-CA136.

Carta de Roberto L. Heilbroner a Caio Prado Júnior, Nova York, 12 de dezembro de 1963, IEB/USP, código de referência CPJ-CP-DECON001.

Carta de August Frugé a Caio Prado Júnior, Berkeley, 31 de dezembro de 1963, IEB/USP, código de referência CPJ-CP-UCPR001.

Comprovante de anuidade da Sociedade Geográfica Brasileira, 1963, IEB/USP, código de referência CPJ-IC010.

Carta de Caio Prado Júnior a August Frugé, São Paulo, 9 de janeiro de 1964, IEB/USP, código de referência CPJ-CA154.

Carta de Roberto L. Heilbroner a Caio Prado Júnior, Nova York, 13 de janeiro de 1964, IEB/USP, código de referência CPJ-CP-DECON003.

Carta de José Carlos Longo a Caio Prado Júnior, Ribeirão Preto, 24 de fevereiro de 1964, IEB/USP, código de referência CPJ-CP-FDLC001.

Carta de Luiz Carlos da Cunha a Caio Prado Júnior, Porto Alegre, 5 de março de 1964, IEB/USP, código de referência CPJ-CP-CUN001.

Carta de Robert L. Heilbroner a Caio Prado Júnior, Nova York, 20 de março de 1964, IEB/USP, código de referência CPJ-CP-DECON004.

Secretaria de Estado dos Negócios da Segurança Pública, Departamento de Ordem Política e Social, Serviço dactiloscópico, guia de identificação, São Paulo, 4 de maio de 1964, arquivo pessoal de Danda Prado.

Carta de Cesar Simões Salim a Caio Prado Júnior, São José dos Campos, 25 de março de 1964, IEB/USP, CPJ-CP-ITA001.

Carta de Caio Prado Júnior a Robert L. Heilbroner, 5 de abril de 1964, IEB/USP, código de referência CPJ-CP079.

Carta de James O'Connor a Caio Prado Júnior, Nova York, 7 de abril de 1964, código de referência CPJ-CP-OCO001.

Carta de Caio Prado Júnior a James O'Connor, São Paulo, 7 de abril de 1964, IEB/USP, código de referência CPJ-CA197.

Carta de Norberto Frontini a Caio Prado Júnior, Buenos Aires, 15 de abril de 1964, IEB/USP, código de referência CPJ-CP-FRO017.

Carta de Caio Prado Júnior a Francisco Rangel Pestana, São Paulo, 22 de abril de 1964, IEB/USP, código de referência CPJ-CA135.

Carta de Nena a Caio Prado Júnior, s. l., abril de 1964, IEB/USP, código de referência CPJ-CP-NIO030.

Bilhete de Caio Prado Júnior a Nena, s. l., abril de 1964, IEB/USP, código de referência CPJ-CA196.

Carta de L. D. Solomon a Caio Prado Júnior, Nova York, 18 de maio de 1964, IEB/USP, código de referência CPJ-CP-DECON005.

Carta de Carlos M. Rama à esposa de Caio Prado Júnior, Montevidéu, 3 de julho de 1964, IEB/USP, código de referência CPJ-CT-106.

Carta de Carlos M. Rama a Caio Prado Júnior, Montevidéu, agosto de 1964, IEB/USP, código de referência CPJ-CP-RAMA003.

Carta de Rodolfo Stevenhagen a Caio Prado Júnior, Rio de Janeiro, 5 de outubro de 1964, IEB/USP, código de referência CPJ-CP-CLAICS001.

Departamento de Ordem Política e Social, Subchefia de Ordem Social, Relatório n. 422, 8 de novembro de 1963, SS, 30K/33/190, 28 de dezembro de 1964.

Departamento de Ordem Política e Social, SS, 30K/33/191, 27 de janeiro de 1965.

Relação geral dos elementos que estiveram detidos neste departamento, durante o movimento revolucionário de 31 de março de 1964, Departamento de Ordem Política e Social, "SS", 28 de janeiro de 1965, arquivo pessoal de Danda Prado.

Carta de Yoshiaki Nishimukai a Caio Prado Júnior, Kobe, 15 de março de 1965, IEB/USP, código de referência CPJ-CP-NIS001.

Carta de Antonio Della Verde Mendonça a Caio Prado Júnior, São Paulo, 22 de março de 1965, IEB/USP, código de referência CPJ-CP-FEI001.

Relatório do delegado-adjunto de Ordem Política Sylvio Moraes Bartoletti, [c. abril de 1965].

Folha de S.Paulo, "Presos e soltos Caio Prado Jr. e seu filho", *Folha de S.Paulo*, 8 de junho de 1965, acervo pessoal de Susana Prado.

Carta de John W. F. Dulles a Caio Prado Júnior, São Paulo, 17 de novembro de 1965, IEB/USP, código de referência CPJ-CP-DEL001.

Carta de Leo Huberman a Caio Prado Júnior, Nova York, 5 de janeiro de 1966, IEB/USP, código de referência CPJ-CP-MRE001.

Assentada, José Trombe, São Paulo, 25 de abril de 1966.

Termo de declarações, Lázaro Borges, São Paulo, 27 de abril de 1966.

Termo de declarações, Caio da Silva Prado Júnior, São Paulo, 28 de abril de 1966.

Carta de Andrés Gunder Frank e Arturo Bonilla Sánchez a Caio Prado Júnior, México, 2 de maio de 1966, IEB/USP, código de referência CPJ-CP-FRAN008a e CPJ-CP-FRAN010.

Carta de Norberto Frontini a Caio Prado Júnior, Buenos Aires, 31 de maio de 1966, IEB/USP, código de referência CPJ-CP-FRO019.

Carta de A. Gukassov a Caio Prado Júnior, Rio de Janeiro, 14 de junho de 1966, IEB/USP, código de referência CPJ-CP-RCUB001.

Termo de declarações, Paulo Roberto dos Santos, São Paulo, 28 de junho de 1966.

Termo de declarações, Casemiro Mizael Silva, São Paulo, 28 de junho de 1966.

Termo de declarações, Roberto Alves, São Paulo, 30 de junho de 1966.

Secretaria da Segurança Pública, Departamento de Ordem Política e Social, declaração de Roberto Alves, assinada por Omar Horácio Salvatori, São Paulo, 5 de julho de 1966.

Auto de qualificação e interrogatório, Paulo Roberto dos Santos, São Paulo, 5 de julho de 1966.

Qualificação, Paulo Roberto dos Santos, São Paulo, 5 de julho de 1966.

Termo de declarações, Luiz Roberto de Jesus Nunes, São Paulo, 7 de julho de 1966.

Secretaria de Segurança Pública, Departamento de Ordem Política e Social, Relatório do delegado-adjunto de Ordem Econômica Omar Horácio Salvatori, São Paulo, 8 de julho de 1966.

Carta de Christina de Azevedo a Caio Prado Júnior, São Paulo, 25 de julho de 1966, IEB/USP, código de referência CPJ-CP042.

Texto de Victor de Azevedo, [c. julho de 1966], IEB/USP, código de referência CPJ-CP043.

Carta de E. T. H. Fitzsimmons a Caio Prado Júnior, São Paulo, 29 de agosto de 1966, IEB/USP, código de referência CPJ-CP-FIT001.

Carta de Wilson Afonso a Caio Prado Júnior, Porto Alegre, 20 de setembro de 1966, IEB/USP, código de referência CPJ-CP-AFO001.

Carta de Raimundo Humberto Caires Araújo a Caio Prado Júnior, Salvador, 22 de setembro de 1966, IEB/USP, código de referência CPJ-CP-UFBA001.

Carta de Norberto Frontini a Caio Prado Júnior, Buenos Aires, 27 de setembro de 1966, IEB/USP, código de referência CPJ-CP-FRO020.

Carta de Henrique Levy a Caio Prado Júnior, Recife, 30 de setembro de 1966, IEB/USP, código de referência CPJ-CP-LEVY001.

Carta de Ashbel Green a Caio Prado Júnior, Nova York, 19 de outubro de 1966, IEB/USP, código de referência CPJ-CP-AAKI001.

Carta de Álvaro de Faria a Caio Prado Júnior, Santiago, 29 de outubro de 1966, IEB/USP, código de referência CPJ-CP-FARIA001.

Carta de Johann-Lorenz Schmidt a Caio Prado Júnior, Berlim, 21 de novembro de 1966, IEB/USP, código de referência CPJ-CP-SCHM001.

Carta de John W. F. Dulles a Caio Prado Júnior, Rio de Janeiro, 28 de novembro de 1966, IEB/USP, código de referência CPJ-CP-DUL002.

Carta de Irany Novah Moraes a Caio Prado Júnior, São Paulo, 14 de dezembro de 1966, IEB/USP, código de referência CPJ-CP-ADUSP001.

Carta de Maria Regina C. R. Simões de Paula a Caio Prado Júnior, São Paulo, 19 de dezembro de 1966, IEB/USP, código de referência CPJ-CP-USPFFLCH006.

Carta de Jaime Franco Rodrigues Junot a Caio Prado Júnior, Santos, 15 de janeiro de 1967, IEB/USP, código de referência CPJ-CP-JUNO001.

Presidência da República, Serviço Nacional de Informações, Agência de São Paulo, 5 de janeiro de 1967, Do Cel. Chefe do SNI/ASP, Referência Prot. 7699/66 de 15 de dezembro de 1966, assinado por Paulo Ernesto Huss Veloso, Protocolado n. 147/67, Entrada 23 de janeiro de 1967, Saída 23 de janeiro de 1967, arquivo pessoal de Danda Prado.

Carta de Ênio Silveira a Caio Prado Júnior, Rio de Janeiro, 26 de janeiro de 1967, IEB/USP, código de referência CPJ-CP-ECBR002.

Carta de Arturo Peña Lillo a Caio Prado Júnior, Buenos Aires, 15 de fevereiro de 1967, IEB/USP, código de referência CPJ-CP-LIL001.

Carta de Jaime Franco Rodrigues Junot a Caio Prado Júnior, Santos, 19 de fevereiro de 1967, IEB/USP, código de referência CPJ-CP-JUNO004.

Carta de Caio Prado Júnior a Arturo Peña Lillo, São Paulo, 28 de fevereiro de 1967, IEB/USP, código de referência CPJ-CA152 e CPJ-CA150.

Carta da União Brasileira de Escritores a Caio Prado Júnior, São Paulo, 28 de fevereiro de 1967, IEB/USP, código de referência CPJ-CP-UBE002.

Carta de Jamir João Bittar a Caio Prado Júnior, São José do Rio Pardo, 12 de março de 1967, IEB/USP, código de referência CPJ-CP-BIT002.

Bilhete de Pedro de Oliveira Ribeiro a Caio Prado Júnior, São Paulo, 21 de março de 1967, código de referência CPJ-CP-RIB004.

Carta de Caio Prado Júnior a Ernest Feder, São Paulo, 27 de março de 1967, IEB/USP, código de referência CPJ-CA137a.

Carta de Aloysio Nunes Ferreira Filho a Caio Prado Júnior, São Paulo, 28 de março de 1967, IEB/USP, código de referência CPJ-CP-USPFD014.

Carta de Vitório Sorotiuk a Caio Prado Júnior, Curitiba, 29 de março de 1967, IEB/USP, código de referência CPJ-CP-UFPR002.

Carta de Henrique Soares a Caio Prado Júnior, Vitória, 31 de março de 1967, IEB/USP, código de referência CPJ-CP-SOA006.

Carta de Álvaro de Faria a Caio Prado Júnior, Santiago, 4 de abril de 1967, IEB/USP, código de referência CPJ-CP-FARIA002.

Carta de August Frugé a Caio Prado Júnior, Berkeley, 27 de abril de 1967, IEB/USP, código de referência CPJ-CP-UCPR002.

Carta de alunos da Faculdade de Filosofia, Letras e Ciências Humanas da USP a Caio Prado Júnior, São Paulo, 16 de maio de 1967, IEB/USP, código de referência CPJ-CP-USPFFLCH010.

Carta de John Gerassi a Caio Prado Júnior, Nova York, 21 de maio de 1967, IEB/USP, código de referência CPJ-CP-ECBR004.

Carta de Ênio Silveira a Caio Prado Júnior, Rio de Janeiro, 30 de maio de 1967, IEB/USP, código de referência CPJ-CP-ECBR003.

Carta de Caio Prado Júnior a Luís E. Aguilar, São Paulo, 6 de junho de 1967, IEB/USP, código de referência CPJ-CA147.

Carta de Caio Prado Júnior a Maia Neto, São Paulo, 13 de junho de 1967, IEB/USP, código de referência CPJ-CA146.

Carta de alunos da USP a Caio Prado Júnior, São Paulo, 13 de junho de 1967, IEB/USP, código de referência CPJ-CP-USPFFLCH011.

Carta de Murilo Adelson Alves Terra a Caio Prado Júnior, São Paulo, 13 de julho de 1967, IEB/USP, código de referência CPJ-CP-FGV001.

Carta de Caio Prado Júnior ao prefeito de Brazil, Indiana, São Paulo, 19 de julho de 1967, IEB/USP, código de referência CPJ-CA140.

Carta de Rodolfo Puiggrós a Caio Prado Júnior, Buenos Aires, 14 de agosto de 1967, IEB/USP, código de referência CPJ-CP-PUI001.

Carta de William da Costa Pinheiro a Caio Prado Júnior, Recife, 15 de setembro de 1967, IEB/USP, código de referência CPJ-CP-UFPE001.

Carta de William da Costa Pinheiro a Caio Prado Júnior, Recife [c. setembro de 1967], IEB/USP, código de referência CPJ-CP-UFPE002.

Telegrama de William da Costa Pinheiro a Caio Prado Júnior, Recife [c. outubro de 1967], IEB/USP, código de referência CPJ-CP-UFPE003.

Carta de Murilo Adelson Alves Terra a Caio Prado Júnior, São Paulo, 7 de novembro de 1967, IEB/USP, código de referência CPJ-CP-FGV002.

Carta de Danda Prado a Caio Prado Júnior, Nova York, 24 de novembro de 1967, IEB/USP, código de referência CPJ-YCP265.

Carta de André Gunder Frank a Caio Prado Júnior, Montreal, 24 de novembro de 1967, IEB/USP, código de referência CPJ-CP-FRAN011.

Carta de Iréne Matthis e Tomas Gerholm a Caio Prado Júnior, 6 de dezembro de 1967, IEB/USP, código de referência CPJ-CP-GER001.

Carta de Danda Prado a Caio Prado Júnior, Nova York, 17 de dezembro de 1967, IEB/USP, código de referência CPJ-YCP266.

Carta de Pinto Ferreira a Caio Prado Júnior, Recife, 17 de dezembro de 1967, IEB/USP, código de referência CPJ-CP-FERR004.

Carta de Masato Yokota a Caio Prado Júnior, São Paulo, 20 de dezembro de 1967, IEB/USP, código de referência CPJ-CP-USPFCEA002.

Carta de Danda Prado a Caio Prado Júnior, Nova York, 27 de janeiro de 1968, IEB/USP, código de referência CPJ-YCP269.

Carta de Caio Prado Júnior a Boanerges A. Tocolini, São Paulo, 7 de fevereiro de 1968, IEB/USP, código de referência CPJ-CA033.

Carta de Caio Prado Júnior a Richard Graham, São Paulo, 7 de fevereiro de 1968, IEB/USP, código de referência CPJ-CA193.

Carta de Arturo Peña Lillo a Caio Prado Júnior, Buenos Aires, 4 de março de 1968, IEB/USP, código de referência CPJ-CP-LIL005.

Carta de Danda Prado a Caio Prado Júnior, Nova York, 5 de março de 1968, IEB/USP, código de referência CPJ-YCP273.

Carta de Rodolfo Puiggrós a Caio Prado Júnior, 6 de março de 1968, IEB/USP, código de referência CPJ-CP-PUI002.

Carta de Danda Prado a Caio Prado Júnior, Nova York, 21 de março de 1968, IEB/USP, código de referência CPJ-YCP274.

Carta de Arthur Pereira Nunes a Caio Prado Júnior, Rio de Janeiro, 26 de março de 1968, IEB/USP, código de referência CPJ-CP-FGV003.

Carta de Danda Prado a Caio Prado Júnior, Nova York, 6 de abril de 1968, IEB/USP, código de referência CPJ-YCP275.

Carta de Danda Prado a Caio Prado Júnior, Nova York, 11 de abril de 1968, IEB/USP, código de referência CPJ-YCP276.

Carta de Izabel Guimarães de Abreu a Caio Prado Júnior, Rio de Janeiro, 18 de abril de 1968, IEB/USP, código de referência CPJ-CP-PUCRJ001.

Carta de Danda Prado a Caio Prado Júnior, de Nova York, 22 de abril de 1968, IEB/USP, código de referência CPJ-YCP277.

Carta de Serguei S. Mikhailov a Caio Prado Júnior, Rio de Janeiro, 30 de abril de 1968, IEB/USP, código de referência CPJ-CP-MIK001 e CPJ-CP-MIK002.

Carta de Danda Prado a Caio Prado Júnior, Nova York, 5 de maio de 1968, IEB/USP, código de referência CPJ-YCP278.

Carta de Zdenek Kourim a Caio Prado Júnior, Praga, 11 de maio de 1968, IEB/USP, código de referência CPJ-CP-KOU006.

Carta de Caio Prado Júnior para Serguei S. Mikhailov, São Paulo, 13 de maio de 1968, IEB/USP, código de referência CPJ-CA034.

Carta de Ênio Silveira a Caio Prado Júnior, Rio de Janeiro, 22 de maio de 1968, IEB/USP, código de referência CPJ-CP-SILVE007.

Carta de Danda Prado a Caio Prado Júnior, Nova York, 16 de maio de 1968, IEB/USP, código de referência CPJ-YCP279.

Carta de Sinesio Ribeiro Bastos a Caio Prado Júnior, Belo Horizonte, 19 de junho de 1968, IEB/USP, código de referência CPJ-CP-FFCLBH002.

Carta de Norberto Frontini a Caio Prado Júnior, Buenos Aires, 24 de junho de 1968, IEB/USP, código de referência CPJ-CP-FRO022.

Carta de Francisca Isabel Schuring Vieira a Caio Prado Júnior, Marília, 1º de julho de 1968, IEB/USP, código de referência CPJ-CP-UNESP002.

Carta de Therezinha Arruda a Caio Prado Júnior, Lins, 22 de agosto de 1968, IEB/USP, código de referência CPJ-CP-FAFCL001.

Carta de Norberto Frontini a Caio Prado Júnior, Buenos Aires, 20 de setembro de 1968, IEB/USP, código de referência CPJ-CP-FRO025.

Carta de Merle Curti a Caio Prado Júnior, 25 de outubro de 1968, IEB/USP, código de referência CPJ-CP-CURT002.

Telegrama da UFRGS a Caio Prado Júnior, Porto Alegre, 6 de novembro de 1968, IEB/USP, código de referência CPJ-CP-UFRGS003.

Carta de Almino Affonso a Caio Prado Júnior, Santiago, 25 de novembro de 1968, IEB/USP, código de referência CPJ-CP-AFF001.

Carta de Caio Prado Júnior a Castorino Telles de Souza, São Paulo, 27 de novembro de 1968, IEB/USP, código de referência CPJ-CA128.

Carta de Caio Prado Júnior a Harlan Kessel, São Paulo, 11 de dezembro de 1968, IEB/USP, código de referência CPJ-CA130.

Carta de Norberto Frontini a Caio Prado Júnior, Buenos Aires, 31 de dezembro de 1968, IEB/USP, código de referência CPJ-CP-FRO027.

Carta de Chiaffardi a Caio Prado Júnior, s. l., [c. 1968], IEB/USP, código de referência CPJ-CP094.

Carta de Caio Prado Júnior a "Álvaro", Santiago, 13 de fevereiro de 1969, IEB/USP, código de referência CPJ-CA092.

Carta de Caio Prado Júnior a Roberto Nioac Prado, Santiago, 16 de abril de 1969, IEB/USP, código de referência CPJ-RNP186.

Carta de Raymond Carr a R. F. Colson, Oxford, 1º de maio de 1969, IEB/USP, código de referência CPJ-CT-130.

Carta de Caio Prado Júnior a Sérgio Buarque de Holanda, 27 de maio de 1969, acervo particular de Thiago Nicodemo.

Carta de Ronald H. Chilcote a Caio Prado Júnior, Riverside, 21 de junho de 1969, IEB/USP, código de referência CPJ-CP-CHI001.

Carta de Norberto Frontini a Caio Prado Júnior, Roma, 10 de julho de 1969, IEB/USP, código de referência CPJ-CP-FRO028.

Carta de Ronald H. Chilcote a Caio Prado Júnior, Riverside, 13 de agosto de 1969, IEB/USP, código de referência CPJ-CP-CHI002.

Carta de Caio Prado Júnior ao First National City Bank, São Paulo, 11 de setembro de 1969, IEB/USP, código de referência CPJ-CA072.

Carta de Norberto Frontini a Caio Prado Júnior, Buenos Aires, 25 de setembro de 1969, IEB/USP, código de referência CPJ-CP-FRO030.

Carta de Horace B. Davis a Caio Prado Júnior, Chicago, 10 de outubro de 1969, IEB/USP, código de referência CPJ-CP-DAV001.

Carta de Gregorio Bermann a Caio Prado Júnior, Córdoba, 30 de novembro de 1969, IEB/USP, código de referência CPJ-CP-BERM001.

Carta de Norberto Frontini a Caio Prado Júnior, Buenos Aires, [c. 1969], IEB/USP, código de referência CPJ-CP-FRO074.

Carta de Caio Prado Júnior à University of California Press, São Paulo, 26 de janeiro de 1970, IEB/USP, código de referência CPJ-CA164.

Carteira profissional de Caio Prado Júnior, 3 de fevereiro de 1970, IEB/USP, código de referência CPJ-IC005.

Carta de Danda Prado a Stanley Stein, São Paulo, 13 de fevereiro de 1970, IEB/USP, código de referência CPJ-YCP280.

Carta de Danda Prado a Charles Wagley, São Paulo, 13 de fevereiro de 1970, IEB/USP, código de referência CPJ-YCP281.

Carta de Stanley Stein a Danda Prado, Princeton, New Jersey, 23 de fevereiro de 1970, IEB/USP, código de referência CPJ-YCP282.

Carta de Stanely Stein a Danda Prado, com cópia de carta aos editores do *New York Times*, Princeton, New Jersey, 23 de fevereiro de 1970, IEB/USP, código de referência CPJ-YCP322.

Carta de Norberto Frontini a Caio Prado Júnior, Buenos Aires, 3 de março de 1970, IEB/USP, código de referência CPJ-CP-FRO032 e CPJ-CP-FRO033.

Carta de "Skip" a Maria Odila, Ann Arbor, 4 de março de 1970, IEB/USP, código de referência CPJ-CT-133.

Carta de Norberto Frontini a Caio Prado Júnior, Buenos Aires, 17 de março de 1970, IEB/USP, código de referência CPJ-CP-FRO034.

Secretaria da Segurança Pública, Departamento de Ordem Política e Social, São Paulo, Serviço Secreto, São Paulo, 5 de maio de 1970.

Poder Judiciário, Justiça Militar, 2ª Auditoria da 2ª Região Militar, Of. n. 868/70, Nelson da Silva Machado Guimarães, São Paulo, 5 de maio de 1970.

Departamento Estadual de Ordem Política e Social, Of. 157/70-DEOP, Alcides Cintra Bueno Filho, São Paulo, 11 de maio de 1970.

Ofício n. 016-1279-Bs, 16º BP, Eduardo Monteiro, 11 de maio de 1970.

Carta de Werner Baer a Caio Prado Júnior, Nashville, 11 de maio de 1970, IEB/USP, código de referência CPJ-CP-BAE001.

Carta da Amnesty International dos Estados Unidos, Riverside Group, escrita por James P. Harrison e Ivan Morris, para o presidente Médici e com cópias para o ministro da Justiça Buzaid, o ministro do Interior coronel José Costa Cavalcanti, o ministro das Relações Exteriores Mario Gibson Barbosa, o ministro da Educação coronel Jarbas Passarinho, o governador de São Paulo, o embaixador Mozart Gurgel Valente, o secretário de Estado William Rogers e o senador William Fulbright, enviada de Riverside Drive, Nova York, 1º de junho de 1970, arquivo pessoal de Susana Prado.

Carta de Elisabeth Jordan a Caio Graco Prado, Oppenheim, Alemanha, 14 de junho de 1970, arquivo pessoal de Susana Prado.

Carta de Elisabeth Jordan ao general Garrastazu Médici, Oppenheim, Alemanha, 14 de junho de 1970, arquivo pessoal de Susana Prado.

Carta de Caio Graco Prado a Elisabeth Jordan, São Paulo, 29 de junho de 1970, arquivo pessoal de Susana Prado.

Carta de Antonio Expedito Carvalho Perera a Caio Prado Júnior, São Paulo, Presídio Tiradentes, 23 de julho de 1970, IEB/USP, código de referência CPJ-CP060.

Carta de Elisabeth Jordan a Caio Graco Prado, Oppenheim, Alemanha, 24 de julho de 1970, arquivo pessoal de Susana Prado.

Carta de Caio Graco Prado a H. Steiner e D. Trubeck, São Paulo, 1970, arquivo pessoal de Susana Prado.

Secretaria de Segurança Pública, Dependência Serviço de Informação, Departamento de Ordem Política e Social, 28 de julho de 1970, arquivo pessoal de Danda Prado.

Secretaria de Segurança Pública, Serviço de Informação, 30K/33/227, 28 de julho de 1970.

Atestado médico de David Rosenberg, São Paulo, 17 de setembro de 1970, arquivo pessoal de Susana Prado.

Departamento de Ordem Política e Social, 50Z/13/783, 23 de setembro de 1970.

Colina, Comando de Liberación Nacional-Colina del Brasil, Pacto Revolucionario Latinoamericano, Movimiento de Militantes Marxistas, Bolívia, 23 de setembro de 1970.

Carta de Nelson Werneck Sodré a Caio Prado Júnior, Rio de Janeiro, 4 de janeiro de 1971, IEB/USP, código de referência CPJ-CP-SOD003.

Reprodução de documento escrito por Mauricy das Flores, MR-8, Quarta Zona Aérea, Quartel-General, Divisão de Segurança, 8 de fevereiro de 1971, 50D, 26, 2667.

Carta de Carlos M. Rama a Caio Prado Júnior, 31 de março de 1971, IEB/USP, código de referência CPJ-CP-RAMA007.

Carta de Danda Prado a Caio Prado Júnior, Paris, 8 de abril de 1971, IEB/USP, código de referência CPJ-YCP307.

Carta de Danda Prado a Caio Prado Júnior, Paris, 3 de maio de 1971, IEB/USP, código de referência CPJ-YCP343.

Carta de Danda Prado a Caio Prado Júnior, Paris, 7 de maio de 1971, IEB/USP, código de referência CPJ-YCP309.

Carta de Danda Prado a Caio Prado Júnior, Paris, 11 de maio de 1971, IEB/USP, código de referência CPJ-YCP313.

Carta de Danda Prado a Caio Prado Júnior, Paris, 17 de maio de 1971, IEB/USP, código de referência CPJ-YCP317.

Carta dos editores da *Encyclopaedia Britannica* a Caio Prado Júnior, Rio de Janeiro, 31 de maio de 1971, IEB/USP, código de referência CPJ-CP-BARB001.

Carta de Danda Prado a Caio Prado Júnior, Paris, 24 de maio de 1971, IEB/USP, código de referência CPJ-YCP319.

Carta de Danda Prado a Caio Prado Júnior, Paris, 25 de maio de 1971, IEB/USP, código de referência CPJ-YCP320.

Carta de Danda Prado a Caio Prado Júnior, Paris, 21 de julho de 1971, IEB/USP, código de referência CPJ-YCP328.

Carta de Danda Prado a Caio Prado Júnior, Paris, 9 de agosto de 1971, IEB/USP, código de referência CPJ-YCP331.

Carta de Danda Prado a Caio Prado Júnior, Paris, 12 de agosto de 1971, IEB/USP, código de referência CPJ-YCP332.

Carta de Danda Prado a Caio Prado Júnior, Paris, 15 de agosto de 1971, IEB/USP, código de referência CPJ-YCP333.

Carta de Nelson Werneck Sodré a Caio Prado Júnior, Rio de Janeiro, 21 de agosto de 1971, IEB/USP, código de referência CPJ-CP-SOD004.

Carta de Paulo Cavalcanti a Caio Prado Júnior, Recife, 27 de agosto de 1971, IEB/USP, código de referência CPJ-CP-CAV001.

Cartão da União Brasileira de Escritores, São Paulo, 15 de setembro de 1971, IEB/USP, código de referência CPJ-IC011.

Carta de Ênio Silveira a Caio Prado Júnior, Rio de Janeiro, 21 de setembro de 1971, IEB/USP, código de referência CPJ-CP-ECBR005.

Reservado, set. 71, CI-SI, 9. 10, 20C/43/3530.

Aposentadoria por tempo de serviço, data de entrada: 1º de outubro de 1971, IEB/USP, código de referência CPJ-IC012.

Superior Tribunal Federal, Recurso ordinário criminal n. 1.116, São Paulo, Seção de Jurisprudência, Primeira Turma, 20 de outubro de 1971.

Carta de Fernando Henrique Cardoso a Caio Prado Júnior, São Paulo, 22 de outubro de 1971, código de referência CPJ-CP-CARD001.

Carta de Carlos Nelson Coutinho a Caio Prado Júnior, Rio de Janeiro, 5 de novembro de 1971, IEB/USP, código de referência CPJ-CP-COU005.

Carta de Caio Prado Júnior a Jean Teague, 3 de dezembro de 1971, IEB/USP, código de referência CPJ-CA163.

Carta de Afonso Arinos a Alcides Carneiro, [c. 1971], IEB/USP, código de referência CPJ-CT-006.

Carta de Afonso Arinos a Jurandir Mamede, [c. 1971], IEB/USP, código de referência CPJ-CT-007.

Carta de Carlos Nelson Coutinho a Caio Prado Júnior, Rio de Janeiro, 6 de janeiro de 1972, IEB/USP, código de referência CPJ-CP-COU006.

Carta de Zdenek Kourim a Caio Prado Júnior, Gidy, 19 de fevereiro de 1972, IEB/USP, código de referência CPJ-CP-KOU007.

Carta de Nelson Werneck Sodré a Caio Prado Júnior, Rio de Janeiro, 3 de março de 1972, IEB/USP, código de referência CPJ-CP-SOD005.

Carta de Caio Prado Júnior a José Roberto do Amaral Lapa, São Paulo, 26 de abril de 1972, IEB/USP, código de referência CPJ-CA169.

Carta de Caio Prado Júnior a Maria Odila, São Paulo, 22 de maio de 1972, IEB/USP, código de referência CPJ-CA107.

Carta de Caio Prado Júnior a Maria Odila, s. l., 5 de junho de 1972, IEB/USP, código de referência CPJ-CA062.

Carta de Caio Prado Júnior a Chico Barbosa, s. l., 18 de novembro de 1972, IEB/USP, código de referência CPJ-CA023.

Carta de Antonio Reis a Caio Prado Júnior, Lisboa, 21 de novembro de 1972, IEB/USP, código de referência CPJ-CP-REI001.

Carta de Caio Prado Júnior a Fernando Gasparian, São Paulo, 5 de março de 1973, IEB/USP, código de referência CPJ-CA168.

Carta de Zillah Branco a Caio Prado Júnior, Santiago, 2 de julho de 1973, IEB/USP, código de referência CPJ-CP-BRANC015.

Carta de Zillah Branco a Caio Prado Júnior, Santiago, 7 de agosto de 1973, IEB/USP, código de referência CPJ-CP-BRANC018.

Carta de Zillah Branco a Caio Prado Júnior, Santiago, 27 de agosto de 1973, IEB/USP, código de referência CPJ-CP-BRANC019.

Carta de Zillah Branco a Caio Prado Júnior, Santiago, 1º de setembro de 1973, IEB/USP, código de referência CPJ-CP-BRANC020.

Carta de Zillah Branco a Caio Prado Júnior, Santiago, 22 de setembro de 1973, IEB/USP, código de referência CPJ-CP-BRANC021.

SMT, R/GD 3973, R/PB 743-CIOp, Informação n. 683, Arquivo Geral, São Paulo, 6 de novembro de 1973, Argemiro Laurindo Carbonelli, Chefe do Arquivo Geral do Dops.

Carta de Isabel Wing Ching a Caio Prado Júnior, San José, 8 de janeiro de 1974, IEB/USP, código de referência CPJ-CP-CLAS001.

Carta de Caio Prado Júnior a José Bueno Conti, São Paulo, 12 de janeiro de 1974, IEB/USP, código de referência CPJ-CA177.

Carta de Norberto Frontini a Caio Prado Júnior, Buenos Aires, 12 de janeiro de 1974, IEB/USP, código de referência CPJ-CP-FRO058.

Convite do Congresso Latino-Americano de Historiadores a Caio Prado Júnior, s. l., julho de 1974, IEB/USP, código de referência CPJ-CP-CLAH001.

Carta de Andrea Sánchez Quintanar e Federico Bolaños a Caio Prado Júnior, México, julho de 1974, IEB/USP, código de referência CPJ-CP-UNAM005.

Carta de Takao Miyagui a Caio Prado Júnior, São Paulo, 26 de novembro de 1974, IEB/USP, código de referência CPJ-CP-UHJ002 e CPJ-CP-UHJ003.

Carta de Warren Dean a Caio Prado Júnior, [c. 1974], IEB/USP, código de referência CPJ-CP--FIU001.

Carta de Caio Prado Júnior a Marcos Freire, São Paulo, 20 de junho de 1975, IEB/USP, código de referência CPJ-CA183.

Carta de Ángel Rama a Caio Prado Júnior, Caracas, 21 de agosto de 1975, IEB/USP, código de referência CPJ-CP-BAYA001.

Carta de Sérgio Uliano e Tânia Leal a Caio Prado Júnior, Florianópolis, 18 de setembro de 1975, IEB/USP, código de referência CPJ-CP-UDESC001.

Carta de Frances Rocha a Caio Prado Júnior, São Paulo, 7 de outubro de 1975, IEB/USP, código de referência CPJ-CP-PUCSP001.

Carta de Antonio do Rego Monteiro Rocha a Caio Prado Júnior, Curitiba, 8 de outubro de 1975, IEB/USP, código de referência CPJ-CP-PUCPR001.

Carta de Antonio do Rego Monteiro Rocha a Caio Prado Júnior, Curitiba, 30 de outubro de 1975, IEB/USP, código de referência CPJ-CP073.

Carta de Edelberto Torres Rivas a Caio Prado Júnior, México, 31 de outubro de 1975, IEB/USP, código de referência CPJ-CP-UNAM006.

Carta de Elias Chaves Neto a Caio Prado Júnior, Rio de Janeiro, 19 de novembro de 1975, IEB/USP, código de referência CPJ-CP-CHA016.

Divisão de Ordem Política, Informação n. 166/76, Caio Prado Júnior, São Paulo, 3 de março de 1976, arquivo pessoal de Danda Prado.

Cartão de Caio Prado Júnior da Bibliothèque Sainte-Geneviève, Académie de Paris, 9 de abril de 1976, IEB/USP, código de referência CPJ-IC019.

Passaporte de Caio Prado Júnior, data de expedição: 21 de maio de 1976, IEB/USP, código de referência CPJ-IC006.

Carta de Caio Prado Júnior ao redator do jornal *O Estado de S. Paulo*, 11 de outubro de 1976, IEB/USP, código de referência CPJ-CA187.

Carta de Ladislau Dowbor a Caio Prado Júnior, Coimbra, 18 de novembro de 1976, IEB/USP, código de referência CPJ-CP-DOW001.

RPI No. 09/77, do II Exército, 50Z/8/2190, 1977.

Secretaria de Estado dos Negócios da Segurança Pública, Polícia Civil de São Paulo, Departamento Estadual de Ordem Política e Social, Dops, Divisão de informações, São Paulo, 16 de fevereiro de 1977.

Carta de Elias Chaves Neto a Caio Prado Júnior, Rio de Janeiro, 28 de fevereiro de 1977, IEB/USP, código de referência CPJ-CP-CHA015.

Carta da Editorial Grijalbo a Caio Prado Júnior, São Paulo, 1º de março de 1977, IEB/USP, código de referência CPJ-CP-EGRI001.

Carta de Dyonélio Machado a Caio Prado Júnior, Porto Alegre, 16 de maio de 1977, IEB/USP, código de referência CPJ-CP-MAC004.

Carta de Hermes Lima a Caio Prado Júnior, Rio de Janeiro, 26 de setembro de 1977, IEB/USP, código de referência CPJ-CP-LIM039 e CPJ-CP-LIM040.

Carta de José Gomes da Silva a Caio Prado Júnior, Campinas, 5 de outubro de 1977, IEB/USP, código de referência CPJ-CP-ABRA001.

Carta de Luís Carlos Guedes Pinto a Caio Prado Júnior, Brasília, 26 de novembro de 1977, IEB/USP, código de referência CPJ-CP-ABRA008.

Ministério do Exército, Comando II Exército, Quartel-General, CODI/II Ex. DOI, Primeiras declarações que presta Fernando Leite Perrone, 3 de outubro de 1978, arquivo pessoal de Danda Prado.

Carta de Dario Sion a Caio Prado Júnior, s. l., [*c.* 1978], IEB/USP, código de referência CPJ-CP-SIO001.

Carta de Caio Prado Júnior a Oscar Niemeyer, São Paulo, dezembro de 1980, IEB/USP, código de referência CPJ-CA081.

Departamento de Ordem Política e Social, Apreciação especial, 30ª Reunião Anual da Sociedade Brasileira para o Progresso da Ciência, 50Z/0/14.975, 5 de janeiro de 1979.

Secretaria de Estado dos Negócios da Segurança Pública, Polícia Civil de São Paulo, Divisão de Informações, SE/Dops, São Paulo, 24 de janeiro de 1979.

Carta de J. M. de Gusmão Pinto a Caio Prado Júnior, São Paulo, 13 de março de 1979, IEB/USP, código de referência CPJ-CP-AGB011.

Secretaria de Estado dos Negócios da Segurança Pública, Polícia Civil de São Paulo, Divisão de Informações, SE/Dops, São Paulo, 28 de junho de 1979, RE/251-79, assunto, Movimento estudantil na Faculdade de Direito da USP.

Carta de Plínio Guimarães Moraes a Caio Prado Júnior, Campinas, 23 de agosto de 1979, IEB/USP, código de referência CPJ-CP-ABRA009.

Carta de Caio Prado Júnior a Miguel Arraes, São Paulo, 29 de agosto de 1979, IEB/USP, código de referência CPJ-CA094.

Carta de Miguel Arraes a Caio Prado Júnior, Recife, 7 de outubro de 1979, IEB/USP, código de referência CPJ-CP-ALENCAR001.

Cartão da Sociedade Amigos da Cinemateca, [*c.* década de 1970], IEB/USP, código de referência CPJ-IC028.

Carta de Francisco Iglésias a Caio Prado Júnior, Belo Horizonte, 19 de fevereiro de 1980, IEB/USP, código de referência CPJ-CP-IGL007.

Carta de Francisco Iglésias a Caio Prado Júnior, Belo Horizonte, 3 de abril de 1980, IEB/USP, código de referência CPJ-CP-IGL005.

Carta de Carlos Régis Leme Gonçalves a Caio Prado Júnior, São Paulo, 20 de abril de 1980, IEB/USP, código de referência CPJ-CP-IVAR001.

Carta da direção da revista *Temas* a Caio Prado Júnior, São Paulo, 16 de setembro de 1980, IEB/USP, código de referência CPJ-CP-LECH001.

Carta da *Revista de Economia Política* a Caio Prado Júnior, São Paulo, 19 de dezembro de 1980, IEB/USP, código de referência CPJ-CP-REP001.

Carta de Miguel Reale a Caio Prado Júnior, São Paulo, 10 de fevereiro de 1981, IEB/USP, código de referência CPJ-CP-IBF005.

Carta de Zdenek Kourim a Caio Prado Júnior, Gidy, 12 de fevereiro de 1981, IEB/USP, código de referência CPJ-CP-KOU008.

Carta de Liborio Justo a Caio Prado Júnior, Buenos Aires, 13 de março de 1981, IEB/USP, código de referência CPJ-CP-JUS001.

Carta de Norberto Frontini a Caio Prado Júnior, Buenos Aires, 15 de julho de 1981, IEB/USP, código de referência CPJ-CP-FRO062.

Carta de Gilson Antunes da Silva a Caio Prado Júnior, Rio de Janeiro, 27 de julho de 1981, IEB/USP, código de referência CPJ-CP-CULM001.

Secretaria da Segurança Pública, Polícia Civil de São Paulo, Departamento Estadual de Ordem Política e Social, Divisão de Informações, Relatório, 20c/44/20.411, São Paulo, 27 de outubro de 1981.

Carta do PCB a Caio Prado Júnior, São Paulo, novembro de 1981, IEB/USP, código de referência CPJ-CP-PCB001.

Carta de Mário Antônio de Moraes Biral a Caio Prado Júnior, Campinas, 15 de janeiro de 1982, IEB/USP, código de referência CPJ-CP-ABRA010 e CPJ-CP-ABRA011.

Carta da M. E. Sharpe Inc., Publisher, a Caio Prado Júnior, Nova York, 19 de abril de 1982, IEB/USP, código de referência CPJ-CP-MESH002.

Carta de Marcial Suárez a Caio Prado Júnior, Madri, 26 de abril de 1982, IEB/USP, código de referência CPJ-CP-SUAR002.

Carta de Norberto Frontini a Caio Prado Júnior, Buenos Aires, 30 de abril de 1982, IEB/USP, código de referência CPJ-CP-FRO067.

Carta de Norberto Frontini a Caio Prado Júnior, Buenos Aires, 16 de maio de 1982, IEB/USP, código de referência CPJ-CP-FRO068.

Carta de Norberto Frontini a Caio Prado Júnior, Buenos Aires, 12 de agosto de 1982, IEB/USP, código de referência CPJ-CP-FRO071.

Carta de Carlos Henrique Escobar a Caio Prado Júnior, s. l., 6 de setembro de 1982, IEB/USP, código de referência CPJ-CP078.

Carta de Norberto Frontini a Caio Prado Júnior, Buenos Aires, 23 de outubro de 1982, IEB/USP, código de referência CPJ-CP-FRO072.

Carta de José Celio Manso Vieira a Caio Prado Júnior, São Paulo, 8 de novembro de 1982, IEB/USP, código de referência CPJ-CP-OAB001.

Carta de Fernando Morais a Caio Prado Júnior, São Paulo, 15 de março de 1983, IEB/USP, código de referência CPJ-CP-ALESP003.

Carta de Giocondo Dias a Caio Prado Júnior, São Paulo, 30 de agosto de 1983, IEB/USP, código de referência CPJ-CP-DIA002.

Créditos das imagens

Acervo da Assembleia Legislativa do Estado de São Paulo
p. C (em cima), D (em cima), H

Acervo da Assembleia Legislativa de São Paulo/acervo pessoal de Florestan Fernandes Júnior
p. J (embaixo), P (embaixo)

Acervo pessoal de Antonio Rago/ fotografia de Luiz Alberto de Oliveira França
p. O (embaixo), P (em cima)

Acervo pessoal de Danda Prado
p. 28, 96, 216, B (embaixo), E (em cima), F (em cima), J (em cima e no meio)

Acervo pessoal de Graziela Naclério Forte
p. E (embaixo)

Acervo pessoal de Luiz Bernardo Pericás
p. G (em cima)

Acervo pessoal de Maria Cecília Naclério Homem
p. B (em cima), F (embaixo)

Acervo pessoal de Paulo Alves Pinto
p. M (embaixo)

Acervo pessoal de Susana Prado
p. 28, 96, G (embaixo), K, L, M (em cima), O (em cima)

Arquivo do Instituto de Estudos Brasileiros da Universidade de São Paulo (IEB-USP) – Fundo Caio Prado Júnior
p. 2, A, D (embaixo)

Arquivo Público do Estado de São Paulo
p. C (embaixo), N

Centro de Documentação e Memória da Universidade Estadual Paulista (Cedem-Unesp)
p. I (em cima)

Apesar do grande esforço nesse sentido, nem sempre foi possível dar os devidos créditos a todas as imagens aqui reproduzidas nem nomear todas as pessoas que aparecem em fotos com Caio Prado Júnior. A editora será grata a quem tiver informações complementares a esse respeito e se dispõe a acrescentá-las nas próximas edições.

CRÉDITOS DAS IMAGENS

Siglas

ABDE: Associação Brasileira de Escritores
ABI: Associação Brasileira de Imprensa
ABL: Academia Brasileira de Letras
Abra: Associação Brasileira de Reforma Agrária
Acus: Academia de Ciências da União Soviética
ADP: Aliança Democrática Popular
AGB: Associação dos Geógrafos Brasileiros
AIB: Ação Integralista Brasileira
AIT: Associação Internacional dos Trabalhadores
ALN: Ação Libertadora Nacional
ANL: Aliança Nacional Libertadora
AP: Ação Popular
AP-ml: Ação Popular marxista-leninista
Apra: Aliança Popular Revolucionária Americana
BOC: Bloco Operário e Camponês
BPP: Black Panther Party (Partido dos Panteras Negras)
CAM: Clube dos Artistas Modernos
Carp: Centro Acadêmico Roquette Pinto da Pontifícia Universidade Católica do Rio de Janeiro (PUC-RJ)
Cases: Campanha de Assistência ao Estudante
Casm: Centro Acadêmico Saboia de Medeiros da Faculdade de Engenharia Industrial
CC: Comitê Central
CCC: Comando de Caça aos Comunistas
Cebrap: Centro Brasileiro de Análise e Planejamento
CEIC: Comitê Executivo da Internacional Comunista
CEMT: Centro de Estudos do Mato Grosso
Cenimar: Centro de Investigações da Marinha
Cesua: Centro dos Estudantes Secundários e Universitários de Atibaia
CGT: Confederação Geral dos Trabalhadores
Cheka: Vserossiyskaya Cherezvychainaya Kommissiya Borbie Kontrrevolutsiei i Sabotazhem, ou Comissão Extraordinária de Toda a Rússia para o Combate à Contrarrevolução e à Sabotagem (polícia secreta soviética)
CIA: Central Intelligence Agency (Agência Central de Inteligência)
Cies: Conselho Interamericano Econômico e Social
Cisa: Centro de Informações de Segurança da Aeronáutica
CLT: Consolidação das Leis do Trabalho
CNBB: Conferência Nacional dos Bispos do Brasil
CNC: Confederação Nacional do Comércio
CNOP: Comissão Nacional de Organização Provisória
CNPq: Conselho Nacional de Desenvolvimento Científico e Tecnológico
Colina: Comando de Libertação Nacional

Cominform: Informationnoe Biuro Kommunisticheskikh i Rabochikh Party (Bureau de Informações dos Partidos Comunistas e dos Trabalhadores)

Comintern: Kommunistichesky Internatsional (Internacional Comunista)

Contag: Confederação Nacional dos Trabalhadores na Agricultura

Cosipa: Companhia Siderúrgica Paulista

CPJ: Caio Prado Júnior

CR: Comitê Regional (PCB)

CSUB: Confederação Sindical Unitária Brasileira CUT: Central Única dos Trabalhadores

Daebap: Diretório Acadêmico da Escola Brasileira de Administração Pública da Fundação Getulio Vargas (FGV)

DCE: Diretório Central dos Estudantes

DDR: Deutsche Demokratische Republik (República Democrática Alemã)

DE: Diretório Externo (da ANL)

Deops: Departamento Estadual de Ordem Política e Social

DER: Diretório Estudantil Revolucionário

DIP: Departamento de Imprensa e Propaganda

Dnieprostroi: Upravlenie Gosudarstvennogo Dneprovskogo Stroitel'stva (Administração do Estado da Construção de Dnieper)

Dops: Departamento de Ordem Política e Social

EGP: Exército Guerrilheiro do Povo

Embratel: Empresa Brasileira de Telecomunicações

EMFA: Estado-Maior das Forças Armadas

FALN: Forças Armadas de Libertação Nacional

FAU: Faculdade de Arquitetura e Urbanismo da Universidade de São Paulo (USP)

FCE: Fondo de Cultura Económica

FEB: Força Expedicionária Brasileira

FFCL: Faculdade de Filosofia, Ciências e Letras

FGV: Fundação Getulio Vargas

FHC: Fernando Henrique Cardoso

FSR: Federação Sindical Regional

GCL: Grupo Comunista Lenin

GPU: Gosudarstvennoe Politicheskoe Upravlenie, ou Administração Política do Estado (polícia secreta soviética)

IBF: Instituto Brasileiro de Filosofia

IC: Internacional Comunista

ICP: Instituto Caio Prado Júnior

Idort: Instituto de Organização Racional do Trabalho

IHGB: Instituto Histórico e Geográfico Brasileiro

INPS: Instituto Nacional de Previdência Social

Ipea: Instituto de Planejamento Econômico Aplicado

IPM: Inquérito Policial-Militar

Iseb: Instituto Superior de Estudos Brasileiros

Ivar: Instituto do Vale do Ribeira

IWW: Industrial Workers of the World

JK: Juscelino Kubitschek

LCI: Liga Comunista Internacionalista

LEC: Liga Eleitoral Católica

M-26-7: Movimento 26 de Julho

MAR: Movimento de Ação Revolucionária

MDB: Movimento Democrático Brasileiro

MEC: Ministério da Educação e Cultura

MEP: Movimento de Emancipação do Proletariado

MMM: Movimiento de Militantes Marxistas

MOPR: Mezhdunarodnoye Obshtchestvo Pomoshtchi Revolutzioneram, ou Socorro Vermelho Internacional

MR-8: Movimento Revolucionário 8 de Outubro

MSR: Movimento Socialista Renovador

MST: Movimento dos Trabalhadores Rurais Sem-Terra

MUT: Movimento Unificador dos Trabalhadores

NEP: Novaya Ekonomiceskaya Politika (Nova Política Econômica)

NKVD: Narodny Komissariat Vnutrennikh Del (Comissariado do Povo para Assuntos Internos)

OAB: Ordem dos Advogados do Brasil

Olas: Organização Latino-Americana de Solidariedade

ORI: Organizações Revolucionárias Integradas
PC: Partido Comunista
PCA: Partido Comunista Argentino
PCB: Partido Comunista do Brasil; a partir de 1961, Partido Comunista Brasileiro
PCBR: Partido Comunista Brasileiro Revolucionário
PCC: Partido Comunista Cubano
PCCh: Partido Comunista Chinês
PCdoB: Partido Comunista do Brasil
PCF: Partido Comunista Francês
PCH: Partido Comunista da Hungria
PCI: Partido Comunista Italiano
PCT: Partido Comunista da Tchecoslováquia
PCTU: Partido Comunista de Toda a União
PCU: Partido Comunista da Ucrânia
PCUS: Partido Comunista da União Soviética
PD: Partido Democrático
PDT: Partido Democrático Trabalhista
PFP: Peace and Freedom Party (Partido da Paz e da Liberdade)
PM: Polícia Militar
PND: Plano Nacional de Desenvolvimento
Polop: Política Operária
PPS: Partido Popular Socialista
PRP: Partido Republicano Paulista
PS: Partido Socialista
PSD: Partido Social Democrático
PSP: Partido Social Progressista
PSP: Partido Socialista Popular
PT: Partido dos Trabalhadores
PTB: Partido Trabalhista Brasileiro
PUC: Pontifícia Universidade Católica
PURS: Partido Unido da Revolução Socialista
PZPR: Polska Zjednoczona Partia Robotnicza (Partido Unificado dos Trabalhadores da Polônia)
RCB: *Revista Civilização Brasileira*
RDA: República Democrática Alemã (Alemanha Oriental)
RFA: República Federal da Alemanha (Alemanha Ocidental)

SBPC: Sociedade Brasileira para o Progresso da Ciência
SDS: Students for a Democratic Society (Estudantes por uma Sociedade Democrática)
SLP: Socialist Labor Party (Partido Socialista Operário)
SNI: Serviço Nacional de Informações
Sops: Superintendência de Ordem Política e Social
SS: Serviço Secreto
STF: Supremo Tribunal Federal
STLA: Socialist Trade and Labor Alliance (Aliança Socialista do Comércio e do Trabalho)
STM: Superior Tribunal Militar
Sudene: Superintendência do Desenvolvimento do Nordeste
Sumoc: Superintendência da Moeda e do Crédito
SVI: Socorro Vermelho Internacional
TFP: Tradição, Família e Propriedade
TSE: Tribunal Superior Eleitoral
Tuca: Teatro da Universidade Católica de São Paulo
UBE: União Brasileira de Escritores
UC: Unidade Classista
UCBEU: União Cultural Brasil-Estados Unidos
UCBUS: União Cultural Brasil-União Soviética
Udesc: Universidade para o Desenvolvimento do Estado de Santa Catarina
UDN: União Democrática Nacional
UEE: União Estadual dos Estudantes
UFB: União Feminina Brasileira
UFBA: Universidade Federal da Bahia
UFPE: Universidade Federal de Pernambuco
UFRGS: Universidade Federal do Rio Grande do Sul
UFRJ: Universidade Federal do Rio de Janeiro
UJC: União da Juventude Comunista
Unam: Universidade Nacional Autônoma do México
UnB: Universidade de Brasília
UNE: União Nacional dos Estudantes

Uneac: União Nacional dos Escritores e Artistas Cubanos
Unesp: Universidade Estadual Paulista
Unicamp: Universidade de Campinas
URSS: União das Repúblicas Socialistas Soviéticas
USP: Universidade de São Paulo

VAR-Palmares: Vanguarda Armada Revolucionária-Palmares
Voks: Sociedade para as Relações Culturais com Países Estrangeiros
VPR: Vanguarda Popular Revolucionária
VSNKh (Vesenkha): Vysshii Sovet Narodnogo Khozyaistva (Conselho Supremo da Economia Nacional)

Sobre o autor

Luiz Bernardo Pericás é professor de História Contemporânea da Universidade de São Paulo (USP), formado em História pela George Washington University, doutor em História Econômica pela USP e pós-doutor em Ciência Política pela Flacso (Facultad Latinoamericana de Ciencias Sociales/México), onde foi professor convidado, e pelo Instituto de Estudos Brasileiros (IEB/USP). Foi também *visiting scholar* na University of Texas at Austin e *visiting fellow* na Australian National University em Camberra.

É autor de vários livros, como *Mystery Train* (São Paulo, Brasiliense, 2007); *Che Guevara y el debate económico en Cuba* (Nova York, Atropos Press, 2009; Buenos Aires, Corregidor, 2011; Havana, Fondo Editorial Casa de las Américas, 2014), pelo qual recebeu o prêmio Ezequiel Martínez Estrada, da Casa de las Américas (2014); *Cansaço, a longa estação* (São Paulo, Boitempo, 2012; adaptado recentemente para o teatro); e *Os cangaceiros: ensaio de interpretação histórica* (São Paulo, Boitempo, 2010/ Havana, Editorial Ciencias Sociales, 2014), o qual recebeu a menção honrosa do Prêmio Casa de las Américas em 2012; assim como de diversos artigos publicados em periódicos nacionais e internacionais. Integra o comitê de redação da revista *Margem Esquerda*, publicação semestral da Boitempo.

"O carinho de Stalin ilumina o futuro de nossas crianças!",
diz este cartaz de propaganda soviético.

Publicado em 2016, sessenta anos após o XX Congresso do PCUS, onde Nikita Kruschev apresentou o relatório "Sobre o culto à personalidade e suas consequências", no qual denunciou os expurgos ordenados por Josef Stalin, especialmente entre 1934 e 1939, este livro foi composto em Adobe Garamond, corpo 11/13,2, e impresso em papel Avena 70 g/m² na gráfica Ave-Maria para a Boitempo Editorial, em março de 2016, com tiragem de 3.000 exemplares.